1938 – Anatomie eines Jahres

Herausgegeben von
Thomas Chorherr

EIN Presse BUCH
UEBERREUTER

CIP-Kurztitelaufnahme der Deutschen Bibliothek

1938 – Anatomie eines Jahres / hrsg. von Thomas Chorherr. –
Wien: Ueberreuter, 1987.
ISBN 3-8000-3245-7
NE: Chorherr, Thomas (Hrsg.)

AU 75/2

Umschlag von Atelier Graupner & Partner, München

Gesamtherstellung: Carl Ueberreuter Druckerei Ges. m. b. H., Korneuburg
Printed in Austria

Inhalt

Vorwort

Die Lichter in Europa sind im Sommer 1914 ausgegangen. Was von 1918 bis 1939 den Kontinent im Zwielicht düster erhellte, sind Funzeln gewesen, mit denen gezündelt worden ist, bis der Weltbrand entstand, der zweite in einem Vierteljahrhundert. Es klingt wie eine jener heutzutage wohlfeilen Leerformeln aus dem Vokabular der Politikersprache und dem Jargon des neuzeitlichen Journalismus, wenn man feststellt, daß ohne 1918 kein 1938 gekommen wäre und daß auf 1938 das Jahr 1939 folgen mußte. Was wie historische Binsenarithmetik anmutet, ist schicksalhafter Ablauf der Ereignisse. Oder, um bei den Konsequenzen zu bleiben: Auch 1945 hat eigentlich schon 1914 begonnen.

Spätestens aber 1938.

Es gibt Jahreszahlen, die wie Markierungen wirken. Nicht nur mit Worten, auch mit Jahren und deren Numerierung läßt sich trefflich streiten. Daß wir den Beginn der Neuzeit nicht mit einem Krieg, sondern mit einer entdeckerischen Großtat – die man freilich auch als Eroberung abqualifizieren könnte – festgelegt haben, nämlich mit der Landung des Christoph Columbus in Amerika, und alternativ mit einer der großartigsten Erfindungen der Weltgeschichte, nämlich jener der Buchdruckerkunst durch Johannes Gutenberg, sollte uns eigentlich Mut geben. Üblicherweise sind bedeutungsvolle Epochen der Historie mit Blutvergießen begrenzt.

So auch in jener kurzen Periode, in der die Nachkriegszeit zwar nicht zwang-, aber jedenfalls nahtlos (wo wäre eine Naht auszumachen?) in die Vorkriegszeit übergegangen ist, bis man sie dann rückblickend pauschal als Zwischenkriegszeit bezeichnen mußte. Nicht nur die politische, auch die historische Semantik ist bisweilen entlarvend. Die Frage, wann in Österreich geschossen wurde in diesen zwanzig Jahren einer angezweifelten, angefeindeten und ungeliebten republikanischen Selbständigkeit, ist immer noch einfacher zu beantworten als jene nach dem Jahr, in dem der Wiener Karl Landsteiner den Nobelpreis für Medizin und Physiologie erhalten hat oder Arthur Schnitzler starb. Der politisch interessierte Zeitgenosse orientiert sich gerne an historischen Marksteinen, die lange Schatten werfen, weil die Sonne bereits tief stand.

Die Schatten von 1938 sind so lang, daß sie bis in das letzte Dezennium vor der Jahrtausendwende reichen können. Und sie sind so breit, daß sie einer Vielzahl von Schattengewächsen Platz bieten, der Arroganz, der Einseitigkeit, der Intoleranz, dem Mißverständnis, der historischen Präpotenz. Solches Unkraut droht die Unbefangenheit zu ersticken und die Demut und den Drang, zu verstehen und daraus zu lernen.
Um das Jahr 1938 erfassen und begreifen zu können, um seine Rolle in der österreichischen Geschichte ausloten zu können, ist es geraten, sich nicht in den Iden des März zu verbeißen und auf den Heldenplatz zu starren wie das Kaninchen auf die Schlange. Die Anatomie des ganzen Jahres ist zu betrachten. Von seiner Pathologie zu sprechen wäre fast treffender – aber es ist in Wahrheit nicht die Pathologie eines Jahres, sondern die eines Staates und Volkes, die da freigelegt wird.
Es entspricht historischer Fairneß, Zusammenhänge darzustellen. Erst dann kann ein Vorurteil zum Urteil werden. Es wird sich freilich in vielem dem Vorurteil angleichen. Österreich hat im März 1938 seine böseste Fratze gezeigt. Nur: Daß es diese im Sommer 1938 schon wieder verloren hat und an der Jahreswende dann die Ernüchterung zum historischen Katzenjammer geworden ist, wird gerne vergessen. Den Veitstänzen des Frühlings, die in ihrer so krassen Form einer Massenhysterie glichen, folgte die Resignation des Herbstes. Das Jahr endet in einem kalten Winter. Das Klingen der Gläser am Silvesterabend tönt wie jene Scherben, in die nach dem Willen der Machthaber alles zerfallen sollte – so lange würden sie weitermarschieren, kündigten sie in einem markigen Lied an.
Dieses Buch ist eine Anthologie. Sie enthält in ihrer Mehrzahl Berichte von Lebenden, die erzählen, was sie heute über die Ereignisse von damals denken. Politische Akteure sind darunter und Menschen, die damals, als junge, ganz einfach gelebt haben. Was sie von 1938 bis 1945 getan haben? Sie haben überlebt. Auch das gilt bisweilen schon als Delikt.
Das Buch folgte der Chronologie des Jahres, ohne sich in den Beiträgen streng an sie halten zu können. Dort, wo es wichtig scheint, werden Ausschnitte von Memoiren oder zeitgenössischen Berichten eingeblendet. Niemand hat den 11. März 1938 – und, wohlgemerkt, auch das, was sich am 12. Februar in Berchtesgaden zutrug – besser schildern können als Österreichs damaliger Bundeskanzler Schuschnigg. Kein Beobachter hat meiner Meinung nach ein trefflicheres Bild der österreichischen Situation gegeben als der britische Journalist Gedye. Guido Zernattos Bericht vom Koma des Ständestaats, aufgeschrieben noch 1938, durfte ebensowenig fehlen wie Carl Zuckmayers Emigrationsschilderung oder Karl Renners Erinnerung und Bekenntnis.
Jene aber, die aus der Sicht von heute schrieben, haben, so scheint mir, einen ungemein wertvollen Beitrag zur Zeitgeschichte geleistet. Ihre Originalbei-

träge für dieses Buch ermöglichen erst, die Anatomie – samt dem pathologischen Befund – des Jahres 1938 abzuklären. Es ist die Unmittelbarkeit der Schilderung, die fasziniert. Es ist die Weite der Erinnerung und der Erläuterung, die fesselt. Notgedrungen kommt es demnach auch zu Überschneidungen. Sie schaden weder dem historischen Ablauf noch der Dynamik, vielmehr tragen sie, meine ich, zum Verständnis bei.

Der Journalist freilich konnte am Umfeld nicht vorübergehen. Am Rande des großen Verhängnisses hat sich auch weiterhin das kleine Leben abgespielt. Die Fratze, die Österreich damals gezeigt hat, grinste auch aus den Nebengassen. Und die Tränen wurden auch im Wohnzimmer vergossen. Das Jahr 1938 war nicht nur Heldenplatz. Allein, auch der Veitstanz hat sich nicht bloß auf der Ringstraße abgespielt. Tanzboden war – daran kommt niemand vorüber – das ganze Land.

Dieses Buch soll weder eine Schuldzuweisung noch ein Reuebekenntnis sein. Wir müssen unsere Geschichte zur Kenntnis nehmen und aus ihr lernen. Dieses Buch soll zum Verständnis der Ereignisse und Entwicklungen beitragen – aber nicht im Sinn jenes Sprichworts, das postuliert, daß alles zu verstehen auch alles zu verzeihen bedeute. Sehr vieles, was die Anatomie von 1938 zutage bringt, ist und bleibt unverzeihlich, wenn auch vieles, was sich damals in Österreich zugetragen hat, nicht unverständlich war.

Wir haben die Schatten des letzten Vorkriegsjahres zur Kenntnis zu nehmen. Aber wir sollten die Courage haben, uns durch sie die Sonne nicht permanent verdecken zu lassen.

Den Frosch hat Szöke Szakall gespielt. Er ist umjubelt worden in dieser traditionellen »Fledermaus«-Aufführung der Staatsoper, belacht und beklatscht wie kaum ein anderer nach ihm oder vor ihm, der diesen legendären Kerkermeister aus der goldenen Wiener Operettenära gegeben hat.
Ein Kerkermeister mit ungarischem Akzent! Kindär habän säär gelocht.
Sich am Silvesterabend und in der Neujahrswoche – die »Fledermaus« ist mehrmals gegeben worden in den ersten acht Tagen des Jahres 1938 –, sich also am Anfang jenen Jahres, an dessen Ende es kein Österreich mehr gab, über einen betrunkenen Kerkermeister lustig zu machen mutet aus der Sicht von heute an wie jenes Grinsen, das man gemeinhin dem Totenschädel anzusehen glaubt. Betrunkene Gefängnisaufseher hat es in diesem Land nachher etliche gegeben, sie waren durchaus keine komischen Figuren, und von jenen, die damals zu Beginn des Jahres 1938 Parkett und Logen der Wiener Staatsoper gefüllt haben, sind viele nachher in hautnahen Kontakt mit solchen Kreaturen gekommen.
Damals hat es niemand geahnt. Besser: Niemand hat es wahrhaben wollen. Es ist ja ein Fasching gewesen wie noch nie, dieser Jänner 1938. Und warum sollten die Österreicher Sorgen vor dem neuen Jahr haben, da ihnen doch gleichsam amtlicherseits erklärt wurde, sie hätten nichts zu fürchten? Man ist hierzulande immer schon autoritätsgläubig gewesen. Und wenn die Autorität noch dazu oktroyiert war, aufgezwungen, wenn man unter einem sogenannten autoritären Regime zu leben hatte, nahm man den Optimismus derer »da droben« noch bereitwilliger hin.
Das Jahr 1938 begann in Österreich im Zeichen der drei ostasiatischen Affen: nichts sehen, nichts hören, nichts reden, was die Bedrohung von außen betraf. Wer es sich leisten konnte, genoß den Fasching. Und wer seinen Radioapparat nicht verpfändet hatte, konnte hören, was tags darauf auch alle österreichischen Zeitungen berichteten: Daß beim Neujahrsempfang, den der Bundespräsident für die in Wien akkreditierten Gesandten gab – Botschafter tauschten bloß Großmächte aus, und Österreich war ein kleiner, verarmter Staat –, der Gastgeber, also eben der Bundespräsident, meinte, niemand brauche sich zu fürchten vor dem kommenden Jahr.
Der Bundespräsident hieß Dr. Wilhelm Miklas, war ein christlichsozialer Bun-

despolitiker und ein Relikt jener Zeit, da das österreichische Staatsoberhaupt noch nicht vom Volk, sondern von der Bundesversammlung gewählt wurde. Er war aus Krems gebürtig, war Gymnasialdirektor gewesen und erst in den Reichsrat, dann in den Nationalrat gewählt worden, dessen Präsident er bis 1928 war. Er war damals jene Person, auf die sich die Parteien am leichtesten hatten einigen können, als nach Leopold Hainisch wieder ein Bundespräsident zu küren war. Er war aber auch jene Vaterfigur, besser noch: jener Großvatertyp, nach dem das kleingewordene Österreich sich zu sehnen schien. Er hatte ein rundes Gesicht, spärlichen Haarwuchs und jenen Bauchansatz, den die Wiener gerne als Backhendelfriedhof bezeichnen. Wenn er die rot-weiß-rote Ordensschärpe über dem Frackhemd trug, spannten beide. Die Österreicher erkannten sich in ihm wieder: Er war jovial, er war bequem. Und er hatte viele Kinder.

Daß er später, in den Märztagen, über sich hinauswachsen sollte, wußte man nicht. Und wenn man es gewußt hätte, so hätte man es nicht geglaubt.

Der Bundespräsident trug die erwähnte Schärpe über dem Frackhemd, als er am 14. Jänner, einem Freitag, das diplomatische Korps empfing. Im Bundeskanzleramt, nicht in der Hofburg. Das Staatsoberhaupt residierte damals wie der Regierungschef in den historischen Amtsräumen des Fürsten Metternich. In die Burg zu ziehen hätte allzu sehr nach Legitimismus ausgesehen. Das wollte man nicht, das durfte man nicht. Und außerdem gab es da noch so etwas wie eine unausgesprochene Scheu davor, sein Büro dort einzurichten, wo Habsburger amtiert hatten. Diese Vergangenheit hat erst der Sozialist Karl Renner bewältigt.

Es ist nur eine Handvoll Gesandter gewesen, die sich damals beim Bundespräsidenten einfanden. Am nächsten Abend haben sie einander alle beim Opernball wieder getroffen; das Kostüm war für die meisten von ihnen dasselbe.

Doyen war Nuntius Cicognani, Titularerzbischof und persönlicher Vertreter seiner Heiligkeit Papst Pius XI. bei jener Regierung, die ihre neue Verfassung mit den Worten »Im Namen Gottes, des Allmächtigen« hatte beginnen lassen. Er war in einem erzkatholischen Land, in einer erzkatholischen Stadt akkreditiert, und er sprach, wie es sich für den päpstlichen Nuntius gehört, Worte des Friedens und der Zuversicht, wenngleich er die Sorgen über die politische Entwicklung nicht verhehlte. Er dankte Österreich für dessen friedensliebende und friedensfördernde Aktivität, sprach die Hoffnung aus, daß dieser Frieden auch weiter erhalten werde, und flehte Gottes Segen auf den Staat, dessen Regierung und dessen Bewohner herab.

Dann ergriff Bundespräsident Miklas das Wort. Er hielt eine Ansprache, die zu Unrecht in Vergessenheit geraten ist. Sie sagt mehr aus über die Lage in Österreich zu Beginn des Jahres 1938, mehr auch über die Gedanken, die man sich am Ballhausplatz über die nächsten zwölf Monate machte, mehr schließlich auch über das, was man gerne den österreichischen Nationalcharakter nennt, als vieles andere, das in diesen Tagen gesprochen und geplärrt, gebrüllt und auch geschrieben worden ist.

Denn diese Ansprache, gehalten von Wilhelm Miklas vor dem diplomatischen Korps am 14. Jänner 1938, ist ein Dokument der Zuversicht und gleichzeitig eine Positionsbeschreibung. Es ist eine Absage an den Extremismus, und jeder wußte, in welche Richtung die Worte gesprochen wurden, auch wenn sie an den päpstlichen Nuntius adressiert waren.

»Wir sind der festen Überzeugung«, sagte Wilhelm Miklas, »daß Österreich, das sich nach Jahren unverschuldeten Unglücks und unverdienter Demütigung wieder selbst gefunden hat, seiner besonderen Sendung am wirksamsten dadurch gerecht werden kann, wenn es sich seiner Natur und Überlieferung nach von allen Extremen fernhält und frei und unabhängig seine ihm durch die Lage im Herzen Europas vorgezeichnete Politik der rechten Mitte fortführt in christlich deutschem Geist.«

Da waren schon einige ganz wesentliche Punkte: Da war die Reverenz vor dem Regime, wenn von der »rechten Mitte« gesprochen wurde. Da war der unausgesprochene Hinweis auf das Abkommen vom 11. Juli 1936 zwischen dem Deutschen Reich und Österreich, das die Einordnung Österreichs als »zweiter deutscher Staat« festschrieb. Da war aber auch die Erinnerung an die österreichische Geschichte und das »österreichische Klima«, dem Extremismus abhold. Und da war schließlich, unüberhörbar und stolz, das Postulat »frei und unabhängig«.

Herr von Papen, der deutsche Gesandte, machte sich im Geiste Notizen.

Das alles, setzte Miklas fort, sei »nach unserer Überzeugung im Geiste echter Humanität und in wahrhaft europäischem Sinn«. Und dann betätigte sich der österreichische Bundespräsident als Prophet, als Zukunftsdeuter, als Vorhersager der Entwicklung. Gleichzeitig sprach er seinen Landsleuten ins Gewissen: Laßt die Hoffnung nicht fahren! »Zu Beunruhigung oder gar Mutlosigkeit sehe ich jetzt am Jahresbeginn keinen triftigen Anlaß. Im Gegenteil. In festem Gottvertrauen schreiten wir Österreicher hoffnungsvoll in das neue Jahr, in der Zuversicht, daß es der Einsicht und dem hohen Maßhalten der ihrer hohen Verantwortung bewußten Lenker des Staates trotz aller Schwierigkeiten doch gelingen wird, allmählich die schrillen Dissonanzen, die wir jetzt noch vernehmen, wieder in Harmonie aufzulösen, auf daß der Welt wieder die Sonne des Friedens scheine, die Herzen der Menschen erwärme und allenthalben die Völker beglücke. Dies ist mein innigster Herzenswunsch an der Jahreswende und zugleich Österreichs Neujahrsgruß an die Welt für 1938.«

Eine bemerkenswerte Ansprache, in der Tat. Eine zutiefst österreichische. Vom Staatsoberhaupt eines Landes, in dem die Musikalität stets einen hohen Rang einnahm. Von schrillen Dissonanzen ist da die Rede und von der erhofften Auflösung in Harmonie: Irgendwie erinnert dies an den Unterschied in Takt und Musikalität, in der die Haydnhymne damals in Deutschland und in Österreich gespielt worden ist: dort hart und mit viel Blech, hier mit dem sanften Ton der Geigen und ohne Kanten, rund gleichsam. Österreichisch eben.

Und noch etwas greift ans Herz, wenn man heute diese Worte des österreichi-

schen Staatsoberhaupts liest. Sie sind fast auf den Tag genau zwei Monate vor der Äußerung eines anderen »Herzenswunsches«, ausgesprochen im selben Haus, unter freilich ganz anderen Umständen, gesagt worden.

Heute hieß der Herzenswunsch, es möge wieder Harmonie geben. Am 11. März lautete er: Gott schütze Österreich!

Dazwischen lag Agonie, die man nicht zur Kenntnis nahm. Die Herren Gesandten, die sich nach den Ansprachen zu einem Gruppenbild rund um den Bundespräsidenten und den Außenminister aufstellten, blickten ernst, aber nicht hoffnungslos.

Indessen ist die Lage freilich – und die meisten Diplomaten ahnten es – rund um und in Österreich längst hoffnungslos gewesen. Aber ernst war sie nicht. Man lachte über Szöke Szakall, den betrunkenen »Fledermaus«-Gefängniswärter.

Es war ja, vergessen wir es nicht, Fasching in Wien. Der Ballkalender war übervoll, und die Modehäuser priesen die »gediegene Abendgarderobe« für den Herrn zu Sonderkonditionen an: Man konnte seinen Frack oder Smoking in zehn Monatsraten bezahlen. Legte man das Geld gleich auf den Ladentisch, gab es zehn Prozent Rabatt.

Ratenkäufe sind populär gewesen in diesen ersten Wochen des Jahres 1938. Aber den meisten Österreichern stand das Begehren nicht nach einem zinsenlosen Kredit für einen Frack. Das – geflickte – Hemd war ihnen näher als der seidenbesetzte schwarze Rock mit den Schwalbenschwänzen – und wenn schon Rabatt, dann für das Doppelpaket Persil, daß es jetzt in einer Aktion um einen Schilling zwanzig gab, um ganze zehn Groschen billiger. Aber immerhin – um etwa den gleichen Betrag erhielt man auf der Bank einen Schweizer Franken.

Faschingszeit in Wien, aber auch Zeit der Neujahrsaufrufe, die alle ermuntern wollten, motivieren, die alle zu Mut und Fleiß aufforderten. Die Zahl der Arbeitslosen war ja endlich gesunken, eine Reihe von Investitionsmaßnahmen hatte Arbeitsplätze gebracht. Die neue Reichsbrücke, die Höhenstraße durch die Hügel des Wienerwalds waren solche Bauten der produktiven Arbeitslosenfürsorge gewesen.

Die Zahl jener, für die der Feierabend den ganzen Tag dauerte, war dennoch bedrückend. Zur Jahreswende bezogen 105 144 Wiener Arbeitslosenunterstützung, wobei mit 25 842 die Hilfsarbeiter in der Statistik der Branchengruppen an der Spitze standen, gefolgt von den Arbeitern in der Metall- und chemischen Industrie mit 18 114 und den Bauarbeitern mit 13 214. Dann kamen die Angestellten (12 900) und die Textilarbeiter (10 175). Immerhin wurden zur Jahreswende 1938 auch 6 653 Wiener Hotelangestellte und Friseure als arbeitslos ausgewiesen – und 3 488 Angehörige der graphischen Berufe.

Aber es waren, wohlgemerkt, die unterstützten Arbeitslosen, die in dieser Statistik aufscheinen. Noch einmal so groß war die Zahl der »Ausgesteuerten«, jener Österreicher, die keine »Stütz'n« mehr bezogen, weil das Arbeitslosengeld nur eine gewisse Zeit hindurch bezahlt wurde.

So nimmt es nicht wunder, daß auch jene, die, wie es in Österreich immer hieß, »zwar wenig, das aber sicher« hatten, die Staatsbediensteten nämlich, gleichfalls Lohnreduzierungen hinnehmen mußten. Aufschlußreich auch in dieser Hinsicht ist der Neujahrsaufruf des Bundesbahn-Generaldirektors Schöpfer an die österreichischen Eisenbahner: »Wir alle sind bereit, auch im neuen Jahr unser Bestes an Arbeitskraft, Wissen und Können in den Dienst zu stellen, damit bei sparsamster Verwendung von Kraft und Material das Jahr 1938 den ÖBB einen neuen Fortschritt bringe, um unserem Ziel, ein aktives Unternehmen zu werden, wieder näher zu kommen«, heißt es in dem Appell. Die Erreichung dieses Ziels sei deshalb von besonderer Bedeutung, fügte der ÖBB-Generaldirektor hinzu, »weil es dann möglich sein wird, den Bediensteten den verdienten Lohn zu geben«. Aufrufe wie dieser – der ÖBB-Generaldirektor ist übrigens, zum Unterschied von den anderen Vorstandsmitgliedern, nicht zum Opernball gegangen – sagen mehr aus über die soziale Lage als Wirtschaftsstatistiken und trockene Zahlen. Deshalb, Fasching hin oder her, haben sich die meisten Menschen wohl weniger dafür interessiert, daß, wie man lesen konnte, Frau Adrienne Gessner beim Ball des Theaters in der Josefstadt »in Schwarz mit weißer Pikeegarnitur« gesehen wurde, sondern, wenn man schon seine Freud' haben durfte, dafür, daß Vienna nach einer Pechsträhne in Kairo eine ägyptische Auswahl endlich mit 3:0 schlug. Und man entsetzte sich darüber, daß buchstäblich vor der Haustür der Wiener, auf dem Schneeberg nämlich, am Tag nach Neujahr ein furchtbares Lawinenunglück acht Todesopfer gefordert hat. Auf der sogenannten Kuhplache sind die Touristen von einem Schneesturm überrascht und von einer riesigen Lawine in die Tiefe gerissen worden.

Daß zweieinhalb Monate später eine ganz andere Lawine über das Land hereinbrechen und viele mitreißen sollte, nahm man nicht wahr. Politische Lawinenwarndienste sind auf der Welt nur spärlich vertreten, und ihre Alarmsignale werden häufig nicht wahrgenommen.

Beim Opernball – er hat »zugunsten der Winterhilfe« stattgefunden – ortete man keine solchen Signale, obgleich laut Zeitungschronisten »viele Uniformen und Waffenröcke« zu sehen waren. Bei den Damen wieder dominierte der Kopfputz, damals letzter Schrei der Mode. War es ein Tanz auf dem Vulkan in diesem Jänner '38? Man tanzte, aber den Vulkan ahnten nur einige wenige, und die ließen es sich nicht anmerken. Die Mitglieder der Bundesregierung ließen sich allabendlich von einem Tanzfest zum anderen chauffieren, Bundeskanzler Schuschnigg und seine Kollegen nahmen ihre Präsenzpflicht so eifrig wahr, als ob es kein außenpolitisches Gewölk gäbe. Beim Opernball konnte man zwar auch politisch konversieren, aber irgendwie war die Stimmung wie in den Spätwintertagen 1848. Die meisten sorgten sich nicht um die Politik, sie plauderten über sie. Immerhin trafen einander in diesem Jänner in der Wiener Staatsoper nicht nur der Bundespräsident und nahezu die gesamte Regierung, sondern auch die Gesandten des Deutschen Reichs, der Schweiz, Englands, Frankreichs, der USA, Italiens, Hollands, Ungarns, Rumäniens und Belgiens.

Es hat damals keine Radioreportagen vom Ballgeflüster gegeben. Dennoch darf mit an Sicherheit grenzender Wahrscheinlichkeit angenommen werden, daß die Vertreter der ausländischen Mächte sich nicht nur über den reichen Kopfputz der Damen gewundert haben, sondern auch über die Walzerseligkeit in einer Stadt, die, so meinten sie wohl, andere Sorgen haben müßte. Denn Österreich war außenpolitisch bereits isoliert. Die Botschafter wußten es. Die Österreicher wußten es nicht.

Max Löwenthal

Seiltanzen über dem Abgrund

Österreichs Außenpolitik und die Haltung der Großmächte

Der österreichische Geschäftsträger in Paris, Norbert Bischoff, berichtete am 20. Jänner 1938, daß der Generalsekretär des französischen Außenministeriums, Botschafter Léger, im Laufe eines in engem Kreis geführten Gespräches »seiner vollsten Bewunderung für das politische Werk des Herrn Bundeskanzlers (Schuschnigg) Ausdruck gab... Als einer der Gesprächspartner in diesem Zusammenhang meinte, es müßten eben in der heutigen Zeit notwendigerweise alle Mittel- und Kleinstaaten Zentral- und Osteuropas eine ›Politik des Seiltanzens‹ führen, meinte Herr Léger, man könne die überaus nuancenreiche Politik Österreichs und die der anderen mitteleuropäischen Staaten ein ›Seiltanzen‹ oder ein Lavieren nennen, dies treffe aber ebenso für alle großen Staaten zu. Die Hauptsache sei augenblicklich, Zeit zu gewinnen (ich glaube mich bestimmt nicht zu irren, wenn ich annehme, daß Léger hier an die englische und vielleicht auch an die amerikanische Aufrüstung gedacht hat), inzwischen müsse man eben seiltanzen; auch die Großen und Starken...«

So sah einer der prominentesten Akteure Anfang 1938 die politische Szene Europas. In diesem gesamteuropäischen Versuch, Zeit zu gewinnen, ergab sich der österreichische Balanceakt daraus, daß Österreich als erstes und lange Zeit hindurch einziges Land Hitler die Stirn bot, es mußte massiv die von Deutschland unterstützten, subversiven Aktivitäten der österreichischen Nationalsozialisten in Schach halten sowie ein möglichst weitgehendes Engagement der Westmächte für die österreichische Unabhängigkeit suchen, ohne Hitler den Vorwand für einen Gewaltstreich zu geben.

Bundeskanzler Dollfuß hatte am 7. April 1933 erklärt: »Das einzige Ziel unserer Außenpolitik kann nur sein, die Unabhängigkeit nach allen Seiten zu sichern.« Die in diesem Sinne mit England, Frankreich und Italien gepflogenen Kontakte führten zu gemeinsamen Demarchen und Erklärungen dieser Mächte, die auf Hitler aber keinen Eindruck machten. Denn er wußte, daß England und Frankreich weder politisch noch militärisch in der Lage waren, mit Deutschland auf Konfrontationskurs zu gehen. Als die Botschafter der drei Mächte am 7. August 1933 in Berlin Protestnoten wegen der Bedrohung der österreichischen Souveränität überreichten, ließ er antworten, daß Probleme zwischen dem Reich und Österreich eine innerdeutsche Angelegenheit seien, in die sich niemand einzumischen habe. Und die Mächte steckten den Affront ein.

Der Demarche vom 7. August 1933 folgten mehrere Dreimächte-Erklärungen für die österreichische Unabhängigkeit, so am 17. Februar 1934 und »nach einer neuerlichen Erörterung« am 27. September 1934. Und der französische Außenminister Barthou erklärte am 19. Juni 1934 nach einer Begegnung mit Dollfuß: »Die ganze Macht Frankreichs steht hinter Österreichs Unabhängigkeit, einer Unabhängigkeit, wie sie durch die Person des Bundeskanzlers verkörpert wird ... Wir sind ganz auf der Seite der Dollfuß-Regierung.«

Solche Erklärungen waren Erfolge der österreichischen Außenpolitik. Sie hatten aber nur den Wert einer moralischen Unterstützung. Denn dahinter standen keine kampfbereiten Divisionen.

Aufschlußreich ist eine Äußerung des britischen Außenministers Sir John Simon, die er im Jänner 1934 in Rom Mussolini gegenüber machte: Großbritannien unterstütze grundsätzlich die österreichische Unabhängigkeit, könne aber nicht aktiver intervenieren (»We could not, of course intervene more actively«). Der Grund dafür ist klar: Die britische Aufrüstung begann erst 1937, also drei Jahre später, anzulaufen.

Deshalb konnten auch die in London und Paris erfolgten Vorstellungen des Bundeskanzlers, er würde eine kollektive Garantie der österreichischen Unabhängigkeit der Unterstützung durch eine Macht vorziehen, zu nichts führen. An dieser Unfähigkeit der Westmächte, sich für den Ernstfall auf ein aktives Eingreifen einzustellen, scheiterten die Bemühungen des Bundeskanzlers, die österreichische Unabhängigkeit »nach allen Seiten zu sichern«. Österreich wurde in die Abhängigkeit von Mussolini gedrängt. Denn nur das politisch und militärisch aktionsfähige Italien konnte Österreich vor dem Zugriff Hitlers schützen. Und Italien war am Bestand Österreichs interessiert. Mussolini verlegte demonstrativ Hauptquartiere der italienischen Armee nach Bozen und Verona und erklärte im Laufe einer am 19. und 20. August 1933 in Riccione geführten Unterredung mit Dollfuß, daß Italien im Falle einer deutschen Invasion militärisch eingreifen würde.

Am 17. März 1934 wurden die Römischen Protokolle unterzeichnet, die eine politische und wirtschaftliche Kooperation zwischen Österreich, Italien und Ungarn einleiteten.

Österreich mußte den Abwehrkampf gegen den Nationalsozialismus in innerer Zerrissenheit führen. Denn innenpolitische Zerwürfnisse, die bis zur Unregierbarkeit des Landes eskaliert waren, sowie der Einfluß Mussolinis hatten im Februar 1934 zu einer der tragischesten Wenden der österreichischen Geschichte, zum Bürgerkrieg, und zur Ausschaltung der Linken geführt. In der

Ablehnung des Nationalsozialismus war die Mehrheit der Bevölkerung sich aber einig. Daran scheiterte der nationalsozialistische Putschversuch vom 25. Juli 1934. Der von den Nazis als Galionsfigur des österreichischen Widerstandes und von den Sozialisten wegen der Ausschaltung der Linken gehaßte Bundeskanzler wurde ermordet. Das sollte das Signal für die Volkserhebung sein. Aber das Volk tat nicht mit. Und die Exekutive blieb loyal und schlug den Aufstand der bewaffneten NS-Formationen nieder. Dabei verlor sie 150 Mann. Die Nazis hatten mit der Popularität des Anschlusses gerechnet. Aber das Ja zu Deutschland hatte sich in ein Nein zum Nationalsozialismus gewandelt. Deutschland konnte nicht eingreifen, weil Mussolini zehn Divisionen an den Brenner und an die Kärntner Grenze warf.
Hitler distanzierte sich von dem mißlungenen Putsch. Als Zeichen guten Willens sandte er Papen als Botschafter nach Wien. Damals war das etwas Außergewöhnliches. Denn nur die Großmächte tauschten untereinander Botschafter aus.

Anfang 1935 zeitigten die diplomatischen Bemühungen um eine auf breitere Basis gestellte Sicherung der österreichischen Unabhängigkeit gewisse Erfolge.
Am 7. Jänner 1935 wurde bei einem Besuch des französischen Außenministers Laval in Rom vereinbart:

1. die Empfehlung Frankreichs und Italiens an die »Nachbar- und Nachfolgestaaten Österreichs« (Deutschland, Österreich, Tschechoslowakei, Ungarn, Polen und Rumänien), ein Abkommen über die gegenseitige Achtung der Grenzen und die Nichteinmischung in die inneren Angelegenheiten zu schließen;
2. ein Konsultativabkommen zwischen Frankreich und Italien, in dem sich die beiden Staaten verpflichten, sich bei Ereignissen, die die österreichische Unabhängigkeit bedrohen, ins Einvernehmen zu setzen. Die unter 1. genannten Staaten sollen eingeladen werden, diesem Pakt beizutreten.

Am 3. Februar 1935 begrüßte die britische Regierung im Rahmen eines Besuches des französischen Ministerpräsidenten Flandin und des Außenministers Laval in London die obigen französisch-italienischen Vereinbarungen und deklarierte sich als eine jener Mächte, die sich im Falle einer Bedrohung der österreichischen Unabhängigkeit zu beraten hätten.
Am 13. April 1935 wurden in den Schlußakten der Konferenz von Stresa die Drei-Mächte-Erklärungen vom 17. Februar und 27. September 1934 bestätigt. Ferner wurde hinsichtlich des in den obigen Dokumenten vom 7. Jänner und 3. Februar 1935 verankerten Konsultativabkommens vorgeschlagen, eine Konferenz aller beteiligten Regierungen ehestens nach Rom einzuberufen.

Am 11. Juli 1935 überreichte Papen dem österreichischen Außenminister Berger-Waldenegg als »persönliche Studie« den Entwurf eines Abkommens zur Normalisierung der österreichisch-deutschen Beziehungen. Schon am 9. September 1935 erklärte er, von Hitler ermächtigt worden zu sein, auf Grundlage dieses Papiers Verhandlungen aufzunehmen. Am 1. Oktober 1935 überreichte ihm Berger-Waldenegg einen österreichischen Gegenentwurf.

Schon am nächsten Tag freilich, am 2. Oktober 1935, geschah etwas, das Europa politisch auf den Kopf stellte. Mussolini brach in Äthiopien ein. Das führte zum Bruch zwischen Italien und England, zu den Völkerbundsanktionen gegen Italien und zur Annäherung Italiens an Deutschland. Die Stresa-Front war geplatzt.

Am 7. März 1936 marschierte Hitler gegen den Rat seiner Generale in das durch den Friedensvertrag entmilitarisierte Rheinland ein. Daß die Alliierten diesen Vertragsbruch hinnahmen, zeigte, daß Hitler machen konnte, was er wollte. Es hatte aber noch eine schwerwiegende Konsequenz: Hitlers gemäßigte Ratgeber waren blamiert, und er hörte nur mehr auf die Scharfmacher.

Am 4. April 1936 überreichte der Innenminister dem Dollfuß-Nachfolger Kurt von Schuschnigg einen alarmierenden Bericht über die Aktivitäten der Nazis. Da entschloß sich der Bundeskanzler, die im Jahre 1935 steckengebliebenen Verhandlungen mit Deutschland wiederaufzunehmen. Er wurde darin von Mussolini bestärkt. Bei einer Anfang Juni 1936 in Rocca delle Caminate geführten Aussprache riet der Duce dem Bundeskanzler, einen Modus vivendi mit Deutschland zu suchen, und legte dar, daß nur eine Verständigung zwischen Italien und Deutschland die österreichische Sicherheit garantieren könnte. So kam es zum Abkommen vom 11. Juli 1936, in dem Deutschland die Souveränität Österreichs anerkannte und sich verpflichtete, sich jeder unmittelbaren oder mittelbaren Einwirkung auf die innenpolitische Gestaltung in Österreich »einschließlich der Frage des österreichischen Nationalsozialismus« zu enthalten. Österreich bekannte sich als deutscher Staat und erklärte, dieser Tatsache in seiner Politik Rechnung tragen zu wollen. Schuschnigg behielt sich die Führung der Außenpolitik vor und berief Guido Schmidt als Staatssekretär für die Auswärtigen Angelegenheiten in die Regierung.

Der österreichische Gesandte in Italien, Berger-Waldenegg, berichtete, daß das Juliabkommen für Italien »eine ungeheure Erleichterung« bedeute, weil es die Annäherung an Deutschland mit seiner Aufgabe als Schirmherr Österreichs vereinbar mache. Die Westmächte beglückwünschten den Bundeskanzler zum Zustandekommen des Abkommens, denn sie beurteilten Hitler damals noch eher positiv und waren auf Verständigung mit ihm ausgerichtet. Der französische Botschafter in Berlin, André François-Poncet, hielt ihn für anständig und maßvoll in außenpolitischen Fragen, und der tschechoslowakische Gesandte in London, Jan Masaryk, sagte nach einer Begegnung mit Hit-

ler zu Eden, er halte ihn für einen Fanatiker, aber nicht für unaufrichtig. Dazu kam, daß das Lipsky-Abkommen, das den Frieden zwischen Deutschland und Polen sichern sollte, zu halten schien.
Schuschnigg und Schmidt waren weit skeptischer als die Westpolitiker, aber sie hofften, das Abkommen könnte zwei bis drei Jahre überbrücken. Und die von der verspäteten Aufrüstung begleiteten Versuche Englands, mit Deutschland ins Gespräch zu kommen, weiters der Beginn einer Aussöhnung zwischen England und Italien sowie seriöse Berichte über Differenzen zwischen der Wehrmacht und der Partei berechtigten zur Hoffnung, daß sich die Lage innerhalb einiger Jahre grundlegend ändern könnte.
Daraus ergab sich das außenpolitische Konzept: Deutschland keinen Vorwand zu einem Gewaltstreich gegen Österreich zu geben, Österreich aber aus dem Kielwasser der deutschen Außenpolitik herauszuhalten und ein möglichst weitgehendes Engagement der Westmächte für die österreichische Unabhängigkeit zu erreichen. Die Ablehnung, aus dem Völkerbund auszutreten und dem Antikomintern-Pakt beizutreten, zeigt, daß Österreich eine unabhängige Außenpolitik geführt hat. Die Bedeutung dieser Entscheidungen wird heute nicht genug bedacht. Denn wenn Österreich in diesen Fragen der deutschen Linie gefolgt wäre, hätte es nicht zur Moskauer Deklaration des Jahres 1943, derzufolge Österreich als befreites Land zu behandeln ist, kommen können.
Gesandter Berger-Waldenegg berichtete am 13. Oktober 1936 über den bevorstehenden Besuch des italienischen Außenministers Ciano in Berlin: »Graf Ciano geht gewiß nicht hin mit der Absicht, sich von der deutschen Sturmpolitik einfangen zu lassen, im Gegenteil, er hofft, dort mäßigend zu wirken im Sinne einer konzilianteren, den Frieden Europas weniger bedrohenden Politik. Ob ihm das gelingt oder ob nicht er von der deutschen Dynamik beeinflußt wird, läßt sich heute noch nicht sagen. Jedenfalls ist es gut und weise eingerichtet, daß Mussolini das letzte Wort hat... Wir können auf die Freundschaft unbedingt rechnen ... Die Politik Mussolinis war stets eine den gegebenen Tatsachen Rechnung tragende, sie ist es auch heute geblieben. Sie stagniert auch nicht, sie entwickelt sich fortlaufend und logisch. Diesem Gedanken trägt auch der Wechsel Rechnung, der von Zeit zu Zeit an leitenden Stellen vorgenommen wird. Ein Beispiel dafür ist der Wechsel Suvich – Ciano. Ersterer, von ungeheurem Mißtrauen gegen den Nationalsozialismus erfüllt, konnte sich eine Erhaltung des unabhängigen Österreichs gewissermaßen nur im Kampfe gegen das nationalsozialistische Deutschland vorstellen, während letzterer, der dem Gedankengange des Dritten Reiches sympathischer gegenübersteht, es sich zutraut, die Garantie für Österreich gerade im Einvernehmen mit Deutschland aufrechtzuerhalten. Daß über die österreichische Frage in Berlin viel und gründlich gesprochen werden wird, ist sicher...«

In der Zeit vom 11. bis 12. November 1936 war Ciano dann anläßlich einer Konferenz der Signatarmächte der Römischen Protokolle in Wien. Es war nicht zu übersehen, daß »er von der deutschen Dynamik beeinflußt« war.
In einer Analyse der deutsch-italienischen Beziehungen führte Gesandter Berger-Waldenegg am 24. Oktober 1936 aus: »Im Verlauf der letzten zwei Jahre hat man hier die Überzeugung gewonnen, daß ein Sturz des Regimes in Deutschland für das italienische Regime Mussolinis bedrohlich werden könnte. Man war sich daher klar, daß man das nationalsozialistische System letzten Endes stützen müsse. Die Schwierigkeit war die österreichische Frage, die eine Kluft zwischen Rom und Berlin geschaffen hatte. Die Anwendung der Sanktionen durch die Westmächte hatte in die Entente mit Frankreich einen Riß gemacht. Der großartige Erfolg in Afrika und die gehässige englische Politik hatten hier die Überzeugung verstärkt, daß Italien bei einer weiteren Entwicklung in der Richtung des Imperiums immer auf den Widerstand Englands und damit auch auf jenen des völlig unter den Einfluß Englands geratenen Frankreich stoßen werde und daß man sich daher anderswo um Hilfe umsehen müsse ... Was stand aber im Wege? Eigentlich nur die österreichische Frage.
Man zögerte anfangs vielleicht, die österreichische Frage via Berlin zu bereinigen, weil gerade sie – und das war die Politik Suvichs – das gemeinsame Bindeglied mit dem Westen war. Mit dem Schutze Österreichs hatte Italien sozusagen den Segen der Westmächte erhalten, die gezwungen waren, im Interesse ihrer Politik in Zentraleuropa Italien so manches angehen zu lassen. Vielleicht wäre die Haltung von Frankreich, England und des Genfer Areopages in der abessinischen Frage energischer gewesen, wenn Italien nicht aus seiner Stellung als Garant Österreichs den Vorteil der Unentschlossenheit der anderen für sich gehabt hätte.
Die Politik Cianos hat aber dann der veränderten Lage Rechnung getragen. Der Gewinn in Afrika war dank der schwachen Haltung der westlichen Demokratien eingeheimst, und man hatte das mit juristischen Spitzfindigkeiten und leeren Worten in Genf sich bekämpfende Europa mit der Schaffung des italienischen Volksheeres auf breitester Basis überrascht, nun war der Weg frei, die österreichische Frage über Berlin zu lösen.
Der sanfte Druck Roms auf Berlin setzte ein, seine Wirkung dadurch erleichternd, daß man sich in Berlin darüber klar geworden war, daß die Bluffs à la Rheinlandbesetzung, allgemeine Wehrpflicht usw. nicht ewig dauern können und daß auch Deutschland jetzt einen Verdauungs- und Entwicklungsprozeß zu absolvieren hätte, in dem ihm eine fest fundierte Stütze vonnöten wäre.
Es kam der Akkord vom 11. Juli zustande, die österreichische Frage, soweit sie sich als trennende Wand zwischen Rom und Berlin gestellt hatte, war beseitigt. Und der Weg lag frei. Dieser Weg wird nun systematisch geebnet und

verbessert. Er ist in den letzten Wochen zur Heeresstraße geworden, auf der reichlichst hin und her gefahren wird. Es vergeht kaum eine Woche, in der nicht ein italienisches Regierungsmitglied oder ein hoher Funktionär Italiens in Deutschland begeisterten Empfang erfährt, es vergeht kaum ein Tag, wo nicht irgendeine deutsche Organisation Vertreter nach Italien entsendet. Auch hier werden die Empfänge immer wärmer. Die Note der Betonung der Gemeinsamkeit der faschistischen Weltauffassung dominiert bei allen diesen Zusammenkünften.
Ich komme nun auf das zurück, was ich eingangs sagte, noch fehlt der Herzenston – von drüben wie von herüben –, soweit ich es in Rom beurteilen kann, auch die richtige Wärme. Man bewundert sich, achtet sich, man schätzt sich, aber man liebt sich nicht . . .«

Ein am 19. und 20. November 1936 durchgeführter Besuch des Staatssekretärs Dr. Guido Schmidt in Berlin schien einen vorsichtigen Optimismus hinsichtlich der Tragfähigkeit des Juliabkommens für die nächste Zeit zu rechtfertigen. Hitler unterstrich die Möglichkeit eines Nebeneinander zwischen dem österreichischen und dem deutschen Wesen und erklärte ehrenwörtlich, vom Putsch des Juli 1934 nicht vorher informiert gewesen zu sein. Die in bezug auf den Völkerbund gemachte Feststellung des Staatssekretärs, daß Österreich das Tor nach dem Westen offen halten müsse, blieb unwidersprochen. In einer im engsten Kreis – Göring, Papen, Schmidt und ich – geführten Aussprache brachte Papen Beschwerden wegen angeblicher Verletzungen des Juliabkommens durch Österreich vor. Göring akzeptierte aber gut gelaunt die brillanten Erwiderungen Schmidts. Denn damals war ein Gewaltstreich gegen Österreich nicht aktuell. Daher war kein Vorwand erforderlich. Freilich zeigte der spätere Reichsmarschall auch seine Pranken. In seinem Arbeitszimmer war die ganze Wand gegenüber dem Schreibtisch mit einer Karte des Deutschen Reiches bedeckt. Mit eiserner Stimme erklärte er dazu: »Wenn ich auf diesen Knopf drücke, so leuchten auf der Karte die Standorte der Jagdgeschwader auf, wenn ich auf diesen Knopf drücke, so sind es die Bombengeschwader.« – Pause. Und dann crescendo – »und wenn ich auf diesen Knopf drücke, so steigen zahllose Maschinen auf, und jeder Pilot weiß wohin«.
Alarmierend war dann der Gegenbesuch des deutschen Außenministers von Neurath in Wien im Jänner 1937, der Anlaß zu virulenten Nazidemonstrationen gab. Der erste Punkt im Gesprächsprogramm Neuraths war die Habsburgerfrage. Er erklärte, daß die Restauration für Deutschland ein Casus belli wäre.

Im Jänner 1937 hatte Göring vor und nach einem privaten Aufenthalt in Capri Aussprachen mit Mussolini und Ciano. Aufgrund der von Ciano erhaltenen Informationen berichtete Gesandter Berger-Waldenegg am 19. Jänner 1937, »... daß Göring bei einer Besprechung beim Duce auf Österreich zu sprechen gekommen ist. Er hat ausdrücklich betont, daß er theoretisch und akademisch spreche und daß er seine persönliche Auffassung zum Ausdruck bringe. Dabei hat er den Gedanken entwickelt, daß der Zustand, daß ein Sechs-Millionen-Volk deutscher Rasse vor dem Tore Deutschlands steht, ohne Einlaß zu erhalten, direkt gegen jede nationale Moral ist. Er begegnete bei seinen Ausführungen dem Schweigen des Duce und Cianos. Und als er dann gewissermaßen den Duce um seine Auffassung fragte, erwiderte dieser ziemlich knapp, daß die italienische Politik am Zusammenarbeiten mit dem Deutschen Reiche, aber auch am Akkord vom 11. Juli festhalten will. Göring brach darauf das Gespräch ab und ließ später durch eine dritte Person andeuten, daß er diese Konversation als nicht erfolgt anzusehen bitte. Im weiteren Verlauf der Gespräche hat er noch mit Bedauern erwähnt, daß man in Österreich die nationalen Elemente in einer Art und Weise verfolgt, die dem Geiste des Juliakkords nicht entspricht...«

In dem Bericht über ein Gespräch mit Ciano vom 30. Jänner 1937 hieß es dann: »In der Frage Österreich, meinte mein Mitredner, hätte Göring entschieden den Rückzug angetreten und aufgrund meiner ihm durch den deutschen Geschäftsträger gegebenen Entkräftigungen auch seine Behauptungen ziemlich fallen gelassen. In dieser Hinsicht hätte sich Göring sehr loyal benommen ... und zuletzt hätte er überhaupt nur im allgemeinen über die wenig freundschaftliche Interpretation des Juliakkords in Österreich geklagt... Der Herr Außenminister sagte mir dann noch, der Duce und er hätten bezüglich Österreich von Göring zwei bindende Zusagen erhalten:

Erstens werde Deutschland den Akkord vom 11. Juli respektieren, solange Österreich danach handeln werde.

Zweitens werde Deutschland – falls es seine Haltung gegenüber Österreich ändern müßte – die italienische Regierung jedenfalls hiervon in Kenntnis setzen. Ein Fall sei von Haus aus ausgenommen, es sei dies der einer eventuellen Restauration. In diesem Falle würde Deutschland sofort einmarschieren.

Graf Ciano zeigte sich über die beiden ersten Zusagen hoch befriedigt und meinte nur, wir müßten jetzt unter allen Umständen den Akkord vom 11. Juli peinlichst genau einhalten. Denn der Duce und er hatten Göring nicht im unklaren gelassen, daß eine der Säulen der italo-deutschen Freundschaft gerade dieser Juliakkord ist...«

Konnte dem italienischen Außenminister nach Görings Kritik an der Durchführung des Juliabkommens durch Österreich die Wertlosigkeit seiner »bindenden Zusagen« entgangen sein? War die an Österreich gerichtete Mahnung, das Juliabkommen »peinlichst genau« einzuhalten, schon ein Alibi im Hinblick auf vorausgesehene Entwicklungen? Daß Italien nach wie vor an der österreichischen Unabhängigkeit interessiert war, steht außer Frage. Es

war aber politisch und wirtschaftlich so tief in die Abhängigkeit von Deutschland geraten, daß es gute Miene zum bösen Spiel machen mußte. Ein Bericht vom 15. April 1937 zeigte ein deutliches Abrücken von Österreich. Dort hieß es, man sei in Rom über Demokratisierungstendenzen in Österreich verärgert und betrachte »jede Vertiefung der Beziehungen zwischen Prag und Wien mit Mißtrauen«.
Eine Woche später war es dann soweit. Bei der Begegnung Schuschniggs mit Mussolini am 22. und 23. April 1937 in Venedig zeigte sich ein beunruhigender Wandel in der Haltung Italiens. Mussolini mahnte Österreich, sich an das Juliabkommen zu halten, weil er im Moment nicht faktisch helfen könne. Er warnte vor Restaurationsbestrebungen und richtete heftige Angriffe auf Prag, die auf österreichischer Seite keine Zustimmung fanden. Ciano ließ erkennen, daß Italien an einem Pufferstaat Österreich nicht mehr interessiert sei, und überreichte Schmidt ein Memorandum der österreichischen Nationalsozialisten, in dem diese den Eintritt in die Regierung verlangten. Mit besonderem Nachdruck empfahl Ciano, der Staatssekretär sollte bei seiner bevorstehenden Reise zu den Krönungsfeierlichkeiten nach London darauf achten, Deutschland nicht zu reizen. Mussolini besuchte während des Aufenthalts des Bundeskanzlers mit lautstarker Publizität ein deutsches KdF-Schiff und verließ Venedig noch vor seinem Gast. Beides konnte nur als Geste an Deutschland verstanden werden.
In vertraulichem Gespräch sagte Schmidt: »Die Wacht am Brenner ist gewesen.« Aber jetzt mußte Österreich gute Miene zum bösen Spiel machen. Denn bei den Bemühungen der Westmächte um eine Annäherung an Deutschland – wobei England der werbende Teil war und Deutschland sich bitten ließ – gab es keine Alternative zu den Römischen Protokollen und dem Juliabkommen. Im Kommuniqué hieß es: »Die beiden Regierungschefs stellten mit Genugtuung die vollkommene Übereinstimmung der Auffassungen der beiden Regierungen fest.«

Am 28. Mai 1937 hielt der britische Botschafter in Berlin, Sir Neville Henderson, eine Ansprache in der deutsch-englischen Gesellschaft. In Anwesenheit mehrerer Reichsminister, des Reichsführers SS Himmler, des Reichsleiters Rosenberg und zahlreicher weiterer Persönlichkeiten sagte er über die zwischen England und Deutschland herrschenden Mißverständnisse: »In England beispielsweise machen sich viel zu viele Leute eine ganz falsche Vorstellung von dem, was das nationalsozialistische Regime wirklich darstellt. Sonst würden sie nämlich weniger Nachdruck auf die nationalsozialistische Diktatur legen und dem großen Sozialexperiment, das in Deutschland unternommen wird, weit mehr Bedeutung beimessen. Sie würden nicht nur weniger kritisieren, sondern könnten einige nützliche Lehren daraus ziehen ... England will Deutschland nichts in den Weg legen ...«

Am 29. Mai 1937 kam es zu einem Gespräch zwischen dem österreichischen Gesandten Tauschitz und Henderson. Nach Tauschitz' Darstellung hat Henderson zum Österreichproblem gesagt, »daß er sich in diese Streitfrage vor allem gar nicht einmischen wolle, daß er aber die Selbständigkeitsbestrebungen Österreichs, das doch genau so deutsch sei wie Deutschland, nie recht begriffen habe... England habe das größte Interesse an der Aufrechterhaltung des Friedens in Europa, und es wäre seine Meinung, daß sich die Sache vereinfachen würde, wenn das ein Staat wäre...«
Am 26. Juni bat Henderson den österreichischen Gesandten um eine Aussprache, weil der britische Gesandte in Wien über seine von Tauschitz weitergegebenen Äußerungen »sehr aufgeregt sei«. Henderson erklärte im Verlauf dieser Aussprache, ... »daß er dies wohl gesagt haben kann, daß es aber nicht so aufgefaßt werden darf, als ob dies sein Wunsch wäre, und schon gar nicht, daß er etwa dies den Deutschen sagen würde. Er wolle strikte die Auffassung seiner Regierung vertreten, die auch einen Zusammenschluß Österreichs und Deutschlands nicht will, denn das würde eine England absolut unerwünschte Stärkung Deutschlands bringen. Gegen eine evolutionäre Entwicklung könne man nicht ankämpfen; wenn somit der Zusammenschluß von sich selbst kommen würde, so könne man ihn nicht verhindern... Er bitte mich [Tauschitz], meiner Regierung mitteilen zu wollen, daß er keine Veränderungen im Donauraum wünsche und in der österreichischen Frage nur die Politik seiner Regierung machen werde, die ein selbständiges Österreich wolle.«
Und doch sagte Henderson im November 1937 bei einem Empfang im Berliner Aero-Club in Anwesenheit des Gesandten Tauschitz zu Staatssekretär Schmidt: »Ich begreife nicht, was Sie wollen. Sie sind doch Deutsche.«
Diese eigenwilligen Äußerungen des Botschafters entsprachen nicht der Politik der britischen Regierung, wohl aber der durch einflußreiche Zeitungen genährten Ansicht des überwiegenden Teiles der öffentlichen Meinung. Der österreichische Gesandte in Belgrad, Lothar Wimmer, bekam von Lord Salisbury zu hören: »Was wollen Sie allein? Warum machen Sie nicht den Anschluß?«

Zu dem Rat Mussolinis, bei dem Mitte Mai bevorstehenden Besuch des Staatssekretärs in London darauf zu achten, Hitler nicht zu reizen, kam eine identische Empfehlung von Beneš. Andererseits war es wegen der geänderten Haltung Italiens dringendst geboten, die Bemühungen um die Unterstützung seitens der Westmächte zu intensivieren. Der Staatssekretär ging also einem schwierigen Balanceakt entgegen.
In London fand Schmidt ungewöhnlich viel Beachtung. Während die meisten der zahlreich zur Krönung König Georgs VI. (12. Mai 1937) angereisten Persönlichkeiten von Außenminister Eden, wenn überhaupt, höchstens zu

einem kurzen Höflichkeitsbesuch empfangen wurden, kam der designierte Ministerpräsident Chamberlain zu einem Mittagessen und einem Abendempfang in die österreichische Gesandtschaft, um sich mit Schmidt eingehend auszusprechen; außerdem nahm sich Eden die Zeit, an einem vom ständigen Staatssekretär im Foreign Office, Vansittart, zu Ehren des österreichischen Besuches gegebenen Arbeitsessen teilzunehmen. Ferner dauerte eine Aussprache mit dem Lord Präsidenten des Geheimrates, Halifax, der als Befürworter der Annäherung an Deutschland galt, eine volle Stunde. Das waren deutliche Anzeichen für das Interesse, das die britische Regierung an Österreich hatte. Schmidt wurde über die von einer gigantischen Aufrüstung begleiteten Bestrebungen um eine Verständigung mit Deutschland informiert und erhielt die Zusicherung, daß Großbritannien bei den Westpaktverhandlungen mit Frankreich, Deutschland und Italien das britische Interesse an der Wahrung der österreichischen Unabhängigkeit betonen werde. Gesandter Frankenstein berichtete, dies sei das absolute Maximum des Erreichbaren gewesen.
Sowohl in London als auch bei einem anschließenden offiziellen Besuch des Staatssekretärs in Paris zeigte es sich, daß beide Mächte die Sicherung der österreichischen Unabhängigkeit nur im Zuge einer umfassenden Einigung mit Deutschland für möglich hielten. Sachlich stimmte die Haltung der Westmächte also überein. Auch in Paris wurde dem Staatssekretär größte Sympathie für Österreich und Interesse an der Erhaltung seiner Unabhängigkeit versichert, jedoch mit der Einschränkung, daß die Möglichkeit einer Garantie nicht gegeben sei. Die Westmächte stimmten auch in dem Rat überein, Österreich dürfe Hitler nicht reizen. Daraus ergab sich die Notwendigkeit, diese diplomatischen Kontakte möglichst geräuschlos abzuwickeln. Aber allein schon die freundschaftliche Atmosphäre und die außergewöhnlich gute Presse, die den Pariser Besuch des Staatssekretärs kennzeichneten, führten zu kritischen Kommentaren in den deutschen Zeitungen.

Im September 1937 ließ der französische Außenminister Delbos nach einer Rundreise durch Mitteleuropa dem Staatssekretär sagen, daß eine europäische Solidarität im Falle eines deutschen Angriffes auf Österreich nicht zu erwarten sei. Alle hatten Angst. Was halfen da gute bilaterale Beziehungen?
Mussolinis aggressive Haltung gegenüber der Tschechoslowakei war eine Kehrtwendung der italienischen Außenpolitik. Noch im Kommuniqué über die am 17., 18. und 19. November 1934 in Rom geführten Besprechungen zwischen Schuschnigg und Mussolini hatte es geheißen, »... daß die Vereinbarungen zwischen den drei Staaten (Österreich, Italien und Ungarn) keinen ausschließenden Charakter haben und sich auf andere Staaten ausdehnen lassen«. Denn auch Mussolini hätte damals die Einbindung der Tschechoslowakei in den Dreierpakt gerne gesehen. Das Projekt scheiterte daran, daß Ungarn nur um den Preis von Grenzberichtigungen für Verhandlungen mit der

Tschechoslowakei zu haben gewesen wäre. So blieb es bei freundschaftlichen bilateralen Kontakten zwischen Österreich und der Tschechoslowakei, wobei diese es aber ängstlich vermied, sich gegen Deutschland zu exponieren. Schon in einem nach der Machtergreifung Hitlers und dem NS-Wahlsieg vom 5. März 1933 gehaltenen Exposé des tschechoslowakischen Außenministers Beneš hieß es: »Wir wollen mit dem heutigen Deutschland in dem gleichen Freundschaftsverhältnisse leben, in dem wir mit dem Deutschland Stresemanns gestanden sind.« Im April 1933 erklärte Beneš dem österreichischen Gesandten Marek, er habe Mussolini sagen lassen, daß es sich in der Anschlußfrage in erster Linie um ein italienisches Interesse handle und von Prag aus nichts in dieser Frage unternommen werde. Und Ende 1933 hieß es in einem Exposé des Außenministers über die Spannungen zwischen Österreich und Deutschland: »Wir haben nicht die Absicht, uns in dieser Frage einzumischen.«

Jugoslawien segelte im deutschen Fahrwasser. Ministerpräsident Stojadinovic sagte zu Hitler, er betrachte alle Probleme Österreichs als eine interne Angelegenheit Deutschlands. Polen dachte nur daran, den Frieden mit Deutschland um jeden Preis zu erhalten.

Diesen Zeugnissen hilfloser Schwäche stand nur die Hoffnung auf Wiederherstellung des europäischen Gleichgewichts durch die britische Aufrüstung gegenüber. Also: Zeit gewinnen.

Die laute Naziminderheit in Österreich wurde immer aggressiver und ihre massive Unterstützung seitens Deutschlands immer deutlicher. Schuschnigg hatte »den Eindruck, daß mit Göring immer noch am leichtesten zu reden« sei. Er beauftragte Schmidt, mit ihm Fühlung zu nehmen. Die schriftlich und im September 1937 in Karin Hall und im November 1937 im Rahmen der Berliner Jagdausstellung mündlich geführten Verhandlungen konnten aber die sachlichen Gegensätze nicht bereinigen.

Schmidt war nicht der einzige, der den Besuch der Berliner Jagdausstellung zu politischen Gesprächen nützte. Halifax hatte am 18. November eine Unterredung mit Neurath und am 19. November eine fünf Stunden lange Aussprache mit Hitler. Am 24. November gab Gesandter Tauschitz widersprüchliche Informationen über diese Begegnungen wieder. Ziemlich sicher schien nur, daß Halifax aus eigener Initiation gekommen und in Berlin mit selbstbewußter Zurückhaltung empfangen worden sei. Am 25. November erklärten Chamberlain im Unterhaus und Halifax im Oberhaus, daß dessen Besuch privat gewesen sei. Sie lehnten Auskünfte über seine Gespräche wegen deren Vertraulichkeit ab. Umso eifriger wurden Gerüchte herumgereicht. Gesandter Frankenstein berichtete am 22. November: »Mitteilungen zufolge, die verläßliche Journalisten der Gesandtschaft machten, hat Hitler direkt an Lord Halifax die Frage gerichtet, ob Großbritannien sich nicht an dem Ausgleich zwischen Deutschland und Österreich desinteressieren könnte, worauf der britische Staatsmann ausweichend geantwortet habe. Den gleichen Quellen zufolge sollen Sir John Simon und Sir Samuel Hoare für ein Entgegenkommen an Deutschland in diesem Sinne eintreten, während Eden, dessen Stellung nicht mehr so stark sei wie früher, und die meisten anderen Regierungsmitglieder eine solche Nachgiebigkeit ablehnen. Diese Nachrichten bedürfen natürlich der Überprüfung ...« Gesandter Tauschitz meldete am 27. Jänner 1938: »In einem meiner letzten Gespräche mit Neurath äußerte sich der Reichsaußenminister, daß ihm die Engländer gesagt hätten, sie würden für die Vorbereitung einer Fortsetzung der deutsch-englischen Besprechungen noch längere Zeit benötigen. Er hätte geantwortet, daß er keine Eile habe und warten könne. Demgegenüber stoße ich in hiesigen diplomatischen Kreisen auf die Meinung, daß die deutsch-englischen Gespräche nicht weitergingen, weil Hitler Halifax keine befriedigende Erklärung, Mitteleuropa, insbesonders Österreich betreffend, abgegeben habe und Deutschland auch jetzt nicht bereit sei, eine solche abzugeben ...«

Am 22. November 1937 berichtete Gesandter Frankenstein über die Haltung einflußreicher Zeitungen zum Österreichproblem: »Mr. Garvin hat im ›Observer‹ eine Artikelserie veröffentlicht, in der er für die volle Verständigung zwischen Großbritannien und Deutschland eintritt, weil sie der Schlüssel zum Weltfrieden sei ... Die Eingliederung Österreichs in irgendein System engerer Einheit mit den anderen Deutschen sei nicht weniger natürlich und unvermeidlich als der Zusammenschluß der deutschen Staaten unter Bismarcks Führung. Ohne eine Wiedervereinigung mit der Masse ihres Volkes hätten die Österreicher keine große und sichere Zukunft. Diese bedeutungsvolle Frage müsse zwischen den Deutschen selbst entschieden werden. Großbritannien habe damit nichts zu tun. Es wäre ein Wahnsinn, sich da einzumischen, und unter keinen Umständen würde die britische Regierung wegen Österreich in den Krieg ziehen.
Der ›Manchester Guardian‹ veröffentlicht heute einen Bericht seines diplomatischen Korrespondenten in Berlin, in dem dieser erklärt, Frankreich könne und wolle gegen eine friedliche Aufsaugung Österreichs durch Deutschland nicht intervenieren. Großbritannien sei an der österreichischen Frage nicht vital interessiert ...«
Dazu bemerkte Frankenstein: »Es kann kein Zweifel bestehen, daß Garvins These derzeit seitens der weit überwiegenden Mehrheit der Bevölkerung – wenn diese befragt würde – Billigung fände ... Im Foreign Office hingegen wurde mir gesagt, daß Großbritannien sich als Großmacht auf dem Kontinente nicht desinteressieren könnte. Was angestrebt werde, sei eine Verständigung mit Deutschland, die die Gewähr einer längeren Dauer in sich trüge. Nur im Interesse einer solchen Verständigung wäre Großbritannien zu Op-

fern in der Kolonialfrage bereit. Ich habe keinen Grund zu zweifeln, daß die Zusage, die Mr. Eden Ihnen, Herr Staatssekretär, bei unserem Frühstücke bei Vansittart machte, eingehalten werden wird. Hiesige Politiker sagten mir, wenn auch die britische Regierung auf die öffentliche Meinung weitgehend Rücksicht nehmen muß, so sei es anderseits aus Erfahrung bekannt, daß es ihr auch gelingen könne, die Bevölkerung umzustimmen und zum Mitgehen zu bewegen ...«

Als Schmidt mit Göring und Halifax mit Hitler verhandelten und als die Zeitungen sich mit dem Problem befaßten, war das Schicksal Österreichs schon entschieden. Im »Hossbach-Protokoll«, einer »Niederschrift über die Besprechung in der Reichskanzlei am 5. November 1937« heißt es: »Der Führer führte sodann aus: Zur Lösung der deutschen Frage könne es nur den Weg der Gewalt geben, dieser könne niemals risikolos sein ... Stelle man an die Spitze der nachfolgenden Ausführungen den Entschluß zur Anwendung von Gewalt unter Risiko, dann bleibe noch die Beantwortung der Frage ›wann‹ und ›wie‹ ... Es sei sein unabänderlicher Entschluß, die deutsche Raumfrage zu lösen ... In jedem Fall einer kriegerischen Verwicklung müsse unser erstes Ziel sein, die Tschechoslowakei und Österreich niederzuwerfen ...
Die Einverleibung der Tschechoslowakei und Österreichs könne den Gewinn von Nahrungsmitteln für fünf bis sechs Millionen bedeuten, unter Zugrundelegung, daß eine zwangsweise Emigration aus der Tschechoslowakei von zwei, aus Österreich von einer Million Menschen zur Durchführung gelänge.«

Am 4. Februar 1938 führte Hitler ein drastisches Revirement in Diplomatie und Wehrmacht durch. Reichsaußenminister Neurath wurde durch Ribbentrop ersetzt. Die Botschafter in Wien, Rom und Tokio wurden abberufen, und 30 Generäle wurden ausgewechselt. Papen mußte Knall und Fall abreisen, kam aber am 8. Februar in einer Sondermission wieder. Er brachte Schuschnigg die Einladung Hitlers zu einer persönlichen Aussprache. Schuschnigg und Schmidt waren sich der Risken einer solchen Begegnung bewußt, aber auch der Unmöglichkeit, sie abzulehnen. Das hätte Hitler den Vorwand gegeben, zu handeln anstatt zu reden. Nachdem Papen die von Schuschnigg geforderten Vorbedingungen – Festlegung der Gesprächsthemen, Zusicherung, daß das Juliabkommen unverändert in Kraft bleiben werde – im Auftrag Hitlers angenommen hatte, nahm Schuschnigg die Einladung nach Berchtesgaden an.
Am Berghof empfing ihn Hitler flankiert vom Chef des Oberkommandos der Wehrmacht, Keitel, dem General der Artillerie, von Reichenau, und dem General der Flieger, Sperrle. Zu Verhandlungen kam es überhaupt nicht. Statt dessen: wütende Beschimpfungen und ein Diktat unter Androhung militäri-

scher Gewalt. Erst nachdem Hitler General Keitel gerufen hatte, nahm Schuschnigg dieses Diktat an. Schmidt konnte von Ribbentrop noch gewisse Milderungen erreichen. Aber es blieb beim Wesentlichen. Das Diktat bedeutete: freie Bahn für den Nationalsozialismus in Österreich.
Das geschah in Berchtesgaden am 12. Februar 1938. Dann überstürzten sich die Ereignisse. Schuschnigg mußte sich verpflichten, die wegen Terrorakten inhaftierten Nazis freizulassen und Nazis in die Regierung zu nehmen. So wurde Seyß-Inquart Innenminister. Gleichzeitig berief der Bundeskanzler aber auch einen Sozialdemokraten in das Kabinett und entließ die noch vom Bürgerkrieg her verhafteten Sozialdemokraten, um die Versöhnung mit der Sozialdemokratie einzuleiten. Frühere Versuche waren daran gescheitert, daß die Regierung nicht mit den richtigen Männern gesprochen hatte. Jetzt klappte es.
Am 20. Februar hielt Hitler die in Berchtesgaden angekündigte Reichstagsrede. Er beklagte das Los der zehn Millionen Deutschen, die an einer Vereinigung mit dem Mutterland gehindert und wegen ihrer Verbundenheit mit dem Gesamtvolk verfolgt würden. Dies bezeichnete er als auf die Dauer für eine Großmacht unerträglich.
Gleichfalls am *20. Februar* demissionierte der britische Außenminister Eden wegen ernster Differenzen mit dem Premierminister Chamberlain. Halifax, der ebenso wie Chamberlain auf Verständigung mit Hitler ausgerichtet war, wurde mit der Leitung des Foreign Office betraut.
In diesen Tagen sagte der amerikanische Geschäftsträger in Wien, John Wily, zu Schmidt, daß seine Regierung »tiefes und ehrliches Interesse am Wohlergehen Österreichs habe«. Die USA hofften, daß die österreichische Regierung »jeder Bedrohung ihrer Unabhängigkeit kraftvoll widerstehen« werde. Doch diese Erklärung trug ihm aus Washington eine scharfe Rüge ein. Der amerikanische Außenminister Cordell Hull telegrafierte: »Ich bin besorgt über die Erklärung, die Sie ... Schmidt gegenüber gemacht haben ... In Zukunft sollen Sie sorgfältig vermeiden, irgendwelche Erklärungen abzugeben, die auch nur irgendwie dahingehend gedeutet werden könnten, daß diese Regierung sich in Fragen rein europäischer Natur einmische oder daß sie an der Entscheidung solcher Fragen auch nur indirekt teilhabe.« Der französische Premierminister Camille Chautemps wieder sagte zum amerikanischen Botschafter William Bullit, er sehe einer deutschen Annektion Österreichs »mit ziemlichem Gleichmut entgegen«.
Bei dem mißglückten Naziputsch des Jahres 1934 hatte es sich gezeigt, daß sich in Österreich das Ja zu Deutschland in ein Nein zum Nationalsozialismus gewandelt hatte. Jetzt wurde klar, daß bei den Alliierten das Nein zum Anschluß an das demokratische Deutschland einem Meinetwegen zur Annexion durch das Dritte Reich gewichen war. Sie konnten nicht anders, weil sie im Jahre 1938 ebensowenig politisch und militärisch aktionsfähig waren wie

1934. Deshalb mußten sie Österreich und im gleichen Jahr die Tschechoslowakei ihrem Schicksal überlassen.
Unter dem Eindruck neuer, über das Berchtesgadener Diktat hinausgehender Forderungen Hitlers und offener, von Deutschland gesteuerter Naziumtriebe kam Schuschnigg zum Entschluß, durch eine Volksabstimmung eine klare Entscheidung herbeizuführen, deren positiver Ausgang durch die Einigung mit den Sozialdemokraten gesichert war.
Schuschnigg wollte Mussolini über Berchtesgaden und seinen Entschluß, eine Volksabstimmung zu machen, persönlich informieren lassen. Da der Weg des Gesandten über den Außenminister ging, betraute er den Militärattaché Dr. Emil Liebitzky, der zu Mussolini in seiner Funktion als Heeresminister direkten Zugang hatte, mit dieser Mission. Dazu Liebitzky: »Ich wurde nach Wien berufen und erhielt von Schuschnigg eine Darstellung der Berchtesgadener Ereignisse, mit dem Auftrag, diese so rasch als möglich Mussolini zu unterbreiten und ihn zu fragen, was Österreich in dieser schweren Lage von Italien zu erwarten habe. (Der Kanzler gab auch seiner Ansicht Ausdruck, daß er mit einer bewaffneten Hilfe nicht mehr rechne.) Ich begab mich sofort nach Rom, ließ mich bei Mussolini melden und unterbreitete ihm die Darstellung über Berchtesgaden. Mussolini zeigte sich, entgegen seiner sonstigen Ruhe, außerordentlich betroffen und fuhr mehrmals erregt auf. Als ich erwähnte, daß ein gewaltsamer Eingriff zu befürchten sei, rief er: ›Das werden sie (die Deutschen) nicht tun; wir haben das Ehrenwort Görings!‹ Er schien von dessen Versicherungen noch etwas zu halten. Am Ende meiner Darlegungen zollte er Bundeskanzler Schuschnigg zunächst Bewunderung für dessen harten Kampf. Dann warnte er vor der Volksabstimmung und meinte, sie sei gefährlich. Gehe sie gut aus, so würde sie Hitler nicht anerkennen, andernfalls hätte sie ohnehin keinen Wert. Immerhin gab Mussolini der Meinung Ausdruck, daß eine unmittelbare Gefahr nicht bestehe und die militärischen Vorbereitungen möglicherweise nur ein Bluff seien. Er stellte in Aussicht, die italienische Regierung werde eine Erklärung vor der Kammer abgeben, daß Italien für Österreich eintrete.
Meinem Empfinden nach dürfte Mussolini damals nicht mehr in der Lage gewesen sein, allzuviel zu unternehmen und sich gegenüber Deutschland zu einer energischen Aktion aufzuraffen. Mit diesem Ergebnis flog ich zurück nach Wien ...«
Schuschnigg war aber bereits in Innsbruck, wo er die Volksabstimmung ankündigen wollte. Schmidt teilte ihm den Bericht Liebitzkys sofort telefonisch mit. Aber es war zu spät. Schuschnigg konnte nicht mehr zurück.
General Jodl vermerkte am Abend dieses 9. März in seinem Tagebuch: »Schuschnigg hat einen Volksentscheid angeordnet, der ohne planmäßige Vorbereitung einen hohen Sieg der Legitimisten ergeben soll. Der Führer ist entschlossen, das nicht zu dulden. – Er will der österreichischen Regierung ein Ultimatum übermitteln. Fall Otto vorbereiten.«

»Operation Otto« hieß der Generalstabsplan für die Okkupation Österreichs. Am 10. März demissionierte Chautemps, Frankreich war ohne Regierung.
Am 11. März unterzeichnete Hitler den Befehl Nr. 1, »Operation Otto«: »Wenn andere Maßnahmen sich als erfolglos erweisen, beabsichtige ich mit bewaffneten Kräften in Österreich einzufallen, um verfassungsmäßige Zustände herzustellen . . .«
Gleichzeitig informierte er Mussolini schriftlich und verpflichtete sich in aller Form, die Brennergrenze zu respektieren. Der Brief sollte vom Schwiegersohn des Königs von Italien, dem Prinzen Philipp von Hessen, sofort überreicht werden.
An diesem 11. März wurde der Außenminister in aller Früh durch die Meldung geweckt, daß die an der deutschen Südgrenze stationierten Truppen mobilisiert würden. Schmidt beauftragte die Gesandten Hornbostel und Hoffinger, sogleich mit den maßgeblichen Staatskanzleien Fühlung aufzunehmen und die Situation darzulegen.
Die vom Außenamt ausgesandten Hilferufe führten dazu, daß Frankreich und England einen diplomatischen Schritt in Berlin zusagten, wenn Italien mithielte. In Rom wurde aber erklärt, daß die italienische Regierung im Augenblick nicht in der Lage sei, sich zu den Ereignissen zu äußern.
Österreich war der Vergewaltigung ausgeliefert.

»Großfeuer an der südlichen Stadtgrenze«, meldete am 25. Jänner gegen acht Uhr abends der Türmer von St. Stephan seiner vorgesetzten Dienststelle, der Feuerwehrzentrale. Er hatte ausgemacht, was auch alle Wiener gesehen hatten, ja was über ganz Österreich beobachtet worden war an diesem Winterabend 1938: Einen gewaltigen, glutroten, walzenförmigen Streifen am Firmament, »der sich bald im Halbkreis vom Bisamberg über die Höhen des Wienerwalds bis in das Wiental gegen Purkersdorf zu erstreckte. Aus der Lichterscheinung zuckten radial fahlgelbe Leuchtstreifen, die später verblaßten.«

Was eine Wiener Tageszeitung am nächsten Tag so eindrucksvoll schilderte, ist – auch der Feuerwehrmann vom Steffl hat es bald bemerkt – keine Feuersbrunst gewesen, sondern ein Nordlicht. Ein überaus seltenes und zugleich seltsames Naturphänomen also. Und eines, an das sich immer schon abergläubische Prognosen geknüpft hatten, die von drohendem Unheil, von Kriegen und Hungersnöten zu berichten wußten, die dadurch angezeigt würden.

Den Österreichern mag es gewesen sein, als sähen sie den Feuerschein aus dem Vulkan, auf dem sie noch immer tanzten. »Ungeheures Aufsehen« habe das Nordlicht hervorgerufen, berichteten Presse und Radio. Und eine ganze Stunde lang ist es zu sehen gewesen, in allen Bundesländern, von Nord bis Süd, von Ost bis West. Am nächsten Tag schrieben sich die Journalisten die Finger wund mit populärwissenschaftlichen Erklärungen, wiesen auf die gleichzeitig festgestellte Häufung von Sonnenflecken hin, die ein Maximum erreicht hätten, und waren nicht müde, immer wieder die Seltenheit der Erscheinung zu betonen.

Von bösem Omen, von Unglückszeichen war dabei nicht die Rede. Die fand man anderswo in der Zeitung – in den politischen, nicht in den Lokalspalten. Zur gleichen Zeit, da in Österreich über das Nordlicht diskutiert wurde, häuften sich die von ausländischen Blättern übernommenen, in Wien freilich ebenso wie in Berlin mit größter Vehemenz dementierten Gerüchte über eine unmittelbar bevorstehende »Regelung der Österreichfrage« durch Deutschland. Das Mittel sollte – diesen energisch dementierten Gerüchten zufolge – ein Staatsstreich sein. Allein, so aus der Luft gegriffen schienen selbst den ahnungslosesten Zeitgenossen solche Gerüchte nicht. War die Polizei doch in den letzten Jännertagen im Rahmen einer Razzia im Büro des sogenannten »Siebenerkomitees« in der Wiener

Teinfaltstraße auf Material gestoßen, das veritable nationalsozialistische Umsturzpläne enthielt, nicht so plumpe wie jene des Jahres 1934, aber dafür erfolgversprechendere.

Es darf, um zu erzählen, was sich hinter diesen Staatsstreichplänen verbarg, ein wenig ausgeholt werden. Da war einerseits in einem Gedächtnisprotokoll zum Abkommen vom 11. Juli 1936 von der Bereitschaft Schuschniggs die Rede gewesen, »mit dem Zweck, eine wirkliche Befriedung zu fördern, in dem geeigneten Zeitpunkt, der für nahe Zeit in Aussicht genommen ist, Vertreter der sogenannten nationalen Opposition zur Mitwirkung an der politischen Verantwortung heranzuziehen, wobei es sich um Persönlichkeiten handeln wird, die das persönliche Vertrauen des Bundeskanzlers genießen und deren Auswahl er sich vorbehält. Hierbei besteht Einverständnis darüber, daß die Vertrauenspersonen des Bundeskanzlers mit der Aufgabe betraut sein werden, nach einem mit dem Bundeskanzler zuvor festgelegten Plan für die innere Befriedung der nationalen Opposition und ihre Beteiligung an der politischen Willensbildung in Österreich zu sorgen.«

Das war die eine Seite – die Absichtserklärung Schuschniggs, gegeben an Hitler, der »nationalen Opposition« – sprich: den Nationalsozialisten – mehr Mitsprache zu gewähren.

Und da war, auf der anderen Seite, Hauptmann Leopold, der Führer der illegalen Nazis, den Guido Zernatto, Generalsekretär der Vaterländischen Front und ein enger Mitarbeiter und Vertrauter Schuschniggs, in seinen noch 1938 in New York erschienenen Memoiren folgendermaßen charakterisiert: »Eine vielumstrittene Figur, über die kein Mensch gestritten hätte, wenn sie nicht der Zufall und Adolf Hitler auf einen politisch interessanten Posten gestellt hätte: halbgebildet, primitiv im Denken und Handeln. Er schätzte den sturen Parteigenossen und hatte eine geradezu physische Abneigung gegen die Intellektuellen der Partei. Das trug ihm die Feindschaft der Akademiker ein. Leopold war SA-Führer, demnach hatte die SA ein Übergewicht in der Führung der Partei. Das trug ihm die Feindschaft der SS ein. Leopold schätzte den illegalen Kämpfer, der es wagte, für seine Überzeugung einzutreten. Das trug ihm die Feindschaft der Opportunisten und Schleicher ein, die ihren politischen Einfluß gerne aus dem sicheren Hinterhalt verzapften, ohne sich persönlich zu gefährden.

Leopold hatte die Allüren eines Paschas. Er fuhr in einem Auto, das viel luxuriöser war als die Autos der Regierung. Das trug ihm die Feindschaft der kleinen Leute ein, die es nicht gerne sehen, daß in den Zeiten, in denen es ihnen schlecht geht, ihre Führer besonders luxuriös durchs Land reisen.«

Das also war Hauptmann Leopold, der Führer der illegalen NSDAP in Österreich. Und dieser Leopold hatte eine »rechte Hand«, einen, nun, sagen wir: Geschäftsführer namens Ing. Tavs. Leopold meinte, niemand anderer als er selbst sei berufen, die sogenannte nationale Opposition zu leiten. Die Regierung, aus guten Gründen, wollte anderes. Sie wollte die nationale Opposition gleichsam in der Hand behalten und berief zur Heranziehung der »nationalen Kräfte« ein

Siebenerkomitee, eine schillernde Ansammlung von politischen Chamäleons, in der sich echte Nationalsozialisten neben Großdeutschen, Katholiken – und dem erwähnten Ing. Tavs fanden.

Aber »die Mehreren« in diesem Komitee sind zweifellos die Nazis gewesen. Geschäftsführer der Gruppe wurde Tavs – der nebenher auch Generalsekretär der illegalen Nazipartei war –, und Zentrale war das erwähnte Büro in der Teinfaltstraße.

Bei der Hausdurchsuchung, die im Jänner 1938 dort vorgenommen wurde, entdeckten die Polizisten den sogenannten Tavs-Plan, der, kurz geschildert, folgenden Inhalt hatte: Die außenpolitische Lage sei günstig, um eine Aktion gegen Österreich zu unternehmen. England sei abgelenkt, Frankreich geschwächt, Jugoslawien mit allem einverstanden, was eine Habsburgerrestauration ein für alle Male unmöglich machte, und Italien auf sein Bündnis mit Deutschland angewiesen.

Demnach sollten in Österreich Unruhen provoziert werden, welche die Regierung zwingen sollten, die Exekutive im ganzen Land scharf einzusetzen. Solche Unruhen, so ging aus dem Material hervor, könnten entstehen, wenn Nationalsozialisten, die als Anhänger der Vaterländischen Front verkleidet seien, die deutsche Gesandtschaft in Wien überfielen und allenfalls auch den Gesandten Papen ermordeten. Den Unruhen sollte ein deutsches Ultimatum folgen, Nationalsozialisten in alle wichtigen Ämter einzusetzen. Und schließlich, weil die Regierung der Unruhen nicht Herr würde, gäbe es den deutschen Einmarsch.

Man hat damals unter einem Teil dieser schriftlichen Aufzeichnungen die Buchstaben R. H. gefunden. Die Signatur konnte, wie die Staatspolizei messerscharf schloß, wohl nur Rudolf Heß heißen.

Der aber war der Stellvertreter des Führers. Und somit schien die Gewißheit gegeben, daß Berlin über den Tavs-Plan voll informiert war.

Daß die ersten Notizen, die auf die Spur der Tavs-Verschwörung lenkten, in einem Wiener Kaffeehaus gefunden worden sind, wo sie, wie es heißt, bei einem Telefonat vergessen wurden – solches gehört zu jenen Skurrilitäten der spezifisch österreichischen Geschichte, die bei aller Tragik der Ereignisse ein gewisses Lächeln nicht verbeißen lassen. Verschwörungen ohne Cafés sind zumindest in Wien nahezu undenkbar gewesen.

Die Öffentlichkeit ist über die Razzia in der Teinfaltstraße, die darauffolgenden Verhaftungen und die Auswertung des Materials nur ganz vage unterrichtet worden. Die Regierung Schuschnigg freilich war alarmiert, und es ist durchaus anzunehmen, daß die »Gerüchte«, die damals in den ausländischen Blättern kursierten, gleichsam aus amtlichen Wiener Kreisen stammten. »Leak« sagen die Amerikaner dazu, »gezielte Indiskretion« heißt es bei uns, und sie ist längst zu einem beliebten Mittel der Information – oder Desinformation – geworden.

Die Information ist damals, jedenfalls was politische amtliche Nachrichten betraf, in den Händen des Ministers Ludwig und des Chefs des Bundespressedienstes, des Oberst Adam, gelegen. Ungefähr zur gleichen Zeit, da sich in Wien die Gerüchte über einen »Umbruch«, der bevorstand, wieder einmal häuften, eröffnete die »Gesellschaft für Zeitungskunde« im tiefsten Winter ihr Sommersemester 1938 und lud dazu den Bürgermeister von Wien ein, Dr. Schmitz, der den Eröffnungsvortrag hielt. Die Presse, formulierte der Politiker eine selbst ein halbes Jahrhundert danach überraschend allgemeingültige Feststellung, sei »in den meisten Staaten Europas in der Krise«. Dies, so Schmitz damals, führe dazu, »die Haltung des [jeweiligen] Blattes von der Rücksicht auf echte oder vermutete Wünsche des Publikums bestimmen zu lassen«.

Die Frage demnach, was tatsächlich die Menschen bewegt hat in diesen Winterwochen 1938, ist vom journalistischen Standpunkt nicht eindeutig zu klären. Man darf annehmen, daß sich die Wiener und die Österreicher ganz allgemein nur dann wirklich für Politik interessierten, wenn diese spektakulär zu werden begann. Die »österreichische Frage« schien, nach einer Periode nationalsozialistischen Bombenterrors, dem Putsch vom Juli '34 mit der Ermordung des Bundeskanzlers Dollfuß und nach dem Abkommen vom 11. Juli 1936, das die deutsch-österreichischen Beziehungen jedenfalls für absehbare Zeit hätte regeln sollen, die »österreichische Frage« also scheint in der öffentlichen Meinung nicht an vorderster Stelle rangiert zu haben. Diesbezügliche Berichte und Kommentare sind eher »kleingespielt« worden. Die »Wünsche des Publikums« waren offenbar andere.

Da nahm man viel lieber zur Kenntnis, daß – ein interessantes kulturpolitisches Detail in diesen Tagen – der Grillparzerpreis 1938 an Franz Theodor Csokor vergeben wurde. Der Preis war »für das relativ beste deutsche dramatische Werk, das im Laufe des letzten Trienniums auf einer namhaften deutschen Bühne zur Aufführung gelangt und nicht schon von einer anderen Seite durch einen Preis ausgezeichnet worden ist«, ausgesetzt worden; Csokor erhielt ihn für sein Schauspiel »3. November 1918« zuerkannt, und zwar von einer Jury, die sich aus dem Burgtheaterdirektor Hermann Röbbeling, dem Literaturgeschichtler Josef Nadler, dem Dramatiker Karl Schönherr, dem Chefredakteur Josef Bauer und dem Berliner Universitätsprofessor Julius Petersen zusammensetzte. Daß dieses Preiskomitee ein Werk ehrte, das nach 1955 vom Burgtheater immer wieder am österreichischen Nationalfeiertag aufgeführt wurde, zeugt von einer Österreichgesinnung der Jury anno '38 – oder auch von politischer Weitsicht –, die bemerkenswert scheint, und erinnert an den Ausspruch, daß damals die Patrioten keine Demokraten und die Demokraten keine Patrioten gewesen sein sollen.

Demokraten wie Patrioten haben freilich zusammengewirkt, als es – auf einem völlig unpolitischen Gebiet, notabene – darum ging, der staatlichen Willkür entgegenzuwirken. Zwanzigtausend Unterschriften hat damals ein Komitee – heute würde man sagen: eine »Bürgerinitiative« – gesammelt, um der Spitzhacke Einhalt zu gebieten und sich für die Erhaltung von Alt-Wien, soweit es noch vorhanden war, einzusetzen. Zwei spektakuläre Abbruchunternehmen haben in diesen Wintertagen '38 begonnen – eines hat die Bürger zur Weißglut gebracht, während das andere nur ein Vollzugsakt war, der vorgezeichnet schien.

Die sogenannte alte Reichsbrücke – die neue daneben war bereits eingeweiht worden – wurde demontiert. Das war logisch, niemand ärgerte sich darüber, auch wenn man sich an diese Brücke mit ihrem schwarzen Stahlgerüst und ihrer gleichsam altväterischen Form längst gewöhnt, ja sie liebgewonnen hatte.
Aber daß in der Wollzeile gleichzeitig das Palais Paar, ein, wie die Leute meinten, Juwel des alten Wien, demoliert wurde, um einem Neubau Platz zu machen – das trieb die Menschen auf imaginäre Barrikaden. Es schmerzte sie. Man trat nun auf »gegen die Demolierung alter, für das Stadtbild und die Schönheit Wiens bestimmender Bauten«, man verlangte Ensembleschutz – etwa für das Viertel um die Universitätskirche, die Singerstraße, den Franziskanerplatz. Immerhin: Zwanzigtausend Unterschriften, das war kein Pappenstiel.
Sie sind publiziert, demnach amtlich zur Kenntnis genommen worden – und blieben dann in der Schublade. Denn ein paar Wochen später hatte man in der Tat bereits andere Sorgen – und noch später besorgten dann Bomben das Geschäft der Spitzhacke. Gegen sie waren Unterschriftenlisten machtlos.
Auch eine andere Diskussion, die damals wogte, ist schon wenig später durch »Auswirkung von außen« beendet worden: jene um die Fahrordnung. Sie ist von der Tschechoslowakei angeheizt worden, denn dort hatte man zu Beginn des Jahres 1938 den Plan gefaßt, von Links- auf Rechtsfahren umzustellen. Immerhin war die Tschechoslowakei das einzige mitteleuropäische Land, in dem noch links gefahren wurde. Die Tschechoslowakei – und Ostösterreich. Denn hierzulande hatte man, eine fürwahr »österreichische Lösung«, im Hinblick auf den Fremdenverkehr schon vor Jahren eine Teilung vorgenommen. In den westlichen Bundesländern wurde rechts, in den östlichen und in Wien links gefahren. Daß sich ein niederösterreichischer Kraftfahrer in Salzburg oder Tirol umzustellen hatte, was natürlich zu entsprechender Unfallhäufigkeit führte, schien den Verkehrsbehörden weniger wichtig, als von den deutschen Sommergästen zu verlangen, in Tirol links zu fahren.
Aber jetzt, da auch die ČSR die Rechtsfahrordnung einführen wollte, werde wohl auch in Wien und in den östlichen Bundesländern Österreichs die Fahrordnung umgestellt werden, mutmaßte man.
Man hatte richtig geraten. Nur: nicht weil die Tschechen ihre Fahrordnung änderten, sondern weil die Deutschen einmarschierten, mußten bald alle Österreicher rechts fahren. Zwangsweise. Die Karambolagen sind dennoch nicht vermieden worden.
Ähnliche Diskussionen wickelten sich, wie im übrigen alle Jahre, damals auch über die eventuelle Einführung der Sommerzeit ab. Die Landwirtschaft war dagegen, auch die Bundesbahnen sträubten sich. Aber die Angestellten und vor allem die Gastronomie sprachen sich dafür aus. Man wollte vom längeren Tag profitieren – ohne zu ahnen, wie bald es Nacht werden sollte.
Im Winter über die Sommerzeit zu diskutieren mag freilich abseits von allen politischen Nebengedanken dem uralten Drang der Menschen entsprochen haben,

sich dann nach Licht zu sehnen, wenn es finster ist. Für jene, die es sich leisten konnten, hielten die Reisebüros damals, im Jänner und Februar '38, auch die Möglichkeit parat, aus dem mitteleuropäischen Hochwinter in die südliche Lichtfülle zu fliehen. Genauer: nach Ägypten zu fahren. Das Pauschalarrangement Wien–Wien, das bis Luxor und Assuan führte, kostete 1 485 Schilling. Es ist nicht bekannt, wie viele Österreicher sich diesen Trip leisten konnten.

Wohl aber wußte man damals genau, daß eine andere Art von Fernweh, die Auswanderung, stark zugenommen hatte. Freilich sind es in erster Linie europäische Länder gewesen, die von den Österreichern als neue Heimat ins Auge gefaßt wurden, und vor allem – da freilich dürften nicht zuletzt politische und damit zusammenhängende wirtschaftliche Motive ausschlaggebend gewesen sein – war das Deutsche Reich Zielland. Rund 25 000 Personen – Spezialisten und Facharbeiter zumeist, wobei bemerkenswert scheint, daß viele von ihnen nach Danzig reisten – haben anno '37 ihren Wohnsitz nach Deutschland verlegt, wo, wie man hören und lesen konnte, es keine Arbeitslosigkeit mehr gab. Wo die Fabriken auf Hochtouren liefen. Wo Panzer, Flugzeuge, Kanonen produziert worden sind.

An zweiter Stelle stand England in der Zielliste der österreichischen Auswanderer von 1937, aber mit gewaltigem Abstand: zweitausend Menschen emigrierten über den Ärmelkanal. An dritter Stelle rangierten Holland und die Schweiz. Insgesamt sind 1937 rund 37 000 Österreicher ausgewandert. Aber nur 1 553 zogen in außereuropäische Länder um.

Jene, die daheim blieben, konnten sich darüber informieren, daß man nun ernsthaftere Maßnahmen zur Eindämmung der Bettelei ins Auge faßte. Unter anderem wurde der Plan ventiliert, Geschäftsleuten sogenannte Bettlermarken anzubieten, die sie – als Almosen gleichsam – von staatlichen Stellen kaufen könnten. Diese Bettlermarken, so sah der Plan vor, wären dann von den Geschäftsleuten wieder als Almosen an die im Geschäftslokal bettelnden Personen zu verteilen gewesen. Und die Bettler wieder hätten die Marken in staatlichen oder kommunalen Verpflegsstationen gegen Essen oder Lebensmittel eintauschen können.

Zu aufwendig in der Administration, hieß es. Der Plan wurde fallengelassen. Man dachte weiter nach – angesichts der jüngsten Arbeitslosenzahlen: In ganz Österreich gab es Mitte Jänner 292 000 Unterstützte. Im Jänner 1937 waren es 308 000 gewesen. Hinzu kamen, wie stets, die »Ausgesteuerten«. Jene, die nichts mehr erhielten vom Staat.

Die eigentlich – siehe oben – betteln gehen mußten.

Es war eine makabre Zweigeleisigkeit, auf der sich Österreich in jenen Jänner- und Februarwochen bewegte. Auf dem einen, dem politischen Gleis, war das Tempo schnell, beschleunigte sich, ohne daß die bevorstehende Entgleisung wahrgenommen worden wäre, weil die österreichischen Weichensteller nicht wußten, wie weit die Vorbereitungen an den Schaltpulten in Berlin bereits gediehen waren. Und auf dem zweiten, dem kulturell-sozial-wirtschaftlichen, bummelte ein Lokalzug, der, so schien es, einige Aussichtswaggons angehängt hatte.

Die Sicht, die sich bot, war in puncto Kultur eine faszinierende. Furtwängler dirigierte an der Oper und Knappertsbusch und immer wieder Bruno Walter. Das Raimundtheater suchte einen neuen Direktor, aber weil jeder, der engagiert werden sollte, den aufgeblähten Personalstand reduzieren wollte, gab es kein Engagement.

Österreichs Eiskunstläufer feierten Triumphe. Und die Wiener amüsierten sich über die – wahre – Geschichte von einer Dame, die, vom abendlichen Gräberbesuch auf dem Zentralfriedhof heimkehrend, plötzlich hinter einem Grabstein eine Stimme hörte: »Nimm mich mit!« Es war niemand zu sehen. Und wieder rief die Stimme: »Nimm mich mit! Ich wohne Elf, Hauptstraße . . .«

Die Dame, erschreckt, suchte – und fand schließlich nicht etwa ein Gespenst, sondern einen entflogenen Wellensittich, dessen »Familie« ihm wohlweislich die Adresse eingelernt hatte. Es gab ein Happyend: Der Sittich fand seinen Käfig wieder.

Schlagzeilen machte freilich eine andere Sittich-Story mit tragischem Hintergrund: Elf Mitglieder der Familie Thimig sind in diesen Wochen von der Papageienkrankheit befallen worden, am stärksten der Senior, der alte Hugo Thimig, der eine Zeitlang mit dem Tode rang. Ein in die Familie gebrachter Wellensittich hatte die menschliche Umgebung infiziert.

Auf Seite eins berichteten die Gazetten darüber. Nicht auf der ersten Seite – weil nichts darüber bekanntgegeben wurde – schien indes die Reise auf, die Bundeskanzler Schuschnigg und Außenminister Schmidt ganz plötzlich, unvorhergesehen und von einem Tag auf den anderen – was sogar buchstäblich zu verstehen ist – nach Berchtesgaden unternahmen. Auf Einladung Hitlers. Um das deutsch-österreichische Verhältnis ein für allemal zu lösen.

Wobei beiden Partnern unter dem »ein für allemal« jeweils etwas anderes vorschwebte.

Die Vorgeschichte war einigermaßen skurril. Im Gefolge einer Krise zwischen der Wehrmacht und der Partei in Deutschland war der Herr von Papen, der sich zu sehr mit der konservativen Wehrmacht assoziiert hatte, ganz plötzlich von seinem Posten in Wien abberufen worden, ebenso wie die deutschen Gesandten in Rom und Tokio.

Am 5. Februar meldete er sich – ein, wie berichtet wurde, »über Nacht alt und grau gewordener Mann« – beim Außenminister ab. Zwei Tage später war er als Sonderemissär, heiter und locker, wieder in Wien – und überbrachte die Einladung des Führers zum Besuch in Berchtesgaden. Er selbst, ließ er verlauten, habe Hitler auf die Idee gebracht. Um sich selbst zu nützen? Oder Österreich?

Der Hauptzeuge hat das Wort.

Kurt Schuschnigg

Die Erpressung

Begegnungen in Berchtesgaden

»... Anstatt zu forschen, ob des Hörers Geist
Nicht schon für sich auf guten Spuren wandle,
Belehrt er Dich von manchem, das Du besser
Und tiefer fühltest, und vernimmt kein Wort,
Das Du ihm sagst, und wird Dich stets verkennen ...«
Torquato Tasso, IV.

Alles, was der Geheimhaltung dienlich sein konnte, war sorgsam vorgekehrt. Auf einem abseitigen Geleise des Salzburger Bahnhofs stand der Sonderwagen abgekoppelt, der mit dem fahrplanmäßigen Nachtzug in den ersten Morgenstunden die Festspielstadt an der Salzach erreicht hatte. Ein dünner Kordon Gendarmen als Absperrung, sonst war nichts Auffallendes ringsum zu bemerken. Auch Landeshauptmann und lokale Behörde waren nicht verständigt worden. Gegen zehn Uhr vormittags bestiegen wir das nachtsüber aus Wien herangeholte Auto; mein Dienstchauffeur Reichert, ein Kriminalbeamter (Hamberger), Oberstlt. Bartl, Staatssekretär Dr. Schmidt und ich. Wir waren avisiert, daß unser Eintreffen am Ziel nicht vor 11 Uhr erwünscht sei.
Die Fahrt ging um die Stadt herum, am Flughafen vorüber und dann die breite Bundesstraße entlang in einen trüben, feuchtkalten Spätwintertag – der Grenze entgegen.
Vor dem Schlagbaum erwartete uns Botschafter von Papen. Die deutsche Zollwache grüßte freundlich mit erhobener Hand und ließ den Wagen passieren. Herr von Papen schien aufgeräumt und bester Dinge. Der Führer erwarte uns wie vorgesehen und sei ausgezeichneter Stimmung; ich würde wohl nichts dagegen haben, daß zufällig auch mehrere Generäle am Berghof eingetroffen wären. – Welche?
Der neuernannte Chef des Oberkommandos der Wehrmacht, GdA Keitel, dann GdA von Reichenau (der frühere Kommandeur des Münchner Korps und jetzige Chef der motorisierten Truppen in Dresden) und GdFl Sperrle. Nein – natürlich konnte ich nichts dagegen haben ...
Vor dem Ortseingang von Berchtesgaden biegt die Straße ab zum Berghof. Am Fuße der vereisten Zufahrtsbahn stiegen wir um in einen bereitgestellten

Raupenschlepper. Unseren Wagen bestimmte ich für die ersten Nachmittagsstunden zur Stelle.

Die Straße führte an reizvollen Höfen und einem alten Dorfkirchlein vorüber, ohne zunächst besondere Anhaltspunkte zu bieten. Von halber Höhe an begannen weitläufige Kasernenbaracken, zum Teil schon fertig, zum größeren Teil im Entstehen begriffen. Alle Fenster waren dicht besetzt mit neugierigen Gesichtern; SS-Uniformen (wie ich später erfuhr, fast durchwegs österreichische Legionäre). Bei der ersten Gitterabsperrung grüßte ein Posten und öffnete die Einfahrt (vier Monate später stand er in meinem Haftraum Wache, erinnerte mich an die erste Begegnung und entpuppte sich als Kärntner aus Velden a. W.).

Der Wagen bog um eine Ecke und hielt vor der Eingangsterrasse zum Berghof.

Adolf Hitler kam uns mit seiner Begleitung, darunter die drei Generäle, in Richtung der Aufgangsstufen entgegen; er trug den braunen SA-Rock mit Hakenkreuzbinde und lange, schwarze Hosen. Die Begrüßung war freundlich, korrekt, und nach kurzer, formaler Vorstellung der beiderseitigen Begleitung geleitete mich Hitler in seinen Arbeitsraum im ersten Stock des geräumigen Berghofs.

In der Mitte des langgestreckten, eher schmalen Saales standen mächtige Tische, am oberen Ende – nahe den Eingangsflügeltüren – eine Sitzgarnitur, woselbst mich Adolf Hitler zum Platznehmen einlud.

Die nachfolgende Konversation, die zum größeren Teil einseitig verlief, ist nach dem Gedächtnis in ihren wesentlichen oder doch bezeichnenderen Teilen wiedergegeben:

Ich: »Dieser wundervoll gelegene Raum ist wohl schon der Schauplatz mancher entscheidenden Besprechung gewesen, Herr Reichskanzler.«

Hitler: »Ja – hier reifen meine Gedanken. – Aber wir sind ja nicht zusammengekommen, um von der schönen Aussicht und vom Wetter zu reden.«

Ich: »Ich möchte zuerst danken, Herr Reichskanzler, daß Sie mir die Gelegenheit zu dieser Aussprache gegeben haben; ich versichere vor allem, daß es uns mit dem Abkommen vom Juli 1936 sehr ernst ist und daß uns alles daran liegt, die noch bestehenden Schwierigkeiten und Mißverständnisse aus dem Wege zu räumen. Wir haben jedenfalls alles dazu getan, um zu beweisen, daß wir dem Sinn und Wortlaut des Abkommens gemäß eine deutsche Politik zu führen entschlossen sind.«

Hitler: »So, das nennen Sie eine deutsche Politik, Herr Schuschnigg? Sie haben im Gegenteil alles dazu getan, um eine deutsche Politik zu vermeiden. Sie sind z. B. ruhig im Völkerbund geblieben, obwohl das Reich austrat. Und das nennen Sie deutsche Politik?«

Ich: »Aus dem Völkerbund auszutreten hat niemand von Österreich verlangt.

Wir konnten auch nicht annehmen, daß ein solcher Schritt Österreichs erwünscht sei; denn zum Zeitpunkt des Abkommens vom Juli 1936 war das Reich schon längst ausgetreten, ohne an uns jemals eine bezügliche Aufforderung zu richten. Wir glaubten im Gegenteil durch unser Verbleiben im Völkerbund der gemeinsamen Sache zu nützen und wurden in dieser Auffassung vom gleichfalls ausgetretenen Italien bestärkt; ganz abgesehen davon, daß Österreich schon aus staatsfinanziellen Gründen aus dem Völkerbund nicht austreten könnte.«

Hitler: »Das ist ganz selbstverständlich, daß Sie auszutreten hatten. Übrigens hat Österreich überhaupt nie etwas getan, was dem Deutschen Reich genützt hat. Seine ganze Geschichte ist ein ununterbrochener Volksverrat. Das war früher nicht anders wie heute. Aber dieser geschichtliche Widersinn muß endlich sein längst fälliges Ende finden. Und das sage ich Ihnen, Herr Schuschnigg: ich bin fest dazu entschlossen, mit dem allen ein Ende zu machen. Das Deutsche Reich ist eine Großmacht, und es kann und wird ihm niemand dreinreden wollen, wenn es an seinen Grenzen Ordnung macht.«

Ich: »Ich kenne Ihre Auffassung über die österreichische Frage und die österreichische Geschichte, Herr Reichskanzler; aber Sie werden verstehen, daß ich hier grundlegend anderer Meinung bin. Für uns Österreicher ist die ganze eigene Geschichte ein sehr wesentliches und wertvolles Stück deutscher Geschichte gewesen, das sich aus dem gesamtdeutschen Bilde nicht wegdenken läßt. Und die österreichische nationale Leistung ist sehr beträchtlich.«

Hitler: »Gleich Null! das kann ich Ihnen sagen. Von Österreich aus bekam jede nationale Regung seit je nur Prügel zwischen die Füße; das war ja auch die Haupttätigkeit der Habsburger und der katholischen Kirche.«

Ich: »Trotzdem, Herr Reichskanzler, ist manche österreichische Leistung aus dem gesamtdeutschen Kulturbild unmöglich wegzudenken. Ich denke da z. B. unter anderem an Beethoven . . .«

Hitler: »So? – der ist in meinen Augen ein Niederdeutscher gewesen.«

Ich: »Ein Wahlösterreicher, wie mancher andere. Es fällt ja auch niemandem ein, z. B. Metternich als Rheinländer zu betrachten.«

Hitler: »Ich kann Ihnen nur nochmals sagen, daß es so nicht weitergeht. Ich habe einen geschichtlichen Auftrag, und den werde ich erfüllen, weil mich die Vorsehung dazu bestimmt hat. Ich bin felsenfest davon durchdrungen und glaube daran. Ich bin gottesgläubig und religiös, wenn auch nicht in einem kirchlich gebundenen Sinne. Denken Sie an den Weg, den ich genommen habe. Heute gibt es keine Parteien, Klassen, Zersplitterungen mehr im deutschen Volke. Alle wollen dasselbe. Ich hatte es mir ja noch anders gedacht: ich wollte das deutsche Volk in den beiden großen Kirchen, der katholischen und einer zentralen evangelischen einen, und mit den Kirchen meine Aufgabe lösen. Das hat sich als undurchführbar erwiesen, weil die Kirchen nicht wollten; daher wird es jetzt ohne und notfalls gegen die Kirchen gemacht. Wer nicht mittut, kommt unter die Räder. Schauen Sie sich in Deutschland um, Herr Schuschnigg, und Sie werden nur einen Willen finden. Mir war meine Aufgabe vorgezeichnet; ich bin den schwersten Weg gegangen, den je ein Deutscher gehen mußte, und ich habe in der deutschen Geschichte das Größte geleistet, was je einem Deutschen zu leisten bestimmt war. Und zwar nicht mit Gewalt. Ich bin getragen von der Liebe meines Volkes. Ich kann mich jederzeit und überall frei und unbewacht unter meinem Volk bewegen. Weil ich eben von der Liebe und vom Vertrauen des deutschen Volkes getragen bin. Ich hätte es Ihnen gewünscht, daß Sie meine Fahrt unlängst in Hamburg oder auch in Augsburg hätten miterleben können, Herr Schuschnigg; wo immer, ich brauche die Polizei nur, daß sie die Menschen zurückdrängt und schützt im Gedränge, weil die Begeisterung sie mitreißt, aber nicht zu meinem Schutz!«

Ich: »Das glaube ich Ihnen ja gerne, Herr Reichskanzler!«

Hitler: »Ich könnte mit dem gleichen und noch mit viel mehr Recht mich als Österreicher bezeichnen als Sie, Herr Schuschnigg! Versuchen Sie es doch einmal, und machen Sie eine freie Volksabstimmung in Österreich, in der Sie und ich gegeneinander kandidieren; dann werden Sie sehen!«

Ich: »Ja, wenn das möglich wäre! Aber, Sie wissen selbst, Herr Reichskanzler, daß es eben nicht möglich ist. Ich sehe die Dinge anders. Wir müssen nun einmal nebeneinander leben; der Kleine neben dem Großen. Wir haben gar keine andere Wahl. Darum bitte ich Sie, die konkreten Beschwerden mir zu sagen. Wir werden alles dazu tun, um Abhilfe zu schaffen und, soweit es irgend an uns liegt, das freundschaftliche Einvernehmen herzustellen. Wir wollen ja gar nichts anderes als leben, um dabei unseren deutschen Beitrag wie eh und je in Mitteleuropa zu leisten.«

Hitler: »Das sagen Sie, Herr Schuschnigg. Ich sage Ihnen, ich werde die ganze sogenannte österreichische Frage lösen, und zwar so oder so! Glauben Sie, ich weiß nicht, daß Sie die österreichische Grenze gegen das Reich befestigen lassen ...«

Ich: »Davon ist keine Rede.«

Hitler: »Lächerliche Sprengstollen lassen Sie in Brücken und Straßen treiben ...«

Ich: »Davon müßte ich auch etwas wissen ...«

Hitler: »Glauben Sie doch nicht, daß Sie auch nur einen Stein bewegen können, ohne daß ich es schon am anderen Morgen in allen Einzelheiten erfahre.«

Ich: »Es kann sich höchstens um primitive Sicherungen handeln, die wir – zum Teil als Antwort gegen die tschechoslowakischen Straßensperren –

vorkehren müssen, und zwar gleichmäßig an allen Grenzen, auch am Brenner. Einen Schutz gegen illegale Einbrüche kann man uns nicht verargen.«

Hitler: »Ich brauche nur einen Befehl zu geben, und über Nacht ist der ganze lächerliche Spuk an der Grenze zerstoben. Sie werden doch nicht glauben, daß Sie mich auch nur eine halbe Stunde aufhalten können? Wer weiß – vielleicht bin ich über Nacht auf einmal in Wien; wie der Frühlingssturm! Dann sollen Sie etwas erleben! Ich möchte es den Österreichern gerne ersparen; das wird viel Opfer kosten; nach den Truppen kommt dann die SA und die Legion; und niemand wird die Rache hindern können, auch ich nicht! Wollen Sie aus Österreich ein zweites Spanien machen? Das alles möchte ich, wenn es angeht, vermeiden.«

Ich: »Ich werde mich erkundigen und alle eventuellen Grenzarbeiten an der deutschen Grenze einstellen lassen. Ich weiß natürlich, daß Sie in Österreich einmarschieren können; aber, Herr Reichskanzler, ob wir es wollen oder nicht – das wird ein Blutvergießen geben; wir sind nicht allein auf der Welt. Das bedeutet wahrscheinlich den Krieg.«

Hitler: »Das sagt sich sehr leicht; jetzt, wo wir beide in Klubsesseln sitzen. Aber dahinter steht eine Unsumme von Leid und Blut. Das wollen Sie auf Ihre Verantwortung nehmen, Herr Schuschnigg? Glauben Sie nur nicht, daß mich irgend jemand in der Welt in meinen Entschlüssen hindern wird! Italien? – Mit Mussolini bin ich im reinen; ich bin mit Italien aufs engste befreundet. England? – England wird keinen Finger für Österreich rühren. Dort, wo Sie sitzen, ist vor kurzem erst ein englischer Diplomat gesessen. Und draußen vor dem Fenster sind Hunderte und aber Hunderte von Österreichern vorübergezogen, Männer, Frauen und Kinder, verhungert und abgerissen; das Elend hat man ihnen angesehen. Und sie sind alle nur gekommen, um mich zu sehen, um mich als den Erlöser anzuflehen, daß ich sie endlich rette. – Diese Menschen habe ich dem Engländer gezeigt. Der ist verstummt und sehr nachdenklich geworden; er hat mir nicht widersprochen. Von England haben Sie nichts zu erwarten! Und Frankreich? – Ja, vor zwei Jahren noch, als wir mit einer Handvoll Bataillone ins Rheinland einmarschierten – damals habe ich viel riskiert. Wenn Frankreich damals marschiert wäre, hätten wir uns zurückziehen müssen; vielleicht um 60 km; dann hätten wir sie auch damals gehalten. Aber jetzt ist es für Frankreich zu spät!

Alle Welt muß wissen, daß es für eine Großmacht einfach unerträglich ist, wenn an ihren Grenzen jeder kleine Staat glaubt, sie provozieren zu können. Ich habe lange genug untätig zugesehen. Weil ich immer noch hoffte, daß die Vernunft die Oberhand bekäme. Aber das ist einfach unmöglich, daß in Österreich einer, bloß weil er ein Lied singt, das Ihnen nicht paßt, oder ›Heil Hitler‹ sagt, ins Gefängnis kommt. Die Verfolgung der Nationalsozialisten muß ein Ende haben, sonst werde ich ein Ende machen.«

Ich: »In Österreich wird niemand verfolgt, der sich nicht gegen die Gesetze vergeht. Unsere Gesetze und die Verfassung, die keine Parteien kennt, hat das Recht im Abkommen vom 11. Juli 1936 selbst anerkannt. Das Vergangene sollte vergessen sein, in der Zukunft aber jede illegale Tätigkeit unterbunden werden. Das war vereinbart. Im übrigen gibt es jetzt keine Nationalsozialistenverfolgung in Österreich. Und ohne den 25. Juli 1934 wären wir überhaupt längst im reinen.«

Hitler: »Sie haben recht, Herr Bundeskanzler – ich anerkenne, daß Dollfuß zwischen uns steht!

Ich erkläre Ihnen, daß ich von dem Attentat nichts wußte und daß ich die Vorgänge damals nicht wollte. Aber glauben Sie mir, daß Sie Planeta justifizieren ließen, war ein Fehler; schauen Sie, wie wir das machen: z. B. im Fall Thälmann! So haben Sie nur einen Märtyrer geschaffen.«

Ich: »Damals hätte niemand anders handeln können.«

Hitler: »Ich kenne die Lage in Österreich besser als Sie. Kein Tag vergeht, an dem ich nicht beschworen werde, endlich einzugreifen.«

Ich: »Vielleicht würden Sie an Ort und Stelle anders denken, Herr Reichskanzler, Sie kennen ja Wien.«

Hitler: »Das ist sehr lange her.«

Ich: »Seither waren Herr Reichskanzler niemals in Österreich?«

Hitler: »Die österreichische Regierung hat mir ja die Einreise verboten. Einmal war ich vor Jahren noch nachts in Wien – und dann heimlich am Grabe meiner Eltern; so behandelt man mich.

Ich will Ihnen jetzt noch einmal, zum letzten Mal, die Gelegenheit geben, Herr Schuschnigg. Entweder wir kommen zu einer Lösung, oder die Dinge sollen laufen; wir werden dann ja sehen, wie das werden wird. Am nächsten Sonntag trete ich vor die deutsche Nation; bei meiner Rede vor dem Reichstag muß das deutsche Volk wissen, wie es daran ist. Überlegen Sie es sich gut, Herr Schuschnigg – ich habe nur mehr Zeit bis heute nachmittag. Wenn ich Ihnen das sage, dann tun Sie gut daran, mich wörtlich zu nehmen. Ich bluffe nicht. Meine ganze Vergangenheit beweist dies zur Genüge. Ich habe noch alles erreicht, was ich wollte, und bin vielleicht dadurch zum größten Deutschen der Geschichte geworden. Ich pflege nicht viel zu reden oder anzukündigen; anders wie z. B. Mussolini. Der hat einen ganz anderen Stil. – Aber neben meinem Namen gibt es noch andere große deutsche Namen; wenn ich heute die Augen schließe, ist für alles vorgesorgt. Wir haben einen Göring, einen Heß, einen Frick, einen Epp und zahllose andere. Ich gebe Ihnen die einmalige Gelegenheit, Herr Schuschnigg, daß Sie auch Ihren Namen in die Reihen der großen Deutschen einfügen können. Das wäre eine verdienstliche Tat, und alles könnte sich regeln. Ich weiß, daß man gewisse Besonderheiten in Österreich berücksichtigen muß; das wird keine Schwierigkeiten machen.«

Ich: »Herr Reichskanzler, Sie kennen meinen grundsätzlichen Standpunkt, den ich aus persönlicher Überzeugung und auch pflichtgemäß vertrete! – Welches sind Ihre konkreten Wünsche?«

Hitler: »Darüber können wir uns am Nachmittag weiter unterhalten.«

Die erste Unterredung war damit nach etwa zwei Stunden zu Ende. Der Reichskanzler drückte auf das am Tisch liegende Klingelbrett; die großen Türen wurden von außen geöffnet; wir gingen die Treppe herunter, einen Gang entlang, der durch einen großen, eindrucksvollen Bismarck-Kopf von Lenbach geschmückt war, in den geräumigen Speisesaal.

Ich saß Adolf Hitler gegenüber. Die Bedienung im ganzen Haus erfolgte durch besonders große, gut aussehende, junge SS-Burschen in tadellos weißem Stewarddreß. Die Konversation während des Frühstücks und nachher bewegte sich in mehr oder minder belanglosen Geleisen. Hitler betonte seine Vorliebe für Motor und Motorisierung, erzählte von unliebsamen Paradeerinnerungen mit Gäulen und schien guter Dinge und aufgeräumt. Eine Gemeinde an der Ostsee habe ihm ein Haus schenken wollen. Er hätte jedoch abgelehnt, weil die Erhaltung seine Mittel übersteige. Er sei schon zu viel mit dergleichen belastet. Auf den Reichspräsidentengehalt habe er gerne verzichtet; das könne er leicht, denn die Summe stelle eine Bagatelle dar gegenüber den Erfordernissen, die er zu bedecken habe.

Eine Reihe von großen Bauvorhaben stehe teils vor der Vollendung, teils vor der Inangriffnahme. So habe er den Auftrag gegeben, in Hamburg eine Brücke von einmaligen Dimensionen zu bauen; das koste zwar viel Geld. Aber es würde die größte Brücke der Welt sein. Gleichfalls in Hamburg würden neue Bürohäuser als gewaltige Wolkenkratzer aus dem Boden wachsen. Die Amerikaner sollen, wenn sie deutschen Boden betreten, sehen, daß man in Deutschland schöner und größer baut als in den Vereinigten Staaten.

Der schwarze Kaffee wurde im großen Glassalon serviert, der, als Wintergarten eingerichtet, bemerkenswert geschmackvoll wirkte in unaufdringlicher, geräumiger Behaglichkeit. Eine auffallend schöne Dürer-Madonna schmückte die Längswand. »Mein liebstes Bild – weil es so deutsch wirkt« – bemerkte der Führer. – Die Generäle, die scheinbar auch zum ersten Mal am Berghof weilten, erzählten von ihrem Bereich; Sperrle aus Spanien, wo er im Bürgerkrieg eine Zeitlang die Flieger-Legion Kondor kommandierte. Gegen 2 Uhr zog sich Hitler zurück. Wir wurden gebeten, bis zur Fortsetzung der Besprechungen uns zu gedulden.

Ich informierte Dr. Schmidt über die vormittägige Unterhaltung. Bei der Gelegenheit berichtete mir dieser, er habe in Erfahrung gebracht, daß gleichzeitig auch ein führender Wiener Nationalsozialist (Dr. Mühlmann) auf den

Berghof eingeladen wurde, mit dem Adolf Hitler vermutlich jetzt in Papens Gegenwart konferierte.
Wir hatten reichlich Zeit zur Überlegung und warteten in einer Art Vorraum unbeschäftigt runde zwei Stunden. Der Reichspressechef Dietrich erzählte vom Leben am Berghof und den weiteren umfangreichen Bauprojekten. Die Generäle bemerkten, sie hätten keine Ahnung, aus welchem Grunde sie heute heraufzitiert worden seien. Im Warteraum anwesend war weiter noch ein junger Wiener in schwarzer SS-Uniform (!), Sohn eines Wiener Chirurgen. Zwischendurch wurden Cocktails serviert, und man durfte jetzt auch rauchen.
Schließlich wurden wir – Dr. Schmidt und ich – in ein kleines Zimmer gebeten und fanden uns dort dem Reichsaußenminister von Ribbentrop und Herrn von Papen gegenüber.
Der Außenminister zeigte uns einen maschinengeschriebenen Entwurf von etwa zwei Seiten und bemerkte, dies sei das Äußerste, was uns der Führer konzedieren wolle.
Glücklich, endlich etwas Konkretes zu erfahren, schickte ich mich an die Überprüfung des Inhalts.
Im wesentlichen enthielt das Papier die nachfolgenden, dem Sinne nach wiedergegebenen Punkte:
1. Die österreichische Bundesregierung verpflichtet sich, sofort den Dr. Arthur Seyß-Inquart zum Sicherheitsminister mit voller und unbeschränkter Polizeikompetenz zu ernennen.
2. Zur Betreuung des österreichisch-deutschen Wirtschaftsverkehrs und aller daraus resultierenden Zuständigkeiten wird Dr. Fischböck als Regierungsmitglied ernannt.
3. Sämtliche Nationalsozialisten, die in Österreich sich wegen ihrer Tätigkeit in gerichtlicher oder sicherheitsbehördlicher Haft befinden – einschließlich der Teilnehmer am Juliaufstand 1934 und der Blutverbrecher –, werden binnen längstens drei Tagen amnestiert.
4. Alle disziplinierten nationalsozialistischen Beamten und Offiziere werden im Wege der Verwaltungsamnestie in den Genuß der früheren Rechte gesetzt.
5. Hundert Offiziere der deutschen Wehrmacht werden mit sofortiger Wirkung dem österreichischen Bundesheere zugeteilt und umgekehrt.
6. Das freie Bekenntnis zur nationalsozialistischen Weltanschauung wird erlaubt. Die österreichischen Nationalsozialisten sind gleichberechtigt mit den übrigen Gruppen der Vaterländischen Front; es wird ihnen die legale Betätigungsmöglichkeit auf dem Boden der Vaterländischen Front eröffnet, bei Anerkennung der österreichischen Gesetze und der Verfassung vom 1. Mai 1934, deren berufsständische Ordnung die Bildung politischer Parteien ausschließt. Die nationalsozialistische Partei und ihre Gliederungen bleiben daher in Österreich verboten.

7. Die deutsche Reichsregierung bestätigt hingegen den Weiterbestand der Abmachungen vom 11. Juli 1936 und erneuert dadurch ausdrücklich die Anerkennung der Unabhängigkeit und Souveränität des Bundesstaates Österreich, bei Verzicht auf jede innerpolitische Einmischung. –
Herr von Ribbentrop erörterte sorgfältig die einzelnen Punkte, nahm die Einwände zur Kenntnis und wiederholte schließlich, daß der Entwurf als Ganzes angenommen werden müsse. – Wir betonten unsere Bestürzung. Dr. Schmidt erinnerte Herrn von Papen an das Agreement vor Antritt der Reise und die einvernehmlich festgestellten Bedingungen. Herrn von Papen erklärte, selbst völlig überrascht zu sein ...
Bedeuteten die ersten Punkte den völligen Verzicht auf die Unabhängigkeit der Regierung, somit das strikte Gegenteil des Abkommens vom Juli 1936, das zu bekräftigen wir hergekommen waren, so lag der Pferdefuß – kaum maskiert – im Punkt 6 des Entwurfes zutage. Wo liegt die Grenze zwischen nationalsozialistischer Weltanschauung und nationalsozialistischer Partei? Zwischen Bekenntnis und Betätigung? Erlaubter Willensrichtung und verbotener Organisation?
Herr von Ribbentrop wußte es auch nicht. Es war der typische Kautschukparagraph, der Fallstrick eines vorbedachten leoninischen Paktes, abgeschlossen, um bei erster sich bietender Gelegenheit dem schwächeren Partner den Dolchstoß zu versetzen, in der klaren Absicht, diese lichtscheue Tat mit Biedermanns-Miene hinter einer dürftigen Firnisschicht formalen Rechtsanscheines zu camouflieren.
Ich fragte, ob wir auf guten Willen seitens Deutschland rechnen könnten; d. h. ob es wenigstens in der Absicht läge, auch die deutscherseits uns gegenüber übernommenen Verpflichtungen zu erfüllen?
Der Reichsaußenminister und Herr von Papen beruhigten mit bestimmtester Versicherung. Es käme dem Führer darauf an, in der österreichischen Frage Ruhe zu bekommen, um sich ungestört den anderen aktuellen Problemen zu widmen.
Schließlich wurden zwei unwesentliche Änderungen am Entwurf vereinbart und festgelegt: Dr. Fischböck sollte seine gewünschten Funktionen nicht als Regierungsmitglied, sondern als selbständiger hoher Regierungsbeauftragter (Bundeskommissär) erfüllen; der Offiziersaustausch sollte in zwei Etappen zu je fünfzig Köpfen erfolgen, deren erste sofort in die Wege zu leiten war. Ich verlangte weiter die Abberufung und reichsdeutsche Unterbringung von zwei führenden Illegalen: des bisherigen österreichischen Gauleiters Leopold und des Dr. Tavs, der erst vor kurzem wegen Vorbereitung gewaltsamen Umsturzes in Untersuchungshaft gezogen werden mußte. Auf die Entfernung dieser beiden aus Österreich hatte auch Dr. Seyß-Inquart seit längerem besonderes Gewicht gelegt, von Ribbentrop konzedierte die Forderung.
Im weiteren Gespräch wurde unter anderem im Auftrage Hitlers die Aus-

wechslung des Staatssekretärs für Landesverteidigung GdI Wilhelm Zehner (am 12. März 1938 in seiner Wiener Wohnung erschossen) und des Generalstabschefs Feldmarschalleutnant Jansa gefordert. Die erstere Forderung lehnte ich ab; zur zweiten bemerkte ich, daß FMLt Jansa (ein bewährter, hochverdienter altösterreichischer Offizier) infolge Erreichung der Altersgrenze und Überschreitung der Dienstzeit ohnedies von unserem Landesverteidigungsministerium zur Versetzung in den Ruhestand vorgeschlagen und von dieser Absicht bereits in Kenntnis gesetzt sei.

Nach etlichem weiterem Warten wurde ich zu Adolf Hitler beschieden, der mit langen Schritten in seinem Arbeitsraum auf und ab ging.

Hitler: »Ich habe mich entschlossen, einen allerletzten Versuch zu unternehmen, Herr Schuschnigg. Hier ist der Entwurf. Verhandelt wird nicht; ich ändere keinen Beistrich. Sie haben entweder zu unterschreiben, oder alles Weitere ist zwecklos, und wir sind zu keinem Ergebnis gekommen; ich werde dann im Laufe der Nacht meine Entschlüsse zu fassen haben.«

Ich: »Ich bin vom Inhalt informiert und kann bei der gegebenen Sachlage nichts anderes tun, als ihn zur Kenntnis zu nehmen. Ich bin auch bereit zur Unterschrift; ich mache nur darauf aufmerksam, daß Sie, Herr Reichskanzler, von dieser Unterschrift allein nichts haben. Nach unserer Verfassung ernennt das Staatsoberhaupt, also der Bundespräsident, über Antrag des Regierungschefs die Mitglieder der Regierung; auch die Amnestie ist Prärogative des Bundespräsidenten. Meine Unterschrift besagt also nur, daß ich mich zur Antragstellung verpflichte und mich für die Durchsetzung einzusetzen bereit bin.«

Hitler: »Da haben Sie recht...«

Ich: »Daher kann ich auch für die Einhaltung der vorgeschriebenen Fristen – drei Tage – keine Gewähr übernehmen.«

Hitler: »Das müssen Sie!«

Ich: »Das kann ich nicht.«

Der Reichskanzler steigert sich in sichtliche Erregung, öffnet die Türen und ruft in den Vorraum:

»General Keitel!« – dann, zu mir gewandt: »Ich werde Sie dann rufen lassen.«

Draußen warten Dr. Schmidt und von Papen.

Ich berichte kurz.

Herr von Papen bietet sich an, zu vermitteln; er versucht, beim Führer Einlaß zu erhalten. Dr. Schmidt erzählt, er wäre eben im Gespräch mit General Keitel gewesen. Dieser habe auf den Anruf Hitlers hin brüsk abgebrochen und innerhalb einer Sekunde sein Wesen in abweisendste Kälte verwandelt. Er – Dr. Schmidt – habe den Eindruck, daß es jetzt um alles gehe, und er würde sich nicht wundern, wenn als nächster Akt wir beide festgenommen würden.

Etwa eine halbe Stunde später. Ich werde wieder zu Hitler gerufen.

Hitler: »Ich habe mich entschlossen – zum ersten Mal in meinem Leben – von einem gefaßten Entschluß noch einmal abzugehen. Also! Ich wiederhole Ihnen: es ist der allerletzte Versuch. Innerhalb von drei Tagen erwarte ich die Durchführung!«

Dr. Schmidt und Herr von Papen werden ins Zimmer gerufen. Das nachfolgende, im wesentlichen monologe Gespräch bringt nichts Neues. Der Entwurf mit den geringfügigen Änderungen, die mit Ribbentrop vereinbart waren, wird zur Herstellung der Reinschriften in die Schreibstube geschickt.

Der Führer beruhigt sich allmählich, und die Konversation verläuft in gebräuchlichen Formen.

Hitler: »Wenn wir uns somit geeinigt haben, ist die Frage Österreich für uns alle bereinigt. Glauben Sie mir, Herr Bundeskanzler, es ist gut so. Dabei kann es bleiben für die nächsten fünf Jahre. Bis dort ist es lange hin. Dann sieht die Welt ohnedies wieder anders aus.«

Ich: »Glauben Herr Reichskanzler an eine friedliche Entwicklung in der Welt und an eine Lösung der Krisen?«

Hitler: »Wenn man mir folgen würde, wäre Frieden möglich; aber man folgt mir ja nicht. Ich hätte der Welt gerne einen neuen Weltkrieg erspart; ich weiß nicht, wenn mir nicht geglaubt wird, ob er vermieden werden kann ...«

Ich: »Momentan sieht es doch eher aus nach Entspannung, England lenkt ein, und Italien ist doch – anders wie früher – ein militärischer Faktor geworden. Die neue Erziehung der Nation tritt immer stärker in Erscheinung, wenn sie auch kaum den Charakter der Masse verändern kann.«

Hitler: »Italien ist militärisch zu halten mit tüchtigen Fliegern und Unterseebootspezialisten, dazu braucht es im ganzen bloß etwa 200 000 hervorragend geschulte und tüchtige Kräfte. Und über die verfügt Italien. Das reicht! Wir selbst sind auch mitten im Ausbau; Frankreich sind wir heute schon in jeder Richtung gewachsen. Ich habe eben erst die Führung der Wehrmacht verjüngt. Das geht so weiter. Bis zum Herbst werden alle 60jährigen Generäle ausgewechselt sein. In Panzern, Fliegern, Motorisierung der Artillerie sind wir heute schon führend; es wäre geradezu unverantwortlich und vor der deutschen Geschichte nicht zu vertreten, wenn ein Instrument, wie es die deutsche Wehrmacht ist, nicht benützt werden würde. Auch der Ausbau der Flotte geht vorwärts; wenn wir zu einem guten Abschluß kommen, wollte ich Sie und Admiral Horthy im Frühjahr zum Stapellauf eines neuen Schlachtschiffes einladen. Es soll ›Tegetthoff‹ heißen in Erinnerung an die alte österreichische Marine ...« (Es wurde später der »Prinz Eugen« daraus.) »Wir sind daran, die beste Wehrmacht zu schaffen, über die das deutsche Volk jemals verfügt hat. Es wäre unverantwortlich vor der Geschichte, dieses Instrument nicht zu gebrauchen! ...«

Im Verlauf des weiteren Gespräches wandte sich Hitler an Herrn von Papen: »Sie haben in der entscheidenden Stunde im Jahre 1933 das Reich vom Abgrund gerettet, indem Sie den 30. Januar ermöglichten.«

Von Papen: »Jawohl, mein Führer!«

Hitler: »Das werde ich Ihnen nie vergessen, Herr von Papen, sonst wäre noch alles im Kommunismus versunken.«

Es geht dann die Rede vom abschließenden Pressekommuniqué. Ich ersuche zur Erleichterung der Situation und im Sinne der noch in Wien erhaltenen, ausdrücklichen Zusage um Erwähnung des Juliabkommens von 1936, als Grundlage und Bekräftigung der heutigen Vereinbarung.

Hitler: »Nein! Noch ist sie nicht durchgeführt! Es wird folgendes verlautbart: – Am Berghof fand heute eine Unterredung statt zwischen dem Führer und deutschen Reichskanzler und dem österreichischen Bundeskanzler. – Schluß! Ich werde dann in meiner Rede vor dem Reichstag alles andere in einem freundlichen Kommentar für Österreich erwähnen.« –

Inzwischen konnte sich also die Öffentlichkeit denken, was sie wollte. –

In den Abendstunden erfolgte die Fertigung in zwei Exemplaren. Die Originale (von denen später nie mehr die Rede ging) trugen die Unterschriften: Hitler, Ribbentrop, Schuschnigg, Dr. Schmidt.

Der Reichskanzler bot uns ein Souper an.

Wir dankten.

Nach kurzer Verabschiedung ging es im Raupenschlepper bergab und dann auf abenddunkler Straße gegen Salzburg.

Herr von Papen meinte: »Ja, so kann der Führer sein; nun haben Sie es selber erlebt. – Aber, wenn Sie das nächste Mal kommen, werden Sie sich sehr viel leichter sprechen. Der Führer kann ausgesprochen charmant sein.«

Das nächste Mal?? – Nur wenn es der Berghof diesmal ehrlich meint – sonst war die Debatte über den Fall Österreich ein für alle Male geschlossen. Darüber war ich mir vollauf im klaren. Auch darüber, daß nicht viel zu hoffen blieb. –

So ging es heimwärts durch ein müdes, düstergraues Winterland. In Salzburg und Wien herrschte Nervosität an den zentralen Telefonen. Wann und wie wir zurückkehren würden? ... und ob überhaupt? ...

Man hielt alles für möglich ...

Anmerkung: In Versammlungsreden, Presse, Radio und politischem Schrifttum wurde mir unter heftigsten persönlichen Anwürfen der »Wortbruch und Verrat von Berchtesgaden« vorgeworfen; mir und meinen Freunden. Diese Legende wurde auch in die Geschichtslehrbücher aller deutschen Schulen übernommen. Ich wartete durch Jahre darob auf den angedrohten Prozeß vor dem Volksgerichtshof, den mir überdies Heinrich Himmler im Dezember 1938 persönlich in Aussicht gestellt hat. Über den Ausgang eines solchen Prozesses war ich im klaren. Ich stelle fest, daß ich im Gegenstand niemals während meiner Haft befragt oder vernommen wurde; mit einer Ausnahme im Frühjahr 1941: damals lautete die einzige Frage: »Wem haben Sie den Verlauf der Berchtesgadener Unterredung berichtet?«

In Österreich ist es kalt in diesem Februar. Dazu tobt zeitweilig ein so starker Sturm, daß in Wien ein paarmal das Überfallskommando ausrücken muß. Weil Böen an Türen rüttelten und Fenster zum Klappern brachten, meinten die Hausbewohner, daß Einbrecher am Werk seien.
In Österreich ist es kalt in diesem Februar. Als Bundeskanzler Schuschnigg und sein Staatssekretär Schmidt aus Berchtesgaden zurückkehren, sind die Straßen Wiens teilweise von spiegelndem Glatteis überzogen. Dutzende von Streuwagen fahren durch die Stadt, aber Karambolagen sind dennoch nicht zu vermeiden.
Die Zeitungen schreiben darüber. Denn über das Ergebnis von Berchtesgaden gibt es – vorläufig – nichts zu berichten. Es herrscht völliges Stillschweigen, die Presse rätselt, man weiß nichts. Man weiß anderes, und man spricht darüber, um sich abzulenken. In Holland ist endlich eine Thronerbin geboren worden, nachdem es langes Raten gegeben hatte, ob ein Prinz oder eine Prinzessin die genealogische Reihe fortsetzen werde. Noch herrscht die alte Königin Wilhelmine; ihre Tochter Juliane, die Kronprinzessin – mit dem Prinzen Bernhard von Lippe-Biesterfeld verheiratet –, wird erst 1948 die Nachfolge antreten. Und das kleine Mädchen, das am 31. Jänner 1938 im Schloß Sosdijk das Licht der Welt erblickt – was in Österreich, einem traditionell an den persönlichen Schicksalen hoher und höchster Herrschaften interessierten Land, mit gebührender Aufmerksamkeit registriert wird –, hat noch Jahrzehnte vor sich, bis es, als Königin Beatrix, gleichfalls den Thron besteigt.
In Wien mokiert man sich: »Immer nur Frauen«, sagen die Leut'. Drei Königinnen hintereinander.
Man mokiert sich, weil man aus der Gegenwart in eine Traumwelt flieht; was bietet sich besser an als ein Königshaus?
O ja, da ist noch etwas in diesem kalten, stürmischen Februar. Da ist der verschneite Prater. Ein neues Generalkonzept für ihn wird debattiert, jetzt, mitten im Winter. Man müßte ihn sanieren, heißt es. Und vor allem müßte – was heißt müßte? Muß! – eine Lösung für ein neues Quartier der Messe gefunden werden. Die ausgeglühten Reste der Rotunde sind weggeräumt worden, das Relikt der großen Weltausstellung existiert nicht mehr, es hatte der Wiener Messe Obdach geboten, ist aber im Vorjahr abgebrannt.

Jetzt werden große Baracken und Zelthallen vorbereitet, denn die Frühjahrsmesse soll planmäßig in Szene gehen. Es wird die erste sein, die ohne Rotunde auskommen muß. Am Sonntag, dem 13. März 1938, soll sie eröffnet werden.
Wiener Sorgen, österreichische Sorgen im Februar 1938. Die Zulieferung an den Wiener Viehgroßmarkt ist gesunken, die Leute essen weniger Fleisch. Kein Wunder, mehr als dreihunderttausend Österreicher beziehen Arbeitslosenunterstützung.
Wiener Sorgen im Februar 1938. Die Taubenplage, heißt es, müsse endgültig und ein für allemal energisch bekämpft werden. Die Schäden, die von den gefiederten Großstadtbewohnern an Denkmälern und Bauten angerichtet werden, gehen in die Hunderttausende. Es bilden sich zwei Parteien: Da sind die Tierfreunde, die sich gegen jeden Feldzugplan wehren, der die Tauberln dezimiert. Und da sind die Hygienefanatiker und Reinlichkeitsbeflissenen, denen die Taubenplage zuwider ist. Die Tiere seien zudem Krankheitsüberträger, wird erklärt. Und wieder erinnert man sich, daß fast ein Dutzend Angehörige der Familie Thimig an Papageienkrankheit erkrankt ist. Sittiche, Papageien, Tauben – alles das gleiche Gelichter!
Die Wiener gelten in ihrer Mehrheit als tierliebend, weshalb die Tatsache, daß ein Wellensittich die Familie Thimig infiziert hat, fast nicht zur Kenntnis genommen wird. Umso mehr hat man damals am Schicksal des Riesen-Orang-Utans Emil Anteil genommen, einer ausgesprochenen Attraktion des Tiergartens Schönbrunn, ungefähr sechzehn Jahre alt – und aus ungeklärter Ursache plötzlich schwer erkrankt. Die Bulletins lasen sich wie jene aus einem Herrscherhaus, und als Emil dann tot war, nachdem er seit Wochen an »Hartleibigkeit« gelitten hatte, die selbst der »bekannte Affenspezialist Dr. Schirl« nicht hatte heilen können – als Emil also sein Affenleben beendet hatte, wurde er feierlich obduziert, »im Beisein mehrerer Tierärzte und Anatomen«. Das Ergebnis: schwerste Verkümmerungserscheinungen an den Verdauungsorganen.
Sorgen der Wiener, der Österreicher? Über die anderen, die wirklichen, die echten Sorgen haben sie in den Familien, in den Cafés, in den Gasthäusern gesprochen. Aufgrund von Gerüchten, weil offiziell nichts zu erfahren war.
Was der Öffentlichkeit über die Ergebnisse von Berchtesgaden berichtet werden sollte, berieten Schuschnigg, Guido Schmidt und der Generalsekretär der Vaterländischen Front, Guido Zernatto, nach der Rückkehr des Bundeskanzlers und seines Staatssekretärs. Noch im Westbahnhof meint Zernatto, der die beiden abgeholt hatte, feststellen zu müssen, »daß die Stimmung unserer Herren selbst unter dem pessimistischen Maß lag, mit dem ich gerechnet hatte«.
Schuschnigg, Schmidt und Zernatto frühstückten in der Wohnung des Kanzlers im Belvedere. »Im Speisezimmer war es kalt. Niemand hatte Hunger. Während wir in den Tassen herumrührten, erzählten die Herren, was sich in Berchtesgaden begeben hatte.« Zernatto, nüchtern und kühl, hat es so formuliert: »Die Besprechungen in Berchtesgaden waren in ihrer Summe nichts anderes als die Be-

kanntgabe und Endformulierungen der Bedingungen, unter denen Hitler bereit war, nicht in Österreich einzumarschieren. Die Entscheidung sollte am gleichen Tag fallen. Schuschniggs Erfolg bestand darin, daß er die Bedingungen erleichterte und den Termin um einige Tage hinausschob. Um dieses Ziel zu erreichen, verhandelte man stundenlang.«

Der 11. Februar 1938 hat somit den Tatbestand der politischen Erpressung, besser: den der Nötigung, erfüllt.

Der Schritt zur öffentlichen Gewalttätigkeit und zum politischen Totschlag folgte vier Wochen später.

Beim Frühstück, im kalten Zimmer des Bundeskanzlers im Belvedere, unterhält man sich darüber, wie es den Österreichern mitgeteilt werden soll. Und wieviel davon.

Nicht alles, versteht sich. Nur in homöopathischen Dosen dürfen die Österreicher erfahren, was da wirklich passiert ist auf dem Obersalzberg.

Oberst Adam, der Informationschef – von »ehrvergessenen nationalsozialistischen Propagandabuben« hat er noch im Jänner gesprochen, jetzt sollen sie gewissermaßen gleichberechtigt sein –, dieser Oberst Adam also bastelt ein erstes, kurzes Kommuniqué. Die »inoffizielle Begegnung«, heißt es darin, sei dem beiderseitigen Wunsch entsprungen, »sich über alle Fragen, die das Verhältnis zwischen dem Deutschen Reich und Österreich betreffen, auszusprechen«. Eine wunderbare Umschreibung dessen, was wirklich geschehen ist.

Wie immer weiß das Ausland mehr. Im außenpolitischen Ausschuß des französischen Parlaments wird erklärt, die »gegenwärtige europäische Lage, wie sie sich jetzt in Österreich geoffenbart hat«, sei eine logische Folge der Achse Berlin–Rom. Und in London schreibt die Times, ein enges Einvernehmen Wien–Berlin sei »die natürlichste Sache der Welt«. Im übrigen, so das angesehene Blatt, sei das Anschlußverbot purer Nonsens.

In Österreich sickert indessen durch, daß »sofortige Maßnahmen« als Konsequenz der Unterredung Hitler–Schuschnigg zu treffen seien. Und am 16. Februar melden schließlich die Blätter die neue Kabinettsliste, mit dem Nationalsozialisten Seyß-Inquart als Sicherheitsminister.

Aber nicht alle Zeitungen haben die Meldung rechtzeitig bekommen – immerhin ist die Nachricht von der Kabinettsumbildung erst um zwei Uhr früh bekanntgegeben worden. Die Ministerliste konnte demnach von fünf Gazetten nicht veröffentlicht werden. Die Arbeit der Setzer schloß um ein Uhr früh. Es war zwar – denn man ahnte nächtliche Sensationen – für dieses Mal ein Sonderübereinkommen zwischen Herausgeberverband und Setzervereinigung – freie Gewerkschaften gab es nicht unter dem autoritären Regime – geschlossen worden. Doch in der Kommunikationsbranche haperte es mit der Kommunikation. Nicht alle Tageszeitungen sind von der Sonderregelung verständigt worden. Sie brachten keine neue Kabinettsliste – und mußten sich am nächsten Tag bei ihren Lesern entschuldigen.

Und dann wartete man wieder einmal. Diesmal auf die große Rede, die Adolf Hitler im deutschen Reichstag in Berlin halten sollte und in der er auch – ja vor allem – auf das Abkommen mit Österreich zu sprechen kommen wollte.
Die Rede war für den 20. Februar vorgesehen. Tags zuvor wird der Österreicher Felix Kaspar wieder Weltmeister im Eiskunstlauf. Auch dies ist ein Grund für seine Landsleute, nach Berlin zu blicken – dort findet nämlich die Konkurrenz statt.
Und am selben Tag, am 19. Februar, wird dem österreichischen Bundeskanzler von Baron Wiesner, dem getreuen Paladin des österreichischen Thronprätendenten Otto von Habsburg, ein Brief überreicht, in dem Otto dem Bundeskanzler unumwunden vorschlägt, ihn zum Regierungschef zu machen.
Um solches zu begreifen, muß man den Hintergrund kennen. Der Engländer Gordon Brook-Shepherd, ein Experte für österreichische Zeitgeschichte, hat diesen Hintergrund ausgeleuchtet. Schuschnigg ist im Grunde seines Herzens immer ein Legitimist gewesen, und zum Unterschied von Austrofaschisten und Austromarxisten war »allein für die Monarchisten alles, was unter dem Namen Hitler lief – politisch, ideologisch sowie im sozialen Bereich – schlechthin ein Greuel, und zwar zum Teil auch deshalb, weil ihnen seit der Schlacht von Königgrätz einige sechzig Jahre zuvor Berlin an sich suspekt war«.
Schuschnigg hat – laut Brook-Shepherd – »Pilgerfahrten« in das belgische Exil Ottos, das Schloß Steenockerzeel, bezahlt; vertrauenswürdige Mittelsmänner, wie Baron Karwinsky oder der erwähnte Baron Wiesner, pendelten zwischen Wien und Steenockerzeel hin und her, ja Otto von Habsburg »wurde in den Jahren zwischen 1935 und 1938 in der Tat wie ein außerordentliches Mitglied des österreichischen Ministerrats behandelt und über manche Staatsangelegenheiten besser informiert als der Bundespräsident selbst«.
Der Brief, den Baron Wiesner am 19. Februar dem Bundeskanzler vorlegte, enthielt eine Zustandsanalyse und einen Entscheidungsvorschlag. »Mit den Ereignissen der letzten Tage hat eine neue Phase im Leben unseres Volkes begonnen«, schrieb Otto, der im Ausland über die Ereignisse von Berchtesgaden sichtlich besser informiert war als die meisten Österreicher selbst. »Es ist dem Feinde Österreichs gelungen, durch einen Gewaltakt ohnegleichen Ihre Regierung in eine bedrohliche Lage zu zwingen, die unseren weiteren Widerstand in gefährlicher Weise erschüttert.«
Otto riet dem Kanzler, das Bundesheer auszubauen, sich mit der Arbeiterschaft auszusöhnen und sich persönlich an die Westmächte zu wenden.
Und dann formulierte der Thronprätendent – der damals, wohlgemerkt, noch keinerlei Verzichtserklärung abgegeben hatte: »So unerwartet Ihnen Nachstehendes vorkommen wird, so reiflich ist es in diesen schweren Stunden, in äußerster Gefahr erwogen: Sollten Sie dem Druck von deutscher oder betont-nationaler Seite nicht mehr widerstehen zu können glauben, so bitte ich Sie, mir, wie immer die Lage auch sei, das Amt des Kanzlers zu übergeben. Ich bin fest entschlossen,

zum Schutz von Volk und Staat bis zum Äußersten zu gehen, und ich bin überzeugt, dabei Widerhall beim Volke zu finden. Infolge der Lage, die ein langwieriges Anerkennungsverfahren seitens der Mächte nicht erlauben würde, will ich von Ihnen für diesen Anlaß nicht die Restauration der Monarchie verlangen. Ich würde sie nur auffordern, mir die Kanzlerschaft zu übergeben, so daß ohne Änderung der Verfassung, ohne neue Anerkennung – wenigstens für die entscheidende Lage – die gleichen Vorteile erlangt werden könnten wie durch den formalen Akt der Wiederherstellung der Monarchie.«

Den Brief hat der Sohn des letzten österreichischen Kaisers gefühlvoll, aber wahrheitsgemäß mit »Otto, in der Fremde« unterzeichnet. Vierzehn Tage dauerte es dann, bis der Empfänger antwortete. Zwei Wochen lang ließ Schuschnigg sich Ottos Ideen, die außenpolitischen Konsequenzen, die Wirkung auf Hitler (der immerhin seinen Einmarschplänen aus gutem Grund die Bezeichnung »Unternehmen Otto« gegeben hatte) durch den Kopf gehen.

Dann sagte er nein. Er erteilte dem Thronprätendenten eine höfliche Absage. »Jeder Versuch einer Restauration, sei es in den nächsten Jahren oder in der nächsten absehbaren Zeit, müßte mit hundertprozentiger Sicherheit den Untergang Österreichs bedeuten«, schrieb der österreichische Bundeskanzler. Sein damaliger Briefpartner, heute Abgeordneter zum Europaparlament, erinnert sich, unter welchen Umständen und aus welchen Gründen er den Brief an Dr. Kurt Schuschnigg geschrieben hat.

Otto von Habsburg

Nicht geschossen ist auch gefehlt

Nur ohne Schuschnigg wäre ein Widerstand möglich gewesen

Die Nachricht vom Zusammentreffen zwischen Kanzler Kurt von Schuschnigg und Adolf Hitler in Berchtesgaden war nicht eine echte Überraschung. Schon in der zweiten Hälfte des Jahres 1937 gab es immer zahlreichere Hinweise, aus denen man schließen durfte, daß der Kampf um Österreichs Unabhängigkeit in eine entscheidende Phase getreten war. Insbesondere aus zwei Quellen konnte man entnehmen, daß Hitler sich entschlossen hatte, das Werk zu vollenden, das er mit dem 11. Juli 1936 eingeleitet hatte. Auf der einen Seite waren es die Elemente des deutschen Widerstandes, die immer wieder versuchten, Österreich vor den nahenden Gefahren zu warnen. Das galt besonders für kirchliche Kreise und für die Reichswehr. Schon kurz nach dem 11. Juli 1936 war es gelungen, Pläne der Nationalsozialisten auf diese Weise zu durchkreuzen. Besonders hilfreich war auf diesem Gebiet der spätere Bischof von Regensburg, Dr. Rudolf Graber, der als Kurier ins Ausland große persönliche Risiken übernommen hatte.

Anderseits war auch aus den Kreisen um Minister Guido Schmidt offensichtlich, daß dieser weit über den Punkt hinausgegangen war, der ursprünglich in Wien ins Auge gefaßt wurde. Er betrachtete sich an erster Stelle als den Mann der Erfüllung des Abkommens vom 11. Juli; daher seine Feindschaft gegen alle echten Widerstandsbewegungen. Man sprach in seiner Umgebung von einem weiteren Schritt auf dem Wege, der 1936 eingeschlagen worden war.

Um dieser Gefahr zu begegnen, wurden die patriotischen Kräfte schon vor dem Treffen von Berchtesgaden mobilisiert. Typisch dafür war die Versammlungswelle der monarchistischen Bewegung am 11. Januar 1938, wo zur gleichen Stunde in den fünfzig größten Sälen Österreichs mächtige Kundgebungen für Freiheit und Unabhängigkeit abgehalten wurden. Überall waren die Lokale überfüllt. An mehreren Orten kam es zu tätlichen Auseinandersetzungen mit den Nationalsozialisten. Unter den Rednern sprachen auch Vertreter der Revolutionären Sozialisten, wie Riefler, Kuderna, Kittel, deren Einsatz den Beweis erbrachte, daß die Brünner Emigranten unter Otto Bauer, die stur am Anschluß als Ziel der Partei festhielten, nicht für alle Mitglieder sprechen konnten.

Im Lichte der vorliegenden Informationen waren die Einzelheiten des Treffens Schuschnigg–Hitler keine Überraschung. Erstaunlich war nur, wie es geschehen konnte, daß der Kanzler so ahnungslos in die Falle von Papens gegangen war, während andererseits die Schilderungen, die Herr von Schuschnigg aus Berchtesgaden zurückbrachte, wieder einmal zeigt, daß man es bei Hitler nicht mit einem normalen Politiker zu tun hatte, sondern mit einem Fanatiker, der die Vernichtung der Unabhängigkeit seines Heimatlandes zum Ziel hatte.

Die falsche Einschätzung der Lage von seiten des Bundeskanzlers war nicht zuletzt auf sein Vertrauen gegenüber Personen zurückzuführen, die in Wahrheit im Lager des Gegners standen und bezüglich derer bei ihm alle Warnungen nichts fruchteten. Das galt besonders für seinen Bundesbruder Seyß-Inquart, aber auch für Herrn von Glaise-Horstenau. Letzterer war trotz seiner Intelligenz nicht fähig zu erkennen, daß Hitlers Reich gar nichts mit dem großen, historischen Reich zu tun hatte, dessen Widerherstellung Glaise-Horstenau wünschte.

Die Tage, die auf das Gespräch folgten, zeigten das Ausmaß des psychologischen Zusammenbruchs des Kanzlers. Schuschnigg, der immer eine idealistische Sicht der internationalen Beziehungen, entgegen allen praktischen Erfahrungen, bewahrt hatte, war durch das Vorgehen nicht nur Hitlers, sondern auch von dessen Botschafter Franz von Papen, zutiefst erschüttert. Allerdings hatte ihn dies nicht zu einer Verhärtung des Widerstandswillens veranlaßt, sondern ihn nur in seiner zögernden Haltung bestärkt.

Die Ereignisse führten zwangsläufig zu einer Verschärfung der Debatte über die Frage, ob Österreich militärischen Widerstand leisten solle oder nicht.

Herr von Schuschnigg hatte mehr denn einmal gesagt, er wolle kein deutsches Blut vergießen. Hitler hatte offensichtlich auf diese Einstellung mit seinem Aufmarsch der militärischen Führung am Obersalzberg gezielt. Er erreichte damit einen gewissen Erfolg. Ich hatte gegenüber dem Kanzler schon 1937 betont, man könne das ganze Konzept umdrehen: Man sollte vielmehr von österreichischer Seite sagen, ob der »Führer« sich trauen würde, deutsches Blut zu vergießen. Man sollte daher im Falle des Widerstandes die Verantwortung mit Recht auf Hitler abwälzen. Es würde das, zumindest psychologisch, unserer Sache helfen.

Meine Mitarbeiter, wie etwa Gesandter von Wiesner, Herzog Max von Hohenberg, Professor Zessner-Spitzenberg, August Lovrek und andere, waren bezüglich der Analyse der Situation einer Meinung. Wir waren der Überzeugung, daß Hitler über kurz oder lang Krieg wolle. Wer immer »Mein Kampf« gelesen hatte, mußte zu dieser Folgerung kommen. Das Unglück war, daß dies fast niemand getan hatte. Ich hatte schon im Jahre 1932 das Buch Hitlers in Berlin erworben und gründlich durchstudiert. Es sei zugegeben, daß das keine leichte Aufgabe war. Das Wort des Schriftstellers Konrad

Heiden in seiner Rezension des Hitler-Buches, es sollte besser heißen: »Mein Kampf gegen die deutsche Sprache«, stimmte. Es war nicht leicht, das Werk zu lesen, wegen seiner schlechten Sprache, seines verworrenen Aufbaues und seiner halbgebildeten Gedankengänge. Immerhin aber wäre es eine Aufgabe der Verantwortlichen gewesen, die Pläne des potentiellen Gegners zu studieren und daraus die entsprechenden Folgerungen für ihre Politik abzuleiten. Wenn also Hitler über kurz oder lang einen Krieg herbeiführen würde, hätte es eine logische österreichische Politik gegeben: heute schon das zu tun, was langfristig die Zukunft des Landes sichert. Dazu hätte man erstens die Unabhängigkeit möglichst lange mit allen zur Verfügung stehenden Mitteln verteidigen müssen. Das, so meinte ich, würde nicht dadurch erreicht werden, daß man ständig den Nationalsozialisten gegenüber nachgab. Nur eine entschlossene, harte Politik wäre sinnvoll, nicht zuletzt, weil sie auch die gegenüber dem Nationalsozialismus feindlichen Kräfte im Reich, die nicht unbeträchtlich waren, stärken würde.

Die Kontakte mit dem deutschen Widerstand rechtfertigten diese Auffassung. Allerdings war klar, daß dieser nicht wirksam werden konnte, wenn er nicht eine Stützung von außen erhielt. Solange Hitler von Sieg zu Sieg, von Erfolg zu Erfolg eilte, konnte man die Zweifler nicht überzeugen. Es war kein Geheimnis, daß, wenn seinerzeit bei der Remilitarisierung des Rheinlandes es westlichen Widerstand gegeben hätte, der ganze Spuk in kürzester Zeit unblutig verflogen wäre. Österreichs Regierung hätte aus dieser Erfahrung lernen können.

Außen- und sicherheitspolitisch waren drei Mächte für Österreich bedeutend: Italien, Frankreich und England.

Italien hatte Österreich im Jahre 1934 durch die Mobilisierung am Brenner gerettet. Diese Einstellung Mussolinis gegenüber Hitler hatte bis zu den Sanktionen im Äthiopienkrieg gedauert. Kurz nach der Verhängung der Völkerbund-Maßnahmen war der österreichische Gesandte beim Völkerbund, Imre von Pflügl, von Mussolini empfangen worden. Als er von dem Gespräch zurückkam, berichtete er, es habe sich etwas Grundlegendes bei dem italienischen Ministerpräsidenten geändert – in seiner Einstellung wie in seiner Geistesverfassung. Mussolini sei nicht mehr der Mann des Jahres 1934. Pflügl warnte, man könne sich fortan nicht mehr, wie bisher, auf die Italiener verlassen. In einer letzten Aussprache hatte Mussolini eindeutig gesagt, man könne so etwas wie 1934 nicht ein zweites Mal machen. Offensichtlich wollte der Italiener damit sagen, man müsse sich um jeden Preis mit dem Führer verständigen.

Die Haltung Frankreichs war eindeutig. Paris war bereit und entschlossen, Österreich zu stützen, wenn es dafür eine ernstliche Chance gäbe. Gleichzeitig mußte man sich allerdings von österreichischer Seite darüber im klaren sein, daß die Lage in Frankreich alles, nur nicht günstig war. Die Politik der

Volksfront hatte den Staat zerrüttet, die Wirtschaft war angeschlagen, und während nach außen hin die Armee weiterhin stark und schlagfertig erschien – was sich später als ein Irrtum herausstellen sollte –, war die Politik schon infolge der großen Unstabilität nicht auf der Höhe der Ereignisse. Der französische Ministerpräsident, Leon Blum, persönlich ein integerer und mutiger Mann, war schwach und unentschlossen. Er war allzu sehr ein Ästhet, ein Intellektueller, um sich mit einem totalitären Gewaltherrscher zu messen.
Allerdings hing die französische Politik nicht zuletzt von den Entschlüssen in London ab. Das war der schwache Punkt des Westens. Bei Österreichs Weg in die Katastrophe ist die englische Rolle nicht genügend ausgeleuchtet worden. Zwar wurde einiges in den Akten des Schmidt-Prozesses nach dem Kriege aufgedeckt, nur wurden diese Erkenntnisse ungenügend publizistisch verwertet. Die englische Politik gegenüber Hitler-Deutschland war alles, nur nicht klar.
Das galt, besonders in den Wochen nach Berchtesgaden, für die Haltung zweier wichtiger Persönlichkeiten, nämlich des britischen Botschafters in Berlin, Henderson, und des Herzogs von Windsor, der ein Freund von Hermann Göring war. Von beiden hatte man erfahren, daß sie die Ansicht vertreten, es wäre an der Zeit, die Spannungen in und um Wien zu beenden. Österreich sei nicht stark genug, um seine Unabhängigkeit zu erhalten. Es liege daher im Interesse Großbritanniens, das Problem aus der Welt zu schaffen, und sei es um den Preis des Verschwindens Österreichs. London wurde in dieser Einstellung durch den tschechischen Präsidenten Beneš bestärkt, dem allerdings andere Prager Politiker, wie der weitsichtige Milan Hodscha, widersprachen.
Für diese Haltung gibt es zwei Erklärungen, wobei es bis heute nicht möglich ist, eindeutig zu sagen, was richtig war.
Es gab diejenigen, die glaubten, daß es sich hier um tief verwurzelten antiösterreichischen Affekt gewisser britischer Politiker gehandelt hat. Es gab noch immer die Schule von Seton Watson, wie Sir Winston Churchill richtig bemerkte. Im Laufe des Zweiten Weltkrieges hat diese Aversion gegen Österreich sehr viel zur unglückseligen Politik von Antony Eden beigetragen, der sich in dieser Frage in absolutem Gegensatz zu Winston Churchill befand. Es bestand dabei auch ein religiöser Haß gegen Österreich, das als katholische Macht betrachtet wurde.
Dieser Auffassung widersprachen Kenner, wie etwa der ungarische Gesandte in London, Rubido Zichy, oder der Journalist Robert Ingrim (Franz Klein). Beide waren der Ansicht, daß die englische Politik ganz bewußt versuche, Hitler nach Osten zu drängen. London sei überzeugt, ein Krieg sei unvermeidlich, wisse aber auch, daß man noch einige Jahre brauchen würde, um sich darauf vorzubereiten. Es liege daher im Interesse Großbritanniens, Hitler in ein Abenteuer zu locken, das über kurz oder lang zu einem Konflikt mit

der Sowjetunion führen würde. In seiner pittoresken Sprache hat Robert Ingrim die Haltung Hendersons in der Frage Österreich so umschrieben: Österreich sei die vergiftete Wurst, die man dem Hund hinwerfe, damit er daran zugrunde gehe.

Wie dem auch sei, die Tatsache, daß der Herzog von Windsor in seinen Gesprächen mit Göring und Botschafter Henderson bei zumindest zwei Interventionen im Deutschen Außenamt immer wieder dafür plädierte, man möge die österreichische Frage rasch und eindeutig liquidieren, hat stark zu Hitlers Beschluß beigetragen.

Das war der außenpolitische Hintergrund der in Berchtesgaden geschaffenen Lage. Wenn auch verzweifelte Versuche unternommen wurden, die Italiener umzustimmen, war doch der Schwerpunkt der Widerstandspolitik Paris geworden. Dort hatte ich schon seit vielen Jahren systematisch mit den französischen Politikern von rechts bis links Kontakte aufgebaut. Hilfreich war dabei der Presseattaché der österreichischen Botschaft, Dr. Martin Fuchs, der mit Gesandten von Wiesner befreundet war, da der Vater von Fuchs seinerzeit in der österreichisch-ungarischen Diplomatie zu dessen Mitarbeitern zählte. Fuchs war persönlich in Politikerkreisen beliebt. Seine österreichisch-patriotische Haltung, sein Wille, Widerstand zu leisten, waren über jeglichen Zweifel erhaben. Auf der französischen Seite gab es eine Reihe von Politikern, mit denen gut gearbeitet werden konnte. Hier sei vor allem der unabhängige Abgeordnete Georges Mandel genannt, der infolge seiner starken Persönlichkeit zwischen den Parteien stets einen entscheidenden Einfluß ausübte, auch dann, wenn er nicht Mitglied einer Regierung war. Infolge seiner Energie und seines Mutes war es Mandel gelungen, stets eine Schlüsselstellung einzunehmen. Ich hatte ihn schon seit langer Zeit gekannt und mit ihm immer in voller Aufrichtigkeit die Fragen der österreichischen Unabhängigkeit besprochen. Unterstützung kam auch von seiten des konservativen Vorsitzenden, Louis Marin, sowie der Gebrüder Sarraut, die insbesondere in der damals ausschlaggebenden, radikal-sozialistischen Partei das Sagen hatten. Auf der Linken war Léon Blum ganz bestimmt positiv eingestellt, nur half das leider wenig. Auch auf der äußersten Linken gab es Elemente, die zu Österreich standen, so insbesondere der kommunistische außenpolitische Sachverständige, Gabriel Péry. Mit all diesen Politikern wurde in den kritischen Tagen zwischen Berchtesgaden und dem 11. März 1938 ständiger Kontakt gehalten.

Dabei bestand bei mir in keinem Augenblick der geringste Zweifel darüber, daß der letzte Entschluß in Österreich und durch die Regierung fallen müsse. Nur wenn Österreich selbst bereit wäre, sich zu wehren, könne es mit ausländischer Hilfe rechnen. Die umgekehrte Auffassung, die gelegentlich von Wiener Politikern vertreten wurde, man würde sich wehren, falls man die Zusicherung der Unterstützung des Auslandes erhielte, war unberechtigt.

Für die österreichische Politik bestand demnach die Aufgabe, jene Kräfte zu sammeln, die zum bewaffneten Widerstand bereit waren. Daß die Monarchisten und ihre Organisation eindeutig auf diesem Kurs standen, ist bekannt. Diesem Ziel hatten die Gespräche gedient, die in den ersten Jännertagen des Jahres 1938 mit allen führenden Persönlichkeiten aus sämtlichen Bundesländern in Vaduz stattfanden. Andere gewichtige Kräfte waren ebenfalls entschlossen, militärischen Widerstand zu leisten, auch wenn sie sich keine Illusionen machten, daß, sollten wir Hitler gegenüber allein gelassen werden, dieser Widerstand mehr symbolischen Charakter hätte. Unter diesen sei an erster Stelle der Staatssekretär für Landesverteidigung, General Zehner, genannt, der knapp vor den tragischen Tagen einen Besuch in Steenokkerzeel gemacht hatte, bei dem dieser Fragenkomplex im Mittelpunkt der Besprechungen stand. Er hatte sich eindeutig zu bewaffnetem Widerstand bekannt. Unterstützt wurde diese Linie auch durch Bundespräsident Wilhelm Miklas, mit dem Herr von Wiesner Kontakt hielt. Dazu kamen die führenden Funktionäre der österreichischen Gewerkschaften um Präsident Staud und den damaligen Minister Rott, der Landeshauptmann von Niederösterreich, Josef Reiter, mit seinen Bauern, und auch Bürgermeister Schmitz. Keiner von diesen schien aber entschlossen, selbst die Initiative in die Hand zu nehmen, sei es, weil sie sich zu sehr als auf einen besonderen Sektor der öffentlichen Meinung spezialisiert betrachteten, sei es, weil sie nicht genügend politisches Gewicht sich beimaßen, um in einer lebenswichtigen Frage die letzte Verantwortung zu übernehmen.
Zu erwähnen wären noch die Kontakte mit den Sozialisten im Inland, ganz besonders mit Bürgermeister Seitz, der immer wieder seine Bereitschaft bekundete, eine glaubwürdige Widerstandsregierung, die die Sozialisten legalisieren und eine breite demokratische Front schaffen würde, zu unterstützen. Dies stand, wie bereits gesagt, im Gegensatz zur Haltung der Auslandssozialisten, die weiter eisern bis kurz vor dem Ende des Zweiten Weltkrieges den Anschluß an Deutschland bejahten.
Man hat in letzter Zeit immer wieder die Frage aufgeworfen, ob ein Widerstand möglich gewesen wäre. Allein gelassen, hätte sich Österreich bestimmt nicht gegen die gewaltigen Kräfte des Dritten Reiches halten können. Es hätte vielleicht eine Chance von seiten des deutschen Widerstandes gegeben, der 1938 sicherlich viel stärker war als 1939 und gar 1944. In Österreich selbst war die Gendarmerie intakt. Das Bundesheer war unterschiedlich zuverlässig. Die Reste der freiwilligen Verbände wie Heimwehr, Ostmärkische Sturmscharen, Freiheitsbund, aber auch Schutzbund hätten ihren Mann gestellt. Es hätte also genügt, um zumindest der Welt den Beweis zu erbringen, daß die Nationalsozialisten nicht Österreich sind. Daß dies nicht nur ein Glaubensakt war, haben nach Ende des Krieges die Akte des Gaues Wien ergeben, aus denen hervorgeht, daß auch nach erfolgtem Anschluß nur etwa

ein Drittel der Bevölkerung als echte Anhänger der NSDAP angesehen wurde.
Es ist in dieser Perspektive, daß meine Initiative bei Bundeskanzler Schuschnigg bezüglich einer Kanzlerschaft zu verstehen ist. Mit Hilfe verschiedener Mitarbeiter hatte ich alles versucht, um jemand anderen zu veranlassen, diese Initiative zu ergreifen. Dafür gab es einen einfachen Grund. Ich hatte so gut wie mein ganzes Leben im Ausland verbracht, ich kannte wohl Österreich aus dem, was mir andere erzählten, war mir aber bewußt, daß ich die Erfahrung im Land nicht hatte, die zu einer richtigen Beurteilung der psychologischen Lage, also auch zu einer guten Politik, notwendig war. Erst als offenbar wurde, daß niemand zu einer solchen Aufgabe bereit war, habe ich den Brief an Schuschnigg geschrieben. Es bestand kein Zweifel, daß die Chancen eines Erfolges äußerst gering waren. Da ich aber stets dem alten Jägerspruch folgte: »Nicht geschossen ist auch gefehlt«, wurde der Brief geschrieben und an Schuschnigg geschickt. Eine Annahme meines Vorschlages hätte für mich ein Himmelfahrtskommando bedeutet. Da ich aber der Überzeugung war, daß ein Krieg nahe und daher alles getan werden müsse, damit die österreichische Unabhängigkeit glaubwürdig bleibe, auch wenn das Land besetzt werden sollte, gab es eine absolute Verpflichtung – weil ein Staat, der sich nicht wehrt, des Überlebens nicht wert ist.
Die Antwort von Herrn von Schuschnigg, die ich knapp vor dem Ende erhielt, hat mich in diesem Sinne nicht wirklich überrascht. Sie zeigte, daß ein militärischer Widerstand nur ohne Herrn von Schuschnigg möglich sei. Das aber war in dem bereits bestehenden Chaos nicht mehr durchzuführen.
In den ersten Märztagen waren die Kontakte mit London, aber insbesondere mit Frankreich, intensiv. Sie zeigten jedoch eindeutig, daß, wenn Österreich nicht zur Waffe greift, ihm niemand zu Hilfe kommen wird. Dazu war aber Herr von Schuschnigg, aus durchaus ehrbaren Motiven, nicht bereit. So geschah, was geschehen mußte.
Die letzten verzweifelten Versuche erfolgten in der Zeit zwischen dem Ausschreiben des Referendums und der Okkupation Österreichs. Die monarchistischen Organisationen sind auf meine Aufforderung voll und ganz in den Wahlkampf eingestiegen, falls vielleicht doch noch das Referendum stattfinden würde. Was dann geschah, ist bekannt.
Ich selbst war in den letzten Tagen zuerst in der Schweiz, um mich mit meinen österreichischen Freunden zu beraten, und dann noch einmal in Frankreich. Erst am Abend des 11. März kehrte ich nach Steenockerzeel zurück und verfolgte von dort aus die Ereignisse.
In der Nacht vom 11. März wurde ständig telefonischer Kontakt mit verschiedenen Stellen und Freunden in Österreich aufrechterhalten. Einer nach dem anderen ist abgerissen. Der letzte telefonische Kontakt war der österreichische Journalist Georg Bittner, der auf mein Ersuchen aus Paris nach

Österreich eingereist war, um Gelder, die ich für die Wahlen aufgetrieben hatte, nach Wien zu bringen. Bittner war ein tapferer und treuer Österreicher, der, noch dazu als Jude, das große Risiko einer Reise nach Wien aus dem sicheren Paris auf sich genommen hatte. Als er dann in Wien inmitten der Katastrophe eintraf, erwachte in ihm der journalistische Instinkt. Zwei Tage lang blieb er dort, beobachtete die Ereignisse, nahm dort, wo es möglich war, Kontakte mit den Freunden auf und nutzte öffentliche Telefonzellen, um uns über Martin Fuchs in Paris ständig auf dem laufenden zu halten. Er gab Informationen über die Verhaftung verschiedener befreundeter Politiker ins Ausland. Dann gelang es ihm, Österreich zu verlassen, indem er das einzig Richtige tat: Da die Grenzen nach Ungarn, der Tschechoslowakei, Italien und Jugoslawien sowie der Schweiz schärfstens überwacht waren, reiste er nach Deutschland aus. Dorthin waren inzwischen die Grenzkontrollen abgeschafft worden. So erreichte er über Holland wieder die westliche Welt.

Die letzte Person, mit der ich in Österreich, mit Ausnahme Bittners, telefonisch gesprochen hatte, war Prof. Zessner-Spitzenberg. Ich beschwor den tapferen Mann, sein Möglichstes zu tun, um ins Ausland zu entweichen, weil ich wußte, welches Risiko für ihn bestand. Er wollte ursprünglich nicht, da er sich seinen Leuten gegenüber verantwortlich fühlte. Schließlich gab er meinen Beschwörungen nach. Die letzten Worte, die er mir sagte, waren: »Ich glaube an eine Auferstehung Österreichs.« Er war der erste, der für Österreich in Dachau ermordet wurde.

Am 12. März gegen drei Uhr morgens war der letzte Kontakt zu Österreich vom Ausland her abgerissen. Es war eine furchtbare Nacht. Fast symbolisch war, daß ein schwerer Sturm ganz Westeuropa heimsuchte und vielerorts Verwüstungen anrichtete. Ein Vorzeichen für das, was kurz darauf als Folge der Okkupation Österreichs über Europa hereinbrechen sollte.

Am Abend des 13. März war ich wieder in Paris. Es war da Dr. Martin Fuchs, Dr. Ernst Hoor, Herr von Kupsa sowie eine Gruppe österreichischer Residenten in Frankreich, die in der kritischen Zeit fest zur Heimat gestanden waren. Am 14. März fand eine kleine Veranstaltung in den Räumen des österreichischen Generalkonsulates, das damals noch nicht übernommen worden war, statt. Daß die Stimmung gedrückt war, ist verständlich. Aber auch hier war uns klar: Der Krieg ist in den letzten Stunden ein gutes Stück nähergekommen. Nunmehr galt es, trotz des schweren Rückschlags vom 11. März 1938, alles zu tun, damit, wenn der Konflikt ausbricht, die Wiederherstellung der österreichischen Unabhängigkeit ein Kriegsziel der Alliierten werde. Dazu brauchte man die Unterstützung Frankreichs. Es war daher logisch, daß von da ab bis zum Beginn des Zweiten Weltkrieges das Zentrum der Tätigkeiten sich in Paris befand.

Zurück in den Februar. Österreich fröstelt. Es ist nicht ausgesprochen kalt, aber klamm. Die Öffentlichkeit weiß nun, was in Berchtesgaden gesprochen wurde, wer die Befehle gab und wer sich bereit erklärt hatte, diese auszuführen.

Allein: Die Details weiß man noch immer nicht. Man weiß nur, daß es in Wien nun eine neue Regierung gibt, daß der Sicherheitsminister Dr. Arthur Seyß-Inquart heißt, daß ein zweiter prominenter Nationalsozialist, Dr. Edmund Glaise-Horstenau, zum Minister ohne Portefeuille ernannt wurde.

Sicherheitsminister: Das ist jener, der gleichsam »am Drücker« sitzt. Er befehligt die Exekutive, er ist der Chef von Polizei und Gendarmerie. Er kontrolliert das »Netz«. Heute würde man »Network« sagen und auch die Agenten meinen, die Spitzel. Und jedenfalls die Staatspolizei, die »Geheimen«.

Umstürze haben immer einen Vorboten, so wie der legendäre Kauz vor nächtlichen Fenstern sein »Kiwitt« schreit. Wenn der Innenminister ein Revolutionär ist, mag auf das sichere Fortbestehen des Staates kein Groschen mehr gewettet werden. Nach 1945 ist dies die bewährte Methode in den von den Sowjets besetzten späteren Ostblockstaaten gewesen. Nach Kriegsende saß auch in Wien zeitweilig ein kommunistischer Innenminister, Franz Honner; es ist jedoch der Geschicklichkeit der Österreicher, gepaart mit der Gunst des Schicksals, zu verdanken gewesen, daß jedenfalls dieses eine Beispiel ein gegenteiliges bleiben sollte.

Im Februar 1938 vertrauten andere auf die Gunst des Schicksals, und mit der Geschicklichkeit war es nicht weit her. Daß Schuschnigg damals vertraute Freunde – einen Zernatto, einen Schmidt, einen Skubl (letzteren als Staatssekretär im Innenministerium und »Aufpasser« für Seyß) ins Kabinett rief, nützte nichts mehr. Daß er diesem Kabinett den Charakter einer Konzentrationsregierung geben sollte, indem er den als Legitimisten geltenden Universitätsprofessor Ludwig Adamovich zum Justizminister, den Sozialdemokraten Adolf Watzek zum Staatssekretär für Arbeiter- und Angestelltenschutz machte, nützte ebensowenig. Der Countdown des Endes der österreichischen Unabhängigkeit hatte längst begonnen.

Und immerhin: Seyß-Inquart ist keine achtundvierzig Stunden Sicherheitsminister, da reist er schon nach Berlin und konferiert mit Hitler und Göring.

Und mit dem Reichsführer SS und Chef der deutschen Polizei, Heinrich Himmler. Das für die »Sicherheit« des Bundesstaats Österreich verantwortliche Regierungsmitglied berät sich mit dem Konstrukteur des SS-Staats.
In Österreich werden indessen die ersten Freisprüche in Prozessen nach dem Staatsschutzgesetz verkündet. Wird ein Delikt aus »politischen Gründen« verübt – was als nationalsozialistische Motivation zu verstehen ist –, setzt der Richter »das Kappl auf«. Und wenn es Halbwüchsige sind, die sich noch nicht so gut auskennen, dringt der Staatsanwalt, der sich fast wie ein Verteidiger aufführt, in sie: »Warum haben Sie den Briefkasten angezündet? Vielleicht, weil Sie Nazi sind?« Aus Bubenstreichen werden Heldentaten, aus Buben flugs Heroen.
Indessen wartet man noch immer, wie Hitler sich in der Öffentlichkeit zu dem Berchtesgadener Abkommen stellen werde. Ob er gewissermaßen »paktfähig« sei. Mit Spannung harren die Österreicher der Reichstagsrede des »Führers«, die diesmal, zum ersten Mal, in ganz Österreich frei empfangen, ja sogar öffentlich übertragen werden darf.
Man muß die Rede – ihr Inhalt darf, ebenso wie jener der großen Rede Schuschniggs im österreichischen Bundesrat vier Tage später, am 24. Februar, als bekannt vorausgesetzt werden – man muß also die Hitler-Rede im Kontext sehen, im Zusammenhang mit der Schuschnigg-Ansprache. Hitler war Rhetoriker, Schuschnigg nicht. Hitler war Demagoge, Schuschnigg ein an der »Stella matutina« in Feldkirch erzogener politischer Esoteriker.
Hitler verwendete auch verbal den braunen Holzknüppel, während Schuschnigg bestenfalls mit dem Florett focht, das einen rotweißroten Griff hatte.
Die beiden Reden lagen vier Tage in der Zeit und Äonen im Inhalt auseinander. Sie trafen einander interessanterweise nur in den Schlußpassagen. Da haben sich nämlich beide, Hitler wie Schuschnigg, auf den Herrgott berufen. Nicht nur die historische Distanz berechtigt dazu, die Schuschniggsche Metaphysik für ehrlicher zu halten als die eines Adolf Hitler.
Mit der Ehrlichkeit des »Führers« war es samt und sonders nicht weit her. Die Staatskanzleien in Paris, London und Rom, vor allem aber auch die Weltpresse, sind ihm dennoch auf den Leim gegangen an diesem 20. Februar 1938. Man glaubte ihm, wenn er formulierte, seine Absicht in Berchtesgaden sei es gewesen, »eine Entspannung unserer Beziehungen dadurch herbeizuführen, daß dem nach seiner Auffassung und Weltanschauung nationalsozialistisch denkenden Teil des deutsch-österreichischen Volkes, im Rahmen der sonst gültigen Gesetze, die gleichen Rechte gegeben werden, wie sie auch den anderen Staatsbürgern zustehen«.
Das war doch nicht zuviel verlangt, oder? Und wenn Hitler von der Absicht einer »großen Befriedungsaktion« sprach, von einem »nunmehr engeren freundschaftlichen Verhältnis«, so horchte man zufrieden auf. Es hätte ärger kommen können – meinte man.
Besonders positiv wurden schließlich jene Passagen der großen Hitler-Rede kommentiert, in denen Schuschnigg gelobt wurde. Hitler sagte: »Ich möchte an dieser

Stelle vor dem deutschen Volk dem österreichischen Bundeskanzler meinen aufrichtigen Dank aussprechen für das große Verständnis und die warmherzige Bereitwilligkeit, mit der er meine Einladung annahm und sich bemühte, gemeinsam mit mir einen Weg zu finden, der ebensosehr im Interesse der beiden Länder wie im Interesse des gesamten deutschen Volkes liegt. Jenes gesamten deutschen Volkes, dessen Söhne wir alle sind, ganz gleich, wo die Wiege unserer Heimat stand. Ich glaube, daß wir damit auch einen Beitrag zum europäischen Frieden geleistet haben. Der sicherste Beweis für die Richtigkeit dieser Annahme liegt in der empörten Wut jener demokratischen Weltbürger, die, indem sie sonst immer vom Frieden reden, keine Gelegenheit vorbeigehen lassen, um zum Krieg zu hetzen. Sie sind erbost und erzürnt durch dieses Verständigungswerk. Es kann daher mit Recht angenommen werden, daß es gut und richtig ist. Vielleicht wird dieses Beispiel mithelfen, in einem weiteren Ausmaß eine allmähliche Entspannung in Europa herbeizuführen. Deutschland wird, gestützt auf seine Freundschaften, nichts unversucht lassen, um jenes Gut zu retten, das die Voraussetzung für jene Arbeiten auch in der Zukunft abgibt, die uns vorschweben – den Frieden.«

Wie Pawlowsche Hunde reagiert die Weltöffentlichkeit, wenn einer wie Hitler vom Frieden spricht. Und vollends gerührt zeigten sich viele, als dann »Helm ab zum Gebet« kommandiert wurde im Reichstag zu Berlin: »Ich möchte in dieser Stunde«, schloß der indessen schon heiser gewordene »Führer«, »nur den Herrgott bitten, daß er auch in den folgenden Jahren unserer Arbeit und unserem Handeln, unserer Einsicht und unserer Entschlußkraft seinen Segen geben möge; daß er uns ebenso vor jedem falschen Hochmut wie vor jeder feigen Unterwürfigkeit bewahre; daß er uns den geraden Weg finden lassen möge, den seine Vorsehung dem deutschen Volk zugedacht hat, und daß er uns stets den Mut gebe, das Rechte zu tun und niemals zu wanken und zu weichen, vor keiner Gewalt und vor keiner Gefahr.«

Da flossen Tränen, auch in Österreich, auch – und vor allem – in Graz, wo es einen »öffentlichen Gemeinschaftsempfang« der Hitler-Rede gab. Und viele meinten: Er ist ja gar nicht so. Und schlossen daraus: So arg kann es also nicht werden.

Geschichtliche Entwicklungen sind oft auch die Folge von populären Fehlschlüssen und falschen Eindrücken.

Indes hat die Hitler-Rede in Österreich auch die nun frei agierenden Nationalsozialisten auf eine solche Weise ausgereizt, daß die Regierung am 21. Februar ein Versammlungs- und Demonstrationsverbot erließ. Und dann, am 24. Februar, antwortete Schuschnigg in Wien dem »Führer und Reichskanzler« auf seine Weise. Es sei, sagen Augen- und Ohrenzeugen, Schuschniggs beste Rede gewesen. Er rief: »Wir wissen genau, daß wir bis zu jener Grenze gehen konnten und gingen, hinter der klar und eindeutig ein: ›Bis hierher und nicht weiter‹ steht.« Und dann: »Wer auf den Altar seines Denkens den nationalen Sozialismus zu stellen gewöhnt ist, der nehme zur Erwägung: Nicht Nationalismus oder Sozialismus in Österreich, sondern Patriotismus sei die Parole.«

Und dann kam, auch im Parlamentsgebäude in Wien, auch vor der Bundesversammlung im alten Reichsratssitzungssaal, das Metaphysische: Und dann, »wenn Sie es hören wollen, vertraue ich auf den Herrgott«, rief der österreichische Bundeskanzler. »Auf den Herrgott, der unser Land nicht verlassen wird. Dieses Vertrauen setzt aber voraus das Wissen, daß der Herrgott nur denen hilft, die selbst bis zum äußersten Einsatz aller ihrer Kräfte und zur Zusammenballung ihres Willens entschlossen sind. Und weil wir entschlossen sind, darum steht der Sieg außer Zweifel. Bis in den Tod rot-weiß-rot! Österreich!«
Schuschnigg bekam eine tobende »Standing Ovation«, und alle, auch jene, die draußen vor dem Parlament zugehört hatten, sangen zur Haydn-Melodie die Worte der neuen österreichischen Hymne: »Sei gepriesen ohne Ende ...« Kämpferisch wurde nachher das Andreas-Hofer-Lied intoniert – ein Phänomen, das immer wiederkehrte in diesen Tagen. Das Zweigespann der Hymnen war gewissermaßen obligat: draußen Deutschlandlied und Horst-Wessel-Lied, herinnen die Bundeshymne und das Andreas-Hofer-Lied oder das »Lied der Jugend«: »Ihr Jungen, schließt die Reihen gut ...«
Der Auftritt in der Bundesversammlung, kommentiert der Historiker Brook-Shepherd, »war eine aufrüttelnde Darbietung, und für Schuschnigg noch dazu eine verblüffende: denn zum ersten Mal in seinem politischen Leben hatte er die gläserne Wand durchstoßen, die ihn sonst von seinen Zuhörern trennte, und seinem Publikum ans Herz gegriffen. Der erste Ausbruch echter Leidenschaft war auch sein erster Triumph geworden.«
In Graz hörten auf dem Hauptplatz zwischen zehn- und zwanzigtausend Nationalsozialisten die Schuschnigg-Rede, setzten die Lautsprecheranlage zeitweilig außer Betrieb und »brachten es sogar fertig, mit Zustimmung des Bürgermeisters die Hakenkreuzfahne neben der österreichischen vom Dach des Rathauses wehen zu lassen« (Brook-Shepherd).
In Graz sind die Uhren anders gegangen in diesen Tagen. Sie gingen vor. Während es im übrigen Österreich noch fünf vor zwölf war, dröhnte dort schon die politische Mitternachtsglocke. Zwei Augen- und Zeitzeugen, ein Politiker von damals und ein Journalist von heute, geben einen Zustandsbericht aus der »Stadt der Volkserhebung«.

Guido Zernatto

Graz oder: Der Sonderfall

Was es mit der Volkserhebung auf sich hatte

Die steirischen Nationalsozialisten hatten den Beschluß gefaßt, die »Wiener Lösung« eines Ausgleichs zwischen dem Nationalsozialismus und dem Regime unmöglich zu machen. Sie waren davon überzeugt, daß es gelingen würde, einen Aufstand zu provozieren, in dessen Verlauf die Regierung gezwungen werden sollte, auf nationalsozialistische Demonstranten schießen zu lassen. Das, so nahm man mit Sicherheit an, werde die deutsche Intervention auslösen, die man sich in der Form eines Einmarschs der österreichischen Legion und der deutschen Wehrmacht vorstellte.

Wir hatten die Mitteilung erhalten, daß in den illegalen militärischen Verbänden der Steiermark junge Leute namhaft gemacht wurden, die bereit waren, sich unter Lebensgefahr an die Spitze eines Aufstandes zu stellen.

Es ist anzunehmen, daß die steirischen Nationalsozialisten von maßgebenden deutschen Stellen die Zusicherung einer Intervention für den von ihnen proponierten Fall besessen haben. Der preußische Ministerpräsident Göring hatte wenige Wochen vorher den »volkspolitischen Referenten der Steiermark«, Professor Dadieu, bei sich empfangen.

Diese Tatsache ist kein Beweis dafür, daß etwa Ministerpräsident Göring die vermutete Zusicherung gegeben hätte, sie schließt sie aber auch durchaus nicht aus.

Die Steiermark war immer ein politisch erregtes Land. In der Steiermark hatte der radikalste der österreichischen Sozialdemokraten, Koloman Wallisch, gewirkt, aus der Steiermark war Anton Rintelen gekommen, in der Steiermark hatte der Heimatschutz eine seiner stärksten Kraftzentren, der steirische Gau war auch einer der revolutionärsten und ungebärdigsten in der illegalen nationalsozialistischen Partei.

Es ist deshalb nicht verwunderlich, daß gerade dort wieder ein Zentrum ungeregelten Aufstandes entstand. Der Steirer will immer einen »Wirbel« haben, er will »putschieren«, er will Krawall und liebt die Aufregung. Die Steirer aller Richtungen sind auch immer sehr stolz darauf, daß es bei ihnen aufgeregter zugeht als anderswo, wenn sie sich auch dann im gegebenen Augenblick vor ihrem eigenen Schneid fürchten. Im Winter 1918/19 fanden sie, nachdem bereits alle Vorbereitungen getroffen worden waren, im letzten Au-

genblick nicht den Mut, den südlichen Teil ihres Landes gegen die eindringenden Jugoslawen zu verteidigen, wie es die Kärntner in ihrer Heimat getan hatten. Anläßlich der Spannungen, die zwischen den Heimwehren und den Sozialdemokraten bestanden, schreckten sie vor St. Lorentzen im letzten Augenblick davor zurück, eine große Auseinandersetzung zu wagen, obwohl sich beide Parteien bereits zum Kampf formiert hatten.
Das, was die steirischen Nationalsozialisten nun vorhatten, war nichts anderes als die Ablehnung des in Berchtesgaden besprochenen Weges und der Versuch, allen zum Trotz den Tavs-Plan durchzuführen. Diesmal sollte es ihnen, wenn auch nicht direkt, gelingen, eine politische Kampfaktion bis zum Ende zu führen.
Für den Sonntag nach der Hitler-Rede hatte der volkspolitische Referent in der Steiermark im Einvernehmen mit der illegalen Partei eine große Kundgebung für die Nationalen aus dem ganzen Lande ausgeschrieben. Indessen hatte die Regierung aber über Auftrag des neuen Sicherheitsministers, Dr. Seyß, ein Versammlungs- und Kundgebungsverbot erlassen, um die Ruhe im Lande wiederherzustellen. Die Vorbereitungen für den Grazer Aufmarsch wurden jedoch trotz des Verbotes nicht eingestellt. Im Gegenteil. Man versuchte im ganzen Lande Fahrzeuge zu mieten und Transportmittel aller Art bereitzustellen, um Anhänger aus allen Landesteilen in die Hauptstadt zu bringen.
Der Sicherheitsminister Dr. Seyß kam dadurch in eine außerordentlich schwierige Lage. Er mußte entweder den geplanten Aufmarsch durch seinen Einfluß auf die Nationalsozialisten verhindern oder aber die Exekutive gegen die Demonstranten einsetzen, wenn nicht mit dem Prestige der Staatsgewalt auch sein persönliches Prestige verlorengehen sollte. Im Laufe des Freitags wurde die Situation bedrohlich. Der Aufmarsch war nicht abgesagt worden, die Kräfte aber, die der Exekutive in der Steiermark zur Verfügung standen, waren nicht stark genug, um Unruhen in einem Ausmaß, wie sie zu erwarten waren, sofort zu liquidieren.
Am Abend des Freitags traf sich der Bundeskanzler in meinem Büro mit Minister Dr. Seyß und Staatssekretär Dr. Skubl. Der Bundeskanzler verlangte von Dr. Seyß nochmals in eindeutigem Ton die Veranlassung von Maßnahmen, die Unruhen verhindern würden. Dr. Seyß erklärte, daß er noch einen letzten Versuch unternehmen wolle, um die steirischen Nationalen zur Vernunft zu bringen.
Mißlinge der, so sei er bereit, als Chef der öffentlichen Sicherheit, Tumulte, die in der Steiermark entstehen, niederzuschlagen. Er bäte den Bundeskanzler aber schon jetzt, ihn nach Durchführung dieser Aufgabe seines Amtes zu entheben.
Dr. Schuschnigg erwiderte ihm, daß es ihm gleichgültig sei, auf welche Weise die Störungen beseitigt würden, es handle sich ihm darum, daß die Ruhe auf-

rechterhalten und die Autorität der Regierung gewahrt bleibe. Er, der Bundeskanzler, gebe auf jeden Fall in seiner Eigenschaft als Landesverteidigungsminister den Auftrag, motorisierte Truppen der Wiener Garnison nach Graz zu senden. Dieser Auftrag wurde sofort durchgeführt. Im Laufe des Sonntags trafen die Wiener Truppen in Graz ein. Weiters wurde eine Alarmkompagnie der Wiener Polizei in Autos nach der Steiermark entsendet.
Dr. Seyß versuchte nun nochmals seine Autorität bei den Steirern durchzusetzen. Er rief die maßgebenden Leute ans Telefon und machte ihnen begreiflich, daß von ihrem Verständnis das Gelingen seiner Gesamtaktion, die die Billigung des deutschen Reichskanzlers hatte, abhing. Nach einem langen Gespräch teilte er uns mit, daß es ihm gelungen sei, die Steirer zu zähmen, und daß er nun annehme, daß der Sonntag in Ruhe verlaufen werde. Der Sonntag verlief tatsächlich in Ruhe.
Dieses steirische Intermezzo hatte auf die Gesamtentwicklung wesentlichen Einfluß. Sowohl wir als auch Dr. Seyß hatten die Erfahrung gemacht, daß Kräfte der illegalen Partei ohne und sogar gegen Dr. Seyß zu operieren bereit waren. Es hatte den Anschein, als stehe hinter dem Keppler-Plan, der nun angenommen worden war, auch noch der alte Tavs-Plan in Kraft, als seien in Berlin für die österreichischen Nationalsozialisten verschiedenartige Direktiven ausgegeben worden. Einen Vertrag zu unterzeichnen und zugleich Aufstände zu provozieren, um damit zu erweisen, daß eine Einigung gar nicht möglich wäre, weil der Bürgerkrieg ausgebrochen sei, das wäre natürlich eine Methode zur Eroberung Österreichs gewesen, die den Vorzug gehabt hätte, der Welt zu beweisen, daß man dem österreichischen Staat vorher alle Möglichkeiten des Friedens geboten habe.
Ich bin davon überzeugt, daß es einen einheitlichen Plan für die Eroberung Österreichs nicht gegeben hat. Es gab viele Pläne, die – ebenso wie im Juli 1934 – im März 1938 nebeneinander zur Ausführung kamen. Die nationalsozialistische Partei hat die Eigentümlichkeit, daß in ihr trotz des Gesetzes der strengen Disziplin viele Instanzen nebeneinander und gegeneinander wirken. So kommt es denn auch im März 1938 nicht nur zum Kampf um die Macht in Österreich, sondern zugleich auch zum erbitterten Kampf verschiedener Parteigruppen um die Macht innerhalb der Bewegung, zum Kampf verschiedener nationalsozialistischer Persönlichkeiten um einen Erfolg. Um die Zustimmung Hitlers ist es keinem dieser vielen Bonzen und Bönzlein bange. Diese Zustimmung glaubt jeder in der Tasche zu haben. Jedem ist versichert worden, daß der Führer hinter ihm stehe. Kein nationalsozialistischer Führer vertraut dem anderen. Jeder ist trotz der Legitimation, die er anscheinend besitzt, unsicher.
Diese Verhältnisse in der nationalsozialistischen Partei muß man in Betracht ziehen, wenn man die Ereignisse der Märztage richtig verstehen will.
Aus dieser Unklarheit ergab sich als natürliche Folge die Unsicherheit des na-

tionalsozialistischen Vertrauensmannes Dr. Seyß, die sich wiederum in der Haltung der Exekutive, deren Chef er war, auswirken mußte.
Dr. Seyß hatte anläßlich der steirischen Aufstandsversuche die Erfahrung gemacht, daß neben seinem nationalsozialistischen Führerkreis, der ihm, wie er glaubte, ergeben war, was übrigens nicht durchaus stimmte, auch noch andere Kräfte vorhanden waren, die ihre eigenen Verbindungen nach dem Reich hatten und die bestrebt waren, ihm seine Führerschaft streitig zu machen, die bestrebt waren, jeden Erfolg seiner Politik zu verhindern.
In den folgenden Stunden stand Seyß vor der Überlegung, ob er, auf dem Boden der Regierung stehend, mit den Kräften der Regierung seine Widersacher in der Partei beseitigen sollte, um das Abkommen von Berchtesgaden loyal durchzuführen, oder ob er mit der Partei gegen die Regierung und gegen das Projekt, an dem er wesentlich beteiligt war, Politik machen sollte.
Minister Dr. Seyß reiste an einem der nächsten Tage nach Graz und wurde dort begeistert empfangen. In Graz fiel seine Entscheidung. Er sagte mir nach seiner Rückkehr, er zweifle daran, ob es möglich sein werde, seinen Plan gegen die Partei zu verwirklichen. Dr. Seyß hatte sich dafür entschieden, eine abwartende Haltung einzunehmen und sich die Möglichkeiten auf beiden Seiten offen zu lassen. Er hatte für seine Person begriffen, daß ein von Hitler gezeichneter Vertrag noch lange nicht genügt, um die Parteistellen von eigenen Aktionen abzuhalten. Er hatte begriffen, daß im nationalsozialistischen Olymp neben Zeus noch mancher andere Gott wohnt, oder aber, daß dieser Zeus das Haupt des Janus trägt.
Das volkspolitische Referat in der Steiermark befand sich bald völlig in den Händen der illegalen Partei. Ich verlangte die Enthebung seines Leiters, des Professors Dadieu. Seyß war damit einverstanden, wollte diese Enthebung aber auf einen späteren Zeitpunkt verschieben. Der Bundeskanzler stimmte ihm bei.
Von diesem Zeitpunkt an war bis zu den letzten Stunden die Haltung des Sicherheitsministers im wesentlichen passiv. Er wartete ab. Diese abwartende Haltung bekundete sich auch deutlich in seiner Amtsführung. Die Polizei griff gegen nationalsozialistische Demonstranten kaum mehr ein. Der Wille zur Einhaltung des Abkommens von Berchtesgaden lag nur mehr auf der Seite des Bundeskanzlers.

Hans Dichand

»Hakenkreuz-Schmied« war nicht allein

Als es in der Grazer Oper Kornblumen hagelte

»Ich bin nicht besser
als meine Väter!«
Der Prophet Elia

Über das Jahr 1938 zu berichten, wie es sich in Graz abgespielt hat, ist für mich auch ein Akt der Selbsterforschung. Ein Journalist muß die Wahrheit, die er erstrebt, aufschreiben; manches wird dabei erst durch den Prozeß des Schreibens hervorgeholt. Das damals in meiner Heimatstadt Erlebte zu schildern führt jedoch weiter, nämlich zur Einordnung aus heutiger Sicht.
Vieles von dem, was 1938 geschah, bemerken wir erst heute, können wir erst jetzt ganz oder zumindest besser verstehen, weil es seit etwa zwei Jahrzehnten zu wissenschaftlicher Aufarbeitung gekommen ist.
Obgleich die zu einem Teil schon geöffneten Archive neue Einblicke erlauben, werden die dramatischen Entwicklungen des Anschlußjahres selbst von Wissenschaftlern immer wieder durch die Parteibrillen von heute gesehen. So läßt sich bei Diskussionen überraschend leicht erkennen, welchem Lager der eine oder andere Historiker angehört. Einige handeln wie Trickschwindler; sie lassen vieles verschwinden, um etwas in der Hand zu behalten, das mit ihrer Ideologie übereinstimmt.
Ich meine nun, niemand soll reingewaschen, nichts geglättet werden – es geht mir nicht um Vergangenheitsbewältigung. Ich halte das für ein abgegriffenes Wort, mit dem ich nichts anfangen kann. Mir geht es einfach um die Schilderung des damals Erlebten und was ich seither dazu erfahren konnte.
Der Beginn des Jahres 1938 steht in Graz unter dem Eindruck des immer stärker zur Macht drängenden und bereits alle Lebensbereiche durchdringenden Nationalsozialismus. Seit 1933 verboten, tritt die Hitler-Bewegung nun weitgehend offen in Erscheinung. Von Woche zu Woche werden die Tarnungen mehr und mehr aufgegeben, eine heute kaum noch vorstellbare Beherrschung des Alltags offenbarend.
Wird zum Beispiel in der Schule oder bei Feiern die Bundeshymne gesungen, so hört man fast immer den Text des Deutschlandliedes heraus. »Deutschland, Deutschland über alles, über alles in der Welt ...« Eine solche Demon-

stration ist ziemlich gefahrlos, weil beide Hymnen die gleiche Melodie haben und man kaum herausfinden kann, wer nun welchen Text singt.
Weiße Stutzen gelten als Zeichen nationalsozialistischer Einstellung; es ist schwierig, sie zu verbieten, weil sie seit jeher zur kurzen Lederhose getragen wurden. Dazu kommen Ledergürtel mit Koppelschlössern, wie sie »im Reich« das Jungvolk, die HJ, die SA oder SS tragen. Hakenkreuze und Siegrunen sind allerdings weggefeilt. Je nach dem Demonstrationsbedürfnis des einzelnen wird das Koppelschloß offen gezeigt oder unter dem »Hosentürl« versteckt.
Seit langem siecht das Land dahin. Über eine halbe Million Arbeitslose, 26 Prozent der Erwerbstätigen sind zu einem Leben im Elend verurteilt. In der Steiermark werden über 42 000 Arbeitslose, nicht weniger als 30 Prozent, gezählt. Ein Drittel dieser Menschen ist ohne Chance, bekommt keine Unterstützung mehr. Die »Ausgesteuerten«, wie man sie nennt, können zwar billiger ins Kino gehen und für wenig Geld die sogenannte »Bundeswurst« kaufen, doch Arbeit gibt es nicht. So kommen sie auf die seltsamsten Ideen, ihr Leben zu fristen.
Südlich der Grazer Schönau-Siedlung wird der Müll in die Mur geleert. Man nennt diese Ablagerungsstätte »Sturz«. Der Fluß nimmt die Asche mit, schwerere Teile bleiben auf dem Grund liegen. Mit langen Holzstangen, an denen Schaufelblätter angebracht sind, holen Männer, im kalten Wasser stehend, Metallstücke aus den Fluten – immer in der Hoffnung, auch einmal ein Goldringlein oder sonstigen Schmuck zu finden. Das sind die »Goldgräber von Graz«.
Wenn es – sehr selten – tatsächlich zu bescheidenen Goldfunden kommt, steht das sogar in den Zeitungen. Beim nahen Fischerwirt geht es dann festlich zu. Es riecht nach panierten Murfischen, ebenfalls von Arbeitslosen gefangen, die sich als Fischer betätigen. Eine Blaskapelle schmettert weithin Fröhlichkeit, und die Tanzenden vergessen für ein paar Stunden, daß sie sich auf einem Vulkan im Kreise drehen, der jeden Tag ausbrechen kann.
Ein ganzes Heer von Straßenmusikanten gibt es, von den Fenstern werden ihnen in Papier gewickelte kleine Münzen zugeworfen. Sie singen Schlager wie »Waldeslu-u-ust, ach wie einsam schlägt die Brust«, oder »O Donna Clara, ich hab dich tanzen gesehn ...«. Um die Massenbettelei etwas einzudämmen, führt die Grazer Stadtverwaltung schließlich einen eigenen Betteltag ein, es ist der Donnerstag. Da klopft oder läutet es dann von früh bis spät an der Tür. Diplomingenieure sind Tramwayfahrer, Juristen machen kleine Schreibarbeiten, ehemalige Offiziere gehen als Vertreter von Tür zu Tür.
Frau Schuschnigg, die Ehefrau des Bundeskanzlers, so hört man aus der politischen Gerüchteküche, habe Ratschläge erteilt, wie aus Wursthaut eine schmackhafte Suppe gekocht werden könne.
Auch der sehr tatkräftige Landeshauptmann Karl Maria Stepan, eine Erzher-

zog-Johann-Figur, allerdings mit mehr Strenge als Toleranz, kann wenig tun, um die Steiermark aus der Krise herauszuführen. Mutig tritt er, ein baumlanger Mann, mit ausgebreiteten Armen verbotenen Demonstrationszügen entgegen. Die Demonstranten greifen ihn nicht an, sie umgehen ihn. Kompromißlos kämpft er so auf verlorenem Posten gegen den andrängenden Nationalsozialismus, aber auch gegen die immer spürbarer werdende Aufweichung in den eigenen Reihen.

Ein früher Winterabend auf dem Jakominiplatz. Nach Dienstschluß das übliche Gedränge. Zwei junge Männer tragen ein großes, quadratisches Papierpaket, stellen es auf dem Platz ab – es bleibt seltsamerweise auf der Spitze stehen – dann verschwinden sie schnell im Dunkel und Gedränge. Sekunden später flammt das Paket hell auf, das Papier verbrennt, und zum Vorschein kommt ein loderndes Hakenkreuz, das über die bescheidenen Leuchtreklamen rundum triumphiert.

Manchmal werden bei solchen Aktionen »Illegale« gefaßt und eingesperrt. Als Putztrupps haben sie dann die Folgen nächtlicher Streuaktionen zu beseitigen. Auch die mit NS-Parolen bemalten Wände müssen gesäubert werden. Obwohl diese Gefangenen von Aufsehern und Polizisten bewacht werden, werfen ihnen Passanten im Vorbeigehen, flink und heimlich, Zigaretten zu – auch eine Art Volksabstimmung. Rauchen ist in den Zellen zwar verboten, sie sind aber kaum jemals ohne blauen Dunst. Verglichen mit den in Deutschland schon existierenden Konzentrationslagern muß man die österreichischen Gefängnisse und Lager fast human nennen. Aber davon wissen die jungen »Illegalen« noch nichts.

Auch in der Grazer Oper kommt es immer wieder – zum Beispiel bei Wagners »Meistersingern« – zu Demonstrationen. Nach der großen Arie des Hans Sachs braust es nur so von Heilrufen, und ein Hagel von Kornblumen trifft die Sänger auf der Bühne. Draußen auf dem Ring geht es dann weiter: »Ein Volk, ein Reich, ein Führer!« Das ist die zackige Parole der Marathon-Sprechchöre. Täglich wiederholen sich diese Aufmärsche zwischen Opernhaus und dem »Deutschen Reisebüro« beim Bismarckplatz. Die auffallend leuchtende Schrift dieses Reisebüros zieht die Massen der Demonstranten an wie Falterschwärme, die unentrinnbar in eine starke Lichtquelle geraten.

Der Priester und Universitätsprofessor DDDDr. Johannes Ude hält in überfüllten Sälen Vorträge, in denen er für den Anschluß eintritt. Ude wird nach der »Kristallnacht«, im November 1938, zutiefst empört sein und dem Gauleiter Uiberreither einen sehr mutigen, ja tollkühnen Brief schreiben, in dem es unter anderem heißt: »Um nicht der Mitschuld geziehen zu werden an den verschiedenen Vorgängen der letzten Tage, die der Gerechtigkeit, der deutschen Ehrlichkeit, die den einfachsten Begriffen von Menschlichkeit ins Gesicht schlagen, um nicht mitschuldig zu sein an all diesen Vorkommnissen, die geeignet sind, den deutschen Namen vor der ganzen Welt zu schänden,

und uns Deutsche als Barbaren erscheinen lassen, ... erkläre ich: Ich verurteile die banditenartigen, im gesamten Deutschen Reich, wie es scheint, wohlorganisierten, in einer einzigen Nacht verübten Überfälle auf die jüdischen Synagogen, auf die jüdischen Zeremonienhallen und auf die jüdischen Geschäfte, die man in Brand gesteckt, zertrümmert und verunehrt hat.«
Der Gauleiter wird ihm schwach antworten, er solle sich lieber mit Fragen der Seelsorge beschäftigen und im übrigen die Politik denen überlassen, die dazu berufen seien. Der Brief endet mit »Heil Hitler! Uiberreither«.
Unter den gegebenen Umständen ist es erstaunlich, daß der Gauleiter nichts gegen Ude unternimmt. Erst als der Brief viele Monate später in einer Pariser Zeitschrift erscheint, schaltet sich die Gestapo ein und verhört den Fünfundsechzigjährigen. Internierung ist die Folge. Selbst im Lager tritt Ude den neuen Machthabern weiter unerschrocken entgegen und wirft ihnen »nur im wilden Westen gebräuchliche Lynchjustiz vor«. Dennoch wird der bekannte und populäre Priesterprofessor überleben und 1965, im Alter von zweiundneunzig Jahren, sterben.
Aber noch ist der Anschluß nicht vollzogen. Am Opernring wird ein Dollfuß-Denkmal errichtet, ein Marmorkopf auf einer hohen weißen Säule. Der taubstumme Wiener Bildhauer Gustinus Ambrosi – seine Werke erinnern an Rodin – klettert bei der Aufstellung in halsbrecherischer Höhe auf dem Gerüst herum und schüttelt, unartikulierte Laute ausstoßend, die Faust gegen Demonstranten, die ihm zurufen, sie würden sein Werk bald zerstören – was dann auch geschieht.
Zur Einweihung des Denkmals singen wir Schüler: »Ihr Jungen, schließt die Reihen gut, ein Toter führt uns an, er gab für Österreich sein Blut, ein wahrer deutscher Mann ...« So deutsch ist man auch im Lager des Ständestaates, während nachts von den Berghängen des Plabutsches und des Schöckels Feuerzeichen drohen – flammende Hakenkreuze.
Der deutsche Justizminister Frank besucht Graz, und als er bei einer der Massenkundgebungen die zur Verhütung von Schlägereien erschienenen Polizisten mit ihren Gummiknütteln bemerkt, ermuntert er die Versammlungsteilnehmer, den Ordnungshütern bei Gelegenheit doch ihre Schlagwaffen abzunehmen und in die Mur zu werfen; viele geben ihm recht.
Gegen die Juden in Graz gibt es – bis zur »Kristallnacht« – keine tätlichen Übergriffe, soweit mir bekannt ist. Zwar entsteht ein »Antisemitenbund«, aber der Zulauf ist gering. Die jüdischen Bürger der Landeshauptstadt setzen sich wirkungsvoll zur Wehr, indem sie in großen Zeitungsinseraten darauf hinweisen, daß im Ersten Weltkrieg prozentuell ebensoviele Juden für Österreich an der Front gefallen seien wie Nichtjuden. Auch eine lange Liste der an jüdische Frontsoldaten verliehenen Tapferkeitsauszeichnungen wird veröffentlicht. Die Umsatzkurve des jüdischen Großkaufhauses Kastner und Öhler zeigt weiterhin steigende Tendenz.

Am 12. Februar fährt Schuschnigg zu Hitler auf den Obersalzberg. Er wird in einer Weise behandelt, die an den Hof Dschingis-Khans erinnert. »Warum läßt er sich das gefallen?« fragt mein Vater und fragen sich viele.
Hélène Grilliert, in Graz lebende Französin, unter dem Namen Helen Haluschka als Schriftstellerin recht bekannt, schreibt an diesem 12. Februar in ihr Tagebuch: »Was geht vor? Das Unmögliche ist möglich geworden, Bundeskanzler Schuschnigg fährt nach Berchtesgaden zum Führer. Die Botschaft geht von Mund zu Mund und, ob rot, schwarz oder braun, jedem gibt es einen Ruck und im Grunde der Augen steigt ein Bangen auf. Was ist los? Was konnte Schuschnigg bewegen, diesen Weg zu gehen? Vor welcher Gefahr stehen wir? Was steht hinter dieser aufwühlenden Tatsache? Krieg, Aufruhr, Bankrott, Not? Oder hat Mussolini Frieden gestiftet? Die tollsten Gerüchte laufen herum. Was will Schuschnigg von Hitler oder Hitler von Schuschnigg? Können sich diese zwei Menschen überhaupt verständigen? Haben sie denn eine gemeinsame Sprache? Die Stunde scheint so schicksalsschwer wie die Tage nach dem Attentat von Sarajevo. Ich wittere Sturm. Gott behüte uns vor Kriegsgefahren.
Warum Kriegsgefahr? Warum bohrt sich mir so ein ausgefallener Gedanke immer wieder ins Gehirn?«
Nach der Rückkehr Schuschniggs brechen in Graz die letzten Dämme. Die Partei Hitlers ist plötzlich im Rahmen der Vaterländischen Front erlaubt. Was bisher als Verbrechen galt, soll nun Staatsnotwendigkeit geworden sein. Über Nacht diese überraschende Ehe zwischen Hakenkreuz und Kruckenkreuz – jedermann weiß, daß es sich nur um eine Scheinehe handeln kann –, das ist so paradox, daß man sie nicht zur Kenntnis nimmt. Jetzt ist alles erlaubt, sagen sich die Grazer, und so handeln sie.
Die Anhänger Hitlers tragen offen ihre Abzeichen, die man bereits in einem Geschäft in der Neutorgasse kaufen kann. Dort stellen sich die Leute an, um Hakenkreuzembleme zu erwerben. An Autos – damals hauptsächlich die kleinen billigen Steyr-50er (»Steyrbaby«) und die schnittigen Steyr 220er – flattern Hakenkreuzfähnchen. Am Abend des 19. Februar klettert vor den Augen einer vieltausendköpfigen Menge (unter der auch ich war) ein Mann die brüchige Fassade des Rathauses hoch und hißt eine große Hakenkreuzfahne. Als ich kürzlich vor dem Grazer Rathaus stand, schien es mir unmöglich, da hinaufzugelangen; im Lauf der Jahrzehnte dürfte – vielleicht auch aus Sicherheitsgründen – die Vorderfront des Rathauses offenbar etwas geglättet worden sein.
Aus Bruck an der Mur erfährt man, daß dort ein evangelischer Pfarrer, mit dem nicht gerade germanisch klingenden Namen Hubatschek, vom ehrwürdigen Kornmesserhaus zu 15 000 Menschen gesprochen und für den Anschluß agiert habe. Es folgte ein endlos scheinender Fackelzug. Dazu muß man bedenken, daß ein Versammlungsverbot verhängt worden war, und

zwar vom neuen Sicherheitsminister Dr. Seyß-Inquart dem prominenten Nationalsozialisten im Kabinett Schuschnigg.
Im Hintergrund mobilisieren die Illegalen ihre Kampftruppen. Dr. Uiberreither, der spätere Gauleiter, alarmiert seine SA-Brigade. SS-Führer Dadieu, Universitätsprofessor und Atomphysiker (später wird er an der Entwicklung der deutschen Atombombe arbeiten und – ebenfalls vergeblich – versuchen, künstliche Gewitter als Kriegswaffe zu entwickeln), hält seinen Stoßtrupp nur noch schwer zurück. Aus allen Teilen Österreichs marschieren ja schon andere NS-Formationen in Richtung Graz.
Im Lager Schuschniggs ist das natürlich nicht verborgen geblieben. Aufklärungsflugzeuge kreisen über der Steiermark, Einheiten des Bundesheeres werden hierher beordert. Neben den regimetreuen Sturmscharen hat Schuschnigg eine neue, SS-ähnliche Formation aufgestellt, die sich SK (Sturmkorps) nennt und eine besonders verläßliche Schlägertruppe werden soll. Diese SK-Männer tragen, der SS beschämend stark nachempfunden, schwarze Uniformen, Kappen mit Kinnriemen und Stiefel.
Am 24. Februar hält der Bundeskanzler eine große Rede, die über Lautsprecher auf den Hauptplatz übertragen werden soll. Der große schöne Platz mit dem Erzherzog-Johann-Denkmal in der Mitte ist schon Stunden vorher von den Anhängern Hitlers besetzt. Als die ersten Sätze Schuschniggs aus den auf volle Lautstärke gestellten Lautsprechern kommen, flattern die unter den Barock- und Renaissancedächern nistenden Tauben in panischer Angst auf. Das Horst-Wessel-Lied übertönt die Worte des Kanzlers. Bürgermeister Schmied läßt sich zwingen, vom Balkon des Rathauses eine große Hakenkreuzfahne zu entrollen; eine rotweißrote Fahne, die vorher dort hing, wird zerrissen. Der Bürgermeister wird als »Hakenkreuz-Schmied« in die Chronik dieser turbulenten Ereignisse eingehen. Die Blamage für die »Vaterländischen« ist tödlich.
In dieser Lage macht Schuschnigg einen weiteren schweren Fehler. Polizeieinheiten aus Wien ziehen in Graz ein. Ihre gepanzerten Fahrzeuge, Maschinengewehre und Stacheldrahtverhaue sperren Ring, Herrengasse und Landhaus. Daß es die in Graz von jeher nicht sehr beliebten Wiener sind, die mit Stahlhelmen hinter den Maschinengewehren liegen und mit aufgepflanzten Bajonetten patroullieren, droht das Pulverfaß Steiermark jeden Augenblick zur Explosion zu bringen.
Das Schuschnigg-Regime versucht nun die Arbeiterschaft für eine gemeinsame Abwehrfront gegen die NS-Gefahr zu gewinnen. Es kommt auch tatsächlich zu einem Aufmarsch über den Ring, an dem jedoch die Arbeiterführer nicht teilnehmen; man kann sich im Lager der verbotenen Sozialdemokraten und Kommunisten verständlicherweise nur halben Herzens dazu entschließen, mit den verachteten Funktionären eines Regimes zusammenzuarbeiten, das Arbeiterführer in Konzentrationslagern interniert hatte. So bleibt

das Bemühen Schuschniggs eine Episode, die von der Entwicklung schnell überholt wird.
Im übrigen ist man im sozialistischen Lager der Meinung, daß der Anschluß nicht mehr aufgehalten werden kann, und sieht als Zukunftsmöglichkeit nur den gemeinsamen Kampf mit den Arbeitern Deutschlands gegen Hitler.
Ich erinnere mich allerdings auch an die Verblüffung unter den Nationalen, die sich längst als alleinige Beherrscher der Straße wähnten und sich nun mit einem beachtlichen Aufgebot marschierender Gegner konfrontiert sahen. Die Machthaber des zusammenbrechenden Ständestaates klammerten sich sofort an diesen Strohhalm einer Achse zwischen Schwarz und Rot.
Ein von den Nationalen geplanter »Deutscher Tag« in Graz, mit 60 000 erwarteten Marschierern, wird in diesem kurz aufflackernden, gestärkten Selbstbewußtsein verboten. Wer aber nimmt solche Maßnahmen eines in Agonie liegenden Regimes noch zur Kenntnis? Die liberal-nationale »Tagespost«, ihre Zensurfesseln abstreifend, wird nun zum Organ des NS-Aufstandes. Begeistert kündigt sie das Eintreffen Seyß-Inquarts in Graz an. Sein Kommen am 1. März ist das Signal für die offene Revolte. Ein endloser Fakkelzug wälzt sich durch die Merangasse, wo Dadieu wohnt. Seyß-Inquart steht mit ihm am Fenster, und beide grüßen die Marschblocks mit der zum Hitler-Gruß erhobenen Rechten. Der bekannte englische Journalist G. E. R. Gedye kabelt in dieser Nacht nach London: »Da stand der für die Sicherheit Österreichs verantwortliche Minister stramm und grüßte die Truppen der Revolte gegen den Kanzler, dem er Treue schuldete.«
Gorbach, der die Arbeiterschaft als Helfer der Vaterländischen Front auf die Straße gebracht hat, und Landeshauptmann Stepan, der mit Schuschniggs Kurs längst nicht mehr einverstanden war, werden abgesetzt.
In den Jahren nach 1945 habe ich mit Dr. Stepan, als er wieder Generaldirektor der »Styria« war, über diese schicksalschwere Zeit gesprochen. Schon mit der Ermordung des Kanzlers Dollfuß, meinte Stepan, sei das Schicksal des Ständestaates besiegelt gewesen. Schuschnigg habe nicht annähernd die Führungsqualitäten seines Vorgängers gehabt. Auch Karl Kraus, der die Nationalsozialisten in seinem unnachahmlichen Sarkasmus ein »Gezücht von Hakenkreuzottern« nannte, war ein Dollfuß-Anhänger und der Meinung, nur dieser kleine, sehr fromme und stramme Mann könne Hitler in Österreich aufhalten.
Am 9. März ruft Schuschnigg – einerseits um der chaotischen Lage in der Steiermark entgegenzuwirken, andererseits durch den Aufmarsch der Arbeiter in Graz doch noch ermutigt – völlig überraschend zu einer Volksabstimmung auf, die schon am 13. März stattfinden soll. Mein Vater, beim Frühstück die »Tagespost« lesend, die er sonst nie kaufte, doch in dieser spannungsreichen Zeit täglich liest, reagiert erregt: »Der Schuschnigg dreht durch. Jahrelang keine Volksabstimmung, und jetzt eine in drei Tagen, unter

Ausschaltung der Jugend bis zu vierundzwanzig Jahren. Das ist ein völlig unüberlegter Verzweiflungsschritt, der nur das Ende bedeuten kann.«

Am Abend eine Kundgebung der »Vaterländischen« auf dem Franzensplatz (heute Freiheitsplatz) und gleichzeitig einer der »Braunen« auf dem Hauptplatz. Ich besuche beide, denn mit meinen siebzehn Jahren interessiert mich alles brennend. Irgendwo zwischen den beiden Plätzen werden Burschen aus der Vorstadt verprügelt, die plötzlich »Heil Moskau!« rufen. Sie kommen mir wie Masochisten vor. Dann oben auf dem Franzensplatz der Versuch, für die Volksabstimmung Begeisterung zu entfachen. Unverkennbar sind viele ehemalige österreichische Offiziere darunter, Strammheit von gestern, ein Hauch von Monarchie, wenig Jugend, sterbendes Altösterreich.

Vor kurzem ist das Tragen der alten österreichischen Uniform angeregt worden, aber hier auf dem Franzensplatz sieht man nichts davon.

Auf dem Hauptplatz brodelt es indessen, hier spürt man die Revolution, und hier ist die Jugend – überschäumend, nicht mehr aufzuhalten: »Schuschnigg abtreten!« – »Ein Volk, ein Reich, ein Führer!« – »Sieg Heil!«

Am 12. März gibt Schuschnigg dann auf. »Gott schütze Österreich!« sagt er zum Abschied. Selbst seine Anhänger wenden sich mit einem Seufzer der Erleichterung von ihm ab. Ein glückloser, vereinsamter grundanständiger Mann tritt ab – ein Politiker ohne Charisma.

Im Hintergrund will Seyß-Inquart, inzwischen Bundeskanzler, den Einmarsch deutscher Truppen noch abwenden; er will eine gewisse Eigenständigkeit Österreichs erhalten. Dazu wird er auch von den Steirern inspiriert, die der Meinung sind, daß die Machtergreifung durch den Nationalsozialismus ohnehin vollzogen ist und Truppen überflüssig macht. Aber Göring und Goebbels wollen die totale Eingliederung in das Deutsche Reich. Zwei- oder dreimal wird Hitler in dieser Nacht geweckt, um den Aufmarsch der Truppen zu stoppen, es ist zu spät. Hitler – erstmals das goldene Eichenlaub der Generalität an seiner Mütze – läßt sich nicht mehr umstimmen.

Schwere dunkle Bomber, Stukas und Transportmaschinen dröhnen über der Steiermark, Richtung Thalerhof bei Graz. Der strahlend blaue Frühlingshimmel läßt die Geschwader gespenstische Schatten über das Land werfen. Sie kommen, triumphal begrüßt, aber man spürt, wieviel Unheil von diesen fliegenden Kriegsmaschinen ausgehen könnte. Auf dem Thalerhof landen sie, und die Grazer streuen den Soldaten Frühlingsblumen auf den Ring, über den sie marschieren. Unter den Deutschen wird dieser Feldzug bald nur noch der »Blumenkrieg« genannt.

Mein Katechet, Dr. St., steht im dichten Spalier und ruft »Heil Hitler!«. Zur gleichen Zeit wird sein Fürstbischof, Dr. Pawlikowsky, ins Grazer Gefangenenhaus eingeliefert, der einzige im Dritten Reich eingesperrte Bischof. Von Stepan, Gorbach, die ebenfalls in Haft sind, erscheinen Meuchelfotos auf der Titelseite der SS-Wochenzeitung »Das schwarze Korps«.

Wie sehr die Begeisterung in diesen Tagen überschäumt und blind macht, möge die Tagebucheintragung der schon einmal zitierten Französin Hélène Grilliert dokumentieren. Hatte sie am 12. Februar noch das dunkle Gefühl, das alles könne in einen Krieg führen, steht sie jetzt, nach der großen Siegesrede Hitlers, so völlig in seinem Bann wie die meisten Grazer: »Ich bin von den friedlichen Absichten Hitlers Frankreich gegenüber vollständig überzeugt. Was doch diese Rede alles in mir aufgewühlt hat! Ich mußte es niederschreiben, vielleicht kann ich es in Frankreich noch ausführlicher sagen... Etwas wird meine Landsleute tief verwundern, der Schluß der Rede. Der Führer spricht dem Allmächtigen seinen Dank aus und bittet ihn, er möge ihn und sein Volk vor jedem falschen Hochmut bewahren.

Ich habe schon viele schöne Reden gehört, doch habe ich noch keinen Staatsmann gehört, der dem Herrgott für seine Siege gedankt hätte, noch weniger einen, der um Bewahrung vor falschem Hochmut betete. Bisher habe ich Hitler nur als Genie gedacht, nun bin ich mit größter Scheu seiner Seele begegnet, fassen kann ich beide nicht.«

Ein runzeliger, gnomenhafter Mensch, vor ein paar Tagen noch einer der vielen Bettler, bietet in der Herrengasse mit den Worten »Hitler gefällig!« Führerbilder an. Sie werden ihm aus der Hand gerissen. Das »Deutsche Reisebüro« zeigt Hitler in Großaufnahme, und die Grazer stehen Schlange, um Blumen vor die Auslage zu legen.

»Jetzt sind wir« – so liest man in der »Tagespost«, was ohnehin schon alle wissen –, »ein Teil des deutschen Reiches geworden.« Mein Vater hat das Blatt wieder heimgebracht, und ich wundere mich so sehr über einen Ausspruch des von mir verehrten Bernard Shaw, daß ich ihn bis heute sinngemäß nicht vergessen habe: »England schmollt nun, weil man nicht in London Rat eingeholt hat. – Der Anschluß ging auch ohne England zwangsläufig vor sich. Er ist eine klare Folge des Versailler Vertrages. Und damit: Heil Hitler!«

Nun zeigt der »Führer«, wie man eine Volksabstimmung aufzieht. Für den 10. April ist sie festgesetzt, und sofort wirft sie ihre Schatten voraus. Als erster kommt »Hitlers treuester Paladin«, Hermann Göring. »Schon äußerlich«, so heißt es in der »Tagespost«, »erinnert er an die Königstreuen der alten Legenden« (bei Kriegsende wird ihn Hitler von seinem Berliner Bunker aus als Verräter verstoßen und verdammen).

Am obersteirischen Erzberg tritt Göring im Steirergewand auf und veranlaßt, daß sofort fünfhundert Arbeiter aufgenommen werden. Hier proklamiert er auch die Eingliederung der »Alpine-Montan« und die »Reichswerke Hermann Göring« und erklärt: »Von nun an wird hier Leben herrschen!« Und in der schon seit längerem gähnend leeren »Weizer Waggonfabrik« spricht der »dicke Hermann« zu 20 000 Arbeitern: »In Zukunft wird kein Werktätiger mehr arbeitslos sein.«

Am 3. April ist Hitler in Graz. Auch ich will ihn sehen und stehe über vier Stunden lang im Landhaushof, bis er nach einer Triumphfahrt eintrifft: Das dumpfe Brausen der Heilrufe kündigt sich schon von weitem an, verstärkt sich, je näher er kommt, orkanartig. Als er den altehrwürdigen Hof betritt, herrscht totale Stille – nur seine Schritte hallen auf den steinernen Platten. Er ist schlanker, als ich ihn mir vorgestellt habe. Seine marmorne Blässe fällt mir auf und sein scharfer Blick. Ein unheimlicher Ernst umgibt diesen Mann, der sich ganz offensichtlich dazu auserwählt fühlt, in die Geschichte einzutreten. Wie ein Magier wirkt er – vielleicht hätte man im gottnahen Mittelalter das Dämonische an ihm früher erkannt...

Auf dem Grazer Hauptplatz – flugs auf »Adolf-Hitler-Platz« umbenannt – ist der Hilfszug Bayern aufgefahren und bietet den massenhaft staunenden Zusehern Gulasch an, natürlich gratis. Es schmeckt den Leuten, aber sie sagen den Bayern, sie sollen ins Gasthaus mitkommen, um *dort* ein wirkliches Gulasch zu probieren. Im Wirtshaus dann die halblaute Bemerkung der beeindruckten Bayern: »Wozu haben wir eigentlich unser Gulasch hergebracht, eures schmeckt ja herrlich!« Die öffentlichen Eintopfessen sollen eine neue Volksgemeinschaft demonstrieren, werden aber von den Steirern eher kühl aufgenommen, weil Eintopf nie ihre kulinarische Sehnsucht war.

Es gibt aber auch eine Wahlwerbung, die zweifellos stark ins Gewicht fällt: Aufhebung der verhaßten Fahrradsteuer; Neuaufnahmen von Arbeitern in allen großen Betrieben, unter anderem die Wiedereröffnung der »Weizer Waggonfabrik« mit 600 Arbeitern; Absatzerleichterung und Kreditaktionen für die Bauern: Ehestandsdarlehen und Kinderbeihilfen für kinderreiche Familien noch vor der Volksabstimmung; ein großzügiges Verkehrsprogramm; Urlaubs- und Freizeitaktionen; kostenlose Erholungsurlaube für Arbeiterkinder usw., usw. Und Hitler verleiht Graz die Auszeichnung »Stadt der Volkserhebung«.

Im Hintergrund werden 40 000 Steirer vom Stimmrecht ausgeschlossen. Am 10. April stimmen dann 99,87 Prozent mit Ja; im übrigen Österreich sind es immerhin auch 99,73 Prozent.

Bis heute gehen die steirischen Uhren etwas anders als die in Wien. Das war selbst während der ungemein straffen Diktatur des Dritten Reiches spürbar. Die neuen Machthaber handeln danach. So versuchen sie sogar den Steireranzug und das Dirndlkleid zu Zeichen nationalsozialistischer Gesinnung umzufunktionieren. Bodenständigkeit und Brauchtum werden gehegt.

In der »Südmark«-Bewegung, die diese Pflege deutschen Volkstums bis weit in die Südsteiermark, dem nach dem Ersten Weltkrieg zu Jugoslawien gekommenen Gebiet, schon früher intensiv betrieben hat, ist eine der Wurzeln zu sehen, aus denen sich hier »am Grenzzaun des Reiches« ein Nationalismus entwickelte, der stärker ideologisch ausgerichtet war als irgendwo in »Großdeutschland«.

Im Schulverein »Südmark« hatte sich schon vor der Jahrhundertwende das »nationale«, zum Teil auch antiklerikale Bürgertum gefunden. Ihr Aushängeschild war die große, schöne »Buchhandlung Südmark« am Ring mit ihrer langen Auslagenfront. Diese bürgerlich-akademisch geprägten Großdeutschen der »Südmark« standen der Hitler-Bewegung zwar immer nahe, lehnten aber die Schlägerorganisationen der illegalen NSDAP, die Terroranschläge und Fememorde verübten, strikt ab. Schließlich setzten sich die Gemäßigten in Berlin durch – ihr Wortführer war damals Seyß-Inquart.
Die Radikalen wurden abgehalftert, was sich auch im steirischen Wahlkampf für die Volksabstimmung deutlich zeigte: So stellt Stefan Karner in seinem umfassenden Werk »Die Steiermark im Dritten Reich, 1938–1945« (Leykam-Verlag) fest: »Verbale Ausfälle gegen Juden und Regimegegner wurden von den Rednern weitestgehend unterlassen.« Der spätere Gauleiter Dr. Sigfried Uiberreither und SS-Führer Universitätsprofessor Dr. Armin Dadieu, die beiden führenden Männer der »Volkserhebung«, waren besonders stolz darauf, daß die Revolution in der Steiermark völlig unblutig und ohne die geringsten Zerstörungen vor sich gegangen ist. Dazu war es notwendig, die Schläger der »Österreichischen Legion« – Illegale, die nach dem Juliputsch von 1934 nach Deutschland geflüchtet waren und dort wohltrainiert auf den Tag X warteten –, zurückzuhalten. Tatsächlich mußten sie auf Befehl Hitlers – auch nach dem Anschluß – grollend in ihren bayerischen Lagern bleiben.
Am 22. Mai 1938 ernennt dann Hitler den SA-Brigadeführer Dr. Sigfried Uiberreither zum Gauleiter und später auch zum Landeshauptmann. Er wurde am 29. März 1908 in Salzburg als Sohn des Hofrates Dipl.-Ing. Josef Uiberreither geboren. Die Familie betätigte sich nie politisch, war aber großdeutsch eingestellt. 1926 kam Uiberreither als Student nach Graz und hielt sich auch hier vorerst der Politik fern, schloß sich jedoch später dem Heimatschutz an. Erst nach dem dilettantischen Pfrimer-Putsch trat er der SA bei. Erstaunlicherweise wird Uiberreither erst am 1. Oktober 1938 Parteimitglied (Nr. 6102560).
Am 6. Mai 1939 heiratet Uiberreither die Tochter des berühmten Grönlandforschers (Kontinentalverschiebungstheorie) Alfred Wegener, der an der Grazer Universität lehrte. Käte Wegener schreibt ihren Vornahmen ohne h, wie Uiberreither Sigfried ohne das erste ie. Käte Wegener kommt aus der »Südmark«-Bewegung. Sie führt eine »Freischar«, eine Jungmädchengruppe, die 1938 als legal anerkannt und in die Hitlerjugend eingegliedert wurde.
In Plankenwarth bei Graz leitet sie ein Ausbildungslager. Der Gauleiter kommt zu Besuch, und so lernen sie einander kennen. Weihnachten 1938 wird Verlobung gefeiert. Nun legt Käte Wegener ihre Funktion zurück und betätigt sich nicht mehr politisch. Dennoch wird sie nach 1945 wegen illegaler Parteimitgliedschaft in Haft genommen und schließlich zu dreiundzwanzigeinhalb Monaten Gefängnis verurteilt. Bezeichnenderweise ist das genau

die Zeit, die sie bereits hinter Gittern verbracht hatte. Illegales Parteimitglied konnte sie gar nicht gewesen sein, da sie 1938 erst zwanzig Jahre alt war.
Nach 1945 entstand die Legende, Käte Uiberreither habe ihren Mann aus britischer Haft losgekauft, indem sie den wissenschaftlichen Nachlaß Alfred Wegeners auslieferte. So sei der Gauleiter nach Argentinien geflohen, wohin ihm seine Frau folgte. Zum erstenmal kann hier das Geheimnis der Uiberreither-Flucht enthüllt werden. Genaue Recherchen ergaben, daß der Gauleiter der Steiermark, nachdem er – zusammen mit dem Kärntner Gauleiter Rainer – am 8. Mai demissioniert hatte, in die Obersteiermark geflüchtet ist, wo er sich zwei Wochen lang in den Wäldern um Neumarkt versteckte, ehe er sich stellte. Graz war inzwischen von den Sowjets vorübergehend besetzt worden. Hohe britische Offiziere versicherten sowohl Rainer als auch Uiberreither, man werde sie nicht an Jugoslawien ausliefern; beiden wurden ja die brutale Aussiedlung von Slowenen und Geiselerschießungen angelastet. Uiberreither sagte dazu aus, daß die Verantwortung für die Vorgänge in der Südsteiermark allein bei Polizei, SD und Gestapo gelegen sei. Er als Gauleiter habe keinen Einfluß auf diese Bereiche Himmlers gehabt, nicht einmal Einblick in die Akten sei ihm erlaubt worden. Er habe immer wieder versucht, die Absichten Himmlers zu durchkreuzen, wenn es um humanitäre Dinge ging. So sei er schließlich auf Himmlers »schwarze Liste« geraten. Nachweisbar ist, daß Uiberreither 1943 eine Amnestie in der Südsteiermark verlangte, die von Himmler abgelehnt worden ist.
Der Ex-Gauleiter wurde sodann von den Briten an die Amerikaner in Nürnberg ausgeliefert, die ihn als Zeugen angefordert hatten. Anklage gegen ihn wurde weder in Nürnberg noch von den Briten erhoben. Die Amerikaner brachten ihn am 25. Dezember 1946 nach Dachau, wo er im sogenannten Bunker saß. Hier kam er mit dem Bruder des ehemaligen Reichsjugendführers Lauterbacher in Kontakt. Dieser Bruder stand offenbar in amerikanischen Diensten und hatte die Aufgabe, ehemalige NS-Funktionäre für den amerikanischen Geheimdienst »einzukaufen«, wie dies wiederholt geschehen ist. Auch Barbie, der Gestapo-Chef von Lyon, erhielt damals von den Amerikanern falsche Papiere und wurde amerikanischer Geheimagent.
Als Ex-Gauleiter Rainer von den Briten an Jugoslawien ausgeliefert wurde, bekam Uiberreither von Lauterbacher falsche Papiere und wurde daraufhin aus der Haft entlassen. Möglicherweise handelte Lauterbacher ohne Wissen der Amerikaner, als er Uiberreither zur Flucht verhalf; vielleicht wollte er ihm nur das Leben retten, denn die Auslieferung an Jugoslawien hätte seinen Tod bedeutet. Er fuhr nach Argentinien, wo er ab 1946 vorerst als Hilfsarbeiter, bald aber schon in besserer Position tätig war. Nach zwei Jahren kehrte er nach München zurück und lebte dort unter falschem Namen. Vor einigen Jahren starb er an der Alzheimerschen Krankheit, durch den Gehirnschwund auf das geistige Niveau eines Kleinkindes reduziert...

Doch zurück zum Jahr 1938. Es kamen Funktionäre und Experten aus dem »Altreich« und wollten den Steirern zeigen, wie man's macht. Zum Beispiel sollten die Steiermark und Kärnten zu einem Supergau zusammengelegt werden. Das wollten weder die Steirer noch die Kärntner – es war die Schnapsidee von irgendwelchen Leuten in Berlin, die von der »Ostmark« zu wenig wußten. Gauleiter Bürckel aus Saarbrücken, den man wegen seiner Trinkfreudigkeit »Bierleiter Gauckel« nannte, mischte mit, und als Uiberreither mit den steirischen Gebirgsjägern am Norwegen-Feldzug teilnahm, nützten seine Gegner die Gelegenheit aus, um Stifte und Klöster gegen seinen Willen zu »säkularisieren«.

Im November 1938 kam es zur »Kristallnacht«, und die Judenverfolgung setzte mit voller Brutalität ein. Bis zu diesem Zeitpunkt waren zwar die in Berlin beschlossenen, drakonischen legistischen Maßnahmen auch in der Steiermark durchgeführt worden, jedoch gemäßigter als anderswo. Ich sah z. B. in Graz nie Menschen mit dem gelben Judenstern, wie sie in Wien zum Alltag gehörten.

Als nach der »Kristallnacht« der Judentempel neben meiner Schule auf dem Grieskai brannte, hielten die Passanten nicht mit ihrer Ablehnung solcher Methoden zurück. Für den Anschluß hat es in der Steiermark bestimmt eine klare Mehrheit gegeben, genauso sicher bin ich aber, daß die überwältigende Mehrheit der Grazer gegen diese unfaßbaren Pogrome war. Der an anderer Stelle schon zitierte Brief des Universitätsprofessors Ude an den Gauleiter, in dem die Übergriffe der »Kristallnacht« als grausam und unmenschlich, als Banditenstreiche, die den Schild des deutschen Volkes beschmutzen, bezeichnet wurden, drückt sehr präzise die Meinung der Bevölkerung in der steirischen Landeshauptstadt aus.

Die Folgen der »Kristallnacht« waren in Graz für das Regime äußerst negativ. Hier, aber wohl auch in ganz Österreich, der damaligen Ostmark, erwachte nun das Gefühl, einem fremden, unheimlichen Gewaltregime ausgeliefert zu sein.

Noch lange half die Begeisterung der Märztage 1938 über solch keimenden Verdacht hinweg. Auch die Erfolge auf den Schlachtfeldern rissen die Bevölkerung immer wieder in neuen Siegestaumel. Eine Einengung des Wahrnehmens, charakteristisch für jede Diktatur, und drakonische Maßnahmen der Geheimhaltung vermochten die Verbrechen des Regimes zu vertuschen, bis die feldgrauen Jahre in ein Chaos führten, aus dem Österreich formal neu entstand; ein Österreich, dessen Wiedergeburt in den Seelen seiner Menschen schon im Jahre 1938 – und nicht zuletzt in der »Stadt der Volkserhebung« – begonnen hatte.

Er sei zu warm, dieser März 1938, meldete die Hohe Warte. Vor allem das erste Drittel des Monats hat unnatürlich hohe Temperaturen gebracht, mit einem Mittel über zehn Grad. Das heißt, daß es am Tag an die fünfzehn Grad hatte.
Für einen März in Österreich in der Tat eine ungewöhnliche meteorologische Konstellation. Noch dazu wehte ein warmer Wind, ein, wie die Leute sagen, »Wüstenwind«. Die Bäume setzten früher als sonst ihre Knospen an.
Und auf den Wiesen schossen die Märzveigerln in die Höhe. Nicht nur auf den Wiesen.
Es ist etwas Eigenartiges um den März in Österreich. Er birgt, so scheint es, historische Sprengkraft. Von den Iden hat man immer wieder gesprochen im Zusammenhang mit 1938. »Nimm vor des Märzens Iden dich in acht«, wird – bei Shakespeare – Julius Cäsar aus guten Gründen gewarnt. Die Iden – das ist der dreizehnte jedes Monats, mit Ausnahme von März, Mai, Juli und Oktober. Da ist es der fünfzehnte.
Die Österreicher sollten sich, scheint es, vor den Iden des März – egal, ob 13. oder 15. – ebenso in acht nehmen, wie es Julius Cäsar hätte tun sollen. Die Iden des März 1848 brachten die Revolution, die dann blutig endete. Am 13. März begann sie mit der Demonstration in der Herrengasse, am 15. März stellte der Kaiser eine Konstitution in Aussicht.
Neunzig Jahre später sind es wieder die Iden des März, die eine Zäsur markieren. Man hat sich nicht in acht genommen, das Unheil nahm seinen Lauf.
Zu Beginn des März freilich war das Unheil noch nicht so greifbar nahe. Vielmehr versuchte Bundeskanzler Schuschnigg in einer letzten Aufwallung, alle verfügbaren Kräfte gegen den Nationalsozialismus zu mobilisieren. Dazu gehörten auch die Gewerkschaften, dazu gehörten die Sozialdemokraten, dazu gehörte die gesamte Arbeiterschaft. Schon die Berufung Adolf Watzeks als Staatssekretär in das »Konzentrationskabinett« nach dem Berchtesgadener Treffen war als Sensation gewertet worden. »Der Posten war Friedrich Hillegeist zugedacht, dem Leiter der illegalen Angestelltengewerkschaft und Mitglied der Bundesleitung der Freien Gewerkschaften im Untergrund«, schreibt der sozialdemokratische Historiker Fritz Kaufmann. »Als dieser jedoch nicht sofort aufgetrieben werden konnte, entschloß sich Schuschnigg, dem es darauf ankam, das Kabinett so rasch

wie möglich komplett präsentieren zu können, auf Empfehlung Schmitz', an dessen Stelle den bereits erwähnten Leiter des Wiener Arbeitsamtes, Watzek, zu berufen.«
Erinnern wir uns: Schuschnigg wollte in der Tat den Bedingungen, die Hitler in Berchtesgaden gestellt hatte, so schnell und so genau wie möglich entsprechen. Erinnern wir uns weiter: Die Kabinettsliste ist um zwei Uhr früh verlautbart worden. Die Verzögerung dürfte nicht zuletzt deshalb entstanden sein, weil man eben herumtelefoniert hatte. Weil man Hillegeist suchte und nicht fand.
Watzek war demnach zweite Wahl. Ministerbestellungen aufgrund nächtlicher Telefonate scheinen in Österreich gleichsam systemimmanent zu sein – egal, welches System das Sagen hat.
Hillegeist ist aber dem Bundeskanzler ein paar Tage später doch noch gegenübergetreten. Am 3. März – spät, aber, wie alle Teilnehmer hofften, nicht zu spät – bat Schuschnigg eine, wie es hieß, »Delegation der Betriebsvertrauensleute« zu sich. Lassen wir wieder Fritz Kaufmann zu Wort kommen: Die Delegation »umfaßte die Vertrauensleute der vierzehn größten Wiener Industriebetriebe, die alle der Einheitsgewerkschaft angehörten, die einzige Ausnahme bildete der Führer der Delegation, Hillegeist, der von der Bundesleitung der Freien Gewerkschaften für diese Rolle ausersehen war; einerseits weil man annahm, daß jemand, dem vor wenigen Wochen ein Posten im Kabinett angeboten worden war, ohne besondere persönliche Gefährdung mit den Forderungen der Arbeiter herausrücken könne, andererseits weil jeder, der Hillegeist kannte, wußte, daß er diese Forderungen uneingeschüchtert durch den Ort der Zusammenkunft mit allem Nachdruck vertreten würde«.
Der Ort der Zusammenkunft war das Bundeskanzleramt. Dort präsentierte Hillegeist die vier Hauptforderungen der Gewerkschafter: »Bekenntnisfreiheit für Sozialisten und Freigewerkschafter, zumindest in gleichem Maß, wie sie den Nazis zugestanden worden sei; freie Wahlen in der offiziellen Einheitsgewerkschaft; eine freie Gewerkschaftspresse, verbunden mit Meinungs- und Redefreiheit für alle Arbeiter; und schließlich Rückgängigmachung aller seit Februar 1934 erlassenen Verordnungen, durch die die wirtschaftliche und soziale Lage der Arbeiter und Angestellten verschlechtert worden war.«
Schuschnigg soll, wieder laut Kaufmann, »sichtlich beeindruckt« gewesen sein. Er »fand die Arbeiter patriotisch und ihre Forderungen als ›maßvoll, realistisch und größtenteils erfüllbar‹. Er bestimmte den Sozialminister Rott und den Staatssekretär Watzek zur Fortführung der Verhandlungen politischer Natur und [den Präsidenten der Einheitsgewerkschaft] Staud für die der gewerkschaftlichen Fragen. Jedenfalls versicherte er, daß die sozialdemokratischen Arbeiter als ›positiv eingestellte Österreicher‹ nicht schlechter behandelt werden würden als die antiösterreichischen Nazis.«
Es darf als sicher angenommen werden, daß Kurt Schuschnigg zu diesem Zeitpunkt bereits den Gedanken an eine Volksabstimmung im Kopfe trug, auch

wenn er ihn erst am 6. März endgültig faßte und am 9. März in Innsbruck bekanntgab. Es darf ferner angenommen werden, daß sich Schuschnigg des großen Stimmenblocks der sozialdemokratisch gesinnten Arbeiter versichern wollte, ehe er dieser Volksbefragungsidee – in Wahrheit war es ein Gemisch von beiden, von Abstimmung und Frage – nähertrat.
Was sich nach der historischen Unterredung vom 3. März in der Arbeiterschaft tat – Verhandlungen, Versammlungen, Beschlüsse –, scheint dem Bundeskanzler recht gegeben zu haben. Die Iden des März haben dann anders entschieden. Einer, der damals an führender Stelle mitgesprochen und mitverhandelt hat, war Franz Olah.

Franz Olah

»Im zweiten Stock feiern sie schon!«

Der Anschluß, die Arbeiter und die Gewerkschaften

Das Juliabkommen 1936 zwischen Österreich und dem Deutschen Reich des Adolf Hitler war der Dammbruch innerhalb des bürgerlichen Lagers. Politisch und psychologisch. Es war der erste Schritt der Gleichschaltung, ein Begriff, der später noch seine Bedeutung bekam. Man darf nicht vergessen, daß schon die letzten Wahlgänge im Frühjahr 1932 das bürgerliche Lager in Wien, repräsentiert damals von den Christlichsozialen, halbiert hatten und in den Bundesländern Salzburg und Niederösterreich die bisherige christlichsoziale Mehrheit beseitigten. Die Sozialdemokraten behaupteten sich bei diesen Wahlen völlig ungeschwächt. Die Arbeiter sind nicht zu den Nazis übergelaufen! Es begann das schrittweise Nachgeben des ständischen Regimes unter Dr. Schuschnigg gegenüber dem sogenannten nationalen Lager. Die Aufnahme von als gemäßigt bezeichneten Personen aus diesem Lager in Regierung und andere Körperschaften des Regimes führte statt zur Befriedung zu immer frecherem Auftreten der Hitler-Anhänger.

Die weitere Folge war auch eine sich rasch verstärkende, schließlich totale Zersetzung und Unterwühlung des gesamten Staatsapparates, vor allem der Exekutive. Die immer wieder einsetzenden Versuche einer Befriedung auch der sozialdemokratisch orientierten Arbeiterschaft wurden hingegen nur zaghaft, halben Herzens und mehr hinhaltend, gleichsam als Alibihandlung betrieben. Ab 1937 verstärkten sich diese Bemühungen, als der Druck seitens der offiziellen Stellen des Reiches immer stärker, die Wünsche und Forderungen immer anmaßender wurden. Es waren zum Teil Personen aus dem Kreis der regierungsabhängigen Einheitsgewerkschaft (EG), die ihre persönlichen Verbindungen zu ehemaligen Spitzenfunktionären der verbotenen Freien Gewerkschaften nützten. Es war nicht die Frage von Posten und Funktionen, sondern die Forderung nach freien Wahlen innerhalb der Gewerkschaften, die jedes Gespräch zum Scheitern brachten. Die ersten halbwegs als frei zu nennenden Wahlen in den Betrieben im Jahre 1936 (nach dem »Werksgemeinschaftsgesetz«) brachten der EG und damit der Regierung eine blamable Niederlage. Es wurden überwiegend Freigewerkschafter und Sozialdemokraten gewählt.

Diese von der Regierung geschaffene und gegängelte Einheitsgewerkschaft hatte noch einen Pferdefuß. Es wurde dem anderen »Partner«, dem Heimwehrflügel in der Vaterländischen Front (VF), ein entscheidender Einfluß eingeräumt. Die Gewerkschaftsstruktur wurde auf eine hanebüchene Weise konstruiert. Jede Berufsgruppe wurde geteilt, nach Gewerbe und nach Industrie. So hatte also jede Berufsgruppe *zwei* Gewerkschaften! Die Organisationen des Gewerbes wurden den christlichen Gewerkschaften überantwortet, die Industrieverbände – ausgerechnet! – dem Heimwehrflügel. Diese Leute hatten von Gewerkschaften und Gewerkschaftsarbeit soviel Ahnung wie die Hühner von der Atomenergie. Aber sie sabotierten natürlich jeden ernsthaften Versuch einer Heranziehung ehemaliger Freigewerkschafter. Höchstens ein paar Überläufer und Söldlinge, die es immer und überall gibt, wurden gewonnen. Die Heimwehrgewerkschafter waren auch die Basis für die illegalen Nazizellen im offiziellen Gewerkschaftsbund. Auf dem Angestelltensektor war dies besonders ausgeprägt.

Persönlich lebte ich seit Ostern 1936 – nach meiner Amnestierung mit vielen anderen Sozialisten zu Weihnachten 1935 – im Untergrund, das heißt unangemeldet, in Wien, als Untermieter auf einem Zimmer in einem großen Gemeindebau in Hietzing, mit wechselnden fremden Ausweispapieren für den Notfall, aber sonst ganz normal, gewissermaßen als »Berufsrevolutionär« für die in die Illegalität gedrängte Arbeiterbewegung. Nur lebten wir »Berufsrevolutionäre« damals nicht in Saus und Braus, sondern sehr bescheiden. Wenn ich mich recht erinnere, so bekam ich damals monatlich ungefähr 200 Schilling. Davon mußte ich mich verköstigen, natürlich nur in Gast- und Kaffeehäusern, meine Miete bezahlen, für meine Kleidung und Wäsche aufkommen und auch für den täglichen Aufwand bei sogenannten »Treffs« – so wurden die Informationszusammenkünfte mit den mir anvertrauten Organisationen beziehungsweise deren Vertrauensleuten genannt –, soweit sie sich in den damals ja noch sehr zahlreich vorhandenen Kaffeehäusern abspielten.

Als Spitzenfunktionär sowohl der im Untergrund wirkenden Freien Gewerkschaft wie auch der Revolutionären Sozialisten (RS) als Nachfolgeorganisation der zerschlagenen Sozialdemokratischen Partei waren meine Kenntnisse und Informationen über die Vorgänge im Feld der Innenpolitik ziemlich gut – bis ich im Zuge einer neuen großen Verhaftungswelle neben einigen Dutzend anderer Funktionäre wieder im Polizeigefangenenhaus landete.

Das Gefühl, daß es mit dem Regime rapid bergab ging, verstärkte sich. Die Frage war: Welchen Widerstand kann dieses Österreich noch gegen das immer anmaßender werdende Hitler-Deutschland und die immer frecher werdenden Nazis im Lande selbst leisten? Wie, auf welche Weise? Mit welchen Kräften des Regimes?

Der im Untergrund arbeitende »Bund freier Gewerkschaften« wirkte nicht bloß aus seinem Mitgliederstand, der nicht überwältigend sein konnte, sondern auch durch seinen Einfluß auf die gewählten Betriebsräte und die in den

Betrieben wirkenden eigenen Vertrauensmänner ebenso wie durch die politische Betriebszellenorganisation der RS. Diese Gewerkschaftsorganisation entwickelte sich aus dem ehemaligen, nach dem Februar 1934 gebildeten sogenannten »Siebener-Komitee«, später, ab 1936, umfaßte der Bund auch die in der sogenannten »Wiederaufbaukommission« vereinigten Gewerkschaftsgruppen, die unter kommunistischem Einfluß standen. Die Bundesleitung dieses Bundes freier Gewerkschaften bestand zumindest zu zwei Dritteln aus Sozialisten. Doch die Fusion erfolgte nur in den Spitzenorganen, nicht in den unteren Organisationen.

Unser Mißtrauen gegenüber den Kommunisten war nicht nur politisch begründet, sondern auch durch die Tatsache, daß das Einschleusen von Spitzeln der Staatspolizei bei ihnen viel leichter war als bei uns. Wir kannten uns als Funktionäre besser in den einzelnen Organen und waren sorgsamer im Umgang mit Neugewonnenen. Die Kommunisten waren vor dem 12. Februar bedeutungslos und hatten auch nur eine unbedeutende organisatorische Basis. Neugewonnene Anhänger waren eben ein Risiko.

Es gab auch Sonderfälle. Die Gruppen der Privatangestellten hatten von Anfang an eine einheitliche Organisation ohne politische Trennung, unter der Führung von Friedrich Hillegeist. Hillegeist selbst gehörte damals keiner der bestehenden politischen Gruppierungen an. Ebenso war es bei meiner Organisation, bei den Holzarbeitern – damals noch getrennt von den Bauarbeitern. Wir waren schneller, unsere Vorarbeit für den Untergrund begann schon 1933. Wir hatten Ende 1933 keine Illusionen mehr über die politische Entwicklung in Österreich und die Absichten der Regierung Dollfuß. Daher blieb bei uns für die Kommunisten kein Spielraum, kleinere Spaltungsversuche hatten keinen Erfolg.

Die Stärke der Kommunisten in den einzelnen Berufsgruppen war sehr unterschiedlich. Am stärksten war ihre Position in einigen Großbetrieben der Metallindustrie.

Im Herbst 1935 vereinigten sich die ehemalige Baugewerkschaft und der Holzarbeiterverband zur Gewerkschaft der Bau- und Holzarbeiter auf einer Tagung in der ČSR. Johann Böhm, der spätere ÖGB-Präsident, wurde Vorsitzender, Rudolf Holowatyj sein Stellvertreter. Ich wurde – obwohl damals im Gefängnis – in die fünfgliedrige Leitung gewählt. Böhm blieb der Vorsitzende dieser Gewerkschaft bis zum Herbst 1945, bis zur Rückkehr Franz Novys aus der Emigration.

Vorsitzender des Bundes freier Gewerkschaften war Karl Mantler von den Lebensmittelarbeitern. Dies blieb er auch nach 1945, er wurde zudem Präsident der Wiener Arbeiterkammer, zeitweise auch Staatssekretär im Planungsministerium. Sein Stellvertreter war Andreas Thaler von den Eisenbahnern. Vorsitzender der Eisenbahnerorganisation war Richard Freund, der es auch nach 1945 wurde. Adolf Weigelt leitete die Organisation der graphischen Arbeiter – ebenfalls auch 1945. Der politische Kopf der Graphiker war Franz Gamsjäger, er wurde dann von den Nazis im KZ erschlagen. Die Eisenbahner und die Buchdrucker waren unsere Elite, nicht nur gewerkschaftlich, sondern auch politisch im Untergrund.

Natürlich wurden die ehemaligen Spitzenfunktionäre der Freien Gewerkschaften von den ernannten, von der Regierung eingesetzten Gewerkschaftsführern umworben, doch der Boykottbeschluß der Untergrundorganisation war stärker als die Lockungen des Regimes. Es gab nur wenige Überläufer, die wurden von den Arbeitern verachtet.

Karl Mantler, der Vorsitzende der Freien Gewerkschaften, wohnte in der Fasangasse. Im selben Haus befand sich das Café Meteor. Dieses Kaffeehaus wurde zum persönlichen und gesellschaftlichen Treffpunkt aller ehemals führenden Funktionäre der Freien Gewerkschaften. Das war die Tarnung für die meisten Beratungen. Diese als private Kaffeehaus-Zusammenkünfte deklarierten Treffs waren der Staatspolizei bekannt. Manchmal griff sie einen heraus und verhaftete ihn auf eine Zeitlang. Die Leitung der Bau- und Holzarbeiter kam jeden Montag am frühen Nachmittag im Gösser-Bräu in der Elisabethstraße zusammen. Es war unser Stammtisch gewissermaßen.

Gegen Ende des Jahres 1937 wurde die Situation im Lande selbst und zwischen Österreich und dem Reich immer gespannter. Die drohende Gefahr war für jeden sichtbar geworden. Da schlug im Oktober die Staatspolizei wieder zu, natürlich gegen die Sozialisten. Offenbar sollten Kontakte zwischen der Regierung nahestehenden Funktionären – vor allem den christlichen Gewerkschaftern wie dem Präsidenten der offiziellen Gewerkschaft, Johann Staud – und der verbotenen Arbeiterbewegung gestört werden. War doch, wie sich bald herausstellte, der ganze Polizeiapparat, vor allem die Staatspolizei, fast völlig in der Hand der illegalen Naziorganisation.

Nach der Rückkehr Dr. Schuschniggs von Berchtesgaden entstand eine ganz merkwürdige Situation. Sowohl die Nazis wie auch die Nazigegner, besonders die nach wie vor sozialdemokratisch orientierte Arbeiterschaft, traten kraftvoll an die Öffentlichkeit. Vor allem die Arbeiter in den Betrieben und ihre gewählten Betriebsräte auch innerhalb der Regierungsgewerkschaft wurden aktiv. Zaudernd, auch echt österreichische Art schwankend, ging der Kurs des Regimes. Gespräche wurden jetzt auf Drängen der Arbeiterfunktionäre intensiver geführt, und zwar auf zwei Ebenen: auf der gewerkschaftlichen zwischen den Funktionären der offiziellen Gewerkschaft und den Spitzen der Untergrundgewerkschaft, auf der politischen Ebene ging es um die Schaffung einer Plattform für die Mitwirkung der Arbeiter an der politischen Willensbildung.

Schuschnigg empfing nach langem Zögern selbst eine Delegation von Betriebsräten. Der Sprecher der Delegation war Friedrich Hillegeist. Der Betriebsrätedelegation gehörten auch Kommunisten an. Offizieller Sprecher der

Betriebsräte war nach außen der Betriebsrat von Siemens-Schuckert, Alois Köhler. Es ging im Gespräch um Maßnahmen gegen die Übergriffe und Einflußnahmen von Nazifunktionären, um den Widerstand gegen den steigenden Druck seitens des Reiches und um eine Mitsprache der Arbeiterschaft, vor allem im Gewerkschaftsbund, durch Wahlen.
Dr. Schuschnigg verwies die Delegation auf gewerkschaftlicher Ebene auf weitere Gespräche mit der Führungsspitze des offiziellen Gewerkschaftsbundes und auf politischer Ebene auf die Führung der SAG (Soziale Arbeitsgemeinschaft). Dies war ein Referat innerhalb der Vaterländischen Front, ein reines Dekorationsstück ohne jede Bedeutung oder jeden Einfluß. Dieses Referat war aus kosmetischen Gründen geschaffen worden und sollte als Gegenstück zum Nationalpolitischen Referat in der VF gelten; dies war nämlich die legale Plattform für die illegalen Nazis, geführt von sogenannten »gemäßigten Nationalen«.
Aufgrund des Berchtesgadener Abkommens erließ die Regierung auf Befehl Hitlers eine umfassende Amnestie, die vor allem für die inhaftierten Nazis gedacht war. Damit es der Welt gegenüber besser aussah, wurden auch die inhaftierten Linken amnestiert. Der 17. Februar war der Tag, an dem sich die Gefängnistore öffneten. Nur nicht für mich. Ich blieb als einziger Gefangener im Polizeigefangenenhaus auf der Roßauer Lände zurück, zur Verwunderung meines Anwaltes Dr. Heinrich Steinitz und zur großen Entrüstung meiner Freunde in der Bewegung. Dr. Steinitz war bis 1933 Mitglied des Verfassungsgerichtshofes gewesen, ein musischer Mensch, der nach Dachau kam und später – als Jude – in einem anderen KZ umgebracht wurde.
Es verging eine Woche, ohne daß sich etwas rührte. Selbst meine Bewacher im Gefängnis bedauerten mich. In der Nacht vom 23. auf den 24. Februar öffnete sich so um Mitternacht meine Zellentür. Ich hatte schon geschlafen und mußte mich anziehen.
Mit einem normalen Auto wurde ich auf die Polizeidirektion gebracht, in ein Bürozimmer zu einem mir bekannten Referenten der Stapo. Es öffnete sich eine Tür, und der Chef der Staatspolizei, Hofrat Dr. Weiser, kam in das Zimmer. Er sagte zu mir: »Ich habe Sie hierbehalten, denn ich wollte unbedingt noch mit Ihnen reden, bevor Sie freigehen. Leider hatte ich in den letzten Tagen nicht eine freie Viertelstunde dafür. Das war der Grund, weshalb Sie noch nicht frei sind.«
Ich sagte: »Das ist aber eine große Ehre, daß ich eine Woche länger sitzen darf, damit ich den Chef der Stapo sehe.« Hofrat Weiser fuhr fort: »Bitte gehen Sie nicht ins Ausland, bleiben Sie hier, Sie können alles machen, was Sie wollen, Sie können auch Ihren Mund aufmachen und reden, so laut Sie wollen, nur, bitte, tun Sie nichts gegen die Regierung. Jeder Tag, den wir überstehen, ist ein Gewinn.«
Meine Antwort war: »Das ist uns schon länger bewußt, Sie brauchen auch

gar nicht besorgt zu sein, ich habe nicht die leiseste Absicht, ins Ausland zu gehen, wenn mich die Polizei dazu nicht zwingt. Und betätigen werde ich mich, da können Sie sicher sein. Wie und in welche Richtung wird für Sie, der Sie mich schon genügend kennen, auch kein Geheimnis sein.«

Dr. Weiser fragte mich dann noch, ob ich gleich nach Hause gehen wolle. »Nein«, sagte ich, »bringen Sie mich in meine Zelle zurück, damit ich mich ausschlafen kann. Ohne Ausweispapiere und ohne Haustorschlüssel, was mache ich auf der Straße? Die nächste Polizeistreife wird mich wahrscheinlich wieder hierherbringen!«

Am nächsten Morgen, dem 24. Februar, ging ich nach Hause. Ich sah meine Mutter nach fast zwei Jahren wieder. Das heiß: Sie sah mich wieder. Ich hatte sie manchmal auf der Straße gesehen, sie mich nicht. Sie wußte die ganze Zeit von Anfang 1936 bis eben Ende 1937 nicht, daß ich hier in Wien war. Ich wollte ihr die Angst um mich ersparen und die Unruhe. Einmal ging sie sogar an mir vorbei und erkannte mich nicht. Ich hatte einen Hut auf – mit Hut hat mich nie jemand erkannt –, trug eine Brille und einen Oberlippenbart. So bewegte ich mich eineinhalb Jahre in Wien und Umgebung. Um die Tarnung zu vervollständigen, schrieb ich serienweise Postkarten im voraus. In Preßburg wurde von einem bekannten Gewerkschaftssekretär jede Woche eine Karte zur Post gegeben. Damit die Stapo genau wußte, wo ich mich aufhielt.

Knapp vor meiner Verhaftung war ich noch in Warschau bei einer Sitzung des Exekutivkomitees unseres gewerkschaftlichen Berufssekretariates. Dort berichtete ich über die Lage in Österreich und bekam Informationen über die Beurteilung der Dinge in den westlichen Ländern Europas. Wertvoll und wichtig war die weitere Unterstützung unserer Arbeit und unserer Gefangenen hier im Lande.

Natürlich stürzte ich mich nach meiner Freilassung gleich wieder in die Arbeit, nahm an den Beratungen der gewerkschaftlichen Körperschaften und der RS teil. Am Nachmittag des 24. Februar hörte ich auf der Mariahilfer Straße aus einem Lautsprecher auf der Straße die Rede von Dr. Schuschnigg vor dem ständischen Quasiparlament. Eine Rede, die an den Realitäten vorbeiging!

Nach zahllosen Beratungen und Fühlungnahmen mit den Funktionären des Regimes auf gewerkschaftlicher und politischer Ebene war der Höhepunkt die von der Bundesleitung der bisher im Untergrund wirkenden Freien Gewerkschaften einberufene Betriebsräte- und Vertrauensmännerkonferenz; sie fand am 7. März im ehemaligen Floridsdorfer Arbeiterheim statt. Es war das erste halblegale öffentliche Auftreten seit dem Februar 1934.

Köhler eröffnete die Konferenz, Hillegeist referierte. Er berichtete von den Verhandlungen mit der EG, vom Gespräch mit Dr. Schuschnigg und schilderte den Stand der Dinge. Es war eine leidenschaftliche, aber sehr diszipli-

nierte Debatte – mit einer Kundgebung des ungebrochenen Willens der Arbeiterschaft, für ihre Rechte weiter zu kämpfen. Es war auch eine leidenschaftliche Kampfansage an die Nazis. Fast alle Redner forderten bestimmte Mindestvoraussetzungen für eine legale Betätigung. Eine bedingungslose Unterstützung des bisherigen Regierungskurses wurde abgelehnt, und zwar von der überwältigenden Mehrheit. Nur einige kommunistische Redner traten für eine Unterstützung der Regierung ohne Vorbedingungen ein. Es war, wie immer, die gleiche unaufrichtige, hinterhältige Taktik dieser Gruppe.
Ich trat dieser von der Arbeiterschaft nicht zu akzeptierenden, politisch sinnlosen Taktik unter lauter Zustimmung der überwältigenden Mehrheit entgegen und sagte, daß wir glaubwürdig bleiben müßten: gegenüber den Arbeitern, aber auch gegenüber dem Verhandlungspartner auf der anderen Seite. Die Arbeiter sind nicht zu gewinnen für einen »ständischen, deutschen und christlichen Staat«, dessen Christentum sich uns gegenüber bis jetzt durch Standrecht und Gefängnis gezeigt hat. Und an einem Anschluß an ein Hitler-Deutschland waren die Arbeiter nicht interessiert!
Es begann in diesen Tagen der Agonie Österreichs ein sinnloses und kopfloses Hinhaltemanöver seitens der Regierung und der offiziellen Gewerkschaftsführung den Vertretern der Arbeiterschaft gegenüber. Alles klammerte sich an Formeln und Positionen und Posten, die ohnedies verloren waren, wenn der Staat unterging.
Am 10. und 11. März folgten noch branchenweise Konferenzen der Arbeitervertrauensmänner, wo über die Berichte der Floridsdorfer Konferenz referiert wurde. Alle diese Konferenzen, vor allem auch die in Floridsdorf, konnten unbehelligt durchgeführt werden. Es gab anscheinend an die Polizei eine Weisung von oben, »nichts zu bemerken«.
Am Abend des 10. März entschlossen wir uns in einer gemeinsamen Besprechung von Funktionären der Freien Gewerkschaften und der RS im Café Meteor, von der Staatspolizei die Genehmigung zu einer Arbeiterdemonstration zu verlangen. Es sollte vor allem eine große und machtvolle Kundgebung gegen den anmaßenden Terror der Nazis sein. Ich wurde beauftragt, gemeinsam mit dem Betriebsrat Alois Köhler bei der Polizeidirektion die Verhandlungen zu führen und die Details zu vereinbaren.
Wir wurden von den Herren der Stapo höflich und freundlich empfangen und brachten unser Verlangen sehr nachdrücklich und mit Bestimmtheit vor. Anhand eines Stadtplanes besprachen wir Zeit und Marschroute (es sollte am Samstag, dem 12. März, sein, einen Tag vor der Volksabstimmung). Mitten in unser Gespräch kam der Stapo-Chef, Hofrat Weiser, und sagte: »Meine Herren, ab sofort sind alle Demonstrationen und öffentlichen Kundgebungen untersagt. Natürlich auch solche der NS-Bewegung.« Ich bezweifelte, ob Regierung und Staatsapparat mit einem Sicherheitsminister Seyß-Inquart zu einer solchen Maßnahme überhaupt imstande waren.

Auf der politischen Ebene schienen die Gespräche zu einem Teilerfolg zu führen. Wir verlangten, die Führung der SAG innerhalb der VF sollte in die Hände von Personen übergehen, die von der sozialistischen Bewegung namhaft gemacht würden. Anstelle des bisherigen Bundesleiters, des Bundesministers Rott, sollte der im Sozialistenprozeß 1935 zu langjähriger Kerkerstrafe verurteilte frühere Vorsitzende des Zentralkomitees der RS, Karl Hans Sailer, treten. Bundessekretär sollte der St. Pöltner Arbeiterfunktionär Rudolf Strasser werden. (Er wurde später von den Nazis ermordet.) Diese Vorschläge erfolgten im Einvernehmen mit Repräsentanten der alten Parteiführung, unter anderem mit Dr. Danneberg, über den – wie über Adolf Schärf – der Informationsfluß zwischen alter und neuer politischer Führung aufrechterhalten wurde. Auf Vorschlag von Manfred Ackermann, dem Gründungsvorsitzenden der RS und ständigem Mitglied des Zentralkomitees, wurde ich für die Funktion des Wiener Landesleiters der SAG namhaft gemacht. Mein Gegenüber auf der christlichen Seite sollte Karl Rehor als Sozialreferent sein. Rehor kam, wie seine Frau, die spätere Sozialministerin, aus der christlichen Gewerkschaftsbewegung. Er blieb in Rußland vermißt.

Ein gut informierter Funktionär des Regimes, ein ehemaliger sozialdemokratischer Funktionär meines Heimatbezirkes, berichtete mir über eine Beratung in einem Wiener Gremium der VF über diese Vorschläge. »Der Olah« von damals war ja nur der Staatspolizei bekannt. In der Politik war ich nur im Untergrund ein Spitzenmann. Aber auch dort kannte mich nur ein ausgewählter Kreis von Funktionären unter meinem richtigen Namen. Den Unterorganisationen war ich nur unter Decknamen bekannt. Auch diese wechselten in verschiedenen Perioden. In der Gewerkschaft agierte ich dem Ausland gegenüber als Fritz, in der RS zuerst als Holzer, nach meiner Amnestierung 1935 und der Rückkehr führte ich den Decknamen Emil. Selbst noch nach meiner Rückkehr 1945 riefen mich ehemalige Kampfgefährten in der Partei manchmal vor einer erstaunten Zuhörerschaft mit dem Namen Emil. Also wurde in dieser VF-Beratung mein Name vorgebracht. Da wurde dann gefragt: »Wer ist denn dieser Olah?« Der Berichterstatter sagte: »Na, eben ein Illegaler, der schon dreimal eingesperrt war.« – »Um Gottes willen«, sagte einer, »hat er ein Blutverbrechen begangen?« – »Aber nein, er hat nur gegen die Regierung gearbeitet!« – »Na, dann ist es schon in Ordnung«, meinten alle.

Karl Hans Sailer sollte nach der Amtsübernahme noch vor der Volksabstimmung im Rundfunk reden. Der Redetext lag schon vor, die Rede wurde aber von Tag zu Tag verschoben. Sie hätte endlich am Freitag, dem 11. März, gehalten werden sollen. Aber da trat Dr. Schuschnigg zurück.

Trotz des Scheiterns aller Versuche auf gewerkschaftlicher wie auf politischer Ebene, trotz der Ergebnislosigkeit unserer Bemühungen, die Arbeiterschaft stärker mobilisieren zu können, hatten sich sowohl die Freien Gewerkschaften wie auch die RS entschieden, der Bevölkerung wie der Arbeiterschaft zu empfehlen, am Sonntag bei der Volksabstimmung mit Ja zu stimmen.

Im Einvernehmen mit dem Obmann der offiziellen Gewerkschaft der Arbeiter im Holzgewerbe, Jöstl, haben wir in unser altes Gewerkschaftshaus in die Margaretenstraße 112 für Freitag, den 11. März, die Konferenz der Betriebsräte und Vertrauensmänner der illegalen Freien Gewerkschaft einberufen. Den Vorsitz führten gemeinsam der Obmann Jöstl und von uns Franz Pfeffer. Er bildete neben Holowatyj und mir die Führungsspitze der Untergrund-Holzarbeiterorganisation.

Ich referierte über die Verhandlungen und über den Stand unserer Beschlüsse. Es war eine unglaubliche Stimmung. Zum erstenmal seit vier Jahren hatten wir wieder unser altes Gewerkschaftshaus betreten und konnten dort beraten. Gegen Ende meines Berichtes kam Jöstl, der herausgerufen worden war, mit der Mitteilung vom Rücktritt Dr. Schuschniggs und dem Einmarsch deutscher Truppen. Der Schrecken war ungeheuer. Die Teilnehmer der Konferenz waren in wenigen Minuten in alle Windrichtungen verschwunden. Auch Jöstl war konsterniert. Er sagte noch zu uns: »Im zweiten Stock feiern sie schon.« Das war die Holzindustrie, die Heimwehrkollegen, die schon längst alle illegale Nazis waren und dafür sorgten, daß ihre christlichen Mitbewohner und Gewerkschaftskollegen von der Gestapo nicht vergessen wurden. Auch das war das Regime der VF!

Nur drei Mann blieben von uns übrig; wir unterhielten uns noch an der Ecke Reinprechtsdorfer Straße bei einem Kaffeehaus. Es war Pfeffer, Alfred Ehrlich und ich. Wir vereinbarten, nach Hause zu gehen und uns am nächsten Tag am frühen Morgen schon um 7 Uhr am Südbahnhof zu treffen, um zu sehen, was zu machen wäre.

Dazu kam es nicht mehr. Pfeffer sah ich nicht wieder. Er wurde während des Krieges zur Wehrmacht eingezogen und starb im April 1945 völlig unerwartet bei der ersten öffentlichen Kundgebung seines Bezirkes Meidling, bei der er gesprochen hat. Er war der erste Bezirksobmann der Partei. Alfred Ehrlich wurde nach 1945 der erste Bezirkssekretär in Meidling.

War das vorläufige Ende von Österreich unvermeidlich? Immer wenn ich mir die Ereignisse und deren Ablauf in Erinnerung rufe, sage ich: Nein! Um die Gefahr der Hitler-Herrschaft von Österreich abzuwenden, waren wir bereit, nicht nur bei der Volksabstimmung mit Ja zu stimmen. Nicht wegen, sondern trotz VF und trotz allem, was geschehen war – im Februar 1934 und seither! Aber es versagten in entscheidenden Augenblicken wie so oft die Inhaber der Macht. Die Arbeiter wären sogar bereit gewesen, mit der Waffe in der Hand gemeinsam mit denen zu kämpfen, die uns zuerst niedergeworfen hatten – nur um diese tödliche Bedrohung von Österreich abzuwenden. Der frühere Stabschef des Schutzbundes, Alexander Eifler, machte dieses Angebot rechtzeitig. Auch dem Wiener Bürgermeister des Ständeregimes, Richard Schmitz. Schmitz wäre bereit gewesen. Er war kein Freund der Sozialdemokratie, aber er war ein erbitterter Gegner der Nazis. Eifler und Schmitz sahen einander dafür im ersten Transport nach Dachau wieder ... Das Gerede vom aussichtslosen Kampf und vom vermiedenen Blutvergießen ist leeres Stroh. Niemand kann heute sagen, welche Auswirkungen ein bewaffneter Widerstand gehabt hätte.

Welches Blutvergießen wurde denn vermieden? Die Opfer fielen dann in den KZs, in den Gefängnissen, in den Gestapokellern, auf den Schlachtfeldern und in den Kriegsgefangenenlagern. Mehr an Opfern hätte es sicher nicht gekostet! Aber wie wären wir 1945 dagestanden, selbst wenn wir den Kampf 1938 verloren hätten – was ich gar nicht als gegeben annehme. Und noch etwas: Wenn die Gegner des Februar 1934 im März 1938 mit der Waffe in der Hand gemeinsam für dieses Land gekämpft hätten, wären sich die politischen Lager 1945 anders gegenübergestanden, und auch das heutige Verhältnis wäre ein anderes. Und die Generation von heute würde anders über ihre Väter und Großväter denken. Kapitulation macht sich im Kampf um eine gerechte Sache niemals bezahlt.

Nun zu mir, dem dritten von der letzten Zusammenkunft. Schon in den frühesten Morgenstunden des 12. März begann die Verhaftungswelle. Es war alles seit langem geplant. Abgesandte von Gestapochef Himmler waren schon Wochen vorher hier und bereiteten gemeinsam mit den Hochverrätern im österreichischen Polizeiapparat alles für die Aktion vor. Bei mir erschienen zwei Uniformierte und ein Kriminalbeamter in Zivil schon bald nach vier Uhr früh. Ich war knapp vorher aufgestanden, damit ich rechtzeitig auf dem Südbahnhof beim Treffpunkt sein konnte. Ein ungutes Gefühl hatte ich schon, aber so wichtig nahm ich mich nicht, um glauben zu können, sie würden gleich nach mir greifen. Irrtum, die Nazis nahmen mich wichtiger als ich mich selbst.

Es ging auf das Polizeikommissariat Hernals. Einer der Beamten sagte: »Jetzt gehen wir in die Veronikagasse.« Da wußte ich, sie holen den Dr. Schärf.

Meine Mutter war unglücklich: Kaum war ich einige Wochen zu Hause, holten sie mich schon wieder. Ich sah meine Mutter nicht wieder. Sie starb knapp vor meiner Rückkehr auf tragische Weise. Der 12. März war der Tag vor meinem Geburtstag. Das Geburtstagsgeschenk, einen von ihr selbst genähten Schlafanzug, sah ich erst 1945 nach meiner Rückkehr.

Bis zum Abend verblieben wir einzeln in Zellen am Kommissariat. Abends wurden wir, Schärf und ich, auf die Roßauer Lände überstellt. Ein uniformierter Beamter sollte uns eskortieren. Verlegen sagte er: »Wenn wir mit der Straßenbahn fahren, können wir vielleicht in eine schwierige Situation kommen, Fahrzeug haben wir keines zur Verfügung.« Da sagte Dr. Schärf: »Also ich zahle ein Taxi!« So fuhren wir dann vornehm ins Gefängnis. Im Polizeigefangenenhaus begrüßte mich ein alter Polizeibeamter mit den Worten: »Um Gottes willen, jetzt sind Sie schon wieder da.«

In einer Einzelzelle waren mindestens acht Mann. Ich verblieb dort drei Wochen. Meine Zellenkameraden gingen einer nach dem anderen nach Hause. Da wußte ich, war mir bevorstand. Nach ungefähr zehn Tagen wurden wir für eine halbe Stunde zum Spazieren in den Hof geführt. Im Vorübergehen traf ich noch einmal Dr. Schärf. Er sagte zu mir, der erste Transport nach Dachau sei schon weg. Das war ein Irrtum. Beim ersten war ich dabei.

Bei diesem Spaziergang hatte ich zwei bemerkenswerte Begegnungen. Aus der Nebenzelle rechts kam der ehemalige Chef der Staatspolizei, Hofrat Weiser. Er trat auf mich zu und sagte: »Sagen Sie, wie hält man denn so etwas aus? Sie haben doch Erfahrung!« – »Herr Hofrat«, sagte ich zu ihm, »Sie werden diese Erfahrung jetzt schon selber machen.« Nach Dachau kam er nicht. Zum Glück. Das wünschte man niemandem.

Aus der Nebenzelle links trat der mir wohlbekannte Vizepräsident des Landesgerichtes Wien, Dr. Osio. Er hat auch mich 1935 verurteilt. Das nahm ich ihm in dieser Lage nicht übel. Er aber sagte zu uns: »Was kann mir schon passieren? Ich habe schon den Eid auf den Führer abgelegt! Schlimmstenfalls können sie mich pensionieren!«

Nun, Dr. Osio nützte der Eid auf den Führer gar nichts, seine Pension hieß Dachau. Dort sah ich ihn mit dem Judenstern, er war Halbjude. Er lebte meiner Erinnerung nach nur wenige Tage. Sie haben ihn zu Tode geschunden. Sein Pech war, er hatte nicht nur »Rote« zum Tode verurteilt, sondern auch Nazis. Aber so verbohrt und verblendet war das österreichische Bürgertum! Dr. Osio war ein Musterbeispiel, wie man Hitler und sein System unterschätzt hat.

In diesen drei Wochen wurde ich zweimal einvernommen. Einmal in der großen Schar, routinemäßig. Ein zweites Mal allein von einem deutschen Gestapobeamten. Er sagte zu mir: »Sagen Sie uns jetzt alles, wir haben die Möglichkeit, Sie auf einige Jahre wegzubringen.« Ich sagte zu ihm: »Sie haben meine Akten von der österreichischen Stapo, dort steht alles, was ich getan habe, und dort habe ich gesagt, was ich wußte.« Damit war das Verhör beendet, es hat mich nie mehr jemand vernommen.

Am Abend des 31. März wurden wir aus unseren Zellen geholt, in größere Sammelzellen gebracht, und dann bekamen wir alle unsere persönlichen Gegenstände ausgefolgt. Die meisten frohlockten: »Wir gehen nach Hause«, aber es ging zu Transportautos, über den Ring zum Westbahnhof, nach Dachau. Einen Vorgeschmack bekamen wir am Bahnhof und während des Transports.

In Dachau hätten wir die Gespräche, die in Wien ergebnislos geblieben sind, eigentlich fortsetzen können. Die Gegner von einst trugen jetzt die gleiche »Uniform«. Österreich war ausgelöscht, aber in Dachau begann das neue Österreich.

Volksabstimmung! Oder Volksbefragung? Oder Volksabstimmung über eine Frage? Es ist vieles unsicher, unklar, ungewiß in diesen Märztagen. Der Himmel ist blau, dann wechselt er, wird grau, Wolkenfetzen jagen, Föhn bläst durch die Straßen. Aber das, was wie Märzenschnee aussieht, sind Hunderttausende Flugzettel, die vom Himmel flattern. Österreichische Militärmaschinen werfen sie ab. Und durch die Straßen, deren Pflaster schon mit den Papierchen bedeckt ist, fahren Lastautos, rotweißrot geschmückt; Funktionäre der Vaterländischen Front werfen die Zettel in die Scharen der Passanten.
Volksabstimmung! In die Grünanlagen der Parks hat der Wind die Propagandazettel getragen, dort liegen sie im Rasen herum wie fürwitzige Schneerosen. Volksabstimmung!
Sie ist ein einsamer Entschluß des Bundeskanzlers gewesen. Wer Urheber der Idee gewesen ist, ist strittig; irgendwelche Spitzenfunktionäre der VF scheinen Schuschnigg in den ersten Märztagen erläutert zu haben, daß die Verfassung des Bundesstaats Österreich auch einen Passus über eine Volksabstimmung enthalte – und man könne doch, angesichts zunehmender nationalsozialistischer Propaganda und unerträglich werdenden Drucks aus dem »Reich«, nun endlich vor aller Welt sicherstellen, daß die überwiegende Mehrheit der Österreicher sich zu einem unabhängigen Staat bekenne. Noch dazu, da Hitler in Berchtesgaden gesagt hatte: »Machen Sie doch eine Volksabstimmung! Sie gegen mich!«
Guido Zernatto, der Generalsekretär der Vaterländischen Front, erhielt den Auftrag, das Projekt zu prüfen. Das war ein Fehler. Zernattos Sekretärin war eine illegale Nationalsozialistin. Das hat ihr Chef nicht gewußt; es war aber die Ursache dafür, daß der Plan in Berlin bekannt war, bevor ihn noch die Österreicher mitgeteilt bekamen.
Volksabstimmung! Oder Volksbefragung? Verfassungsmäßig ließ sich eine Abstimmung nicht durchführen. Denn nur ein Gesetz oder »bestimmte Fragen der Bundesgesetzgebung« waren, laut ständestaatlicher Verfassung, auf Beschluß der Bundesregierung dem Volk zur Abstimmung vorzulegen. Allein, das Volk sollte ja nicht über ein Gesetz abstimmen, es sollte sich vielmehr dazu äußern, ob es unabhängig – das heißt: unabhängig von Deutschland – bleiben wollte. Ob es sich zu Österreich bekenne – wie immer dieses Österreich im März 1938 auch ausgesehen haben mag.

So lautete auch die Frage, wobei offenbar im letzten Augenblick, und um breiteste Volksschichten zu einem »Ja« zu bewegen, die Fragestellung geändert worden ist. Oder war es nur ein Lapsus in den Gedankengängen Zernattos, wenn er in seinen Memoiren die Frage der Schuschniggschen Abstimmung so formuliert: »Bist du für ein freies, unabhängiges, deutsches, christliches und autoritär geführtes Österreich?« Das »autoritär geführt« scheint in der endgültigen Formulierung nicht mehr auf, vielmehr lautete die Frage: »Sind Sie für ein freies und deutsches, unabhängiges und soziales, für ein christliches und einiges Österreich?«
Es war dies der klassische Text einer sogenannten »No na«-Frage – das Ja war gewissermaßen programmiert. Aber mit der Verfassungsmäßigkeit haperte es in der Tat. Denn: ein Gesetz war es ja nicht, also konnte es auch keine Abstimmung sein. Aber eine Volksbefragung sah die Verfassung nicht vor.
So entschloß man sich, zum Artikel 93 der Verfassung Zuflucht zu nehmen. »Der Bundeskanzler bestimmt die Richtlinien der Politik«, lautete er. Und Zernatto – der ursprünglich, wohlgemerkt, zu den Gegnern einer überstürzt angeordneten Abstimmung zählte, aus formalen ebenso wie aus politischen Gründen – begründete die rechtliche Basis so: »Es ist nirgends ausgesprochen, daß der Bundeskanzler das Bundesvolk um seine Zustimmung zu diesen Richtlinien nicht befragen dürfte. Auf Grund dieses Artikels 93 konnte der Bundeskanzler ohne Zweifel anordnen, daß das Volk um seine Meinung über die Richtlinien der Politik befragt werde.
Hiezu brauchte es keines Gesetzes, lediglich einer Verordnung des Bundeskanzlers, in der auch die verschiedenen Bedingungen für die Durchführung dieser Befragung angeordnet wurden.«
Auch die Bedingungen waren umstritten. Im Volksabstimmungspassus der Verfassung waren nur Personen ab dem 24. Lebensjahr zur Abstimmung zugelassen. Dadurch, daß man diese Bestimmung als Grundlage auch für die Befragung nahm, schloß man vor allem die gesamte Jugend von der Teilnahme aus. Der Grund war wohlüberlegt: Gerade unter den Jungen war der Bazillus des Nationalsozialismus virulent.
Freilich haben auch die anderen formalen Voraussetzungen der Befragung – die dann teilweise geändert wurden – gelinde gesagt problematisch gewirkt. Es hätte amtliche »Ja«-Stimmzettel gegeben, wer aber mit Nein stimmen wollte, hätte sich seinen Zettel selbst anfertigen und auch das Kuvert selbst mitbringen müssen.
Obwohl die Meinung über die ganze Volksbefragung geteilt war, entschloß sich Schuschnigg, sie durchzuführen. Er pokerte zum ersten Mal in seinem Leben. Und er verlor.
Aber noch einmal ist es ihm gelungen, das Land, einen kleinen Teil der Nationalsozialisten mit eingeschlossen – die zwar nationalsozialistisch, aber dabei doch noch eine Spur österreichisch dachten – in einen Rausch zu versetzen. In einen Rausch des Partriotismus, wie es schien. Mit diesem Patriotismus rechnete Kurt von Schuschnigg, als er drei Tage nach dem endgültigen Beschluß, die Volksbe-

fragung durchzuführen, und vier Tage vor dem geplanten Termin – Zernatto hatte ursprünglich zehn bis vierzehn Tage Vorbereitungszeit verlangt – in Innsbruck diese Befragung ankündigte.
In Innsbruck. Dort, im Westen, war Schuschniggs politische Heimat. Im Westen, in Tirol, konnte er mit besonderen patriotischen Gefühlen rechnen, konnte er Abwehrmechanismen mobilisieren. Dort auch konnte er sein »Mander, 's ischt Zeit!« propagieren.
Es ist die zweite große Rede Schuschniggs gewesen. Sie hat noch einmal, ein paar Stunden lang, so etwas wie Hoffnung gegeben vor dem endgültigen Aus.
»Jetzt will und muß ich wissen, ob das Volk von Österreich dieses freie und deutsche und unabhängige und soziale christliche und einige, dabei keine Parteienzerklüftung duldende Vaterland will«, rief Schuschnigg. Keine Parteienzerklüftung duldend – da war er wieder, dieser Zungenschlag, den Zernatto deutlicher ausformuliert hat. Noch immer hat sich Schuschnigg zum Demokratiegedanken nicht durchringen können, auch in dieser letzten Stunde nicht. »Jetzt muß ich wissen«, rief er, »ob wirklich die Parole ›Brot und Frieden im Land‹ unsere Landsleute in seine Front, die unüberwindlich ist, zusammenführen kann, und ob der Gedanke der Gleichberechtigung aller im Land, sofern sie zu Volk und Heimat stehen, allen ausnahmslos eine Parole ist, der sie zu folgen vermögen. Das muß ich jetzt wissen, und darum, Landsleute und Österreicher, Männer und Frauen, rufe ich Sie in dieser Stunde auf: Am nächsten Sonntag, am 13. März 1938, machen wir Volksbefragung!«
Alle haben es gehört, in ganz Österreich saßen die Menschen vor den Radioapparaten, die »Landsleute und Österreicher«. Und sie hörten weiter: »Ich will nicht, daß wir in Österreich den Vaterlandsgedanken auf Personen oder Personenregimen aufbauen. Jeder von uns ist ein Arbeiter an Österreich. Jahrelang hat man immer wieder dazu aufgefordert, eine Volksbefragung in die Wege zu leiten. Jetzt ist der Moment gekommen. Jetzt heraus mit dem Bekenntnis!«
Es war wohl eine der größten Skurrilitäten in diesen an Skurrilem nicht armen Tagen, daß die Überprüfung dieses vom Bundeskanzler geforderten Bekenntnisses – das abzulegen wohl die Mehrheit der Bevölkerung entschlossen war – dem Innen- und Sicherheitsminister, also dem Nationalsozialisten Dr. Arthur Seyß-Inquart, oblag. Dieser machte allsogleich klar, daß er gegen die Volksbefragung sei, nicht zuletzt deswegen, weil, wie er in einem ausführlichen Brief an Zernatto schrieb, die Frage »nur eine Bejahung zuläßt, wenn der Abstimmende sich nicht dem Verdacht hochverräterischer Einstellung aussetzen soll«.
Seyß-Inquart stellte zudem die Verfassungsmäßigkeit der ganzen Aktion in Frage. Nur unter folgenden Bedingungen sei er bereit, »für einen ruhigen Verlauf die Gewähr übernehmen zu können«: Der Wahlvorgang habe in allen Bundesländern nach einheitlichen Gesichtspunkten zu erfolgen, deren Wahrnehmung dem Innenminister obliege – also dem Nationalsozialisten Seyß. »In die Sprengelkommissionen wird seitens der volkspolitischen Referate« – also auch der Na-

zis – »je ein Vertrauensmann entstandt. Die Abstimmung erfolgt geheim. Für diesen Zweck steht eine Zelle zur Verfügung. Der Stimmzettel wird in geschlossenen Kuverts übergeben. Die Abgabe eines leeren Stimmzettels oder eines Kuverts mit leerem Zettel oder eines Zettels mit anderen als zusätzlichen Bemerkungen für eine bejahende oder verneinende Abstimmung gelten als ungültige Stimmabgabe und werden als solche gezählt. Sowohl in Detailergebnissen wie im Gesamtergebnis wird die Zahl der Wahlberechtigten, der Wahlbeteiligten, der Ja-, Nein- und ungültigen Stimmen ausgewiesen. Den einzelnen Gruppen steht die Freiheit der Parolenausgabe in Versammlungen und durch Flugschriften zu. Es erfolgt nirgends ein geschlossener Wahlgang, am Wahltag selbst hat jede Kundgebung zu unterbleiben. Den Schutz des Wahlvorgangs selbst übernimmt lediglich die Exekutive«.

Es sind das alles Bedingungen gewesen, an die sich Seyß-Inquarts Parteigenossen selbst ein paar Wochen später bei der Abstimmung über den Anschluß Österreichs an das Reich nicht gehalten haben. Sie sind freilich vom Bundeskanzler weitestgehend akzeptiert worden. Nur: Auf die Exekutive wollte sich Schuschnigg doch nicht so recht verlassen. Deshalb sind die Wehrpflichtigen des Jahrgangs 1915 schnell, schnell zu einer »Waffenübung« einberufen worden. Den ruhigen Verlauf der Volksbefragung sollte das Bundesheer überwachen – in die Armee hatte Schuschnigg Vertrauen.

Im übrigen scheint sich Seyß-Inquart jedenfalls am Abend des 9. März mit der Volksbefragung abgefunden zu haben, denn er schrieb in seinem Schlußabsatz an Zernatto: »Da es sich, wie erwähnt, im vorliegenden Fall nicht um ein grundsätzliches Bekenntnis zum Staat, sondern um eine Stellungnahme zur Regierung und augenblicklichen Lage handelt, wird mit einer bejahenden Einstellung der Nationalsozialisten nur dann zu rechnen sein, wenn die Regierungszusammensetzung die Voraussetzung für eine solche positive Einstellung der Nationalsozialisten bildet.« Donnerstag, den 10. März abends, fand dann auch noch eine Aussprache zwischen Seyß und Schuschnigg statt. Der Sicherheitsminister kündigte an, er wolle selbst am Freitag im Radio sprechen und die Nationalsozialisten auffordern, mit Ja zu stimmen.

Am Freitag wollte er es tun. Am 11. März also. Er wußte nicht, daß Hitler am Donnerstag noch, am 10. März, den Befehl gegeben hatte, den Einmarsch in Österreich vorzubereiten. Dr. Jury, der zweite Nationalsozialist in der Regierung, hat es offenbar gewußt. Denn er schrieb am selben 10. März einen Artikel für die »Wiener Neuesten Nachrichten« – das betont »nationale« Blatt der Hauptstadt –, in dem er formulierte: »Wegen der verfassungswidrigen Tendenz der Befragungsparole, wegen der Frieden und Arbeit gefährdenden Ungesetzlichkeit der Befragungsform, des Mangels an Gleichberechtigung in der Durchführung der Volksbefragung müssen wir österreichische Nationalsozialisten die Beteiligung an dieser in der österreichischen Verfassung nicht vorgesehenen und daher als reine Privatinitiative zu sehenden und in ihrem Ergebnis nicht kontrollierbaren Volksbefragung ablehnen.«

Der Artikel erschien am Morgen des 11. März. Am Morgen jenes Tages, den man gerne als den längsten in der österreichischen Geschichte bezeichnet.
Wegen des Artikels wurden die »Neuesten Nachrichten« beschlagnahmt. Die Maßnahme kam zu einer Zeit, da die Würfel längst gefallen waren. Da die deutsche Wehrmacht gegen Österreich aufmarschierte. Da Hitler ein Ultimatum diktierte und Göring unausgesetzt telefonierte. Es ist der längste Tag gewesen, dieser 11. März 1938. Wie er ablief, ist hundertmal erzählt worden. Was die Akteure und die Statisten dachten und fühlten, soll beispielhaft und vertretungsweise noch einmal abrollen.

Kurt Schuschnigg

Argumentieren ist sinnlos

Der 11. März am Ballhausplatz

Um halb sechs Uhr morgens klingelt im Schlafzimmer meiner Wohnung das Telefon. Die direkte Leitung zum Polizeipräsidium meldet sich. Staatssekretär Dr. Skubl am Apparat: »Die deutsche Grenze in Salzburg seit einer Stunde hermetisch abgesperrt. Die deutschen Zollbeamten werden abgezogen. Zugsverkehr unterbrochen!« – Gleichzeitig berichtet Dr. Skubl, daß ein von Dr. Hugo Jury gezeichneter Leitartikel in den »Wiener Neuesten Nachrichten« wegen aufreizender Kommentierung zur angesagten Volksbefragung vom Pressestaatsanwalt beschlagnahmt wurde.
Gegen sechs Uhr fünfzehn verlasse ich die Wohnung. Ich gebe dem Chauffeur den Auftrag, zunächst zur Stephanskirche zu fahren. Der Dom liegt noch im ruhigen Schleierschatten morgendlicher Stille. Vom Sakramentsaltar und von etlichen versteckten Seitenaltären her schwingen von Zeit zu Zeit ganz dünne, hohe Glockenstimmen durch die gewölbte Dämmerung. Dort werden Frühmessen gelesen, wie eh und je; die violetten Meßgewänder – vereinzelt farbige Flecken im Dunkeln – bewegen sich im uralten, liturgischen Rhythmus; der Sonntag Reminiscere steht vor der Tür; wenig Farbe, wenig Licht, viel besinnliches Düster. Es hält mich nicht lang in den hohen, nur vereinzelt lebendigen Bänken. Der Telefonanruf spukt unablässig in den Gedanken. Ganz klar ist er nicht. Der Zusammenhang nicht überblickbar; aber es wird ein besonderer Tag – das ist sicher.
Vor dem Madonnenbild von der Immerwährenden Hilfe flackern die Lichter; ich sehe mich ein bißchen um – es braucht niemand zuzuschauen –, und dann nach einer Weile ein Kreuz über das Drahtgeflecht, wie es in Wien der Brauch ist und wie ich es selbst als Kind vor einem Menschenalter zum erstenmal von meiner Mutter lernte.
Am Ballhausplatz ist noch Ruhe, der Dienstbetrieb nicht angelaufen. Auch nichts Neues zu erfahren. Ich weise Polizeipräsidium und Gardebataillon an, für die Absperrung der Inneren Stadt und der Zugänge zum Ballhausplatz tagsüber vorzusorgen.
Im übrigen heißt es zunächst einmal warten.
Ich lasse Dr. Jury ersuchen, sich ehestens zu einer Unterredung einzufinden. Seyß-Inquart ist nicht auffindbar; die Mitglieder des Kabinetts sind alarmiert

und waren in ihren Ämtern. Der Außenminister bringt einen telefonischen Bericht des Münchner Generalkonsuls Jordan: das dortige Armeekorps ist mobilisiert; vermutliche Bestimmung – Österreich!

Mittlerweile läuft draußen der Tag an. Noch wissen die Menschen nichts. Sie hasten den ausgetretenen Spuren profanen Lebens entlang – wie eh und je – nicht anders als im Bereich des Sakralen die violetten Schatten in der Stephanskirche.

Doch – eine neue Klangfarbe schrillt auf und mischt sich in die tönende Palette alltäglichen Straßenlärms: der »O du mein Österreich«-Marsch klingt auf aus langsam rollenden Lautsprecherwagen, die vom Graben her über Kohlmarkt und Michaelerplatz ihren Weg durch die Häuserzeilen angetreten haben; und dann die Schallplattenwiedergabe der Volksbefragungsparole: »Für ein freies, deutsches, christliches Österreich ...«

Der Widerhall von der massiven Front der Hofburg weht immer wieder verspätete Klangfetzen durch die hohen geschlossenen Fenster: »... –reich ... Österreich ...«

Acht Uhr: Dr. Jury wird gemeldet. – Klein, untersetzt, sehr selbstbewußt, knochig; die unvermeidlichen Schmisse im glattrasierten, zerfurchten Gesicht; bemühte sich sonst, gezwungen verbindlich zu lächeln; die Mühe erspart er sich heute.

Im harten Tonfall des Sudetendeutschen knarrt die Stimme in mühsam verhaltener Erregung los:

Jury: »Wer hat Ihnen nur das geraten, Herr Bundeskanzler! Alles stand gut, und nun – mit dieser Volksabstimmung ist alles verloren ...«

Ich: »Geraten hat es mir niemand; ich trage allein die Verantwortung und habe sie in keiner Richtung zu scheuen.«

Jury: »Aber wir wissen ja, daß Sie nicht von selber darauf gekommen sind; daß man Sie drängte. Glauben Sie mir, das waren üble Berater, der Bürgermeister Schmitz und andere ...«

Ich: »Nehmen Sie bitte zur Kenntis, daß andere und besonders der Bürgermeister Schmitz nicht das mindeste damit zu tun haben; Ihre eigenen Leute haben die Dinge so weit getrieben, daß es überhaupt keinen anderen Ausweg gab. Ich habe mich dazu entschlossen, Sie selbst beim Wort zu nehmen, und trage dafür die alleinige und ausschließliche Verantwortung. Es handelt sich um nichts anderes als um ein offenes Bekenntnis zur Verfassung, wie es im Berchtesgadener Abkommen enthalten ist und wie Sie selbst und Ihre Leute es immer wieder mir gegenüber betonten. Was beanstanden Sie an der Parole?«

Jury: »... z. B., daß vom autoritären Staat nicht die Rede ist. Wir haben ausdrücklich die autoritäre Führung gefordert ...«

Ich: »Das ist doch sicher keine Schwierigkeit! Sie wissen genau, daß die autoritäre Seite sich von selbst versteht und kein Mensch, der unsere Verfassung kennt, daran zweifelt. Die Volksbefragung selbst ist ja schließlich ein Ausfluß der autoritären Führung und auf dieser begründet. Übrigens, wenn Sie wollen, bin ich gerne bereit, die ausgegebene Parole durch das Wort autoritär zu ergänzen.«

Jury: »Das ist nunmehr zu spät: jetzt sind die Würfel im Rollen.«

Ich: »Nur weil Sie selbst es so wollen! Können Sie mir sagen, wo sich der Minister Seyß-Inquart befindet? Wir könnten mit ihm zusammen die Lage besprechen.«

Jury: »Soviel ich weiß, ist er am Flugfeld in Aspern, um Minister Glaise abzuholen, der aus München kommt.«

Ich: »Dann bitte ich Sie, in der Zwischenzeit, Ihren mäßigenden und vermittelnden Einfluß aufzuwenden, damit ein Unheil abgewendet werden kann; Herr Staatsrat, ich bitte Sie, mir zu helfen!«

Jury (achselzuckend): »Herr Bundeskanzler, ich werde schauen, was sich noch tun läßt! . . .«

Die Minuten kriechen träge wie die Wolken am Himmel. Auf dem Platz vor dem Kanzleramt ist nicht mehr Bewegung zu sehen wie täglich. Und die Hochhausterrasse ragt nach wie vor wie der Sattel eines Elefantenrückens aus der Herrengasse. Wenn dort oben einer ein Fernglas aufstellt, sieht er mir auf den Schreibtisch. Deshalb ließ wohl auch mein braver und besorgter Sekretär Dr. Krisch die untere Fensterhälfte mit aufklappbaren Panzerplatten versichern. Ich sehe sie nicht gerne. Warum auch! Es genügt nicht, keine Angst zu haben; der bloße Verdacht einer solchen und der wenn auch noch so unbegründete Anschein wirken nicht minder gefährlich!

Endlich – halb zehn Uhr – werden Glaise und Seyß-Inquart gemeldet.

Seyß-I.: »Ich habe soeben Minister Glaise am Flugplatz abgeholt und bin darum verspätet. Er berichtet, was ich auch schon wußte: im Reich ist große Aufregung wegen der Volksabstimmung am Sonntag. Hitler soll empört und außer Rand und Band sein. Alles ist wütend.«

Ich: »Was ich völlig unbegreiflich finde; schließlich tun wir nur, was unser gutes Recht ist, und weichen keinen i-Punkt ab von dem, was im Berchtesgadener Abkommen expressis verbis anerkannt wurde.«

Glaise: »Nein, nein! Die Abstimmung ist schon ein starkes Stück; das mußte den Führer erregen; das hätte man nie machen dürfen . . .«

Das Gespräch geht hin und her; argumentieren ist sinnlos. Was mir gegenübersitzt, hat keinen eigenen Willen mehr und darum auch kaum eine eigene Meinung. Glaise brachte offenbar die gebundene Marschroute mit, und Seyß beruft sich mir gegenüber bequemerweise auf die gebundenen Hände. Ich frage ihn, ob er bereit ist, einen Ausgleich zu versuchen und beruhigend zu wirken. – Ja, aber er sehe kaum Chancen.

Binnen kurzem eröffnet mir Seyß, er sei von Hermann Göring telefonisch beauftragt, mir folgendes mitzuteilen:

»Die Volksbefragung sei innerhalb einer Stunde abzuberaumen; dafür in vierzehn Tagen eine allgemeine Abstimmung nach dem Muster des Saar-Plebiszits und gemäß des seinerzeitigen Saar-Statuts auszuschreiben. Göring erwarte in einer Stunde telefonischen Bescheid durch Seyß. Komme bis dort keine Nachricht, dann nehme er an, daß Seyß am Telefonieren verhindert sei und werde sich danach richten . . .«

Ich melde mich zum Referat beim Bundespräsidenten. Mittlerweile sind laut Bericht des Außenamts auch die Wiener diplomatischen Missionen alarmiert. Nur eine schweigt beharrlich – die deutsche! – Aus Graz wird berichtet, daß dort in den Straßen bereits die Abberaumung der Volksbefragung, der Rücktritt des Kanzlers und der bevorstehende Anschluß ausgerufen werde. Ich rufe den Polizeipräsidenten, Staatssekretär Dr. Skubl, zu mir und frage ihn, ob Ruhe und Ordnung in Wien gesichert sind:

Dr. Skubl: »Vorläufig ja!«

Ich: »Ist die angeordnete Absperrung durchgeführt?«

Dr. Skubl: »Soweit das möglich ist, ja!«

Ich: »Wird die Polizei zuverlässig funktionieren?«

Dr. Skubl: »Ich glaube – zunächst ja; aber ich muß darauf verweisen, daß seit der allgemeinen Amnestie – auch der verurteilten Exekutivebeamten – die unbedingte Verläßlichkeit nicht mehr wahrscheinlich ist.«

Ich: »Die Regierung kann sich also nicht mehr unbedingt auf die Polizei und deren Disziplin verlassen?«

Dr. Skubl: »So wie die Lage jetzt steht – nein!«

Bei der Wehrmacht frage ich nicht an. Ich weiß, daß deren Führung eisern zur Stange hält. Und die Armee gehorcht. Das ist sicher. – Aber ich weiß auch um das Dilemma, das in vielen Einzelfällen Pflicht und Gefühl auseinanderreißt. Ich weiß um die Tragik, die jeden einzelnen anpackt, wenn das österreichische Heer antreten muß in einer Lage, die es nicht verschuldet hat und für die es seit zwei Generationen weder bestimmt noch erzogen ist. Im Juli 1934 – in kritischer Stunde – stand eine Überzeugung in mir fest – inmitten aufgeregter Wellenstürme eindrucksbetonter Gedanken: kein zweites 1866 und kein Bürgerkrieg!

Somit war meine Aufgabe begrenzt und umrissen; begrenzt auch der Weg, an dessen Ursprung ein Eid, an dessen Ende ein über alle Maßen strahlendes, wenn auch in weiter Ferne leuchtendes Ziel stand: das alte glückliche Österreich! Der Weg war schwer; nur ehrfürchtige Sachwalter, behutsam Wissende – niemals aber ungestüme Zukunftsstürmer, Hasardeure des Versuchs und der Versuchung konnten ihn wagen! –

Die Frontmiliz – der Nachfolger der Freiwilligen Wehrverbände – wurde aufgeboten. Ein taugliches Instrument, um die Exekutive bei Wahrnehmung und Durchsetzung der Staatsautorität und der Ordnungsgewalt im Bedarfsfalle zu unterstützen. FMLt Hülgerth, Vizekanzler und Milizchef, meldete

mir später, daß die Leute willig der Einberufungsordre folgten; sie seien zu jedem Einsatz bereit: »Aber nicht gegen Deutschland.«
Zu diesem Einsatz würde es nicht kommen; das stand bei mir fest; man kann und darf nicht viele opfern, um einzelne zu retten – zumal, wenn der schließliche Ausgang nicht fraglich ist. Dann aber und vor allem: Hitler ist auf weite Sicht gesehen nicht Deutschland; der Nationalsozialismus nicht das deutsche Volk – und wenn sie selbst es tausendmal behaupten. Ein deutsches Schicksal vielleicht, aber sicher nicht die deutsche Zukunft. Man kann einem gegenwärtigen Schicksal erliegen, auch wenn es Not und Tod und Verderben sät; aber nur dann mit Anstand und mit Aussicht auf Rechtfertigung durch die geschichtliche Entwicklung, wenn man sich nicht durch leichtfertiges Spiel gegen deren tiefsten Sinn versündigt.
Also entbot ich Guido Zernatto zu mir, den Generalsekretär der VF, Minister, und nächst dem allzeit getreuen, hochbefähigten, langjährigen Unterrichtsminister Dr. Hans Pernter einer meiner vertrautesten Freunde; die Volksbefragung am Sonntag wird abgesagt. Begründung nach außen: eine technisch notwendige Verschiebung des Termines; nach innen: Hitlers unmißverständliches Ultimatum. Zernatto nimmt den Auftrag wortlos zur Kenntnis. Mit Mühe beherrscht er ein verdächtiges Zucken um Mundwinkel und Augenlid. Nicht anders als Hans Pernter, Richard Schmitz, Josef Reiter, Walter Adam, Freiherr von Hammerstein und etliche andere in Freud und Leid bewährter, unentwegter Weggefährten und treue, kampferprobte Patrioten, darunter nicht wenige leitende Beamte, wie Sektionschef Chavanne, Gesandter Hornbostel, Ministerialrat Seidl, Frh. v. Froelichsthal, Hofrat Weber u. a.; draußen verhallt die Lautsprecherparole, übertönt Straßenlärm und innere Erregung; bricht sich an uralten, historischen Mauern, steigt auf und verdämmert in grauen, nebligen Wolken: Öster-reich ... – reich ...«
Gegen 11.30 Uhr empfange ich Seyß-Inquart und Glaise. Ersuche sie, Hermann Göring mitzuteilen, daß die gestellte Forderung im Hinblick auf die Lage akzeptiert ist.
Die beiden Herren begeben sich zum Telefon.
Nach etwa einer Viertelstunde kehren sie wieder. Seyß verliest von einem Zettel die soeben telefonisch aufgenommene Antwort (sinngemäß zitiert):
»Die Lage ist nur zu retten, wenn der Bundeskanzler sofort zurücktritt und binnen zwei Stunden Dr. Seyß-Inquart zum Bundeskanzler ernannt ist. Bei fruchtlosem Fristablauf erfolgt der deutsche Einmarsch in Österreich!«
Einen Augenblick lang Schweigen.
Dann greife ich zum Telefon und verlange Verbindung mit Rom, Palazzo Venezia.
Wir treten zu dritt an eines der hohen Fenster; worauf die beiden Herren blickten, weiß ich nicht. Ich starrte einen Moment lang ins Leere: »Und was sagen Sie persönlich dazu?«

Seyß kann vor Erregung nicht sprechen. Tränen stehen ihm in den Augen; Glaise scheint nicht minder erschüttert; schließlich sagt er: »Man weiß nicht, ob man als anständiger Mensch unter diesen Umständen überhaupt noch mitmachen kann.« Seyß widerspricht nicht. Ich bestätige ihnen die Richtigkeit ihrer Meinung. Dann verweise ich darauf, daß eine Frist von zwei Stunden auf keinen Fall genügen wird, und melde mich beim Bundespräsidenten.

Ungeheuer ist die Empörung; begreiflich, daß ohnmächtiger Zorn und grollende innere Abwehr zunächst das kalte, klare Denken betäuben. Sinnlose Möglichkeiten, unmöglich Sinnloses flattern da und dort auf als laut gewordene Gedankenfetzen. Jede Überlegung mündet wieder in den Schrei nach Treu und Glauben. Alle Begriffe verblassen; Moral, Ethik, bona fides, Vertragszuhaltung, Unterschriften, gegebene Worte, internationale Verpflichtung? Ebensoviel Phantome, die irgendwo im luftleeren Raum herumflattern wie schemenhafte Gespenster, jeden Zugriff verhöhnend, der sich darauf berufen will.

Ich erkläre dem Staatsoberhaupt meinen Rücktritt.

Und überlege, daß in längstens einer Stunde die Straße mobil und daher Gefahr im Verzug ist.

Was bleibt auch anders übrig?

Denken Sie an Belgien, sagte der eine; nur weil das Land sich wehrte, ist es wieder auferstanden!

Appellieren Sie an die Massen, lassen Sie das Heer marschieren! Widerstand bis zum letzten! empfiehlt ein anderer.

Rufen Sie die Welt zu Hilfe, Paris, London; die Mächte werden nicht zusehen können, daß nach der Methode des Straßenraubs jede Ordnung im Innern Europa aufhört. Heute sind wir an der Reihe; wer morgen? So argumentiert ein dritter; und wieder andere fragen nach dem Völkerbund, nach den oft berufenen Römischen Protokollen – Italien!

Italien? Ich hatte das Telefonat mit Rom, sofort nachdem Seyß-Inquart meinen Arbeitsraum verlassen hatte, abbestellt. Konnte man wirklich im Ernstfall auf italienische Hilfe bauen? Hätte – praktisch gesprochen – Italien sie leisten und Österreich sie nehmen können? Politische Verträge sind so weit und solange von Wert, als die Partner daran interessiert sind. Wenn ein Teil stark, der andere schwach ist, entscheidet letzten Endes immer ein dritter. Hier und nirgends sonst herrscht – wenn auch ungeschrieben – die Meistbegünstigungsklausel! Nein – von Rom kam für mich keine Überraschung.

Noch während der Konferenz beim Bundespräsidenten, in den ersten Nachmittagsstunden, brachte ein Beamter des Außenamts die eben dechiffrierte Meldung: Die italienische Regierung erklärt, wenn sie konsultiert wird, in der gegenwärtigen Lage keinen Rat erteilen zu können.

»Da hast du deine Römischen Protokolle«, meinte bitter ein Freund. – Sie hatten in normalen Zeiten gute Dienste geleistet. Für den Fall der Vis major boten sie keine Gewähr; ihr spezifisches Gewicht war weder größer noch kleiner als das aller anderen ähnlichen Verträge. Es war nur an uns als den ersten, dies am eigenen Leib zu verspüren.

Auf Paris oder London im Augenblick zu rechnen, hielt ich von Haus aus verfehlt; auch standen jeder ähnlichen Erwägung in diesem Augenblick prinzipielle Bedenken im Wege. Ganz abgesehen davon, daß in Paris am nämlichen Tag die übliche Kabinettskrise ausbrach.

Es galt nur eines: klaren Kopf bewahren – nüchtern, illusionsfrei überlegen; realpolitisch handeln, um für das Vaterland zu retten, was zu retten schien; sich auch im letzten Augenblick durch nichts ins Unrecht setzen. Allerdings: je schwerer man dem anderen Teil es machte – der mitten im Zug war, göttliche Vorsehung (deutsche Ausgabe) zu spielen, sein angeblich beleidigtes Recht und darum sein Recht auf Selbsthilfe zu erweisen –, um so lauter und hemmungsloser nach aller Voraussicht das Brüllen des Löwen. Das mußte hingenommen werden. Wenn die Pranke des Raubtiers schon ausholt, dann ist sein Gefauch und Gestank weithin oft die letzte, entscheidene Warnung. Und wenn auch in der großen Politik der Stärkere das letzte Wort zu haben pflegt, heute wie eh und je in der Geschichte – auch die großen Adepten der historischen Gewaltherren können wohl Menschen, Werte, Staaten – nicht aber Ursachen, Wirkungen, Tatbestände verlöschen.

Der Nachmittag ging im unerquicklichen Hin und Her des Erörterns vorüber. Wenngleich nicht die Stunde für Formalitäten war und weder Rücksichtnahme noch Form zu erwarten stand, besann sich der Angreifer doch noch darauf, daß bislang für alle Welt nichts anderes vorlag als eine unbeherrscht geäußerte Privatmeinung Görings, der ja bekanntlich gerne in originellen und stark aufgetragenen Impromptus nach außen brillierte. Also entschloß man sich, das Notdürftigste an internationalem Brauch auf die Urgenz des Wiener Außenministeriums hin noch nachzutragen: der diplomatische Schritt der Metternichgasse bestand darin, daß der deutsche Militärattaché (!) beim Bundespräsidenten erschien und ihm das Ultimatum seiner Auftraggeber vortrug. Der kleine, geschäftige Generalleutnant Muff, schon bisher der eigentliche Chef jener zentralen Nachrichten- und Vermittlungsstelle, die offiziell noch »deutsche Gesandtschaft in Wien« hieß, entledigte sich seines Auftrages formell und mit mokantem Lächeln.

Gleichzeitig begann es im Ballhausplatzgebäude emsig ein- und auszuschwärmen wie in einem aufgeregten Bienenhaus. Seyß-Inquart amtierte mit Glaise in irgendeinem Winkel, und um sie herum entwickelte sich bald ein Hin und Her vom Scheitel an absonderlich kurz geschorener, künstlich geglatzter und meist reichlich beschmißter Gestalten.

Ich selbst beharrte auf meiner Demission, auch auf die bittere Bemerkung des Bundespräsidenten hin: »Ich sehe also, daß man mich jetzt allein läßt!«

Es gab noch immer eine kleine Chance, daß Österreich gerettet werden könnte. Zumindest aber, daß ihm das Ärgste erspart bleibt. Hilfe von auswärts kommt nicht und brächte außerdem keine wirkliche Lösung; man darf sie sich darum gar nicht mehr wünschen. Also wäre Blutvergießen und Bürgerkrieg nur sinnloses, verdammungswürdiges Unheil. Wenigstens uns soll keine Schuld daran treffen.
Österreich ist deutsch und wird es bleiben. Österreich soll noch deutsch sein, wenn der wirre Traum des Dritten Reichs längst schon – in Blut und Tränen erstickt – historische Erinnerung sein wird.
Es ist schon so, was viele im eigenen Land nicht sehen oder nicht wahrhaben wollen: das Dritte Reich ist kein Anfang, sondern ein Ende; keine Erfüllung, sondern ein Absturz; keine Genesung – sondern euphoristischer Taumel. Aber den Österreichern, den vielen, die nur das momentane künstliche Licht und nicht die breiten, schweren Schatten sehen; denen die Blendung jedes Überlegen, der nationalsozialistische Rausch jede allgemein menschliche Wertung und Bindung nimmt; die eben noch für Hegel, jetzt für Nietzsche schwärmen – denen ist nicht zu helfen; sie werden warten müssen, bis vielleicht später einmal einer kommt, der »aus Mitleid wissend« ihre 100jährige Herzenswunde schließt, sie erlöst, zu neuem Leben erweckt – und ihr Vertrauen findet. Der »reine Tor« – der werde nicht ich sein! Meine Aufgabe ist nun zu Ende, nach bestem Wissen und Gewissen und bis zum allerletzten Einsatz durchgeführt; ich darf der Zukunft nicht im Wege stehen und vor allem: dem anderen, dem Propheten nicht die Blutschuld tragen helfen, wenn es zum Äußersten kommt und wieder einmal Kain darangeht, seinen Bruder Abel zu erschlagen.
Darum: Weiterführung der Geschäfte als demissionierter Regierungschef – bis zur Ernennung meines Amtsnachfolgers, wie Miklas es wünscht; das ist das Äußerste.
Ich sitze an meinem Schreibtisch, sichte die Laden und vernichte, was an persönlichem Eigentum nicht für andere bestimmt ist.
Gegenüber unter dem großen Spiegel leuchtet Dollfuß' Totenmaske in Marmor; von der Seitenwand blickt majestätisch das große Ölgemälde Maria Theresias, und durch die Fensterscheiben wirft das Hochhaus aus der Herrengasse seine ersten grauen Dämmerschatten. –
Ich sperre den Schreibtisch ab und verlasse den Amtsraum. Draußen im Vorzimmer sammeln sich Regierungsmitglieder, Politiker, hohe Beamte. Ein verdienter hoher Funktionär und Träger eines alten deutschen Herrennamens ballt die Fäuste; Blutwellen steigen ihm in die Stirne; der sonst so gemessene, kühle, überlegte und überlegene Mann ist kaum wiederzuerkennen. Und plötzlich bricht es polternd heraus aus der massigen, hochgewachsenen Erscheinung und erstickt in mühsam verhaltenem, wütendem Schluchzen: »Ich schäme mich, ein Deutscher zu sein!« – ? –

»Eben verkündet der deutsche Sender, in Wien und ganz Österreich sei ein blutiger Kommunistenaufstand losgebrochen; Regierung nicht mehr Herr der Lage; Hunderte Tote...«
Ja! Das ist die typische Regie, die wir seit 1934 kennen! Gottlob, daß in Wirklichkeit bis jetzt im ganzen Staatsgebiet trotz aller Bemühung von draußen die öffentliche Ordnung noch nirgends gestört ist! –
Außenminister Dr. Schmidt bedrängt mich, die provisorische Weiterführung der Geschäfte nach Möglichkeit zu beenden; »wir dürfen nicht warten, bis morgen vielleicht die Straße zur Abdankung zwingt«; ich solle den Bundespräsidenten zur raschen Entschlußfassung bringen.
Vielleicht hat er recht. Draußen am Ballhausplatz sammeln sich die ersten verdächtigen Gestalten.
Der Bundespräsident fragt mich um einen geeigneten General, der die Regierung übernehmen könnte.
Ich glaube nicht an die Möglichkeit einer ähnlichen Lösung, aber nenne nach kurzer Überlegung den Heeresinspektor GdI von Schilhavsky.
In wenigen Minuten ist der General zur Stelle. Ich stelle an ihn in Gegenwart und im Namen des Bundespräsidenten die entscheidende Frage. – »Nein! Ich bin zu alt und außerdem nur Militär, kein Politiker.« Ich bewege den Bundespräsidenten dazu, auf seiner Absicht nicht zu stark zu insistieren. Nach meiner festen Überzeugung wäre es zwecklos. Der militärische Staatssekretär General Zehner kommt noch weniger in Frage, da seine Ernennung von Hitler zweifellos als Herausforderung erklärt werden würde. So bekommt GdI Schilhavsky als rangältester General der Wehrmacht den Auftrag, das Heer so von den Grenzen zu lösen, daß ein Zusammenstoß mit der reichsdeutschen, etwa einmarschierenden Truppe und damit sinnloses Blutvergießen vermieden wird. –
Mittlerweile schattet der Abend über die Stadt, nimmt Häusern und Türmen ihre scharfen Konturen, zündet farblos grelle Lichtreklamen an und löst jeden eigenwilligen Stil in der monotonen, unpersönlich gleichgeschalteten Häuserfassade einer Allerwelts-Büro- und Geschäftsfront. Alles Individuelle ist aus den Gesichtern der Menschen gelöscht, alles Wienerische – zumindest im Herzen der Stadt – aus den Straßen und Plätzen. – Es ist wieder einmal eine Stunde gekommen, die alles untertauchen läßt in nivellierendem, nichts als zukunftsdurstigem Vergessen; die alles Leid – und nur das Leid – der Vergangenheit in einem einzigen Aufschrei zusammenpreßt, in dem alle Harmonien als obdachlos gewordene Schemen zerflattern; die alles Leben, das sich gewollt oder zufällig in der Strömung zeigt, im Augenblick zur unselbständigen Masse formt. Diese aber kennt nur pyhsische Gesetze und stößt und drängt und läßt sich träge weiterschieben, blind, taub, besinnungslos – und trotzdem energiegeladen: ein Naturphänomen wie der Eisstoß der Donau in den berühmten besonderen Wintern. –

Jede Großstadt wird in solchen Momenten gefährlich. Um so gefährlicher, je wilder sie darauf aus ist, sich mit Gewalt von ihrem ureigensten Gesicht zu befreien; am gefährlichsten darum Städte mit stark ausgeprägtem, in ruhigen Zeiten selbstsicher und selbstgefällig gepflegtem Antlitz, das besonderer Gewaltanwendung bedarf, um heruntergerissen zu werden. Darum sind Prag, München, Wien in Wendestunden besonders bedenklich; vor allem auch Wien. Weil dort die Gegensätze im Moment der Umwertung und Entfesselung des Denkens nicht nur die Menschen anspringen, die nebeneinander und aneinander vorübergehen, sondern jeden einzelnen in der Seele zerreißen, der seine eigene, alte Welt – die viel verlästerte und dennoch mit heimlicher Liebe umhegte – zusammenstürzen sieht, und der darum desto verzweifelter und radikaler sucht, Anschluß und Aufsprung aufs neue nicht zu verpassen. Das dauert jeweils nicht lange. Dann wacht der Todfeind aller Kollektiven und Psychosen, der Schelm, wieder auf, holt das oft bewährte Schelmenzwinkern des sich selbst ironisierenden Witzes hervor und schlägt vergnügt die tollsten Kapriolen. So ist es eben: die alte Heimatstadt des unsterblichen Armen Augustin! Sie kann ja nicht wirklich weinen; aber wenn sie lacht – dann bisweilen in Tränen.
Was eben noch im trunken Maßlosen amorphe Masse war, verästelt sich wieder in scharf voneinander getrennte Profile; Besinnung auf Eigenwert – oft stark übertrieben – kehrt wieder. Eine Stadt hat ihr ewiges Antlitz wiedergefunden; und wird nicht gern an die Zeit erinnert, in der sie sich mühsam maskierte. Wie gesagt – es dauert nicht lange. Aber freilich – lange genug, um wieder eine große Scheide aufzurichten. Was dazwischen liegt an unbesonnenem Taumel, das ist der Kaufpreis, den die ein bißchen melancholische, ein bißchen räsonierende Erinnerung für eine plötzlich neugeborene »gute alte Zeit« bezahlen muß.
Die aber hat immer am Ballhausplatz ihre Abschiedsvisitenkarte zu den registrierten Akten gelegt.
Von Zeit zu Zeit werden sie immer wieder entstaubt – im fünftorigen Wiener Kongreßsaal, dem steingewordenen Traum jedes wirklichen Protokollchefs; dann in den Arbeitszimmern der Schwarzenberg und Beust und Andrassy; an den Schreibtischen der Kalnoky und Goluchovsky und Berchtold, im Sterbezimmer Aerenthals – und zuletzt – ganz frisch noch und ohne verklärende Patina – in jenem roten Winkel, in dem Engelbert Dollfuß verhauchte; seit nunmehr bald vier Jahren brennt dort Tag und Nacht eine Ampel vor der holzgeschnitzten Schmerzensmutter – zum Gedächtnis an die qualvollen Abschiedsstunden eines todwund getroffenen Menschen ...
Ja – und knapp daneben, nur durch eine Doppeltür getrennt, steht mein eigener Schreibtisch; ich nehme sachlich von ihm Abschied, ganz ohne jene Hellsicht ins Vergangene, deren Zeitlupenvision man Ertrinkenden nachsagt. Habe ich eigentlich in diesem Augenblick schon begriffen, um was es sich handelt?

Ich gehe die paar Schritte durch den Säulensaal über den düsteren Vorraum ins Ministerratszimmer. Dort, unter dem Bildnis Franz Josephs steht eine Gruppe mir unbekannter Gestalten. Ein junger Mann in Reisedreß geht auffallend knapp an mir vorüber, halb Student, halb Beamtenanwärter – auffallend nichts als der typisch nordische Haarschnitt: vorne knapp gescheitelt, oben, rund herum, und rückwärts mit der Maschine kahl geglättet; der mißt mich maßlos spöttisch und gewollt beleidigenden Blickes, geht hinaus und schlägt die Tür hinter sich ins Schloß – als ob er hier zu Hause wäre. Nun hatte ich begriffen! Einmarsch; zunächst noch nicht an den Grenzen, sondern am Ballhausplatz; zunächst nicht Wehrmacht – sondern Gestapo.

Ich suche Seyß-Inquart; nicht zu finden. Gehe hinüber durch den langen Vorraum zum Bundespräsidenten. In dem Moment kommt – bleich wie ein Schatten – Fey herein, gefolgt von einigen Herren, grüßt, lächelt gezwungen, geht weiter. – Draußen erhebt sich der unbestimmte Lärm eines näher kommenden Aufzugs. Rufe, Singen, Marschtritt. Die hohen Fenster beginnen leicht und vernehmbar zu klirren. Minister Schmidt macht darauf aufmerksam, daß es nicht ratsam sei, in der Nähe der Fenster zu bleiben, und bittet mich neuerdings, das provisorische Interim der Geschäftsführung je eher, je besser und bedingungslos zu beenden. Er hat recht; ein Verzögern ist sinnlos. Aber der Bundespräsident bleibt fest. Er will keinen Nationalsozialisten ernennen.

»Also läßt man mich in der entscheidenden Stunde ganz allein!« ist wiederum seine bittere, aber begreifliche Antwort auf mein beständiges Drängen. Ich kann mir nicht helfen; ich sehe keinen anderen Ausweg als Seyß-Inquart; denke an all das, was er mir versichert hatte, und klammere mich als rettenden Strohhalm an den Gedanken, daß er – laut Fama – praktizierender Katholik und ein anständiger Mensch sei. Schließlich komme ich mit dem Bundespräsidenten überein, daß ich sofort – auch in seinem Namen – eine aufklärende Radiobotschaft an das österreichische Volk sprechen solle.

Die ständige Sendeanlage ist intakt, die Ravag in wenigen Minuten orientiert, die technische Vorbereitung getroffen. – Im roten Salon drängen sich Regierungsfunktionäre, hohe Beamte und die Angehörigen meines engeren Dienstes. Ich trete im Gefolge des Bundespräsidenten ein, umfasse mit einem kurzen Blick die Situation, sehe viele Freunde: Adam, Schmitz, Hammerstein und zahllose andere, daneben Seyß-Inquart.

Das Mikrophon steht in der Mitte, etwa fünf Schritte von der Stelle, an der Dollfuß unter der Mörderkugel zusammenbrach; nun tritt der Rundfunksprecher vor: »Es spricht der Bundeskanzler«:

Ich sprach dann in den lautlosen Raum, der sich wie immer vor der geheimnisvollen Membrane ins unbegrenzte Weite dehnte. Nicht lange – etwa 10 Minuten; mit der einzigen Resonanz meines eigenen aufgewühlten und gewaltsam gebändigten Fühlens: wie es gekommen war; daß wir vor aller

Welt uns auf Treu und Glauben, auf Recht und Verträge berufen; daß wir Verwahrung einlegen gegen die uns zugedachte Vergewaltigung, die ebenso unbegründet sei, wie sie durch nichts gerechtfertigt werden könne. Daß Österreich der Gewalt weicht; auch in dieser Stunde seinem unverbrüchlichen Willen getreu, daß jeder deutsche Bruderkrieg vermieden werden müsse.
Daß daher Befehl ergangen ist, den deutschen Truppen keinen Widerstand zu leisten. Und dann sprach ich ein paar persönliche Worte des Abschieds.
Es war im Raum noch stiller geworden. Und vor den Gedanken stand plötzlich ein Bild vom 3. November 1918: der Brigadier, der frühmorgens in einem kleinen italienischen Tagliamento-Dorf unsere Mannschaften antreten ließ und ihnen erklärte: »So, nun habt ihr den Waffenstillstand, den ihr euch wünschtet.« – Wenige Stunden später war alles gefangen ...
Auch jetzt wünschten viele, daß es nur endlich anders werden möge, und warteten auf alles mögliche: auf dritte Hilfe, auf ideale Parolen, auf immer noch uneingelöste Versprechen, auf gerechten Ausgleich geschichtlicher Unbill, auf Gerechtigkeit überhaupt – auf ein Wunder.
Genau wie vor bald 20 Jahren; Wiener Schicksal; österreichische Tragödie – letzter Akt – und vielleicht Vorspiel zu einem neuen europäischen Kataklysma.

Aber soweit sind wir noch nicht. Im Ministerratszimmer sammeln sich die letzten Getreuen um den Bundespräsidenten. Vorne an der Straßenfront ist es nicht mehr geheuer. Die Menschenmenge vor dem Kanzleramt schwillt von Stunde zu Stunde. Lieder, Rufe, wachsende Bewegung. Die neuen Herren haben ihre SA und SS auf die Straße geführt. Jetzt kann ja nichts mehr geschehen – seit Hermann Göring die Maske fallen ließ und Österreich als Hitlers ureigenstes Privateigentum deklarierte. Ein Raubüberfall? Oder auch nur eine Annexion auf Grund des Stärkeren – Rechtes? Keine Spur! Die Befreiung und Heimkehr eines von volksverräterischen, wortbrüchigen Separatisten an seinem Glück und Frieden verhinderten, terrorisierten und zugrunde gerichteten Landes!
Im roten Salon, in dem noch soeben das Mikrophon stand, halten zwei riesige Gardisten im Stahlhelm vor den Fenstern Wache. Sie hindern halbwüchsige Burschen, die an der Fassade hochklettern, ins Gebäude einzusteigen. Seyß-Inquart und Glaise begeben sich auf den Balkon und beruhigen. Trotzdem erklimmt ein Spezialist für die Bezwingung von Fassaden den Rand der Balustrade und steckt so als erster dem tödlich gehaßten, uralten, historischen Gebäude die rote Fahne mit dem Hakenkreuz mitten in sein verwundetes, steinernes Antlitz. –
Dann kommt Seyß-Inquart zu mir und ersucht mich, ich möge mich beim Bundespräsidenten für seine baldige Ernennung zum Kanzler bemühen.

Dann würden seine Leute Ruhe geben; sonst sehe er Gefahr im Verzuge. Sein Kabinett werde und müsse zwar nationalsozialistisch sein, was der Bundespräsident bislang nicht akzeptieren wolle; aber er verbürge sich für eine ruhige, besonnene Richtung. Mit den Radikalen habe er selbst nichts gemein; es sei gerade im Interesse der Ausschaltung unerwünschter Elemente die ehestmögliche Ernennung zu wünschen...

Minister Dr. Guido Schmidt berichtet, daß der Vertrauensmann Görings, Ing. Keppler, im Hause eingetroffen sei und mit Seyß-Inquart fieberhaft sich um die neue Ministerliste bemühe. Ihm – Dr. Schmidt – sei das Außenamt bzw. dessen Beibehaltung angetragen worden; er habe aber selbstverständlich abgelehnt. Man habe sich auf Sektionsrat Dr. Wolf (bisher Pressereferent im Außenministerium) als Außenminister geeinigt; Prof. Oswald Menghin solle Unterrichtsminister werden, um mit der Ernennung von zwei Persönlichkeiten der katholisch-nationalen Schattierung dem Bundespräsidenten den Ernennungsentschluß zu erleichtern. Auch Polizeipräsident Dr. Skubl solle als Staatssekretär in der neuen Regierung verbleiben. Dr. Schmidt drang gleichfalls mit Nachdruck darauf, ich möge auf den Bundespräsidenten – gleich ihm selbst – zwecks baldiger Ernennung Einfluß nehmen.

Bundespräsident Miklas hatte nach wie vor die allerschwersten Bedenken. Alle meine Argumente zerbrachen an seiner starren Weigerung. Der in Ehren ergraute Politiker, untadeliger Katholik und Österreicher, der – von Beruf Historiker – die volle lastende Wucht der Verantwortung in dieser Stunde fühlte, kämpfte in seinem Inneren einen harten erschütternden Kampf, den härtesten, der einen Menschen treffen kann und der erbarmungslos allein entschieden werden muß: Gewissen gegen praktische Einsicht – ohne jede Möglichkeit des persönlichen Rückzugs. –

Seyß-Inquart kehrt ins Zimmer zurück; er berichtet von einem Telefonanruf Görings; dieser verlangt, »Seyß-Inquart solle mittels Depesche den Einmarsch deutscher Truppen erbitten – zur Wiederherstellung der in Österreich durch Straßentumulte roter Elemente aufs schwerste gefährdeten Ordnung.«

Seyß-Inquart erklärt mir, er denke nicht daran, diesem Wunsch zu willfahren, denn erfreulicherweise sei in Österreich völlige Ruhe.

Ich frage, ob die Landeshauptleute weiter amtieren; die Antwort: »Selbstverständlich werde im Moment nichts geändert.«

Der Bundespräsident wünscht daraufhin, daß dies den Ländern per Radio ausdrücklich mitgeteilt werde.

Ich gebe den Text der amtlichen Verlautbarung an die Ravag zur Durchsage. – Vergeblich! Die Ravag teilt mit, daß sie von mir keine Aufträge mehr anerkennen könne. – Und doch bin ich noch immer geschäftsführender Chef der Regierung.

Zur gleichen Stunde wurde Bürgermeister Schmitz im Rathaus verhaftet, was ich allerdings damals nicht wußte. –

Nach längerem Suchen finde ich Seyß-Inquart im Zimmer eines Präsidialbeamten. Am Telefon sitzt Dr. Skubl. In der Stadt sei bisher Ruhe. Demonstranten hissen allerdings – ohne Widerstand zu finden – Hakenkreuzfahnen am Rathaus, Polizeipräsidium und anderen öffentlichen Gebäuden...
Nebenan »amtiert« Ing. Keppler, offenbar ziviler Generalstabschef der angelaufenen Unternehmung. Er benimmt sich für seine Begriffe sehr höflich: »Nun sehen Sie mal, Herr Bundeskanzler, vor acht Tagen noch haben Sie sich aufgeregt wegen der paar Punkte, die ich verlangte...« Dann fragt mich Herr Keppler nach meinen persönlichen Wünschen. – Ich habe keine! –
Im Ministerratszimmer sind wir noch immer um den Bundespräsidenten versammelt. Es geht gegen Mitternacht; von außen kommt keinerlei Nachricht. Nochmals werden alle zwingenden Gründe erörtert, die allem Anschein nach die Ernennung der Regierung Seyß-Inquart gebieten. Schließlich gibt Miklas nach und unterfertigt die Liste: Seyß-Inquart, Wolf, Menghin, Fischböck, Reinthaler, Hueber, Kaltenbrunner, Generalmajor Nagy; von der bisherigen Regierung Glaise, Skubl, Neumayer; Ergänzungen und Vereidigung morgen!
Seyß-Inquart bedankt sich ausdrücklich bei mir für meine Unterstützung und erklärt, mich im Wagen zu begleiten. »Ob ich in eine Gesandtschaft fahren wolle, vielleicht in die ungarische, die gleich vis-à-vis liegt – und den Weg durch die Stadt ersparen würde, oder in die Wohnung?«
Natürlich wollte ich in die Wohnung. Ich erkundige mich noch nach dem Verbleiben der Leute von SK (Schutzkorps der VF), die in der Stadt Bereitschaftsdienst hatten, und forderte, daß jedem von ihnen sicheres Geleit gewährt sei. – Vor etlichen Stunden (zwischen 8 und 9 Uhr abends) hatte noch Minister Zernatto persönlich gemeldet, das SK sei mit Waffen zur Sicherung des Frontgebäudes auf der Freyung konzentriert. Nach einer Konfidentenmeldung seien SA und SS binnen 5 Minuten zum Sturm auf die Frontzentrale befohlen. Seither waren mindestens 3 Stunden vergangen. Es fehlte jegliche Nachricht. – Seyß-Inquart erklärte mir, es sei für die persönliche Sicherheit jedes einzelnen meiner Leute gesorgt; sie seien einzeln, in Zivil, in ihre Wohnungen zurückgekehrt; keinem sei etwas geschehen.
Darauf verließen der Bundespräsident und ich, in Begleitung etlicher Herren und des neuen Kanzlers Seyß-Inquart, das Ministerratszimmer. Mein getreuer Personaladjutant Oberstlt. Bartl machte mich auf die Gardeposten aufmerksam, die den Eingang bewachten. Da standen sie, zwei große, stramme Burschen, und rissen die Kopfwendung genau und scharf wie alle Tage. – Als ich dem einen die Hand zum Abschied drückte, sah ich, wie er die Zähne aufeinanderpreßte; über das hart gemeißelte Soldatengesicht – in der Unbewegtheit des Dienstes – rannen große langsame Tränen. –
Erst im Stiegenhaus beginne ich voll zu begreifen: dort stehen im Doppelspalier auf die Stufen verteilt Zivilisten, am Arm die grellrote Binde mit dem Ha-

kenkreuz. Also war das Regierungsgebäude besetzt! – Die Leute grüßten mit erhobenem Arm; wortlos bewegt sich der Zug durch die Reihen – im fahlen Licht der nur vereinzelt brennenden Lampen.
Unten tritt zum letztenmal die Gardewache ins Gewehr und präsentiert – eine lebendige Mauer, die das Gestern vom Morgen trennt.
Ich spreche einen Dankessatz zum Abschied. Dann begleitet mich Seyß-Inquart zum Auto. Das Hauptportal ist versperrt; der Ballhausplatz noch immer blockiert von lärmenden Demonstranten.
Links und rechts springen halbwüchsige Burschen aufs Trittbrett; langsam rollt der Wagen durch die Hofeinfahrt.
Draußen am Ring hupen Taxis in ununterbrochener Folge aneinander vorüber; die meisten tragen Hakenkreuzfahnen; auch die elektrischen Trambahnwagen sind flüchtig dekoriert. Eben noch gelegentlich rot – dann rot-weiß-rot – jetzt schwarz-weiß-rot – die gleichen Menschen, der gleiche Weg – und die gleiche blaue Scheibe als Abschluß.
Abseits des Rings ist es stiller. – Seyß-Inquart dankt nochmals: »Er wolle mich morgen besuchen; Adjutant und Auto blieben zu meiner Verfügung ...«
Ich weiß nur so viel, daß ein Kapitel abgeschlossen wurde. Es bleibt die Frage offen, ob das Ende einen neuen Anfang bedeutet oder ob der Abschluß ein Anfang vom Ende ist ...

Guido Zernatto

Chronologie des Unheils

Drei Tage, an denen Österreich starb

Donnerstag, 10. März

Der Bundeskanzler kam früh am Morgen aus Innsbruck wieder in Wien an. Noch in den Vormittagsstunden hatte ich eine lange Aussprache mit Minister Dr. Seyß in Gegenwart des Staatsrates Dr. Jury. Dr. Jury teilte mir sehr aufgeregt mit, er habe erfahren, daß in der Vorwärts-Druckerei der Auftrag gegeben worden sei, zwei Millionen Flugblätter mit der Parole »Freiheit« und dem Symbol der Sozialdemokratie, den drei Pfeilen, herzustellen. Die Blätter befänden sich bereits im Druck.

Ich wußte, daß es sich um Flugblätter der Vaterländischen Front handelte, die ganz andere Texte trugen, und sagte Dr. Seyß, er solle doch als Sicherheitsminister Nachschau halten lassen, was denn in den Druckereien hergestellt werde. Es stellte sich natürlich heraus, daß ich recht gehabt hatte. Dr. Jury erklärte mir, die Nationalsozialisten seien durch die Anberaumung der Volksabstimmung in eine unmögliche Lage gekommen. Sie hätten das Gefühl, diese Abstimmung richte sich gegen sie. Ich erwiderte, daß die Abstimmung nicht gegen die Nationalsozialisten gerichtet sei, sondern lediglich eine Erneuerung des Bekenntnisses zum Programm der Vaterländischen Front darstelle, in der ja nach Berchtesgaden auch die Österreicher nationalsozialistischer Weltanschauung mitarbeiten sollten. Ich sagte den Herren, ich sei davon überzeugt, daß sich ein Modus finden ließe, der es jedem Nationalsozialisten, der den Willen zu loyaler Mitarbeit besitzt, möglich machen werde, an der Abstimmung teilzunehmen. Dr. Jury blieb skeptisch. Er verwies auf die starke Teilnahme von Arbeitern an unseren Demonstrationen und sagte, bei einzelnen Aufmärschen sei beobachtet worden, daß die Arbeiter rote Fahnen mit sich geführt und mit geballter Faust gegrüßt hätten. Ich konnte diese Möglichkeit nicht ausschließen, stellte aber fest, daß es sich hier um Einzelfälle gehandelt habe. Im übrigen seien die Arbeiter eben durch die nationalsozialistischen Demonstrationen, an denen zu 90 Prozent halbwüchsige Burschen beteiligt waren, gereizt worden. Nun dürfte man sich nicht über die Erregung dieser Kreise aufregen, die man selbst provoziert habe. Weiters erzählte Dr. Jury, daß Nachrichten vorlägen, aus denen hervorgehe, daß in Wien Arbeiter bewaffnet werden. Auch von diesem Gerücht war mir nichts bekannt. Ich verwies, wie schon vorher, auf die Möglichkeit, die der Sicherheitsminister habe, nachzuforschen, ob dieses Gerücht auf Wahrheit beruhe. Ich erkundigte mich übrigens später an maßgebender Stelle, ob an dieser Meinung irgendein wahres Wort sei, und erhielt die Auskunft, daß es sich um eine freie Erfindung handle. Ich glaubte nun, die beiden Herren beruhigt zu haben, und gab der Erwartung Ausdruck, daß es in der für den gleichen Tag vorgesehenen Aussprache zwischen dem Bundeskanzler und Dr. Seyß möglich sein werde, alle Mißverständnisse aufzuklären und zu einem guten Ende zu kommen.

Ich habe Grund zur Annahme, daß die gleichen Gerüchte und »Meldungen«, die mir Dr. Jury erzählt hatte, auch nach Deutschland weitergegeben worden sind. Dem deutschen Reichskanzler wurden sie wahrscheinlich in noch viel schärferer Form erzählt als mir, dem man es als unmittelbar Beteiligten doch nicht zumutete, daß er Märchen glauben würde. Der Grund für diese Meldungen ist mir klar. Die Herren in der Landesleitung der illegalen Partei wollten Hitler in Zorn versetzen und ihn dazu zwingen, rasch zu handeln. Sie hatten Erfolg. Hitler fuhr nach Berlin und berief einen Kriegsrat ein.

Schon an diesem ersten Tag nach der Verkündigung des Plebiszits langten bei der Vaterländischen Front Spenden in großer Höhe ein. Der Bundeskanzler hatte einen Vertrauensmann mit der Verwaltung dieser Spendenaktion und der Führung der finanziellen Angelegenheiten, die mit dem Plebiszit in Zusammenhang standen, bestellt. Sein Büro glich einem Bienenhaus. Unaufhörlich kamen unaufgefordert Menschen, die Spenden in verschiedener Höhe überbrachten. Von Beträgen, die in die Hunderttausende gingen, bis zu dem einen Schilling, den Hausgehilfinnen und Arbeitslose an unseren Kassen erlegten, war jede Summe vertreten. Ich möchte besonders betonen, daß es durchaus nicht nur etwa die Kreise der Wirtschaft und, innerhalb dieser, jüdischen Kreise waren, die mithelfen und mitopfern wollten. An den Spenden, die uns zur Verfügung gestellt wurden, waren alle Bevölkerungsschichten beteiligt.

Gegen Mittag erreichte mich ein Brief des Ministers Dr. Seyß, der auf unsere Aussprache vom Mittwoch Bezug nahm und der auch vom Mittwoch datiert war.

Der Brief hatte folgenden Wortlaut:

»Bundesminister Dr. Seyß-Inquart

Wien, am 9. März 1938.

Lieber Minister!

Du hast mir heute mitgeteilt, daß der Herr Bundeskanzler sich entschlossen habe, am 13. ds. eine Art Volksbefragung durchzuführen. Der Herr Bundes-

kanzler hat Dich beauftragt, mir seinen Entschluß mitzuteilen. Ich sehe mich daher bemüßigt, Dir meine Stellungnahme zu dieser Absicht bekanntzugeben, mit dem Ersuchen, den Herrn Bundeskanzler entsprechend zu informieren.
Die Befragung ist gestützt auf Art. 93 der Verfassung unter analoger Anwendung der Bestimmungen des Art. 65 ff. Gegenstand der Befragung ist im wesentlichen ein Bekenntnis zu Österreich auf den Grundlagen der Verfassung 1934. Hiezu bemerke ich, daß meines Erachtens eine mit dem Charakter einer Volksentscheidung ausgestattete Befragung gemäß Art. 93 überhaupt nicht angeordnet werden kann.
Die kundgegebene Verneinung der gestellten Frage selbst könne überdies als Tatbestand des Hochverrates angesehen werden. Hiezu kommt, daß die Abstimmung über Grundlagen erfolgt, zu denen sich die politisch beachtbaren Kräfte und Gruppen dieses Landes ohnehin schon seit längerer Zeit bekannt haben.
Der Zweck dieser Abstimmung ist daher nicht so sehr in einer feierlichen Bekräftigung dieses Staates zu suchen, sondern er verfolgt politische Ziele aus der augenblicklichen Lage. Die offenbare und vordringliche Bedeutung dieser Abstimmung kann nur darin gesehen werden, daß der heutigen Regierung und dem heutigen Zustand das Vertrauen ausgesprochen werden soll. Die Verweigerung der Bejahung der gestellten Frage müßte daher nicht als staatsfeindliche, sondern nur als oppositionelle Einstellung auf dem Boden des heutigen Staates gewertet werden. Auf diesen Umstand habe ich bereits anläßlich meiner gestrigen Unterredung mit dem Herrn Bundeskanzler verwiesen, in der ich ganz allgemein ohne nähere Einzelheiten und insbesondere ohne Bekanntgabe eines Termines über die Absichten einer solchen Befragung orientiert wurde.
Im Sinne der mir gemäß Punkt II, 3, der Vereinbarung von Berchtesgaden obliegenden Verpflichtungen habe ich nunmehr die im Zusammenhang mit dieser Abstimmung auftauchenden Fragen geprüft. Die Lage ist nun so: aufgrund meiner im Einvernehmen mit dem Frontführer und Bundeskanzler am 5. ds. in Linz verkündeten Absichten erwarten nunmehr die Nationalsozialisten ihren Einbau in alle behördlichen und politischen Funktionsstellen des Staates und der Front. Es ist undenkbar, daß die Nationalsozialisten ihre oppositionelle Einstellung nicht zum Staat, sondern zu dem heutigen Zustand aufgeben, bevor dieser Einbau nicht im wesentlichen durchgeführt ist. Da sie nunmehr unvermutet und vorzeitig zu einer Abstimmung aufgerufen werden, die nur eine Bejahung zuläßt, wenn der Abstimmende sich nicht dem Verdacht hochverräterischer Einstellung aussetzen soll, bin ich bemüßigt, im Sinne der mir obliegenden Verpflichtungen, aber auch im Hinblick auf die Verantwortungen, die mir als Innen- und Sicherheitsminister obliegen, die Beobachtung nachstehender Bedingungen für diese Abstimmung zu verlangen.
Der Wahlvorgang hat in allen Bundesländern nach einheitlichen Gesichts-

punkten zu erfolgen, deren Wahrnehmung dem Innenminister obliegt. In die Sprengelkommissionen wird seitens der volkspolitischen Referate je ein Vertrauensmann entsandt. Die Abstimmung erfolgt geheim. Für diesen Zweck steht eine Zelle zur Verfügung. Der Stimmzettel wird in geschlossenen Kuverts übergeben. Die Abgabe eines leeren Kuverts oder eines Kuverts mit leerem Zettel oder eines Zettels mit anderen als zusätzlichen Bemerkungen für eine bejahende oder verneinende Abstimmung gelten als ungültige Stimmabgabe und werden als solche gezählt.

Sowohl in Detailergebnissen wie im Gesamtergebnis wird die Zahl der Wahlberechtigten, der Wahlbeteiligten, der Ja-, Nein-, und ungültigen Stimmen ausgewiesen. Den einzelnen Gruppen steht die Freiheit der Parolenausgabe in Versammlungen und durch Flugschriften zu. Es erfolgt nirgends ein geschlossener Wahlgang, am Wahltag selbst hat jede auf die Wahl bezügliche Kundgebung zu unterbleiben. Den Schutz des Wahlvorganges übernimmt lediglich die Exekutive.

Unter der Voraussetzung, daß der Wahlvorgang sich unter diesen Bedingungen abspielt, bin ich in der Lage, demselben im Sinne der mir gemäß II, 3, der Berchtesgadener Vereinbarung obliegenden Verpflichtungen zuzustimmen, und glaube auch als Sicherheitsminister nunmehr für einen ruhigen Verlauf die Gewähr übernehmen zu können.

Da es sich, wie bereits erwähnt, im vorliegenden Fall nicht um ein grundsätzliches Bekenntnis zum Staat, sondern um eine Stellungnahme zur Regierung und augenblicklichen Lage handelt, wird mit einer bejahenden Einstellung der Nationalsozialisten nur dann zu rechnen sein, wenn die Regierungszusammensetzung die Voraussetzung für eine solche positive Einstellung der Nationalsozialisten bietet.

Ich bitte Dich, von Vorstehendem Kenntnis zu nehmen, und zeichne mit herzlichen Grüßen

Dr. Seyß-Inquart m. p.«

Ich nahm an, daß Dr. Seyß dieses Schreiben nach ausführlicher Beratung mit seinen Freunden verfaßt hatte und die Stellungnahme seiner Person und der Nationalsozialisten, mit denen er sich umgab, darstellte. Ich beeilte mich, diesen Brief dem Bundeskanzler zur Kenntnis zu bringen. In der Aussprache teilte mir Dr. Schuschnigg mit, daß er von Dr. Seyß ebenfalls ein Schreiben erhalten habe, datiert vom 10., in dem der Minister über den Inhalt des an mich gerichteten Schreibens hinausgehend eine stärkere Vertretung der »Österreicher nationalsozialistischer Weltanschauung« in der Bundesregierung auch unter Hinweis auf Forderungen des volkspolitischen Referenten in der Steiermark verlangte. In diesem Brief polemisierte Dr. Seyß gegen die Verfassungsmäßigkeit des Plebiszits und verwies auf die technischen Bedingungen, die er in seinem Schreiben an mich gestellt hatte.

Der Kanzler stellte zu dem an mich gerichteten Brief des Dr. Seyß fest:
1. Die Polemik gegen die Verfassungsmäßigkeit ist nicht haltbar. Der Standpunkt des Bundeskanzlers wird Dr. Seyß in einem direkten Brief bekanntgegeben.
2. Die Durchführung der Volksbefragung steht in keinerlei Widerspruch mit den Abmachungen von Berchtesgaden.
3. Die These vom Tatbestand des Hochverrates im Fall des Neinstimmens ist nicht haltbar.
4. Die Gleichheit des Wahlvorgangs in den einzelnen Bundesländern ist ohnedies gewährleistet.
5. Mit der Durchführung der Volksbefragung sind die Landeshauptleute als Chefs der mittelbaren Bundesverwaltung betraut.
6. Die Aufnahme von Vertrauensmännern der volkspolitischen Referate in die Wahlkommission wird durchgeführt.
7. Die Abstimmung bleibt geheim.
8. Die technische Durchführung des Wahlvorganges erfolgt in der Weise, wie sie der Sicherheitsminister vorschlägt. Es ergeben sich hiedurch nur unbedeutende Abweichungen von den bereits festgesetzten Bestimmungen.
9. Die Freiheit der Parolenausgabe, die Abhaltung von Wahlversammlungen und die Verbreitung von Flugschriften kann für keine Gruppe zugestanden werden. Nach der Verfassung gibt es keine Parteien. Den Nationalsozialisten wurde lediglich die Gleichstellung mit anderen Gruppen der V. F. zugesagt. Nachdem keiner Gruppe der Front eine eigene Parolenausgabe zugestanden wurde, kann es auch für die Nationalsozialisten keine Ausnahme geben.
10. Ein geschlossener Wahlgang ist nirgends geplant.
11. Das Kundgebungsverbot für den Wahltag ist bereits vorgesehen.
12. Der ausschließliche Schutz des Wahlvorgangs durch die staatliche Exekutive ist in den ergangenen Bestimmungen enthalten.
13. Die Zustimmung des Sicherheitsministers zur Durchführung der Volksbefragung ist nicht erforderlich. Der Bundeskanzler nimmt sie jedoch mit Dank zur Kenntnis.
14. Der Bundeskanzler freut sich darüber, daß der Sicherheitsminister die Gewähr für einen ruhigen Verlauf der Volksbefragung übernimmt.
15. Auf die im letzten Passus ausgeführte Meinung des Sicherheitsministers, daß die Nationalsozialisten nur dann mit »Ja« stimmen werden, wenn eine Änderung in der Bundesregierung eintritt, antwortet der Bundeskanzler dem Sicherheitsminister direkt.

Dr. Schuschnigg schrieb an Dr. Seyß am 10. März folgenden Brief:

»Der Bundeskanzler

Wien, den 10. März 1938.

Hwg. Herrn Bundesminister
Dr. Arthur Seyß-Inquart
Wien.

Sehr geehrter Herr Minister!

In Beantwortung Ihres geschätzten Schreibens vom 10. ds. erlaube ich mir, folgende Stellungnahme bekanntzugeben:

1. Die Abmachungen von Berchtesgaden waren in einer eindeutigen Weise umgrenzt, und es bestand, insbesonders auch nach unseren persönlichen Rücksprachen, kein Zweifel darüber, daß die Wiederzulassung von Parteien nicht in Frage kommen könne.

2. Es war ausdrücklich von der Gleichstellung aller Gruppen auf dem Boden der Vaterländischen Front und unter Anerkennung der Verfassung die Rede. Diese Feststellung hat auch die Zustimmung des reichsdeutschen Vertragspartners gefunden. Die Nichteinmischung sowie die Anerkennung der österreichischen Unabhängigkeit und Souveränität bei Verpflichtung Österreichs, eine deutsche Politik zu betreiben, waren die Grundlage der Abmachungen.

3. Die Verfassung ist auf dem Gedanken der autoritären Führung aufgebaut und gibt dem Bundeskanzler gemäß Artikel 93 das Recht, die Richtlinien der Politik zu bestimmen.

4. Der Bundeskanzler hat daher die durchaus verfassungsmäßige Möglichkeit, im Wege einer Volksbefragung sich die Deckung dieser seiner Politik zu sichern. Eine Anfechtung aus verfassungsrechtlichen Gründen halte ich juristisch für untragbar, politisch widerspricht sie dem Geist und Wortlaut der getroffenen Abmachungen. Eine Koalitionsregierung zu bilden lehne ich ab; Parteien kann ich nicht anerkennen; die Bildung einer zweiten Front neben der Vaterländischen Front, wie es sich insbesondere das volkspolitische Referat in Steiermark, das ich heute schon des offenen Hochverrats bezichtige, vorstellt, kann daher nicht in Frage kommen und widerspricht ausdrücklich den Grundsätzen des Abkommens von Berchtesgaden.

5. Ich wurde zu wiederholten Malen gedrängt, eine Volksabstimmung zu veranlassen, zuletzt vom Herrn Reichskanzler selbst, in Berchtesgaden am 12. Februar, wobei er allerdings beifügte, ich solle mit ihm gemeinsam in Österreich kandidieren. Daß ich eine Volksbefragung nur dann machen könne, wenn sie voraussichtlich zum Nachteil Österreichs ausfiele, kann vernünftigerweise von mir nicht gefordert werden. Von dieser Auffassung auch öffentlich Gebrauch zu machen, behalte ich mir, wenn die Umstände mich hiezu zwingen, ausdrücklich vor.

6. Die ausgegebene Parole und die Begründung derselben zeigen eindeutig, daß damit lediglich eine Deckung für den neu eingeschlagenen Weg in

Österreich gesucht wird und daß die neue Zeit, welche ich die Zeit des Friedens nennen will, mit einer feierlichen und vor aller Welt sichtbaren Demonstration eingeleitet werden soll. Dann erst ist eine entsprechende Zäsur gegenüber dem Vorhergegangenen möglich.

7. Insbesondere aus dem deutschen Gesichtskreis heraus läßt sich gegen die Parole nichts einwenden, denn mit ihr sind, was ich ausdrücklich festgestellt habe und noch weiter feststellen will, auch die Politik des 11. Juli und die Berchtesgadener Vereinbarung der Volksbefragung unterzogen. Wer dagegen stimmt oder sich der Stimme enthält, zeigt damit, daß er mit der Berchtesgadener Politik nicht einverstanden ist.

8. Eine Marionette zu spielen bin ich weder fähig noch bereit. Die politische Verantwortung und die Frontführung trage ich, und das Benehmen des volkspolitischen Referates in der Steiermark ist eine offene Meuterei.

9. Die ernste Situation im Lande ist hervorgerufen dadurch, daß sich die Nationalsozialisten nicht an die Abmachungen gehalten haben. Wenn wir hätten submittieren wollen, wäre das ganze Vorausgegangene nicht notwendig gewesen. Ich stelle fest, daß nach wie vor versucht wird, die Betriebe und die Straße unter Terror zu setzen. Dem muß – ich darf hier auf das bereits Gesagte verweisen – unter allen Umständen ein radikales Ende bereitet werden. Ich bitte nicht zu vergessen, daß von der Gleichberechtigung die Rede war. Ich habe meinerseits alle Zusagen gehalten und muß auf Einhaltung der Zusagen von der Gegenseite bestehen. Daß ich zuschauen soll, wie das Land mit Gewalt wirtschaftlich und politisch ruiniert wird, kann man von mir nicht verlangen. Ich bin in der glücklichen Lage, die Welt zum Zeugen aufrufen zu können, wer recht hat und wer den Frieden will. Ich bin auch absolut entschlossen, dies im Bedarfsfall zu tun.

Jedenfalls hat sich heute deutlich decouvriert, wie die österreichischen Nationalsozialisten sich den deutschen Frieden vorstellen. Wenn ein Teil den Frieden nicht will, kann ihn leider der andere nicht erzwingen. Ich bin gerne bereit, Ihre Versicherung zu gemeinsamer Mitarbeit zur Kenntnis zu nehmen, muß Sie aber dringendst bitten, als Sicherheitsminister dafür Vorsorge zu treffen, daß dem Terror Einhalt geboten wird, weil ich sonst nicht in der Lage bin, die Gegenkräfte weiter niederzuhalten.

Ich stehe Ihnen jederzeit zur Verfügung und zeichne mit dem Ausdruck vorzüglicher Hochachtung

Schuschnigg e. h.«

Die Lage hatte sich nun insofern geklärt, als Dr. Seyß, nachdem die technischen Bedingungen, die er gestellt hatte, erfüllt waren, sich als Vertrauensmann des Berchtesgadener Abkommens mit der Volksbefragung einverstanden erklärte und bereit war, die Garantie für einen ruhigen Verlauf des Plebiszits zu übernehmen.

Ob die Nationalsozialisten nun mit »Ja« oder »Nein« stimmten oder sich der Wahl enthielten, war ohne Belang.
Dr. Seyß hat seine Briefe nicht ohne vorherige Beratung mit seinen Freunden verfaßt. Wenn das aber so ist, dann ist auch der dokumentarische Beweis dafür erbracht, daß erst der Befehl Hitlers, der am Freitag früh in Wien eintraf, die aufrührerische Haltung der österreichischen Nationalsozialisten hervorrief.
Die deutschen Stellen haben im In- und Auslande nach dem Umsturz die offizielle Meldung verbreitet, daß die Vertrauensmänner der Nationalsozialisten über die Volksbefragung nicht informiert waren, gegen ihre Durchführung nach der Publikation protestiert hätten usw. Die nationalsozialistischen Stellen wissen entweder nicht, daß Dr. Seyß mir den angeführten Brief geschrieben hat, oder sie versuchen, diesen Tatbestand zu verdunkeln, weil er ihre These von der Eroberung Österreichs unmöglich macht.
Für den Abend des Donnerstag war überdies eine Aussprache zwischen dem Bundeskanzler und Dr. Seyß vereinbart.
Im Laufe dieses Tages ordnete der Bundeskanzler als Landesverteidigungsminister die Einberufung eines Jahrgangs der Reserve an. Von österreichischen Grenzstationen kam die Nachricht, daß man auf deutschem Boden in der Nähe der Grenze deutsche Truppenansammlungen bemerkt habe. Schon in den Tagen vorher hatten einzelne Teile der deutschen Wehrmacht Übungen in der Nähe unserer Grenze durchgeführt. Nach den Nachrichten, die nun in den Vormittagsstunden des Donnerstag von unseren Vertrauensleuten in Bayern eintrafen, handelte es sich um größere Zusammenziehungen auch im Raume von München und auf allen Linien, die an die österreichiche Grenze führen.
Am frühen Nachmittag hatte ich eine Besprechung mit einem hohen Funktionär der sozialen Arbeitsgemeinschaft. Wir sprachen über Fragen der Plebiszitpropaganda in den Reihen der Arbeiterschaft, in der, wie er mir versicherte, eine wenn auch erregte, so doch außerordentlich zuversichtliche Stimmung herrsche. Nebenbei erzählte er mir eine bezeichnende Einzelheit. Bei unserem Vertrauensmann in einem Wiener Vorort hatten sich Vertreter von größeren Gruppen junger Leute gemeldet, die angaben, daß sie in den letzten Tagen nationalsozialistische Demonstrationen in der Inneren Stadt veranstaltet hätten. Für diese Tätigkeit hätten sie den Betrag von fünf Schilling pro Kopf erhalten. Die Beschäftigung sage ihnen aber nicht sehr zu. Um den Preis von vier Schilling seien sie nun bereit, für die Regierung und gegen die Nationalsozialisten zu demonstrieren.
Gegen Abend fand die vereinbarte Aussprache zwischen dem Bundeskanzler und Dr. Seyß statt, von der ich andern Ortes berichtet habe. Dr. Seyß erklärte sich im Verlauf dieser Aussprache bereit, den ruhigen Verlauf des Plebiszits zu gewährleisten und selbst am Freitag im Rundfunk für die Abstimmung zu sprechen.

Freitag, 11. März

Am Morgen des 11. März hatten wir alle das Gefühl, daß dieser Tag die Lösung der Spannungen bringen müßte. Ich fuhr in mein Büro und hörte die Referate des Präsidialchefs und der Dienstgruppenleiter. Einer meiner Vertrauensleute brachte mir die Meldung, daß Minister Glaise-Horstenau, der etliche Tage vorher nach Deutschland gereist war, um einen Vortrag zu halten, gestern bei Hitler gewesen sei. Der Reichskanzler sei in wütender Stimmung, und Glaise-Horstenau bringe nun ein Ultimatum mit.

Wenige Minuten später rief mich der Bundeskanzler zu sich auf den Ballhausplatz. Ich traf ihn in seinem Arbeitszimmer. Es war derselbe Raum, in dem Dollfuß ermordet wurde. Der Kanzler fragte mich, ob ich wisse, wo sich Minister Seyß-Inquart aufhalte. Er könne ihn nirgends erreichen. Durch meine Nachrichtenstelle stellte ich fest, daß Seyß auf dem Flugfeld Aspern gewesen war, um Minister Glaise-Horstenau abzuholen. Von dort war er in die Stadt zurückgekehrt. Er befand sich nun aber weder in seinem Büro noch in seiner Advokaturskanzlei. Aus den Räumen, in denen sich die illegale Landesleitung befand, in der Seitzergasse, wurde angegeben, daß er sich auch dort nicht aufhalte. Sein Wagen hatte allerdings kurz vorher in der Seitzergasse geparkt.

Ich legte dem Bundeskanzler folgende Berichte vor:

1. Aus dem Burgenland wird gemeldet, daß sich in den Bezirken Eisenstadt und Oberwarth SS-Leute gesammelt haben, um zu demonstrieren.
2. Bayrische Grenzorte melden das Eintreffen größerer deutscher Truppenkontingente.
3. Auf den Straßen, die von München gegen die österreichische Grenze führen, werden seit vorgestern Truppentransporte festgestellt.
4. Unsere Nachrichtenstelle München berichtet von größeren Truppenansammlungen in der Stadt und der Verwendung von Schulen als Notkasernen.
5. In Passau sind motorisierte Truppeneinheiten eingetroffen. Es liegt eine authentische Meldung darüber vor, daß im Laufe des Tages und der Nacht 40 000 Achsen Militärtransporte eintreffen werden.
6. In einzelnen Teilen von Wien und Niederösterreich sammeln sich seit den frühen Morgenstunden SA- und SS-Leute mit Rucksäcken. Konfidenten berichten, daß sich diese Leute für eine Aktion von drei bis vier Tagen vorbereitet hätten. Meldungen über ähnliche Bewegungen aus den Bundesländern wurden angefordert, sind aber noch nicht eingetroffen.
7. Unsere Vertrauensleute berichten aus allen Bundesländern, daß eine große Spannung, aber zuversichtliche Stimmung herrsche. Störungen der Vorbereitungsarbeiten und der Volksbefragung werden in einzelnen Teilen der Steiermark und in größeren Orten Oberösterreichs erwartet.
8. Unsere Propaganda wirkt sich gut aus. Wir haben aus allen Teilen des

Bundesgebietes die Meldung, daß die technischen Vorbereitungen für die Wahl im besten Gang sind.
Der Bundeskanzler hat einzelne dieser Meldungen bereits durch die Staatspolizei erfahren. Er bestätigt mir auf meine Frage, daß Dr. Seyß sich gestern bereit erklärt habe, für das Plebiszit im Rundfunk zu sprechen. Ich frage den Bundeskanzler, ob er die Sicherheitsvorkehrungen für ausreichend halte. Dr. Schuschnigg ist davon überzeugt. Er glaubt, daß die deutschen Truppenbewegungen nichts anderes sind als ein Einschüchterungsmanöver. Er hält es für ausgeschlossen, daß Hitler in der außerordentlich klar für Österreich sprechenden Situation irgend etwas unternehmen könnte, das ihm internationale Schwierigkeiten bereiten müßte.
Um die Situation zu klären, beruft der Kanzler mehrere Mitglieder des Kabinetts und führende Persönlichkeiten zu sich. Es sind das: die Minister Pernter, Raab und Schmidt, die Staatssekretäre Skubl und Zehner, der Bürgermeister von Wien, Richard Schmitz, der Reichsbauernführer Reither, der Präsident der Bundesbahnen, Stockinger, und der Präsident des Gewerkschaftsbundes, Staud.
Der Kanzler erläutert den Herren die gegenwärtige Lage.
Nach längerer Beratung mit den anwesenden Herren gelangt der Kanzler zum Entschluß, die technischen Bedingungen, die in dem Schreiben des Ministers Dr. Seyß-Inquart an mich genannt worden waren, zu erfüllen.
Der Kanzler ersucht die Herren, noch im Hause zu bleiben, und will nun die Antwort an Dr. Seyß diktieren. In diesem Augenblick tritt der Sektretär Dr. Schuschniggs, Baron Fröhlichsthal, ein und überbringt einen Brief des Dr. Seyß, der die Gesamtsituation grundlegend ändert.
Wir wollen hier festhalten, daß die Entwicklung bis zum Freitag, den 11. März 12 Uhr mittags folgende markante Punkte zeigte:
1. Hitler stellt in Berchtesgaden ein Ultimatum, das zuerst vom österreichischen Bundeskanzler persönlich und dann auch mit Zustimmung des Bundespräsidenten angenommen wird. Aus dem Ultimatum entsteht das sogenannte Abkommen von Berchtesgaden. Dieses Abkommen ist in den wesentlichen Teilen am 11. März bereits erfüllt. Die politischen Häftlinge sind ohne Ausnahme amnestiert und befinden sich seit langem auf freiem Fuß. Unter diesen Freigelassenen befinden sich auch diejenigen Leute, die sich wegen des Attentats auf das Bundeskanzleramt und auf die Ravag noch in Haft befanden. Die Polizeioffiziere, die am damaligen Putsch beteiligt waren, sind ebenfalls frei, ebenso Dr. Rintelen.
Dr. Seyß-Inquart ist Bundesminister für Inneres und Sicherheit, die Herren Fischböck und Dr. Wolf sind auf leitende Stellen berufen, die Ernennung des Generals Böhm zum Generalstabschef im Prinzip vollzogen. Der Einbau der nationalen Kräfte in die Vaterländische Front nimmt seinen Fortgang und steht in bester Entwicklung.

2. Wenige Tage nach Berchtesgaden bestellt Hitler eine neue illegale Landesleitung unter dem Vorsitz des ehemaligen Hauptmanns Klausner aus Klagenfurt, obwohl er sich zur Auflösung der illegalen Verbände verpflichtet hatte.
3. Die neue Landesleitung tritt zusammen und stellt für die in Berchtesgaden zugestandene Auflösung der illegalen Partei weitere Bedingungen, von denen in Berchtesgaden nicht die Rede gewesen war. (Brief des politischen Stabschefs der illegalen Partei Dr. Friedrich Rainer an den Sicherheitsminister Dr. Seyß-Inquart.)
4. Der Bundeskanzler ordnet ein Plebiszit an, dessen Fragestellung mit den Grundsätzen übereinstimmt, deren Einhaltung auch für die Österreicher nationalsozialistischer Weltanschauung in Berchtesgaden vereinbart worden war. (Mitarbeit unter Einhaltung der sonst bestehenden Gesetze). Nach vorerst abwartender Haltung und verschiedenen Vorbehalten erklärt sich der im Sinne der Berchtesgadener Bestimmungen für alle Fragen der nationalen Bevölkerung allein maßgebende Sicherheitsminister Dr. Seyß-Inquart bereit, dem Volksbegehren zuzustimmen und als Sicherheitsminister die Gewähr für einen ruhigen Verlauf zu übernehmen. (Brief des Dr. Seyß an mich vom 9. März.)
5. Von der illegalen Partei werden völlig unrichtige Behauptungen über Vorkommnisse in Österreich, z. B. Bewaffnung von Arbeitern, Fühlungnahmen mit ehemaligen sozialdemokratischen Führern im Ausland, Herstellung von sozialdemokratischen Druckmaterial usw. aufgestellt und nach Deutschland weitergemeldet.
6. Die schon seit Wochen beobachteten Truppenverschiebungen in Süddeutschland werden verstärkt und bewegen sich eindeutig gegen die österreichische Grenze.
7. Für die Nacht vom 11. auf den 12. März wird die Ankunft großer Truppenmassen in den Grenzstationen gegen Österreich avisiert. Die Meldung hierüber liegt bei uns in den frühen Morgenstunden bereits vor. Der Befehl muß also spätestens am Donnerstag gegeben worden sein. Die Truppenbewegungen haben aber lange vor der Verkündigung des Plebiszits ihren Anfang genommen.
8. Die illegale Partei hat ihren Formationen den Befehl gegeben, sich ab Freitag früh für eine »Aktion« bereit zu halten und sich auf eine Dauer von drei bis vier Tagen gefaßt zu machen.
9. Dr. Seyß-Inquart hat zum Plebiszit Stellung genommen und seine Mitwirkung unter der Einhaltung verschiedener Bedingungen zugesagt. Diese Bedingungen werden im wesentlichen angenommen.
10. Noch bevor Dr. Seyß von Bundeskanzler Dr. Schuschnigg eine Antwort erhalten hat, trifft von ihm ein weiteres Schreiben ein, das auch von Minister Glaise-Horstenau gezeichnet ist und das ein weiteres Ultimatum enthält.

In der Einleitung dieses Briefes wird darauf verwiesen, daß dieses Schreiben im Namen der nationalen Minister (Dr. Seyß und Dr. Glaise) und der nationalen Staatsräte (Dr. Jury, Dr. Fischböck usw.) abgerichtet sei. Der Brief ist von Seyß und Glaise unterzeichnet. Er hat den Charakter eines Ultimatums. In der Einleitung wird die Verfassungsmäßigkeit der Volksbefragung bestritten, jedoch die Durchführung einer Volksabstimmung im Sinne des Artikels 65 der österreichischen Bundesverfassung nach Ablauf von vier Wochen für möglich gehalten. Mit der technischen Durchführung soll der Innenminister Dr. Seyß-Inquart betraut werden. Die Zusammensetzung der Wahlkommission soll so erfolgen, daß in jeder einzelnen ein Vertreter der volkspolitischen Referate bzw. ein Vertrauensmann der Nationalsozialisten seinen Sitz hat. Die Möglichkeit der Wahlpropaganda soll allen Teilen, also auch den Nationalsozialisten, zugestanden werden.
In einer Wendung wird auf die Bedingungen Bezug genommen, die bei der Saarabstimmung in Geltung waren. Das läßt die Vermutung offen, daß ein Sachkundiger dieser Abstimmung bei der Redaktion dieses Teiles mitgewirkt hat. Im wesentlichen wird also die Absage der vom Bundeskanzler ausgeschriebenen Volksbefragung verlangt und die Möglichkeit einer Volksabstimmung unter besonderen Bedingungen nach Ablauf von vier Wochen zur Erwägung gestellt. Für den Fall der Ablehnung der mit diesem Schreiben aufgestellten Forderungen geben die beiden Minister und die sonstigen nationalen Funktionäre ihre Demission und lehnen jede Verantwortung für das weitere Geschehen ab.
Der Brief verlangt bis ein Uhr mittags eine Entscheidung. Der Bundeskanzler hat ihn nach zwölf Uhr erhalten. Es bleibt ihm knapp eine Stunde Zeit.
Die Herren, die über das erste Schreiben des Dr. Seyß beraten haben, sind noch anwesend. Der Inhalt des Briefes wird mit Erstaunen zur Kenntnis genommen. Er wird als neuerlicher Stellungswechel des Dr. Seyß aufgefaßt. Die Materie ist so umfangreich, daß eine schriftliche Beantwortung in der kurzen Zeit nicht möglich ist.
Die Annahme der technischen Bedingungen, die auf die Abstimmung Bezug haben, bereitet nach den vorausgegangenen Beratungen keine Schwierigkeiten. Eine Absage der Volksbefragung ist für Dr. Schuschnigg unmöglich. Er hat für diese Abstimmung die persönliche Verantwortung übernommen und hat im Bundestag deutlich erklärt, daß er weitere Forderungen von nationalsozialistischer Seite nicht annehmen werde.
Die weitere Entwicklung im Falle einer Ablehnung ist klar: die Nationalsozialisten Österreichs beginnen im ganzen Lande nach dem festgesetzten Plan mit Unruhen. Es muß innerhalb weniger Stunden zu schweren Zusammenstößen in vielen Teilen des Landes kommen. In diesem Fall muß die Bundesregierung alle verfügbaren Kräfte dazu verwenden, um die Aufstandsbewe gung niederzuschlagen. Es kommt zu Blutopfern – im besten Fall zu Inhaftie-

rungen großen Stils. Unter solchen Voraussetzungen ist damit zu rechnen, daß der Vorwand zur Kündigung des Abkommens von Berchtesgaden formell gegeben ist. Mit dem Einmarsch der deutschen Wehrmacht oder der »österreichischen Legion« ist unter diesen Umständen sicher zu rechnen.
Es muß nach Möglichkeiten gesucht werden, um diese Entwicklung abzuwehren. Die Meinungen der Persönlichkeiten, die der Bundeskanzler bei sich versammelt hat, sind geteilt. Es ist also vor allem notwendig, die gestellte Frist zu verlängern. Dr. Schuschnigg gibt inzwischen seine Meinung bekannt.
1. Es gibt die Möglichkeit der Ablehnung des vorliegenden Ultimatums, verbunden mit einer formellen Kündigung des Berchtesgadener Abkommens, unter Bekanntgabe der vorhandenen Gründe für die Kündigung an die Weltöffentlichkeit. Das bedeutet mit Sicherheit einen Kampf bis aufs Messer, der sich nicht nur im Inneren des Landes abspielt, sondern sich auch gegen eine zu erwartende militärische Intervention des Deutschen Reiches wenden muß.
2. Es gibt die Möglichkeit einer Annahme der gestellten Bedingungen. Unter diesen Umständen ist eine völlige Regierungsumbildung und das Ausscheiden des Bundeskanzlers aus der Regierung notwendig.
3. Es gibt die Möglichkeit, einen Vermittlungsvorschlag zu machen, der die Bedingungen des Schreibens bis auf die Terminfrage akzeptiert.
Inzwischen wird gemeldet, daß Dr. Seyß mit Glaise-Horstenau im Bundeskanzleramt eingetroffen ist. Der Bundeskanzler gibt dem Minister Schmidt und mir den Auftrag, mit den beiden Herren wegen einer Verlängerung des Termins Fühlung zu nehmen. Dr. Seyß erklärt uns, daß er bereits sein möglichstes getan habe, um den Termin hinauszuziehen. Er habe bereits die Verschiebung von zehn Uhr vormittags bis ein Uhr mittags mit Mühe durchgesetzt. Wir machen ihn auf die ungeheuren Folgen, die diese Handlungsweise und diese skandalöse Methode nach sich ziehen würden, aufmerksam. Nach längerer Debatte geht Dr. Seyß ans Telefon und erklärt uns, daß er die Verschiebung um eine weitere Stunde erreicht habe.
Ich sage nun Dr. Seyß, ich könnte mir nicht vorstellen, daß diese Taktik und diese Politik von ihm ausgehen, weil das in einem vollkommenen Widerspruch zu seiner bisherigen Haltung stünde. Er bestätigt mir meine Ansicht und sagt mir, er habe die Entwicklung nicht mehr in Händen, das Gewicht der Entscheidung liege bei der Partei.
Wir kehren in das Zimmer des Bundeskanzlers zurück. Dort ist inzwischen die Entscheidung gefallen. Der Bundeskanzler will sich in Übereinstimmung mit den anwesenden Herren für den dritten Eventualfall, den er vorher formuliert hatte, entscheiden. Die Abstimmung soll am Sonntag, den 13. stattfinden. Die technischen Bedingungen, die gestellt worden sind, werden erfüllt. Es handelt sich um die vorher zitierten Maßnahmen, die Dr. Seyß und seine Freunde für notwendig erachten, um die Partei von ihren radikalen Plänen abzubringen und zu einer Mitwirkung zu veranlassen.

Dr. Schmidt und ich erhalten den Auftrag, dies den Ministern Seyß und Glaise mitzuteilen. Wir finden die beiden Herren im Ministerratsaal und teilen ihnen die Annahme der Bedingungen mit der vom Bundeskanzler gemachten Einschränkung mit.
Dr. Seyß erklärt uns, daß er diese Einschränkung nicht zur Kenntnis nehmen könne, er habe nur die Vollmacht, die ganze und bedingungslose Annahme der Bedingungen zu akzeptieren, die er in seinem Brief angeführt hatte. Wir machen Dr. Seyß nochmals auf die unmögliche Situation aufmerksam, in der er sich befindet, und verweisen auf die möglichen Konsequenzen, die sich daraus ergeben, daß er sich als Mitglied der Regierung zum Sprecher der illegalen Partei, die ihre Weisungen wahrscheinlich aus dem Reiche habe, mache.
Wir kehren wieder zum Bundeskanzler zurück, um ihm den Standpunkt des Dr. Seyß mitzuteilen.
Dr. Schuschnigg nimmt die Mitteilung, die wir ihm machen, zur Kenntnis. Es bleibt nun nur noch die erste oder zweite Möglichkeit, die der Kanzler zu Anfang der Beratung genannt hatte.
Der Bundeskanzler begibt sich nun zum Bundespräsidenten, um ihm Bericht zu erstatten. Er kehrt zurück und bittet einige Herren, die sich noch in seinem Vorzimmer aufhalten, sich zum Bundespräsidenten zu begeben.
Ich bleibe mit dem Kanzler in seinem Arbeitszimmer allein. Wir gehen langsam und ruhig in seinem Zimmer auf und ab. Er setzt mir nochmals die Gründe für seine Haltung auseinander und legt mir nahe, unter allen Umständen in der Regierung zu bleiben, auch wenn er ausscheide. Ich antworte ihm darauf, daß das für mich unmöglich sei. Die neue Entwicklung läuft offenbar auf einer Linie, die in einem offenen Widerspruch zu meiner bisherigen politischen Haltung steht. Es werden sich, so meinte ich, wie immer die Entwicklung läuft, Aufgaben in großer Zahl für mich ergeben. Der Bundeskanzler nimmt mich am Arm und sagt mir: »Ihr dürft nicht alle gehen, es geht doch um das Land!« Ich antworte ihm darauf, daß das Schicksal des Landes nicht mehr in den Büros, sondern auf den Barrikaden liegt.
Draußen surren noch unsere Propagandaflugzeuge und streuen Millionen von Flugblättern über die Stadt, in der es summt und braust, deren Straßen sich immer mehr mit Demonstranten beider Richtungen füllen. Über dem Land liegt eine Atmosphäre unerträglicher Spannung. Von Viertelstunde zu Viertelstunde werden durch den Rundfunk Wahlparolen durchgegeben. Die Vertreter aller Stände und Gruppen, die Vertreter der Religionsgemeinschaften und der Länder sprechen für die Volksbefragung. Unten, unter den Fenstern des Ballhauspalais bauen die Arbeiter das Haus der Vaterländischen Front. Wir wollten die Dachgleiche am 1. Mai feiern. Auf der anderen Seite steht das Dollfußdenkmal vor der Vollendung. Am gleichen ersten Mai soll es eingeweiht werden.

Der Ballhausplatz ist vom Verkehr abgesperrt. Nur wenige Menschen gehen vorbei. Aber draußen in den Straßen der Stadt ist ein Ameisenhaufen in Bewegung geraten. Solche Demonstrationen haben wir in den letzten Tagen und Wochen oft genug erlebt. Das sind Neugierige, das sind Unruhige, die straßauf, straßab gehen. Sensationslüsterne und Leute, die irgendeine Gelegenheit suchen, um irgend etwas zu tun. Da draußen sind die Züge der Demonstranten, die ihre Parolen rufen, schreien. Nicht die losgelassene Volksseele, sondern einfache Demonstranten, die ihrer Sache dienen wollen, dadurch daß sie sich zeigen, daß sie in geballter Menge da sind.

Diese Demonstranten sind nicht einmal über das gewöhnliche Maß hinaus rauflustig. Zu körperlichen Mißhandlungen kommt es selten. Es gibt keinen Todesfall.

Man hat – auch ohne Konkretes zu wissen – das Gefühl, daß etwas Umstürzendes, Ungeheures geschehen muß. Ein entflammtes Streichholz kann genügen, um die gewaltige Stichflamme des Geschehens zum Himmel auflodern zu lassen. Ein Schrei kann es sein, ein Schuß, ein Steinwurf. Die Menschen eilen in dieser wahnsinnigen Stimmung hin und her. Sie warten auf dieses Ereignis, warten auf dieses eine, das nun kommen wird und kommen muß, denn die Erregung ist nicht mehr zu ertragen.

Unzählige Telefongespräche vermitteln diese Stimmung in das Bundeskanzleramt. Hier herrscht mühsam aufrechterhaltene Ruhe. Aber über dem ganzen Gebäude steht die Atmosphäre, von der ich gesprochen habe, wie eine Säule hitzezitternder Luft.

Im Vorzimmer des Bundeskanzlers hat sich eine große Zahl Wartender angesammelt. Aus dem Kleiderständer ist ein Mantelberg geworden. Wer wird da noch jemals sein Kleidungsstück herausfinden? Die Menschen stehen herum. Die Telefone klingeln ununterbrochen. In einer Ecke sitzt ein führender Herr des Regimes mit einem Buch. Ich trete zu ihm, um zu sehen, was er liest. Es ist die Geschichte der Renaissance in Italien. Man hört alle Meinungen. Man hört die verschiedensten Pläne. Man will etwas tun. Man muß etwas tun.

Und die Zeit vergeht. Die von Dr. Seyß angegebene Zeit vergeht.

Dr. Seyß sagt, es sei aussichtslos anzurufen. Man könne hier keine Entscheidungen mehr fällen. Die Entscheidung liege anderswo.

Wo?

In Berlin.

Damit ist endlich das Wesentliche an den Ereignissen dieser Tage ausgesprochen. Hitler hat sich über das Übereinkommen von Berchtesgaden, das er sich selbst erzwungen hatte, hinweggesetzt, er hat aus der Neubestellung der Landesleitung der illegalen Partei die Konsequenz gezogen und befiehlt nun dieser seiner Landesleitung, was sie zu tun hat. Hitler hat das Übereinkommen vom 11. Juli 1934 gebrochen. Wo waren nun die Versicherungen der

Nichteinmischung? Wo blieb nun sein gegebenes Wort – wo das alles? Wozu hatte man das Theater von Berchtesgaden aufgeführt, wenn man die Absicht hatte, sich über das, was man sich erzwungen hatte, bei der nächsten Gelegenheit hinwegzusetzen?
Der Grund läßt sich leicht erraten. Man hatte die österreichische Regierung dazu zwingen wollen, ihrerseits dieses sonderbare Vertragsinstrument zu verletzen. Aus Notwehr zu verletzen. Nun galt es also, einen Vorwand zu schaffen.
In diesem Augenblick, in dem Dr. Seyß zugab, daß die Entscheidung in Berlin liegt, wurde das ganze österreichische Problem von maßgebender Seite klar umrissen: es handelte sich nicht um politische Rechte österreichischer Nationalsozialisten, um deren Wohl sich Hitler annehmen zu müssen glaubte. Es handelte sich nicht um einen »Befreiungskampf« der österreichischen Nationalsozialisten, sondern um die Eroberung eines Landes durch die deutsche Militärmacht.
Wir legen es Dr. Seyß nahe, in Berlin anzurufen. Wir wollen Klarheit haben und die Wahrheit feststellen. Nach einiger Überlegung entschließt sich Seyß. Er geht zum Telefon und ruft Göring in Berlin an.
Das Gespräch wird in der Zentrale mitgehört. Der Bericht, den mir der betreffende Herr, der an der Leitung war, nachher erstattete, stimmt mit den Mitteilungen, die Dr. Seyß mir machte, vollkommen überein.
Er kehrt sehr bleich und aufgeregt vom Telefon zurück. Dr. Schmidt und ich treffen ihn im Säulensaal. Er hat mit Göring gesprochen und ihm die Annahme der gestellten Bedingungen mit der Einschränkung bezüglich des Termins mitgeteilt. Göring ersucht ihn, einen Augenblick am Telefon zu bleiben. Er wolle mit dem Führer sprechen. Nach kurzer Zeit kommt der preußische Ministerpräsident zurück und diktiert Seyß die Antwort, die dieser auf einen Zettel aufschreibt. Er sagt ihm: »Teilen Sie das Schuschnigg wörtlich mit!«
Auf dem Zettel heißt es: »Das Ultimatum gilt nach der erteilten Antwort für abgelehnt. Es ist nun der Rücktritt Schuschniggs zu verlangen. Mit der Bildung der neuen Regierung ist Dr. Seyß zu betrauen. Die Mehrheit des neuen Kabinetts muß aus Nationalsozialisten bestehen. Sollte diese neue Bedingung nicht akzeptiert werden, so beginnt um halb acht Uhr abend der Einmarsch der deutschen Armee nach Österreich. Sie haben innerhalb einer Stunde Bescheid zu geben. Sollten Sie nach Ablauf einer Stunde nicht angerufen haben, so wird hier angenommen, daß Sie behindert sind.«
Ich gebe den Text dieses neuen Ultimatums nicht wörtlich, aber völlig sinngetreu wieder. Dr. Seyß hat Dr. Schmidt und mir den erwähnten Zettel unmittelbar nach seinem Gespräch vorgelesen.
Dr. Seyß fragt uns, ob wir dem Bundeskanzler diese Nachricht überbringen wollen. Ich sage ihm, daß das seine persönliche Aufgabe sei. Auf eine Bemerkung meinerseits zuckt Dr. Seyß mit den Schultern und sagt: »Ich bin nichts

als ein historisches Telefonfräulein. Ich habe nur die Nachricht zu überbringen und keinen Einfluß.«

Schon nach wenigen Minuten tritt er wieder aus dem Zimmer des Bundeskanzlers.

Der Bundespräsident weigert sich, Dr. Schuschnigg seines Amtes zu entheben und seine Demission zur Kenntnis zu nehmen. Er weigert sich weiter, den Minister Dr. Seyß zum Bundeskanzler zu ernennen.

Inzwischen hat das amtliche deutsche Nachrichtenbüro durch den deutschen Rundfunk eine Meldung durchgegeben, nach der die Gerüchte, die besagen, daß die deutsche Regierung in Wien ein Ultimatum habe überreichen lassen, vollkommen unrichtig seien. Es handle sich lediglich um innere Auseinandersetzungen zwischen der Regierung und der nationalen Bevölkerung, in die sich die deutsche Reichsregierung nicht einmische, so lange sie dazu nicht von maßgebender Stelle aufgefordert werde.

Der Bundespräsident verweist auf den Widerspruch, der zwischen dieser Nachricht und den tatsächlich überreichten Ultimaten besteht, und regt an, auf diplomatischem Weg in Berlin Aufklärung zu verlangen.

Dr. Schuschnigg kehrt nach der Weigerung des Bundespräsidenten, ihn zu entheben, in sein Büro zurück und beginnt Besprechungen mit Funktionären der Polizei und des Bundesheeres.

Er prüft die Möglichkeiten des bewaffneten Widerstandes. Der Staatssekretär für Landesverteidigung und der Staatssekretär für Sicherheit raten dem Kanzler zur Nachgiebigkeit. Der Widerstand österreichischer Truppen, die sich nicht wie die deutschen an der Grenze befinden, sondern im ganzen Bundesgebiet disloziert sind, wird außerordentlich schwierig und wenig erfolgreich sein. Man muß damit rechnen, daß die Aufstandbewegung im Innern nicht nur die Exekutive, sondern auch Teile des Heeres festhalten wird, daß Brücken und Eisenbahnlinien gesprengt werden, die die Mobilität der dezentralisierten Kräfte weiter behindern. Für die Aufstellung freiwilliger Hilfstruppen ist es zu spät. Die Entscheidung wird, wenn das Reich seinen Angriff beginnt, in wenigen Stunden fallen. Die beiden Herren verlassen kreidebleich das Zimmer des Kanzlers.

Dr. Seyß ist durch das scharfe Tempo, das ihm durch Berlin vorgelegt wird, sehr bedrückt. Einer der führenden Nationalsozialisten, der auch heute eine maßgebende Rolle in Österreich spielt, tritt auf mich zu und sagt mir: »Es ist furchtbar, man wird aus Österreich ein zweites Elsaß machen!«

Indessen läuft die Stunde, die von Göring dem Dr. Seyß gegeben worden war, ab. Die Mitarbeiter des Dr. Seyß, die zugleich die führenden Referenten der illegalen Landesleitung sind, haben sich um Dr. Seyß versammelt. Auch sie sind außerordentlich aufgeregt. Auf sie geht der Plan zurück, der nun Wirklichkeit wird, aber auch sie stehen jetzt unter ungeheurer Spannung, sind maßlos aufgeregt. Globocnik geht ans Telefon und ruft neuerlich Gö-

ring an. Er will eine neue Fristverlängerung. Es gelingt ihm. Die Zeit, bis zu der Dr. Seyß zum Bundeskanzler ernannt sein muß, wird für halb sieben Uhr festgesetzt. Um halb acht Uhr abend wird mit dem Einmarsch begonnen.
Unterdessen prüft der Bundeskanzler mit seinen Freunden die Chancen des Widerstandes. Es sind die wichtigsten Gespräche des Tages, die er nun, ruhig an seinem Schreibtisch sitzend, führt. Es ist später erzählt worden, der Bundeskanzler sei allein in seinem Arbeitszimmer gewesen und hätte Radionachrichten angehört, um seine Nerven zu beruhigen. Dazu ist zu sagen, daß der Bundeskanzler an diesem Tag kaum einige Minuten allein war und daß in keinem Raum des Präsidiums des Kanzleramtes weder vorher noch an diesem Tage ein Radioapparat vorhanden war. Nach eingehenden Gesprächen mit einer größeren Anzahl von Herren begibt sich der Kanzler neuerlich zum Bundespräsidenten.
Kurze Zeit später wird ein Vermittlungsvorschlag gemacht. Der Bundespräsident will unter dem Druck der deutschen Einmarschdrohung den Präsidenten des obersten Rechnungshofes und ehemaligen Bundeskanzler Dr. Otto Ender zum Bundeskanzler ernennen und in das Kabinett, neben Dr. Seyß-Inquart als Vizekanzler, eine größere Anzahl von Nationalsozialisten berufen.
Auch dieser Vorschlag wird, wie zu erwarten, abgelehnt, wiewohl Dr. Seyß selbst dafür wäre. Ich habe das Gefühl, daß er sich vor der Verantwortung, die er in einer historischen Stunde übernehmen soll, fürchtet.
Der Bundespräsident führt nun mit dem Bürgermeister Schmitz und Staatssekretär Dr. Skubl Besprechungen.
Von seinen Freunden dazu gedrängt, hat Dr. Seyß indessen begonnen, eine Kabinettsliste aufzustellen. Sie sieht noch ein wenig anders aus als das Kabinett, das wenige Stunden später der Öffentlichkeit präsentiert wird. Für die auswärtigen Angelegenheiten hat Dr. Seyß den Minister Dr. Guido Schmidt eingesetzt. Ich nehme dem Dr. Seyß den Zettel aus der Hand und gebe ihn Dr. Schmidt, der neben mir steht. Dr. Schmidt erklärt, daß das für ihn unter gar keinen Umständen in Frage komme. Er sagt zu Seyß und den herumstehenden Nationalsozialisten: »Ihr müßt zur Kenntnis nehmen, daß es für mich so etwas wie den Begriff der Treue und Anständigkeit gibt. Ich bin den Weg mit Schuschnigg gegangen, ich werde auch mit ihm abtreten.«
Wir erhalten nun die Nachricht, daß ein deutsches Regierungsflugzeug mit zwei Insassen in Berlin mit der Richtung Wien gestartet sei. Wir stellen fest, daß diese beiden Insassen der Staatssekretär Keppler und sein Sekretär Dr. Vehsemayer sind.
Dr. Schuschnigg ruft Dr. Schmidt und mich in sein Arbeitszimmer und sagt uns, daß sein Entschluß zurückzutreten unabänderlich sei. Dieser Entschluß liegt in der Linie der Erwägungen, die er bereits nach seiner Rückkehr aus Berchtesgaden angestellt hatte. Die Verschiebung des Plebiszits, die nun unvermeidlich war, könne er wohl anordnen, die Konsequenzen aber, die sich

daraus ergeben, müsse ein neues Kabinett ziehen. Er sehe nun, daß es unrichtig war, einen Vertrag zu schließen. Er für seinen Teil halte sich an diesen Vertrag für gebunden. Das Land aber müßte nun aus der neuen Situation, in der dieser Vertrag nicht mehr existiert, die Schlußfolgerungen ziehen.
Der Bundespräsident ist inzwischen bei seiner Weigerung, Dr. Seyß zum Bundeskanzler zu ernennen, geblieben. Die Mitarbeiter des Dr. Seyß, Dr. Rainer, Globocnik und Dr. Mühlmann, fassen den Entschluß, den Bundespräsidenten aufzusuchen, um ihm ihren Standpunkt zu erklären und ihm die Lage, wie sie sich ihnen darstellt, zu schildern.
Nach 6 Uhr nachmittags liegt die Situation so:

1. Das erste Ultimatum ist angenommen, die einschränkenden Bemerkungen der Antwort, die lediglich den Termin betreffen, sind aber als Ablehnung aufgefaßt worden.
2. Die Verhandlungen werden nun offen mit Berlin geführt, wo Hitler persönlich die Entscheidungen trifft. Es wird zugegeben, daß auch der erste Brief, den Dr. Seyß gemeinsam mit Minister Glaise an den Bundeskanzler gerichtet hat, auf ein Berliner Diktat zurückzuführen ist. Es ist klar, daß Minister Glaise am Vortag von Hitler persönlich den Auftrag zu diesem Schreiben empfangen hat.
3. Dr. Seyß hat von Göring über persönliche Weisung Hitlers den Auftrag erhalten, dem österreichischen Bundeskanzler mitzuteilen, daß die Antwort, die dieser auf den Brief des Minister Seyß und Glaise gegeben hat, als Ablehnung aufzufassen sei.
4. Zugleich hat Dr. Seyß, gleichfalls auf Weisung Hitlers, von Göring aus Berlin den Befehl erhalten, den Rücktritt des Bundeskanzlers zu verlangen und seine eigene Betrauung mit diesem Amt zu fordern. Für die Erfüllung dieses Verlangens wird die Frist von einer Stunde gegeben. Für den Fall der Nichterfüllung dieses Verlangens wird der Einmarsch der deutschen Armee für $1/2$ 8 Uhr abend angekündigt.
5. Der Bundeskanzler bietet nach dem ersten Ultimatum dem Bundespräsidenten seine Demission an. Nach der Weigerung, ihn zu entheben, führt er Verhandlungen mit maßgebenden Personen der Exekutive.
6. Der Bundespräsident weigert sich nach Eintreffen des zweiten Ultimatums, den Minister Seyß zum Bundeskanzler zu ernennen, und macht unter dem Druck der offenen deutschen Gewaltdrohung den Vorschlag, ein Kabinett Dr. Ender zu bestellen, mit Dr. Seyß als Vizekanzler.
7. Die Nationalsozialisten haben ihre Putschdispositionen nicht zurückgezogen.
8. Weitere Nachrichten melden, daß die deutschen Truppen sich in großen Einheiten an der Grenze formieren.
9. Der Bundeskanzler verhandelt neuerlich mit den Vertretern der Exekutive.

10. Dr. Seyß hat bereits mit der Zusammenstellung einer Kabinettsliste begonnen und will Dr. Schmidt das Außenamt anbieten, was dieser ablehnt.
11. Der deutsche Staatssekretär Keppler ist mit einem Sonderflugzeug unterwegs nach Wien.
Die Erwägung, vor die wir um diese Zeit gestellt sind, hat folgende Ansatzpunkte:
a. Die Abwehr des deutschen Einmarsches in Österreich in den frühen Abendstunden bedeutet Krieg. Das Bundesheer kann diesen Einmarsch nur wenige Stunden aufhalten.
b. Der im Entstehen begriffene nationalsozialistische Aufstand im Innern absorbiert die Polizeikräfte und wesentliche Teile des Heeres.
c. Die auswärtigen Mächte geben keine Erklärung über eine sofortige Intervention ab.
Es findet sich zwar die englische Regierung bereit, in Berlin eine Demarche zu unternehmen, es fehlt ihr aber die Möglichkeit einer Fühlungnahme mit der französischen Regierung, weil es im Augenblick in Paris keine Regierung gibt. Auch von anderen Staaten wird geraten, zuzuwarten und die Ereignisse nach Möglichkeit hinauszuzögern.
d. Wir stehen vor einem Bürgerkrieg im Inneren und einem Krieg mit Deutschland. Unter diesen Umständen ist der Ausgang nicht fraglich.
Sollen wir die Verantwortung übernehmen, Tausende von Menschenleben in einem Bürgerkrieg zu opfern und zugleich Tausende von Menschenleben in einem aussichtslosen Krieg gegen die deutsche Heeresmacht einzusetzen? In einem Krieg, dessen Ausgang ohne jede Hilfe von außen völlig klar ist?
Das ist die Entscheidung, vor die Schuschnigg gestellt ist. Österreich ist unter dem Druck einer ungeheuren und bedenkenlosen Gewalt. Wo sind die Erklärungen der Westmächte, wo die Römischen Protokolle, wo die deutsche Erklärung über die österreichische Unabhängigkeit?
An diesem Abend des 11. März 1938 beginnt Hitler eine neue Zeit. Er beendet die Epoche, die man Nachkriegszeit genannt hat. Er setzt den Schlußpunkt unter die Ereignisse, die seit 1914 Europa in Spannung gehalten haben. Er zieht die Konsequenzen aus der Kriegsangst der europäischen Staaten und erobert ein Land im Frieden mit Heeresmacht, ohne daß ihn mehr als ein formeller Protest stört. Oder war es nur eine deutsche »Familienangelegenheit«? Es war mehr – es war viel mehr!
Das sind die Gedanken, die die führenden Männer des dritten Österreich am jüngsten Tag ihres Staates bewegen. Sie haben ihre Schlacht verloren, weil sie geglaubt haben, daß es unter deutschen Männern auch in Staatsgeschäften und in den Fragen des Schicksals der ganzen Nation ein Manneswort gibt, weil sie das, was nun geschieht, für unmöglich gehalten haben. Sie verwechseln immer noch das deutsche Volk mit dem Nationalsozialismus. Sie glaubten es nicht, daß es im ganzen deutschen Volk jemanden geben könnte, der

ein großdeutsches Reich auf Verrat und Lüge seinen eigenen Volksgenossen gegenüber begründen will.
Es muß betont werden, daß alle diese Erwägungen, die Möglichkeit eines Anschlusses Österreichs an das Deutsche Reich noch nicht in Rechnung stellten. Man glaubte, daß es sich um die Erzwingung eines nationalsozialistischen Regimes in dem selbständigen Staate Österreich, etwa nach dem Muster von Danzig, handle.
Dieser Überzeugung war auch Minister Seyß, nachdem sich die Entscheidung bereits vollzogen hatte. Er fühlte sich, als ich ihn zuletzt sprach – es mag nach sieben Uhr gewesen sein – bereits als Bundeskanzler, obwohl sich der Bundespräsident nach wie vor weigerte, ihn zu ernennen. Er sagte mir, in zwei Hauptpunkten lasse er nicht mit sich handeln. Das eine sei die Selbständigkeit Österreichs und das zweite, die Möglichkeit für das konservativ-katholische Element, sein Eigenleben zu entfalten.
Ich hatte meine engsten Mitarbeiter kurz über die Lage aufgeklärt und stand auf der Hauptstiege, als Herr Keppler mit Dr. Vehsemayer heraufkam. Keppler zog sich mit Seyß und Glaise und den Mitarbeitern des Dr. Seyß in einen Raum zurück, um die Instruktionen, die er mitgebracht hatte, zu erläutern und das neue Kabinett nach den Berliner Wünschen zu konstituieren.
Inzwischen hatte ich gemeinsam mit Dr. Schmidt die Möglichkeit, noch eine Aussprache mit Glaise zu pflegen, in der wir ihn fragten, ob er die Gewähr für die Sicherheit der Person Dr. Schuschniggs zu übernehmen bereit sei. Wir hielten es für richtig, daß sich der Kanzler ins Ausland begebe, weil er im Lande weder für seine Idee noch für seine Mitarbeiter unter den gegebenen Umständen wirken konnte. Glaise sagte uns seine persönliche Garantie zu und versprach, dafür zu sorgen, daß der Kanzler unbehindert ins Ausland gelangen könne. Dr. Schuschnigg weigerte sich indessen, das Land zu verlassen. Er habe sein ganzes Können und Trachten für das Wohl dieses Landes eingesetzt. Österreich sei seine Heimat, niemand könne von ihm verlangen, daß er seine Heimat verlasse.
Ich hatte noch einen Mitarbeiter in ein Büro bestellt, das in einem anderen Stockwerk lag. Als ich dorthin ging, trat ein mir bekannter Nationalsozialist, der nicht aus Österreich stammte, auf mich zu und sagte mir, er erinnere sich daran, daß ich ihm einmal menschlich sehr geholfen habe. Nun sei es an ihm, sich zu revanchieren. Er rate mir, nicht an das zu glauben, was Dr. Seyß sage. Die Pläne Hitlers seien andere.
Dr. Schuschnigg hatte den Auftrag gegeben, alles vorzubereiten, damit er von seinem Büro aus eine Erklärung an das österreichische Volk abgeben könne. Er notierte sich kurz diese Abschiedsworte und ging ans Mikrophon.
»Der heutige Tag hat uns vor eine schwere und entscheidende Situation gestellt. Ich bin beauftragt, dem österreichischen Volk über die Ereignisse des Tages zu berichten.

Die deutsche Reichsregierung hat dem Herrn Bundespräsidenten ein gefristetes Ultimatum gestellt, nach welchem der Herr Bundespräsident einen ihm vorgeschlagenen Kandidaten zum Bundeskanzler zu ernennen und die Regierung nach den Vorschlägen der deutschen Reichsregierung zu bestellen hätte, widrigenfalls der Einmarsch deutscher Truppen für diese Stunde in Aussicht genommen wurde. Ich stelle fest, vor der Welt, daß die Nachrichten, die in Österreich verbreitet wurden, daß Ströme von Blut geflossen seien, daß die Regierung nicht Herrin der Lage wäre und aus eigenem nicht hätte Ordnung machen können, von A bis Z erfunden sind.
Der Herr Bundespräsident beauftragt mich, dem österreichischen Volk mitzuteilen, daß wir der Gewalt weichen. Wir haben, weil wir um keinen Preis, auch in dieser ernsten Stunde nicht, deutsches Blut zu vergießen gesonnen sind, unserer Wehrmacht den Auftrag gegeben, für den Fall, daß der Einmarsch durchgeführt wird, ohne Widerstand sich zurückzuziehen und die Entscheidungen der nächsten Stunden abzuwarten. Der Herr Bundespräsident hat den General der Infanterie Schilhawsky, den Generaltruppeninspektor, mit der Führung der Wehrmacht betraut. Durch ihn werden weitere Weisungen an die Wehrmacht ergehen.
So verabschiede ich mich in dieser Stunde von dem österreichischen Volk mit einem deutschen Wort und einem Herzenswunsch: Gott schütze Österreich!«
Damit war auch für mich die Entscheidung gefallen. Ich teilte sowohl Dr. Seyß, als auch dem Minister Glaise und zwei weiteren Herren, die noch am selben Abend Mitglieder der neuen Regierung wurden, mit, daß ich nun ins Ausland abreise.
In mir war alles zusammengebrochen, ich war keines Gedankens mehr fähig. Ich fuhr in der nächsten Stunde aus Wien fort, ohne auch nur einen Koffer, ein Kleid oder irgend etwas mitzunehmen.
Aber was war das, was mich betraf, gegen das beispiellose Unglück, das nun über meine Freunde hereinbrach, das ich nicht abwehren konnte, weil mir jede Möglichkeit dazu fehlte? Es blieb mir nur noch das Erinnern, aus dem ich nun schöpfe, um das Ende des dritten Österreich der Wahrheit getreu aufzuzeichnen. Denn die Vergangenheit ist die Schwelle des Künftigen.

Samstag, 12. März

Etwa um die Zeit, als ich das Bundeskanzleramt verließ, begann auch die Besetzung des Gebäudes durch nationalsozialistische Polizisten und SS-Leute. Angehörige der Standarte 89, die im Juli 1934 den Anschlag verübt hatten und im Rahmen der Amnestie anläßlich des Abkommens vom 11. Juli auf freien Fuß gesetzt worden waren, erschienen wieder auf dem Ballhausplatz.

Staatssekretär Keppler entwickelte die Direktiven, die er von Berlin mitbekommen hatte. Das Kabinett wurde zusammengestellt, aber der Bundespräsident weigerte sich beharrlich, Dr. Seyß-Inquart zum Bundeskanzler zu ernennen.
Die Frist des Ultimatums war abgelaufen, die deutschen Truppen überschritten die Grenze.
Die offizielle deutsche Nachrichtenagentur meldete, daß Dr. Seyß in einem Telegramm um den Einmarsch der deutschen Truppen gebeten habe. Es ist, historisch betrachtet, vollkommen gleichgültig, ob dieses Telegramm abgesendet worden ist oder nicht. Dr. Seyß war unter gar keinen Umständen berechtigt, eine solche Depesche abzusenden, und zweitens bedurfte es keines Telegramms, um die deutschen Truppen in Bewegung zu setzen. Sie hatten ihre Marschdispositionen lange vorher erhalten.
Wozu die Fiktion dieser Depesche? Zu Unruhen war es in Österreich nicht gekommen.
Der Einmarsch war bereits am frühen Nachmittag für halb acht Uhr abends festgesetzt worden, also war das Telegramm nicht notwendig.
Nach eigener Aussage des Dr. Seyß ist seine Betrauung durch den Bundespräsidenten um Mitternacht erfolgt. Also war er nach der Gesamtdemission der Regierung Schuschnigg nichts anderes als ein Privatmann, dessen Depesche rechtlich und historisch ohne Belang ist.
Der erste hohe Funktionär, der nach Staatssekretär Keppler in Wien eintraf, war der Reichsführer der SS und der Chef der Gestapo, Himmler.
Um neun Uhr abends hatten die Nationalsozialisten das Bundeskanzleramt bereits besetzt. Der Bundespräsident befand sich in ihrer Gewalt. Unter diesen Umständen, die auch von nationalsozialistischen Führern zugegeben werden, ist von einem verfassungsmäßigen Zustandekommen der Regierung Seyß nicht zu reden. Der Bundespräsident hat als Gefangener der Nationalsozialisten unter Druck gehandelt.
Historisch gesehen sind diese Einzelheiten von geringer Bedeutung. Sie müssen aber erwähnt sein, weil die Nationalsozialisten Wert darauf gelegt haben, der Besetzung Österreichs einen legalen Mantel umzuhängen und sich auf den Volkswillen zu berufen.
Es ist jedenfalls Tatsache, daß die deutschen Truppen in der Nacht vom 11. auf den 12. März die Grenze des Bundesstaates Österreich überschritten haben und deutsche Bombenflugzeuge über das Land donnerten, daß Österreich erobert worden ist – meiner Meinung nach sogar gegen Seyß-Inquart und seine »Regierung«.

Des Teufels Telefon

Das Protokoll der Ferngespräche Berlin–Wien am 11. März 1938

1. Gespräch Görings mit Seyß-Inquart, 11. März 1938, 14 Uhr 45:

Göring: »Guten Tag, Herr Doktor. Ist mein Schwager bei Ihnen?«
Seyß-I.: »Nein.«
Göring: »Wie steht es bei Ihnen? Sind Sie zurückgetreten, oder haben Sie etwas Neues zu melden?«
Seyß-I.: »Der Kanzler hat die Wahlen für Sonntag aufgehoben und dadurch uns in eine schwierige Lage versetzt. Neben der Aufhebung der Wahl werden auch umfangreiche Sicherheitsmaßnahmen angeordnet, u. a. Ausgehverbot nach 8 Uhr abends.«
Göring: »Die Maßnahmen des Kanzlers Schuschnigg können in keiner Form genügen. Ich kann in diesem Augenblick zwar offiziell dazu noch nicht Stellung nehmen, da ich hiezu allein nicht berechtigt bin. Ich werde Ihnen in kürzester Zeit Bescheid sagen. Ich sehe in der Aufhebung der Abstimmung nur eine Verschiebung, aber keine Änderung des gegenwärtigen Zustands, der durch das Verhalten Schuschniggs infolge seines Bruchs des Berchtesgadener Abkommens herbeigeführt wurde.« (Hierauf fand ein mündliches Gespräch Görings mit dem Führer statt; anschließend ruft Göring den Dr. Seyß-Inquart wieder an, und zwar um 15 Uhr 50.)
Göring: »Berlin kann sich mit der Entscheidung des Kanzlers Schuschnigg in keiner Weise einverstanden erklären. Schuschnigg genießt infolge des Bruchs des Berchtesgadener Abkommens nicht mehr das Vertrauen der hiesigen Stellen; es besteht daher auch keinerlei Vertrauen zu seinen künftigen Handlungen. Es wird gefordert, daß die nationalen Minister in Österreich sofort dem Bundeskanzler ihre Demission einreichen und von ihm verlangen, daß er ebenfalls zurücktrete. Falls nicht innerhalb spätestens einer Stunde Bescheid von Ihnen hier eingetroffen ist, wird angenommen werden, daß Sie nicht mehr in der Lage sind, zu telefonieren. Das würde bedeuten, daß Sie Ihre Demission eingereicht haben. Ich fordere Sie weiters auf, das verabredete Telegramm dann an den Führer zu

schicken. Selbstverständlich kann mit der Demission Schuschniggs nur Ihre unverzügliche Beauftragung mit der Neubildung des Kabinetts durch den Bundespräsidenten erfolgen.«

2. *Gespräch Seyß-Inquarts mit Göring, 15 Uhr 55:*

Seyß-I.: »Kanzler Schuschnigg hat sich zum Bundespräsidenten begeben, um seine und die Demission des gesamten Kabinetts einzureichen.«

Göring: »Ist damit auch der Auftrag zur Kabinettsbildung an Sie sichergestellt?«

Seyß-I.: »Hierüber werde ich spätestens bis 17 Uhr 30 Bescheid geben können.«

Göring: »Ich erkläre kategorisch, daß dies außer der Demission Schuschniggs eine unumstößliche Forderung bedeutet.«

3. *Göring-Reichskanzlei mit Deutscher Gesandtschaft Wien, 17 Uhr.*

Globocnik: »Ich muß folgendes melden: Seyß-Inquart hat mit dem Bundeskanzler bis 16 Uhr 30 gesprochen. Dieser erklärt sich nicht in der Lage, das Kabinett bis 17 Uhr 30 aufzulösen, weil es technisch nicht gehe.«

Göring: »Bis 19 Uhr 30 muß das neue Kabinett gebildet sein samt der verschiedenen Maßnahmen. Ist der Seyß-Inquart da?«

Globocnik: »Der ist eben nicht da; er verhandelt; darum hat er mich hergeschickt, das zu telefonieren.«

Göring: »Also, was läßt er sagen? Genau wiederholen!«

Globocnik: »Er läßt sagen, daß er nicht in der Lage ist ...«

Göring: »Was läßt er dann überhaupt sagen? ...«

Globocnik: »Er läßt sagen, daß er Bedenken hat, daß die Parteiformationen, die draußen sind, jetzt schon hereinkommen.«

Göring: »Das ist alles nicht die Rede! Ich will wissen, was los ist. Hat er Ihnen gesagt, daß er Bundeskanzler ist?«

Globocnik: »Jawohl!«

Göring: »Ist ihm die Macht übertragen worden?«

Globocnik: »Jawohl!«

Göring: »Jawohl! Weiter! Bis wann kann er das Kabinett bilden?«

Globocnik: »Das Kabinett kann er bis 21 Uhr 18 vielleicht ...«

Göring: »Das Kabinett muß bis 19 Uhr 30 gebildet sein!«

Globocnik: »Bis 19 Uhr 30.«

Göring: »Dazu kommt der Keppler jetzt hin.« (Ing. Keppler war deutscher Staatssekretär und galt als persönlicher Vertrauensmann Görings!)

Globocnik: »Weiter habe ich zu berichten: die SA und SS sind bereits als Hilfspolizei eingeteilt worden.«

Göring: (Wiederholt den letzten Satz.) »Es muß auch die Forderung gestellt werden, daß die Partei sofort erlaubt wird.«

Globocnik: »Jawohl! Das geht in Ordnung!«

Göring: »Geht in Ordnung! Mit allen ihren Gliederungen, SA, SS, HJ.«

Globocnik: »Jawohl, Herr Generalfeldmarschall! Nur das eine bitten wir, daß die Formationen, die in der Emigration sind, vorläufig noch nicht hereinkommen!«

Göring: »Die werden in den nächsten Tagen erst kommen.«

Globocnik: »Ja, er meint, nach vollzogener Abstimmung dann.«

Göring: »Nein, nein! Was wollt ihr den für'ne Abstimmung machen?«

Globocnik: »Ja, er meint, daß das Programm, das dann vorliegt, von Hitler durchgeführt wird.«

Göring: »Ja, einen Moment ... Wegen der Abstimmung ... da kommen noch besondere Sachen, nicht wahr! Also jedenfalls, die Abstimmung übermorgen ist aufzuheben!«

Globocnik: »Ja, das ist schon erledigt. Das kommt überhaupt nicht mehr in Frage.«

Göring: »Gut! Das Kabinett muß eindeutig ein nationalsozialistisches sein.«

Globocnik: »Jawohl, das ist ebenfalls festgestellt; das muß bis 19 Uhr 30 ...«

Göring: »Bis 19 Uhr 30 gemeldet sein, und Keppler bringt verschiedene Namen, die hineinkommen sollen.«

Globocnik: »Jawohl – bitte – das eine bittet Seyß-Inquart, daß die Formationen in der Emigration erst später kommen und nicht jetzt.«

Göring: »Na, ja ... darüber kann ... also gut, darüber ... das dauert sowieso noch ein paar Tage!«

Globocnik: »Das ist seine Bitte.«

Göring: »Jawohl.«

Globocnik: »Das geht also in Ordnung?«

Göring: »Ja, also die kommen zunächst nicht sofort. Da wird noch extra mit ihm darüber verhandelt.«

Globocnik: »Gut, Herr Generalfeldmarschall.«

Göring: »Ja, weiter, die Partei ist klar erlaubt?«

Globocnik: »Aber das ist doch selbstverständlich; da ist keine Diskussion darüber nötig.«

Göring: »Mit allen ihren Verbänden?«

Globocnik: »Mit allen ihren Verbänden hier im Inland.«

Göring: »In Uniformen?«

Globocnik: »In Uniformen!«

Göring: »Gut!«
Globocnik: »Die SA und SS machen bereits seit einer halben Stunde Dienst. Das geht alles in Ordnung.«
Göring: »Und wegen der Abstimmung, da kommt noch jemand besonders hinunter und wird euch sagen, was das für 'ne Abstimmung sein soll.«
Globocnik: »Na ja, das hat ja Zeit dann!«
Göring: »Das hat Zeit! Was meinte Seyß-Inquart damit, das Verhältnis Deutschland–Österreich müßte auf eine neue Basis gestellt werden?«
Globocnik: »Was er damit gemeint hat? Ja, er meint, daß die Unabhängigkeit Österreichs verbleibt, nicht wahr, daß man sonst aber eben alles nationalsozialistisch regelt.«
Göring: »Na, das wird sich alles ergeben. Sagen Sie, die Verbände müssen in den nächsten Tagen doch auch runter! Das ist im Interesse von Seyß-Inquart selbst, daß er tadellose Verbände bekommt, die ihm absolut zur Verfügung stehen.«
Globocnik: »Aber darüber wird Seyß-Inquart noch mit Ihnen selber sprechen.«
Göring: »Ja, das kann er tun.«
Globocnik: »Damit er weiß, wer da reinkommt. Das hat aber noch ein paar Tage Zeit.«
Göring: »Ja, und bis 19 Uhr 30 Vollzugsmeldung über das Kabinett.«
Globocnik: »Jawohl, das hat er bis dahin geschafft.«
Göring: »Und dann soll er um 19 Uhr 30 auch mit den Führer sprechen. Und was das Kabinett angeht, da bringt der Keppler die Namen. Ich habe da noch vergessen: Fischböck! Fischböck muß also Handel und Wirtschaft bekommen.«
Globocnik: »Selbstverständlich, das ist doch ganz klar!«
Göring: »Kaltenbrunner soll das Sicherheitswesen bekommen und Bähr (?–Löhr?) soll die Wehrmacht bekommen. Das Bundesheer soll übrigens Seyß-Inquart zunächst selbst nehmen. Justiz ist klar. Wissen Sie wen?«
Globocnik: »Ja, ja!«
Göring: »Nennen Sie den Namen!«
Globocnik: »Ja, Ihr Schwager, nicht?«
Göring: »Ja?«
Globocnik: »Ja!«
Göring: »Passen Sie auf, die ganzen Presseleute, die müssen sofort weg und unsere Leute hineinkommen.«
Globocnik: »Ja, der Mann, den Sie wegen der Sicherheit genannt haben . . .«
Göring: »Kaltenbrunner, ja, der soll die Sicherheit bekommen. Und dann passen Sie auf! Sofort die Presseleute! Also – 19 Uhr 30!« (Daraufhin kommt ein anderer Sprecher an den Wiener Apparat [Muff?] und meldet.)

Muff: »Keppler wird erst um 17 Uhr 40 kommen.

Göring: »Ich habe die Namen ja eben dem Globocnik durchgegeben.«

Muff: »Ich bitte, nochmal anschließen zu dürfen, daß die Parteiformationen von draußen erst losgelassen werden, wenn dies hier gewünscht wird.«

Göring: »Ja, nein, der Führer will, aber das wird er dem Seyß selbst sagen. Das sind die diszipliniertesten und besten Verbände, die werden dem Seyß unmittelbar unterstellt. Damit hat er den besten Rückhalt.«

Muff: »Ja, aber außenpolitisch . . .«

Göring: »Das vertreten wir! Die außenpolitische Linie wird ausschließlich von Deutschland vertreten! Im übrigen werden darüber der Seyß und der Führer noch sprechen; das dauert ja sowieso noch eine ganze Zeit, bis die in Marsch gesetzt werden können. Jedenfalls kommen sie nicht heute oder morgen oder übermorgen.«

4. Göring mit Dr. Hueber, Wien, 17 Uhr 20.

Hueber: »Ich war eben auf der Suche nach dem Herrn, um ihm aus eigenem dasselbe nochmal zu sagen.«

Göring: »Paß mal auf, Franz: Du übernimmst die Justiz und auf Wunsch des Führers vorläufig noch mit das Äußere. Das kriegt später dann jemand anderer.«

Hueber: »Bitte noch eines: Fischböck hat die Absicht, bevor er die Betrauung endgültig annimmt, noch zum Führer zu gehen . . .«

Göring: »Das soll er jetzt nicht tun; das ist jetzt gar nicht notwendig.«

Hueber: »Dann ruft er dich an; ich bin auch dagegen.«

Göring: »Er soll mich dann anrufen. Es ist jetzt keine Zeit dafür. Er soll sich auch keine besondere reservatio zurechtlegen; er muß jetzt erst verantwortungsbewußt für die Geschichte handeln. Er soll sich aus dem Bundeskanzleramt noch Gewerbe (?) vorbehalten, Kaltenbrunner die Sicherheit, du die Justiz und vorläufig das Äußere.«

Hueber: »Weiß er das schon?«

Göring: »Letzteres noch nicht, das werde ich ihm selber sagen. Er soll sofort das Kabinett bilden, nicht hierher fliegen, denn bis 19 Uhr 30 muß das Kabinett gebildet sein, sonst hilft das ja alles nichts. Sonst rollt die Sache, und es kommen ganz andere Entscheidungen.«

Hueber: »Das ist ja selbstverständlich; werde ich sofort machen.«

Göring: »Und dann ein wichtiger Punkt, den ich vorhin vergessen habe und der an sich selbstverständlich ist. Rascheste Entwaffnung der Roten, die gestern bewaffnet worden sind; und rücksichtslos, das ist ja selbstverständlich! Also er soll mich gleich anrufen; er soll nicht fliegen, das hat keinen Sinn. Einen Moment mal: er soll anrufen unter folgender Nummer: 12 52 24.«

5. Göring mit Seyß-Inquart, 17 Uhr 26.

Seyß-I.: »Die Situation ist so: der Bundespräsident hat die Demission angenommen, er steht aber auf dem Standpunkt, daß er für Berchtesgaden und seine Folgen nur den Kanzler verantwortlich hält. Er möchte daher die Kanzlerschaft einem Mann wie Dr. Ender geben. Es sind augenblicklich die Herren von uns selbst bei ihm, Globocnik usw., und stellen ihm die Situation vor.«

Göring: »Ja, also passen Sie auf: das ändert die ganze Lage! Sagen Sie dem Bundespräsidenten oder irgend jemand, daß das natürlich ganz etwas anderes ist, als uns mitgeteilt wurde! Der Globocnik teilte in Ihrem Auftrag mit, daß Sie die Kanzlerschaft bekommen hätten.«

Seyß-I.: »Ich selbst? Wann hat er das gesagt?«

Göring: »Vor einer Stunde. Er sagte, Sie hätten die Kanzlerschaft, und die Partei wäre schon wieder hergestellt. SA und SS wären schon zur Hilfspolizei aufgerufen, usw.!«

Seyß-I.: »Nein, das ist nicht so! Ich habe dem Bundespräsidenten den Vorschlag gemacht, mir die Kanzlerschaft zu geben; das dauert bei ihm allgemein 3 bis 4 Stunden! Was die Partei betrifft, so haben wir noch nicht die Möglichkeit, die Partei herzustellen, haben aber die Formationen SA und SS angewiesen, daß sie den Ordnungsdienst übernehmen.«

Göring: »Also, das geht so nicht! Das geht unter keinen Umständen! Die Sache ist jetzt im Rollen. Also bitte: es muß jetzt sofort dem Bundespräsidenten mitgeteilt werden, daß er *unverzüglich* Ihnen die Macht zu übergeben hat als Bundeskanzler und daß er das Ministerium so anzunehmen hat, wie es gesagt worden war, also Sie Bundeskanzler und das Heer . . .«

Seyß-I.: »Herr Generalfeldmarschall, jetzt ist der Mühlmann gerade gekommen, der dort war. Darf er Ihnen berichten?«

Göring: »Ja!«

Mühlmann: »Die Situation ist so, daß der Bundespräsident noch immer die Zustimmung hartnäckig verweigert und eine diplomatische Aktion, eine offizielle, seitens des Reiches fordert. Wir wollten – drei Nationalsozialisten – ihn jetzt persönlich sprechen, um ihm nahezulegen, in dieser aussichtslosen Situation das einzig Mögliche zu tun, nämlich ja zu sagen. Er hat uns nicht einmal vorgelassen. Es sieht insofern also aus, als ob er keineswegs gewillt wäre, nachzugeben.«

Göring: (Nach kurzer Pause!) »Geben Sie mir Seyß-Inquart!«

Seyß-I.: »Ich bin am Apparat.«

Göring: »Also bitte folgendes: Sie möchten sich sofort mit dem Generalleutnant Muff (deutscher Militärattaché in Wien) zum Bundespräsidenten begeben und ihm sagen: Wenn er nicht unverzüglich die Forderungen – Sie kennen sie – annimmt, dann erfolgt heute nacht der Einmarsch der bereits auf der Grenze aufmarschierten und anrollenden Truppen auf der ganzen Linie, und die Existenz Österreichs ist vorbei! Der Generalleutnant Muff möchte sich mit Ihnen hinbegeben und verlangen, sofort vorgelassen zu werden und das ausrichten. Bitte, geben Sie uns unverzüglich Nachricht, auf welchem Standpunkt Miklas bleibt. Sagen Sie ihm, es gibt keinen Spaß jetzt. Es ist gerade vorhin durch diese falsche Darstellung einen Moment lang innegehalten worden, aber jetzt ist die Sache so, daß dann heute nacht der Einmarsch an allen Stellen Österreichs beginnt. Der Einmarsch wird nur dann aufgehalten, und die Truppen bleiben an der Grenze stehen, wenn wir bis 19 Uhr 30 die Meldung haben, daß der Miklas die Bundeskanzlerschaft Ihnen übertragen hat. Verfügen Sie sofortige Wiederherstellung der Partei mit allen ihren Organisationen und lassen Sie dann im ganzen Land jetzt die Nationalsozialisten hochgehen. Sie dürfen überall jetzt auf die Straße gehen. Also bis 19 Uhr 30 Meldung! Der Generalleutnant Muff soll mit hingehen. Ich werde Muff sofort dieselbe Weisung geben. Wenn der Miklas das nicht in vier Stunden kapiert, muß er jetzt eben in vier Minuten kapieren!«

Seyß-I.: »Na, gut!«

6. Göring mit Staatssekretär Keppler und Generalleutnant Muff, 18 Uhr 28.

Keppler: »Ich habe Muff gesprochen. Die Muff-Aktion ist neben meiner hergelaufen. Da wußte ich nichts davon. Muff ist jetzt oben gewesen beim Präsidenten; der hat wieder abgelehnt. Ich lasse eben noch mal rauftelefonieren, ob der Präsident mich in letzter Minute noch zu sprechen wünscht oder nicht.«

Göring: »Wo ist der Muff jetzt?«

Keppler: »Der Muff ist wieder runtergekommen. Seine Aktion war erfolglos.«

Göring: »Ja was sagt er denn?«

Keppler: »Er würde das nicht tun.«

Göring: »Dann soll ihn der Seyß-Inquart absetzen! Gehen Sie noch mal rauf und sagen Sie ihm ganz glatt, der Seyß-Inquart solle die nationalsozialistische Wache aufrufen, und die Truppen bekommen jetzt in 5 Minuten von mir den Befehl zum Einmarsch.«

Keppler: (Holt Muff an den Apparat.)

Muff: »Tatsache ist, daß der Versuch Schuschniggs, der Welt zu beweisen, daß die Nationalsozialisten keine Mehrheit haben, nur durch Waffendrohung des deutschen ... (Das Gespräch wird unterbrochen! Und nach etwa 3 Minuten durch einen Anruf Görings fortgesetzt:)

Göring: »Ist dort der Staatssekretär Keppler?«
Vehsemeyer: »Hier Vehsemeyer! Keppler ist gerade beim Bundeskanzler.«
Göring: »Beim Bundespräsidenten!«
Vehsemeyer: »Nein, beim Bundeskanzler! Die sind alle zusammen, Bundespräsident und Bundeskanzler. Dann auch Bürgermeister Schmitz.«
Göring: »Ich bleibe am Apparat. Vehsemeyer, es muß jetzt schnell gehen! Jetzt haben wir noch 3 Minuten Zeit!«
Vehsemeyer: »Ich weiß, jawohl!« (Keppler kommt an den Apparat).
Keppler: »Also, ich war nochmal oben beim Präsidenten; er hat alles abgelehnt.«
Göring: »Hat alles abgelehnt! Gut! Seyß soll sofort anrufen!«
Keppler: »Er kann gleich ans Telefon kommen!«
Seyß-I.: »Hier spricht Seyß-Inquart.«
Göring: »Ja also, wie ist es?«
Seyß-I.: »Bitte, Herr Feldmarschall, ja?«
Göring: »Wie steht es?«
Seyß-I.: »Ja, der Herr Bundespräsident bleibt auf dem alten Standpunkt. Es ist noch keine Entscheidung.«
Göring: »Ja, glauben Sie denn, daß in den nächsten Minuten eine Entscheidung fallen kann?«
Seyß-I.: »Na, länger als 5 bis 10 Minuten kann das Gespräch nicht dauern. Ich nehme an, daß es 5 bis 10 Minuten noch dauern wird.«
Göring: »Passen Sie auf, dann will ich diese paar Minuten noch warten. Dann teilen Sie mir bitte mit Blitzgespräch unter Reichskanzlei alles mit, wie bisher. Aber es muß wirklich schnell gehen. Ich kann es kaum verantworten, darf eigentlich gar nicht! Wenn das nicht ist, müssen Sie eben die Gewalt übernehmen. Nicht wahr?«
Seyß-I.: »Ja, wenn er droht?«
Göring: »Ja!«
Seyß-I.: »Ja, ja, dann werden wir schon antreten! Nicht?«
Göring: »Rufen Sie mich unter Blitzgespräch an!«

7. Seyß-Inquart an Göring, 19 Uhr 57.

Seyß-I.: »Herr Dr. Schuschnigg wird im Radio die Mitteilung ergehen lassen, daß ein Ultimatum der Reichsregierung gestellt wurde.«
Göring: »Das habe ich gehört!«
Seyß-I.: »Die Regierung hat sich selbst außer Amt gestellt. Der General Schilhawsky hat hier das Kommando über das Militär und wird das Militär zurückziehen. Die Herren stellen sich auf den Standpunkt, sie warten auf den Einmarsch.«

Göring: »Also sie haben Sie nicht betraut?«

Seyß-I.: »Nein!«

Göring: »Sondern Ihres Amtes enthoben?«

Seyß-I.: »Nein! Es ist überhaupt niemand seines Amtes enthoben worden, sondern die Regierung selber hat sich sozusagen von den Geschäften zurückgezogen und läßt die Sache ablaufen.«

Göring: »Und Sie sind nicht berufen worden? Ihre Berufung ist abgelehnt?«

Seyß-I.: »Das ist nach wie vor abgelehnt. Man stellt sich vor, man läßt es darauf ankommen; auf den Einmarsch; und stellt sich vor, daß nach Maßgabe des Einmarsches die Vollzugsgewalt an andere Personen übergehen wird.«

Göring: »Also gut! Ich gebe den Befehl zum Einmarsch, und dann sehen Sie zu, daß Sie sich in Besitz der Macht setzen; machen Sie die führenden Leute auf folgendes aufmerksam, was ich Ihnen jetzt sage: Jeder, der Widerstand leistet oder Widerstand organisiert, verfällt augenblicklich damit unseren Standgerichten. Den Standgerichten der einmarschierenden Truppen! Ist das klar?«

Seyß-I.: »Ja!«

Göring: »Einschließlich führender Persönlichkeiten. Ganz gleichgültig!«

Seyß-I.: »Ja, die haben ja Befehl gegeben, keinen Widerstand zu leisten.«

Göring: »Ganz egal! Der Bundespräsident hat Sie nicht beauftragt, und das ist auch Widerstand!«

Seyß-I.: »Na ja . . .«

Göring: »Gut! Also Sie haben den offiziellen Auftrag!«

Seyß-I.: »Ja!«

Göring: »Also, alles Gute: Heil Hitler!«

8. Göring mit Generalleutnant Muff, 20 Uhr 26.

Göring: »Sagen Sie doch dem Seyß-Inquart folgendes: Nach unserer Auffassung ist ja jetzt die Regierung zurückgetreten. Aber er selbst ist nicht zurückgetreten. Also er soll die Regierung weiterführen und amtieren und im Namen der Regierung jetzt die notwendigen Anordnungen treffen. Der Einmarsch erfolgt jetzt, und es wird bekanntgegeben, daß, wer Widerstand leistet, die Folgen zu tragen hat. Die österreichischen Verbände können aber jederzeit sich anschließen, bzw. unter dem Schutz der deutschen Wehrmacht gehen. Der Seyß soll versuchen, daß nicht alles drunter und drüber geht.«

Muff: »Das macht er, der Seyß, er hält schon eine Ansprache.«

Göring: »Und er soll aber jetzt die Regierung übernehmen. Er soll die Regierung übernehmen und jetzt die Sache rasch durchführen, und – am besten – der Miklas tritt zurück!«

Muff: »Ja, das tut er nicht! Es war sehr dramatisch. Ich habe etwa eine Viertelstunde mit ihm gesprochen. Er hat erklärt, daß er unter keinen Umständen der Gewalt weiche, und er ernenne keine neue Regierung.«

Göring: »So! Und er weicht nicht der Gewalt?«

Muff: »Er weicht nicht der Gewalt.«

Göring: »Na was heißt das? Dann läßt er sich also ausheben?«

Muff: »Ja, er bleibt also dort sitzen.«

Göring: »Na gut! Bei 14 Kindern muß man vielleicht sitzen bleiben. Also schön! Sie sagen das Seyß. Seyß soll die Regierung übernehmen!«

9. Göring mit Keppler, 20 Uhr 48.

Keppler: »Ich möchte Ihnen kurz berichten: Also Bundespräsident Miklas hat sich geweigert, etwas zu machen. Die Regierung ist aber trotzdem außer Funktion getreten. Ich habe mit Schuschnigg gesprochen, und der sagte mir, sie hätten ihre Funktion niedergelegt ... Seyß hat im Rundfunk gesprochen, daß er als Innenminister die Geschäfte weiterführe ... Die alte Regierung hat Befehl gegeben, daß das Heer keinerlei Widerstand leistet. Also es darf nicht geschossen werden.«

Göring: »Na ja, das ist ja auch wurscht!

... Nun passen Sie auf: die Hauptsache ist, daß sich jetzt Seyß-Inquart der ganzen Regierung bemächtigt, Rundfunk usw. besetzt, und passen Sie auf:

Folgendes Telegramm soll der Seyß-Inquart hersenden: Schreiben Sie auf. –

›Die provisorische österreichische Regierung, die nach der Demission der Regierung Schuschnigg ihre Aufgabe darin sieht, Ruhe und Ordnung in Österreich wiederherzustellen, richtet an die deutsche Regierung die dringende Bitte, sie in ihrer Aufgabe zu unterstützen und ihr zu helfen, Blutvergießen zu verhindern. Zu diesem Zweck bittet sie die deutsche Regierung um baldmöglichste Entsendung deutscher Truppen.‹«

Keppler: »Also es marschieren SA und SS durch die Straßen: es ist aber sehr ruhig.«

Göring: »Also passen Sie auf: die Grenzen muß er besetzen lassen, damit die da nicht mit dem Vermögen abschieben.«

Keppler: »Jawohl!«

Göring: »Und dann, vor allen Dingen führt er ja jetzt auch die Außenpolitik.«

Keppler: »Ja, da haben wir noch niemand.«

Göring: »Das ist ja egal. Die muß jetzt der Seyß-Inquart führen, und der muß ein paar Leute berufen. Er soll die Leute berufen, die wir vorgeschlagen haben. Er soll jetzt eine provisiorische Regierung bilden. Es ist ganz egal, was der Bundespräsident sagt.«

Göring: »Er soll die Regierung bilden, wie er sie vorgehabt hat, und das dem Ausland mitteilen.«

Keppler: »Ja!«

Göring: »Er ist ja der einzige, der noch Gewalt in Österreich hat. Also unsere Truppen überschreiten heute die Grenze.«

Keppler: »Ja!«

Göring: »Gut! Und das Telegramm möchte er möglichst bald schicken. Und sagen Sie ihm, wir bitten, er braucht das Telegramm ja gar nicht zu schikken; er braucht nur zu sagen: einverstanden! Rufen Sie mich zu diesem Zweck an, entweder beim Führer oder bei mir. Also macht es gut! Heil Hitler!«

10. Berlin, General Bodenschatz verlangt Wien, Keppler, 21 Uhr.

Bodenschatz: »Ich brauche dringend das Telegramm!«

Keppler: »Sagen Sie dem Generalfeldmarschall, daß Seyß-Inquart einverstanden wäre!«

Bodenschatz: »Das ist hervorragend. Ich danke Ihnen! Also Seyß-Inquart ist einverstanden?«

Keppler: »Jawohl!«

11. Anruf Göring Berlin an Reichsaußenminister Ribbentrop in London, am 13. März 1938, 9 Uhr 15.

Göring: »Also Sie wissen ja, daß der Führer mich mit der Führung der Regierungsgeschäfte beauftragt hat. Und deshalb wollte ich Sie orientieren. Es ist ein unbeschreiblicher Jubel in Österreich, das können Sie ja durchs Radio hören.«

Ribbentrop: »Ja, es ist phantastisch, was?«

Göring: »Ja, der letzte Einmarsch ins Rheinland verschwindet völlig dagegen, was an Jubel der Bevölkerung ... Der Führer war unendlich erschüttert, als er mich gestern abend sprach. Denn Sie müssen bedenken, nun sah er zum ersten Male seine Heimat wieder. Nun wollte ich in der Hauptsache die politischen Sachen sagen: Also die Erzählung da, wir hätten ein Ultimatum gestellt, das ist natürlich Quatsch! Das Ultimatum haben von Anfang an die nationalsozialistischen Minister und die Volksreferenten gestellt. Nachher beteiligten sich immer mehr prominente Leute der Bewegung usw. Das einzige, was selbstverständlich ist, daß die österreichischen

Minister uns gebeten haben, ihnen Rückendeckung zu geben, damit sie nicht wieder völlig zusammengeknüppelt werden und mit Terror und Bürgerkrieg zusammengeschossen werden. Da haben wir ihnen gesagt, wir dulden unter keinen Umständen, daß der Schuschnigg einen Bürgerkrieg führt. Es ist gleichgültig, ob nun direkt auf Befehl von Schuschnigg oder mit seinem Wissen die Kommunisten und die Roten bewaffnet worden sind und bereits Umzüge abhielten, die ja fotografiert sind. Da waren natürlich erhebliche Gefahrenmomente gegeben! Dann müssen Sie ja bedenken, daß Schuschnigg mächtige Reden gehalten hat, die Vaterländische Front wird kämpfen bis zum letzten ... Das konnte man ja nicht wissen, daß die so kapitulieren, und infolgedessen hat der Seyß-Inquart – da war er bereits an der Regierung – uns gebeten, nunmehr unverzüglich einzumarschieren. Wir waren vorher an der Grenze aufmarschiert, weil wir ja nicht wissen konnten, gibt es Bürgerkrieg oder keinen! So sind die tatsächlichen Verhältnisse, die alle durch die Dokumente belegt werden können ... Der Führer meinte, weil Sie nun gerade einmal drüben sind, ob Sie nicht die Leute grundsätzlich aufklären, wie tatsächlich die Dinge sind. Vor allem, daß das eine völlige Irreführung ist, wenn man annimmt, daß Deutschland ein Ultimatum gestellt hat!«

Ribbentrop: »Die Aufklärung ist schon erfolgt, indem ich dem Chamberlain und dem Halifax gegenüber sehr eingehend gesprochen habe. Das ist an sich klar ...«

Göring: »... Ich wollte, daß Sie nochmals, nein nicht nochmals, sondern überhaupt dem Halifax und Chamberlain folgendes sagen: 1. Es ist nicht richtig, daß Deutschland irgendein Ultimatum gestellt hat. Das ist eine Lüge vom Schuschnigg. Denn das Ultimatum ist ihm von Seyß-Inquart, Glaise-Horstenau und Jury gestellt worden. Es ist 2. nicht richtig, daß dem Bundespräsidenten ein Ultimatum gestellt worden ist von uns. Sondern auch nur von den anderen, und lediglich ist da, glaube ich, ein Militärattaché mitgegangen, gebeten von Seyß-Inquart, wegen einer technischen Frage. Der sollte anfragen, ob, wenn Seyß-Inquart bitten würde, zur Unterstützung deutsche Truppen einmarschieren zu lassen, Deutschland ja sagen würde. Aber nicht den Leuten, sondern Seyß-Inquart. Weiters möchte ich feststellen, daß ausdrücklich Seyß-Inquart hier uns gebeten hat, mündlich und dann noch telegrafisch, Truppen zu schicken, weil er nicht wußte, wie die Lage in Wien, Wiener Neustadt usw. ist; weil dort Waffen ausgegeben worden waren, und was er ja nicht wissen konnte, wie würde sich die VF verhalten, die ja immer das Maul so groß aufgemacht hat ... Der Einmarsch erfolgte also auf diesen Wunsch hin ...«

Ribbentrop: »... Meine Gespräche hier in London sind abgeschlossen, und wenn ich noch weiter hier herumsitze, so sieht das komisch aus. Ich habe von Chamberlain einen wirklich ganz ausgezeichneten Eindruck.«

Göring: »Das freut mich!«

Ribbentrop: »Ich habe ja neulich lange mit ihm gesprochen. Ich will Ihnen darüber am Telefon nichts sagen, aber ich habe den Eindruck, daß auch Chamberlain den ehrlichen Willen zur Verständigung hat. Ich habe ihm bei dieser Unterredung gesagt, daß nach der Außerweltschaffung des österreichischen Problems die Verständigung zwischen Deutschland und England viel leichter sein wird als vorher. Ich glaube, er hat das auch eingesehen.«

Göring: »Passen Sie auf, nachdem jetzt das ganze Problem da unten gelöst ist und keine Gefahr der Aufregung und Störung mehr besteht – das war ja doch eigentlich der Krisenherd für eine wirkliche Gefahr – sollten uns die Leute noch dankbar sein, daß wir diesen Krisenherd beseitigt haben, der zu vielen Reibereien Anlaß gegeben hat. Wenn daraus auch im Augenblick Aufregungen hervorgehen, so könnte das doch die große Linie der deutsch-englischen Verständigung nur stärken.«

Ribbentrop: »Ich habe auch Halifax am Ende unseres Gespräches gesagt, daß man hier aufrichtig die Verständigung wolle, worauf er bemerkte, daß er nur etwas Sorge habe wegen der Tschechoslowakei.«

Göring: »Nein, nein! Das kommt gar nicht in Frage!«

Ribbentrop: »Ich habe ihm darauf gesagt, wir hätten keinerlei Interesse und nicht die Absicht, da irgend etwas zu machen. Im Gegenteil, wenn unsere Deutschen dort vernünftig behandelt würden, dann würden wir da auch zu einer Verständigung kommen.«

Göring: »Ja, ich bin auch davon überzeugt, daß der Halifax ein absolut vernünftiger Mann ist.«

Ribbentrop: »Ich habe von Halifax ebenso wie von Chamberlain den besten Eindruck. Er meinte, im Augenblick sei es schwierig mit der englischen öffentlichen Meinung, weil es doch eben hier wie Gewalt aussehe usw. Ich habe aber das Gefühl, der normale Engländer, der Mann auf der Straße, wird sich fragen, was hat England mit Österreich zu tun ...«

Göring: »... Das ist ja absolut klar. Es gibt Dinge, die gehen die Leute etwas an, und es gibt welche, die gehen sie nichts an.«

Ribbentrop: »... Ich muß sagen, ich hatte im letzten Gespräch mit Halifax den Eindruck, daß er auf meine Argumente, so wie ich sie ihm sagte, eigentlich keine direkte Antwort gegeben hat. Er hat aber zum Schluß gesagt, ich könnte versichert sein, daß auch er für die deutsch-englische Verständigung sei.«

Göring: »An sich ist alles in wunderbarem Frieden. Zwei Völker liegen sich in den Armen und jubeln und geben diesem Jubel und ihrer Freude Ausdruck.«

Ribbentrop: »Eines wollte ich noch sagen, ich habe hier allerdings auch gar keinen Zweifel an einer Sache gelassen: daß, wenn – nicht wahr – wenn irgendwie, auf irgendeine Art Drohungen oder irgendwelche Sachen in dieser Sache kommen sollten, der Führer und die ganze Nation hundertprozentig dahinter stehen.«

Göring: »Da will ich Ihnen mal folgendes sagen: vertraulich! Gnade Gott, kann ich nur sagen! Der Führer ist hier, wo es um seine eigene Heimat geht – sonst der kühle Mann – viel zu sehr mit dem Herzen beteiligt. Ich glaube, wenn der Mann in der österreichischen Frage irgendeine Drohung erhält, gibt der Mann nie und nimmer nach, auch nicht die beiden Nationen. Das würde eine fanatische Sache sowohl in Deutschland wie auch in Österreich!«

Ribbentrop: »Das ist ja klar!«

Göring: »Das ist kein Zweifel. Wer uns jetzt bedroht, stößt auf beide Völker und einen fanatischen Widerstand!«

Ribbentrop: »Ja, Herr Göring!...«

Göring: »Also, dann kommen Sie. Ich freue mich schon auf Ihr Kommen. Das Wetter ist prachtvoll hier in Berlin. Blauer Himmel! Ich sitze hier in Decken gehüllt auf meinem Balkon in der frischen Luft und trinke meinen Kaffee. Nachher muß ich reinfahren, die Rede halten. Die Vögel zwitschern, und durch das Radio hört man ab und zu von drüben die Stimmung, die ungeheuer ist.«

Ribbentrop: »Das ist wunderbar!«

12. Prinz Philipp von Hessen, Rom, an den Führer, 11. März 1938, 22 Uhr 25.

Prinz Hessen: »Ich komme soeben zurück aus dem Palazzo Venezia. Der Duce hat die Sache sehr freundlich aufgenommen. Er läßt Sie herzlich grüßen. Man hätte ihm die Sache (Abstimmung!) von Österreich aus mitgeteilt. Am Montag hätte Schuschnigg es mitgeteilt. Da hätte er gesagt, das wäre eine vollkommene Unmöglichkeit, ein Bluff, man könne so etwas nicht machen. Darauf hätte er ihm geantwortet, das wäre leider schon so festgesetzt, und man könne davon nicht abgehen. Dann hätte Mussolini gesagt, damit wäre Österreich eine abgetane Angelegenheit für ihn.«

Hitler: »Dann sagen Sie bitte Mussolini, ich werde ihm das nie vergessen!«

Prinz Hessen: »Jawohl!«

Hitler: »Nie, nie, nie! Es mag sein, was wolle. Ich bin jetzt auch bereit, mit ihm eine ganz andere Abmachung zu schließen.«

Prinz Hessen: »Jawohl, das habe ich ihm auch gesagt.«

Hitler: »Wenn die österreichische Sache jetzt aus dem Weg geräumt ist, bin ich bereit, mit ihm durch dick und dünn zu gehen, das ist mir alles gleichgültig.«

Prinz Hessen: »Jawohl, mein Führer!«

Hitler: »Passen Sie auf, ich mache jetzt auch jedes Abkommen. Ich fühle mich jetzt nicht mehr in der furchtbaren Lage, die wir eben noch militärisch hatten, für den Fall, daß ich in den Konflikt gekommen wäre. Sie können ihm das nur mal sagen: ich lasse ihm wirklich herzlich danken. Ich werde ihm das nie vergessen! Ich werde ihm das nie vergessen!«

Prinz Hessen: »Jawohl, mein Führer!«

Hitler: »Ich werde ihm das nie vergessen; es kann sein, was will. Wenn er jemals in irgendeiner Not oder irgendeiner Gefahr sein sollte, dann kann er überzeugt sein, daß ich auf Biegen und Brechen vor ihm stehe, da kann sein was will, wenn sich auch die Welt gegen ihn erheben würde ...«

Prinz Hessen: »Jawohl, mein Führer! ...«

Harald Langer-Hansel

»Ich kann sitzen, Sie müssen stehen!«

Als Miklas-Sekretär am Ballhausplatz

Ich habe in den Jahren 1933 bis 1938 beruflich als junger Verwaltungsmann, nämlich als Sekretär des damaligen Bundespräsidenten, Gelegenheit gehabt, nahe dem Brennpunkt des damaligen politischen Geschehens Beobachtungen und Eindrücke zu sammeln.

Die innenpolitische Lage hatte sich seit Herbst 1933, dem Zeitpunkt meines Dienstantrittes in der Präsidentschaftskanzlei, zu der ich vom Finanzdienst hinübergewechselt war, gewaltig zugespitzt. Die Standrechtverkündigung im Herbst 1933 war die Ouvertüre zu der Februarrevolution 1934, die ich aus nächster Nähe des politischen Geschehens verfolgen konnte. Eine Deputation sozialistischer Politiker unter der Führung Renners und Körners habe ich noch am Vorabend des nachfolgenden Revolutions-Unglückstages beim Staatsoberhaupt angemeldet. Es war der Versuch, bei dem »ungebeugten Demokraten« Miklas, dank seiner Intervention bei der Regierung, durch einen Kompromiß den zu erwartenden blutigen Aufstand zu vermeiden. Die steinernen Gesichter der Delegationsteilnehmer nach der Audienz haben die Ergebnislosigkeit ihres Interventionsversuches erkennen lassen. Der österreichische Bundespräsident war von seinem Funktionsbereich aus zu schwach, um seine mir später oft formulierten Ansichten über das Demokratieerfordernis und damit die Kooperation mit den sozialdemokratischen Vertretern Österreichs durchzusetzen.

Daß dem von linker Seite aus demokratischen, marxistischen Motiven in Gang gesetzten Revolutionsversuch wenige Monate später der von Hitler-Deutschland gesteuerte Juli-Putsch von rechts erfolgte, ist bekannt. Die Faszination des Nationalsozialismus galt sicher nur für höchstens 30 Prozent der österreichischen Bevölkerung und lag in erster Linie – angesichts des deutschen Wirtschaftswunders – in der Hoffnung, die drückende Arbeitslosigkeit in Österreich zu dämmen, und nur zu einem kleinen Teil bei deutsch-völkischen Motiven.

Im übernächsten Zimmer meines Büroraums an der Front zum Ballhausplatz ist Dollfuß verblutet. Ich hatte zur Zeit des Eindringens der Putschisten gerade Mittagspause, deshalb wurde an meiner Statt mein Kollege Galli im Hinterhof des Bundeskanzleramtes, das Amtssitz sowohl des Bundespräsidenten wie des Bundeskanzlers war, bis gegen 18 Uhr als Geisel inhaftiert. Ich konnte an diesem schicksalsschweren Tag trotz lautstarken Protestes und trotz Polterns an dem von den Putschisten versperrten Haupttor nicht ins Bundeskanzleramt zu meinem Schreibtisch zurückkehren. Gleichzeitig mit dem Abtransport der Putschisten in den Zellenwagen der Polizei kam ich erst gegen 19 Uhr, besorgt wegen meiner Verspätung, in mein Büro, noch weitgehend ahnungslos von den Details des furchtbaren Geschehens.

Dies sind Teile der politischen Vorgeschichte des Jahres 1938. Kennzeichnend für diese Zeit ist die Haltung von Miklas als Staatsoberhaupt, mit seiner eindeutigen demokratischen Gesinnung, deutlich differenziert von den damaligen Regierungen Dollfuß und Schuschnigg, die er als faschistoid ablehnte. Er ist seiner demokratischen politischen Überzeugung unverändert treu geblieben. Kennzeichnend hiefür war seine immer stärker werdende Bedrükkung darüber, daß seine Funktionen als Staatsoberhaupt nach dem Ende der demokratisch bestimmten Funktionsperiode nur auf der verfassungsrechtlich bestrittenen Notstandsverordnung fußte und daß seine Einflußmöglichkeiten gegenüber dem autoritären Regime bis 1938 nur schwach waren. Es scheint mir zu wenig bekannt, welche Differenzen zwischen dem damaligen Regierungschef und Miklas bestanden, sowohl in der Beurteilung der Notwendigkeit eines autoritären Regimekurses zur Abwendung der revolutionären Bedrängnisse von linker wie von rechter Seite wie auch über die Aufgaben, Funktionen und Rechte der paramilitärischen Formationen wie der Heimwehr, der ostmärkischen Sturmscharen und anderer Milizen.
Nach Guido Schmidts Funktionswechsel zum Staatssekretär und schließlich zum Bundesminister für Auswärtige Angelegenheiten bestand meine Aufgabe unter anderem darin, ferngesteuert von Schmidt, dem Vertrauten des Bundeskanzlers und faktischen Mittelsmann zwischen Regierung und Bundespräsidenten, alles zu vermeiden, was zu einer vorzeitigen Niederlegung der Funktion des Staatsoberhauptes durch einen einseitigen Akt von Miklas Anlaß geben könnte. So oblag mir auch eine gewisse Kontrolle der einlaufenden Polizeiberichte mit den Berichten über Verhaftungen und Einlieferungen innenpolitischer Gesinnungsgegner in Anhaltelager. Es mußten aber auch monatelang mit geschickten Ausreden die Audienzwünsche prominenter Politiker des autoritären Regimes, wie vor allem des »erscheinungsprächtigen« Fürsten Starhemberg, frustriert werden. Hingegen wurde die laufende Kontaktnahme zu den aus den zwanziger Jahren stammenden demokratisch gesinnten Politikern, wie vor allem Kunschak und den klerikalen Vertretern, wesentlich gepflegt.
Zur Vorgeschichte des Jahres 1938 gehört die trostlose Wirtschaftslage mit einem Heer von sogenannten »ausgesteuerten Arbeitslosen«, der eine Hochblüte kulturellen Lebens gegenüberstand. Die Wirtschaftslage war einerseits

bestimmt durch den gesunden, hochwertigen, aber wirtschaftshemmenden Alpendollar – Politik des Finanzministers und späteren Nationalbankpräsidenten Kienböck – und andererseits durch die Exkludierung des devisenwichtigen deutschen Fremdenverkehrs aufgrund der Tausendmarksperre als Ausreisehemmnis. Mit beachtenswertem Werbeerfolg wurden die Österreichbesuche des Herzogs von Windsor mit Mrs. Simpson oder der Besuch der holländischen Kronprinzessin Juliane und ihres Verlobten Prinz Bernhard, des späteren Königspaares, sowie anderer Prominenter als Gegengewicht zu den deutschen Querschüssen erfolgreich genützt. Viele dieser hohen Gäste Österreichs gehörten als Besucher des österreichischen Bundespräsidenten zu dem Kreis, der von der Präsidentschaftskanzlei betreut werden mußte. Glanzvolle Salzburger Festspiele mit Toscanini und Bruno Walter und Wiener Opernaufführungen unter Felix Weingartner, Burgtheateraufführungen unter Röbbeling konnten dennoch das Erahnen der nahenden Katastrophe nur oberflächlich verdecken. Sabotageakte der verbotenen nationalsozialistischen Parteigänger aus dem Untergrund, mit schweren Opfern auch unter der Zivilbevölkerung, trugen zur Dramatisierung der politischen Lage bei. Das unter dem Druck Hitler-Deutschlands entstandene deutschnationale Komitee mit Glaise-Horstenau, Seyß-Inquart, Wolf und anderen sollte als Besänftigung den außenpolitischen Druck des deutschen Nachbarn lindern, was sich aber als Utopie erwies. Es gab öfters Gespräch mit Glaise-Horstenau, aber auch mit Seyß-Inquart, zu denen Miklas persönlich Vertrauen als deutschnationalbewußte, aber österreichtreue Mitglieder dieses Kreises hatte. Es gab auch oft Besuche eines beschwichtigenden deutschen Gesandten Franz von Papen.

Es wurden aber auch theoretische Überlegungen über einen Kanzlerwechsel gepflogen; so dachte man etwa an die Betrauung des deutschnational gesinnten, aber höchst österreichgetreuen Wiener Polizeipräsidenten Dr. Skubl.

Miklas, mit seinen im Gegensatz zur Schuschnigg-Regierung wahrscheinlich richtigen Grundsätzen einer demokratischen Kooperation aller nicht für die Vereinnahmung durch Hitler-Deutschland bereiten politischen Gruppen, konnte sich gegenüber der Regierung nicht durchsetzen. Bisweilen auch lautstarke politische Diskussionen, vernehmbar hinter den verschlossenen Türen des Präsidentenzimmers, vermochten das Staatsschiff nicht mehr in andere Bahnen zu lenken, denn die Ingerenzmöglichkeiten des Bundespräsidenten waren beschränkt. Sein Rücktritt, mit dem er oftmals drohte und der von seiner Umgebung mühsam verhindert werden konnte, hätte zur Folge gehabt, daß der Bundeskanzler zwischenzeitig nach der österreichischen Verfassung die Funktionen eines Staatsoberhauptes innegehabt hätte. Eine am 12. März erfolgte, noch legale Betrauung Seyß-Inquarts mit der Bildung einer nationalsozialistischen Bundesregierung, entsprechend dem Druck des Hitler-Regimes, wäre damit nicht möglich gewesen. Ob ein wahrscheinlich blutiger revolutionärer Übergang für Österreich besser gewesen wäre, obliegt nicht meiner Beurteilung.

In diese Atmosphäre steigenden, spannungsgeladenen politischen Druckes fiel Anfang 1938 der Besuch von Außenminister Ciano, schon in eine Zeit der niederschmetternden Erkenntnis, daß Mussolini, einstmals in einer Linie mit Schuschnigg und Guido Schmidt stehend, dank seines Abessinienabenteuers die schützende Hand für Österreichs Selbständigkeit gegen das verderbliche Bündnis mit Hitler-Deutschland eingetauscht hatte. Es steigerte sich die Katastrophenstimmung, als es zum Berchtesgadener Besuch Schuschniggs und Guido Schmidts kam.

Ich habe noch die völlig verstörten Mienen der beiden Herren vor mir, als sie sich nach ihrer Rückkehr aus Deutschland beim Bundespräsidenten meldeten. Schuschnigg kam zur Berichterstattung – und auch wenn ich über den Inhalt der hinter verschlossenen Türen abgehaltenen Gespräche nicht informiert sein konnte, so war deren Erfolglosigkeit doch aus den Gesichtern der Beteiligten zu erkennen.

Es folgte die Umbildung der Regierung unter Schuschnigg mit Guido Schmidt als Außenminister, Seyß-Inquart als Innenminister und mit Glaise-Horstenau, der als nationaler Vertreter – aber im altösterreichischen Stile – galt. Es kam noch zu hektischen Besprechungen, zur Ankündigung einer Volksbefragung, die aber vom Bundeskanzler wieder abgesagt wurde, und zwar aufgrund entsprechenden Drucks von Hitler. Mit Absage dieser Volksbefragung – es war der 11. März 1938, ein Freitag – war der Hexenkessel zum Überlaufen gebracht worden.

Mein Zimmer war ein Treffpunkt der Minister. Hier versuchten sie mit verstörten Mienen voneinander Informationen zu erhalten. Unter anderem sah ich hier auch Julius Raab, der kurze Zeit im letzten Kabinett Schuschniggs als Handelsminister fungierte, Unterrichtsminister Pernter, Heeresminister General Zehner in ratlosen unorganisierten Gesprächen versammelt, um neue Nachrichten über den drohenden Einmarsch deutscher Truppen zu erfahren. Getrennt voneinander erschienen zur Audienz beim Bundespräsidenten Hauptmann Kepler, direkt aus Deutschland kommend, als Sonderbeauftragter Hitlers für Österreich, und General Muff, der deutsche Militärattaché in Wien, um das Ultimatum Hitlers zu überbringen. Darin verlangte dieser den Rücktritt Schuschniggs und die Ernennung eines nationalsozialistischen Bundeskanzlers innerhalb begrenzter Frist.

Schmidt und der Generalsekretär des Außenamtes, Hornbostel, haben von meinem Zimmer und meinem Telefon aus alle wichtigen Gesandtschaften angerufen, um die letzten Möglichkeiten einer Hilfe der sogenannten Westmächte zu ergründen. Schließlich gab es ein Telefongespräch von Schmidt mit Göring. Ich war bei diesem Gespräch nicht anwesend, da mich Schmidt ersucht hat, ihn alleine zu lassen. Schmidt hat den Inhalt dieses Gespräches

stenographisch auf einem Zettel festgehalten und liegengelassen. Ich habe ihn aufgehoben und besitze heute noch eine Fotokopie davon. Inhalt dieses Gespräches war die telefonische Wiederholung des im Namen Hitlers von Göring gestellten Ultimatums an Österreich.
Im kleinen Ministerratssaal waren der Bundespräsident, der Bundeskanzler, Minister und Beamte versammelt. Man rechnete allgemein mit einem Einmarsch der deutschen Truppen. Zu diesem Zeitpunkt war aber eine diesbezügliche Meldung noch nicht eingelangt. Während Bundespräsident, Bundeskanzler und Minister warteten, war der SS-Mann Skorzeny über den Balkon meines Zimmers in die Präsidentschaftskanzlei beziehungsweise ins Bundeskanzleramt eingedrungen und hatte von innen das große Tor des Bundeskanzleramtes geöffnet. Nunmehr drangen Mitglieder der SS und Anhänger anderer nationalsozialistischer Verbände in das Gebäude ein. Sie stürmten in alle Zimmer und besetzten sie bis auf den kleinen Ministerratssaal. Die Vorgangsweise der Besatzer erschien äußerst unkontrolliert und erweckte nicht den Eindruck präziser Planung.
Nach der Besetzung des Bundeskanzleramtes durch die SS-Männer wurde in Telefonaten immer wieder der Rücktritt Schuschniggs und die Ernennung eines NS-Bundeskanzlers gefordert.
Miklas, gebeugt und sichtlich gezeichnet durch die physischen Strapazen des Tages, saß inmitten der Minister und einiger Beamten (ohne Schuschnigg) in einem Lehnstuhl im kleinen Ministerratssaal, mit einem schwarzen Mantel angetan. Die anwesenden Beamten und Minister waren allgemein der Auffassung, daß angesichts der Bedrohung Österreichs durch deutsche Truppen und der Gefahr des damit verbundenen Blutvergießens die Ernennung eines nationalsozialistischen österreichischen Bundeskanzlers das günstigste wäre. In diesem Sinne wurde der Bundespräsident von allen Seiten bedrängt. Er weigerte sich, den ultimativen Forderungen der Hitler-Regierung zu weichen, mit dem Worten: »Nein, ich weiche nicht der Gewalt.«
Diese Weigerung des Bundespräsidenten ist eine der wesentlichsten Erinnerungen aus jenen Tagen. Der beharrliche Widerstand des österreichischen Bundespräsidenten dauerte bis in die späten Abendstunden, auch nach der Ankündigung des Rücktritts Schuschniggs. Ich erinnere mich an Guido Schmidt, als er händeringend vor Miklas – offensichtlich im Zustand höchster nervlicher Anspannung – in die Knie ging und ihn anflehte: »Vermeiden Sie ein Blutvergießen, Herr Präsident. Ernennen Sie einen neuen Bundeskanzler!«
Zuvor war es noch zu einem vertraulichen Gespräch zwischen Miklas und dem inzwischen bereits abgetretenen Schuschnigg gekommen, den ich über Auftrag des Bundespräsidenten herbeigeholt hatte. Bei diesem Gespräch war ich nicht anwesend. Im Rahmen dieser Unterredung nahm Miklas das Rücktrittsanbot Schuschniggs entgegen. Schuschnigg blieb formell noch mit der

Regierungsführung betraut bis zur Übernahme der Regierung durch seinen Nachfolger, die am nächsten Tag stattfand.
Es folgte die bekannte emotionelle Abschiedsrede Schuschniggs, vom Radio übertragen. Diese Ansprache endete mit den berühmten Schlußworten: »Gott schütze Österreich!« Ich stand damals hirter dem Bundeskanzler; ergriffen gingen wir nach Beendigung der Rede wieder in den Ministerratssaal.
Viel später erst gab mir der Bundespräsident nach einem Gespräch mit Schuschnigg den Auftrag, Seyß-Inquart zu suchen. Seyß-Inquart, von dem viele vermuteten, daß er die Zentralfigur dieser SS-Besetzung war, trat im Bundeskanzleramt gar nicht hervor. Leiter dieser Aktion war vielmehr Dr. Jury, der spätere Gauleiter von Niederösterreich.
Schließlich wurde Seyß-Inquart von mir gefunden, es kam zu einem Gespräch zwischen Miklas und ihm. Im Rahmen dieses Gespräches betraute der Bundespräsident Seyß-Inquart mit der Bildung einer neuen Regierung, die am nächsten Tag angelobt werden sollte.
Damit ging für mich dieser aufregende Tag nach Mitternacht zu Ende. Erschöpft kam ich in meine Wohnung in der Gumpendorfer Straße. Ich erinnere mich noch, daß jeder, der das Bundeskanzleramt verließ, mit Blitzlicht fotografiert wurde. Mich ließ man unbehelligt nach Hause. Bundespräsident Miklas wurde als freier Mann von Skorzeny nach Hause begleitet.
Am nächsten Tag, dem 12. März 1938, einem Samstag, erschien Miklas zur Angelobung der neuen Regierung unter Seyß-Inquart zum letzten Mal in seinem Büro. Ich hatte dabei zu intervenieren und, wie auch schon bei früheren Ministerangelobungen, die Gelöbnisformel zu verlesen. Seyß-Inquart, den ich ja schon vorher von seinen Besuchen beim Bundespräsidenten kannte, wirkte wie ein bescheidener, korrekter und durchaus sympathischer Rechtsanwalt. Miklas hatte ihn häufig schon um sieben Uhr früh bei der heiligen Messe in der Schottenkirche getroffen. Zu der Regierung gehörte auch Dr. Ernst Kaltenbrunner, ein unsympatischer Haudegen mit Schmissen, der sich später als Stellvertreter des berüchtigten Himmler einen traurigen Ruf erworben hat.
Ich habe weiters noch Glaise-Horstenau in Erinnerung, den »nationalen Repräsentanten«, der auch von österreichischer Seite Vertrauen genoß, und den betont katholischen sowie deutschnational gesinnten Dr. Wolf, der das Außenministerium im Rahmen dieser nur für zwei Tage bestehenden Regierung übernahm. Bundespräsident Miklas blieb an diesem Samstag eine Zeitlang in seinem Büro. Inzwischen saß ich im Nebenzimmer an meinem Schreibtisch. Neben mir stand als Wache der SS-Mann Skorzeny, und zwar in »Räuberzivil« mit Windjacke, bewaffnet mit mehreren Pistolen.
Die Situation war äußerst spannungsgeladen; so versuchte ich eine Konversation mit dem »Revolutionär« einzuleiten. Ich sagte auf wienerisch: »Mir geht's anscheinend besser als Ihnen. Ich kann sitzen, Sie müssen stehen.« Da-

mit war das Eis gebrochen. Skorzeny begann zu sprechen und erzählte mir von den Vorkommnissen in der Nacht, als er den Bundespräsidenten in dessen Wohnhaus in der Hainburger Straße begleitete. Die österreichischen Wachsoldaten vor der Tür des Bundespräsidenten hatten keine Ahnung von den Geschehnissen und von der Veränderung in der Regierung. Sie legten ihr Gewehr gegen die erschienenen SS-Leute an, die umgekehrt wieder ihre Pistolen zückten. Skorzeny schilderte dies als einen ausgesprochen gefährlichen Augenblick.

Ein Schuß hätte auf beiden Seiten ein Blutbad bewirkt. Bundespräsident Miklas hatte vernünftigerweise einen Kompromiß vereinbart, demgemäß Skorzeny mit seinen Männern von der SS das Vorzimmer betreten und sich dort aufhalten durften, aber kein SS-Mann in die Privaträume, insbesondere in das Schlafzimmer, eindringen durfte.

Im Zuge dieser Gespräche kam ich mit Skorzeny auch auf die politische Situation zu reden. Er meinte, wenn nicht besonders Schwerwiegendes politisch gegen mich vorläge, so bräuchte ich mir keine Sorgen um meine Zukunft zu machen. Es kam aber noch eine andere sehr interessante Feststellung seinerseits. Dr. Schuschnigg, so sagte mir Skorzeny, habe dadurch den Anlaß zum Eingreifen Hitlers gegeben, daß er die Volksbefragung anordnen wollte, die nach Auffassung Skorzenys illegal gewesen wäre, weil sie dem Berchtesgadener Abkommen widersprochen hätte. Skorzeny vertrat die Auffassung, daß bei Abhaltung einer regulären Volksabstimmung die NSDAP kaum mehr als 25 bis 30 Prozent der Stimmen erhalten hätte.

Es gibt in diesem Zusammenhang eine letzte Episode zu berichten. Der Bundespräsident trat am nächsten Tag, es war der Sonntag, nach der Angelobung der neuen Regierung von seinem Amt zurück. Dies erfolgte deswegen, weil nach der österreichischen Bundesverfassung mit dem Rücktritt des Bundespräsidenten automatisch die Funktion des Bundespräsidenten auf den Bundeskanzler überging. Durch diesen Rücktritt ersparte sich Miklas, das im Rahmen einer Notverordnung erlassene Gesetz über den Anschluß Österreichs an das Deutsche Reich unterzeichnen zu müssen.

Es gab am Sonntag, dem 13. März 1938, keinen Bundespräsidenten mehr, aber es gab noch eine Präsidentschaftskanzlei, für die wir Wochen hindurch unter dem Titel »Liquidierung« tätig waren. In dieser Zeit kam eines Tages ein SS-Offizier zu uns und verlangte in barschem Ton Akteneinsicht in einen ganz bestimmten Akt. Es war, wie sich herausstellte, jener SS-Mann, der den Bundespräsidenten im Juni 1934 in Velden hätte gefangennehmen sollen, der aber selbst von Militär und Polizei arretiert wurde. In der Folge wurde dieser Mann zum Tode verurteilt und sollte hingerichtet werden. Mit einer Anzahl von persönlichen Handschreiben des Bundespräsidenten, die aus der Zeit nach dem Juli 1934 stammten und an den Bundeskanzler Dr. Schuschnigg und an den Justizminister gerichtet waren, forderte Miklas wiederholt die

Regierung auf – und zwar ungeachtet des von der Regierung Schuschnigg bei allen Todesurteilen betriebenen »harten Kurses« –, ihm ein Gnadengesuch zu unterbreiten, um es zu ermöglichen, den »Attentäter« zu begnadigen. Bundespräsident Miklas wiederholte diese Ersuchen so lange, bis die Regierung sich entschloß, einen entsprechenden Gnadenantrag an den Bundespräsidenten weiterzuleiten, der dann sofort bewilligt wurde. Damit wurde dieser SS-Mann begnadigt.

Dieser erschien nun, wie berichtet, im März 1938 in der Kanzlei des Bundespräsidenten und verlangte die Herausgabe des Aktes und erklärte: »Dies werde ich an höchster Stelle zur Kenntnis bringen.« Kurze Zeit später wurde durch das NS-Regime in Berlin im »höchsten« Auftrage verfügt, daß Bundespräsident Miklas seine Aktivbezüge als Pension weitererhalten sollte, was nach dem österreichischen Gesetz nicht der Fall gewesen wäre. Ebenso durfte er sein Dienstauto behalten und seine Dienstwohnung sowie seine Loge in den Staatstheatern. Es wurde auch keinem der ihm persönlich zugeteilten Beamten der Präsidentschaftskanzlei ein Haar gekrümmt.

Und nun ein paar Worte zu Guido Schmidt.

Er zählte zu den klügsten und charmantesten Menschen, denen ich je begegnet bin. Seipel hat ihn als jungen Legationssekretär in Paris kennengelernt und ihn der Präsidentschaftskanzlei als Kabinettsdirektor empfohlen. Mit dem Eintritt in die Präsidentschaftskanzlei ist er zum Kabinettsvizedirektor avanciert und wurde später, im Jahre 1935, Staatssekretär unter Schuschnigg und später selbst Außenminister. Er hatte die einzigartige Gabe, zu überzeugen, und hat dies oft zu beweisen gehabt. Ich habe ihn auch als Staatssekretär und Außenminister zu Hilfe gerufen, weil ich und alle Personen, die sich in direkter Nähe von Miklas befanden, große Schwierigkeiten hatten, den Bundespräsidenten von seiner ständig geäußerten Rücktrittsabsicht zurückzuhalten.

Minister Dr. Guido Schmidt war durchaus kein Verräter, wie es in manchen Zeitungspolemiken und auch in seinem Prozeß nach 1945 behauptet wurde. Er hat das Interesse und die Zuneigung von Göring erlangt, und zwar anläßlich seiner offiziellen Besuche, vor allem in dessen Jagdschloß. Göring hat seine schützende Hand über den damals noch relativ jungen Mann gehalten, und zwar aus rein persönlicher Achtung vor seinem Können und seinen geistigen Fähigkeiten.

Bekanntlich hat Göring oft seine persönliche Meinung über parteipolitische Grundsätze gestellt. Schmidt hat den schweren Fehler begangen, daß er viel zu früh den ihm angebotenen Posten eines Vorstandsdirektors der Hermann-Göring-Werke (nunmehr VÖEST) angenommen hat. Er hätte dies nicht machen dürfen, insbesondere nicht angesichts der Gefangennahme von Bundeskanzler Dr. Schuschnigg. Ich habe Guido Schmidt einige Zeit später in seiner Wohnung in der Prinz-Eugen-Straße besucht und hatte mit ihm ein

interessantes Gespräch auf seinem Balkon mit dem Blick auf Wien und das Belvedere. Er hat dabei festgestellt, daß er nie ein Verräter gegenüber Österreich gewesen sei und daß er von dem Zeitpunkt an, als er zur Erkenntnis kam, daß die Sache Österreichs unweigerlich verloren sei, versucht habe, noch das Beste herauszuholen, um Opfer von österreichischer Seite zu vermeiden, die eine bewaffnete Auseinandersetzung im Zuge des Anschlusses mit sich gebracht hätten.
Es war bezeichnend, daß Dr. Schmidt es angeblich verabsäumt hat, seinen persönlichen Schreibtisch auszuräumen und schwer belastende Schriftstücke (von der SS-Seite aus gesehen), die ihm später hätten schaden können, nicht vernichtete. Diese negativen Folgen wurden – wie man erklärte – nur durch die persönliche Intervention Görings vermieden.
Die Unterredung mit Dr. Guido Schmidt war für mich der Ausklang der Ereignisse 1938 und der Beginn eines neuen Lebensabschnittes. Er begann mit der Postensuche in einem zur »Ostmark« degradierten Österreich.

Otto Schulmeister

»Bist du ein Nazi?«

Ein Lebensbericht vom Traum zur Wirklichkeit

Es war ein kalter Freitag, dieser 11. März, doch die Stadt voller Unruhe. Nazi-Demonstranten zeigten sich an allen Ecken und Enden, die VF-Propagandakampagne zur bevorstehenden Volksbefragung lief sich bereits tot. Der Exekutive entglitt die Kontrolle, in den Ländern hatte das schon viel früher begonnen. Nachmittags versammelte sich in den Außenbezirken, so auf dem Aumannplatz in Währing, die illegale SA. Ich war nicht ihr Mitglied, in der Hochspannung dieser Stunde reihte ich mich aber wie viele andere in den Zug ein. Es ging zum Ballhausplatz, Schuschnigg stand vor dem Sturz. Jubel, Begeisterung, Siegesgewißheit zogen mit uns. Das eine Wien war voll Erwartung, das andere wohl erstarrt, in Angst oder beim Kofferpacken.

Ist einer über die Siebzig hinaus und blickt über ein halbes Jahrhundert zurück auf jenes 38er-Jahr, wird er zunächst gewahr, wie leer der Platz um ihn geworden ist. Umso mehr erstaunt dann, mit welcher Wut und Erbitterung heute noch um die Lebenswahrheit von damals gestritten wird. Vermutlich ist also zuviel von ihr verdeckt, verdrängt, tabuisiert worden. Noch läßt sich jede Sachdiskussion mit diesem Thema emotionalisieren. Willkommener Zündstoff in der Anämie der Ideologien? Längst klagen dabei nicht mehr die Opfer einer furchtbaren Zeit an, es sind die Wohlstandskinder. Handelt es sich für sie um eine Art moralische oder publizistische Selbstbefriedigung? Oder quält sie die Sorge, alles könnte sich mit ihnen noch einmal wiederholen? Vieles kommt in dieser Reaktion zusammen. Sollte der »Hitler in uns« (Max Picard) doch gesiegt haben? – Die Weltanschauung also, der Mensch sei bloßes Selektionsmaterial? Wer indes selbst schon einschlägige Erfahrung hinter sich hat, weiß, daß auch in Zukunft Arroganz gegenüber der tragischen, schuldhaften Seite des Lebens jeder Generation ihren Zoll abfordern wird.

In fruchtloser Polemik verhärten sich so jene, die einst auf Hitler geschworen, aber auch jene, die Diktatur und Krieg einfach zu erleiden und zu überstehen hatten. Was daraus folgt, ist Verweigerung und neue Polarisierung. Auch wenn die Kriegsgeneration schon altersmäßig dahinschwindet, bringt das den Fall damit nicht zu den ewigen Akten. Die Weigerung, sich so von oben herab aburteilen zu lassen, pflanzt sich fort, in Schüben sucht sie den Gesellschaftskörper heim, von »Aufarbeitung«, Besinnung und Umkehr als

Frucht einer »Trauerarbeit« kann keine Rede sein. Die Opfer, die Ermordeten wie die Gefallenen, das millionenfache Leid der Mütter, Witwen und Waisen, die Narben ganzer Generationen überspült nur die Tagesphrase von ausgebliebener (oder beteuerter) »Vergangenheitsbewältigung«. Mit Sprüchen wie: »Krieg ist Krieg« oder »Wo gehobelt wird, da fliegen Späne« lügt man sich über die Lebenskatastrophe aller hinweg. Aus Trümmern hat die ältere Generation die Städte wiederaufgebaut, das Land zurückgewonnen, es reich und satt gemacht. Es in Geist oder Seele zu erneuern – das blieb ihr versagt.

Für jene, die noch einmal davongekommen sind, bleibt Verdrängung zunächst ein Notwehrakt, im Vorherrschen der Gegenwart wird sie zum Zustand. Warum denn auch immer darüber reden? Jeder kann ein anderer Mensch werden, aber als einzelner nicht das leisten, zu dem das Zeitalter wie die Gesellschaft als Ganzes unfähig bleiben. Eine neue, vom Fluch gereinigte Welt ließ auf sich warten. Die Schuld gab man dafür den Spätfolgen der Hitler- und Stalin-Ära. Die Erinnerung an die NS-Herrschaft wurde zum Trauma und diente dazu, Europas Zweiteilung auf Dauer zu rechtfertigen. Der Schock, den eine enthemmte Politik hervorgerufen hat, wurde so auch noch »manipuliert«.

Seit Februar dieses Jahres '38 war vieles ins Rutschen gekommen. Schuschnigg wollte durch seine plötzliche Volksbefragung zum 13. März Hitlers Zugriff stoppen. Es war ein verzweifelter Versuch – er sollte indes alles nur noch beschleunigen.

Der Student der Staatswissenschaften hatte zuletzt auch politischen Streit mit dem Vater gehabt. Der so geduldige, auf den »einzigen« stolze Mann, setzte mich vor die Tür. Ausgezogen war ich schon vorher, gewohnt hatte ich bei der Familie Plattner in Währing. Deren Sohn Anton war unser Führer in der »Schwarzen Freischar«. Es handelte sich um eine der Gruppen im katholischen Bund »Neuland«, von dem heute in der zeitgeschichtlichen Retrospektive öfter die Rede ist. Zwischen den Kriegen waren das insgesamt ein paar tausend Leute, für die diese Gemeinschaft lebensbestimmend wurde. Einige von ihnen sollten nach 1945 in der Verwandlung Österreichs ihre Rolle spielen, so in der Kirche ein Franz König, in der Politik ein Felix Hurdes oder Lois Weinberger, später ein Hanns Koren oder Hans Lechner. Unsere »Freischar« gehörte zur Jungenschaft, des letzten, schon durch Fahne und blaue Kluft, Sendungsbewußtsein und Disziplin allzu zeitgemäßen Zweiges der alten Jugendbewegung; vom »Männerbund« war viel die Rede.

Bei diesem Anton Plattner hatte ich auch meinen ersten Schatz, eine kleine Bibliothek, deponiert. Wir waren ja junge Menschen, die Lebenshunger und Erneuerungswille inmitten einer zerfallenden Zeit zusammenschweißte. Was einem teuer war, sollte dort sein, wo auch das Herz war, beim Führer, beim Bund, auf der kommenden Lebensfahrt. An uns würde es ja sein, eine neue

Welt zu erringen, die alte galt als lebende Leiche. Erfüllt von solchen Ideen, ging das Studium dennoch zügig voran, die Mittelschule war noch ein Hindernislauf gewesen, mit drei Jahren Verzug. Eine versteckte Mittelohrentzündung hatte mitgespielt, entscheidend war aber, daß den Gymnasiasten die Aufregungen des Tages viel mehr interessierten als das, was er lernen sollte. Und schwänzte man wieder einmal die Schule, bot das Kino mit den »Nibelungen« (Fritz Lang), der »Dreigroschenoper« (G. W. Pabst), oder der »Hölle am Piz Palu« (Arnold Fanck) eine willkommene Zuflucht.

Von der Bundeserziehungsanstalt in Breitensee als schwarzes Schaf in das RG XVII versetzt, fand ich dort in den Klassen Marxisten, Zionisten, Hitler-Anhänger und ein paar »Vaterländische«. Ideologisch zerstritten, bei Schularbeiten, Prüfungen und gegen oben solidarisch, wetteiferten wir auf dem Heimweg, wer von uns der hübschen jüdischen Kollegin die Aktentasche nach Hause in die Alser Straße tragen durfte.

Zu Hitlers Geburtstag fand sich der eine Teil mit weißen Stutzen ein, andere Gruppen bekundeten auf ihre Weise, worauf sie setzten. Natürlich gab es Verwarnungen, Sanktionen, es machte wenig Eindruck, allzuviel war durchlässig, morsch geworden. Junge Leute haben einen scharfen Blick dafür. Und es gab genug Lehrer, mit denen man sich eines Sinnes wußte. Der Ständestaat, das war für uns eine Kulissenwelt, bestimmt, abgeräumt zu werden. Die linken Klassenkollegen dachten darin nicht viel anders. Der »Alte« daheim, nun, der hatte es auszuhalten. Jugendtorheiten, so mochte es ihm und all diesen Gestrigen erscheinen.

Die fromme Tante Ottilie, »Muttererersatz« in der Hernalser Hauptstraße, machte sich um mich Sorgen, und die desaströsen Zeugnisse boten willkommenen Anlaß zum Eingreifen. Schon früher war ein Kollege meines Vaters im Verstärkeramt auf dem Schillerplatz gebeten worden, mir in Mathematik auf die Beine zu helfen. (Er hieß Karl Gruber, wechselte dann ins Bundeskanzleramt, tauchte bei der Industrie unter und engagierte sich im Krieg in Berlin im Widerstand, nachher sollte er Außenminister werden.) Nun war wieder das Latein an der Reihe, ein Nachhilfelehrer wurde mir vermittelt, und über ihn landete ich schließlich bei der erwähnten »Freischar«. Nicht nur bessere Noten sollte ich heimbringen, auch eine anständige, vernünftige Gesinnung, wie sie unsereins zustand. Kleine Leute waren wir ja, eine »Bassenawohnung« als Zuhause. Der Großvater war gestorben, ehe er es zum »Hofschuster« gebracht hatte, was er nach Familienfama erhoffen durfte. Um die drei Kinder durchzubringen, mußte die Witwe zu den Wittgensteins in die Bedienung gehen. Traditionskatholisch, christlichsozial, dazu zählte man sich, mein Vater strebte indes hinauf.

Dr. Oswald Freund, ein Arzt und Menschenfreund, Jude und Linksliberaler, zählte so zu meines Vaters Sonntagsumgang. Dazu gehörten Kaffeehaus, Zeitungslektüre und Debatte zum Tag. (Für mich gab es dafür manchmal ein

Eis oder einen »Mohr im Hemd«, schon damit ich Ruhe gab.) Bei solcher Gelegenheit fragte mich unser Doktor, mir zugetan und um mich besorgt: »Bist du ein Nazi?« Aufrichtig, was man ja auch als junger Mensch nicht immer ist, konnte ich ihm freimütig erwidern: »Nein, nur der Schuschnigg und seine Leute passen uns nicht. Wir müssen zum Reich!« Ob ich denn nicht wüßte, was die braune Diktatur den Juden alles zufüge, den Sozialisten, selbst schon den Katholiken? Ja, ja, daran möge schon etwas richtig sein, könnte die Antwort gelautet haben, aber gerade wir Österreicher würden den braunen Radikalismus dämpfen. Und schrieben nicht auch die Zeitungen von den Sympathien, mit denen Hitler damals rechnen konnte – ein Mann, der endlich Ordnung macht? Es muß nach 1933 gewesen sein, wohl, wie traditionell, im »Café Josefstadt«. In der Erinnerung verbindet sich das alles mit Spanischen Reitern, die in der Innenstadt aufgestellt waren und Kommendes signalisierten.
Dieser Oswald Freund ist mir unvergeßlich geblieben, ich blieb ihm Dank schuldig, mit seiner Voraussicht sollte er mich beschämen. Zuletzt sei er Arzt im Rothschild-Spital gewesen, vernahm ich viele Jahre später. Das war jenes Vorzeige-Institut der Nazis für Rot-Kreuz-Inspektionen und er daher sogar noch am Leben, als die Russen in Wien einmarschierten. Auch Freunds früh verstorbene Schwester Selma, eine sozialistische Postgewerkschafterin, gehört in meine Bildungsgeschichte – eine hagere, dürre Person, die sich mir durch ihre Intelligenz stark einprägte und auch mit dem Lied »Lustig ist das Zigeunerleben«, das sie bei Spaziergängen anstimmte. Damals sah ich mich selbst in der »Kaderschmiede« des Austromarxismus auf dem Ludo-Hartmann-Platz um, es war meine »linke« Phase. Lange hielt es mich dort nicht, nur die Arbeiter sehe ich heute noch vor mir, wie sie sich hier, müde von der Schicht, bei ihrem dürftigen Schulwissen mit Karl Marx oder Otto Bauer abplagten, Schach spielten, die »Arbeiter-Zeitung« studierten. Alkohol gehörte unter ihnen nicht zum Zeitvertreib, Auto und Urlaub waren noch nicht der Lebensinhalt.
Die Zeit der Irrungen und Wirrungen sollte mit der Aufnahme in »Neuland« enden, mein Leben wurde nun ganz anders. Der Rückhalt am Christentum, das Pathos einer Sendung, die Gemeinschaft aus Burschen und Mädchen, Ausfahrten, Lager, Liedgut und »Sprüche« – sie schufen eine eigene, lautere Welt. Für mich schien sie ein Vorgriff auf die Zukunft aller. Scharf setzten wir uns vom kleinbürgerlichen Wesen und dem Wiener Hedonismus ab, wir fühlten uns als Auslese und glaubten zu wissen, worauf es mit dieser stürmischen Zeit hinaus sollte. Die fade Religion der Katechismusstunde verflog vor einer ganz neuen Glaubenserfahrung. Für diese war »Kirche« nicht mehr der kleingewachsene Katechet Schneider (mit einst tschechischem Namen), der in der Schule aus seinem Gehrock öfters den Schlüsselbund hervorgeholte, um ihn auf ein junges, aufbegehrendes Haupt fallen zu lassen – ich

hatte wieder einmal gestört –, auch nicht die gute Tante Ottilie, die mich in die Alserkirche mitschleppte. Seelische Verklemmungen aus einer geschiedenen Ehe wurde ich los, dem »MWK«, damals im RG XVII ein Modewort, den Komplex aus den Mißerfolgen in der Schule. Herrlich war das neue Leben mit den Freunden – eine Gegenwelt, wie sie sich junge Menschen eben aufbauen.

Aber was hatte das alles mit Hitler und dem Nationalsozialismus zu tun? Die Demokratie als Dauerkonflikt feindlicher Lager konnte uns so wenig begeistern wie dann die Notlösung eines »Ständestaates«. Deswegen sehnten wir uns aber keineswegs nach einer Parteidiktatur oder gar dem Gestapo-Terror, nach einem starken Mann indes schon. Umstürzlerisch, nein, das konnte man uns nicht nennen, naiv, romantisch, idealistisch oder noch Ärgeres meinetwegen, jedenfalls unkundig dessen, was der Stoff der Politik wirklich ist. »Neuland« war dazu kaum eine Schule, anders als der CV. Die Realität, das waren nur wir und das, was wir daraus machen würden. Das Böse, das aus solcher Lebensfremdheit oder Naivität entstehen kann, war uns unvorstellbar. Doch der Schatten bleibt, und nichts macht uns Zeitgenossen jenes Jahrzehnts nachträglich unschuldig. Für den jungen Mann begann die politische Nachtragsprüfung jedenfalls, als er an jenem 11. März zum Ballhausplatz mitzog.

Ein selektives Bewußtsein war es, das uns führte und verführte. Die Selektion zwischen dem, das zum eigenen Wunschbild paßte, und jenem, das als »Feindpropaganda« abgewiesen wurde, besorgte ein Traum, den wir schon für den Tag von morgen hielten. Solche Selbsttäuschung gehört zum geschichtlichen Leben, uns sollte sie ein Brandmal aufprägen. Wie das meteorologische Phänomen hat auch die Fata Morgana der Seele ihre Entstehungsbedingungen. Oder sollte sie sogar der Hegelschen »List des Weltgeistes« dienstbar sein? Nachher kommt alles ganz anders und ist nach fünfzig Jahren, noch dazu in solchem Sauseschritt, kaum noch zu vermitteln.

Das Zauberwort, das mich, meine Freunde und viele aus meiner Generation fixiert hatte, hieß »Reich«. Wie »heile Welt«, »Abendland«, »Treue«, »Ehre« oder »Pflicht« gehört das Wort heute zum Spottregister einer medialen Tagespolemik. Sie fühlt sich solchem Wortschatz überlegen, kann aber selbst nicht Anzeichen der Unruhe darüber verbergen, daß »Freiheit«, »Demokratie«, »Gleichheit« oder »Menschenrechte« nicht minder dabei sind, Leerformeln zu werden. Waren wir also einfach Schwärmer? das Stichwort »Reich« verhieß uns, daß alles wieder in seine Ordnung kommen sollte und Österreich zu seinem alten, übernationalen Beruf. Dieser war nach unserer Überzeugung auf Basis des Kleinstaats nicht zu realisieren. Nichts aber hatte dieser Reichsgedanke damit zu tun, daß die Welt dadurch etwa wieder »heil« würde. Das verbat sich schon das Christentum, dem wir glaubten, das Reich der Vaterunser-Bitte sei nicht von dieser Welt. Wo das beansprucht wird, gerät es zur schäbigen, ja blutigen Karikatur. Die Genesis des Österreich-Jahres

1938 zu rekapitulieren müßte also eigentlich genügen, für das nächste Mal klüger zu werden. Sind es die Ankläger und Verächter der Zeitgenossen von damals für sich selbst wirklich geworden?
Mag indes alles noch so weit zurückliegen, der Ältere wird am Zielbild »Reich« selbst die Gegenwart von heute bemessen können. Der Umsturz in der Welt seither wie der Zuwachs an Lebenserfahrung werden unter einem solchen Horizont relativ. 1933 stand Wien im Zeichen eines gesamtdeutschen Katholikentages. Anton Böhm, Bundesführer des »Neuland«, hielt dabei eine Rede. Nicht nur, um sich die Reichsideologie von damals zu vergegenwärtigen, ist ihr Text noch lesenswert. »Ob Europa den Mut zum Neubau haben wird – in Deutschland wird darüber die Entscheidung fallen. Täuschen wir uns nicht: Es ist die Gefahr, daß sie gegen das Abendland und für den Amerikanismus fällt . . . Schon ist Berlin ein Zentrum des europäischen Amerikanismus geworden; schon beginnt Deutschland dem faszinierenden Glanz des Westens zu erliegen. Deutschland braucht uns, damit es sich besinne. Besinne auf Innerlichkeit und Geist, auf Natur, und, das ist das Letzte, auf Gott. Deutschland braucht uns, um das Abendland zu retten.« Und zur aktuellen Situation im Ständestaat: »Entweder Deutschland oder Donauraum – das ist eine falsche Alternative. Beides gehört zusammen – durch Österreich.«
Waren die »Neuländer« also einfach nationalsozialistisch unterwandert, wie so viele Verbände jener Jahre, auch der CV, katholische Kaderorganisation für Führungsnachwuchs und Feind dieser versponnenen »Neuländer«? Sich zum Deutschtum zu bekennen war damals so wenig eine Schande wie Österreich zu lieben, die ganze Zeitstimmung war danach. Ihr Entstehen hatte viel mit Österreichs Schicksal in den Jahrhunderten vor 1918 und dem, was folgte, zu tun. Auch dieses »Neuland« war eine vielgestaltige, disparate Gemeinschaft aus Älteren und Jüngeren. Großdeutsch gesinnt waren viele, manche schon Illegale – und nicht bloß spätere »Märzgefallene« –, Linke auch oder um die Linke Bemühte, wie ein Michael Pfliegler, der sich für eine Begegnung zwischen Kirche und Sozialismus einsetzte – und damals gehörte noch Courage dazu –, überzeugte Demokraten wie Hierarchisten, Bündische aus jüdischer Herkunft wie Lederhosenträger, denen Volkstanz, Volkslied und Brauchtum die Hauptsache waren.
Zu diesen »Reformkatholiken« zählte auch ein Ignaz Zangerle. Im selben Jahr 1933, als Böhm sprach, brachte Ludwig von Fickers »Brenner« von ihm einen Artikel »Zur Situation der Kirche«. Darin warnte er vor katholischen Illusionen über die wahre Natur des Nationalsozialismus und sagte zugleich der Kirche eine harte Konfrontation mit dem totalen Staat und für später weitere Säkularisierungsschübe voraus. »Das Wieder-heidnisch-Werden des europäischen Staates ist so weit fortgeschritten, daß die Kirche auch dort, wo er sich in scheinbarer Antithese konservativ und autoritär gibt, Abstand halten muß.« Und weiter, mit Hitlers Sieg »wird der tatsächliche Stand der wirt-

schaftlichen und gesellschaftlichen Auseinandersetzungen verdeckt von dem rauschartigen Massenphänomen eines Nationalismus, der unaufhörlich mit allen Mitteln der modernen Propaganda-Technik eingepeitscht und gesteigert wird«. Dieser Staat versuche »sich bereits in Menschenplanung«, warnte der Autor zur Anfangsstunde des Dritten Reiches.

So fruchtbar dieses kontroversielle Klima im Bund war, so exponierte es auch die, die in ihm lebten. Schon im Ständestaat war »Neuland« – in Rom wegen »protestantischer Tendenzen« denunziert – eine Zeitlang aus dem kirchlichen Organisationswesen ausgeschlossen gewesen, nach 1945 suchte der auslaufende politische Katholizismus in ihm den Sündenbock für die Entflechtung von Parteipolitik und Kirche. Als der Anschluß vollzogen war, jubelten auch viele »Neuländer« Hitler zu, andere aus ihren Reihen fanden sich bald im Gefängnis wieder, manche kamen ins KZ, manche mußten emigrieren, und viele von ihnen kehrten aus dem Krieg nicht mehr zurück. Doch »Bündische« waren es auch, die zum Kreis um den 20. Juli 1944 stießen, andere standen ganz vorne beim Wiederaufbau des geretteten Österreich.

Wer Österreichs Schicksal in diesem Jahrhundert nicht kennt, dem müssen seine inneren Zustände seit 1918 rätselhaft bleiben. Aber wer in der Welt draußen will von diesem Jahrhundert schon etwas wissen? Wir werden rubriziert, einmal als »Insel der Seligen«, dann als »Brutstätte der braunen Pest«. Nach dem Untergang der Monarchie hies es: »L'Autriche c'est le reste«, ein permanenter Sanierungsfall, nur daß dessen Anschluß an die Weimarer Republik verboten blieb. Dann, als es soweit war, ließ man das Wien Schuschniggs wie eine heiße Kartoffel fallen – bedauerliche Beute auf dem Weg des Tigers Hitler, aber Zeitaufschub für die Westmächte, sich zu rüsten. Man muß nicht Robert Musil zitieren, um sich zu erinnern, wie die Völkerwelt Mitteleuropas vor hundert Jahren aussah, trotz nationalem Streit kulturell und sozial eine gewachsene Lebensgemeinschaft: Kakanien. Fünfzig Jahre später, mit dem Untergang der Donaumonarchie, geriet dieses Kakanien in die Prosektur, die Nachfolgestaaten waren alles andere als Nationalstaaten, labile Regime, einzeln zu schwach, sich eines Hitler oder Stalin zu erwehren. Und wieder fünfzig Jahre später blickt der Chronist auf eine Landkarte, in der ganze Völkerschaften, das Ostjudentum, die »Volksdeutschen«, aber auch andere nationale Minderheiten ausgelöscht sind. Eine Zwangsherrschaft hat die Liquidation des Geschichts- und Kulturerbes übernommen.

Erst wer über den Tellerrand der Gegenwart hinausblickt, wer von 1988 auf 1938, von 1938 auf 1918 und von da gar auf 1888 zurückblickt, dem entrollt sich erst die Tragödie dieser Völker und Österreichs im besonderen. Da wußten selbst die Väter der Pariser Vorortverträge noch mehr von dem Unglück, das sie angerichtet hatten. Und nach dem Zweiten Weltkrieg mußte ein Churchill bekennen: »Es gibt keine einzige Völkerschaft oder Provinz des habsburgischen Reiches, der das Erlangen der Unabhängigkeit nicht die

Qualen gebracht hätte, wie sie von den alten Dichtern und Theologen für die Verdammten der Hölle vorgesehen sind.« In einem isolierten Kleinstaat zu leben, blieb den Österreichern ungewohnt. Was Wunder, daß unter dem Druck einer Weltwirtschaftskrise die verstörte Selbstachtung für Verzweiflungsakte anfällig gemacht hat? Wer wagt es da, sich zum Richter aufzuspielen? Zerfallen in militant-ideologische Lager, zwischen denen die Verbindungsbrücken einstürzten, riefen die einen zur sozialistischen Weltrevolution, die anderen wollten »heim ins Reich«. Dollfuß und Schuschnigg versuchten von einer katholisch-autoritären Position aus Österreich gegen den Ansturm der Extreme zu halten. Das stachelte die widerstreitenden Kräfte erst recht an, Gewinner waren am Ende Berlin und die Nazis.

Macht man sich das alles bewußt, werden billige Schuldzuweisungen zweitrangig im Verhältnis zu der zentralen Tatsache, daß Österreich mit sich selbst zerfallen war. Als geschichtlich gewachsene Lebensform hat es sich auch heute noch nicht gefunden, so teuer ihm seine Eigenstaatlichkeit geworden ist. Ob äußerer Druck noch einmal die Massen wie damals in Innsbruck, als Schuschnigg die Volksbefragung ankündigte, in den Ruf ausbrechen lassen könnte »Rotweißrot bis in den Tod«, das weiß ich nicht. Immerhin zeigt sich heute, daß die Österreicher zusammenrücken, wenn sie sich denunziert oder verkauft fühlen. 1938 waren jedenfalls die Nazis und Großdeutschen am Zug, so viele ihrer Landsleute auch das Gegenteil wollten. Auch nicht wenige Sozialisten hatten sich bereits auf diese Zukunft eingestellt. Hitler hätte sich eigentlich den Einmarsch ersparen können, die Volksbefragung war ja schon abgesetzt, Seyß-Inquart unter Druck Berlins und der Straße Regierungschef geworden, Bundespräsident Miklas räumte nach einsamem, zähem Widerstand das Feld.

Doch der Österreich-Flüchtling Hitler wollte ja nicht das alte, universalistische Österreich, die habsburgische Welt war ihm verhaßt, nur als eine »Ostmark« sollte es gelten. Ihm, der aus dem Untergrund der sterbenden Kaiserstadt als »unbekannter Meldegänger« kam und in Berlin zur Macht aufgestiegen war, wußte von seinen Landsleuten zuviel, um ihnen trotz all des Jubels wirklich zu trauen. Ihre Tradition, ihre Lebensart und Skepsis blieben für sein »Großdeutsches Reich« ein Störelement. Führer- und Machtkult, Technokratie samt »Mythos« und Massenregie, Terror und Genozid gehörten zum Programm dieses politischen Darwinismus: Kampf ums Dasein in Permanenz, Überleben des Stärkeren, Ausrottung dessen, was als minderwertig galt. Der Todfeind, der jüdische oder slawische Untermensch, blieb konstitutiv für diese »Weltanschauung«. Das humanistische Erbe ging über Bord, Zucht und Ausmerzung sollten Europas Dekadenz überwinden und eine neue Herrenrasse hervorbringen. Aber wenn Hitler der traditionelle Österreicher so verdächtig war, wie konnte er für seine »Industrialisierung des Todes« in den KZs gerade hier so viele Exekutoren und Henker rekrutieren? Der Widerspruch ist nur ein scheinbarer. Österreich, das in konträren Geschichtsbildern mit sich selbst haderte, wurde dadurch auch ein Haßproduzent. Dieser Haß schuf den Nährboden für jenen Typ des »eiskalten« Radikalen, der beiseite räumt, was als »Ungeziefer« zur Vernichtung freigegeben wird.

Die Spannung zwischen dem territorialen, babenbergischen und dem universalen, habsburgischen Österreich ist selbst heute noch auszumachen. Man stößt so auf eine weitere Spur, die zur Virulenz der Reichsidee in den dreißiger Jahren führt. »Reich« war damals eben das Stichwort im Ringen um die Identität eines nur geschichtlich begreifbaren Wesens namens Österreich, keineswegs bloß Klammerbegriff für allzu rasch Unvereinbares wie »Weltrevolution«. Ein halbes Jahrtausend ließ sich ja nicht einfach vergessen – geschmäht, aber in seinen kulturellen Versatzstücken geschätzt –, auch die wirtschaftliche und soziale Notlage verlangte nach einem sinnstiftenden, emotionellen Ziel: Reich als Ordnungsgröße gegen bolschewistischen Internationalismus. Herausgegeben von Josef Nadler und Heinrich von Srbik, zwei namhaften Gelehrten, erschien 1936 das Sammelwerk »Österreich – Erbe und Sendung im deutschen Raum«. Ich besitze das Exemplar jetzt noch. Für uns junge, katholisch-nationale Studenten wurde es zum Vademecum durch die Gegenwart. Auch einen Josef Klaus fand man damals unter ihnen.

Die Studenten waren eines der Gärungselemente, doch nicht nur sie. Auch viele ihrer Lehrer gehörten dazu, unter ihnen Professoren, die mehr vorzutragen hatten als ihren Stoff, Charaktere, nicht bloß Köpfe. Wahllos seien noch einige Begleiter auf dem akademischen Weg zu 1938 genannt: Spann, Haupt der universalistischen Schule, verhaßt der SS, weil er über eine verzweigte, verdeckte Gefolgschaft verfügte, Sedlmayr, Mitteis, Eibl, Brunner, Hirsch, Menghin, Egger. Sich auch mit denen zu messen, die positivistische oder linke Theorien vertraten, das schien dem Studiosus überflüssig. Vom »Wiener Kreis«, von Schlick, der Psychoanalyse, von Lazarsfeld oder der Soziologie vernahm er nur am Rande etwas, oft mit dem Nachsatz: »jüdische Wissenschaft«. Freunde, Kollegen und Selbststudium ließen ihn zu Martin Heidegger, Ernst Jünger, einem Carl Schmitt greifen. Zuvor schon waren »Brotschriften« für unsere Jahrgänge Nietzsche und Dostojewski. Was »Umbruch« und Religion nicht besorgten, veschaffte uns solche Lektüre. Tröpfchenweise, aber mit Langzeitwirkung, erfaßte den Kopf die Überzeugung: Diese Nazis waren ja geistig primitiv. So legte das Schlüsselerlebnis dieses Jahres den Grund zu folgender Ernüchterung.

Am späten Abend des 11. März entschloß sich der junge Mann, mitten in der erregten Menge vor dem Kanzleramt, nun noch seinen Vater aufzusuchen. Der tat Dienst als Beamter im Verstärkeramt auf dem Schillerplatz. Was brachte mich dazu? Eine innere Stimme, wie später öfters? Sorge um den Alten? Wir hatten uns doch im Streit getrennt. Nun eilte ich über den Ring, die

Stiege hinauf und rief ihm nur zu: »Komm, geh mit mir, alles ist anders geworden. Wer weiß, was gleich auch bei euch passiert!« Noch hatte ich unten keine SA oder SS stehen gesehen. Tatsächlich, ein paar Stunden später suchte man den Vater, er entging so der Schutzhaft. Und wieder ein paar Wochen, und er gehörte zu dem Heer jener, die aus dem Staatsdienst »gesäubert« wurden. Als Versicherungsvertreter mußte er sich die sieben Jahre durchschlagen. Ich war nun Werkstudent; um das Studium zu finanzieren, arbeitete ich nebenbei in der Finanzregistratur des Rathauses.

Die Wogen der Begeisterung gingen über das Land hinweg. Jene, die zu entkommen oder den Freitod suchten, blieben außer Gesichtsfeld und Empfindung. Das Erlebnis des Heldenplatzes vom 15. März, als Hitler dort sprach, lebte in der Erinnerung lange als rauschhafte Existenzerweiterung fort, als kollektive Hysterie liegt sie dort heute wie Asche am Boden. Über tiefere Ursachen und Folgen nachzudenken war damals nicht Zeit, nur der Augenblick diktierte. Briefe und Berichte der Geschwister Scholl (»Die Weiße Rose«) dokumentieren auch für das »Altreich« das mitreißende Gefühl des Aufbruchs der ersten Jahre. Bei uns verlief aufgrund der Vorgeschichte der Anschluß vollends enthusiastisch. Auch wir glaubten uns befreit von der Umklammerung durch das Abgestorbene.

Heute wissen wir, daß diese Dynamik, explosiv aus aufgestauten Verhältnissen, Hitler selbst in sein Verderben riß. Der blitzartige Erfolg bei Überrumpelung der Westmächte förderte nur die Selbstaufladung des Führers mit Radikalismus. Als Feldherr stellte er seine Generäle in die Ecke, Blitzsiege im Westen und Osten wurden errungen, mit dem Endergebnis indes, daß Deutschland und das alte Europa zugrunde gingen. Der »Fall Österreich« gedieh zur Generalprobe einer neuen Expansionsstrategie.

Nach Millionen nicht aufzuzählen sind jene, denen dieser März 1938 zum Schicksal werden sollte: Der »Endlöser« stand in der Tür. Der Antisemitismus hatte in der Donaustadt eine lange Tradition. Als physisches Vernichtungsprogramm war er aber erst Konsequenz jenes totalitären Wahns, der entwurzelten, heimatlos gewordenen Massen Religionsersatz sein sollte. Hatten die Bolschewiken viele Millionen als Klassenfeinde und Kulaken liquidiert, warum ließ sich nicht dem Juden eine ähnliche Feindrolle als »Verderber des Lebens« zuteilen? Hitler war ein Massenpsychologe von dämonischem Rang, er hat wohl auch selbst an die Terrorvision geglaubt. War der Schuldige für Niederlage, Inflation und Elend einmal eingehämmert, ergab sich alles weitere von selbst. »Blut und Boden« rückten das Ganze dann vollends in ein kosmisches Drama: politischer Manichäismus in Reinkultur. Der Sieg des Lichtes über die Finsternis wurde so inszeniert.

Das alte Österreich war universalistisch, das Wiener Judentum kosmopolitisch, aus der Verbindung beider ging eine kulturelle Spätblüte zwischen Traum und Wirklichkeit hervor. Nach nazistischer Logik handelte es sich um ein »Fäulnisprodukt« aus jüdischer Überfremdung, um den schlagenden Beweis für den »Reichs- und Rasseverrat« an der Donau. Zu Jahrhundertanfang schon hatte der deutschnational-antisemitische Hermann Bahr höhnisch vermerkt: »Der Wiener scheint wirklich nur noch auf den entwurzelten Juden gewartet zu haben. In diesem vollendet sich seine Geschichte.« Und ein allen Schicksalsknoten sorgfältig nachgehender Historiker aus Wiens Judentum, Hans Tietze, schrieb kurz vor dem tragischen Schlußakkord zu dieser Verbindung: Die liberale Bewegung »hatte den Siegeszug des Kapitalismus ermöglicht und mußte nun dessen Sünden auf sich nehmen; sie hatte die Juden zu ihrer Leibgarde gemacht und fiel nun, mit dieser, dem antisemitischen Ansturm zum Opfer«. (Eine Folge davon sollte seither die enge Verbindung von heimischem Judentum und der Linken sein, dessen bürgerlich-liberales Element blieb politisch heimatlos.) Eine statische, auf Beharrung angelegte Gesellschaft, noch dazu feudal-agrarisch grundiert, erfuhr den Einbruch des Industrie- und Finanzzeitalters als Aufstörung in überkommenen Lebensverhältnissen, das Entstehen des Großstadtproletariats als Bedrohung, die Intellektuellen und Journalisten als institutionalisierte Provokation. Und dabei spielte noch der Gegensatz zwischen der übernationalen Schöpfung Wien und den »bodenständigen«, konservativen Ländern seine bis heute wiederkehrende Rolle.

Was haben ich und meinesgleichen von der Austreibung aus der »Mazzes-Insel«, Wiens Leopoldstadt, aus den Nobelbezirken bemerkt? Wenig. Es wird schon nicht so arg sein, das genügte, um das wenige Beobachtete dann auch noch abzuschieben. Ich mußte rasch mein Studium abschließen, dann ging es um den Beruf, die Familiengründung. Wer denkt da viel an den Nachbarn, der verschwindet? Doch wie immer man es sich zurechtlegen möchte, Schuld bleibt es. Nachher weiß man es besser: Die Kehrseite der nationalistischen Hysterie hieß Gefühlsabstumpfung bis Herzlosigkeit.

Die Frage des Dr. Freund: »Bist du ein Nazi?« ist mir durch die Jahrzehnte nachgelaufen. Die braune wie die rote Diktatur verstanden es, das gesellschaftliche Leben in sich so abzukapseln, daß der eine nichts vom anderen wußte, wissen sollte. Auch nichts von den KZs? Gewiß war da auch die erwähnte Bewußtseinsselektion im Spiel, faktisch blieb es dennoch meist ein Nichtwissen. Die Greuel eines erbarmungslosen Krieges, die hatte man kennengelernt, mit der Schreckenswelt hinter Front und Wehrmachtsbericht sah ich mich aber nur einmal konfrontiert: Es ging Richtung Kaukasus-Front, der lange Transportzug hielt in Polen. Wir plauderten mit einem Landser, der Leute, die in der Ferne Kartoffeln ausgruben, zu bewachen hatte. So nebenbei bemerkte er, die würden nachher erschossen. Vielleicht nahm ich das als Großsprecherei, vielleicht wollte ich es auch nicht ernstnehmen, jedenfalls haben ich darauf nicht reagiert, wie es ein Mensch sollte. Der Zug fuhr ja nach Osten weiter. Soldat zu sein, das hieß vor allem, durchzukommen. Zu mehr reichte es nicht, ich muß es zugeben.

Anton Böhm hatte mir 1940 geraten, Journalist zu werden. Da wir ja auch in einer »Umbruchszeit« lebten, was lag näher, als sich auch beruflich ihrem Pathos, dem Element der Zeit, zu verschreiben? Böhm brachte mich mit Dr. Ernst Molden in Verbindung, ich kam zum »Südost-Echo«, dann mit Molden zum »Europa-Kabel« nach Amsterdam. Beides waren Wirtschaftsblätter. Zuvor mußte ich noch um Zulassung zum Schriftleiterberuf prozessieren. Sie war aufgrund der Anzeige eines Schulkollegen, es handle sich bei mir um einen »schwarzen Staatsfeind«, verweigert worden. Ernst Molden indes – vor 1938 stellvertretender Chefredakteur der »Neuen Freien Presse« –, sollte mir im Beruf Lehrer und Vorbild werden. Der liberale, historisch und politisch gebildete Mann war unter dem Eindruck der Ereignisse mit seiner Frau, Paula von Preradović, Katholik geworden, Dr. Karl Rudolf, auch einer der namhaften »Neuländer« (»Aufbau im Widerstand«), war ihr Freund und Seelsorger. Molden, dessen Vater Berthold Jude war, kannte Seyß-Inquart vom Deutschen Klub, bei dem auch er war. Dieser riet ihm, nach Holland zu gehen, im Wien der heimischen Nazis sei das Ausharren zu riskant. Vor dem Auslandsposten heiratete ich noch, Schottenkirche/Johanneskapelle, Mauer war Traupriester, Zangerle Trauzeuge. Meine Frau kam wie ich aus dem Bund.

Eben dieser Otto Mauer sollte der Dritte in der Schule dieser Jahre werden, ein theologischer Kopf, wortgewaltiger Prediger und zugleich mutiger Zeitgenosse. Eine Lebensfreundschaft ging daraus hervor, auch 28 Jahrgänge der Kulturzeitschrift »Wort und Wahrheit« zehrten davon. (Zu uns Herausgebern kam später auch Anton Böhm.) Mauer war Kaplan in der Leopoldstadt, 1940 stieß er eben am Heimweg auf ein Menschengedränge, eine alte Jüdin war offensichtlich aus Erschöpfung am Straßenrand zusammengebrochen. Niemand rührte sich, Neugierde und Feigheit umringten sie. Unbekümmert trat Mauer hinzu, half der alten Frau auf, nahm sie am Arm und führte sie in seine Wohnung im Pfarrhaus, wo er ihr etwas zu trinken anbot und sie auch mit Lebensmitteln und Geld versah. Zangerle hat mir das einmal erzählt, es ist eine Momentaufnahme aus der Zeit, wie sie war, und wie »golden« das Wienerherz.

Falsch ist jedes Klischee – ob positiv oder negativ. Auch dafür ist Mauer ein Beispiel: Vor 1938 hatte er mehrmals als Katechet Schwierigkeiten, einmal im Streit mit einer roten Gemeinde, dann wieder wurde er vom schwarzen Stadtschulrat strafversetzt. Er hatte im Religionsunterricht auf das Gewissen als letzte Instanz für den Christen hingewiesen, und das wurde gleich als verkapptes Plädoyer für den Dollfuß-Mord verdächtigt. In den Jahren nach 1938 war es dann die Gestapo, die Mauer wegen seiner Predigten vorlud und verwarnte.

Mit uns selbst beschäftigt, litt auch das Wahrnehmungsvermögen für das, was sich in der weiten Welt vorbereitete. Nur daß die westlichen Demokratien

kläglich schwach waren und der Sowjetkommunismus die Hauptgefahr, das war Gemeingut. (Damals liefen in Moskau ja auch Stalins Schauprozesse mit ihren widerlichen Selbstbeschuldigungen.) 1934 waren wir auf Fahrt nach Griechenland gegangen, in Athen hörten wir vom Juliaufstand in Österreich. Was bedeutet es da selbst, erstmals Hellas zu erleben, wenn daheim das Dach brennt? 1937 war ich mit Mauer und anderen in Sizilien und Nordafrika. Auf der Heimfahrt hörten wir in Dubrovnik – oder war es Split? – Extraausgaben ausrufen. Mit dem Zwischenfall an der Marco-Polo-Brücke begann der japanisch-chinesische Krieg. Keiner von uns ahnte, daß wir ein Jahr später Bürger des »Großdeutschen Reiches« sein würden, Hitlers Einmarsch aber nur der Eröffnungszug zum Zweiten Weltkrieg. Nicht zum erstenmal erwies der Raum seine Sogkraft: Von Wien ging es nach Prag, von dort aufgrund des Hitler-Stalin-Paktes nach Warschau, dann schlugen die Konflikte zu einem einzigen Feuermeer zusammen.
Ehe dieses Jahr 1938 noch zu Ende ging, im Oktober, kam es zu einer großen, spontanen Kundgebung der katholischen Jugend in und um St. Stephan. Dabei sprach Kardinal Innitzer, der gleiche, der – wie Karl Renner – ein halbes Jahr zuvor aufgerufen hatte, für Hitler zu stimmen. Vorausgegangen waren der Kundgebung viele Maßnahmen gegen die Erziehungs- und Jugendarbeit der Kirche, ihr Öffentlichkeitsrecht überhaupt. Fast zehntausend Jugendliche, auch wir darunter, forderten dieses Recht zurück, lautstark gingen die Sprechchöre über den Platz: »Wir wollen unseren Bischof sehen!« Das war das Signal für die HJ zum Sturm auf das Palais, für einen Fenstersturz und für Verwüstung. Verhaftungen folgten, Bürckel als Reichskommissar kündigte der Kirche noch härtere Bandagen an. Das Reich, das wir erhofft hatten, zeigte rasch ein bedrohliches Gesicht. Diesem Schlag sollten noch ganz andere Erfahrungen folgen.
Was mir und Altersgenossen dieses 1938 im Lebensrückblick bedeutet, wie es sich mir heute darstellt, darüber wollte ich mich vergewissern. Doch ohne zeitlich vor- und zurückzugreifen, ist solche Selbstaufklärung nicht möglich und bleibt ein Zeitzeugnis, also »subjektiv«. Genug, wir sind davongekommen, das Leben blieb uns geschenkt, verschont war ich vom Extremfall, zwischen Leben und Gewissen wählen zu müssen. Auf dem Umweg über Großdeutschland und die Industrialisierung im Dienst der Kriegsrüstung kamen die Österreicher zu jenem Modernisierungsschub, den sie bei ihrem Traditionalismus und ihrer Kapitalschwäche so rasch nicht erreicht hätten. Also ein Stück Geschichtsdialektik? Bis vor wenigen Jahren mochte ich mir das so ausdeuten, ganz umsonst sei es nicht gewesen, was die Kriegsgeneration zu überstehen hatte. In meiner Doktorarbeit von 1941 ging es um »Werdende Großraumwirtschaft«, zwei Jahre später sollte sie noch in Berlin als Buch erscheinen. Nicht die EG von heute war darin prognostiziert, wohl aber, daß die Zukunft wirtschaftlichen Großräumen gehören werde. Jenes weite Feld

würde so ein Großraum eröffnen, in dem auch wir an der Donau mit unserem eigentlichen Talent wuchern könnten. Der Gemeinsame Markt ging später an der wiedererstandenen Republik vorbei. Wir waren neutral und Europa blieb zweigeteilt. Der Westen hielt uns für eine Art Osten. Wir sollten es erfahren.

Also setzt sich die heikle Zwischenposition der Republik nach 1918 auch in ihrem siebzigsten Jahr fort? Bleibt Österreich dieses weitere Umfeld im Nehmen und Geben versagt, verharrt es in dem Konflikt, der schon seit der späten Monarchie so vieles verdorben hat – vom Nationalitätenstreit bis zum Zerfall des »Hauses Österreich« in die Republik der drei Lager. Heute ist Österreich kein »Staat wider Willen« mehr, seine Wirtschaft zugleich an EG-Europa und die Bundesrepublik »angeschlossener« denn je. Doch anders als beim Nachbarn fühlt man sich zwischen Neusiedler See und Bodensee, was die eigene Identität betrifft, ausgesetzter. Wir sind ja auch viel kleiner, viel komplexer, exponierter, Delogierte aus unserer bisherigen Geschichte. Doch was ist nun diese Identität? Als geschichtliche Lebensform existiert Österreich in einer Grundspannung, in der sich nicht der eine Pol durch den anderen ersetzen läßt. Was uns 1938 im Zeichen der Reichsidee auf die falsche Seite trieb, könnte uns im Pendelausschlag wirklich zum Anachronismus, zum »Rest« machen: Tourismus, Nostalgie, Denkmalschutz als Endstation.

Ein Friedrich Heer wollte schon in den fünfziger Jahren das Sacrum Imperium als bloßen »Überbau« entlarven. Er steigerte den Angriff mit dem Versuch, den Rassismus der Nazis aus dem heimischen Katholizismus und Antisemitismus abzuleiten. Und in Kehrtwendung gegen die gemeinsame Vergangenheit suchte er zum Schluß noch Österreichs Identität als antideutsche Position aufzubauen. So überzogen, unkritisch, methodisch geklittert viele dieser eifervollen Thesen waren, Heers Leidenschaftlichkeit bezeugte dennoch, daß das Ignorieren des Lehrstücks seit 1918 bzw. 1938 so wenig der Selbstbestimmung dient wie derzeit unsere beim Nachbarn so ankommende Tagesliteratur, als Kunst nämlich, sich selbst zu schmähen: Produktionsmittel dazu sind Selbsthaß und Publikumsbeschimpfung. So ließe sich auch aus den Kontroversen um EG und EFTA, über eine österreichische Nation, über Mitteleuropa und Donauraum, selbst über das Verhältnis zur BRD wie DDR manches herauslesen, was schnurgerade auf die offene Fragestellung von 1918 und 1938 zurückführt. Auch der Paradigmenwechsel im Lebensverhalten zwischen jüngeren und älteren Generationen ändert ja nichts an Österreichs Grundkonstellation. Sie meldet sich als Kontinuität immer wieder, gerade an der Schwelle eines solchen Gedenkjahres.

Wer also die geschichtliche Lebensform mangels anderer unbestrittener Kriterien – Volkstum, Sprache, Kultur – zum Maßstab nimmt, wird Österreich geopolitisch wie geistespolitisch eine Sonderstellung einräumen müssen: Wir sind keine zweite Schweiz, wenn wir das auch oft sein möchten. Wie sehr dieses Land an der Donau und in den Alpen selbst in der globalen Dimension von heute eine Kreuzungsstelle ist, belegt eine Beobachtung. 1914 wie 1938 blieb Österreichs Ende mit dem Untergang des alten Europa eng verknüpft, doch selbst als neutraler Kleinstaat sieht es sich plötzlich in ein fahles Rampenlicht versetzt. Das ist wohl nicht allein einer außer Kontrolle geratenen Kampagne zur Präsidentschaftswahl zuzuschreiben. Vielleicht hat diese Art Repetition doch etwas mit der fatalen Lage in Raum und Zeit zu tun? Mit der Geschichte, ohne die wir ein »Rest« sind?

Wenn jemand nun einwendet, unsereins habe doch zum Heute nichts mehr zu sagen, selbst bloße Erinnerungen seien dazu eher beschwerlich, das Land viel zu abseits, als daß uns noch anderes zustünde, denn mitzuschwimmen und dabei herauszuholen, was für uns abfällt – nein, keine kleine Welt, in der eine große ihre Probe hält –, so ist solcher Rechnung schwer zu widersprechen. Aber was sich 1938 so negativ erwies, nimmt der Zwischenposition Österreichs nichts von ihren Möglichkeiten – passiven Möglichkeiten, versteht sich. Der Strom der Entwicklung ist reißend geblieben, und so kommt es auf die Koinzidenzen (Hugo von Hofmannsthal) an, auf das Glück der Umstände, das der Wechsel der Zeiten unvorhersehbar einmal wieder mit sich bringen könnte. Auf solche Umstände muß man achten, will man sie nutzen. Will man sie nutzen, muß man wissen, wer man ist.

Zwischen Traum und Wirklichkeit, dieses Thema hat letzthin Österreich im Westen interessant gemacht, anders als Waldheim. Bitter wäre es nur, wenn nach weiteren fünfzig Jahren der Chronist feststellen müßte, der Zeiger der Zeit sei seither an dem »und« hängengeblieben.

Kurt Skalnik

Als die Schicksalsuhr lief

Erst Sprechchöre für Österreich und dann die Enttäuschung

»Im Traum ein dröhnender
Trommelton erreichte rufend das Ohr.
Die da ruhig gehen, die da fromm verwehn,
blieben taub, mich riß es empor.«
Josef Weinheber, »Die Trommel«

Früh fallen die Würfel! Begegnungen in jungen Jahren, Gemeinschaft mit Gleichaltrigen, von denen man sich angenommen fühlt, in deren Reihen sich ein aus dem Elternhaus heraustretender, seinen persönlichen Weg suchender junger Mensch geborgen fühlt, prägen das eigene Fühlen, Denken und Handeln nachhaltig; ja sie sind oft entscheidend für den ganzen weiteren Lebensweg. Warum war ich – wie so manche meines Jahrgangs – nie von der Gedankenwelt des Nationalsozialismus angesprochen? Warum widerstand ich später in den »1000 Jahren« dem Druck selbst zu einer formalen Mitgliedschaft bei der Hitlerjugend und war äußerst erfinderisch bei Ausflüchten und erfolgreich bei der Suche nach einem Ausweg? (Den Ausweg sollte eine aktive Mitarbeit im Deutschen Roten Kreuz weisen.) Warum rebellierte ich nicht wie andere gegen die Welt der Väter und glaubte auch nicht, daß die Ideen eines Karl Marx und die von diesem inspirierten Parteien den richtigen Weg in die Zukunft zeigten? Warum gab es für mich nur eine einzige Fahne, der ich bereit war (und auch heute noch bereit bin) zu folgen: die rotweißrote?

Das kam so.

Februar 1937. Auch im Bundesgymnasium Wien IX (Wasa-Gymnasium) hatte sich eine Gruppe der Mittelschülerorganisation des Österreichischen Jungvolkes der Vaterländischen Front etabliert. Sie nannte sich anspruchsvoll und vielleicht ein wenig hochtrabend »Studentenfreikorps« (STUFKO). Unsere Gruppe – es war eine Zeit, die im gesamten politischen Spektrum das militärische Vokabular liebte – hieß nach dem Verteidiger Wiens während der Türkenbelagerung 1529 »Fähnlein Niklas Graf Salm« (in der nahen Votivkirche hatte dieser seine letzte Ruhestätte gefunden).

Gerd R., ein gutaussehender Obermittelschüler aus Hernals, war unser Fähnleinführer. Ein junger Mensch, der Gleichaltrige und noch mehr Jüngere ohne Zweifel anzusprechen verstand! Heute würde man sagen, er hatte Charisma. In einer alten Schule in der Grünentorgasse – das Haus wurde erst vor wenigen Monaten abgerissen – war unser Heim und allwöchentlicher Treffpunkt. Was tat sich dort? Das, was sich in den Heimen aller politischen Jugendgruppen der dreißiger Jahre tat, gleichgültig ob sie blaue, braune oder – wie wir – grüne Hemden trugen. Gemeinsames Singen zur Gitarre, Kampfspiele, Sport, hie und da ein Vortrag. Nur die Zielrichtung und die Ideale waren jeweils andere.

Bei uns nahm das »Österreichische« breiten Raum ein. Jene Vorstellung von einem Land, das von einer kleinen Mark zur Mitte Europas geworden war: Herz und Schild des Heiligen Römischen Reiches. Später, in einem zähen, aber vergeblichen Abwehrkampf gegen Preußen und den aufkommenden Nationalismus, war diese Völkergemeinschaft 1918 zerbrochen. Wir aber fühlten uns auch im wieder klein gewordenen Österreich als Treuhänder einer universalistischen Völkerordnung, der die Zukunft gehören sollte. Dieses Ideal war jedoch bedroht von jenem Ungeist, der jenseits des Inns an die Macht gekommen war und der bestrebt war, auch unser Land in seinen Machtbereich einzubeziehen.

Im Frühjahr ging es hinaus! Die Wochenenden gehörten gemeinsamen Ausflügen, »Fahrten« genannt, in den Wienerwald. Solche Gemeinschaftserlebnisse stärkten das Zusammengehörigkeitsgefühl. Hie und da gab es auch schon Prügeleien mit den »anderen« – jenen, die demonstrativ »weiße Stutzen« trugen: den Illegalen.

Wie aber kam ein »politisch frühreifer« junger Bursch in die Reihen dieser Gemeinschaft, die eine der späten Früchte am Baum der alten Jugendbewegung war? Trotz langen Nachdenkens: ich weiß es nicht mehr! War es das Beispiel und die Einladung eines Klassenkameraden? Wahrscheinlich sogar. Eines steht fest: Vom Elternhaus erfolgte keine Ermunterung. Im Gegenteil. Man hatte in der Familie eines im Sog der großen Wirtschaftskrise zugrundegegangenen Geschäftsmannes wenig Sinn für ein stärkeres politisches Engagement. Bei Wahlen hatten die Eltern – so möchte ich annehmen – stets christlichsozial gewählt. Die großen, lautstarken Aufmärsche unter flatternden roten Fahnen am 12. November und am 1. Mai hatte man vom Straßenrand aus mit äußerstem Mißtrauen betrachtet, ja als bedrohlich empfunden. Vom »alten Kaiser« und der untergegangenen Monarchie sprach man im Elternhaus mit einem gewissen wehmütigen Sentiment. Selbstverständlich war man »katholisch«. Es war ein sehr österreichischer Minimalkatholizismus, der den geistesgeschichtlichen Hintergrund der Familie bildete.

Die dumpfen Abschüsse der Kanonen des Februar 1934 waren in jenen Nächten, in denen Wien das erste Mal in völliger Finsternis lag, im 9. Wiener

Gemeindebezirk deutlich zu hören gewesen. Die mit Stahlhelmen und Karabinern ausgerüsteten berittenen Polizeipatrouillen unterstrichen, daß etwas Außerordentliches vorgefallen war. Mehr wissen und auch verstehen zu wollen hätte den Horizont eines damals Neunjährigen mehr als überfordert.

Inzwischen war man um drei Jahre älter geworden, las schon fleißig Zeitungen – allen voraus das im Elternhaus aufliegende »Neue Wiener Journal« –, interessierte sich brennend für Geschichte und verschlang jedes erreichbare, einschlägige Buch. Der Erste Weltkrieg (damals nannte man ihn nur *den* Weltkrieg) und alles, was auf ihn Bezug hatte, war eine bevorzugte Lektüre. Und nun war man daran, ohne daß man es ahnte, wenn auch sehr am Rande, selbst in den Strudel des Zeitgeschehens zu geraten.

Der Sommer 1937 war noch unbeschwert. Ferienwochen mit den Eltern in der als »billig« geltenden Buckligen Welt. Allein: die staubbedeckten, verschwitzten Wiener Neustädter Militärakademiker und burgenländischen Feldjäger, die von großen Manövern in den beschaulichen Markt einrückten, signalisierten Kommendes. Seltsam kontrastierten zu diesem militärischen Vorspiel die abendlichen Platzkonzerte. Wenn der Kapellmeister den Taktstock hob, die Klarinetten und die Tschinellen einfielen, breitete sich eine Atmosphäre und eine Stimmung aus, wie ich sie viele Jahre später bei der Lektüre von Joseph Roths »Radetzkymarsch« wiedererkennen sollte.

Im Herbst jedoch wuchs von Monat zu Monat eine selbst für einen jungen Menschen wahrnehmbare Spannung. Die Politik nahm immer stärker auch von der Schule Besitz. Geschichtsstunden wurden Anlaß und Ausgangspunkt zu heißen Diskussionen. Sonst ging es jedoch im Wasa-Gymnasium, das von nicht wenigen Söhnen und Töchtern des eher wohlhabenden jüdischen Bürgertums besucht wurde, eher friedlich zu. Hier hatte zum Unterschied von anderen Wiener Mittelschulen die illegale Hitlerjugend wenige Sympathisanten. Nur ein deutscher – damals sagte man noch »reichsdeutscher« – Mitschüler, der bis vor kurzem die Sieg-Rune seines Leibriemens mit Leukoplast überklebt hatte, fand diesen »Schutzumschlag« nun nicht mehr notwendig.

Eine Freundschaft, die in diesen Monaten begann und nicht zuletzt durch jene äußerst politisierte und polarisierte Zeit begründet wurde, verdient festgehalten zu werden. Eines Tages brachte der Schuldiener Haslinger einen etwas pastösen Knaben in die Klasse. Mit dem »Neuen« freundete ich mich bald an. Er war Angehöriger der katholischen Jugend, die als »Konfessionsjugend« in einem gewissen Konkurrenzverhältnis mit uns von der offiziellen Staatsjugend stand. Aber der geistige Hintergrund war ja der gleiche. Auch zog man an einem Strang. Aus dieser Klassenkameradschaft sollte sich eine bis herauf in die Gegenwart währende Freundschaft entwickeln, die ihre erste Probe in den Märztagen des kommenden Jahres zu bestehen hatte. Unsere Lebenswege sollten nicht nur parallel verlaufen, auch die im Winter 1938 markierten Schwerpunkte – Kirche und Staat – würden sich in den späteren Berufslaufbahnen widerspiegeln. (Hanns Sassmann ist Generaldirektor der Styria, der bedeutendsten katholischen Verlagsanstalt Österreichs. Der Schreiber dieser Zeilen steht heute als Sektionschef im Dienste unserer Republik.)

Nach dem Jahreswechsel wuchs ohne Zweifel die unheilvolle Spannung. Ein seltenes Naturphänomen – das Nordlicht über Wien – brachte zusätzliche Besorgnis in die Bevölkerung. Es bedeute Unglück, flüsterten die Leute einander zu; manche sprachen von »Krieg«. Wegen ihres Aberglaubens wurden sie von anderen verlacht. Die Abergläubischen jedoch sollten diesmal recht behalten. Immer stärker beherrschte nun die Politik den Alltag. Sie drang in die Familien ein, sie entzweite diese. Äußerst erregt kehrte der Vater eine Tages heim. Es hatte Unfrieden mit einer seiner Schwestern gegeben: mit jener, die schon in den vergangenen Jahren unter dem Christbaum stets auch eine blaue Kerze des Deutschen Schulvereins angezündet hatte. Diesmal allerdings hatten sie nicht – wie sonst mitunter in der Familie üblich – über Erbschaftsfragen gezankt, sie waren sich politisch in die Haare geraten. »Geh nur zu deinem Schuschnigg . . .« Mit diesem ihrem sarkastischen Wunsch war man grußlos auseinandergegangen.

Die Zeitungen meldeten den Besuch des Bundeskanzlers bei Hitler in Berchtesgaden. Ihre Kommentare waren knapp – zu knapp. Einer der jüdischen Klassenkameraden fehlte wenige Tage später beim Unterricht. Er sei mit seinen Eltern ins Ausland verreist, hieß es . . .

Das Interesse an Schule und Unterricht nahm von Tag zu Tag ab. Dafür rief das STUFKO immer öfter. Von den zahlreichen Versammlungen, Appellen und Aufmärschen dieser Februar- und frühen Märzwochen 1938 sind mir zwei in Erinnerung. Da war einmal der Besuch des stellvertretenden Freikorpsführers in unserer Gruppe. Sein Name: Leopold Guggenberger – niemand anderer als der heutige Bürgermeister von Klagenfurt. Eine Szene dieses Abends prägte sich tief ein. »Guggi« – so nannten wir ihn, und so nennen wir ihn auch noch heute – griff nach der Freikorpsfahne mit dem schwarzen Balkenkreuz und dem Wahlspruch: »Trotzdem«. Alle standen »Habt acht«. Guggi: »Wenn wir heute auch einen Nationalsozialisten als Innenminister haben, *wir* bleiben, war wir bisher waren.«

Ein anderes Mal ging es nach Währing. Bürgermeister Richard Schmitz hielt dort eine Rede. Wir waren Saalschutz, es gab Störversuche. Wie konnte ich ahnen, daß ich als junger Redakteur der »Furche« dem Redner dieses Abends zehn Jahre später in seiner Eigenschaft als Generaldirektor des Verlages »Herold« wiederbegegnen sollte und daß sich aus dieser Begegnung ein intensiver Gesprächs- und Arbeitskontakt entwickeln würde, der bis zu dessen Tod andauerte!

24. Februar 1938: Schuschniggs Rede vor dem Bundesrat. Wir hören sie im Radio mit immer stärkerer Erregung. Vielleicht zum ersten Mal gewann dieser sonst immer sehr kühl und intellektuell wirkende Mann, der so gar nichts von einem Volkstribun hatte, Kontakt zu den Massen. Der Schluß seiner Rede glich einem Schwur: »Bis in den Tod Rotweißrot. Österreich!« Das noch vor kurzem kaum Mögliche geschah. Der Funke sprang über. Begeisterte Menschen zogen über den Ring. Hoffnung kam auf. Die dumpfe Gewitterstimmung, welche die Tage seit Berchtesgaden gekennzeichnet hatte, war – für einen historischen Moment zwar nur – wie weggefegt. Zum ersten Mal mischten sich bis dahin Abseitsstehende unter die Reihen der »Vaterländischen«. Sie hatten die »drei Pfeile« der Sozialdemokraten an ihre Rockaufschläge geheftet. Aber die Stunde der Hoffnung trog. Die Schicksalsuhr der Ersten Republik lief unerbittlich weiter, sie lief ihrem Ende zu.
Unvergessen ist auch Sonntag, der 6., der letzte Sonntag vor den »Iden des März«. Der Nachmittagsspaziergang der Familie führte wie stets durch den 9. Bezirk, vorbei an Servitenkirche und Börse, durch die Innere Stadt auf die Wieden, wo die Großeltern lebten. Doch diesmal war alles anders. Fragend, ja mißtrauisch maßen einander die Passanten. Hakenkreuze tauchten an einigen Mantelkrägen bereits auf. Wo sich auf solche Weise geschmückte Männer und Frauen begegneten, flogen die Hände in die Höhe. Die ersten »Heil Hitler« wurden laut. Um so froher war man, wenn man Menschen begegnete, die sich auf andere Art auswiesen.
Dann der Appell des Kanzlers aus Innsbruck: »Mander, 's ischt Zeit.« Es soll also am kommenden Sonntag eine Volksabstimmung geben. Ein »Ja« für Österreich! Die einsetzende Propagandamaschine fand in uns bereitwillige Helfer. Flugzettel wurden gestreut, mit sogenannten »Pickerln« Laternenpfähle, Haustore, kurz, jede nur mögliche freie Fläche »verziert«. Das war nicht ungefährlich. Vor schlagkräftigen und schlagringbewaffneten Gegendemonstranten war man nicht mehr sicher. Sie hatten ja nichts zu befürchten. Der Innenminister hieß ja bereits Seyß-Inquart.
Und dann Österreichs »Schwarzer Freitag« – Freitag, der 11. März 1938: Niemand anderer als Bundeskanzler Kurt Schuschnigg hat in seinem »Requiem in Rotweißrot« die Atmosphäre dieses Tages in kaum zu überbietender Weise wiedergegeben: »Jede Großstadt wird in solchen Momenten gefährlich. Um so gefährlicher, je wilder sie darauf aus ist, sich mit Gewalt von ihrem ureigensten Gesicht zu befreien; am gefährlichsten darum Städte mit stark ausgeprägtem, in ruhigen Zeiten selbstsicher und selbstgefällig gepflegtem Antlitz, das besonderer Gewaltanwendung bedarf, um heruntergerissen zu werden. Darum sind Prag, München, Wien in Wendestunden besonders bedenklich; vor allem auch Wien.«
Wie aber erlebte diese Tage der dreizehn Jahre alte Wasa-Gymnasiast im grünen Hemd? Was ich vormittag in der Schule tat: das weiß ich nicht mehr.

Sicher war Direktor Hofrat Ernst noch verschlossener als die Tage zuvor – es war der letzte Tag, an dem er die Schule leiten sollte. Mathematik-Professor Sabath mag das Unheil, das ihm und anderen österreichischen Juden drohte, vielleicht geahnt haben. Prof. B. bereitete sich wohl auf seine künftige Rolle als »iberglicklicher« Sudetendeutscher vor. Der Turnprofessor S. machte sich fertig zum Sprung aus der Illegalität.
Das Mittagessen zu Hause war kurz und hastig. Mama runzelte wohl besorgt die Stirn, als sich ihr »Bub« gleich darauf verabschiedete. Er wollte zu einer Demonstration zur Unterstützung der angekündigten Volksabstimmung vom kommenden Sonntag. Sammelplatz war der Judenplatz. Bald waren dort einige hundert Mittelschüler versammelt. Gemeinsam ging es los. Allen voran Helmuth Jörg, Gründer, Führer und Seele des STUFKO (zwei Jahre Dachau und ein allzu früher Soldatentod unter der Fahne jenes Reiches, das er nicht wollte, werden sein Schicksal sein). Wipplingerstraße, Renngasse, Freyung – und immer wieder dieselben Sprechchöre »Bis zum Tod Rotweißrot« und »Heil dem Kanzler Kurt von Schuschnigg!« Passanten blieben stehen. Zustimmung war von Gesichtern ebenso abzulesen wie Hohn von anderen. Der Zug schwenkte auf den Hof ein. Aus den Fenstern des »Fronthauses« kommen zustimmende Rufe. Männer in den blauen Uniformen des sogenannten SK (Sturmkorps) zeigten sich. Dann plötzlich ein Kommando. »Halt! Warten!« Die Spannung wird unerträglich. Ein aufgeregtes Hin und Her. »Alle, die unter fünfzehn Jahre alt sind, heraus! Sie sollen nach Hause gehen, möglichst rasch und nicht allein, sondern in kleinen Gruppen.« Was war geschehen? Es war die Stunde, in der unter der massiven Drohung Berlins der Entschluß zur Absage der Volksabstimmung gefallen war.
Am hereinbrechenden Abend sitzt die Familie am Tisch. Aus dem Radio kommt plötzlich die Stimme des Kanzlers: »In dieser ernsten Stunden ... kein deutsches Blut vergießen ... wir weichen der Gewalt ... Gott schütze Österreich.« Die Eltern werden blaß. Großmutter bricht in Tränen aus. Es ist Nacht geworden. Nacht über Österreich, sie wird sich erst in sieben Jahren heben. Nicht wenige jedoch, auch von denen, die jetzt jubeln und auf die Gassen strömen, werden dieses neue Morgen, diesen »Frühling aus Feuer und Eis« (Gerhard Fritsch) nicht erleben.

»Nach vorübergehendem mäßigem Regen«, wußte die Hohe Warte zu vermelden, »Übergang zu veränderlichem Wetter mit Neigung zu leichten Schauern. Nordwestliche, gegen Norden drehende Winde wachsender Stärke.«

Vom Sturm haben wir schon erzählt. Die meteorologische Kulisse für das historische Geschehen hat Symbolkraft gehabt, könnte man heute meinen. Nicht mehr vom Nordlicht ist die Rede, wohl aber vom Sturm, der an den Iden des März 1938 über Österreich fegte. Im buchstäblichen und auch im übertragenen Sinn.

Daß es »gegen Norden drehende Winde wachsender Stärke waren«, die von der meteorologischen Zentralanstalt in der Wetterprognose für den 11. März vorhergesagt wurden, entbehrt keineswegs der besagten Symbolik. Es ist in der Tat ein vom Norden her über Österreich fegender Sturm gewesen am zweiten Freitag im März, an jenem »schwarzen Freitag«. Es war ein Sturm in Gestalt von Panzerkolonnen, Flugzeugen, Infanteriebataillonen. Und nichts und niemand stellte sich ihm in den Weg.

Dabei hat Bundeskanzler Schuschnigg in seiner Radioansprache vom Freitag abend einen bemerkenswerten – fast könnte man sagen: einen Freudschen – Versprecher produziert. Es sei dem österreichischen Bundesheer – »unserer Wehrmacht«, sagte Schuschnigg – der Befehl gegeben worden, sich »ohne wesentlichen ...« – und dann verhoffte der Kanzler einen Augenblick, verbesserte sich und sagte: »Ohne Widerstand zurückzuziehen«. Hat Schuschnigg da aus seinem Herzen keine Mördergrube gemacht? Hat er sich entsonnen, wer aller ihm geraten hatte, doch den Schießbefehl zu geben und damit zumindest symbolischen Widerstand leisten zu lassen, auch wenn es kein »wesentlicher« gewesen wäre?

Der Versprecher war symptomatisch. Nicht »ohne wesentlichen«, sondern »ohne Widerstand« räumte das österreichische Bundesheer am 11. März 1938 das Feld. Auf der zerkratzten Platte kann im Originalton auch heute noch mitgehört werden, was dann Weltgeschichte gemacht hat: die totale Kapitulation vor der nationalsozialistischen Brutalität. Er müsse, sagte Schuschnigg, den Österreichern mitteilen, »daß wir der Gewalt weichen«. Es sollte »kein deutsches Blut vergossen werden«. Die Frage, ob das Bundesheer dem deutschen Einmarsch hätte Wi-

derstand entgegensetzen können oder jedenfalls sollen, gehört zu den problematischen der Zeitgeschichte: Was wäre gewesen, wenn ...? Fragen wir zuerst, wie es mit der Moral der Truppe bestellt war, und dann, wie die militärtechnischen Voraussetzungen aussahen.

Emil Spannocchi

Die Truppe stand – und schwieg

Zum Leonidas hat es damals bei keinem Politiker gereicht

Dieser Bericht erhebt gar keinen Anspruch auf objektive Genauigkeit, das wage ich nach fünfzig langen Jahren sicher nicht mehr. Auch ist er nicht das Ergebnis langer und sorgfältiger Forschung. Das ist Sache der Historiker, und ich bin keiner. Aber ich war dabei, in der Uniform eines Militärakademikers. Kaum zwanzig Jahre alt.

Nein, unser Hauptthema im Alltag war nicht die Politik. Das Heer hatte, gesetzlich festgelegt, unpolitisch zu sein und war es aus vielhundertjähriger Tradition auch tatsächlich.

Was wir – heute würden wir als »Twens« gelten – vordergründig im Kopf hatten, war ziemlich banal: die Bewältigung des Studienalltags und Mädchen und Vergnügen in der Freizeit – es war ja Fasching. Politik? Natürlich gab's die auch. Gefiltert durch regierungszensurierte Zeitungen und Rundfunk und Gespräche miteinander auf sehr schmaler Informationsbasis. Und diese stellten in meinem Umkreis nie, absolut niemals, die Loyalität des Bundesheeres gegenüber Befehl und öffentlicher Ordnung in Diskussion.

Wir hätten uns anders verhalten, engagieren sollen, ja müssen, sagt uns heute, nach fünfzig Jahren, die Generation unserer Kinder. Ihr Urteil ist schon fast Allgemeingut – im Frühjahr '38 hat das Bundesheer auf die deutsche Wehrmacht nicht geschossen, und im gleichen Jahr sind seine Soldaten, nun in deutscher Uniform, in die ČSR einmarschiert – durchaus zum Kampf bereit. So einfach ist das.

Natürlich, weil in den österreichischen Verbänden lauter Nazis steckten, die den Einsatzbefehl verweigert hätten. So blieb also der politischen Führung nichts anderes übrig, als versuchs- und widerstandslos aufzugeben. Mit der alles heiligenden Versagensbegründung: »Um unnützes Blutvergießen zu vermeiden.« Damit wollen bis heute die Strafverteidiger der damaligen Regierungsmannschaft für Freispruch plädieren. Als ob das so unbewiesen ginge. Diejenigen, die mit dem Wissen von heute und ohne Ahnung von gestern mit historischem Recht fragen »Warum hat das Bundesheer nicht?« wollen es genauer wissen. Mit Ausreden wird alles mögliche bezweckt und erreicht, z. B. Ideologiebekenntnisse, auch Desinformation und Agitprop. Geschichte als Wirklichkeitsdarstellung sicher nicht.

Die damalige Gesellschaft und ihr Heer war so anders formiert, daß die Generation von heute nach den Schrecken des Krieges, der vierzigjährigen Umerziehung im ideologischen Bereich, den allzuoft allzu subjektiven Berichten damaliger Zeitgenossen und vielen Einflüssen, auch von außen, die Generation von damals nicht verstehen kann und sich auch nicht die geringste Mühe dazu gibt. Wir aber wären natürlich verpflichtet, uns selber zu bewältigen.
Ich war also dabei, und wenn ich mich an diese Zeit zu erinnern versuche, glaube ich beinahe mit den Gedanken von heute, aber auch mit dem Selbstverständnis, daß sich das alles damals auf einem anderen Planeten abgespielt hat.
Wir waren ganz anders, als uns die »Leute von heute« mit ihrem längst selbstverständlichen Wissen über damals sehen und be-, meist ver-urteilen. Sicher gab's auch im Heer viele Nazis, es muß sie ja wohl gegeben haben, aber gemerkt hat man das innerhalb des Heeres weder im Dienst noch danach. Wer heute diese längst vergangene Zeit reflektiert, ohne sie erlebt zu haben, scheint zu glauben, wir hätten ständig über Hitler, Schuschnigg, Anschluß usw. diskutiert, gestritten. Wir haben es nicht oder nur selten getan. Und die Zersetzung des Heeres durch organisierte Zellen des NS-Soldatenringes ist auch so eine Behauptung, die niemand beweisen kann.
Im Gegenteil: Das damalige Bundesheer war etwa 60 000 Mann stark mit über 1 300 aktiven Offizieren. Der NSR hatte gemäß Listen, die nach dem März '38 zu Dokumenten wurden, ca. 3 500 Mitglieder, darunter 289 Offiziere. Abgesehen davon, daß da nachträglich aus »Parteibüchel«-Denken eine Menge Märzveilchen (damaliger Terminus technicus) eingeschwindelt wurden und daß die Offizierszahl mit Pensionisten und Militärbeamten angereichert wurde, sind das keine 5 Prozent. *Die* hätten das disziplinierte und rechtzeitig zum Einsatz gebrachte Heer nicht aus dem Gleichschritt bringen können.
Das ist meine Überzeugung, bestärkt dadurch, daß mich kein Mensch, weder vor noch nach den Iden des März, jemals in diese Richtung angesprochen hat. Und irgend etwas hätte ich von einer Konspiration schließlich merken müssen, da ich in der inneren Hackordnung der MilAk ziemlich hoch angesiedelt war.
Wir haben nicht. Das Bundesheer war erzogen, sich als unpolitisch zu verstehen, und tat das auch mit seiner überwältigenden Mehrheit als Institution.
Wer weiß von denen, die *uns* heute erzählen wollen, wir hätten Befehle gegen die Nazis oder die Deutschen nicht ausgeführt, daß der einzige Stabsoffizier, der 1934 bei der Niederschlagung des NS-Putsches fiel, ein brauner Parteigenosse mit ganz alter Mitgliedsnummer war. Befehle zu befolgen, die von den zuständigen Vorgesetzten gegeben wurden, war dem Heer, bedingt durch Geschichte und Tradition, selbstverständlich. Mir ist kein gegenteiliger Fall bekannt. Ein paar, ganz wenige, sind desertiert, während des militäri-

schen Alltags, niemals im sogenannten Assistenzeinsatz (zur Aufrechterhaltung von Ruhe und Ordnung).

Natürlich sah man allmählich einen möglichen Einsatz gegen die Nazis im Inneren und die deutsche Wehrmacht nach außen immer bedrohlicher nahen, wohl mit Sorge und auch Kummer, wobei vielleicht die Motive der einzelnen jeweils sehr verschieden waren. Aber Befehl, Einsatzbereitschaft und Verhalten waren einfach kein Thema bei uns in der Theresianischen Militärakademie. Und diese MilAk war nicht atypisch, eher umgekehrt – Intellektuelle sind seit eh und je revolutionsbereiter.

Auch der zeitliche Vorlauf, etwa im letzten Jahr, war ganz normaler Soldaten- und bei uns militärischer Studentenalltag. Sicher – etwa einmal im Monat kam man dann zur sogenannten »Bereitschaft«. In jeder Kaserne des Landes je Bataillon jeweils ein Zug.

Etwa dreißig Mann im Gefechtsanzug mit Stahlhelm und scharfer Munition. Eine Konsequenz aus dem Bürgerkriegsjahr 1934. Da war doch bei den ständigen Nazikrawallen, von denen man natürlich aus Radio und Zeitung wußte, der Einsatzbefehl mit der Waffe stets gegebene Möglichkeit. Wäre da eine Meuterei »drinnen« gewesen, hätte das doch irgendwer absprechen müssen. Kein Wort, kein Ton – nichts. Und ich bin felsenfest überzeugt, daß die Disziplin eine derartige Belastung problemlos ausgehalten hätte. Wenn – ja, wenn der Befehl von oben gekommen wäre.

Und außer Dienst? Wir sind damals fast ausschließlich in Uniform ausgegangen. Unsere jungen Damen fanden das schick, das Bluejeans-Zeitalter war noch nicht ausgebrochen. Damit aber waren wir Soldaten aus dem politischen Straßenwirbel heraus. Teilnahme an politischen Veranstaltungen – übrigens gleich welchen – war in Uniform ausnahmslos verboten, und auch hier hielt die Disziplin. Und niemand hat uns Soldaten je angestänkert, von keiner Seite.

Vielleicht lebte das Heer damals und in dieser Haltung in einem politisch luftleeren Raum und war sich dessen gar nicht bewußt. Ich zum Beispiel hatte damals einen sehr vergnüglichen Flirt mit einer reizenden junge Dame, und die war ausgerechnet die Tochter des deutschen Botschafters. Ganz öffentlich war das – und niemand hat mich als Nazi verdächtigt. Im zutreffenden Fall hätte das sicher unerfreuliche Folgen gehabt.

Aber es gab auch ganz andere Komponenten, die gerade bei der Bewertung der von mir behaupteten Verläßlichkeit des Heeres besonderes Gewicht hatten. War es auch im Bereich der politischen Räson diszipliniert, so bedeutet das nicht, daß es jenseits der Parteien und Ideologien ohne Präferenzen war. Sicher nicht als Instrument, aber in den meisten, wohl fast allen, steckte eine starke und bewußte Deutschfreundlichkeit. Das stammte natürlich nicht nur aus den Erlebnissen der Vätergeneration im Ersten Weltkrieg, sondern ging viel weiter zurück zu einer geschichtsbedingten Selbstverständlichkeit. Uns hatte man noch in allen Schulen gelehrt, daß das Habsburger-Imperium durch Jahrhunderte die Führungsrolle im deutschen Raum beansprucht hatte. Die achtzehn- bis zwanzigjährigen jungen Soldaten, die die Masse des Bundesheeres ausmachten, waren von Eltern und Umwelt in einem nationalen deutschen Verständnis erzogen, seit sie politisch denken konnten. Übrigens hochoffiziell von den damaligen politischen »Opinion-leaders«, die 1918 den Begriff »Deutschösterreich« als Bestandteil des Deutschen Reiches geprägt hatten und das Deutschsein verkündeten, von Renner bis Schuschnigg.

Das vergessen oder übersehen die Verurteiler von heute, wenn sie das Ja zum »Anschluß« identisch halten mit Bejahung der braunen Straße. Im Heer aber prägte diese Grundtendenz sicherlich die Denklandschaft. Und trotzdem sei immer wieder betont: Das stellte Befehl und Gehorsam nicht in Frage.

Dazu kam auch die Konsequenz aus der erlebten ständigen Geringachtung der politisch Verantwortlichen gegenüber ihren Soldaten. Die außenpolitische Umwelt strotzte von Waffen – und wir?

Bis vor ganz kurzem hatte es nicht einmal zur Erfüllung des 30 000-Mann-Kontingentes gereicht, das der Vertrag von Saint-Germain uns einräumte. Gefühlsmäßig, wohl als Erbe des Ersten Weltkrieges, fühlten wir uns von Feinden umgeben. Aber unserer – jeder – Regierung seit 1918 war alles andere wichtiger als der Schutz unseres Landes. Das spürte das Heer hautnah. Die Rüstung blieb weit hinter dem Standard der Umwelt. Und auch was seit 1936/37 zusätzlich geschehen war, mußten wir als ganz unzureichend, verglichen mit den Nachbarn, zur Kenntnis nehmen.

Aber diese nicht zu übersehende Inferiorität im materiellen, waffentechnischen Bereich züchtete die dazugehörigen Komplexe oder einfach das Mißtrauen zur eigenen Leistungsfähigkeit. Gerade deswegen, weil wir von unseren eigenen soldatischen Tugenden überzeugt waren, mußte der Wunsch nach Änderung, Verbesserung des Heeresniveaus zum neidvollen Blick über den staatlichen Zaun führen.

Ob unsere Regierung an die Erhaltbarkeit dieses Landes glaubte und unter Setzung von Prioritäten seinen Schutz mit allen Mitteln vorbereitete, schien uns schon sehr zweifelhaft. Statt daß uns die Regierung die nötige Ausrüstung zur Erfüllung unserer primären Aufgabe gegeben hätte, wurde rezitiert, daß in der Not »dieses Volk der Tänzer und der Geiger wie Gottes Engel vor dem Paradies stünde«. Wer von uns wollte schon ein Tänzer oder Geiger sein? Dieses Wissen um den Unernst, diese ständige selbstverschuldete »Underdog«-Position zehrte an unserem militärischen Selbstwertgefühl. Gerade weil wir wußten, wir würden gute Soldaten sein. Wir waren's dann auch – aber nicht mehr für Österreich.

Trotzdem – die Disziplin blieb bis zum Schluß, aber der Glaube, daß die da oben etwas von Politik und den hiefür notwendigen Mitteln und Instrumenten verstünden, schwand in diesen Monaten zunehmend.

Im provozierenden Gegensatz dazu das »neue« Deutschland. Das strotzte vor Selbstbewußtsein umso mehr, je stärker sein Heer wurde. Und die für uns jämmerliche Respektlosigkeit uns gegenüber – eben wegen unserer militärischen Fast-Schutzlosigkeit – erschütterte wohl den Glauben, aber kaum die soldatische Moral. Ich habe das Gegenteil jedenfalls nicht erlebt.
Und daß wir im Ernstfall allein bleiben müßten, weil alle Welt sah, daß wir dann wohl kaum etwas tun würden, weil nichts vorbereitet war, das war für uns greifbar nahe. Daß sich da Bilder gleichen mit heute, ist nicht Gegenstand dieses Berichtes.
Und so kam, was da kam und wie es kommen mußte. Der 11. und 12. März. Ich habe ihn als fertig zum Offizier ausgebildeter Militärakademiker am Brucker Übungsplatz erlebt. Zugleich mit uns lag dort ein Infanterieregiment der 1. burgenländischen Division, das schon knapp vorher feldmarschmäßig einsatzbereit gemacht wurde. Dabei wurde ich als stellvertretender Zugskommandant eingeteilt.
Die Truppe war da, sie stand und schwieg. Kein einziges Zeichen von vorbereiteter Gehorsamsverweigerung. Niemand sagte uns etwas. Unsere Offiziere wußten so wenig wie wir und schwiegen auch.
Und so war es aus – mit Österreich. Eine Rede Schuschniggs, die nicht einmal alle von uns mitbekamen, und kurz später der Befehl, in den Unterkünften zu bleiben und nicht zu schießen, wenn die Deutschen kämen. Plötzlich waren sie dann auch da, mit den ihnen eben eigenen Sprüchen. Ich erinnere mich an einen Flak-Leutnant, der schon damals die Wunderwaffen hatte.
Schlaglichter auf das Geschehen dieser Tage sind ebenso scharf wie verwirrend.
Zunächst der neue Eid. Vorgewarnt: Wer nicht wollte, mußte nicht. Es passierte denen auch nichts, zumindest zunächst.
Dann die Defilierung der Einmarschtruppen über den Ring. Daß mir, uns allen, die im Parademarsch vorbeidröhnenden Infanteriebataillonsblocks ebenso wie die klirrenden Panzer imponierten – na, natürlich. Das also war das Heer, dem wir nun angehören würden. Politisch »wertfreie« Berufsbezogenheit überwälzte aufkommende Zweifel.
Eine reizende junge Wiener Freundin steckte beim ersten Rendezvous nach dem »Anschluß« verschämt das von ihr getragene Hakenkreuz hinter den Revers ihres Mantels, um es zu verbergen – so schätzte sie einen Offiziersanwärter des Bundesheeres ein.
Die Darstellung des Geschehens der Märztage '38 hat auch noch ein besonderes Anliegen, denn seit damals wird einseitig berichtet. So heißt es etwa, in den 1 000 Jahren des Dritten Reiches hätte es natürlich auch im österreichischen Bundesheer nur das »Sieg Heil« der braunen Aufmärsche gegeben. Als in einem Lkw, der uns zur Kundgebung auf den Heldenplatz brachte, einer

von uns das »berühmte« Lied »Es zittern die morschen Knochen...« anstimmte, stellte sich heraus, daß nicht einmal die Hälfte den Text kannte – von wegen »Sieg Heil«!

Auf dem Heldenplatz waren natürlich die längst dokumentierten zwei- bis dreihunderttausend Leute. Wie sie wohl hinkamen? Die Soldaten des Bundesheeres waren jedenfalls hinbefohlen, als Fülle und Zuschauer, nicht in Formation. Viele Menschen haben geschrien und getobt, aber, trotz Massenpsychose, wir nicht. Auch die Sympathisierenden überließen das Gebrüll hiefür Qualifizierteren. Auch hier schwiegen die Soldaten. Aus vielen und sicher sehr unterschiedlichen Gründen. Schon damals drängte sich mir, dem jungen Militärakademiker, eine sehr gefühlsbetonte Trennung auf zwischen Deutschen und der Wehrmacht einerseits und den braunen Bataillonen der Partei andererseits. Letztere empfand ich schon damals als erschreckend fremd und unsympathisch, ohne zu ahnen, wie schrecklich sie dann wurden.

Aber gegen die soldatische Ausstrahlung der deutschen Wehrmacht, schon damals mehr oder minder als Antipode zur braunen Sieg-Heil-Hysterie gewertet, habe ich mich nicht gesträubt, nachdem uns unsere bis dahin so sehr die Gegnerschaft predigenden politischen Führer mit weinerlichen Segenswünschen, »Gott schütze« und so, unserem Schicksal überlassen hatten.

Da standen wir nun auf diesem Heldenplatz – als Angehörige eines Staates, den die Welt im Stich gelassen hatte, als Soldaten einer Armee, die von der eigenen Regierung im Regen stehen gelassen war, und als Einzelbürger wie weiland Luther: »Hier standen wir und konnten nicht anders.«

Und als Soldaten sind wir deswegen und nur deswegen genau zu diesem Zeitpunkt – niemals früher – als Einzelpersonen innerlich übergelaufen zur Wehrmacht. Einem Heer übrigens, das ich aus den Eindrücken des März '38 als ganz junger Offizier als Hort relativer Sicherheit gegenüber einer braunen, ganz fremden Welt verstand. Dabei bin ich natürlich heute gar nicht sicher, ob ich generell dazu ein Recht hatte.

Aber ich berichte ja von damals – und von unserer De-facto-Ahnungslosigkeit.

Und weiter ging's – nahtlos, reibungslos. Das Bundesheer, nun mit dem »Hoheitsvogel« auf der alten Uniform, blieb in seiner Funktionalität unberührt. Wir Militärakademiker wurden, wie längst vorgesehen, knapp drei Wochen danach zu Leutnants ernannt. Bis dahin blieb kaum Zeit zu irgendwelchen Überlegungen. Das Heer lebte ja weiter mit Wecken, Tagesdienstplänen und Zapfenstreich.

Zu meiner Leutnantsernennung kam meine Mutter nicht, sie wollte sich das ersparen, weil mein Vater und mein älterer Bruder gerade eingesperrt waren. Ahnungslos, wie wir waren, nahm ich das nicht sehr ernst – was sollte schon passieren, die beiden waren ja nur dagegen gewesen. Und sie kamen auch ziemlich unbeschädigt wieder, was nur noch mehr zu späterer Blindheit bei-

trug. Damit jemand von der Familie bei diesem Festtag vertreten sei, beorderte sie, die Mutter, ihren Bruder aus dem für ihn damals sicheren Jugoslawien, wo er als Südsteirer zu Hause war. Er wurde dann, Jahre später, nach Kriegsende, mit seiner Familie von einer anderen Seite ermordet.
Und dann kam man als jüngster Leutnant – statt wie geplant nach Enns – nach Bamberg. Übrigens ein Regiment, in dem man nicht nur kameradschaftlich aufgenommen wurde, sondern auch über alles reden konnte, solange das nicht Elogen auf die NSDAP waren. So einfach war das.
Wenn dieser Bericht nur die Abläufe dieser wenigen Wochen im Bundesheer – nicht einmal ein Prozent des Volkes – beschreiben sollte, dann sollte er besser unterbleiben. Es trat nicht in Erscheinung, als ob es kein Heer gegeben hätte.
Und doch – es war da. Nicht sehr groß, aber 60 000 Mann stark. 1:10 zur damals verfügbaren deutschen Wehrmacht. Bei ihren gegen Österreich disponiblen Verbänden war das Verhältnis vielleicht 1:3 bis 1:4.
Kein besonders gut ausgerüstetes Heer, aber immerhin. Getragen von einem sehr guten Soldaten»material«. Hätte doch die verantwortliche Regierung dieses ihr militärisches Instrument auch, seinem einzigen Sinn entsprechend, einzusetzen gewagt! Wozu hatte sie es denn? Sie hat es nicht einmal versucht. Selbst bei der alle bis dahin bekannten Verlustrelationen überziehenden Rate von 20 Prozent Toten wären das »erst« 12 000 Mann gewesen. Und ein kämpfendes Österreich wäre vielleicht das politische Haltsignal vor einem Krieg gewesen, der diesem Land 400 000 Tote abgefordert hat. Wir als Volk und sein damaliges Heer haben das nicht einmal denken dürfen, weil ein paar Männer zu verzagt waren, das zu riskieren, wozu sie impliziert ein ganzes vorhandenes und bis zum 11. März gehorsames Heer verpflichtet hatten – das Leben.
Aber den Stellenwert der Existenzsicherung mit militärischen Mitteln hat dieses Land, oder besser: haben seine politischen Führer seit 130 Jahren nicht begriffen und mit dem ständigen Verfehlen des jeweiligen politischen Zieles bezahlt, besonders in diesem Jahr.
Haben wir das alles schon damals so reflektiert? Natürlich nicht. Aber das psychologisch giftig wirkende Klima der Mutlosigkeit kam ins Heer von oben und schuf die *Bereitschaft* zum Aufgeben.
Aber dennoch, es war nicht das Bundesheer von damals, das dies auch tat. Das taten dann die Schuschniggs und Zehners. Und selbst der Bundespräsident Miklas hatte wohl den Mut, nicht die Kapitulation zu unterschreiben, aber zum Leonidas hat es auch nicht gereicht.
Es ist der Zorn des »Frühgeborenen«, der hier Schuld und Versagen bei der politisch echolosen Rolle des Bundesheeres im Frühjahr '38 nach vorne schiebt. Ausgerechnet wir sollen vor unserer Geschichte Verantwortung übernehmen für die Richtungs- und Ahnungslosigkeit der Männer, die damals

das politische Sagen hatten. Vor und über einem Heer, das keinerlei Symptome einer disziplinären Zersetzung zeigte – bis zum österreichischen Schicksalstermin im März '38.
Wer hat denn da wirklich versagt? Ein Heer ist wohl nicht dazu da, um selber Politik zu machen. Gerade diejenigen, die dies vom Bundesheer des Jahres 1938 mit fünfzigjährigem Abstand verlangen, entsetzen sich bei dem Gedanken, daß zum Beispiel das philippinische Heer heute Politik bestimmen würde.
Nein – es konnte und durfte sich nur als ein Instrument der Politik verstehen. Zu handhaben von den hiefür Befugten. Und *die* haben versagt. Sie haben dem Bundesheer nicht einmal die Chance gegeben, zu zeigen, wes Geistes Kind es tatsächlich war.
Diese politischen Verantwortungsträger sind heute die politischen Heiligen, die dagegen waren und die dann, als die Entscheidung auf sie zukam, erbarmungswürdig versagt haben. Alle – ob sie nun Schuschnigg, Starhemberg, Fey oder sonstwie hießen.
Und das Bundesheer, total im Stich gelassen von den verantwortungslosen Verantwortungsträgern, soll ihre Schuld übernehmen, das Land nicht verteidigt zu haben.
So einfach geht Vergangenheitsbewältigung.
Die objektive Tatsache bleibt natürlich, daß das damalige Bundesheer die Aufgabe nicht erfüllt hat, für die ein Staat sich ein Heer hält. Aber subjektiv trugen nicht seine Soldaten die Verantwortung für diese sowohl historische, politische und – wie später erkennbar – moralische Schuld.
Von meinen neuen Kameraden in Deutschland wurde ich fast behutsam behandelt, als sie von mir erfuhren, daß die Gestapo meinen Vater eben zum zweitenmal abgeholt hatte.
Und heute erwarten, ja verlangen meine eigenen Kinder von mir als Soldaten des ersten Bundesheeres eine aufgearbeitete, »bewältigte« Beziehung zu meiner eigenen Geschichte. Und sicher war ich nicht atypisch für das damalige Geschehen im und um das Bundesheer. Mit heutigem Wissen versehen, kann ich sagen: Ich, *wir* österreichische Soldaten von damals waren politisch einfach überfordert.
Alles, was hier berichtet wurde, sind Erinnerungen, halb verblaßte Eindrücke, aber nicht im Sinne von Memoiren. Die haben den fatalen Beigeschmack von Unfehlbarkeit, die sich als Dokumentation für Historiker anbietet. Das wird hier nicht beansprucht. Ich weiß einfach nicht, was sich da als Konsequenz von später Erfahrenem, Gelesenem oder einfach eigener Nachdenklichkeit als Bild der Erinnerung eingeschlichen haben mag – nach fünfzig Jahren! Aber der Eindruck bleibt plastisch.
Das ist auch kein Versuch, das Bundesheer von damals zu exkulpieren. Jedenfalls nicht als Instrument, das sich als Ganzes parteipolitisch abstinent ver-

stand und sicherlich schuldhaft nicht verwendet wurde. Der einzelne Soldat allerdings kann subjektiv nie mit einer Schuld belastet werden, wenn er dort nicht handelte, wo er es seiner ganzen Erziehung und Herkunft nach gar nicht durfte.

Chance oder Hoffnungslosigkeit wurden, auch bis heute nicht, je ausgelotet, noch wurde von den hiefür zuständigen Zeitgeschichtlern auch nur der Versuch gemacht, Erfolgskriterien zu bestimmen.

Diejenigen, die erklären, das Bundesheer hätte auch auf Befehl nicht geschossen, sagen das vielleicht, um das nachweislich politische Führungsversagen zu vertuschen. Wer das Gegenteil behauptet, wie ich das tue, dem fehlt aus dem gleichen Versagensgrund der Beweis.

Ob die um so vieles klüger Gewordenen von heute diese Lektion gelernt haben? Ihre heutige Beziehung zum neuen Heer und seiner staatserhaltenden Funktion erlaubt jeden Zweifel.

Manfried Rauchensteiner

»Blumenfeldzug« mit Pannen

Die militärische Komponente der Anschlußfrage

Als das Bundesheer der Zweiten Republik im Sommer 1987 ans Überlegen ging, wie das Jahr 1988 richtig zu begehen sei, kamen einige eher merkwürdige Vorschläge aufs Tapet: Da war davon die Rede, das gesamte Heer am Heldenplatz zusammenzuziehen und solcherart den 15. März 1938 mit einem »Tag des Bundesheeres« zu überlagern und zu übertrumpfen. Dann aber wurde auch davon gesprochen, daß man in einer Art großangelegtem historischem Kriegsspiel den deutschen Einmarsch wiederholen, ihn allerdings auch um die 1938 ja entfallene Komponente, nämlich ein Widerstand leistendes Bundesheer bereichern könnte. Was damit hätte gezeigt werden sollen, ist wohl niemandem so recht klar geworden, und beide Projekte wurden rasch in jene große Schublade getan, in der krause Gedankengänge endgelagert werden. Doch irgendwie waren diese Ideen bezeichnend dafür, daß man in der Zentralstelle des Heeres noch immer nicht recht wußte, wie man sich zur militärischen Komponente von Einmarsch und Anschluß stellen sollte. Gerade unter den Militärs schwankt denn auch die Beurteilung noch immer zwischen Extremen: Im Fernsehen ließ sich einer, der's erlebt, aber offenbar nicht gelernt hatte, aufs Eis führen und zur Formulierung hinreißen: »Schuschnigg oder wer immer durfte auf keinen Fall den Einsatz des Bundesheeres befehlen, denn die Deutschen wären ja ungeheuer überlegen gewesen!« Um dann, bei der unvermeidlichen Frage: »Wie ist denn das heute? Würde das Bundesheer auch nicht eingesetzt werden dürfen, wenn ein überlegener Gegner Österreich angreift?« nur mehr Hilflosigkeit zu mimen. Schließlich schlägt sich das Heer noch immer mit dem Vorwurf herum, unverändert eine Tradition zu pflegen, die dadurch belastet sei, daß einmal, 1934, Kanonen gegen Arbeiter eingesetzt und dann, 1938, auf die Deutschen nicht einmal ein Schuß abgegeben wurde. Und zu guter Letzt kommen die Selbstbewußten, die meinen, so etwas könnte heute nicht mehr passieren – nicht aber, weil wir von friedliebenden Nachbarn umgeben und immerwährend neutral sind, sondern weil das Heer ganz anders strukturiert und gesellschaftlich verankert, daher jederzeit und in allen Fällen einsetzbar wäre.

Mag sein, daß alle diese Standpunkte – der vom aussichtslosen Widerstand, der von der Mitschuld des Bundesheeres und der von der heutigen Andersartigkeit des Heeres – ein Quentchen Wahrheit enthalten. Der direkte Vergleich 1938 : 1988 ist jedoch in jedem Fall unsinnig, und es kann gar nicht genug davor gewarnt werden, historische Situationen bloß auf ihre aktuelle Bedeutung und auf ihre Wiederholbarkeit hin zu untersuchen. Auch der »Anschluß« ist etwas, dem wir uns lediglich aus historischem Interesse zuwenden sollten. Er ist, wie alles andere, nicht wiederholbar. Doch sehen wir uns einmal das militärische Umfeld dieser Epochentage der österreichischen Geschichte an.

Das österreichische Bundesheer verfügte 1938 über sieben schwache Infanterie-Divisionen, eine teilmechanisierte Division, die sogenannte Schnelle Division, und eine Infanterie-Brigade. In Regimentern kam die Stärke bzw. Schwäche besser zum Ausdruck: achtzehn Infanterie- bzw. Jäger-Regimenter und fünf selbständige Alpen- bzw. Feldjäger-Bataillone bildeten die Infanterie. Zwei Dragoner-Regimenter, vier Kraftfahrjäger-Bataillone und ein Panzerwagen-Bataillon bildeten die Schnelle Division. Die Artillerie verfügte über acht leichte Artillerie-Regimenter und das Selbständige Artillerie-Regiment mit mittleren Geschützen. Schwere Artillerie war lediglich in einer Schulbatterie vorhanden. Die Luftstreitkräfte verfügten auf dem Papier zwar über 150 Flugzeuge, doch waren von den Jagdflugzeugen bestenfalls zweiundvierzig Maschinen italienischer Bauart und dreizehn Bombenflugzeuge als modern oder zumindest einsatzfähig anzusprechen. Die Fliegerabwehrgeschütze reichten nicht einmal aus, um die wichtigsten militärischen Objekte zu schützen. Städte, Industrieanlagen und Verkehrswege waren völlig ungeschützt. Alles in allem verfügte das Bundesheer über weniger als 60 000 Mann, die nach Mobilmachung auf 125 000 Mann Kriegsstand gebracht werden konnten.

Zu den Kräften des Bundesheeres waren seit der am 1. April 1936 erfolgten Einführung der Allgemeinen Dienstpflicht noch jene der Frontmiliz zu zählen, die sich in eine Jäger- und eine Standmiliz gliederte, vergleichbar der heutigen mobilen und territorialen Landwehr. Daneben gab es noch Sondermilizen. Die Jägermiliz sollte nach Mobilmachung 42 000 Mann erreichen. In den Grenzschutz-Kompanien wurden 37 000 Mann und in der übrigen Standmiliz 17 500 Mann gerechnet, zu denen dann noch die Sondermilizen kamen. Zählt man auch das zusammen, dann ergab das für die Frontmiliz nach Mobilmachung wiederum 100 000 Mann. Ein erheblicher Teil dieser Leute, die freilich nur mangelhaft bewaffnet waren, verfügte über Kriegserfahrung und sollte wohl – wie so oft in Österreich – durch Tapferkeit ausgleichen, was an Waffen fehlte. Bundesheer und Frontmiliz waren allerdings nicht aufeinander eingespielt, und das Heer sah in der Miliz auch keine vollwertige Ergänzung.

Nun kann man natürlich über die Schlagkraft einer Armee, ihren Geist und ihre Kriegstauglichkeit nicht urteilen, ohne diese Armee in einem Einsatz ge-

sehen zu haben. Das Bild des Bundesheeres schwankte denn auch schon seinerzeit zwischen Extremen: Der Aussage über ein vorzügliches, diszipliniertes und bestens geführtes, kriegsnah ausgebildetes und vergleichsweise modernes Heer, wie sie von italienischen Beobachtern formuliert wurde, stehen ebensolche Aussagen gegenüber, die das Gegenteil behaupten.
So schrieb der deutsche Militärattaché, Generalleutnant Muff, sicherlich einer der besten Kenner und schärfsten Kritiker des Bundesheeres: »Der tatsächliche Ausbau der österreichischen Wehrmacht innerhalb des ihr vor zwei Jahren gesteckten Rahmens ist beträchtlich hinter den Absichten und Erwartungen zurückgeblieben. Auch im abgelaufenen Jahr konnten nicht alle Einheiten aufgestellt oder auf volle Stärke gebracht werden ... Es fehlen fast überall noch ganze Formationen ... Auch die Bewaffnung und die Stärke weisen noch beträchtliche Lücken auf. Den leichten Batterien fehlen die Geschütze, die schwere Artillerie ist überhaupt noch nicht vermehrt worden ... Die Hauptursache für diese langsame Entwicklung ist der Geldmangel des Staates. Vielleicht ist sogar mit den geringen zur Verfügung gestellten Mitteln das Möglichste erreicht worden. Aber er [der Staat] spart eben an allen Ecken und Enden. Auch das neue Jahr, das als ›Jahr der Artillerie‹ nach dem abgelaufenen ›Jahr der Flieger‹ bezeichnet worden ist, dürfte kaum eine Besserung bringen, weil der Haushaltsvoranschlag ... für die Wehrmacht sogar einen um 10,5 Millionen Schilling niedrigeren Betrag vorsieht als im abgelaufenen Jahr.« (Es sind eigentlich nur wenige Worte, die signalisieren, daß es sich bei den hier gemachten Äußerungen nicht um einen Bericht des Landesverteidigungsrates über die Situation des Bundesheeres anno 1988 handelt, sondern um den Jahresbericht des deutschen Militärattachés in Wien über die Entwicklung des Bundesheeres im Jahr 1937.)
Das Heer, berichtet Muff weiter, bereite sich lediglich auf einen raschen Überfall vor; einfache Straßen-, Brücken- und Bahnsperren seien weit fortgeschritten, die Bevorratung noch unzulänglich und die kriegswirtschaftlichen Vorbereitungen steckten in den Anfängen. Zum Schluß schrieb Muff: »Ganz abgesehen davon, daß in Anbetracht seiner wehrgeographischen Lage Österreich niemals groß genug sein wird, um ohne Unterstützung durch einen starken Nachbarn sein Gebiet schützen oder seine Neutralität wahren zu können, stellt seine Wehrmacht in ihrer heutigen Gestalt auch in beschränktem Umfang noch kein vollwertiges Instrument für die Aufgaben eines neuzeitlichen Krieges dar.«
So also sah der württembergische General, der aus unerfindlichen Gründen aus der Pension geholt und auf den wichtigen Posten nach Wien geschickt worden war, die Situation des Heeres. Muff war kein Freund Österreichs, das war denen, die ihn im Heerespersonalamt in Berlin ausgesucht hatten, wohı klar. Er hatte aber auch in den Jahren in Wien jeglicher Charme-Offensive widerstanden und kannte nur seine Aufgabe und deutsche Interessen.

Folglich waren ihm auch nur jene österreichischen Offiziere und Soldaten sympathisch, die sich im NS-Soldatenring illegal organisiert hatten, und diejenigen, die den Dienst im Heer hatten quittieren müssen, weil sie jeglicher Art von Information über die Vorgänge im Heer an deutsche Stellen hatten gelangen lassen. Der ideologische und machtpolitische Kampf kannte keine Neutralen, er kannte nur Freund und Feind. Einem deutschen Offizier, der im November 1937 in Österreich auf offizieller »Tour« war, schien vor allem die Zurückhaltung auffallend, die das Offizierskorps an den Tag legte. Da war nichts mehr von der herzlichen und völlig unbefangenen Verbundenheit des Ersten Weltkriegs zu spüren. Das Bundesheer schien ihm besser als noch 1930, doch den Teil der Ausrüstung, den er sah – und das war vor allem die Pionierausstattung, auf die das Bundesheer besonders stolz war – charakterisierte er schlicht als »billig«.
Muff glaubte allerdings, daß das Bundesheer unter gewissen Voraussetzungen einem deutschen Einmarsch Widerstand leisten würde. Daher meinte er noch im Februar 1938: »Eine etwa kämpfend gegen Österreich vormarschierende deutsche Armee würde auf Österreichs bewaffneten Widerstand gestoßen sein. Einer mit klingendem Spiel einrückenden deutschen Heeresmacht gegenüber würde man mit Rücksicht auf die vielen Nationalsozialisten und damit Großdeutschen neutral geblieben sein.«
Hatten beim ohnedies nur sehr schleppenden und unvollkommenen Aufbau des Bundesheeres ausschließlich defensive Konzeptionen eine Rolle gespielt, so war für die deutsche Wehrmacht die offensive Verwendung maßgeblichstes Element des Aufbaues gewesen. Seit Herbst 1936 wurde der organisatorische Aufbau des Kriegsheeres systematisch vorangetrieben. Dabei war das Oberkommando des Heeres bestrebt, die vorgegebenen Ziele des mittel- und langfristigen Aufbaus zu übertreffen und jeweils früher als vorgesehen und vollständiger als gefordert Friedens- und Kriegsheer zu präsentieren. Im Dezember 1936 wurden die Aufbaupläne genehmigt, und am 6. Dezember 1936 der letzte umfassende Rüstungsplan vor Ausbruch des Krieges in Kraft gesetzt. In drei Jahren sollte das Friedensheer um fast 50 Prozent vermehrt und ein Kriegsheer geschaffen werden, das nur an den Höchstständen des Ersten Weltkriegs zu messen war. Bis 1939 sollte ein Friedensheer von 830 000 Mann bzw. ein Feldheer von über 2,4 Millionen Mann aufgestellt sein. Engpässe wurden zunächst weder auf personellem Sektor noch bei der Bewaffnung gesehen.
Doch ab 1937 spielten rüstungswirtschaftliche Faktoren eine immer größere Rolle. Die wirtschaftliche Situation spitzte sich krisenhaft zu. Rohstoffmangel führte dazu, daß Ende 1937 der Vorrat bei einzelnen Munitionsarten auf fünfzehn Kampftage sank, was als zu wenig angesehen wurde. Und da der überstürzte Ausbau auch sonst Probleme schuf, wurde das Heer schließlich von der Generalität 1938 als »nicht kriegsfähig« bezeichnet. Und genau in dieser Phase erfolgte der Befehl zum Einmarsch in Österreich.

Dank des großzügigen Ausbaues der Wehrmacht und der forcierten Waffenproduktion war die deutsche Wehrmacht aber insgesamt unverhältnismäßig stärker als das Bundesheer, vielleicht nicht besser ausgebildet, aber konsolidierter, auf jeden Fall aber besser bewaffnet. Natürlich wäre es falsch, die Kräfte und die Verhältnisse 1:1 zu vergleichen, also die gesamte deutsche Wehrmacht dem Bundesheer gegenüberzustellen; die ganze deutsche Wehrmacht wäre auch in einem Krieg mit Österreich nicht einzusetzen gewesen. Ein Krieg mit Frankreich wurde immer in Rechnung gestellt. Wahrscheinlich hätte ein Widerstand Österreichs den Aufbau der Wehrmacht auch so gestört, daß er in der vorgesehenen Form überhaupt nicht mehr geordnet durchführbar gewesen wäre. Doch das ist wieder Spekulation.
Wenn wir von dem ausgehen, was dann tatsächlich mobilgemacht und für den Einmarsch nach Österreich verwendet wurde, so waren dies: die Divisionen der Wehrkreise VII und XIII, ferner größere Teile der deutschen Luftwaffe, aber natürlich wären dahinter auch Divisionen anderer Wehrkreise gestanden; letztlich kann kaum ein Zweifel darüber bestehen, daß es der deutschen Wehrmacht möglich gewesen wäre, aus einer vergleichsweise kleinen zahlenmäßigen Überlegenheit eine vielfache werden zu lassen. Das wäre aber nur im Verlauf eines Krieges gegangen. Und der war ganz sicher nicht geplant.
Seit sich das Bundesheer 1935 darauf einzustellen begonnen hatte, daß es zum bewaffneten Konflikt und im schlimmsten Fall zum Krieg mit dem Deutschen Reich kommen könnte, war an operativen Überlegungen gearbeitet worden. Dafür primär verantwortlich war der Chef des Generalstabes, Feldmarschalleutnant Alfred Jansa; der erhielt seine Weisungen direkt vom Bundeskanzler. Zunächst einmal glaubte man noch, Italien in die Verteidigung Österreichs mit einbeziehen zu können. Doch 1938 war das schon gänzlich unwahrscheinlich geworden. Es blieb also die schlechteste aller Möglichkeiten, nämlich ein Krieg des Deutschen Reichs gegen ein auf sich allein gestelltes Österreich. In diesem Fall war es wohl naheliegend, die deutsche Hauptmacht in einem direkten und massiven Vorstoß nach Wien, und zwar im Donautal südlich des Stromes, anzunehmen. Und wiederum naheliegend wurden die österreichischen Verteidiger gedanklich hinter der Traun und hinter der Enns versammelt. Wie viele das sein konnten, hing vom Stand der Mobilmachung ab.
Doch dieser sogenannte Jansa-Plan, der in verschiedenen, allerdings nicht stark voneinander abweichenden Varianten bis 1938 ausgearbeitet wurde, stellte fast nur das Bundesheer in Rechnung und ließ die Frontmiliz weitgehend unberücksichtigt. Wenn möglich sollte sich die oberösterreichische Division, die 4. Division, westlich der Traun im Gebiet bis zur deutschen Grenze aufopferungsvoll verteidigen. Ab dem zweiten Mobilmachungstag wäre der 4. Division durch die Schnelle Division Hilfe gebracht worden.

Dann aber wäre nur mehr an Traun und Enns hinhaltend zu kämpfen und schließlich auf den Alpenrand auszuweichen gewesen. Die Vernichtungsschlacht im Donautal sollte auf jeden Fall unterbleiben und statt dessen versucht werden, gegen die Flanke der deutschen Truppen zu wirken.
Details wurden nicht ausgearbeitet, der Plan, der nur in groben Zügen bekannt gegeben, ansonsten aber als militärisches Geheimnis gehütet wurde, lag aber doch so weit auf der Hand, daß man auch ohne Kenntnis der genauen Kräfteverteilung und der operativen Details die Grundzüge erahnen konnte. Und jedem, vor allem auch Jansa, war bewußt, daß ein Kampf überhaupt nur den Zweck haben konnte, Zeit zu gewinnen und das Eingreifen anderer Mächte zu erwarten.
Auch in Berlin war man verhältnismäßig spät ans Planen gegangen. Das Reichskriegsministerium befahl am 24. Juni 1937 dem Chef des Generalstabes, General Ludwig Beck, die Ausarbeitung einer Operationsstudie mit der Bezeichnung »Sonderfall Otto«. Damit sollte signalisiert werden, daß das deutsche Heer nur auf einen habsburgischen Restaurationsversuch in Österreich reagieren würde. Der Chef des Generalstabes hatte sich zwar rund einen Monat vorher gegen eine solche Ausarbeitung ausgesprochen und machte dafür politische, aber auch kräftemäßige Überlegungen geltend, doch schließlich wurde er angewiesen, den Fall zumindest zu »durchdenken«. Konkreter wurde dann Hitler am 5. November 1937, als er in seiner berühmten Besprechung mit dem Außen- und dem Reichskriegsminister sowie mit den Oberbefehlshabern der drei Wehrmachtsteile, Heer, Marine und Luftwaffe, Österreich als ein kurzfristiges Ziel der deutschen Expansion nannte. Die Ausführungen, die sich auf Österreich bezogen, stellten nichts in den Raum, was vielleicht noch gewisse Rücksichtnahmen hätten erkennen lassen. Da hieß es nur, Österreich wie die Tschechoslowakei müßten vor einem Krieg mit Frankreich ausgeschaltet und dem Dritten Reich einverleibt werden. Das würde die Ernährungssituation des Reichs verbessern und Truppen bringen. Die Voraussetzung dazu sei unter anderem die Aussiedlung von einer Million Menschen aus Österreich. Wie Italien auf die Besetzung Österreichs reagieren würde, sei noch unklar, doch solange der Duce am Leben sei, seien keine besonderen Probleme zu erwarten. Ab dem 5. November waren daher für Hitler nur mehr das Wann und das Wie offen, doch grundsätzlich war er zur Anwendung von Gewalt bereit.
Als dann Schuschnigg am 9. März 1938 seine Volksbefragung ankündigte, war Hitler damit der Vorwand geliefert, seine am 5. November des Vorjahres entwickelten Gedankengänge im »Fall Österreich« zu Ende zu denken. Für ihn hatte sich seit damals einiges verändert. Nicht aber durch die Begegnung in Berchtesgarden, sondern dadurch, daß er den Widerstand eines Teils der deutschen Heeresgeneralität, der ihm natürlich bekannt und auch im Fall der Vorbereitungen gegen Österreich begegnet war, ausgeschaltet hatte:

Schon eine Woche vor Berchtesgarden verübte er am Reichskriegsminister, Generalfeldmarschall Blomberg, und am Oberbefehlshaber des Heeres, Generaloberst Fritsch, Rufmord, entließ die beiden und übernahm die Funktion des Obersten Befehlshabers der Wehrmacht. Schuschnigg saß daher in Berchtesgarden schon ein ganz anderer Mann gegenüber, als das noch zwei Wochen vorher der Fall gewesen wäre. Und dieser Führer und Oberste Befehlshaber zögerte im März 1938 nicht, auf das überraschende Vorgehen Schuschniggs zu reagieren.

Nach der Ankündigung der Volksbefragung durch Schuschnigg begann die Zeitbombe zu ticken. Der österreichische Bundeskanzler glaubte sich zunächst noch so weit Herr der Situation, daß er eine gleichzeitige Mobilmachung nicht in Erwägung zog. Sie schien ihm wohl zu sehr Drohung zu sein. Außerdem benötigte der Kanzler einen Teil des Heeres zur Niederhaltung von nationalsozialistischen Unruhen, vor allem in der Steiermark, und zur ordnungsgemäßen Abwicklung der Volksbefragung. Vielleicht hätte Schuschnigg anders gehandelt, wären von Hitler sofort Drohungen ausgestoßen worden. Doch der Führer und Reichskanzler befahl Schweigen, und erst zu Mittag des 10. März erging an den Chef des Generalstabes des Heeres der Befehl, Pläne für einen Einmarsch in Österreich am 12. März vorzubereiten. Hitler zögerte allerdings noch mit dem Mobilmachungsbefehl und gab ihn erst auf Drängen Görings hinaus. Am Abend des 10. März liefen die deutschen militärischen Vorbereitungen voll an. Oberbefehlshaber und Kommandierende Generale wurden eiligst nach Berlin befohlen, der Chef der Abwehr, Admiral Canaris, hatte zu melden, ob irgendeine europäische Macht militärische Vorbereitungen träfe. Dabei galt das Hauptaugenmerk Frankreich.

Das Heeresgruppenkommando in Dresden stellte ein Armeekommando auf, das die Nummer 8 erhielt, die beiden süddeutschen Wehrkreise VII und XIII wurden dem AOK 8 unterstellt und hatten ihre Truppen mobilzumachen. SS-Verfügungstruppen, Ordnungspolizei und Luftwaffenverbände wurden alarmiert. Alles geschah getarnt, teils unter dem Vorwand einer Parade in München, teils von Mobilmachungsübungen und ähnlichem. Schuschnigg seinerseits hatte für den Vormittag des 11. März die Einberufung der Reservisten des Jahrgangs 1915 befohlen, eine an sich völlig sinnlose Art der Teilmobilmachung, da dadurch nur da und dort ein paar Soldaten zur Auffüllung der stehenden Verbände herangezogen werden konnten. In Zahlen ausgedrückt, kamen von den Mobilgemachten um die 10 000 Mann, und von denen rückte ein Teil mit Hakenkreuzarmbinden ein. Die Demonstration war nur zu deutlich.

Zu Mittag des 11. März rückten zwei Bataillone zur Verstärkung der Garnisonen im oberösterreichischen Raum ab. Das war aber nicht mehr als eine Demonstration, denn es wurde ja nicht etwa der Jansa-Plan oder sonst irgendeine vorbereitete Planung in die Wirklichkeit umzusetzen gesucht. Der Generaltruppeninspektor, General Schilhawsky, informierte den Bundeskanzler zur selben Zeit, daß der »Widerstand ... unter diesen Umständen, wenn wir nicht auf eine sofortige Unterstützung von außen rechnen können, ... aussichtslos und nicht zu vertreten« sei. Sechs Stunden nachdem der Befehl zur Grenzbeobachtung gegeben worden war, wurde an die Bundesheerverbände telefonisch durchgegeben, daß sie keinen Widerstand leisten sollten, wenn deutsche Truppen die Grenze überschreiten. Das Heer habe sich »nach Osten zurückzuziehen. Es darf kein Schuß abgegeben werden«.

Während in Wien und Berlin die politische Aktion ablief, die zum erzwungenen Rücktritt Schuschniggs, zur Berufung Seyß-Inquarts und zur Absendung des Seyß-Inquart regelrecht abgepreßten Telegramms führte, in dem um den Einmarsch deutscher Truppen gebeten wurde, machten sich diese zum Einmarsch bereit. Gleichzeitig liefen allerdings noch Bemühungen, den Einmarschbefehl zu widerrufen, da die Machtübernahme durch die Nationalsozialisten am Abend des 11. März als gelungen und abgeschlossen angesehen werden konnte. Doch Hitler weigerte sich. Er wollte sich auch als Oberster Befehlshaber bestätigen. In der Nacht zum 12. März überschritten bereits vereinzelt deutsche Soldaten die Grenze und rückten schließlich im Laufe des Tages in einem Gewaltmarsch nach Osten vor.

Für die 8. Armee war die Sachlage klar. Wenn die deutschen Truppen auf Widerstand gestoßen wären, wäre dieser, wie es in dem Einmarschbefehl hieß, mit allen Mitteln und raschest zu brechen gewesen. Doch es kam zu keinem Widerstand. Der neue Bundeskanzler, Seyß-Inquart, sah sich nicht einmal mehr vor die Notwendigkeit gestellt, dem Heer den Kampf zu verbieten. Das hatte noch sein Amtsvorgänger gemacht. Ja, Seyß schien zeitweilig sogar das Bundesheer vergessen zu haben. Dabei konnte es keine Zweifel geben, daß er, wie vorher Schuschnigg, auch die Leitung des Verteidigungsministeriums innehatte. Doch das Bundesheer machte ihm keine Schwierigkeiten.

Die Verbände des Heeres, die am 11. März von burgenländischen und niederösterreichischen Garnisonen aus in Marsch gesetzt worden waren, hatten bei ihrem Ausrücken immer wieder Mißfallenskundgebungen von Bevölkerungsteilen zu spüren bekommen. Sie waren in eine ungeheure innere Bedrängnis gekommen, denn wenn man sich auf der einen Seite kriegsbereit zu machen hat, auf der anderen Seite aber spürt, wie wenig der Einsatz des Lebens von denen geschätzt wird, denen er gilt, dann ist nur zu leicht ermeßbar, was Offiziere und Soldaten empfanden, als ihnen der Befehl zuging, wieder in ihre Garnisonen einzurücken.

Die Mehrheit der Offiziere und Soldaten war zutiefst dankbar, daß ihnen der Kampf gegen deutsche Truppen erspart geblieben war. Offiziere und aktive Soldaten des Heeres wußten auch am besten, wie es um das Heer bestellt

war – daß eine regelrechte Mobilmachung nicht einmal versucht worden war, daß sie auch infolge der Bindung eines nicht unwesentlichen Teils des Heeres bei innenpolitischen Assistenzen nur schwer durchführbar gewesen wäre. Man wußte wohl auch um die Zugehörigkeit des einen oder anderen zur illegalen Organisation der Nationalsozialisten, dem »Nationalsozialistischen Soldatenring«.
Zu fragen, ob das Heer gehorcht hätte oder nicht, ist fast müßig. Ein Großteil der aktiv dienenden Soldaten wäre wohl befehltstreu geblieben. Daß ein Auffüllen der Verbände nur zum Teil gelungen wäre, weil die Reservisten dem Einrückungsbefehl nicht Folge geleistet hätten, ist ebenso wahrscheinlich. Daß der Widerstand nur punktuell hätte sein können, die deutsche Übermacht wahrscheinlich auch rasch über Traun und Enns gekommen wäre, ist ebenfalls so gut wie sicher. Alles das sind aber im Grunde genommen Spekulationen.
Als die deutschen Verbände vorrückten, trafen sie nicht nur auf keinen Widerstand, sie mußten den Eindruck haben, in ein jubelndes Land einzurükken. Es gab auch kaum Probleme bei dieser Vorrückung, denn was dann nachträglich in die Erfahrungsberichte geschrieben wurde, das verzerrte das Bild ja erheblich. In den Erfahrungsberichten wurden sämtliche Friktionen der Mobilmachung und auch kleinste Pannen ausführlich dargelegt, da man daraus ja lernen und ähnliche Pannen, die dann vielleicht verhängnisvoll sein konnten, ausmerzen wollte. Die Panzer hatten Probleme, da nicht damit gerechnet worden war, daß sie ohne Unterbrechung bis Wien durchfahren sollten. Sie bekamen Treibstoffprobleme, da das österreichische Benzin für Panzer ungeeignet war und der eigene Nachschub nicht nachkam. Die Gebirgsjäger, die dann in die Steiermark marschierten, bekamen Probleme, da sie über ungeräumte und hoch mit Schnee bedeckte Pässe vorrücken mußten und erst der Weg freigemacht werden sollte. Doch letztlich besaß das alles nur mehr Übungscharakter.
Der Blick auf die ungehindert vorrückenden Truppen verdeckt aber sicherlich vieles, nicht zuletzt auch die handstreichartige Inbesitznahme Wiens, das durch eine Luftlandeoperation und durch die Sicherung aller neuralgischer Punkte und Objekte rund zehn Stunden vor dem Eintreffen deutscher Bodentruppen eingenommen wurde und bereits am frühen Morgen des 12. März fest in deutscher Hand war.
Da keiner der Nachbarn Österreichs auch nur eine einzige Geste machte, die auf militärische Vorbereitungen oder gar feindliche Absichten schließen ließ, die deutschen Truppen andererseits peinlich darauf bedacht waren, Abstand zu den Grenzen, insbesondere der Tschechoslowakei, zu halten, da Italien nichts unternahm, um Österreich zu helfen, was Hitler Mussolini »niemals vergessen« wollte, war am 13. März die Besetzung Österreichs kein militärisches Problem mehr. 24 Stunden hatte man auch glauben können, Hitler

würde Österreich im Rahmen des Deutschen Reichs einen Sonderstatus geben und einen schleifenden Übergang, vergleichbar dem Bayerns nach 1871, versuchen wollen. Dementsprechend wäre auch das Bundesheer als homogener Körper erhalten geblieben. Doch bereits am 13. März war diese Überlegung gegenstandslos. Österreich wurde sofort und total eingegliedert und das Bundesheer am 14. März auf Hitler vereidigt. Nicht das gesamte Heer freilich. Vor allem die hohen Offiziere wurden größtenteils pensioniert, Offiziere und Soldaten, die von einem Tag auf den anderen aus rassischen Gründen verfemt waren, wurden ebenfalls nicht übernommen. Doch der Rest schwor Hitler »unbedingten Gehorsam«. Schon am 12. März waren auch bedeutende Umgliederungen in Aussicht genommen worden, um die Wehrkraft Österreichs voll auszuschöpfen und aus dem Bundesheer »baldigst eine für einen Angriffskrieg geeignete, schnell mobile, stoßkräftige Armee zu schaffen«.

Der deutsche Einmarsch und die militärische Besetzung waren, wie wir jetzt wissen, unnötig, weil es keinen Grund mehr gegeben hatte, der den Einsatz von Militär plausibel machen konnte. Es sei denn, man geht davon aus, daß von allem Anfang an Gewalt, und das am augenfälligsten in Form von militärischer Gewalt, demonstriert werden sollte. Damit konnte auch gleich den bisherigen Nachbarn Österreichs gezeigt werden, daß Hitler jeder Eventualität mit der Wehrmacht zu begegnen bereit war. Doch der militärische Einmarsch hatte auch seine innere Logik. Denn hier demonstrierte ja der Führer und Oberste Befehlshaber seine Macht; er demonstrierte sie mindestens so stark nach innen wie auch außen. Einem General Beck wurde vor Augen geführt, daß nicht nur Österreich keinen Widerstand leistete, sondern daß auch sonst keiner der Europäer auch nur einen Finger rührte. Und der Generalität, vor allem des Heeres, wurde zum erstenmal der Feldherr Adolf Hitler vor Augen geführt.

Zu den schon vorher angestellten Spekulationen, einer durchaus legitimen Art einer »erweiterten« Geschichtsbetrachtung, gehört es auch, darüber zu sinnieren, was gewesen wäre, wenn das Bundesheer Widerstand geleistet hätte. Daß der kein großartiger hätte sein können, liegt auf der Hand. Unter den noch vor dem Befehl Schuschniggs, keinen Schuß auf Deutsche abzugeben und sich nach Osten zurückzuziehen, gegebenen Verhältnissen war zu konstatieren, daß das Bundesheer im Hinblick auf eine regelrechte Mobilmachung um zehn Tage nachhinkte. Damit wäre es nie zu einem auch nur annähernd kompletten Einsatz des Heeres gekommen, eines Heeres, das wahrscheinlich auch in einem Bürgerkrieg gebunden und angesichts einer fast vollständigen deutschen Luftüberlegenheit kaum imstande gewesen wäre, sich irgendwo zu konzentrieren.

Die Chancen eines Widerstandes waren nicht gegeben, und auf Hilfe aus dem Ausland konnte man nicht hoffen. Das wußte Schuschnigg, und daher

handelte er so, wie er es offenbar tun mußte. Somit wäre nur noch ein symbolischer Widerstand geblieben. Abgesehen davon, daß auch er nichts bewirken konnte, muß man sich fragen, was eigentlich darunter zu verstehen ist. Hat ein Heer symbolischen Widerstand geleistet, wenn es einen, zehn oder tausend Schuß abgibt, auf ein Dutzend Tote verweisen kann oder erst nach fünf Stunden kapituliert? Ein Heer ist nicht dazu da, um symbolischen Widerstand zu leisten! Das würde allenfalls auf Soldatenspielen hinauslaufen.
Doch die Frage eines möglichen militärischen Widerstandes berührt andere Gebiete – vor allem jene, die mit der Frage verknüpft sind, ob irgend etwas anders geworden wäre, wenn das Bundesheer, unter welchen Voraussetzungen auch immer, Widerstand geleistet, Hitler einen Rückschlag erlitten und dann vielleicht doch nicht seinen Weltkrieg vom Zaun gebrochen hätte. Soweit abschätzbar, hätte es unter vielen Möglichkeiten einer anderen historischen Entwicklung aber wohl nur eine nahezu sichere gegeben: Österreich wäre dennoch Teil des nationalsozialistischen Deutschland geworden. Ob dieses – ohne Weltkrieg – auch heute noch existieren würde, ist wiederum Spekulationsobjekt.
Es ist nicht so gekommen, und wenn wir an den Anfang der Überlegungen zurückkehren, dann sind wir wieder bei jenem Bundesheer des Jahres 1988. Es ist sicher, daß der März 1938 nicht zur engeren Überlieferung des Heeres gehört, genauso wenig wie ältere Traditionen. Dennoch muß sich das Heer der Zweiten Republik damit auseinandersetzen und zumindest eingeschränkt dazu bekennen. Der 11. März ist allerdings kein Truppengedenktag, sondern ein solcher der höchstens Kommanden und Führungsverantwortlichen. Denn ihre Vorgänger waren es, die die Entscheidungen vorzubereiten und zu treffen hatten. Und für sie gibt es nicht die bequemen Rückzuglinien, die immer wieder skizziert werden und so lauten: Wenn von der politischen Führung ein Befehl gekommen wäre, dann hätte das Bundesheer gewiß seine Pflicht getan; oder: Ja, was wäre denn das für eine Armee, die sich gewissermaßen selbständig macht und entgegen den politischen Absichten und unter Bruch der gegebenen Befehle auf eigene Faust Krieg beginnt? Das wäre ja ein Militärputsch!
Die Heeresspitze des Jahres 1938 war für das Nicht-einsetzen-Können des Heeres mitverantwortlich. Die hohe Generalität, an der Spitze der Staatssekretär im Verteidigungsministerium, General Wilhelm Zehner, waren verantwortlich für die Struktur dieser Spitze, die sich – ohne deutschen Druck – des Generalstabschefs beraubt hatte. Denn daß Jansa am 1. März pensioniert wurde, war ihm schon vor Berchtesgarden mitgeteilt worden. Der Generaltruppeninspektor, General Schilhawsky, hatte unmißverständlich gesagt, daß das Heer nicht eingesetzt werden sollte, da es keine Chance hätte. Die militärische Führungsspitze hatte auch einen letzten innenpolitischen Einsatz befohlen, der zu einer Verwerfung des Heeres führte, und war dabei so vorge-

gangen, daß hohe militärische Führer und einzelne Kommandanten am 11. März gar nicht mehr wußten, was ihnen überhaupt noch zur Verfügung stand.

Es war, schlicht gesagt, ein Führungsdesaster. Verglichen mit dem Chaos an der politischen Führungsspitze mochte es noch immer gering sein. Daher wäre es auch unbillig, dem Heer heute einen lediglich vordergründigen Vorwurf zu machen. Daß man aus der Situation des Jahres 1938 Führungsverhalten lernen kann, liegt nahe. Daß auch das Heer mit einer gewissen Hypothek leben muß, läßt sich nicht vermeiden. Und jeder ist aufgerufen, es – unter welchen Voraussetzungen auch immer – besser zu machen.

»Wien, 13. März. Amtlich wird mitgeteilt: Gestern um acht Uhr früh haben deutsche motorisierte Truppen die österreichische Grenze zu einem Freundschaftsbesuch überschritten.« Nüchtern steht es in den Zeitungen; amtliche Kommuniqués haben es quer durch die Zeiten an sich, daß sie Kälte ausströmen. Wie ein Eisblock nimmt sich die Verlautbarung zwischen den Jubelmeldungen in den Gazetten aus. Tags zuvor haben die Abendblätter ein anderes Faktum in nicht minder nüchterner Sprache, gleichfalls in Form einer amtlichen Verlautbarung, ihren Lesern mitgeteilt: »Reichsführer SS Himmler ist, im Flugzeug aus München kommend, heute gegen 5 Uhr in Wien eingetroffen. In seiner Begleitung befinden sich unter anderen der Chef der Schutzpolizei, SS-Gruppenführer Heydrich, der Chef der Ordnungspolizei, General Daluege, SS-Oberführer Jest, SS-Standartenführer Müller und Oberstleutnant der Schutzpolizei Meißner.«
Wir wissen es, als historische Tatsache ist es längst in die Geschichtsbücher eingegangen, aber in der Anatomie des Jahres ist es dennoch ein bedeutendes Detail des Befundes: Noch bevor die deutschen Truppen in Österreich einmarschiert sind, hat die SS die Macht übernommen. Noch bevor der sogenannte Blumenfeldzug begann, haben die Schergen Wiener Boden betreten. Die Österreicher haben es nicht gewußt. Damals. Heute weiß man es, und man weiß die Konsequenzen. Fast wie ein schicksalhaftes Omen nimmt sich an diesem 12. März, dem Samstag, der Spielplan der Theater aus. Im Burgtheater steht als Nachmittagsvorstellung »Hannibal« auf dem Programm, eine Tragödie von Grabbe. Und im Akademietheater spielt man »In Ewigkeit Amen«, ein Wildgans-Trauerspiel. Die Staatsoper schließlich bietet Wagners »Tristan und Isolde«.
Und doch spielen auch noch zwei jüdische Bühnen in Wien, das Jüdische Kulturtheater und die Jüdischen Künstlerspiele. Gleichzeitig offeriert die Exilbühne im Bürgertheater Schönherrs »Judas von Tirol«. Der Kontrast kann nicht größer, kann nicht grausamer sein.
Es ist ein Kontrast, der über Österreich lastet in diesen Märztagen, da der Himmel so blau ist und die Luft so ungewöhnlich mild. Noch spielen zwei jüdische Theater – und schon beginnt der Exodus. Die einen jubeln, die anderen weinen. Die einen plärren, die anderen flüstern. Österreich hat zwei Gesichter in diesen Tagen. Eines ist eine Fratze, das andere ist tränenüberströmt. Die Fratze sieht man deutlicher.

Da ist der Rathausplatz. Noch heißt er so, erst tags darauf, am 12. März, wird ihn eine servile neue Stadtverwaltung eilends in »Adolf-Hitler-Platz« umtaufen und dem Führer den Huldigungsakt nach Linz telegrafieren. Noch schreibt man den 11. März. Aber im Grunde ist schon alles vorüber. Eine Menschenmenge füllt am späten Abend das weite Areal vor dem Burgtheater. Zwei Burschen, einer von ihnen in SA-Uniform, der andere mit dem Stahlhelm der SS, klettern auf das Gesims der gotischen Rathausfassade und entrollen eine Hakenkreuzfahne. Die Menge brüllt Beifall. Sie brüllt auch, als sich ähnliches vor dem Bundeskanzleramt abspielt.
Aber sie weiß nicht, was sich auf den Bahnhöfen tut. Die Polizei weiß es, auch die SA ist informiert. Der Exodus hat begonnen.
Dreizehn Waggons statt acht hat man diesmal dem planmäßigen D-Zug nach Warschau beigegeben, der eine Dreiviertelstunde vor Mitternacht Wien verläßt. Die Garnitur ist trotzdem zum Bersten voll. Noch spielen, wohlgemerkt, die beiden jüdischen Theater. Als die Vorstellungen schließen, haben die Juden am Bahnhof mit dem Leben in ihrer Vaterstadt abgeschlossen. Noch wird nicht genau kontrolliert im Bahnhof. Aber Denunzianten gibt es überall, auch in Bundesbahneruniform. Der Nachtschnellzug nach Warschau hält schon hinter Stadlau das erste Mal. Ein Schaffner hatte, als der Zug durch die Station rollte, einen Zettel aus dem Fenster geworfen. In Abteilen der zweiten Klasse – drei Klassen führten damals die Züge – seien die Sitzpolster zerschnitten worden, kritzelte der »aufmerksame« ÖBBler auf das Papier, bevor er es dem Nachtwind überantwortete.
Im Bahnhof Stadlau nahm man es aufmerksam zur Kenntnis, telefonierte nach Wien, der Zug wurde in Kagran von der SA angehalten und rollte in den Kopfbahnhof zurück. Und nun begann die Perlustrierung. Zahlreiche Devisen- und Valutenbeträge und Wertsachen seien dabei beschlagnahmt worden, konnte man am nächsten Tag lesen. Den D-Zug nach Budapest, der um 23.50 Uhr abgehen sollte, hat man dann gleich gar nicht planmäßig abfahren lassen. Vor jede Waggontür postierte sich ein Polizist, noch in der flaschengrünen österreichischen Uniform, aber mit der obligaten Hakenkreuzbinde am Arm – und jeder Koffer wurde geöffnet.
Es ist, wie gesagt, die Fratze gewesen, die sich da gezeigt hat. Von den anderen ist nicht geredet worden. Von jenen, die daheim saßen und weinten. Oder von jenen, die den Freitod vorzogen. Nur wenn es um Prominente ging, erfuhr die Öffentlichkeit von deren Schicksal. Da stand dann auf der einen Zeitungsseite, daß der Industrielle Bosel bei der Abreise als »Devisenschmuggler« verhaftet worden sei, und auf einer anderen, daß der Inhaber der Jenbacher Werke, Friedrich Reitlinger, »auf eigenes Verlangen« von seiner Tochter Johanna erschossen worden sei. Dann habe die junge Frau die Waffe gegen sich selbst gerichtet und abgedrückt.
Heinrich Himmler und Reinhard Heydrich sind der deutsche Voraustrupp in

Österreich gewesen. Es ist notwendig, solches wieder zu erzählen. Mag sein, daß man dann besser versteht, was Augenzeugen über die Iden des März zu berichten wußten.

G. E. R. Gedye

Raub, Mord, Erniedrigung

Szenen des Spiels von Österreichs Martyrium

Der Nachtexpreß Wien–Prag verläßt den Ostbahnhof um 23.15 Uhr und hält erst wieder um 0.40 Uhr in Lundenburg in der Tschechoslowakei. Aber an jenem Abend des 11. März drängten sich bereits um 20 Uhr so viele Flüchtlinge auf dem Perron, daß sie den Zug vollkommen gefüllt hätten. Durch seinen kühnen Versuch, Österreich durch Ankündigung einer Volksabstimmung zu retten, hatte Schuschnigg dem Strom der Emigranten, die eben das zum Untergang verurteilte Land zu verlassen begonnen hatten, Einhalt geboten. Reisekoffer waren halbgepackt stehengeblieben, Geldüberweisungen ins Ausland waren rückgängig gemacht worden, ja einige Emigranten waren sogar wieder zurückgekommen, um sich mit ganzem Herzen am Kampf für die Unabhängigkeit Österreichs zu beteiligen. Schließlich gab Schuschnigg keinen Befehl, dem fremden Eindringling Widerstand entgegenzusetzen, und glaubte, dadurch ein Blutvergießen zu verhindern. Aber damit beraubte er auch seine ergebensten Anhänger, jene, die sich jahrelang im Kampf gegen das Nazitum exponiert hatten, der Möglichkeit, einen kurzen Vorsprung von wenigstens ein paar Stunden zu gewinnen, um sich durch Flucht in Sicherheit zu bringen.

»Rette sich, wer kann!« war die allgemeine Losung nach der Abschiedsrede, aber Rettung war praktisch aussichtslos. Alle Landstraßen, die zur Grenze führten, waren von den Taxis und Privatautos der Flüchtlinge verstopft. Auf dem Flugplatz ebenso wie auf den Bahnhöfen drängte sich ein buntes Gemisch von Fürsten, Bauern und armen Leuten, von weltbekannten Bankiers und unbekannten Proletariern, Juden aus den höchsten wie aus den niedersten Kreisen, Offizieren des Bundesheeres, von Polizeibeamten und jenen Kommunisten und Sozialisten, die sie verhaftet und bestraft hatten; katholische Priester, Staatsbeamte und Journalisten – sie alle suchten verzweifelt, auf dem abfahrenden Zug einen Platz zu erobern. Die Klügeren, diejenigen, die Strapazen auf sich nehmen konnten, begaben sich in kleinen Gruppen zu Fuß in die Wälder und schlugen sich nach den Grenzübergängen in den Bergen durch, in der Hoffnung, auf Schleichwegen in Sicherheit zu kommen.

Auf dem Ostbahnhof wurde ein Zug gefüllt, der aus so vielen Waggons bestand, wie die Lokomotiven eben noch zur Grenze abschleppen konnten;

dann folgte sogleich der nächste. Die Fahrgäste verlangten, daß man so bald wie möglich abfahren sollte, aber auf den Eisenbahnen gab es, wie überall, Naziverräter. Die Tränen der Frauen und Flüche der Männer blieben unbeachtet. Dann kamen die ersten SA-Leute, nur halbuniformiert, bloß halbbewaffnet, aber alle mit den gefürchteten Hakenkreuzbinden angetan, siegestrunken, heiser vor Siegesgebrüll und dürstend nach Rache. Mit Hundepeitschen in der Hand gingen sie von Waggon zu Waggon und zwangen Männer, Frauen und Kinder, wieder auszusteigen. Wie Vieh wurden diese vom Bahnsteig weg ins Gefängnis getrieben. Die Zurückbleibenden wurden dann in aller Öffentlichkeit ihrer Wertsachen beraubt – Geld, Schmuck, Uhren und Pelze, nichts entging den Banditen. Endlich, nach Stunden voll tödlicher Angst, setzte sich der Zug mit seinen vor Furcht zitternden Passagieren langsam in Bewegung, um sie nach Lundenburg in die Freiheit zu bringen.

Aber ihr Leidensweg hatte erst begonnen. Schon nach zwanzig Minuten hielt der Zug plötzlich auf offener Strecke. Aus der Dunkelheit tauchten Fackeln und Laternen auf; Abteilungen von SA-Männern stürmten die Waggons, besetzten alle Ausgänge und zwangen den Lokomotivführer, nach Wien zurückzukehren. Dort wurden die Fahrgäste neuerlich perlustriert und neue Opfer aus dem Zug geschleppt. Endlich war auch das vorbei, und jene, die die Kontrolle heil überstanden hatten, begannen zum dritten Male die Reise. Der lange, überfüllte Zug bewegte sich nur langsam vorwärts; jeden Augenblick mußten die Passagiere fürchten, neuerlich aufgehalten zu werden. Endlich kamen die Lichter von Lundenburg in Sicht, und der Zug hielt auf tschechoslowakischem Gebiet. Noch mußte man die österreichische Zoll- und Paßkontrolle über sich ergehen lassen. Die Beamten trugen bereits Hakenkreuzbinden, waren hier aber praktisch machtlos.

Dann kam die tschechische Kontrolle. »Alle Personen mit österreichischen Pässen haben auszusteigen und sich in den Wartesaal zu begeben«, hieß es. Die Österreicher kamen dieser Weisung nicht ohne Befürchtungen nach. Bei der Tür des Wartesaales stand tschechische Polizei, die sie zwar ein-, aber nicht wieder hinausließ. Sie mußten lange warten, bis sie zuletzt den Zug nach Prag davonfahren sahen. Dann trat der Chef der Polizei ein und sagte mit lauter Stimme: »Ich habe eben vom Innenministerium die Weisung erhalten, daß alle Österreicher ohne Ausnahme bei der Grenze zurückzuweisen sind. Sie müssen alle hier warten und mit dem nächsten Zug zurückfahren.«

Einer der Fahrgäste, der sich im Wartesaal befand und durch eine List entkam, erzählte mir später in Prag, daß die Szenen, die dieser Erklärung folgten, so schrecklich waren, daß er sich gar nicht an sie zu erinnern wagt. Unter den Flüchtlingen gab es sehr viele, deren Leben in Gefahr war. Einige, deren Namen ich kenne, wurden von dort fast direkt nach Dachau gebracht. Viele hatten in der Tschechoslowakei einflußreiche Freunde, darunter sogar Regierungsmitglieder. Sie ersuchten um die Erlaubnis, ihre Freunde telefonisch von ihrer Lage verständigen zu dürfen. Dies wurde ihnen abgeschlagen. Daß die Tschechoslowakei, die selbst von Deutschland aufs schwerste bedroht war, nicht Hunderttausende von Flüchtlingen aus Österreich aufnehmen konnte, war klar. Aber einzelnen Personen, die sich in Lebensgefahr befanden, das politische Asylrecht zu verweigern, war eine Grausamkeit, die den Namen der tschechischen Demokratie schändete. Sie erklärte sich zum Teil aus dem strengen Befehl, den Dr. Czerny, der zuständige Minister, gegeben hatte, und zum anderen Teil aus der bürokratischen Härte, mit der er während der ersten Stunden ausgeführt wurde. Mir selbst sind sehr viele Fälle bekannt, in denen später Personen, bei denen es um Leben oder Tod ging, das Asylrecht gewährt wurde. Die Grenzen wurden für gewöhnliche Emigranten strenge geschlossen, aber wer immer tschechoslowakisches Gebiet erreichte und sich der Polizei stellte, wurde, wenn er nachweisen konnte, daß er sich in Gefahr befand, verhaftet und später in jenes Land ausgewiesen, das er selbst gewählt hatte. Alle anderen Nachbarländer sperrten ihre Grenzen sofort und für immer und machten keinerlei Ausnahmen. Die Nazi rieben sich vergnügt die Hände. Niemand konnte sie nun um den furchtbaren Spaß bringen, den sie planten.

Am nächsten Tag schilderte die Nazipresse schadenfroh die Schreckensszenen auf dem Ostbahnhof und beschrieb vergnügt die langen Reihen von Autos, die an der Grenze von Flüchtlingen stehengelassen worden waren, die sich lieber durch die Wälder geschlagen hatten, als daß sie das Risiko einer Paßkontrolle oder einer Verhaftung auf sich genommen hätten. Später traf ich Arnold Höllriegl, der sich in diesem 11.15-Uhr-Zug befunden hatte. Einige der Flüchtlinge, berichtete er, verließen den Zug in der ersten österreichischen Station, die sie auf ihrer Rückreise nach Wien erreichten, und gingen in die Wälder. Einen von diesen traf ich später in Prag; nach vier Tagen und Nächten voll Strapazen und Angst war es ihm gelungen, sich in Sicherheit zu bringen. Aber die Gesundheit meines Freundes Höllriegl war dazu nicht robust genug gewesen, weshalb er sich gezwungen sah, nach Wien zurückzufahren. Bei ihrer Ankunft wurden alle Insassen des Zuges in einen Wartesaal gesperrt, wo sie mit Ausnahme der wenigen, die genug Platz fanden, um auf dem Fußboden zu sitzen, zwölf Stunden lang stehen mußten. Dann wurden sie perlustriert, einige von ihnen verhaftet, andere entlassen. Unter den Entlassenen befand sich mein Freund. Da er nicht wagte, nach Hause zu gehen, verschwand er auf einige Tage und nahm schließlich einen Zug nach Italien, nicht ahnend, daß ihm auch die Italiener die Einreise verweigern würden. Krank, wie er war, wurde er auf einer Station in Kärnten aus dem Zug gezerrt und unter der Beschuldigung des Valutenschmuggels verhaftet, nur weil ein Nazi in einem Fach seiner Brieftasche eine längst vergessene Fünfschillingnote gefunden hatte. Außerdem beschuldigten ihn die Nazi eines Vergehens, das sie »jüdische Frechheit« nannten und das im Be-

sitze einer Visitenkarte bestand, die in gotischen Buchstaben gedruckt war. Durch ein Wunder entdeckten sie jedoch seine wahre Identität nicht und entließen ihn daher nach einigen Wochen. Er hielt sich hierauf in einem kleinen Ort im Wienerwald versteckt, erreichte schließlich das Ausland und zuletzt das Sitzungszimmer eines Ausschusses des englischen Unterhauses, wo er einer Anzahl von konservativen Abgeordneten verständlich zu machen versuchte, was sich nun in dem großen Zuchthaus, zu dem Österreich für die Mehrzahl seiner Bevölkerung geworden war, in Wahrheit abspielte.
In Wien sowie in den Bundesländern begannen in dieser Nacht auch die Plünderungen. Seit Jahren schon hatten die Nazi Proskriptionslisten vorbereitet, auf denen die Namen jener Bewohner verzeichnet waren, bei denen sich eine Hausdurchsuchung am besten bezahlt machen würde. Wochen hindurch wurden Hunderte solcher Privatraubzüge durchgeführt. Mir selbst sind Fälle bekannt, in denen sich die Räuber einer zynischen Höflichkeit befleißigten, ebenso wie andere, in denen es zu brutalen Gewalttätigkeiten kam. So wurden Möbel zerschlagen, Spiegel zerschossen und Ölgemälde zerfetzt. Das große Palais des Baron Louis Rothschild – die Nazi hatten ihm, als er Österreich auf dem Luftweg zu verlassen versuchte, auf dem Asperner Flugfeld den zerrissenen Paß ins Gesicht geschleudert – wurde systematisch aller Kunstschätze beraubt. Viel schlimmer erging es jedoch den ärmeren Juden. Ich kenne sehr viele, die immer eine beträchtliche Geldsumme zu Hause hatten, um sie den Plünderern in der Hoffnung einzuhändigen, dadurch der Verhaftung zu entgehen. Schmuck, Pelze und sogar Möbelstücke – alles wurde mitgenommen. Autos wurden natürlich ausnahmslos ihren jüdischen Besitzern gestohlen, wobei die Plünderer gleichzeitig entweder eine einmalige Abfindung oder regelmäßige Beitragszahlungen »zum Ankauf von Benzin« forderten. Ein optimistischer Jude, den ich kannte, stellte sich in der Hoffnung, daß er vielleicht eines Tages doch seinen Wagen wieder zurückbekommen würde, freiwillig der Nazibande, die ihm sein Auto geraubt hatte, als Chauffeur zur Verfügung. Sein Angebot wurde unter der Bedingung angenommen, daß er für ihre volle Verpflegung und alle anderen Ausgaben aufkommen müsse, die ihnen die »Ausübung ihrer Pflicht« verursachte. Polizei und Nazibehörde deckten diese systematischen Plünderungen durch zynische Tagesbefehle und Kommuniqués in der Presse. Als allem Terror zum Trotz ganz Wien von den wilden Raubzügen der SA sprach, wurden von der Polizei Kommuniqués ausgegeben, in denen die Öffentlichkeit vor »Kommunisten« gewarnt wurde, die angeblich in SA-Uniform »ungesetzliche Requisitionen« vornahmen. Die Polizei, so hieß es weiter, solle im Falle solcher Beschlagnahmungen sofort verständigt werden. Aber jeder Jude, der naiv genug war, diese Weisung ernst zu nehmen, sah sich einer der folgenden Überraschungen ausgesetzt.
In manchen Fällen wurde ein telefonischer Hilferuf einfach nicht beantwor-

tet, in anderen erhielten die Hilfesuchenden, nachdem sie den Vorfall erklärt hatten, von der Polizeistation bloß die Antwort, daß alle Polizisten außer Haus wären und sie nur mit dem Portier sprächen. Begaben sie sich aber persönlich zur Polizei, so konnten sie von Glück sagen, wenn sie ohne Mißhandlungen oder Verhaftung davonkamen. Die Zeitungen jedoch veröffentlichten weitere Polizeiwarnungen und die Auslassungen des Gauleiters Bürckel, der den Plünderern mit Bestrafung drohte. In einem Fall, der mir persönlich bekannt ist, kamen die Nazis zweimal mit Lastautos, um alles, auch das vorhandene Geld, aus einer Wohnung zu entfernen. Als die Frau des Hauses versuchte, die Polizei anzurufen, erhielt sie keine Antwort. Sie bemerkte jedoch, daß einer der Naziplünderer, als er noch weitere Lastautos anfordern wollte, zuerst eine Geheimnummer wählte und ein Losungswort gab, worauf er jede gewünschte Verbindung erhielt. In einem anderen mir persönlich bekannten Fall kamen die Nazis zu einem Geschäftsmann am Graben und verlangten, daß er sein Safe öffne, worauf sie alles Geld entwendeten. Fünf Jahre vorher, als die Tätigkeit der Nazis zum ersten Male bedrohlich zu werden begann, hatte sich dieser Geschäftsmann ein geheimes Safe bauen lassen. Vier Jahre später hatte er dann das Geheimsafe an einen anderen Platz in seinem Geschäft bringen lassen. Nachdem die Nazis das unverborgene Safe geplündert hatten, begaben sie sich, ohne irgendwelche Fragen zu stellen, in die Ecke, in der sich das Geheimsafe zuerst befunden hatte, klopften die Wände ab und sagten: »Und nun öffnen Sie dieses Safe hier.« Als der Geschäftsmann ihnen mitteilte, daß es vor einem Jahr verlegt worden wäre, wurde der Anführer der Nazis sichtlich ungehalten. »Wir haben niemals davon erfahren, daß Sie es woanders haben anbringen lassen , sagte er. »Ich werde dafür sorgen, daß derjenige, der sich dieser Nachlässigkeit schuldig gemacht hat, zur Verantwortung gezogen wird.«

Ein paar Tage nach dem Triumph der Nazis ging ich durch die Taborstraße ins Judenviertel von Wien. Vor einem großen jüdischen Geschäft stand eine lange Reihe von Lastautos, auf die SA-Leute alle Arten von Konfektionswaren verluden, die sie stoßweise aus dem Geschäft holten, Polizisten waren zugegen und sorgten dafür, daß sie bei ihrem Raubzug nicht gestört würden, und verscheuchten neugierige Straßenpassanten. Das alles war durchaus nichts Bemerkenswertes, nur ein Ereignis, wie es täglich zu Tausenden vorkam und das ich hier zufällig mit eigenen Augen beobachtete. Dies war Raub auf Privatrechnung, der aus irgendeinem Grunde für abstoßender gehalten wird als jene systematische Plünderei, die die Naziorganisation als solche beging, indem sie jüdische Geschäfte, von denen manche in generationenlanger Arbeit langsam aufgebaut worden waren, ihren Besitzern entwendete und in ein paar Monaten zugrunde richtete. Unter all den Schrecken, denen österreichische Juden, österreichische Patrioten und österreichische Demokraten – kurz, alle Nicht-Nazis – nach dem 11. März 1938 ausgesetzt waren, waren

diese Diebstähle und Plünderungen noch die geringfügigsten. Schon nach wenigen Tagen hörte ich kaum mehr einen einzigen Juden darüber Klage führen; man nahm sie als unvermeidlich hin.
Viel entsetzlicher jedoch war die Selbstverständlichkeit, mit der jede jüdische Familie nunmehr den Selbstmord von Familienmitgliedern als ein normales und natürliches Ereignis hinnahm. Es war einfach unmöglich, irgend jemandem außerhalb Österreichs verständlich zu machen, mit welcher resignierten Sachlichkeit die österreichischen Juden damals von Selbstmord als einem alltäglichen Ausweg aus ihrer entsetzlichen Lage sprachen. Jüdische Freunde teilten einem den Entschluß, Selbstmord zu verüben, in dem gleichen Ton mit, in dem sie einem früher erzählt hatten, daß sie eine kurze Eisenbahnreise unternehmen würden. In jenen ersten Tagen konnte man sich unmöglich die krankhafte und entartete Geisteshaltung vorstellen, die die Grundlage des pathologischen Antisemitismus der Nazis bildete. Daher war es uns unmöglich, zu begreifen, was es bedeutete, wenn plötzlich ein Sechstel der Wiener Bevölkerung zu Ausgestoßenen wurde, die man aller Rechte beraubte. So nahm man ihnen das Recht auf jedweden Besitz, klein oder groß, das Recht, einer Beschäftigung nachzugehen oder anderen eine Beschäftigung zu geben, das Recht auf Ausübung eines Berufes und das Recht, Restaurants, Cafés, Bäder oder öffentliche Parkanlagen zu betreten. Täglich und stündlich sahen sie sich, ohne Hoffnung auf eine Besserung ihrer Lage, den gemeinsten Beleidigungen und Erniedrigungen ausgesetzt, die sich perverse Gehirne ausdenken konnten. Ständig befanden sie sich in der Gefahr, zu jeder beliebigen Tag- und Nachtstunde ohne stichhaltigen Grund ins Gefängnis geworfen zu werden, wo sie ohne Urteil verbleiben würden. Und gleichzeitig mit alldem mußten sie noch sehen, wie jedes Land der Welt selbstsüchtig vor ihnen seine Grenzen schloß, wenn sie sich in Sicherheit zu bringen suchten, nachdem man ihnen den letzten Groschen abgenommen hatte. Für die nichtjüdischen Opfer der Nazityrannei bestand doch in vielen Fällen die Hoffnung, daß eines Tages der Alpdruck vorübergehen würde. Für die Juden aber gab es überhaupt keine Hoffnung mehr.
Eine Familie nach der anderen wurde aus ihrem Heim getrieben und in ein Getto gepfercht, nur weil ihr Blut nicht rein teutonisch war. Männer und Frauen wurden zu Tausenden verhaftet, monatelang ohne Erhebung einer Anklage in überfüllten Zellen gehalten und schließlich gezwungen, ein Dokument zu unterschreiben, das sie vor die Wahl stellte, ins Ausland oder nach Dachau zu gehen, wobei sie genau wußten, daß kein Land verfolgte Juden aufnehmen würde. Jüdische Familien, die Generationen hindurch in einem burgenländischen Dorf gelebt hatten, wurden – Kinder, alte Männer und Frauen, achtzigjährige Invalide und Schwerkranke – während eines wütenden Sturmes auf einer Insel in der Donau ausgesetzt, deren schmutzigbraune Wellen ihnen bis über die Füße schlugen. Es mußte in England ganz un-

glaublich klingen, wenn ich weiter berichtete, daß es gelungen war, diese Gruppe von jüdischen Bauern und kleinen Geschäftsleuten zu retten, daß man ihnen aber dann überall das Asylrecht verweigerte und sie wie Vieh zusammengepfercht auf einem alten Donauschiff verblieben, ohne jede Hoffnung, jemals wieder ins Leben zurückkehren zu können. Frauen, deren Männer eine Woche vorher verhaftet worden waren und gegen die man niemals eine Anklage erhoben hatte, erhielten plötzlich vom Briefträger ein kleines Paket mit der knappen Bemerkung »150 Mark zu bezahlen für die Einäscherung Ihres Mannes. Das Paket enthält die Asche aus Dachau.« Die übliche Mitteilung bestand in einem vorgedruckten Zettel – ich habe einen solchen vor mir liegen –, auf dem es hieß: »Die Angehörigen ... werden hiemit verständigt, daß dieser heute im Konzentrationslager Dachau gestorben ist. (Unterschrift) Hauptquartier der STAPO.« Mit aschgrauem Gesicht und zitternden Lippen kam ein Geschäftsmann zu mir, dem englischen Journalisten, mit dem er oft zu tun gehabt hatte, und stammelte voll Angst: »Verbergen Sie meinen Sohn, bitte, verbergen Sie ihn! Vorige Woche haben sie den Buben meines Cousins nach Dachau geschickt, und vier Tage später kam seine Asche.« Der Engländer zu Hause hat nie so wie ich Nazis gesehen, wie sie sich an der Liste von Juden, die Selbstmord begangen hatten, weideten, oder die unbeschreiblich bestialischen Artikel in Streichers antisemitischem Hetzblatt »Der Stürmer« gelesen, noch den speicheltriefenden Mund des glatzköpfigen Aasgeiers mit seinem rotgedunsenen Gesicht gesehen, neben dem ich mehr als einmal in München Bier getrunken hatte und der die Selbstmordberichte aus Wien mit den Schlagzeilen versah: »Anderen zur Nachahmung empfohlen ...« In diesen Tagen wurde ich einmal von einem Engländer um die Adresse eines billigen Hotels in Wien gebeten; er wollte dorthin auf Ferien gehen, Ferien in Österreich, in diesem Österreich! Ich beneidete ihn nicht.

Einige der Schreckensszenen sah ich aus nächster Nähe. Als ich einmal die Stiegen meines Wohnhauses hinuntereilte, um Hitlers erste Rede bei seiner Ankunft in Wien zu hören, wurde ich durch Männer aufgehalten, die eben die Leichen eines jungen jüdischen Doktors und seiner Mutter fortschafften. Ich kannte sie als ruhige, anständige und fleißige Hausgenossen, die seit Jahren zwei Stockwerke tiefer gewohnt hatten. Der Mann war über Nacht aus seinem Spital entlassen worden, ohne jede Hoffnung, je wieder einen Verdienst zu finden. Nazis waren in seine Wohnung eingebrochen und hatten eine riesige Hakenkreuzfahne aus dem Fenster gehängt. Da er ein Arzt war, war es für ihn und seine Mutter leichter gewesen, zu entkommen, als für andere. Eine Injektion hatte beiden die Erlösung gebracht. Die SS-Truppen, die das Lokal des Sturmkorps im Erdgeschoß übernommen hatten, grinsten voll Genugtuung, als die Leichen vorübergetragen wurden. Von meinem Fenster aus konnte ich beobachten, wie sie jüdische Passanten, meistens Ärzte,

Rechtsanwälte oder Kaufleute – sie bevorzugten Angehörige der gebildeten Schicht – anhielten und zwangen, in der Wohnung, in der sich die Tragödie abgespielt hatte, den Boden zu bürsten, das Parkett zu wachsen und die Teppiche zu klopfen, während sie die nichtjüdische Hausgehilfin auf einem Sessel sitzend untätig zuschauen ließen. Die Habsburgergasse, in der ich wohnte, wurde von der SS zum Parken der gestohlenen jüdischen Autos benützt. Auf jeden Wagen war das gefürchtete Zeichen SS gemalt worden. Jeden Tag, den ich noch in Wien verbrachte, war ich nun gezwungen, beim Betreten oder Verlassen meines Hauses mitanzusehen, wie der Nazipöbel jüdische Männer, Frauen und Mädchen jeglichen Standes und Alters zwang, die Autos zu waschen, die die Nazibanditen ihren Rassengenossen gestohlen hatten. Diese Juden waren wahllos auf der Straße zusammengefangen worden. Da sehr viele Nichtjuden und Antinazis in den ersten Schreckenstagen, um Verfolgungen zu entgehen, eiligst irgendein Hakenkreuzabzeichen angesteckt hatten (was später von den Nazis verboten wurde), waren die Juden leicht zu erkennen. Ausländer schützten sich, indem sie ihre Nationalfarben im Knopfloch trugen.
Von meinem Büro am Petersplatz konnte ich auch Wochen hindurch den Lieblingssport des Nazimobs beobachten: jüdische Männer und Frauen wurden gezwungen, auf allen vieren kriechend, den Gehsteig mit einer scharfen Lauge zu reiben, die ihnen die Haut verbrannte, so daß sie sich sofort in Spitalsbehandlung begeben mußten. Unter Dollfuß und Schuschnigg war es einige Male vorgekommen, daß Nazis, die man beim Schmieren von Hakenkreuzen erwischt hatte, von der Polizei gezwungen worden waren, diese wieder mit schwarzer Farbe zu übermalen oder die Zettel zusammenzukehren, die sie in den Straßen gestreut hatten – eine milde und angemessene Maßnahme, die man kaum eine Strafe nennen konnte. Die Fürsprecher der Nazis im Ausland versuchten, zwischen dieser Maßnahme und den Reibpartien der Juden eine Parallele zu ziehen. Aber zwischen ihnen bestand keine Parallele. Während die Nazis am frühen Morgen, ehe es noch viele Leute auf den Straßen gab, herausgeholt wurden, um die Spuren ihrer eigenen illegalen Propaganda zu beseitigen, wurden die Juden gezwungen, in den belebtesten Straßen und zu einer Zeit, da der Verkehr am größten und die Arbeit für sie daher am peinlichsten war, die Überreste der völlig legalen Wahlpropaganda der letzten Regierung, mit der sie selbst nichts zu tun gehabt hatten, zu beseitigen. Ich hatte selbst gesehen, wie unmittelbar nach der Ankündigung der Volksabstimmung Mitglieder der Vaterländischen Jugendorganisation über Weisung Schuschniggs auf Gehsteigen das Kruckenkreuz schmierten und mit Schablonen das Porträt Schuschniggs auf Häusermauern malten. Jetzt aber wurden tagtäglich Juden, Frauen und Männer, von der SA aus Geschäften, Büros und Wohnungen geholt und gezwungen, inmitten einer sich drängenden, stichelnden und lachenden Menge von »goldenen Wiener Herzen« mit

Ausreibbürsten, auf allen vieren kriechend, stundenlang die Gehsteige zu reiben, in dem hoffnungslosen Versuch, die Spuren der Schuschnigg-Propaganda zu beseitigen. (Wo es keine Kruckenkreuze wegzuwaschen gab, malten sie die Nazi selbst auf den Gehsteig, um den Juden so eine Arbeit zu schaffen.) Von Zeit zu Zeit johlte die Menge vor Vergnügen auf. Dies bedeutete dann, daß einer der SA-Männer höhnisch gesagt hatte: »Sie brauchen frisches Wasser« und dabei einen Kübel voll Schmutzwasser über sein Opfer gegossen hatte.

Die erste Reibpartie sah ich auf dem Praterstern. Sie mußte das Bild Schuschniggs entfernen, das mit einer Schablone auf den Sockel eines Monuments gemalt worden war. SA-Leute schleppten einen bejahrten jüdischen Arbeiter und seine Frau durch die beifallklatschende Menge. Tränen rollten der alten Frau über die Wangen, und während sie starr vor sich hinsah und förmlich durch ihre Peiniger hindurchblickte, konnte ich sehen, wie der alte Mann, dessen Arm sie hielt, versuchte, ihre Hand zu streicheln.

»Arbeit für die Juden, endlich Arbeit für die Juden!« heulte die Menge. »Wir danken unserem Führer, er hat Arbeit für die Juden geschafft!«

Ich fing Fragmente eines Gespräches auf, das ein untersetzter Nazi mit einer Gruppe von Praterprostituierten führte, die ihn bewundernd umstanden . . .

»Eine hat einen Pelzmantel angehabt, wie wir sie aus dem Kaffeehaus holten, und natürlich hat sie auch lackierte Fingernägel gehabt. Nachdem sie eine Stunde gerieben hatte, nahm ich sie mir hoch und ließ sie den Leuten ihre manikürten Hände zeigen. Also ich kann euch sagen, die haben gut ausgesehen! Es werden hübsch ein paar Monate vergehen, bevor sie ihre Hände wieder beim Bridge zeigen wird!« Die Prostituierten brüllten vor Lachen. »Und was ist mit dem Pelzmantel geschehen?« fragte jemand. »Oh, wir haben ihr erlaubt, ihn anzulassen. Ich sagte ihr, ich wäre besorgt um ihre Gesundheit und sie könnte sich ohne ihn leicht verkühlen. Aber nachdem der letzte Kübel mit Laugenwasser darübergeflossen war, hätte kein Jud' in der Judengasse auch nur zehn Schilling mehr für ihn gegeben. Einer anderen Dame sagten wir, sie muß den Pelzmantel an einem Gitter aufhängen, und was glauben S', ist passiert? Als wir sie wieder heimschickten, war der Pelzmantel weg!« Wieder wieherten seine Zuhörerinnen vor Lachen.

Jeden Morgen erhielt die SS-Abteilung in der Habsburgergasse Weisung, wie viele Juden sie an dem Tag für solche Reinigungsarbeiten zusammenfangen sollte. Einmal kam ein Beamter der Kriminalpolizei in meiner Abwesenheit in mein Büro und gab dort seiner Empörung über den Befehl Ausdruck, noch am selben Tag »fünfzig Juden zu verhaften – irgendwelche Juden«. Meistens mußten die Juden die Klosettmuscheln in den SS-Kasernen reinigen – mit ihren bloßen Händen. Eines Tages sah ich auf dem Graben eine Engländerin, die von zwei Freunden von einer dieser abstoßenden Szenen weggezogen wurde. »Laßt mich los, ich muß dem ein Ende machen!« rief sie. Aber zu ihrem Glück hatten sie die Nazis nicht gehört, die mit ihren Vergnügungen zu sehr beschäftigt waren. Die Pestsäule am Graben war schwarz von begeisterten Zuschauern.

Eines Vormittags wurde ich ans Telefon gerufen und gebeten, sofort in ein amtliches englisches Gebäude zu kommen. Der Anruf kam von einer Frau, die man in England eine Antisemitin nennen würde, das heißt, daß sie sicher keine jüdische Freundinnen oder Freunde hatte und wahrscheinlich ein wenig vage sagen würde, daß die Juden eine Rasse mit schlechten Manieren, viel Ellenbogentüchtigkeit und keinem zu stark entwickelten Ehrlichkeitsgefühl seien. Dennoch hatte sie mich gerufen, um mich mit zwei Juden zusammenzubringen. Geistig und körperlich dem Zusammenbruch nahe, waren sie eben der Hölle in der Seitenstettengasse entkommen. In einem hohen, schäbigen Gebäude befindet sich dort die Hauptsynagoge Wiens, ein Mittelpunkt der religiösen, kulturellen und karitativen Tätigkeit der Juden Wiens. Am frühen Morgen war das Gebäude von der SS besetzt worden. Dorthin pflegten die Ärmsten der armen Juden zu kommen, um in der Ausspeisung eine Suppe zu empfangen. Die SS schloß die Ausspeisung und stahl alle Lebensmittelvorräte. Dann gab sie an bedürftige Juden, die um Unterstützung kamen, besondere Passierscheine aus. Unter diesen hatten sich auch die beiden befunden, mit denen ich nun sprach. Sobald sie das Gebäude betreten hatten, wurden sie in die Synagoge geschleppt, wo SS-Leute herumlungerten, die Pfeifen und Zigaretten rauchten. Die Juden wurden gezwungen, »körperliche Übungen« zu machen, insbesondere Kniebeugen, wobei sie in jeder Hand einen Sessel halten mußten. Die alten und schwachen, die hinfielen oder zusammenbrachen, wurden von den Nazis auf die brutalste Art mit Füßen getreten und geschlagen.

Was aber die beiden Männer, mit denen ich sprach, vollkommen gebrochen hatte, war nicht der physische Schmerz – sie waren jung, hatten die Übungen zur Zufriedenheit ihrer Peiniger ausgeführt und waren selbst nicht geschlagen worden –, sondern der Religionsfrevel gewesen, der nun folgte. Man hatte sie gezwungen, die heiligen Tefillins, die Gebetsstreifen mit den Zehn Geboten Gottes, an ihren Handgelenken zu befestigen und so den Fußboden und die Klosettmuscheln zu reinigen. Meine antisemitische Freundin war entsetzt über diesen Bericht und drang in mich, hinzugehen und mich selbst von den Vorgängen zu überzeugen. »Um Gottes willen, berichten Sie über diese Ausschreitungen – das ist die einzige Hoffnung, ihnen Einhalt zu gebieten . . .« Die SS verweigerte mir aber den Zutritt zur Synagoge, aus der man lautes Lachen und Kommandos hörte. Von Zeit zu Zeit wurde ein Opfer auf die Straße hinausgeworfen, aschgrau und mit bebenden Gliedern, die Augen voll Grauen und mit Lippen, die ständig zitterten. Ich sah, wie man zur Belustigung der Menge Juden herausführte, die man gezwungen hatte, die Gewänder anzuziehen, die die Rabbiner beim Gottesdienst trugen. So mußten sie die Straße von dem Schmutz reinigen, den grinsende SA-Leute aus den Fenstern warfen. Die Hoffnung meiner antisemitischen Freundin, daß meine Berichte diesen Ausschreitungen ein Ende machen würden, erwies sich als trügerisch. Ich machte mehrere Kollegen auf sie aufmerksam, und wir alle berichteten über sie an unsere Zeitungen, aber der Frevel ging noch lange weiter. Die einzige Wirkung, die, soweit ich sehen kann, mein Bericht hatte, bestand darin, daß meine Ausweisung ein paar Tage früher erfolgte.

Die reichsdeutschen Soldaten beteiligten sich im allgemeinen an den Judenverfolgungen und Plünderungen nur wenig. Diese waren eine Spezialität der deutschen und österreichischen Nazis. Manchmal sah ich, wie sie mit Vergnügen zusahen, aber für gewöhnlich schenkten sie den Vorfällen keine Beachtung. Eines Morgens befahlen zwei preußische Offiziere einem mir bekannten jüdischen Zeitungsverkäufer namens Schlesinger in ihren Wagen zu steigen. Das Schlimmste befürchtend, kam dieser dem Befehl nach, fand aber bald heraus, daß sie ihn nicht als Juden erkannt hatten, sondern nur wollten, daß er ihnen die Sehenswürdigkeiten von Wien zeige, wofür sie ihn bezahlten. Der kleine Jude paßte sich geistesgegenwärtig seiner Lage an und sagte, als sie an einer »Reibpartie« vorbeikamen, die auf allen vieren den Gehsteig reinigte: »Und so hat unser Führer endlich Arbeit für die Juden gefunden!« Zu seiner Genugtuung hörte er sie antworten: »Das ist keine Arbeit, das ist eine Schweinerei.« Das war nur eine der vielen Äußerungen, durch die die Offizierskaste ihrer Verachtung für ihre Naziherren Ausdruck gab. Ein anderes Mal sah ich, wie zwei Offiziere am Neuen Markt den Kübel, neben dem zwei sehr bejahrte Juden auf dem Gehsteig knieten, mit einem Tritt umwarfen. Sie schickten die Juden heim und fluchten auf die SA-Leute, die als Aufseher herumstanden. Die Erklärung dieser Szene bestand in folgendem: im gegenüberliegenden Hotel wohnte Himmler, der gefürchtete Gestapochef, der als oberster Leiter aller Konzentrationslager den strengen Grundsatz vertrat, daß Juden nur im geheimen gepeinigt werden durften.

Es ist der Morgen des 12. März, der erste Tag in Naziösterreich. Mein Telefon läutet, und eine mir bekannte Frauenstimme sagt: »Ich muß Sie sofort sprechen.«

»Wer spricht?«

»Liselotte.«

Ich kenne keine Liselotte, ahne aber, was das Zittern in ihrer Stimme bedeutet.

»Kommen Sie sofort herauf.«

Zehn Minuten später steht sie in meinem Büro – eine sehr bescheiden angezogene, intelligent aussehende Frau, deren Blick an mir hängt, als ob ich das Kruzifix wäre, das einem Sterbenden die Erlösung bringen soll. Ich frage sie, was sie wünscht, worauf sie nur einen Namen flüstert – »Berger«. Jetzt weiß ich alles. Berger ist einer der hervorragendsten Funktionäre der linken Untergrundbewegung, der sich in einem Konzentrationslager befunden hatte, zusammen mit den Nazis bei der letzten Amnestie freigelassen worden war und seither mit den Vertretern Schuschniggs verhandelt hatte. Sie besteht darauf, daß er sofort ins Ausland gebracht werde. Ich rede ihr zu, ein wenig zuzuwarten, bis die Grenzkontrolle nachgelassen hätte. Ich hatte bereits gehört, daß alle Grenzen von SS-Wachen, deren Gewehre mit Zielfernrohren versehen waren, besetzt waren.

»Ausgeschlossen«, sagte sie, »die Nazis sind ihm schon auf der Spur. Die Jagd hat begonnen.«

Ich frage sie, wie kritisch seine Lage ist.

»Wenn sie ihn kriegen, so bedeutet es seinen Tod.«

Hilfe ist in ihrem Fall kaum möglich. Ich beschließe, ihr bestimmte Informationen zu geben, die ich mit dem Auftrag erhalten habe, sie nur in den verzweifeltsten Fällen weiterzugeben. Vielleicht nützen sie ihm – vielleicht aber hilft Geld. Bevor ich noch dazukome, ihr etwas anzubieten, besteht eine reiche Amerikanerin, die zufällig gerade in mein Büro gekommen war, darauf, ihr Teil beizusteuern. In seinem Fall scheint es ratsam, den Betrag möglichst groß zu machen. Ich kaufe der Frau eine Fahrkarte nach einer europäischen Hauptstadt.

»Mein Mann hat mir aufgetragen, Sie um Geld zu bitten«, sagte sie, »denn obwohl Sie nicht einmal seinen richtigen Namen kennen und er selbst keine Ahnung hat, was aus ihm nach seiner Flucht werden soll, so sagte er doch, daß Sie sicher sein können, daß er eines Tages Mittel und Wege finden wird, Ihnen die Schuld zurückzuzahlen, wenn er am Leben bleibt.«

Ich bitte sie, »Berger« zu sagen, daß ich davon überzeugt wäre, und sie verspricht, am Montag wiederzukommen, um mir zu berichten, ob seine Flucht gelungen ist. Ich weiß, daß sie dies getan hätte, wenn sie am Leben und frei gewesen wäre, aber ich habe niemals wieder von den beiden gehört. Sie war aber nur die erste von vielen, die sich in einer solchen verzweifelten Lage befanden.

Man ist wirklich ohnmächtig gegen den Stahlring, der sich um dieses schöne, zu einem Zuchthaus gewordene Land legt. Diejenigen, die Geld brauchen, um sich weiter zu verbergen, können es haben, aber das ist auch alles, was man für sie tun kann. Das Geld benützen sie, um in die Berge zu fahren, scheinbar als Mitglied einer fröhlichen Schigesellschaft, in Wirklichkeit aber, um die österreichischen Alpen verzweifelt nach einer Stelle abzusuchen, an der sie über die Grenze schlüpfen könnten – meistens vergeblich. Als ich Österreich verlasse, gibt mir die Schwester eines dieser unglücklichen Flüchtlinge ein kleines Paket mit. Sie erklärt mir, wie ich es verstecken soll, wenn ich durchsucht werde.

»Wenn mein Bruder noch am Leben ist, wird es jemand innerhalb einer Woche nach Ihrer Ankunft von Ihrem Hotel in Prag abholen. Kommt niemand, so ist alles aus und Sie sollen das Paket ungeöffnet vernichten.«

Niemand kam, und ich vernichtete es.
Schuschniggs Hoffnung, durch seinen Befehl an die österreichische Armee, dem Einmarsch der deutschen Truppen keinen Widerstand entgegenzusetzen, das Vergießen von Blut zu vermeiden, erwies sich vom Anfang an als trügerisch. Wie viele der Todesfälle, die, wenn sie schließlich bekanntgegeben werden mußten, offiziell als Selbstmorde bezeichnet wurden, in Wirkichkeit Morde waren, wird niemals festgestellt werden können. In allen Vierteln der Stadt besetzten die SA und SS Gebäude und verwendeten sie als Gefängnisse. Es wird wahrscheinlich niemals festgestellt werden können, auf welche Art viele der Gefangenen ums Leben kamen. Eines Tages besuchte mich in meinem Büro eine Engländerin, um sich rasch von mir zu verabschieden. Sie hatte jahrelang in einem der vornehmeren Außenbezirke Wiens gewohnt.
»Ich habe keine Ahnung, was mit meinen Möbeln geschehen wird. Ich lasse alles zurück. Wenn ich nicht sofort von hier wegkomme, werde ich noch wahnsinnig. Die Nazis benützen eine Villa in unserer Gasse als Gefängnis. In der vergangenen Nacht hörte ich aus dem Garten dieser Villa fünf Schüsse. In der Nacht vorher waren es neun, und wieder vorher sieben. Nun liege ich die ganze Zeit mit offenen Augen wach da und warte auf die Schüsse. Manchmal vergehen nur ein paar Minuten zwischen ihnen, manchmal aber wieder Stunden.«
An dem Tage, an dem Hitler seinen triumphalen Einzug in Wien hielt, machten die Selbstmorde eine dreistellige Zahl aus; sie blieben Wochen hindurch auf dieser Höhe. Sobald ihre Zahl zu sinken begann, wurde von den Nazis irgendeine neue Verordnung erlassen, durch die sie ihre Opfer in noch tiefere Verzweiflung stürzten. Ein Nazibefehl, der im Juli ausgegeben wurde, ordnete die sofortige Entlassung aller Juden von ihren Arbeitsstellen an. Selbst Juden in jüdischen Unternehmungen mußten entlassen werden. Innerhalb weniger Tage gab es 800 Selbstmordversuche, von denen die meisten tödlich ausgingen. Ausländischen Korrespondenten gegenüber erklärte Bürckel, daß die Verordnung rückgängig gemacht worden sei. Aber außer den ausländischen Korrespondenten machte er niemand anderem davon Mitteilung. So vernichteten die Nazis ruchlos die besten Träger des Geistes- und Wirtschaftslebens Wiens in dem fanatischen Bestreben, die letzten Spuren einer Zivilisation auszurotten, die fünf Jahre lang Österreich vom barbarischen Deutschland Adolf Hitlers unterschieden hatte.
Das erschütternde Drama wiederholte sich zur Gänze im Sudetengebiet. Dort durfte man aber Hitler nicht allein die Schuld geben. Er hatte drei Helfershelfer. Die unmittelbare Ursache des neuen Greuels war das Dokument, welches, am 30. September 1938 in München unterzeichnet, die Unterschrift Chamberlains und Daladiers zusammen mit der Hitlers und Mussolinis trug und in dem es heißt: »Großbritannien, Frankreich, Italien und Deutschland erklären sich mit folgenden Maßnahmen, für deren Durchführung jedes einzelne der genannten Länder individuell verantwortlich ist, einverstanden.«

Raub, Mord, Erniedrigung, Torturen, Konzentrationslager, vernichtete Existenzen, Menschenjagd, Verweigerung des Asylrechts durch die Tschechen und die brutale Auslieferung von Flüchtlingen an die Nazis – »individuell verantwortlich« dafür waren die genannten vier Mächte. Die Tschechoslowakei gehörte nicht zu ihnen, wohl aber mein eigenes Land.

Rudolf Kalmar

Von Stiefeln getreten, mit Kolben gepufft

So begann für viele Österreicher die »Zeit ohne Gnade«

Im März 1938 trug die Stadt Wien noch das Prunkgewand ihrer großen Vergangenheit.

Ich stand, mit der ersten Gruppe mißliebiger Österreicher in die Enge eines »Grünen Heinrichs« gepfercht, zufällig vor dem Fenster des Einstieges, als man uns von der »Liesl« [Gefangenenhaus auf der Elisabethpromenade] zum Westbahnhof brachte.

Es regnete leise, und in dem wasserschwarzen Parkett der Ringstraße brach sich der Widerschein baumelnder Bogenlampen.

Durch die Gitterstäbe des fahrenden Kerkers seltsam bewegt, glitt die unverlierbare Silhouette wienerischen Prunkes vorüber: die Universität, das Burgtheater, das Rathaus, das Parlament.

Im Burgtheater begann eben die Abendvorstellung. Aus den Portalen fluteten Ströme von Licht, in denen sich dunkel Menschen bewegten. Festlich gestimmt, unberührt von der inneren Not dieser Zeit und der Ahnung kommender Dinge.

Die Front der Volksgartenbäume winkte einen letzten Gruß herüber. Die Mariahilfer Straße schickte ihren Lärm und ihre Geschäftigkeit zu uns.

Auf dem Frachtenbahnhof wurden wir von der Wiener Wache der Dachauer SS übergeben.

Die ersten schlugen sich, von Stiefeln getreten und mit Kolben gepufft, zwischen den Waggons die Stirnen blutig, rissen sich die Hände wund, besudelten sich von oben bis unten mit Ruß und Kot.

Das Dritte Reich enttäuschte uns nicht. Es hielt an diesem Abend, in der folgenden Nacht und in den nächsten sieben Jahren alles, was wir von ihm erwartet hatten.

Als wir damals, im März 1938, auf dem Westbahnhof von der Wiener Polizei der Dachauer SS übergeben wurden, hörten wir auf, Menschen zu sein.

An die Gefangenschaft hatten wir uns seit zwei Wochen gewöhnt. Nun waren wir nur mehr Zuschub fürs Konzentrationslager. Elender als das Vieh.

Wenn Vieh verfrachtet wird, hat die Roheit der Treiber ihr Maß an der Regel irgendeines Tierschutzvereines.

Wir standen von dem Augenblick unserer Übernahme durch die SS an unter gar keiner Regel mehr. Man trat mit genagelten Stiefeln nach uns, stieß uns die Gewehrkolben in die Rippen, schlug uns mit geballten Fäusten mitten ins Gesicht.
Der Herrenmensch tobte sich aus.
Nicht etwa in der Aufwallung eines plötzlichen Ausbruches, sondern aus dem Prinzip seiner inneren Gesetzlichkeit.
Der Nationalsozialismus gab ihm das Recht dazu; er übte es aus als eine hohe Verpflichtung zum Schutze von Volk und Reich.
Überdies hatte er seine Freude daran. Aus angeborener und anerzogener Gemeinheit.

Wir hockten, Mann an Mann gepreßt, im Abteil und exerzierten nach dem Kommando der Treiber, die mit gefälltem Gewehr in der Tür lehnten.
Bald mußten wir unter die Bänke kriechen, bald ins Gepäcksnetz hinaufturnen oder minutenlang in das elektrische Licht starren ohne zu zwinkern, wenn wir nicht eine Tracht Prügel riskieren wollten.
Wir mußten hunderte Kniebeugen machen, unser Gegenüber abohrfeigen und einander ins Gesicht spucken.
Nicht zeitweilig bloß, wenn dem diensthabenden Posten gerade danach zumute war, sondern zehn Stunden lang ohne Unterlaß. Während der ganzen Fahrt von Wien bis München.
Ohne einen Bissen Brot essen zu dürfen, ohne einen Schluck Wasser zu bekommen. Festgerammt in das Abteil, das keiner von uns auch nur für Minuten verlassen durfte.
Die Treiber an der Tür lösten einander stündlich ab. Je weiter die Nacht fortschritt, desto besoffener waren sie. Je besoffener sie waren, desto toller amüsierten sie sich daran, wehrlose Menschen zu martern, von denen viele das weiße Haar eines Lebens trugen, das nach Kampf und Arbeit schon am Verrieseln war.
Damals kam in mir zum erstenmal jenes Gefühl hoch, das quälender ist als jeder physische Schmerz; das Gefühl der unentrinnbaren, weglosen Einsamkeit, des völligen Ausgestoßenseins aus allen Bezirken des Menschlichen.
Es ist nicht die körperliche Arbeit bis zum Zusammenbruch, die uns beugt, nicht das Brennen der blutigen Striemen nach einer Auspeitschung, das uns am wehesten tut.
Hier können wir dem Versuch der Vernichtung immerhin noch unseren Willen entgegensetzen. Wir können die Zähne zusammenbeißen und mit trockenen Augen den Schmerz zu überwinden versuchen, um dem Feind seinen Triumph zu nehmen.
Was uns aber bis ins Innerste aufwühlt, ist die Hilflosigkeit, die völlige Ohnmacht, das Gefühl, jedem, der kommt, preisgegeben zu sein.

Als Spielzeug seiner Laune und ohne das primitive Recht darauf, noch als Mensch zu gelten.

Der erste Tag im Konzentrationslager ging zur Neige.
Nach einer Eisenbahnfahrt ohnegleichen, nach dem öffentlichen Verhör, nach einer pausenlosen Hetzjagd durch Kanzleien und Kammern, standen wir nun, wir hundertfünfzig Österreicher, in einer Doppelreihe auf dem Appellplatz.
Bisher war es noch niemandem eingefallen, uns auch nur einen Löffel Suppe zu geben.
»Wir werden jetzt essen gehen«, hatte der Kommandant nach dem Schluß unseres Verhörs seine sichtlich wohlgelaunten Offiziere verabschiedet, »und ein gutes Glas Bier auf die glückliche Ankunft der Herren Österreicher trinken.«
Dann wandte er sich an uns: »Und ihr laßt euch in der Zwischenzeit ein bißchen Sonne in den Bauch scheinen. Das ist auch gut für den Hunger!«
Damit ging er weg. Fünf Minuten später kamen die Friseure, um uns die Köpfe kahlzuscheren. Was wir besaßen, wurde uns abgenommen. Wir behielten nichts als ein Taschentuch.

Nun standen wir, müde, ausgehungert und gedemütigt, in der gestreiften Uniform auf dem Platz und empfanden zum erstenmal die ganze erschütternde Lächerlichkeit unseres Aufzuges. Ehemalige Minister und Staatssekretäre neben österreichischen Arbeitern, denen man nach der gleichen Methode die Würde ihres Kampfes zu rauben versuchte. Hohe Militärs und Beamte politischer Zentralstellen neben jungen Kommunisten. Einige von ihnen waren erst vor wenigen Tagen aus Wöllersdorf entlassen worden. Jüdische Industrielle, denen nichts anderes zur Last lag, als daß sie es waren. Männer aller Weltanschauungen, aller Berufe und aller Klassen. Sie waren durch die Ablehnung und Auflehnung gegen die Gewalt verbunden, die ihr Vaterland der unausweichlichen Katastrophe entgegentrieb.
Während wir hier angewurzelt standen, stundenlang schon, und zum erstenmal ohne jeden anderen ersichtlichen Grund als den, um uns damit zu quälen, brach einer zusammen. Ein alter Mann schon, der die Nacht durchgekämpft und die Hast des quälerischen Tages, keuchend zwar, aber doch tapfer getragen hatte.
Er stand, die Hände an der Hosennaht, wie wir seit Stunden in der Frühlingssonne und wartete darauf, daß es Abend würde.
Plötzlich begann er zu wanken und fiel vornüber; wie ein Stück Holz, mit dem Gesicht in den Kies. Seine Hände hingen kraftlos an ihm. Über das blasse Gesicht sickerte ein dünner Faden Blut aus einer kleinen Wunde.
Als wir hinlaufen wollten, um ihn aufzuheben, sprang uns der wachhabende

SS-Mann an. Brüllte uns ein paar Grobheiten ins Gesicht und zwang uns, wieder still zu stehen. Der Ohnmächtige lag regungslos vor der Front, wie er gefallen war.
Einer fragte nach dem Arzt. Man lachte ihn aus und gebot ihm, das Maul zu halten.
Einer bat um Wasser für den kranken Kameraden. Der Diensthabende war ungewöhnlich gutmütig. Er lachte bloß und schlug nicht zu, sondern sagte mit bayerischem Wohlwollen ganz einfach: »Du Rindvieh.«
Damit war für uns jede weitere Möglichkeit, dem Kranken zu helfen, abgeschnitten.
Ein SS-Mann ging nach Minuten auf ihn zu, stieß ihn – nicht allzu fest, aber auch nicht allzu sachte – mit der Stiefelspitze in die Hüften, zog die Achseln hoch und kehrte sich wieder ab.
Das war alles.
Nach einer Viertelstunde kam der Ohnmächtige von selbst zu sich. Er hatte sich wieder an den Platz zu stellen, an dem er gestanden war. Stand dort weiter mit uns bis in die sinkende Nacht und fand dann endlich irgendwo einen Strohsack.

Ein Zwischenfall ohne Belang.
Wenn man ihn nachträglich besieht, angefüllt von dem Erlebnis der nächsten sieben Jahre, verlohnt es sich kaum, darüber zu sprechen.
Ein Mann wird ohnmächtig. Was hat das zu bedeuten?
Wenn sein Herz stark genug ist, läßt es ihn später wieder in seine Reihe zurücktreten, wenn die körperlichen Ansprüche über seine Kraft gehen, hört es zu schlagen auf. Dann wird der Mann in die Totenkammer getragen und von dort ins Krematorium gebracht.
Das ist, alles in allem, eine höchst einfache und verhältnismäßig sogar ganz menschliche Lösung. Heute wenigstens und nach allem, was wir in der Zwischenzeit gesehen und selbst erlebt haben.
Damals, als ich den hilflosen Mann regungslos vor der Front liegen sah, ist die nackte Ungeheuerlichkeit dieses Systems ohne Erbarmen wie eine Vision in mir aufgestiegen, und ich war tiefer erschüttert als später, wenn die alten, kranken und invaliden Kameraden zu Hunderten ins Gas gingen.
Das Übermaß an täglichem Leid nimmt dem Menschen die Kraft, mit anderen zu leiden, und erst die Heimat schenkt ihm wieder die Gnade der Barmherzigkeit.
Damit er als Mensch unter Menschen lebe, anstatt als Nummer unter Nummern, die jeder ausradieren kann, dem es paßt, ohne daß mehr zurückbleibt als ein verschmiertes Karteiblatt.
Manchmal nicht einmal das.

Carl Zuckmayer

Hexensabbat des Pöbels

Das Getöse des Weltuntergangs durchhallte die Luft

Etwa drei Wochen vor dem Ende hatte mir die Regierung Schuschnigg die österreichische Bürgerschaft verliehen, und wir feierten diesen Anlaß noch in dem schönen Haus Mahler-Werfel auf der Hohen Warte, in dem damals die Spitzen des Staates verkehrten; es waren unter diesen einige Persönlichkeiten von besonderem Rang, wie die Minister Pernter und von Hammerstein-Equordt, vor allem unser lieber Freund Guido Zernatto, ein in die Politik verschlagener Lyriker, der dann viel zu früh in New York – man kann hier fast sagen: an gebrochenem Herzen – gestorben ist. Den mit der Einbürgerung verbundenen neuen Paß allerdings hätte ich erst später erheben können, denn er lag auf dem Polizeipräsidium in Salzburg, wo ich zuständig war, und ich hatte mit der Vorbereitung einer Theaterpremiere in Wien zu tun. Das war vermutlich, wie spätere Ereignisse zeigen werden, mein Glück. Übrigens lag dieser Paß nach dem Krieg und dem Zusammenbruch immer noch auf dem Salzburger Polizeipräsidium, mit dem von der Gestapo angehefteten Vermerk: bei Erhebung sofort zu verhaften. Diese Herren waren offenbar so naiv zu glauben, daß ich es auch nach dem Anschluß noch für ratsam gehalten hätte, Bürger Österreichs zu werden, was es de facto gar nicht mehr gab.
In diesen Tagen begegnete ich gegen Mittag auf der Kärntner Straße unserem Freund Egon Friedell, dem Kulturphilosophen, der nebenbei auch Schauspieler war, und zwar bestand darin, obwohl er es selbst ironisierte und sich übers Theater lustig machte, sein besonderer Ehrgeiz, wohl auch ein Teil seines Lebensunterhaltes – denn seine »Kulturgeschichte der Neuzeit«, ein heute wieder viel beachtetes Werk, brachte ihm zu seinen Lebzeiten vermutlich mehr Bewunderung als Tantiemen. Er lebte in seiner Wiener Wohnung allein mit einer Haushälterin und einem kleinen Hund unbestimmbarer Rasse, von ihm mit »Herr Schnack« und immer per Sie angeredet, der darauf dressiert war, Zeitungen mit törichten Artikeln oder gar ärgerlichen Kritiken in kleine Fetzen zu zerreißen. Für seinen originellen, charmant boshaften, aber niemals billigen Witz wurde er ebenso geschätzt und bewundert wie für seinen universalen Geist. Es gab auch damals schon wenige Personen, heute sind es noch weniger, die auf umfassende Bildung Anspruch erheben durften. Egon gehörte zu diesen, und er verbarg es, da ihm alles Professorale zuwider

war, hinter einem souveränen Humor. Die »Grotesken«, die er zum Teil gemeinsam mit Alfred Polgar verfaßte, ich nenne nur den bekannten »Goethe im Examen«, aber auch die von beiden gelegentlich herausgegebenen Wiener Faschingszeitungen, wurden wohl noch kaum von einem heutigen Satiriker oder Kabarettisten übertroffen, besonders in der Leichtigkeit und Eleganz des Ausdrucks. Er war ein dicker, breitschultriger Mann mit einem mächtigen Kopf, Stirn und Nase gingen ineinander über wie auf Cäsaren- oder Feldherrnporträts antiker Münzen, seine Lippen über dem starken Kinn wirkten weich, wenn auch sarkastisch, und um Augen und Mund lag immer ein Zug von Verspieltheit. Er selbst glaubte auszusehen wie Ludwig der Fünfzehnte, den er auch gern imitierte, aber für mein Gefühl glich er mehr einem der Enzyklopädisten. Ich kannte ihn seit meiner ersten Zeit im Berliner »Deutschen Theater«, und mit meiner Frau verband ihn, von ihren Jugendjahren im Hause Schwarzwald her, eine besondere Art von Freundschaft: kaum trafen sie irgendwo zusammen, so begannen sie Stücke aufzuführen – nämlich irgendeinen komisch-trivialen Anlaß, das Zuspätkommen eines Gastes oder das Anbrennen einer Suppe, im Stil und in der Sprache eines allbekannten oder auch eines für unser Gefühl abgeschmackten Dramatikers abzuhandeln, und sie verständigten sich darüber nur mit einem Stichwort: heute Grillparzer. Oder Ibsen. Oder Schönherr. Oder Sudermann. Oder Strindberg. Oder einen Pariser Boulevardkomödienschreiber. Sie spielten auch im Moment ausgedachte Szenen, Situationen, einen Ehekrach, eine Kindesverstoßung oder dergleichen, auf dieselbe Art. Diese Improvisationen, an denen ich mich manchmal als Charge zu beteiligen versuchte, waren ebenso amüsant wie anspruchsvoll. Wen er mochte, konnte sich mit ihm aufs köstlichste unterhalten, wen er nicht mochte, hatte es schwer mit ihm, denn er konnte, irgendeiner Dummheit oder Platitüde wegen, aggressiv und zornig werden, manchmal sogar unleidlich, wenn er gesoffen hatte. Denn er soff. Das Wort »trinken« wäre dafür eine Verharmlosung. Es wäre auch eine unerlaubte Distanzlosigkeit, das irgendwie humorvoll oder psychologisch erklären zu wollen. Er tat es, und es ging nur ihn selbst an. Von Zeit zu Zeit schüttete er unwahrscheinliche Mengen eines möglichst starken Getränkes in sich hinein, ohne Rücksicht auf seine oft angegriffene Gesundheit, welches war ihm egal, am liebsten hochprozentigen Schnaps, und das führte manchmal zu einer luziden Helligkeit und Wachheit des Bewußtseins, manchmal zu totaler Betäubung.

An diesem Tag im frühen März 1938 hielt er mich auf der Straße an; er hatte gehört, daß im Theater in der Josefstadt von mir ein neues Stück, der »Bellman«, uraufgeführt werden sollte, und interessierte sich für eine Rolle darin. Ich wurde daheim zum Mittagessen erwartet und wollte ihn mitnehmen, aber vergebens, denn er gehörte zu jenen Trinkern, die nicht mehr essen. Er lockte mich in die nahegelegene und von Künstlern viel besuchte »Reiß-Bar«

am Neuen Markt – nur für einen Schluck, wie er sagte. Nach zwei Stunden und entsprechend vielen Schlucken rief ich zu Hause an, um zu sagen, daß ich zu dem längst wieder abgetragenen Mittagsmahl etwas später käme. Man hatte mich schon lange nicht mehr erwartet, und so blieb ich dann mit ihm sitzen. An diesem Nachmittag ergab sich, aus einer zunächst heiter und witzig angelaufenen Unterhaltung, ein für mich unvergeßlich erschütterndes Gespräch. »Was tust du«, fragte er mich plötzlich, mitten aus einer Paraphrase über Reinhardts Theater heraus, »wenn die Nazis kommen?« – »Sie kommen nicht.« – »Und wenn sie doch kommen?« – »Dann«, sagte ich, »wird wohl nichts anderes übrigbleiben, als über die Grenze zu gehn.« – Er schüttelte den Kopf. »Ich gehe nicht«, sagte er störrisch und verzagt zugleich, »was soll ich in einem anderen Land? Da bin ich doch nur ein Schnorrer und eine lächerliche Figur.« Und dann beugte er sich – wie in einer Art von Beichtbedürfnis – nah zu mir und vertraute mir, unter dem Siegel einer Verschwiegenheit, die heute Sinn und Gültigkeit verloren hat, etwas an, was er wohl sonst allein mit sich herumtrug. Man hatte ihm, dem Juden, dessen Werke aber in Deutschland als antimaterialistisch, also auch antimarxistisch, aufgefaßt wurden und daher nicht verboten waren, von dort aus für den Fall der kommenden Gleichschaltung eine »Sonderbehandlung« angeboten und zugesagt – er hatte drüben hohe Gönner und Verehrer, die bei den führenden Gewalthabern gehört wurden. »Ich könnte«, sagte er mehrere Male, »ich könnte zurückgezogen und unbehelligt leben und arbeiten, hat man mich wissen lassen. Allerdings nicht mehr in Wien. – Aber ob ich das kann« – auch das wiederholte er einige Male –, »ob ich das kann, das weiß ich nicht.« Ein unbeschreiblicher Zug von stoischer Tragik war dabei in seinem Gesicht. Dann bat er mich, das zu vergessen, bestellte neuen Schnaps und wechselte das Thema. Am späteren Nachmittag stieß meine Frau zu uns und gegen Abend Alma Werfel mit Anna, ihrer Tochter von Gustav Mahler, einer begabten Bildhauerin.

Wir saßen bis spät in die Nacht. Als wir gingen, betrug die Rechnung für ihn und mich (ich habe sie aufbewahrt) 38 Glas Barack – ein ungarischer Schnaps – und 26 kleine Pilsner. Aber ein lustiger Abend, wie Alma Mahler in ihrem Buch sich erinnern zu dürfen glaubt, war das nicht gewesen. Zehn Tage nach der Besetzung Österreichs, wir erfuhren es erst in der Schweiz, sprang er aus dem Fenster seiner Wohnung, als zwei SA-Leute, die gar nicht zu ihm gewollt hatten, das Haus betraten, und starb auf dem Straßenpflaster.

In der Nacht vor dem 11. März kam ein sehr heftiger Südwind auf, ein Föhnsturm, heiß und trocken, als wehe er von der Wüste. Er wehte, bei wolkenlosem Himmel, den ganzen nächsten Tag und trieb die unzähligen Flugblätter, die zur Wahl aufforderten, wie welkes Laub durch die Straßen. Überall wirbelte Papier. Gebündelt, zerknüllt, glatt oder in Fetzen – die ganze

Stadt war von Papier durchfegt. Es fiel wie ein verschmutzter Schnee von den Lastwagen, auf denen Arbeitergruppen aus Wiener Neustadt langsam durch die Stadt rollten, um in unsicheren Sprechchören gegen Hitler und für die Regierung zu demonstrieren. Es war bekanntgeworden, daß auch die sozialistische Arbeiterschaft bereit war, für Schuschnigg und Österreich zu stimmen, obwohl sie den blutigen Februar von 1934 noch nicht vergessen hatte. Aber Schuschnigg suchte Versöhnung, hatte politische Freiheit versprochen, und alles schien besser als Hitler. »Rot-Weiß-Rot – Bis in den Tod!« Häuserecken und Trottoirs wurden mit der österreichischen Devise bemalt. In den Wirtshäusern wurde debattiert oder gestritten. Eine fiebrige Erregung verbreitete sich in der papierdurchflatterten Stadt.

Am Vormittag dieses 11. März erlebte ich etwas, das nichts mit der Politik zu tun hatte, desto mehr mit der Phantasie, und in der Erinnerung tragikomisch wirkt. Es war die erste Arrangierprobe meines neuen Stückes, das mit Wiens besten Schauspielern, Paula Wessely, Attila Hörbiger, Anton Edthofer, unter der Regie von Ernst Lothar, in Szene gehen sollte. Und so geschah es, am Morgen des Katastrophentags, daß im Dämmer eines schwach beleuchteten Bühnenhauses eine Handvoll Menschen die Welt draußen, die Lage, die Gefahr, die Krise, von der unser aller Schicksal abhing, völlig vergaß und für ein paar Stunden ganz und gar jenem unwiderstehlichen Zauber erlag, den das Theater ausübt; daß über Striche, Stellungen, Änderungen diskutiert und gekämpft wurde, als gäbe es nichts Wichtigeres, nichts Bedeutsameres auf der Welt. Als wir am Nachmittag das Theater verließen und aus seinem künstlichen Licht unter den grellen, immer noch strahlenden, immer noch von Papier durchwirbelten Frühlingshimmel traten, war alles vorbei. Zwei Stunden später, als die Sonne sank, sprach Schuschnigg seine letzte Botschaft ins Radio: »Ich weiche der Gewalt, Gott schütze Österreich!« Er stand, wie man später erfuhr, bereits zwischen zwei mit Hakenkreuzbinde gezierten Wachleuten seiner eigenen Leibgarde, die ihn dann in Haft nahmen.

An diesem Abend brach die Hölle los. Die Unterwelt hatte ihre Pforten aufgetan und ihre niedrigsten, scheußlichsten, unreinsten Geister losgelassen. Die Stadt verwandelte sich in ein Alptraumgemälde des Hieronymus Bosch: Lemuren und Halbdämonen schienen aus Schmutzeiern gekrochen und aus versumpften Erdlöchern gestiegen. Die Luft war von einem unablässig gellenden, wüsten, hysterischen Gekreische erfüllt, aus Männer- und Weiberkehlen, das tage- und nächtelang weiterschrillte. Und alle Menschen verloren ihr Gesicht, glichen verzerrten Fratzen: die einen in Angst, die anderen in Lüge, die anderen in wildem, haßerfülltem Triumph. Ich hatte in meinem Leben einiges an menschlicher Entfesselung, Entsetzen oder Panik gesehen. Ich habe im Ersten Weltkrieg ein Dutzend Schlachten mitgemacht, das Trommelfeuer, den Gastod, die Sturmangriffe. Ich hatte die Unruhen der Nachkriegszeit miterlebt, die Niederschlagung von Aufständen, Straßenkämpfe, Saalschlachten. Ich war beim Münchener »Hitler-Putsch« von 1923 mitten unter den Leuten auf der Straße. Ich erlebte die erste Zeit der Naziherrschaft in Berlin. Nichts davon war mit diesen Tagen in Wien zu vergleichen. Was hier entfesselt wurde, hatte mit der »Machtergreifung« in Deutschland, die nach außen hin scheinbar legal vor sich ging und von einem Teil der Bevölkerung mit Befremden, mit Skepsis oder mit einem ahnungslosen, nationalen Idealismus aufgenommen wurde, nichts mehr zu tun. Was hier entfesselt wurde, war der Aufstand des Neids, der Mißgunst, der Verbitterung, der blinden böswilligen Rachsucht – und alle anderen Stimmen waren zum Schweigen verurteilt. Revolution wird wohl immer grauenvoll sein, doch mag das Grauen ertragen, verstanden, überwunden werden, wenn es aus einer echten Not geboren wurde, wenn es Überzeugung und Geist war, vom Geiste kam, was die Materie zum Aufruhr trieb. Hier war nichts losgelassen als die dumpfe Masse, die blinde Zerstörungswut, und ihr Haß richtete sich gegen alles durch Natur oder Geist Veredelte. Es war ein Hexensabbat des Pöbels und ein Begräbnis aller menschlichen Würde.

Merkwürdigerweise – ich kann das heute noch schwer erklären, aber der Wahrheit gemäß, ohne Gedächtnisfälschung, bezeugen – empfand ich in diesen Stunden und Tagen keine Angst. Sondern nichts als Zorn, Abscheu, Verzweiflung und eine völlige Gleichgültigkeit gegenüber dem eigenen Leben. Und ich hatte die Angst des einzelnen vor einer Mehrheit Andersgesinnter, vor einer fanatisierten Masse, bei früheren Gelegenheiten wohl kennengelernt: bei einer Nazi-Wahlversammlung im Berliner Sportpalast 1932, bei der ich erkannt und beschimpft wurde und mit ein paar Freunden nur mit knapper Not der Verfolgung entkam. Mehr noch, als ich, von Henndorf aus, schon während der Hitlerherrschaft zu einer Wahl über die Grenze nach Freilassing fuhr, um gegen Hitler zu stimmen – völlig sinnlos, denn die ganze Wahl war eine Farce; ich war damals nicht bedroht, sondern in einer Gruppe von »Auslandsdeutschen« unbehelligt und anonym, aber als ich allein in der Wahlzelle stand und auf meinem Zettel das Ja auskreuzte und das Nein unterstrich, lief mir der kalte Angstschweiß herunter – mir war, als ob ich von einem unsichtbaren Auge beobachtet sei und jeder mir draußen ansehen müsse, was ich getan hatte, obwohl Orwells »1984« damals noch lange nicht geschrieben war.

Jetzt war ich von einer Kälte erfüllt, die die natürliche Empfindung der Furcht völlig auslöschte: etwas in mir, das sonst zum menschlichen Wesen gehört, war erstarrt oder erstorben. Ich habe einen solchen Zustand von unbeteiligter Fremdheit und Verachtung niemals vorher oder nachher erlebt. Anders erging es meinem Freund Dr. Franz Horch, Dramaturg bei Reinhardt und Lektor des Zsolnay-Verlags, der an diesem Abend mit mir im Taxi durch die Stadt fuhr, da wir uns mit einigen Schicksalsgenossen in einer neutralen Wohnung verabredet hatten, um die Lage zu besprechen. Er war ein nervenschwacher Mensch, zitterte am ganzen Leib und mußte dauernd die Tränen unterdrücken. Nun war es in jener Stunde kein Vergnügen, mit einem Taxi durch Wien zu fahren. Die Straßen waren derart von brüllenden und tobenden Menschen überfüllt, daß man kaum weiterkam und an manchen Plätzen, zum Beispiel der »Sirk-Ecke« bei der Oper, einfach in der Menge steckenblieb. Dann drängten sich wüste Kerle, typische Schlägergestalten, an die Fenster des Mietwagens und starrten bösartig hinein. Sie witterten in jedem Taxi bereits einen Flüchtling oder einen »Aussauger«. »Im Taxi fahrn – dös san polnische Juden – holts'es raus – schlagts'es zsamm'!« Ich drehte, während meinem Freund vor Angst fast übel wurde, die Glasscheibe herunter und stieß meinen Arm, mit erhobener Hand, ruckartig heraus, den Kerlen fast ins Gesicht, dazu brüllte ich etwas, das wie »Hei'tler!« klang, und zwar mit scharfem, reichsdeutschem Akzent, wie ein Oberfeldwebel vor der Truppe. Ich hatte bereits herausgespürt, daß das die einzige wirksame Methode war. So kamen wir schließlich zu jener Wohnung. Dort saß schon ein Häuflein beisammen, fast alle, seit einer Stunde, verlorene Existenzen, und wie oft habe ich noch in der Emigration dieses Zusammenhocken der vom bösen Wind Verschlagenen erlebt, wie Schiffbrüchige auf einem Wrack oder einer Klippe. Ödön von Horváth war dabei, Franz Theodor Csokor, unser Freund Albrecht Joseph, auch Alexander Lernet-Holenia, der – ohne selbst direkt bedroht zu sein – sich uns zugehörig fühlte. Sehr bald gewann eine Art von Galgenhumor die Oberhand. Es ging zwar ums Leben oder um die Frage, wie man es retten könnte, aber diese letzte Gemeinsamkeit ließ uns mit einigem Witz und Anstand darüber wegjonglieren. Csokor plädierte für eine Flucht nach Osten: die Westgrenzen würden bestimmt viel schärfer bewacht. Er trat sie dann auch an, und sie ging immer weiter, bis er über Polen, Ungarn, Rumänien, Belgrad und jugoslawische Partisanenverstecke gegen Ende des Krieges bei den Amerikanern in Italien landete. Auch Horváth wollte zuerst nach Budapest, wohin er als gebürtiger Ungar ohne besonderes Aufsehen gelangen konnte, und von dort hatte er immer noch die Flugverbindungen nach den westlichen Hauptstädten, Joseph zunächst nach Südtirol, wo bereits seine Mutter lebte, ihm schien, wie vielen, und zwar mit Recht, die italienische Grenze die sicherste zu sein. Für Lernet- Holenia blieb gar nichts anderes übrig, als hierzubleiben, aber er betrauerte schmerzlich nicht nur den Verlust seiner liebsten Freunde und den schmählichen Untergang seines Landes, sondern auch die bevorstehende Abwanderung der jüdischen Frauen und Mädchen, die er für die einzig begehrenswerten hielt. Er mußte umlernen.

Mir selbst war noch ungewiß, was ich tun sollte. Als wir uns trennten, hatten wir alle das Gefühl: für immer. Und doch haben sich fast alle der hier Erwähnten später wiedergesehen.

Einige meiner Freunde fuhren noch in derselben Nacht. Das war auch klüger, denn die Grenzsperre setzte erst in den nächsten Tagen ein. Ich wollte nicht. Vielleicht war es eine Art von Lähmung, von Trotz oder Scham – auch dies vermutlich eine Form des Nervenschocks. Ich erklärte plötzlich meiner Frau, daß ich nicht daran dächte, zu emigrieren. »Ich steige in keinen Flüchtlingszug.« Ich redete das sinnloseste Zeug zusammen, das sich in einer solchen Situation erdenken läßt. Ich hätte ein Anrecht auf meine Heimat. Ich hätte ja »nichts getan« (was ich doch getan hatte, meine Berliner Rede gegen Goebbels und meine damalige Zugehörigkeit zur »Eisernen Front«, der Abwehrformation gegen die Nazis, schien ich verdrängt zu haben), ich hätte »nichts verbrochen«, was eine Verfolgung berechtigte. Dabei war das Recht schon über alle Berge. Und die Verfolgung geschah blindwütig, barbarisch, wenn auch unter dem Deckmantel von »Ordnung und Disziplin«. Es war gar nicht nötig, daß man etwas gegen die Gewaltherrscher, es genügte schon, wenn man nichts für sie getan hatte. Über die politischen und rassischen Prinzipien hinaus genügte es, daß man ihnen nicht paßte. Daß man anders roch als sie. Und in diesem Augenblick war man vogelfrei, das heißt einer Vernichtung ausgesetzt, welche viel schlimmer ist als die des Todes. Die Angst, mit der die Diktatur ihre Untertanen in Schach hält, ist ja keineswegs die Todesangst. Ein Mensch, der in einer Zeit des Umsturzes dagegen ist, muß damit rechnen, getötet zu werden, und das wäre für mein Gefühl nicht das Schlimmste gewesen, wenn alles, was man für menschenwürdig hielt, um einen her zum Teufel ging. Aber körperlich und seelisch zerschlagen zu werden, niedergetreten, zerbrochen, durch Demütigung und Folter verkrüppelt, und so weiterleben zu müssen, als Sklave, ohne Identität, zum Weiterleben gezwungen zu sein, in seiner qualvollsten und hoffnungslosesten Form, unabsehbar und ohne Aussicht auf Erlösung, um dann schließlich doch, elender als ein Tier im Schlachthof, zu krepieren – das war der eigentliche Schrecken, der uns bevorstand und den das Regime verbreitete. Ich erwähne das für solche, die diese Zeit nicht erlebt haben oder – und auch das scheint es zu geben – sich nicht mehr daran erinnern. Auch für die Bewohner anderer Länder, besonders der westlichen Zivilisation, überstieg das damals die Grenzen der Vorstellungskraft. Es überstieg in diesem Augenblick der Verwirrung vielleicht auch meine eigene, obwohl ich genug davon wußte.
Aber ich hatte noch einen anderen Wahnsinn im Kopf. Ich wollte nach Henndorf zurück, in mein Haus. Dort lag in einer Schublade ein alter Armeerevolver aus dem Ersten Weltkrieg und etwas Munition. »Wenn sie mich holen wollen«, sagte ich, »dann müssen einige mitgehen, vorher.« Meine Frau war verzweifelt. Sie wußte, daß ich in diesem Zustand temporären Irreseins zu derartigem fähig gewesen wäre, mit andern Worten, zu einer Form von Selbstmord. Sie war entschlossen, alles daranzusetzen, um mich zur Flucht zu bewegen. Wäre es ihr nicht schließlich gelungen, so wäre ich heute nicht mehr am Leben.

Die nächsten Tage, vom 12. bis zum 15. März, an dem ich über die Grenze ging, waren von einer solchen Spannung erfüllt, daß sich das im Rückblick wie zu einem Aktschluß zusammendrängt.
Am Samstag, dem 12. März, um die Mittagstunde, wurde ich von Emil Jannings angerufen, der sich zu einem Erholungsaufenthalt im Wiener Cottage-Sanatorium befand. Wir hatten in der letzten Zeit, seiner Kompromisse mit den Machthabern wegen, gewisse Differenzen. Jetzt war er in ernstlicher, ehrlicher Besorgnis um mich und bat mich, ihn gleich zu besuchen, um zu beraten, wie er mir helfen könne. Da er »an höchster Stelle« großes Ansehen genoß, glaubte er, dazu fähig zu sein. Das Gefühl der Freundschaft war in diesem Augenblick stärker als alle Gegensätze. Er sah meinen Konflikt: wie sich alles in mir gegen die Flucht wehrte, wie aber alle Logik und die sich überstürzenden Ereignisse dafür sprachen. In meiner Gegenwart rief er die deutsche Botschaft in Wien an, deren Chef damals noch jener zwielichtige Herr von Papen war, um zu erkunden, wie man dort die Lage beurteile: ob einem Mann wie mir unmittelbare Gefahr drohe oder nicht.
Und nun kam eines der sonderbarsten, absurdesten Gespräche in dieser absurden Zeit. Natürlich kannte man mich auf der deutschen Botschaft. Auch den Botschafter hatte ich da und dort bei offiziellen Anlässen in Wien getroffen. Man grüßte einander und tat, als ob nichts wäre. Der Attaché aber, den Jannings an diesem Tag ans Telefon bekam, war mir etwas besser bekannt. Ein Träger seines Namens war mit meiner Vaterstadt Mainz aufs innigste verknüpft: der »Volksbischof« Freiherr von Ketteler, dessen Fühlungnahme mit dem Sozialisten Ferdinand Lassalle in die Geschichte eingegangen ist: es war das erste Mal, daß Kirche und Arbeiterschaft eine Annäherung versuchten. Das war im vorigen Jahrhundert. Aber der junge Attaché von Ketteler mochte, als Katholik und kultivierter Mann, in diesen Tagen mit den Verteidigern Österreichs mehr sympathisiert haben als mit seinem Führer. Er hatte den offiziellen Informationsdienst der deutschen Botschaft inne. Dieser Herr, der an jenem Samstag ununterbrochen mit der neuen Wiener Regierung und mit Berlin in Verbindung stand, versicherte uns nach besten Wissen und Gewissen: es sei keine Gefahr für mich. Es werde in Österreich alles ganz anders laufen. Man werde hier, schon aus diplomatischen Gründen dem Ausland gegenüber, eine »liberale« Version des Faschismus praktizieren und auch die Rassengesetze nicht radikal zur Anwendung bringen. Ich sei ja katholisch, und es würden mit der Kirche bestimmte Vereinbarungen zum Schutz ihrer Angehörigen vorbereitet. Das Klügste, was ich tun könne, sei dazubleiben und abzuwarten. Zwei Stunden später war dieser Mann tot.
Als er die Botschaft verließ, um essen zu gehen, wurde er von einem »Rollkommando« abgefangen. Man schaffte ihn mit einem Auto in den Modenapark, eine kleine Gartenanlage mitten in der Stadt, um ihn dort zu erschlagen. Seine Leiche wurde später aus der Donau gefischt. Die Hintergründe

dieses Mordes blieben dunkel, wie so vieles in dieser Zeit. Der Hauptgrund war vermutlich seine »politische Unzuverlässigkeit«.
Am Sonntag, dem 13. März, landeten Hunderte von schweren deutschen Bombern auf dem Wiener Flughafen Aspern. Den ganzen Tag hindurch donnerten die Motore. Geschwader kreisten unablässig über der Stadt, niedrig, wie zornige Hornissen. Mit dem Geschrei von den Straßen und dem Brüllen der Lautsprecher, die Hitlers letzte Kundgebungen bis zur Erschlaffung wiederholten, mit dem sogenannten »Sägen«, »Sssieg-Heil, Sssieg-Heil, Sssieg-Heil«, das pausenlos, aus schon heisergeschrienen Kehlen, die Stadt durchzischte, ergab das einen unsagbar enervierenden, wahrhaft teuflischen Lärm. Man empfand das nicht mehr als menschliche Laute oder technische Geräusche. Das Getöse des Weltuntergangs durchhallte die Luft.
»Schlagartig« – eine der beliebtesten Vokabeln dieser Schlagzeit – hatten inzwischen die Verhaftungen eingesetzt. Schon trieb man Juden, aber auch Aristokraten – manche, weil sie für die Unabhängigkeit Österreichs eingetreten waren, andere einfach zum Spaß – auf den Straßen herum und ließ sie die noch überall sichtbaren Wahlparolen vom Pflaster waschen. Ich selbst sah, als ich in der Frühe des Dienstag zur Bahn fuhr, einen zarten alten Herrn mit Schrubbeimer und viel zu kleiner Bürste am Boden, im Straßenschmutz, von einer SA-Wache angetrieben, von Pöbelhaufen umstanden. Aber selbst bei diesem Haufen erregte der Anblick kein reines Wohlgefallen. Sie standen nur herum und schauten zu, wie bei einem Verkehrsunfall. Einige mochten sich vielleicht schämen. Oder aber es wurde ihnen doch schon ein wenig bange.
Die Rollkommandos zogen nun bereits in der Stadt umher und suchten die Wohnungen unliebsamer oder von bösartigen Nachbarn denunzierter Personen heim. Wie es dabei zuging, war bekannt. Leute wurden entführt, manche fand man dann, grauenvoll mißhandelt oder verstümmelt, in Krankenhäusern wieder, andere nie. Wenn sie es zu arg getrieben, einen Falschen erwischt oder zu viel gestohlen hatten, hieß es dann in Kundmachungen der Polizei, es seien »als Sturmtrupps verkleidete Kommunisten« gewesen. Niemand glaubte an solche karnevalistischen Ausflüchte. Man glaubte an nichts mehr als an das, was herrschte: die nackte Gewalt.
Während am Vortag unser Telefon ununterbrochen gegangen war, und zwar mit Anrufen wohlmeinender Bekannter, die mich warnen wollten, wurde es jetzt ganz still. Es stand in seiner Ecke, ein kleines, schwarzes, unheildrohendes Instument, von dem die bösen Geister schon Besitz ergriffen hatten: nahm man den Hörer auf, vernahm man ein seltsames Knacken. Die Abhorchstationen waren bereits am Werk.
In dieser Nacht hatte ich ein Gespräch mit meiner Frau, wie es im Lauf eines Lebens nur einmal geführt wird. Ich erinnere mich an jedes Wort, und doch kommt es mir vor, als hätte ich es in einem Märchen oder einer Legende ge-

lesen. Ich hatte jetzt eine neue Wahnvorstellung: man müsse nach Deutschland hinüber, um dort »unterzutauchen« und sich an der Vorbereitung eines Aufstandes gegen Hitler zu beteiligen – der in diesem Augenblick weniger Aussichten hatte als je. Die ihn damals gewünscht hätten, saßen im KZ oder warteten auf den Henker.
Statt mich mit der, an sich unwiderleglichen, Logik der Tatsachen überreden zu wollen, sagte sie nur: »Ich habe jetzt eine Bitte an dich. Schenke mir ein Jahr deines Lebens. Versuche durchzukommen und dieses Jahr im Ausland abzuwarten. Wenn du dann immer noch so denkst wie heute, dann geh zurück und tue, was du glaubst tun zu müssen. Ich verspreche, mich dann nicht zu widersetzen, auch mitzugehen, wenn die Kinder in Sicherheit sind. Aber um dieses Jahr bitte ich dich.«
In diesem Augenblick kehrten Vernunft, Klarheit, ruhige Überlegung in meinen Denkbereich zurück. Es wurde mir in einer Sekunde deutlich, daß meine abrupte Halsstarrigkeit und fatalistische Haltung kein Heroismus, sondern nichts anderes war als die Angstzustände meines Freundes Horch mit umgekehrtem Vorzeichen – eine Psychose, ein Versagen der Nervenkräfte. Daß es die größere Feigheit wäre, sein Leben jetzt wegzuwerfen, als es mit Mühsal und Geduld für eine vielleicht doch noch kommende bessere Stunde und größere Aufgabe zu bewahren. Daß es keine andere Entschlossenheit gab, auch im Sinne des Widerstandes gegen die Sieger von heute, auch in dem der Ethik und der Humanität, als zu überleben.
Und es war, buchstäblich, der letzte Moment. In Henndorf hatten sie bereits – wir wußten es noch nicht – unser Haus besetzt und den treuen Jung-Gendarmen Lackner, einen unentwegten Nazigegner, der so oft am Abend bei uns die Zither gespielt hatte, halb totgeschlagen. In unsrer Wiener Wohnung erschienen sie am Tag nach meiner Flucht, und da sie mich nicht mehr fanden, schleppten sie alles fort, was unser war: darunter eine Bibliothek von einigen tausend Bänden, mit Widmungsexemplaren von den meisten in dieser Zeit schaffenden Dichtern und Literaten: von Gerhart Hauptmann bis Brecht. Ich habe sie nie mehr wiedergesehen.
Ums Abschiednehmen war uns nicht zumute. Am liebsten hätten wir, außer vom praktisch Notwendigen, gar nicht davon gesprochen, sondern uns so verhalten, als träte man irgendeine vorübergehende Reise an. Aber wir hatten ja Menschen, die zu uns gehörten. In solchen Augenblicken wird es offenbar, wer wirklich zu einem gehört. In unserem Fall war es die Köchin, die seit vielen Jahren in Stadt und Land unsren Haushalt betreute und sich ewig mit uns stritt, was wohl ein Ausdruck ihrer besonderen Verbundenheit und Liebe war: ihr Name gehört in dieses Kompendium der echten Freundschaft, sie hieß Anna Buchendorfer. Sie und ihre siebzehnjährige Nichte, die noch als halbes Kind in unser Haus gekommen war, halfen mit beim Packen und schwammen in Tränen. Gegen Abend kam unsere liebste Freundin in Wien –

Grete Wiesenthal –, auch sie glaubte ich nach diesem Abend nie mehr wiederzusehen, und dann haben wir nach dem Krieg das herrlichste und schönste Wiedersehn gefeiert und leben noch heute in einer zärtlichen und beglükkenden Verbundenheit – und der in unsren Herzen verankerte Alfred Ibach, damals Dramaturg bei Hilpert, später Direktor des »Theaters in der Josefstadt«. Er blieb über Nacht und begleitete mich am nächsten Morgen zur Bahn, um mir, falls es nötig wäre, bis zur Abfahrt zur Seite zu stehn. Ich bat die Mädchen, ein paar kalte Eßwaren, die man im Kühlschrank hatte – an Kochen hatte an diesem Tag niemand denken können –, hereinzubringen und bei uns zu bleiben. Ich hatte etwas Champagner im Keller und holte ihn herauf. Ich beobachtete mich selbst und fand mich ziemlich ruhig und ungerührt. Die Erschütterung war zu groß, um sentimentale Empfindungen aufkommen zu lassen. Ich forderte die Mädchen zuerst auf, mir einen großen Gefallen zu tun, nämlich das Heulen sein zu lassen. Sie versuchten das auch tapfer und schnoben nur noch mit der Nase. Dann goß ich den Champagner ein, und wir tranken jeder ein Glas. Beim zweiten Glas wurden wir ganz heiter und sprachen von allen möglichen gemeinsam erlebten Dingen. Wir hatten uns zwei Jahre vorher die ehemaligen Dienerwohnungen in dem schönen, alten Salmspalais gemietet und mit viel Sorgfalt eingerichtet. Die meine, da ich in Arbeitszeiten gern allein lebe, lag im Parterre, neben dem Eingangstor, die der Familie oben unterm Dach. Vorsichtshalber blieb ich in dieser Nacht oben. Wir fielen todmüde ins Bett, in der Nacht vorher hatten wir kaum Ruhe gefunden. »Es ist das Schlimmste«, murmelte meine Frau schon halb im Schlaf, »das Schlimmste, was Menschen passieren kann. Aber wir müssen es . . .« – und dann schnarchte sie plötzlich röchelnd, mit offenem Mund, wie ein überanstrengter Jagdhund. Ich hielt ihre Hand, und auch diese Nacht ging vorüber.

Ich reiste allein, mit dem direkten Zug Wien-Zürich, der Anschluß nach London hatte. Dies war der einzige vernünftige Gedanken, der mir in diesen Tagen gekommen war. Eine ausreisende Familie, das sah nach Landesflucht aus. Meine einzige Chance, ungehindert über die Grenze zu kommen, bestand darin, daß ich die Ausreise nicht als Flucht, sondern nur als eine vorübergehende Entfernung erscheinen ließ, und ich hatte kurz vorher ein Telegramm von Alexander Korda bekommen, in dem er mich bat, baldmöglichst zur Besprechung eines neuen Filmplans nach London zu kommen. Das hatte ich als eine Art Alibi in der Tasche. Meine Familie sollte sich mit dem Flugzeug nach Berlin begeben, wo ja, im Gegensatz zu Wien, geordnete Verhältnisse herrschten, und wo unsere Freunde, vor allem Peter Suhrkamp, Hilpert, Gründgens, bereitstanden, sich ihrer anzunehmen. »Sippenhaft« war damals in solchen Fällen noch nicht üblich, und man konnte damit rechnen, daß in Deutschland die Grenzkontrolle noch von der korrekten Beamtenschaft und nicht von Parteiorganen durchgeführt wurde. Sie sollten erst abwarten, ob ich glücklich durchgekommen sei, um mir dann zu folgen. Mein Paß war, Gottseidank, noch der deutsche – ein brandneuer österreichischer hätte Verdacht erwecken können –, und er war »in Ordnung«: aufgrund irgendeiner, mir damals wie heute ebenso unerforschlichen wie gleichgültigen Auslegung der Nürnberger Gesetze gehörte ich trotz meiner mütterlichen Abstammung nicht in die Kategorie, in deren Pässe man ein großes J stempelte, was Jude oder »Judenstämmling« bedeutete. Ich hatte also eine gewisse Aussicht, ungeschoren zu bleiben, obwohl man nicht wissen konnte, welche Namen auf den Steckbriefen der Grenzer standen. Die Chancen waren so etwa halb und halb.

Die Strecke von Wien zur Schweizer oder Liechtensteiner Grenze bei Feldkirch-Buchs führte durch das ganze mittlere und westliche Österreich. Es war ein strahlender Vorfrühlingstag, selten hatte ich das Land schöner gesehen. Die Berge hatten noch Schnee, an den Waldrändern grünte es bereits. Gegen Mittag fuhr der Zug am Wallersee entlang, auf dessen anderer Seite Henndorf lag. Ich stand auf dem Gang des D-Zugs und schaute hinaus. Der blaue Himmel spiegelte sich im See. Ich sah meine Badehütte, die in einer Waldlichtung lag. Ich glaubte meine Hunde bellen zu hören.

Dann schob sich langsam und mit schweren Geratter ein Truppentransportzug vor das Bild, der auf dem Nebengleis ostwärts stampfte. Es waren deutsche Batterien, die nach Wien transportiert wurden. Die Kanoniere hockten neben ihren leichten Feldhaubitzen auf den offenen Wagen, in ihrer feldgrauen Uniform, und waren jung und frisch, wie wir, als wir im Jahre 14 nach Frankreich zogen. Die Leute in meinem D-Zug-Wagen ließen die Fenster herunter, winkten ihnen zu, viele schrien »Heil Hitler« und deuteten auf das Hakenkreuz, das sie aus echter oder geheuchelter Begeisterung im Knopfloch trugen. Die deutschen Soldaten, die aus dem eigenen Land mehr beklommenes Schweigen und verbissene Gesichter gewohnt waren, statt solcher – längst abgeklungener – Ausbrüche von Jubel, lachten ein wenig und erwiderten die Grüße, wie mir schien, etwas verlegen. Manche löffelten ihre Suppe und schauten gar nicht auf.

Der Salzburger Bahnhof glich einem Heerlager, überall kampierten die Einmarschtruppen, die einen ruhigen, disziplinierten, soldatischen Eindruck machten. Sie hatten weder im Aussehen noch im Wesen irgend etwas mit jenen Parteibanden gemein, welche die Polizei- und Staatsgewalt jetzt im Lande übernommen hatten und gegen die auch die höchste Militärcharge machtlos war. Der gleiche Mob, den ich von Wien her kannte, belagerte die Bahnhofshalle, sägte »Sssieg-Heil« oder sang das Horst-Wessel-Lied, die Parteihymne, in der es wie zum Hohne hieß: »Die Zeit für Freiheit und für Brot bricht an!« und an die, erst recht wie zum Hohn, das gute alte Deutschlandlied des einstigen 48er Hoffmann von Fallersleben, nach der Melodie von Haydn, angehängt wurde. Ich wollte mir Zigarren kaufen, aber die Tabaktrafikantin, die mich jahrelang bedient hatte, eine fünfzigjährige Witwe, rannte hinter ein paar deutschen Soldaten her, um ihnen Zigaretten in die Taschen zu stecken. »Daitsche Brieder«, kreischte sie und verdrehte die Augen ekstatisch. Der Schaum schien ihr vorm Mund zu stehn. Sie soll sich, als die erste deutsche Einheit einrückte, auf die Straße gekniet haben. Vor einigen Wochen hatte ich sie noch beim Aufmarsch der »Vaterländischen Front« »Treu-Österreich« rufen hören. Der Gedanke, dieses Land zu verlassen, wurde mir immer leichter.

Als der Zug endlich weiterfuhr, merkte ich, wie sehr mein Herz klopfte. Einige Stunden später hielten wir in Innsbruck. Von dort sind es noch etwa drei Stunden bis zur Grenze. Hier aber kam die erste Nazikontrolle in den Wagen. Ein dicker Mann in Zivil, mit Hakenkreuzbinde und Polizeiabzeichen, stand plötzlich in meinem nicht allzu besetzten Kupee. Hinter ihm zwei Braunhemden, den Revolver am Koppel.

»Paß vorzeigen!«

Er nickte zuerst wohlgefällig, als er den reichsdeutschen Adler sah, dann schaute er sich die Personalien genauer an. »Schriftsteller«, las er meinen Beruf (und ich dachte mir, warum hab ich nicht Landwirt angegeben oder Hundezüchter) und starrte mir mißtrauisch ins Gesicht.

»Steigen Sie aus mit Gepäck.«

»Warum?« fragte ich.

»Unser Führer liebt die Presse nicht«, sagte er unwirsch.

»Ich bin nicht von der Presse«, sagte ich.

»Das wird sich herausstellen«, schnitt er mir jedes weitere Wort ab, »steigen Sie aus.«

Ich versuchte noch zu protestieren: »Ich werde in London erwartet, ich kann den Anschluß nicht versäumen ...«

»Steigen Sie aus!« brüllte er mich an. Die beiden Braunhemden traten einen Schritt näher.

Auf dem Bahnsteig war ein Häuflein anderer Delinquenten oder Verdächtiger zusammengetrieben, zu denen man mich hinführte. Alle, auch Frauen, trugen wie ich ihr Gepäck.

»Vorwärts – Marsch!« kommandierte jemand.

Ich sah, während wir den Bahnhof verließen, meinen noblen D-Zug weiterfahren.

Man führte uns über den Innsbrucker Bahnhofsplatz, wir gingen im Gänsemarsch, die Leute schauten uns nach. Ich sah das schöne Hotel »Tirolerhof«, in dem ich oft gewohnt und heitere Stunden verbracht hatte. Und empfand einen enormen Durst nach einem Liter Rotwein. Eine ungeheure Wut saß mir in der Kehle.

Als man uns im Polizeigebäude die breite Treppe hinaufgehen ließ, kam ein gleichfalls aus dem Zug geholter alter Herr an meine Seite und flüsterte mir plötzlich durch die Zähne eine Zahl zu. Sie hieß: »A-16023«. Ich habe sie später notiert, hätte sie aber auch ohne das nicht mehr vergessen. »Bitte dort anrufen«, flüsterte er, ohne die Lippen zu bewegen, »falls Sie herauskommen, sagen, daß hier verhaftet. Ich bin gesucht, ich heiße ...« Er kam nicht dazu, seinen Namen zu sagen, aber mir fiel plötzlich ein, daß ich sein Gesicht aus einer Geschichte der österreichischen Sozialdemokratie kannte. Ich nickte ihm zu und wiederholte leise die Nummer. Als man ihn später abführte, grüßte er mich mit den Augen.

Stundenlang saßen wir in dem kahlen Gang auf unsren Gepäckstücken. Eine Wache beobachtete uns unausgesetzt, damit wir nicht miteinander sprachen. Es ging unruhig zu im Polizeigebäude, ein dauerndes Hin und Her. Immer wieder wurden, zwischen zwei Braunhemden, blaß aussehende Menschen hereingebracht, verschwanden hinter irgendeiner Tür. Es war der Tag, an dem man dort die Vaterländische Front »aufrollte«, die Organisation Schuschniggs.

Mein Hunger, mein Durst und mein Zorn wurden immer größer. Als ich endlich zum Verhör in ein Büro gebracht wurde, war mir schon alles gleich, ich wußte, worum es ging, und ich hatte nichts zu verlieren. Außerdem kannte ich den Typus des »Unterbeamten« nur allzu gut und war entschlossen, mich wie ein »Oberer« zu benehmen.

Kaum betrat ich das Büro, begann ich sofort zu brüllen. »Das ist unerhört!« schrie ich in schärfstem Kommißdeutsch den diensttuenden Polizisten an, der mit einigen SA-Chargen zusammen an einem Tisch saß, »ich werde hier ohne Grund festgehalten und versäume meinen Anschluß! Man wird mir den Schaden ersetzen müssen ...« und so weiter.

Dabei warf ich meinen deutschen Paß, diesen gebrechlichen Rettungsanker, auf den Tisch und versuchte noch lauter zu schreien: »Überzeugen Sie sich selbst, ob gegen mich etwas vorliegt!« Ich fühlte sofort, daß meine Methode wirkte. Die Uniformierten waren lauter Österreicher, für die das Ganze noch neu war und denen vor einem Deutschen, der sie anschrie, in diesen Tagen sofort das Herz in die Hose sank. Ich zeigte mein Telegramm aus London, das sie nicht lesen konnten, weil es englisch war, schimpfte noch etwas über den Zeitverlust bei dringenden Geschäften und wurde dann gnädiger.

Der Mann, der mich aus dem Zug geholt hatte, stand dabei, sah mich unsicher und feindlich an.

»Er ist Schriftsteller«, sagte er, »das ist verdächtig. Unser Führer liebt die Presse nicht.«

»Aber ich schreibe für den Film«, sagte ich, »den liebt der Führer.«

»Ja«, sagte der Diensthabende, »den liebt er. – Ich kenne Ihr Haus in Henndorf«, sagte er freundlich zu mir, »ich habe dort im See gebadet. Ein schöner Fleck Erde.« – »Das stimmt«, sagte ich, »was wollen Sie jetzt von mir?« Der Mann stand auf. Ich hatte ihn offenbar völlig überzeugt. »In solchen Tagen«, sagte er, »kommen Irrtümer vor. Wir tun ja nur unsere Pflicht. Gehen Sie rasch – aber durch die Hintertür. Die da draußen« – er wies mit der Hand zum Gang, wo noch ein Teil meiner Schicksalsgenossen wartete – »kommen nicht so leicht weg. Dos san Jud'n«, fügte er im Dialekt hinzu – »Heil Hitler!« Damit war ich entlassen.

Als ich die Hintertreppe hinunterging, hörte ich Schritte – tapp tapp tapp –, die mir auf den Fersen folgten. Ich drehte mich nicht um. Plötzlich legte sich eine Hand auf meine Schulter – es war ein SA-Mann in brauner Uniform. Er zog ein kleines Buch aus der Tasche, ich erkannte den Einband einer Novelle, die ich vor einem Jahr publiziert hatte. Sie hieß: »Ein Sommer in Österreich.«

»Das habe ich gerade gelesen«, sagte er und lächelte zutraulich, »würden Sie mir nicht Ihren Namen hineinschreiben?« Ich tat es mit der Füllfeder, die er mir reichte.

Plötzlich beugte er sich dicht zu mir.

»Jetzt gibt's kein ›Sommer in Österreich‹ mehr«, sagte er leise, »leben Sie wohl, und kommen Sie ja nicht wieder. Passen'S auf an der Grenze«, sagte er noch, klappte die Hacken zusammen und verschwand. Das Hakenkreuz leuchtete an seiner Armbinde.

Als ich zum Bahnhof zurückkam, war ich in Schweiß gebadet, nicht nur weil ich meine Koffer selber trug. Ich ging noch rasch aufs Postamt und gab ein Telegramm nach Berlin auf, wo meine Frau in der Wohnung von Mirl und Peter Suhrkamp auf meinen Anruf aus Zürich wartete (ich hätte jetzt schon dort sein sollen): »Manuskript eintrifft mit Verspätung«. Ohne Unterschrift.

Es war dunkle Nacht, als ich auf dem Bahnsteig stand, wo der nächste Zug zur Grenze einlief: er kam zu spät und war überfüllt, wohl hauptsächlich mit Flüchtlingen, die Trittbretter von Wachen in brauner und schwarzer Uniform besetzt.

Ich versuchte, mich in eines der überfüllten Kupees zu drängen und hatte, da mir heiß war, zum ersten Mal an diesem Tag meinen Trench-Coat geöffnet. Und jetzt ereignete sich etwas Unerwartetes und äußerst Peinliches. Es wurde bei meinem Eintritt in das Abteil, in dem vorher lebhaft geredet worden war, plötzlich ganz still, und gleich darauf erhob sich ein älterer, unverkennbar jüdisch aussehender Herr, deutete auf seinen Platz und sagte, mit einer gewissen Demut in der Stimme:

»Herr – wollense sich nicht setzen?«

»Aber das ist doch Ihr Platz«, sagte ich, »behalten Sie ihn doch bitte!« Er weigerte sich, und auch die anderen rückten auseinander und versuchten, mir Platz zu schaffen.

Plötzlich begriff ich, was da los war.

Es trug nämlich in diesen Tagen jedermann in Österreich, der sich keinen Unannehmlichkeiten auf der Straße aussetzen wollte, das Hakenkreuz im

Knopfloch, man konnte es für zehn Groschen an jedem Zeitungsstand kaufen. Wer keines trug, setzte sich dem Verdacht aus, »dagegen« zu sein, und mußte darauf gefaßt sein, belästigt – das heißt im besten Falle angepöbelt zu werden. Jeder starrte dem andern zuerst aufs Knopfloch. Ein Hakenkreuz konnte und wollte ich selbstverständlich nicht tragen, auch nicht zum Schein. Um aber meine Ausreise nicht unnötig zu gefährden, hatte ich etwas anderes auf meinem Rockaufschlag befestigt: die Schnalle mit meinen Kriegsauszeichnungen und die Nadel mit dem »E. K. I.«. Man mag das als veraltete Romantik bezeichnen, aber ich hatte diese Dinge aufbewahrt; für mich bedeuteten sie, fernab von aller Politik, eine Erinnerung an ernste, schwere, an der Seite unvergeßlicher Kameraden durchlebte und überstandene Jahre, auch an manche Gefahr und Bedrohung meines damals noch jungen Lebens – ohne zu ahnen, daß sie mir noch einmal das Leben retten sollten.
Jetzt aber hatte ich ganz vergessen, daß ich diese Dekorationen, die wir selbst im Krieg respektlos als Klempnerladen bezeichnet hatten, sozusagen wie schützende Amulette unter dem Mantel auf dem Rock trug, und bemerkte erst an den ängstlich verstörten Augen meiner Mitreisenden die Wirkung: als Österreicher wußten sie nicht genau, was das war, aber sie sahen etwas Schwarz-Weißes und Schwarz-Weiß-Rotes und hielten mich offenbar für einen besonderen Berserker und Wüterich. Bald bot man mir einen Schnaps an, und als ich höflich akzeptierte und ein Gespräch begann, wurden sie zutraulicher und schienen zu denken, ich sei auch ein Mensch. Ihnen bangte vor der Grenze, und an ihren Reden bemerkte ich, daß sie mich um meiner vermeintlichen Sicherheit willen beneideten. Wieviel unsicherer ich selber war und wieviel Grund ich dazu hatte, ahnten sie nicht.
Es war eine Fahrt von drei Stunden, mitten in der Nacht, und je näher wir der Grenze kamen, desto hektischer, unheimlicher, exaltierter wurde die Stimmung. Patrouillen drängten sich dauernd durch die mit Passagieren überfüllten Gänge, kamen in die Kupees, kontrollierten die einzelnen Reisenden, fragten sie nach Namen, Reiseziel und Geldbestand. Man durfte nicht mehr als zehn Reichsmark oder zwanzig österreichische Schillinge bei sich tragen – das war auch der ganze Reichtum, mit dem ich abgefahren war –, und auf dem kleinsten Überbetrag stand schwerste Strafe, auf dem Schmuggel größerer Summen sogar der Tod. Natürlich bestand der Verdacht, daß manche Flüchtlinge versuchen würden, höhere Beträge durchzubringen, und es waren für die Beamten besondere Belohnungen ausgesetzt worden, falls sie Geld oder Wertsachen entdeckten. Aber es war außerdem bei der ganzen, fortgesetzten und eigentlich unnötigen Kontrolle, denn die entscheidende fand ja erst an der Grenze statt, eine Art von kalter Schikane im Spiel. Es war im kleinen Abbild des ganzen Diktatursystems, das auf planmäßiger Einschüchterung aufgebaut ist: jeder einzelne soll das Gefühl haben, in jedem Augenblick beobachtet zu sein und »erfaßt« werden zu können.

Meine Mittreisenden waren durchwegs Leute, die wohl persönlich noch nicht verfolgt waren, aber – mit gutem Grund – die kommenden Verfolgungen ihrer Rasse oder ihrer Gesinnung fürchteten. Einige von ihnen mögen auch zu der Sorte von üblen und skrupellosen Geschäftemachern gehört haben, zu den notorischen Hyänen der politischen und ökonomischen Schlachtfelder. Mir ging dabei durch den Kopf, wie leicht braven und anständigen Menschen der Satz heruntergehen mußte: »Gemeinnutz geht vor Eigennutz« – wie viele Gutgläubige wohl auf diese so rechtlich klingende Parole des Nationalsozialismus hereingefallen seien und wie abscheulich sie durch den Mißbrauch getäuscht waren und enttäuscht werden sollten. Ich empfand, als Flüchtling, fast eine Art von Mitleid mit den ahnungslosen Mitläufern, die zurückblieben.
Die meisten in meinem Kupee wirkten harmlos und verstört. Da saß ein kleiner, muskulöser Mensch mit kugeligem blondem Kopf – er hieß Baldur mit Vornamen und war so »arisch« wie sein Namenspatron. Sein Beruf war, wie er erzählte, Mittelstürmer. In einem Wiener Fußballteam. Aber er flüchtete mit seiner jüdischen Braut, Rebekka, die zwei Köpfe größer war als er und eine Brille trug. Denn sie fürchteten, mit Recht, das Verbot der »Rassenschande«, die – von der Trennung der Liebenden abgesehen – mit den grausamsten Strafen belegt wurde. Sie saßen da wie Hühner auf der Stange und zogen, wenn einen Kontrolle nahte, die Hälse ein, als käme die Köchin mit dem Messer. Immer wieder beratschlagten sie, nervös und unsicher, was sie denn auf der Grenze sagen sollten. Ich gab ihnen den guten Rat, gar nichts zu sagen und so zu tun, als ob sie sich nicht kennen würden und nur zufällige Reisegefährten seien. Als aber gleich darauf ein martialischer SS-Mann noch im fahrenden Zug hereinkam, um die Pässe einer Vorkontrolle zu unterziehen, machten sie sich sofort durch Blicke und gegenseitiges Zunicken verdächtig. »Kennen Sie diesen Herrn?« fragte der SS-Mann abrupt. »Ja«, stotterte sie, »er ist mein Verlobter.«
Der SS nahm beiden die Pässe ab, steckte sie in die Tasche und ging hinaus auf den Gang, wo er sich verträumt eine Zigarette anzündete. Zu Tod erschrocken saßen die beiden da, ihre Gesichter waren bleich und schuldbewußt. Er, Baldur, schüttelte immer wieder den Kopf und sagte grüblerisch vor sich hin: »Mein Verlobter! Es ist mir ein psychologisches Rätsel. Wir sind ja gar nicht – das heißt – wir haben doch sonst nie das Wort gebraucht ... Wir – wir gehen halt miteinander. Und jetzt sagt sie plötzlich: mein Verlobter! Zu dem Kerl!«
»Ich kann ihm doch nicht sagen«, stammelte sie, »daß wir Lebensgefährten sind ... Unsere Beziehung ist ja mehr seelischer Natur«, fügte sie hinzu und wurde schrecklich rot. Die beiden waren so rührend in ihrer Not und ihrer unbewußten Komik, daß man es kaum aushalten konnte – und ich will, allen Gesetzen der Spannung zum Trotz, vorwegnehmen, daß sie durchkamen

und hoffentlich heute noch konstante »Lebensgefährten« sind, vielleicht auch die Eltern vieler »Mischlinge«.
Ein anderer Mensch saß in diesem Kupee, es war der, welcher mir den Schnaps angeboten hatte. Er trank selbst sehr viel aus einer Feldflasche und rutschte immer nervöser auf seinem Sitz hin und her. »Mein Vater war e kommandierender General«, sagte er öfters laut, »was kann *mir* schon passieren!« Er schwitzte, seine Stirn war rot angelaufen. Bei den verschiedenen Kontrollfragen im Zug hatte er wie alle anderen angegeben, daß er nicht mehr als zehn Mark bei sich trage. Fünf Minuten vor der Grenze aber, als der Zug schon sein Tempo verlangsamte, wurde er plötzlich grün, als würde ihm übel, sprang auf, riß das Fenster herunter, zerrte ein Bündel Banknoten aus irgendeiner inneren Rocktasche heraus und warf es in die Nacht. Es war ein recht dickes Bündel. Wenn man es gefunden hätte, wäre es ihm schlecht ergangen. Jetzt ließ er sich auf seinen Sitz zurückfallen und atmete schwer. Er hatte, buchstäblich, sein Geld zum Fenster hinausgeworfen.
Dies waren nur ein paar kleine Beispiele von all den verhetzten, durcheinandergewürfelten Menschenschicksalen, die in dieser Nacht an mir vorbeizogen. Es wurden auch dann und wann auf kleineren Stationen gewisse Namen aufgerufen, und ihre Träger, wenn man sie fand, aus dem Zug geholt. Auch mein Name wurde plötzlich gerufen, und ich zuckte zusammen, obwohl es eine weibliche Stimme war. Dann erschien eine polnische Dame, die mich vom Gang her gesehen hatte: sie kenne mein Gesicht von einer Wiener Premiere und illustrierten Blättern, und sie wolle wissen, wie die künstlerischen Pläne Max Reinhardts seien, den sie so sehr verehrte, und ob denn nun wohl der »Jedermann« noch in Salzburg gespielt werde. Sie war selbst auf der Flucht, aber ein Gespräch über Theater und Literatur schien für sie aufregender zu sein als die ganze Situation, und sie redete von Kunst, Kultur und Gesellschaft, als ob es das alles noch gäbe. Ich mußte an die Marquisen in den Kerkern der Französischen Revolution denken. Aber das gegenwärtige Erlebnis erschien mir wie eine ordinäre Parodie. Denen von damals mag das ihre ähnlich erschienen sein. Romantisch werden solche Ereignisse immer erst, wenn sie vorbei sind. Frisches Blut riecht gemein.
Als der Zug langsam in Feldkirch einfuhr und man die grellen Kegel der Scheinwerfer sah, hatte ich wenig Hoffnung. Ich empfand eigentlich nichts und dachte in diesem Moment auch nichts. Eine kalte Spannung hatte mich erfüllt. Aber alle Instinkte waren auf die Rettung konzentriert. Ich denke heute: ob es dem Fuchs so zumute ist, wenn er die Meute hört?
»Alles raus, mit Gepäck! Der Zug wird geräumt.«
»Träger!« rief ich.
»Selber schleppen«, schrie eine Stimme, »gibt keine Träger für euch.«
Man war, als Insasse dieses Zuges, bereits nur noch in der Mehrzahl vorhanden. So ergriff ich meine zwei Koffer, in denen alles verstaut war, was ich hatte mitnehmen können: das Notwendigste für kurze Zeit.

Ich sah zu meinem Schrecken, daß der Grenzdienst fast ausnahmslos von Hitlertruppen in brauner und schwarzer Uniform ausgeübt wurde. Der Bahnhof wimmelte von Menschen. Überall waren große Tische aufgestellt, auf die man die Koffer und Taschen der Passagiere einfach umleerte. Man kippte sie oder stellte sie auf den Kopf, dann wurde der völlig geleerte Koffer auf doppelten Boden abgeklopft, dann jedes einzelne Stück des Inhalts untersucht, jedes Paar Strümpfe aufgerollt, die Leisten aus den Stiefeln gezogen, jedes gefaltete Hemd auseinandergeschüttelt, jedes Schmink- oder Puderdöschen geöffnet. Und das bei Hunderten von Passagieren, von denen dann noch jeder einzelne körperlich visitiert, das heißt in einer Zelle bis auf die Haut entkleidet und sozusagen selbst wie ein Koffer umgestülpt wurde. Ich sagte mir, daß dieses Beispiel deutscher Gründlichkeit viele Stunden lang dauern müsse, und machte mich auf eine lange Folter gefaßt. Dabei fiel mir ein, daß ich in einem meiner Gepäckstücke eine Menge handschriftlicher Manuskripte von Gedichten und entworfenen Arbeiten verwahrt hatte, es war eine Gedankenlosigkeit sondergleichen, derartiges mitzunehmen, aber mir war es einfach das Wichtigste gewesen. Geschriebenes war bekanntlich besonders suspekt. Wenn die jedes einzelne Blatt lesen wollen, dachte ich voll Entsetzen, dann komme ich nie mehr hier weg.
Während eben ein Mann mit klobigen Händen meinen ersten Koffer umschüttelte, verlangte ein anderer, in schwarzem Hemd, meinen Paß. Ich reichte ihn harmlos hin und beobachtete die Reaktion unter den Lidern.
Der Mann schaute lange auf meinen Namen, dann hob er plötzlich ruckartig den Kopf, als habe er Witterung genommen.
»Zuckmayer?« fragte er. Ich nickte.
»Der Zuckmayer?«
»Was meinen Sie damit?«
»Ich meine: der berüchtigte.«
»Ob ich berüchtigt bin, weiß ich nicht. Aber es gibt wohl keinen anderen Schriftsteller meines Namens.«
Seine Augen wurden spitz, wie wenn jemand Ziel nimmt und seines Treffers gewiß ist.
»Kommen Sie mit«, sagte er.
»Ich muß bei meinem Gepäck bleiben«, erwiderte ich.
»Das müssen Sie nicht«, sagte er und lächelte spöttisch, als wolle er sagen: Du brauchst kein Gepäck mehr.
Ich wurde über den langen Perron des Bahnhofs geführt, während mein Gepäck zurückblieb und der Gründlichkeit anheimfiel. Ganz am Ende des Bahnhofs, wo es stockdunkel wurde, waren einige Baracken sichtbar. Es roch knoblauchartig nach feuchtem Karbid, und der kreidige Schein einer Fahrradlampe schwankte über dem Barackeneingang.
In der Baracke saß ein blonder magerer Mensch in der Uniform der SS hin-

ter einem Tisch, er trug eine Stahlbrille und sah überanstrengt und unterernährt aus. Vor dem Tisch stand ein Mann mit aufgeschlagenem Mantelkragen und gesenktem Kopf, der offenbar gerade verhört worden war.
»Ins Revier zum Abtransport«, hörte ich die Stimme des Beamten, »wenn überfüllt, ins Ortsgefängnis. Der nächste Herr bitte.« Zwei SA-Leute führten den völlig gebrochenen Mann hinaus, er schien zu weinen.
Dann trat ich, der nächste Herr, vor meinen Richter. Mein Häscher hatte mit ihm geflüstert, und nun schaute der andere auf.
»Carl Zuckmayer«, sagte er. – »Aha.«
Er starrte in den Paß, blätterte darin herum, sein Gesicht wurde nachdenklich. Immer wieder starrte er auf die erste Seite. Ich merkte, daß ihn die fünfjährige Gültigkeit irritierte: Juden bekamen damals nur noch Pässe für sechs Monate, wenn überhaupt. Meiner war früher im deutschen Konsulat in Salzburg ausgestellt worden, wo man korrekt verfuhr und mir wohlwollte.
Dann ließ er sich eine gedruckte Liste reichen, wohl die der politisch Verfolgten, schlug den Buchstaben Z auf, fand mich nicht, starrte wieder in den Paß.
»Komisch«, sagte er und schüttelte den Kopf, »ich habe doch mal irgendwas über Sie gehört, aber ich weiß nicht mehr genau. Sie sind also gar kein Hebräer.«
Er lachte jovial, und ich grinste ein wenig. Daß meine Mutter eine geborene Goldschmidt war, brauchte ich ihm ja nicht anzuvertrauen.
»Katholisch«, las er. »Na ja. Die Pfaffen werden wir auch noch drankriegen.«
»Ich lebe nicht im Zölibat«, sagte ich, mit einem Versuch zu lachen. Er lachte mit, stand auf, kam auf mich zu, den Paß in der Hand, als wollte er ihn mir wiedergeben.
»Wo fahren Sie hin?«
»Nach London, um einen Film zu schreiben.«
»Film? Das ist interessant. Haben Sie schon mehr Filme geschrieben? Solche, die man kennt?«
»Der letzte hieß ›Rembrandt‹«, sagte ich.
»Oh – den hab ich gesehen. Der war politisch einwandfrei. Er ist in Wien gelaufen, als ich letzten Winter zum SS-Schulungskurs abkommandiert war. Illegal natürlich«, sagte er vertraulich. Dann beugte er sich zu mir vor.
»Sind Sie Parteigenosse? Haben Sie einen Parteiausweis mit?«
»Nein«, sagte ich, »ich bin kein Parteigenosse.«
Im selben Augenblick war alle Jovialität verschwunden, der Mann riß meinen Paß, nach dem ich schon die Hand ausgestreckt hatte, wieder an sich.
»So«, sagte er scharf, »ein deutscher Schriftsteller und nicht Parteigenosse? Aber Sie sind doch Mitglied der Reichsschrifttumskammer?«
»Nein«, sagte ich, »auch das nicht.« Denn zu lügen hätte keinen Sinn gehabt, da ich ja keine Ausweise dieser Art besaß, die sonst jeder bei sich trug.

»Und weshalb nicht?«
Sein Gesicht wurde starr und drohend.
Was ich jetzt antwortete, habe ich mir nicht für den Bruchteil einer Sekunde überlegt. Ich tat es ganz automatisch, und ich wußte nicht, warum ich es tat und was daraus folgen würde. Aber ich verstehe seitdem, daß Menschen an die Einflüsterungen von Schutzengeln oder guten Geistern glauben.
»Ich kann nicht Parteigenosse sein«, antwortete ich prompt, »weil meine Werke in Deutschland verboten sind. Sie stimmen nicht mit der nationalsozialistischen Weltanschauung überein. Deshalb arbeite ich ja in London, wo ich auch den ›Rembrandt‹-Film gemacht habe. Daß ich beliebig ins Ausland reisen kann, sehen Sie aus meinem Paß, sonst hätte ich ihn nicht. Das muß Ihnen doch genügen.«
Ich streckte wieder die Hand nach meinem Paß aus.
Aber der Sturmführer starrte mich nun ganz sonderbar an. Sein Mund klaffte auf, seine Augen waren rund geworden. Plötzlich ergriff er meine ausgestreckte Hand und schüttelte sie.
»Fabelhaft!« rief er. »Diese offene Aussage! Diese Ehrlichkeit!«
»Glauben Sie denn«, sagte ich, meinen Vorteil wahrnehmend, »jeder, der hier hereinkommt, ist ein Lügner?«
»Die meisten schon«, rief er aus, »aber Sie – Sie sind halt ein deutscher Mann! Das hätt' ich nie geglaubt, daß am heutigen Tag einer offen zugibt, er ist kein PG, er ist verboten! Sie – aus Ihnen wird noch ein Parteigenosse, das garantier ich Ihnen!«
»Dankeschön«, sagte ich und nahm meinen Paß entgegen. »Kann ich jetzt zu meinem Gepäck?«
»Ich komme mit«, rief er, »ich brauche auch mal eine Ablösung. Fabelhaft. Vor Ihnen hab ich Respekt. Ihr Gepäck ist ja einwandfrei, hoffe ich?«
Er zog die Brauen hoch und bekam wieder Falten ins Gesicht. Ich dachte an meine Manuskripte, und der Gedanke an ein neues Katz-und-Maus-Spiel machte mir heiß. Außerdem sah ich draußen den Kerl stehen, der mich hereingebracht hatte, und bösartig zu mir herstarren.
Jetzt – dachte ich nun ganz bewußt und berechnend – ist es an der Zeit. Ich öffnete meinen Mantel, schlug ihn zurück, als suche ich in der Hose nach meinem Taschentuch, und zwar auf der linken Seite, wo die Kriegsorden steckten. Sofort hefteten sich seine Augen darauf wie gebannt.
»Sie waren an der Front?« fragte er.
»Natürlich«, sagte ich lässig, »fast vier Jahre lang.«
»Offizier gewesen?«
Ich nickte.
»Ist das nicht – das Eiserne Kreuz Erster Klasse?«
»Ja.«
»Und das?«

»Die hessische Tapferkeitsmedaille. Ich stamme aus Mainz. Die bekam jeder, wenn er eine Zeitlang dabei war.«
»Aber das hier – mit den Schwertern?«
Es war der »Zähringer Löwe mit Eichenlaub und Schwertern«, eine Auszeichnung, die Offiziere bekommen konnten, wenn sie bei einer badischen Formation gestanden und sich dort verdient oder beliebt gemacht hatten. Ich erklärte es ihm.
»Dann sind Sie ja ein Held«, sagte er und bekam Fischaugen.
»Das nicht«, sagte ich barsch, »aber immerhin kann man sich die Dinger nicht für zehn Groschen auf der Straße kaufen.« Diese Anspielung war schon ziemlich frech, aber sie tat ihre Wirkung.
»Prachtvoll«, rief er und lachte übermäßig. – »Sie meinen die Mitläufer! Die Opportunisten! Das ist deutscher Humor. Großartig!«
Er nahm seine Mütze ab und wischte sich den Schweiß. Ich sah, daß er die Haare am Hinterkopf abrasiert hatte, vorne war sein Schopf »vorschriftsmäßig« zugestutzt.
»Wir von der jüngeren Generation«, begann er, als wolle er eine Rede halten, »die nicht mehr das Glück hatten, am Krieg teilzunehmen, wissen trotzdem, was wir unseren Helden schuldig sind. Achtung!« schrie er plötzlich nach draußen. »SA und SS angetreten!«
Wir verließen die Baracke, und seine Leute spritzten heran. Und nun ließ er sie, inmitten der ganzen Zolluntersuchung und all der angstverstörten Flüchtlinge, vor mir antreten. »Wir ehren einen Helden des Weltkrieges 14–18«, brüllte er. »Heil Hitler!«
Eine Reihe von Braun- und Schwarzhemden hatte sich vor mir aufgebaut wie vor einem kommandierenden General, klappte die Hacken zusammen, daß der Dreck spritzte, und schrie mir ihr »Heil Hitler!« ins Gesicht, als sei ich der Führer persönlich. Ich war plötzlich der große Mann der Grenzstation und kam mir vor wie der »Hauptmann von Köpenick« in meinem eigenen Stück.
»Wo ist das Gepäck dieses Herrn?« kommandierte er. »Zuschließen. In den Schweizer Zug bringen!« Ich brauchte keine Hand mehr zu rühren. Der Koffer mit den Gedichten wurde gar nicht erst aufgemacht.
»Der Herr war noch nicht bei der Leibesvisitation«, sagte ein SA-Mann.
»Der Herr braucht nicht zur Leibesvisitation«, rief mein Beschützer, »der Herr ist abgefertigt!«
»Sie können in die Bahnhofswirtschaft gehen«, wandte er sich dann zu mir, »mit den andern haben wir noch stundenlang zu tun.«
So mußte ich als einziger von allen Passagieren nicht zu jener Prozedur, die, wie ich dann hörte, besonders für die Damen überaus peinlich war und von den Frauen der Wachleute oder Beamtinnen mit »großer Roheit durchgeführt wurde«.

Diese Geschichte hätte ich vielleicht nie genau erzählt, ich zögerte sogar, meiner Frau, als wir uns dann wieder trafen, die Einzelheiten zu berichten, weil mir das allzusehr nach einem Husarenstück, nach Aufschneiderei, nach selbsterfundener Bravour und Courage klang – wenn ich nicht einen Zeugen gehabt hätte. Es näherte sich mir nämlich plötzlich, während mein »Freund« mich zur Bahnhofswirtschaft begleitete und diensteifrige Nazis mein Gepäck in den Zug trugen, um mir dort einen Platz zu belegen, ein mir unbekannter Herr und flüsterte mir zu: »Ich bin mit Ihrer Frau ins Ferienheim der Schwarzwaldschule gegangen, sie kennt mich gut. Meine Frau liegt mit einem gebrochenen Bein noch im anderen Zug, ich weiß nicht, wie wir hier wegkommen, sie ist Jüdin. Vielleicht können Sie mir helfen!« – Ich wandte mich an meinen Sturmführer, der gerade mit seiner Ablösung gesprochen hatte. »Ich kenne diesen Herrn«, sagte ich ihm, »er ist politisch einwandfrei. Seine Frau hat ein Bein gebrochen und kann nicht zur Kontrolle. Würden Sie mir den Gefallen tun, den Herrschaften behilflich zu sein?« – »Wenn Sie für die Leute gutsagen«, erklärte mein Gönner, »dann geht das in Ordnung.« Er gab einige Weisungen, und ich sah kurz darauf, wie eine Frau mit geschientem Bein, von ihrem Mann und einem Bahnbeamten gestützt, in den Schweizer Zug gebracht wurde.
Dieser Herr begegnete uns einige Tage später auf der Bahnhofstraße in Zürich und bedankte sich überschwenglich bei mir. So erfuhr meine Frau zum ersten Mal das Nähere von meinem Grenzabenteuer.
Jetzt war es noch nicht zu Ende. Ich saß in der Bahnhofswirtschaft. Die Stunden schlichen. Immerhin war ich endlich zu meinem Rotwein gekommen, und ich fühlte, daß ich seit Wien nichts mehr gegessen hatte. Aber ich hatte keinen Appetit. Ich war auch nicht müde, obwohl ich seit Tagen kaum mehr geschlafen hatte. Der Tag dämmerte bereits. Mein Puls klopfte mit dem Ticken der Uhr. Wenn man nur schon 'raus wäre. Jede Sekunde kann irgendeine neue Wendung bringen, jede neue Ablösung eines Grenzbeamten eine neue Verdächtigung, und die ganze Komödie war umsonst. Jetzt, wo ich schon fast gerettet war, spürte ich Todesangst.
Mein Nazi-Freund saß neben mir, vertrank meine letzten zwanzig Schillinge und schaute glasig. Immer wieder drückte er sein Bedauern aus, nicht mehr im Krieg gewesen zu sein, wo er sich hätte »bewähren« können.
»Es wird schon noch einen geben«, tröstete ich ihn.
»Ja«, rief er begeistert, »trinken wir drauf!«
Ich sah ihn plötzlich, ohne Haß, aber auch ohne Mitleid, in einer Blutlache liegen, mit fahlem Gesicht, wie ich so viele gesehen hatte. Von Zeit zu Zeit kam ein SA-Mann hereingestürzt und meldete, daß sie wieder einen erwischt hätten, der zehntausend Schilling im Schuh oder einen Brillanten im Hintern versteckt gehabt hatte.
»Na – hunzen wer' ma den! So an Saukerl!«

»Geht's nicht bald weiter?« fragte ich.
»Nicht so bald. Wir machen groß gründlich heute.«
»Dann bleiben wir noch gemütlich beisammen«, sagte mein Kumpan.
Der Himmel war glasgrün und wolkenlos, die Sonne flimmerte auf dem Firnschnee, als der Zug die Grenze passierte. Die Schweizer Zollbeamten kamen herein und stießen freundliche Rachenlaute aus. Alles war vorbei. Ich saß in einem Zug, und er ging nicht Richtung Dachau.
Ich saß am Fenster und dachte: Jetzt solltest du dich wohl freuen. Oder wenigstens so etwas spüren wie Erleichterung. Aber ich spürte nichts. Nicht einmal Schmerz. Ich dachte nur: ich werde mich nie mehr freuen. Mir ist alles vollkommen gleichgültig – ob ich hier bin oder sonstwo in der Welt. Es wird nie mehr anders werden.
Doch es wird immer anders. Es wird immer anders, so lange man lebt. Zwar heilt die Zeit keineswegs alle Wunden. Doch sie lehrt uns eine Dialektik der Metamorphose, des Sich-Verwandeln-Müssens. Ihre These ist: der Lebenswille! Ihre Antithese: die Verzweiflung. Ihre Synthese ist die Freundschaft.
Man hörte damals oft die Anekdote von einem vielgereisten Engländer, der gefragt wurde, welches Volk er am liebsten möge: die Franzosen? »No«, sagte der Mann. Dann die Deutschen? Die Italiener? Vielleicht die Inder? Die Russen? Oder gar die Amerikaner? – *Nur* die Engländer? – »No«, sagte der Mann. »I like my friends.«

Das hatten sie sich nicht erwartet. Daß es kein »Schießkrieg« werden würde, war anzunehmen gewesen; daß die Einheiten der 8. deutschen Armee, die am Samstag in Österreich einrückten, nicht einmal auf den von Schuschnigg ursprünglich in seinem historischen Versprecher erwähnten »unwesentlichen« Widerstand stoßen würden, hatten die deutschen Soldaten erhofft.
Aber daß es der erwähnte Blumenfeldzug würde, der vielzitierte, an dem die Österreicher auch heute noch zu leiden haben, das überraschte. Es überraschte auch der vielstimmige Jubel entlang der Einmarschstraßen, es verblüffte ein Massenphänomen, das zu erklären auch politische Psychologen noch immer nicht in der Lage sind. Denn alle Erläuterungen scheinen zu billig. Ist nicht mit ähnlichem Jubel Schuschnigg noch ein paar Tage vorher in Innsbruck begrüßt worden? Hat nicht ähnliche Begeisterung noch vor 48 Stunden in Wien geherrscht, wenn von der – nun plötzlich »verschobenen«, soll heißen: abgesagten – Volksabstimmung die Rede war?
Die deutschen Truppen, die Österreich an diesem 12. März 1938 »vergewaltigten«, haben – daran ist nicht zu deuteln – unübersehbare Lustgefühle erregt. Aufmerksam hat man das auch im Ausland registriert; die Überraschung über den Jubel der Österreicher, nicht aller, wohlgemerkt, aber doch eines beträchtlichen Teils der Bevölkerung, war in England und in Frankreich, in Italien und in der ČSR groß. Experten meinen, dieser Jubel habe viel zu den endgültigen Entscheidungen Hitlers beigetragen, der immerhin zwei Nächte und einen vollen Tag lang in Linz »verhoffte«, bevor er nach Wien fuhr. Und der in Linz, im Hotel Weinzinger, den englischen Journalisten Ward Price zu einem seiner seltenen Einzelinterviews empfing. Was der »Führer« an außenpolitischen Österreich-Reflexionen mitteilte, erschien in großer Aufmachung tags darauf in der »Daily Mail«.
»Welches Unrecht haben wir irgendeinem fremden Lande zugefügt, wessen Interessen haben wir verletzt, wenn wir mit dem Willen der überwältigenden Mehrheit des österreichischen Volkes, Deutsche zu werden, übereinstimmen?« fragte Hitler den Engländer. »Ich versichere Ihnen in aller Aufrichtigkeit, daß ich vor vier Tagen keine Ahnung von alledem hatte, was sich heute hier ereignen sollte, oder daß Österreich ein deutsches Land werden wollte wie Bayern oder Sachsen.«

In diesem Punkt dürfte Hitler sogar die Wahrheit gesagt haben. Die Anberaumung der Volksbefragung durch Schuschnigg hat die Entwicklung beschleunigt. Dazu Hitler: »Zunächst konnte ich die Nachricht gar nicht glauben. Ich schickte einen Abgesandten nach Wien, um festzustellen, ob das wirklich wahr sein könne. Dieser teilte mir mit, daß dies wirklich wahr sei, und daher beschloß ich, sofort zu handeln, und zwar so, daß ich an dem gleichen Tage, an dem Schuschnigg seinen Volksentscheid abhalten wollte, die Vereinigung Österreichs mit Deutschland verwirklichte.«

Adolf Hitler nahm in diesem Gespräch im Hotel Weinzinger wieder Zuflucht zu den Terrorgerüchten: »Eine Minderheit von zehn Prozent hat die Mehrheit von neunzig Prozent unterdrückt. Dem habe ich ein Ende gesetzt. Und habe verhindert, daß die Mehrheit sich an ihren Unterdrückern räche. Ich hoffe, daß die Welt verstehen wird, daß das ein Friedenswerk ist, was ich hier geleistet habe. Wenn ich nicht interveniert und wenn die Schuschnigg-Regierung versucht hätte, ihren Trick-Volksentscheid durchzuführen, dann würde es hier eine blutige Revolution gegeben haben. Österreich hätte dann sehr gut ein zweites Spanien im Herzen Europas werden können.«

Und dann kam etwas, das aus heutiger Sicht nur jenem immer wieder zitierten Wort von der »Fassung« an die Seite gestellt werden kann, die er der »Perle Wien« verpassen wollte: »Warten Sie ein bißchen, dann werden Sie sehen, was ich für Österreich tun werde. Kommen Sie in vier Jahren hierher zurück, und Sie werden feststellen, daß die Zahl der österreichischen Arbeitslosen sehr zurückgegangen ist. Sie werden dann sehen, wie viel besser es dann dem österreichischen Volke geht und wie es glücklicher sein wird.«

Was die Beglückung betraf, ließen sich die neuen Herren nicht lumpen. Mit Wirkung vom 12. März wurde der »SS-Oberabschnitt Österreich« begründet, zu seinem Führer wurde »unter gleichzeitiger Beförderung zum SS-Brigadeführer« der im Kabinett Seyß-Inquart als Staatssekretär immerhin einen Tag lang im Amt gewesene Dr. Ernst Kaltenbrunner ernannt.

Beglückung im Selbstbedienungsverfahren ließ sich zeitweilig auch die SA angedeihen in diesen Tagen. Echte, häufig freilich auch falsche Uniformierte drangen in Wohnungen ein, besetzten Geschäftslokale, beschlagnahmten Wertsachen. Von »Gesindel« sprachen in diesem Zusammenhang sogar warnend manche amtliche Verlautbarungen.

Ein gewisser Sinn für Humor ist freilich auch manchem Gesindel nicht abzusprechen gewesen. Während Wien sich, nach dem triumphalen Einzug Hitlers am 14. März, auf die Kundgebung des 15. vorbereitete, drangen in der Nacht unbekannte Täter in die Räume ausgerechnet des deutschen Kriegsfürsorgewerks am Graben ein und räumten die Kassen aus.

Waren es einfach Kriminelle – oder war es ein Schwejkscher Streich? So wie es, post festum, wie Schwejksche Mentalität, auf österreichisch umgemünzt, anmutet, daß etwa die »Neue Freie Presse« die Namen der Nazibonzen permanent falsch

schrieb. Da ist der Wiener Gauleiter Globocnik kurzerhand – und im Titel – zu Glopotschnigg deformiert worden, Oberösterreichs Gauleiter Eigruber zu Eichgruber, wegen der »teutschen Eiche« wahrscheinlich, und den famosen Reichsminister Goebbels schrieben fast alle Zeitungen unausgesetzt als Göbbels. In der Tat, das Lächerliche war vom vermeintlich Erhabenen nur einen Schritt entfernt.
Oder gehörte es nicht in den Bereich des Lächerlichen, daß die deutschen Einmarschierer mit der Linksfahrordnung, die mit Ausnahme der westlichen Bundesländer in Österreich herrschte, unausgesetzt Probleme hatten? Es war diesem Nichtvermögen, sich schnell umstellen zu können, zuzuschreiben, daß bereits am 14. März »zwei brave Nationalsozialisten«, wie es im Unfallbericht hieß, auf der Grazer Bundesstraße unweit des Karnerbergs von einem deutschen Panzerwagen zu Tode gebracht wurden. Das Auto der beiden Steirer – ein SA-Sturmführer und ein Parteigenosse – war gerammt worden. »Die deutschen Militaristen waren ob des folgenschweren Autounfalls auf das tiefste erschüttert«, konnte man lesen. »Beim deutschen Panzerwagen wurde die Stoßstange beschädigt. Nachdem der Schaden behoben worden war, setzte sich die Kolonne wieder in Fahrt.«
Sie sind in ganz Österreich unterwegs gewesen, die deutschen Militärkolonnen, und über Wien dröhnten, übrigens seit den frühen Morgenstunden des 12. März bereits, die Bomber. Zweihundert Militärflugzeuge landeten in kurzen Abständen auf dem Wiener Flugfeld Aspern. Nur wenige Kilometer Luftlinie von ihm entfernt, im Prater, ist tags darauf die Wiener Frühjahrsmesse 1938, wie vorhergesagt, planmäßig eröffnet worden. Aber »in aller Stille«, wie es hieß, ohne Reden, ohne Aufsehen. Und ohne große ausländische Beteiligung.
Die konzentrierte sich auf das politische Geschehen. Eine Rede, die Adolf Hitler am 13. März in Linz hielt, ist sogar direkt in die Vereinigten Staaten übertragen worden. Es war der Tag, an dem Arthur Seyß-Inquart, formell berechtigt, weil Miklas als Bundespräsident endlich zurückgetreten war, das Gesetz über die »Wiedervereinigung Österreichs mit dem Reich« unterzeichnete. Und es war zwei Tage bevor in Wien eine Viertelmillion Menschen der »Vollzugsmeldung« beiwohnten, die der Führer der Geschichte erstattete: Seine Heimat sei heimgekehrt, meldete er. Mit welchen rechtlichen Konsequenzen? Der Völkerrechtsexperte hat das Wort.

Stephan Verosta

Wenn ein Staat verschwindet

Okkupation, Annexion, Inbesitznahme – was sagt das Völkerrecht?

Eine völkerrechtliche Betrachtung Österreichs im Jahr 1938 muß, zumindest kurz, im Jahr 1918 beginnen.
Der Erste Weltkrieg endete 1918 mit der Niederlage Deutschlands und der Mittelmächte sowie der Auflösung der Vielvölkerreiche – des zaristischen Rußland, der Donaumonarchie und des Osmanischen Reiches. Auf dem Gebiet der Donaumonarchie bildeten sich als neue Staaten die Tschechoslowakei und die Republik Österreich. Aufgrund der Pariser Friedensverträge 1919/20 erhielten Polen, Jugoslawien und Rumänien große Gebietsteile der Donaumonarchie.
In den Friedensverträgen von Versailles, St. Germain, Neuilly, Trianon und Sèvres bildete der Völkerbundpakt den ersten Teil. In Artikel 10 der Völkerbundsatzung verpflichteten sich die Bundesmitglieder über das geltende Völkerrecht hinaus, »die Unversehrtheit des Gebietes und die bestehende politische Unabhängigkeit aller Bundesmitglieder zu achten und gegen jeden äußeren Angriff zu wahren. Im Falle eines Angriffs, der Bedrohung mit einem Angriff oder einer Angriffsgefahr nimmt der Rat auf die Mittel zur Durchführung dieser Verpflichtung Bedacht.«
Die Republik Österreich wurde 1920, Ungarn 1922, Deutschland 1926 und die Sowjetunion 1934 in den Völkerbund aufgenommen, der eine Staatenverbindung zur Aufrechterhaltung des Weltfriedens und der internationalen Sicherheit war, wie dies auch sein Nachfolger, die Organisation der Vereinten Nationen, ist. Da die Vereinigten Staaten dem Völkerbund nicht beitraten, waren im Völkerbundrat die Siegermächte Großbritannien, Frankreich, Italien und Japan führend. Nach ihrem Eintritt erhielten auch Deutschland und die Sowjetunion einen ständigen Sitz in diesem wichtigen Organ der Friedensorganisation. Der Völkerbund hat kleinere Streitfälle zwischen Staaten beigelegt; er hat die in Schwierigkeit geratenen Finanzen der Kleinstaaten, Republik Österreich und Ungarn, durch Vermittlung von Anleihen saniert.
Die deutschen Regierungen der Weimarer Republik erzielten ansehnliche Erfolge. Deutschland unterzeichnete die Verträge von Locarno (1925) und den Briand-Kellogg-Pakt (1928), der den Krieg als Mittel der nationalen Politik ächtete. Die Rheinlande wurden vorzeitig (1930) von der Besetzung durch die Alliierten befreit und die Reparationen entscheidend herabgesetzt.

Am 30. Januar 1933 betraute der deutsche Präsident Hindenburg Adolf Hitler als Chef der stärksten Partei im Reichstag mit der Regierungsbildung; sie kam unter Beteiligung der Deutschnationalen zustande. Danach brachte die Nationalsozialistische Arbeiterpartei durch eine Reihe von Gewalttaten sowie Verbot und Auflösung aller anderen Parteien die ganze Macht an sich, und nach Hindenburgs Tod wurde Hitler zum Präsidenten gewählt. Er nahm den Titel »Führer und Reichskanzler« an. Deutschland trat aus dem Völkerbund aus, verließ die Abrüstungskonferenz, begann gegen die Bestimmungen des Versailler Friedensvertrages die Aufrüstung, führte die allgemeine Wehrpflicht ein und besetzte das Rheinland, das demilitarisiert hätte bleiben sollen. Die in Europa führenden Mächte im Völkerbundrat, Großbritannien und Frankreich, nahmen diese deutschen Vertragsbrüche unter schwächlichen Protesten hin.

Diese kurze Übersicht führt unmittelbar an die Pläne und Handlungen des nationalsozialistischen Deutschland gegen Österreich in den Jahren 1937 und 1938 heran. Über diese hat der Internationale Militärgerichtshof in Nürnberg ein umfangreiches Beweisverfahren durchgeführt; seine Feststellungen hat der Gerichtshof seinem Urteil vom 1. Oktober 1946 zugrunde gelegt. Im folgenden wird diese abgerundete sachliche Darstellung im Wortlaut wiedergegeben, weil sie nach vierzig Jahren den Zeitgenossen von 1988 nicht mehr gegenwärtig ist. Wir beginnen mit dem sogenannten Hoßbach-Protokoll vom 5. November 1937; im Urteil heißt es:
»An der am 5. November 1937 in der Reichskanzlei in Berlin abgehaltenen Sitzung nahm Oberstleutnant Hoßbach, Hitlers persönlicher Adjutant, teil, der eine lange Niederschrift der Verhandlungen anfertigte, welche er mit 10. November 1937 datierte und unterschrieb.
Anwesend waren Hitler, die Angeklagten Göring, von Neurath und Raeder in ihrer Eigenschaft als Oberbefehlshaber der Luftwaffe, Reichsaußenminister und Oberbefehlshaber der Marine, sowie Kriegsminister General von Blomberg und der Oberbefehlshaber der Armee, General von Fritsch.
Hitler begann, indem er sagte, daß der Gegenstand der Konferenz von so großer Bedeutung sei, daß sie in anderen Staaten im Rahmen einer Kabinettssitzung würde stattgefunden haben. Er führte weiters aus, daß der Gegenstand seiner Rede das Ergebnis seiner eingehenden Überlegungen und seiner Erfahrungen während der viereinhalb Jahre seiner Regierung sei. Er verlangte, daß die Erklärung, die er abzugeben beabsichtige, im Falle seines Todes als sein letzter Wille und Testament betrachtet werde.
Hitlers Hauptthema war das Problem des Lebensraums, und er besprach verschiedene mögliche Lösungen, nur um sie wieder fallen zu lassen. Er sagte dann, daß daher die Inbesitznahme von Lebensraum auf dem europäischen Kontinent notwendig sei, wobei er folgende Worte gebrauchte:

›Es handelt sich nicht um die Gewinnung von Menschen, sondern von landwirtschaftlich nutzbarem Raum. Auch die Rohstoffgebiete sind zweckmäßiger in Übersee zu suchen, wobei die Lösung sich für ein bis zwei Generationen auswirken müsse... Die Geschichte aller Zeiten – römisches Reich, britisches Empire – hat bewiesen, daß jede Raumerweiterung nur durch Brechen von Widerstand und unter Risiko vor sich gehen könne. Auch Rückschläge sind unvermeidbar; weder früher noch heute hat es herrenlosen Raum gegeben; der Angreifer stößt immer auf den Besitzer.‹

Er schloß mit folgender Bemerkung:

›Für Deutschland lautet die Frage, wo größtmögliche Eroberung unter geringstem Einsatz zu erreichen sei.‹

Die Angriffsabsichten Hitlers könnten nicht deutlicher ausgedrückt werden und die bald darauf folgenden Ereignisse zeigten die Ernsthaftigkeit seiner Absichten. Es ist unmöglich, die Behauptung ernst zu nehmen, daß Hitler den Krieg nicht eigentlich gewollt habe; denn nachdem er angedeutet hatte, daß Deutschland den Widerstands Englands und Frankreichs zu erwarten habe, und nachdem er die Stärke und Schwäche dieser Mächte in einzelnen Situationen untersucht hatte, fuhr er fort:

›Die deutsche Frage kann nur auf dem Weg der Gewalt gelöst werden, und das ist niemals ohne Risiko... Wenn wir den Entschluß zur Anwendung von Gewalt unter Risiko an die Spitze der folgenden Ausführungen stellen, müssen wir noch auf die Fragen Wann und Wie antworten.‹«

Ein hypothetischer Fall, den Hitler am 5. November 1937 erörterte, kann hier unberücksichtigt bleiben. Das Urteil fährt fort:

»Der zweite und der dritte Fall, die Hitler erwähnte, zeigen die klare Absicht, von Österreich und der Tschechoslowakei Besitz zu ergreifen, und in diesem Zusammenhang sagte Hitler:

›Zur Verbesserung unserer militärisch-politischen Lage muß in jedem Fall einer kriegerischen Verwicklung unser erstes Ziel sein, die Tschechoslowakei und Österreich gleichzeitig zu *erobern*, um für den Fall eines möglichen Vorgehens nach Westen jede Flankenbedrohung auszuschalten.‹

Er fügte ferner hinzu:

›Die Annexion der beiden Staaten an Deutschland würde militärisch und politisch eine erhebliche Entlastung bedeuten, infolge kürzerer und besserer Grenzen, Freiwerdens von Streitkräften für andere Zwecke und der Möglichkeit der Aufstellung neuer Armeen bis zur Höhe von etwa zwölf Divisionen.‹

Dieser Entschluß, von Österreich und der Tschechoslowakei Besitz zu ergreifen, wurde in Einzelheiten erörtert; die Aktion sollte eingeleitet werden, sobald sich eine günstige Gelegenheit biete.

Die militärische Stärke, die Deutschland seit 1933 aufgebaut hatte, sollte nun besonders gegen die beiden Länder Österreich und die Tschechoslowakei gerichtet werden...

Der Angeklagte Göring sagte aus, daß er damals nicht geglaubt habe, Hitler beabsichtige tatsächlich, Österreich und die Tschechoslowakei anzugreifen, und daß der Zweck der Konferenz nur der gewesen sei, auf von Fritsch einen Druck auszuüben, damit er die Wiederaufrüstung des Heeres beschleunige. Es muß daran erinnert werden, daß Hitlers verkündete Absicht hinsichtlich Österreich in kaum vier Monaten nach dem Tag der Konferenz wirklich ausgeführt wurde und daß binnen weniger als einem Jahr der erste Teil der Tschechoslowakei aufgesogen worden ist, und Böhmen und Mähren wenige Monate später. Wenn im November 1937 bei irgendeinem seiner Zuhörer Zweifel bestanden hätten, so konnte es nach März 1939 nicht mehr fraglich sein, daß Hitler es mit seinem Entschluß, zum Krieg zu schreiten, todernst meinte. Der Gerichtshof ist überzeugt, daß Oberstleutnant Hoßbachs Bericht über die Sitzung inhaltlich richtig ist und daß die Anwesenden wußten, daß Österreich und die Tschechoslowakei bei der erstmöglichen Gelegenheit von Deutschland annektiert werden würden.«

Die Unabhängigkeit Österreichs war außer durch den Völkerbundpakt durch die Verträge von St-Germain und Versailles (1919) und andere auch von Hitler-Deutschland aus freien Stücken unterzeichnete völkerrechtliche Verträge gesichert. Der erste Versuch Hitler-Deutschlands, sich Österreichs zu bemächtigen – Ermordung des Bundeskanzlers Dollfuß am 25. Juli 1934 –, war am Widerstand Österreichs und der für Österreich eintretenden Haltung Italiens gescheitert. Bei einer Unterredung des österreichischen Bundeskanzlers Schuschnigg am 12. Februar 1938 drohte Hitler bereits mit militärischer Gewalt gegen Österreich. Um den Willen der überwiegenden Mehrheit des österreichischen Volkes zur Unabhängigkeit seines Staates von Europa, dem Völkerbund und der Welt zu demonstrieren, ordnete die österreichische Regierung am 9. März 1938 die Abhaltung eines Plebiszits über die Unabhängigkeit Österreichs an. Da Hitler ein für die Unabhängigkeit Österreichs positives Ergebnis des Plebiszits voraussah und eine neuerliche Niederlage in Österreich nicht hinnehmen wollte, befahl er den Einmarsch deutscher Truppen in Österreich, der in der Nacht vom 11. auf den 12. März 1938 erfolgte.

Den Vorgängen um die »Inbesitznahme (seizure) Österreichs« widmet das Urteil einen eigenen Abschnitt. Hier heißt es unter anderem:

»Der Einfall in Österreich war eine im voraus geplante Angriffshandlung zur Förderung des Planes, gegen andere Länder Angriffskriege zu führen. Als Ergebnis wurde Deutschlands Flanke geschützt, die der Tschechoslowakei sehr geschwächt. Der erste Schritt zur Inbesitznahme von ›Lebensraum‹ war getan; viele neue Divisionen ausgebildeter Soldaten waren gewonnen, und durch die Aneignung ausländischer Devisenreserven war das Aufrüstungsprogramm sehr gestärkt worden.

Vor dem Gericht wurde behauptet, daß die Annexion Österreichs in dem in

vielen Kreisen zum Ausdruck gebrachten Wunsch einer Vereinigung Österreichs mit Deutschland seine Rechtfertigung gefunden habe; daß die beiden Völker vieles gemeinsam hätten, was diese Vereinigung wünschenswert mache; und daß schließlich dieses Ziel ohne Blutvergießen erreicht worden sei. All dies ist, selbst wenn es wahr wäre, völlig unerheblich, da die Tatsachen klar beweisen, daß die Methoden, deren man sich bediente, um dieses Ziel zu erreichen, die eines Angreifers waren. Der ausschlaggebende Faktor war, daß Deutschlands bewaffnete Macht zum Einsatz bereitstand, wenn man Widerstand begegnete. Weiterhin geht aus dem Hoßbach-Protokoll über die Sitzung vom 5. November 1937 hervor, daß keine dieser Erwägungen der Beweggrund für Hitlers Handeln gewesen ist; im Gegenteil wurde dort der ganze Nachdruck nur auf die Vorteile gelegt, die von Deutschland für seine militärische Stärke durch die Annexion Österreichs zu erlangen waren.«
Durch die unter militärischem Zwang erfolgte Okkupation Österreichs seitens Deutschlands war völkerrechtlich ein rechtswidriger Zustand herbeigeführt worden. Da Österreich Völkerbundmitglied war, hatten die anderen Mitglieder, vor allem Großbritannien, Frankreich und Italien, die Verpflichtung, Österreich zu Hilfe zu kommen. Aber die österreichischen Gesandten hatten, richtig voraussehend, aus London, Paris und Rom berichtet, daß mit einer militärischen Hilfe nicht zu rechnen sei, was jeden militärischen Widerstand gegen die deutsche Übermacht sinnlos erscheinen ließ.
Nun hatte die Völkerbundversammlung unter Teilnahme Deutschlands am 11. März 1932 in einer Resolution erklärt, daß die Mitglieder des Völkerbundes verpflichtet seien, keine Situation, keinen Vertrag und kein Abkommen anzuerkennen, die mit Mitteln erreicht wurden, welche gegen den Völkerbundpakt oder den Pakt von Paris (d. i. den Briand-Kellogg-Pakt) verstoßen. Großbritannien und Frankreich protestierten in Berlin am 12. März 1938 gegen »einen solchen durch Waffengewalt unterstützten Zwang gegen einen unabhängigen Staat, um eine Lage zu schaffen, die mit seiner staatlichen Unabhängigkeit unvereinbar ist«. Die Sowjetunion verband ihren Protest mit einer ernsten Warnung. Der Volkskommissar für die auswärtigen Angelegenheiten, Litwinow, führte am 17. März 1938 aus:
»Die Verletzung internationaler Verpflichtungen, die im Völkerbundpakt und im Briand-Kellogg-Pakt von Paris festgelegt sind, wie sie sich in den letzten vier Jahren ereignet haben, und die Angriffe gewisser Staaten auf andere, berechtigen die Sowjetunion, nicht nur die Mißbilligung solcher internationaler Verbrechen auszudrücken, sondern auch ihre Bereitschaft zu erklären, aktiv an allen Maßnahmen teilzunehmen, die dazu bestimmt sind, eine gemeinsame Abwehr gegen den Angreifer zu organisieren, ohne Rücksicht darauf, daß dadurch die Beziehungen zum Angreifer unausweichlich eine Verschlechterung erfahren.
Die Sowjetunion hat gleichzeitig auch die Warnung ausgesprochen, daß in-

ternationale Passivität und die straflose Ausübung eines Angriffsaktes in einem Einzelfall mit tödlicher Sicherheit zur Wiederholung und Vermehrung solcher Fälle führen würde.
Unglückseliger Weise bestätigen die Ereignisse im internationalen Geschehen die Richtigkeit jener Warnung.
Sie wurde bestätigt durch die militärische Invasion Österreichs und durch den Gewaltakt, der Österreich seiner politischen, wirtschaftlichen und kulturellen Unabhängigkeit beraubte.
Dieser Gewaltakt wurde im Herzen Europas begangen und hat zweifellos eine Gefahr geschaffen, nicht nur für die elf Staaten, die an den Angreiferstaat grenzen, sondern auch für alle europäischen Staaten und auch für solche außerhalb Europas.
Die Gewalttat gegen Österreich war ein Beispiel, das Verbreitung findet. Die Tschechoslowakei ist der nächste Staat, der bedroht ist.«
Einen scharfen Protest gegen die Vergewaltigung Österreichs erhob die Regierung von Mexiko. Italien, das am 25. Juli 1934 den ersten Versuch Deutschlands, sich Österreichs zu bemächtigen, abgewehrt hatte, protestierte nicht. Denn Deutschland hatte Italien in seinem Krieg gegen Äthiopien (1935/36) unterstützt. Hitler dankte Mussolini hiefür überschwenglich und erklärte, unter Preisgabe Südtirols, den Brenner für die definitive Grenze zwischen Italien und Deutschland.
Die deutsche Regierung übersandte dem Generalsekretär des Völkerbundes am 18. März 1938 eine Note mit dem Text des deutschen Gesetzes über die »Wiedervereinigung Österreichs mit dem Deutschen Reich« und mit dem Nachsatz, Österreich habe »aufgehört, Mitglied des Völkerbundes zu sein«. Generalsekretär Avenol bestätigte am selben Tag den Empfang der Note; er werde nicht ermangeln, sie den Mitgliedstaaten zu übermitteln. Der spanische Delegierte kommentierte dazu in der Völkerbundversammlung am 19. September 1938 (knapp vor der Sudetenkrise):
»Wir haben von einem Tag zum anderen gesehen, daß ein freier und unabhängiger Staat aus unserer Mitte verschwunden ist, während er doch noch vor einem Jahr alle den Mitgliedern des Völkerbundes zukommenden Vorrechte genoß und regelmäßig an unseren Arbeiten teilnahm. Man würde im Bericht des Generalsekretärs vergeblich einige Worte des Abschiedes oder des Beileides ihm zu Ehren suchen.
Die Angreifer wissen nun, daß das Verschwinden eines Mitgliedstaates des Völkerbundes in völliger Straflosigkeit bewerkstelligt werden kann und daß in den Annalen der höchsten Institution des Friedens dieses Verschwinden nicht einmal in der Liste der internationalen Verbrechen aufscheinen wird. Es sei wenigstens der spanischen Delegation gestattet, einen Blick entrüsteten Protestes zu dem Sitz hinzuwerfen, den einst die österreichische Delegation eingenommen hatte.«

Seitens der führenden Mächte im Völkerbund geschah nichts. Großbritannien hatte nicht gerüstet, und Frankreich wähnte sich hinter der unüberwindlichen Festung der Maginotlinie in Sicherheit. Allein der Sender Moskau berichtete über die Gewalttaten »der deutschen Okkupanten in Österreich« und über den Widerwillen der österreichischen Bevölkerung gegen die Fremdherrschaft.
Der rechtswidrige Zustand der Okkupation Österreichs durch Deutschland konnte angesichts der deutschen Entschlossenheit, sich in Österreich zu behaupten, nur wieder durch Gewalt, und zwar militärische Macht, behoben werden; das ist erst am Ende des Zweiten Weltkriegs durch die Truppen der gegen die Aggressoren vereinten Nationen geschehen.
Seit der Inbesitznahme Österreichs betrieb Deutschland von Anfang an eine Annexionspolitik. Die Annexion eines Gebietes oder eines ganzen Staates durch einen anderen Staat kann zu einem völkerrechtlichen Rechtstitel werden, wenn die anderen Mächte den neuen Zustand dauernd hinnehmen oder ausdrücklich (de jure) anerkennen. So war die von Preußen 1866 proklamierte Annexion der Staaten Hannover, des Kurfürstentums Hessen, des Herzogtums Hessen-Nassau, von Schleswig-Holstein und der Freien Stadt Frankfurt völkerrechtswidrig. Aber die Mächte des europäischen Konzerts – Großbritannien, Frankreich, Rußland und Österreich – fanden sich damit ab, und aus der völkerrechtswidrigen Inbesitznahme wurde allmählich eine anerkannte Souveränität Preußens. Im Fall Österreichs begann im Jahr 1938 zugunsten Deutschlands die Ersitzung zu laufen, die den ursprünglich rechtswidrigen Zustand im Lauf der Zeit saniert hätte. Die Ersitzungsfrist wird durch das Eintreten des Kriegszustandes zwischen den in Betracht kommenden Staaten gehemmt. Andererseits kann sie durch die ausdrückliche (de jure) Anerkennung der faktischen neuen Lage durch andere Staaten abgekürzt werden. Auch Hitler-Deutschland hat sich trotz seines selbstherrlichen Auftretens um die Anerkennung der Annexion Österreichs bemüht, etwa gleich in der erwähnten Note an den Völkerbund.
Aber die Proteste Großbritanniens, Frankreichs, der Sowjetunion und anderer Staaten gegen den deutschen Rechtsbruch vom 13. März 1938 blieben aufrecht, auch wenn viele Staaten zum Schutz ihrer Staatsbürger und ihrer Interessen in dem nun von Deutschland kontrollierten Gebiet Österreichs einzelne Maßnahmen treffen mußten. So wurden die beim Staat Österreich errichteten ausländischen Gesandtschaften in Generalkonsulate verwandelt, die ihre Zulassung (Exequatur) von Berlin erhielten. Die von Deutschland abgeschlossenen Verträge wurden in steigendem Maß auf das Gebiet Österreichs angewendet. Aber selbst der Abschluß von neuen Verträgen mit Hitler-Deutschland, das nun Österreich und seit 1939 auch das Protektorat Böhmen und Mähren kontrollierte, enthielt nicht die volle Anerkennung vorangegangener Rechtsbrüche. Doch verstärkte sich in der Öffentlichkeit des

Auslandes und auch in Österreich selbst der Eindruck, man werde sich mit der vollendeten Tatsache der deutschen Herrschaft über Österreich abzufinden haben.
Die Haltung der Bevölkerung spielt bei der politischen Bewertung eines Staatswesens eine nicht unwesentliche Rolle, die auch in diplomatischen Erklärungen von völkerrechtlicher Bedeutung Ausdruck finden kann. Die österreichische Regierung hatte seit 1933 dem Druck des nationalsozialistischen Deutschlands Widerstand geleistet, doch seit Italiens Abessinienkrieg war sie ohne große Hoffnung auf eine militärische Unterstützung seitens der Westmächte. Die österreichische Bevölkerung hätte bei der von Schuschnigg angesetzten Volksabstimmung sich mindestens mit Dreiviertelmehrheit für die Unabhängigkeit Österreichs ausgesprochen. Hitler wußte das, und befahl den Einmarsch deutscher Truppen gegen den Rat der deutschen Generale. Hitler behielt recht, die Westmächte ließen es bei schwachen Protesten gegen die Okkupation und einseitige Annexion Österreichs bewenden. Aus schlechtem Gewissen über ihre eigene Passivität ließen sie sich nicht ungern von der nationalsozialistischen Propaganda beeindrucken, etwa von den Fotos über den jubelnden Empfang Hitlers in Linz und Wien. Tatsächlich waren in Wien etwa hunderttausend Menschen auf den Straßen. Da Wien im Jahr 1938 eineinhalb Millionen Einwohner hatte, waren das kaum 10 Prozent. Größer war der Anteil der nationalsozialistischen Parteigänger in Österreich im Landesdurchschnitt im Jahr 1938 nicht. Es war eine Minderheit, allerdings eine aktive, zum Teil von der Vision eines tausendjährigen Reiches geblendete und von Deutschland politisch und finanziell unterstützte. Überdies befanden sich unter den Hunderttausend auf dem Heldenplatz in Wien viele, welche die Überflutung Österreichs durch Deutschland – was nur durch die Preisgabe Österreichs seitens der Völkerbundmächte möglich geworden war – mit eigenen Augen sehen wollten.
Völkerrechtlich befanden sich Österreich und seine Einwohner nach der Inbesitznahme durch Deutschland in einem rechtlichen Schwebezustand. Es ist nicht leicht, die psychologische Lage in Österreich im Jahr 1938 den Menschen von heute, vor allem der jungen Generation, verständlich zu machen. Seit März 1938 war es den meisten Österreichern klar, daß die Beseitigung der nun einmal etablierten deutschen Herrschaft nur durch einen Krieg möglich sein werde. Und viele hofften, daß ein Angriff Hitler-Deutschlands auf die Tschechoslowakei zum Krieg führen werde. Durch die Inbesitznahme Österreichs war Deutschland der unmittelbare Nachbar Italiens, Ungarns und Jugoslawiens geworden, auf die es durch die bloße Präsenz deutscher Truppen an den nun gemeinsamen Grenzen einen dauernden Druck auszuüben begann. Die Tschechoslowakei aber war fast von allen Seiten von der deutschen Wehrmacht umklammert, und Hitler machte seine Angriffsabsichten gegen dieses Land immer deutlicher.

Innenpolitisch stand die Tschechoslowakei unter steigendem Druck der sudetendeutschen Partei mit Henlein an der Spitze. Aber die Appeasement-Politik, vor allem Großbritanniens und Frankreichs, führte durch die bloße Kriegsdrohung Hitler-Deutschlands auch ohne Krieg zur Kapitulation der Westmächte in München. Die Sowjetunion war nicht konsultiert worden, und die Tschechoslowakei wurde unter dem Druck der Westmächte dazu gebracht, ihre Randgebiete mit den Befestigungsanlagen gegen eine deutsche Invasion kampflos abzutreten. Der britische Premierminister Chamberlain verkündete bei seiner Rückkehr aus München unter dem Beifall der Menge, er habe »den Frieden unserer Zeit« gesichert. Die deutschen Generale hatten wieder vor einem militärischen Eingreifen gewarnt, wieder hatte Hitler gegen sie recht behalten. Völkerrechtlich hielt auch nach München die Ersitzung Österreichs durch Deutschland an.

Die völkerrechtliche Übersicht über das Jahr 1938 kann nicht ohne Einbeziehung einiger Fakten des Jahres 1939 beendet werden. Im März 1939 besetzte Deutschland Böhmen und Mähren, Italien besetzte am 8. April 1939 den Staat Albanien. Nun kam auch der britische Premier Chamberlain zur Einsicht, daß die bisherige Appeasement-Politik Hitler-Deutschland – und auch Italien – nur zu weiteren Angriffen ermutige. Er sagte am 31. März 1939 dem von Deutschland offen bedrohten Polen die britische Hilfe bei einem deutschen Angriff zu. Zugleich verhandelten die beiden Westmächte mit der Sowjetunion über eine militärische Zusammenarbeit gegen weitere Angriffshandlungen; diese Verhandlungen führten angesichts des auf beiden Seiten bestehenden Mißtrauens zu keinem Ergebnis. Die Sowjetunion schloß am 21. August 1939 einen Nichtangriffs- und Neutralitätspakt mit Deutschland ab. Dieses überfiel am 1. September 1939 Polen, am 3. September erklärten Großbritannien und Frankreich Deutschland den Krieg. Der Zweite Weltkrieg hatte begonnen, und der Kriegszustand hemmte jede Ersitzung.

Nach der Niederwerfung Polens gab Hitler vor seinen obersten Befehlshabern eine Übersicht über die von ihm geplanten militärischen Ergebnisse der Jahre 1938 und 1939:

»Ein Jahr später kam Österreich; auch dieser Schritt wurde für bedenklich angesehen. Er brachte eine wesentliche Stärkung des Reiches. Der nächste Schritt war Böhmen, Mähren und Polen. Auch dieser Schritt war nicht in einem Feldzug zu vollenden. Vor allem mußte der Westwall fertiggestellt werden. Es war nicht möglich, das Ziel in einer Anstrengung zu erreichen. Es war mir vom ersten Augenblick an klar, daß ich mich nicht mit dem sudetendeutschen Gebiet begnügen konnte. Das war nur eine Teillösung. Der Entschluß zum Einmarsch in Böhmen war gefaßt. Dann kam die Errichtung des Protektorates, und damit war die Grundlage für die Eroberung Polens gelegt, aber ich war mir zu dem Zeitpunkt noch nicht im klaren, ob ich erst gegen den Osten und dann gegen den Westen oder umgekehrt vorgehen sollte ... Grundsätzlich habe ich die Wehrmacht nicht aufgestellt, um nicht zuzuschlagen. Der Entschluß zum Zuschlagen war immer in mir. Früher oder später wollte ich das Problem lösen. Zwangsläufig wurde entschieden, daß der Osten zuerst angegriffen werden mußte.«

Hitler schlug unablässig zu. Die deutsche Wehrmacht errang spektakuläre Erfolge, bis sie – wie Napoleons Heere – am Ozean und in den Weiten Rußlands steckenblieb. Im Osten und Westen führte ihr Rückzug zur totalen Niederlage Deutschlands und zu seiner bedingungslosen Kapitulation.

Die alliierten Truppen haben Zug um Zug die deutsche Herrschaft in allen besetzten Staaten mit Waffengewalt beseitigt. Mit der Beseitigung der Okkupation, der tatsächlichen Herrschaft, sind auch die von Hitler-Deutschland beabsichtigten und einseitig erklärten Annexionen – Österreichs, der Tschechoslowakei, Westpolens und des Generalgouvernements sowie Elsaß-Lothringens – rechtswidrig geblieben. Die führenden Mächte der gegen die Aggressoren vereinten Nationen – die Vereinigten Staaten, die Sowjetunion und Großbritannien – haben alle besetzten europäischen Staaten befreit und wiederhergestellt.

Sobald die politischen Parteien Österreichs in dem befreiten Wien sich wieder konstituiert hatten, haben sie in einer feierlichen Erklärung am 27. April 1945 den »im Jahr 1938 dem österreichischen Volk aufgezwungenen Anschluß für null und nichtig erklärt«. In der Begründung dieser seit dem 11. März 1938 ersten freien Äußerung Österreichs wird der österreichische Standpunkt auch bezüglich der Vorgänge seit dem Anschluß dargelegt. Es heißt unter anderem:

»Angesichts der Tatsache,

daß der Anschluß des Jahres 1938 nicht, wie dies zwischen zwei souveränen Staaten selbstverständlich ist, zur Wahrung aller Interessen durch Verhandlungen von Staat zu Staat vereinbart und durch Staatsverträge abgeschlossen, sondern durch militärische Bedrohung von außen und den hochverräterischen Terror einer nazifaschistischen Minderheit eingeleitet, einer wehrlosen Staatsleitung abgelistet und abgepreßt,

endlich durch militärische kriegsmäßige Besetzung des Landes dem hilflos gewordenen Volke Österreichs aufgezwungen worden ist,

angesichts der weiteren Tatsachen,

daß die so vollzogene Annexion des Landes sofort mißbraucht worden ist,

die Oesterreichische Nationalbank aufzuheben und ihren Goldschatz nach Berlin zu entführen, alle großen Unternehmungen Österreichs reichsdeutschen Firmen einzuverleiben

und so das österreichische Volk aller selbständigen Verfügung über die natürlichen Quellen seines Wohlstandes zu berauben;

und endlich angesichts der Tatsache,

daß die nationalsozialistische Reichsregierung Adolf Hitlers kraft dieser völligen politischen, wirtschaftlichen und kulturellen Annexion des Landes

das macht- und willenlos gemachte Volk Österreichs in einen sinn- und aussichtslosen Eroberungskrieg geführt hat, den kein Österreicher jemals gewollt hat, jemals vorauszusehen oder gutzuheißen instand gesetzt war, zur Bekriegung von Völkern, gegen die kein wahrer Österreicher jemals Gefühle der Feindschaft oder des Hasses gehegt hat,
in einen Eroberungskrieg, der von den Eisfeldern des hohen Nordens bis zu den Sandwüsten Afrikas, von der stürmischen Küste des Atlantiks bis zu den Felsen des Kaukasus
viele Hunderttausende der Söhne unseres Landes, beinahe die ganze Jugend- und Manneskraft unseres Volkes, bedenkenlos hingeopfert hat,
um zum Schlusse noch unsere heimatlichen Berge als letzte Zuflucht gescheiterter Katastrophenpolitiker zu benützen und kriegerischer Zerstörung und Verwüstung preiszugeben . . .«
Die österreichische Erklärung stellt die Verluste an Menschenleben und Gütern fest, die Hitler-Deutschland während seiner Herrschaft dem österreichischen Volk verursacht hat; daneben ist die Bitterkeit nicht zu überhören, daß bei politisch richtigem und dem Völkerrecht entsprechendem Verhalten der führenden Mächte des Völkerbundes in den Jahren 1935 bis 1938 all dies nicht so hätte kommen müssen.
Die Begründung der österreichischen Erklärung vom 27. April 1945 endet mit der befriedigten und dankbaren Zitierung der völkerrechtlichen Beurteilung des deutschen Vorgehens gegen Österreich durch Großbritannien, die Sowjetunion und die Vereinigten Staten von Amerika:
». . . angesichts dieser Tatsachen und im Hinblick darauf,
daß durch die drei Weltmächte in wiederholten feierlichen Deklarationen insbesondere in der Deklaration der Krimkonferenz und in der Konferenz der Außenminister Hull, Eden und Molotow zu Moskau Oktober 1943 festgelegt worden ist:
›Die Regierungen Großbritanniens, der Sowjetunion und der Vereinigten Staaten von Amerika kamen überein, daß Österreich, *das erste freie Land*, das der Hitlerschen Aggression zum Opfer gefallen ist, von der deutschen Herrschaft befreit werden muß.
Sie betrachten den Anschluß, der Österreich am 15. März 1938 von Deutschland aufgezwungen worden ist, als null und nichtig.
Sie geben ihrem Wunsche Ausdruck, ein freies und wiederhergestelltes Österreich zu sehen und dadurch dem österreichischen Volke selbst, ebenso wie anderen benachbarten Staaten, vor denen ähnliche Probleme stehen werden, die Möglichkeit zu geben, diejenige politische und wirtschaftliche Sicherheit zu finden, die die einzige Grundlage eines dauernden Friedens ist.‹«
Nach den am 25. November 1945 in ganz Österreich abgehaltenen freien Wahlen hat der Alliierte Rat in Wien am 18. Dezember 1945 diese österreichische Proklamation vom 27. April 1945 samt Begründung nachträglich gebilligt.

Das seit 1918 bestehende Völkerrechtssubjekt Österreich war nach Lähmung seiner Handlungsfähigkeit durch die deutsche Herrschaft nach deren Beseitigung wieder handlungsfähig geworden. In völkerrechtlicher und staatsrechtlicher Rechtskontinuität seit 1918 nimmt es seine Rechte und Pflichten als selbständiger Staat selbst wahr; es wendet die vor 1938 mit anderen Staaten abgeschlossenen völkerrechtlichen Verträge wieder an. Österreich hat seinen alten Platz in den internationalen Organisationen und unter den europäischen Staaten wieder eingenommen.

Er hieß Müller, so wie viele Zehntausende im nun größer gewordenen Deutschen Reich. Er war SS-Standartenführer. Und er ist, »mit Erlaß des Reichsführers SS vom 14. März 1938«, zum »kommissarischen Inspekteur« der Sicherheitspolizei in Wien ernannt worden.
Was er hauptsächlich und hauptamtlich zu tun hatte, ist am nächsten Tag, am 15. März, diesmal mit »Erlaß des Chefs der Sicherheitspolizei« verfügt worden; ganz kühl berichteten die Zeitungen über die »Organisation der Geheimen Staatspolizei in Österreich«. Angeordnet am selben Tag, da auf dem Heldenplatz die Massen brüllten. Angeordnet am selben Tag, da man das »Heim ins Reich« bejubelte. Daß es ein »Heim in den SS-Staat« war, hat man nicht wahrhaben wollen.
Der Erlaß liest sich in der Tat eher nüchtern, die Organisation des Schreckens nimmt sich nach außen hin durchaus rationell aus: »Die Staatspolizeileitstelle in Wien mit dem Sitz in Wien übernimmt die gesamten politisch-polizeilichen Aufgaben der bisherigen Generaldirektion für die öffentliche Sicherheit, der Polizeidirektion und der Sicherheitsdirektion in Wien. Die bisherigen Sicherheitsdirektionen bzw. Sicherheitskommissariate in Linz, Graz, Salzburg, Klagenfurt, Innsbruck und Eisenstadt wurden zu Staatspolizeistellen umgewandelt und mit der Wahrnehmung aller Aufgaben der geheimen Staatspolizei in ihrem Bezirk betraut.«
Die Banalität des Bösen ist augenscheinlich. Sicherheitspolizeiinspekteur war Herr Müller, Leiter der Staatspolizeileitstelle Wien wurde der SS-Sturmbannführer Huber. Müller und Huber – alltägliche Namen. Auch der Schrecken sollte bald alltäglich werden.
Aber vorerst gehörte noch immer der Jubel zum Alltag. Die Ergebenheitstelegramme häuften sich, stoßweise wurden sie im Hotel Imperial abgeliefert, wo der »Führer« residierte. Der neu gebildete Evangelische Oberkirchenrat etwa drahtete »im Namen von mehr als 330 000 evangelischen Deutschen in Österreich« eine fast hymnische Dankadresse: »Nach einer Unterdrückung, die die schrecklichsten Jahre der Gegenreformation wieder aufleben ließ, kommen Sie als Retter aus fünfjähriger schwerster Not aller Deutschen hier, ohne Unterschied des Glaubens. Gott segne Ihren Weg durch dieses deutsche Land, Ihre Heimat.«

Das Wort »deutsch« – gewiß, auch Schuschnigg hatte es immer wieder im Mund geführt – ist wohlfeil gewesen an den Iden des März '38. Kein Wunder, daß das Grab Otto Planettas, des Dollfuß-Mörders, der nun zu einem Helden der Bewegung hochstilisiert wurde, zu einem Märtyrer des Deutschtums in Österreich, kein Wunder also, daß es nun zur Pilgerstätte wurde und in »reichstem Blumenschmuck« lag. »Märzveigerln« brachten Rosen, Tulpen, Nelken. Vor ein paar Tagen noch war es das Grab eines Hochverräters und Kriminellen gewesen. Man hat schnell umlernen müssen, damals in Wien. Und dies nicht nur im übertragenen Sinn. Auch in den Schulen, auch für die Matura, auf die man sich – immerhin, der Maturajahrgang 1938 scharrte bereits in den Startlöchern – in der zweiten Märzhälfte dringend vorbereiten mußte.
Aber da war noch immer der alte, nun verteufelte Lehrplan des »Systems«. Und der hat für die Matura auch den Prüfungsgegenstand »Vaterlandskunde« vorgesehen. Nichts einfacher, als dies zu reparieren: »Die Prüfung aus Vaterlandskunde entfällt«, dekretierten die neuen Herren. Und auch für den Geschichtsunterricht gab es sofort neue Weisungen. Österreich, so hieß es, werde nun »im Rahmen der gesamten deutschen Geschichte« behandelt, mit besonderer Berücksichtigung »der Entwicklung und des Wesens der nationalsozialistischen Bewegung«. Ein Hilfsbuch, so erfuhren die Lehrer, werde demnächst erscheinen. Bis dahin mußten sie gleichsam aus dem Gedächtnis vortragen.
In Anbetracht der politischen Haltung eines Großteils der Lehrerschaft dürfte ihnen das nicht schwergefallen sein. Und es mag demnach auch als »Selbstverständlichkeit« angesehen worden sein, daß Bürgermeister Neubacher, der neue Chef der Kommunalverwaltung, in einem Runderlaß an die Lehrer diese aufforderte, jüdische Schüler an Schulfeiern zu nationalen Anlässen nicht teilnehmen zu lassen. Denn man wolle ja, wie zynisch erklärt wurde, keinen »Gewissenszwang« ausüben. Es erübrigt sich zu berichten, daß alle jüdischen Lehrer sofort »beurlaubt« worden sind.
Es erübrigt sich auch zu registrieren, wie schnell zum Beispiel jüdische Angestellte von Hotels, Kaufhäusern, Gaststättenbetrieben heimgeschickt wurden. »Deutsche Volksgenossen! Besucht das neue arische Kaffee Berlin, Jasomirgottstraße. Ex Café Splendide«, verkündete ein Inserat. Man merke den Unterschied zwischen »Kaffee« und »Café«! »Kauft deutsches Porzellan!« verlangte ein renommierter Laden am Graben. »Gerngroß steht unter arischer Leitung und hat eine rein arische Belegschaft«, schrie es aus einer anderen Annonce. Und sogar in die Korrespondenzinserate und unter »Allfälliges« hat sich der neue Ton eingeschlichen. Im Kleinanzeiger konnte man beispielsweise verblüfft folgendes lesen: »Helga. Heil Hitler! Baldige Aussprache. Wiedersehen wünschenswert. Bussi!«
Zwischen Heil Hitler und Bussi, zwischen Knobelbecher und Stöckelschuh, zwischen Schnauze und Mundwerk war Österreich in diesen ersten Tagen hin und her gerissen. Man meinte noch immer, österreichisch weiterleben zu können. Auch in den Zeitungsredaktionen hat vielfach diese Meinung geherrscht. Nie-

mand wußte zu diesem Zeitpunkt, daß Hermann Göring in einem seiner hektischen Telefonate vom 11. März gerade gegen die Wiener Journalisten veritable Haßtiraden von sich gegeben hatte.
Ein namhafter Journalist und Zeitgenosse erzählt.

Milan Dubrovic

Der Nachruf stand in der Morgenausgabe

Wie die Zeitungsstadt Wien gleichgeschaltet wurde

Denke ich mit dem heutigen Wissen an das Jahr 1938 zurück, erscheint mir seine isolierte Betrachtung nicht möglich; automatisch drängt sich mir die Erinnerung an das Vorher und Nachher auf, wobei der Horizont der Zusammenhänge, aus dem allein die Geschehnisse dieses verhängnisvollen Jahres erklärt werden können, sich bedeutend erweitert. Ein Horizont, der, weitausholend, die Jahre 1914, 1918, 1938 und 1945 umschließt. Vier Schicksalsdaten der österreichischen Geschichte, von ursächlich ineinander verflochtenen Fakten und Handlungen zusammengefügt, sodaß bei rückschauender Betrachtung jedes dieser Jahre im anderen enthalten scheint.
Man könnte diese Epoche auch »Europäische Tragödie« nennen, ein Trauerspiel, das in drei Akten, 1918, 1938, 1945 (mit 1934 als makabrem Intermezzo) kulminiert, wovon jeder Akt, in sich geschlossen, die unterschiedlichsten bis konträrsten Interpretationen offenläßt. Thematischer Hintergrund: eine geistige, gesellschaftliche, wirtschaftliche, in religiöse Tiefen reichende Krise globalen Ausmaßes, um deren Lösung die Menschheit heute noch ringt.
Je nach dem politischen und weltanschaulichen Standort des kritischen Zeitgenossen konnten diese Kreuzwegstationen der österreichischen Geschichte von den Österreichern selbst als Untergänge oder als Auferstehungen erlebt werden. Diese Ambivalenz begleitet das Land in etlichen Variationen bis in die Gegenwart, wo sie sich zu der aktuellen Frage transformiert, ob denn die Österreicher in der nationalsozialistischen Ära Täter, Opfer oder beides zugleich waren.
Wer diese zeitgeschichtlichen Peripetien nachdenklich grübelnd miterlebte, fühlte auch weit zurückliegende initiatorische Ereignisse des vorangehenden 19. Jahrhunderts in nahem, ursächlichen Zusammenhang. Fünfzig Jahre seit 1938, ein halbes Säkulum, und noch immer Gegenwart? Fünfzig Jahre vom Beginn der Republik zurückgerechnet: Die Katastrophe von Königgrätz, Österreichs Ausschluß von Deutschland vollzogen, Venetien an Italien abgetreten!
Fünfzig Jahre vor Geburt des Verfassers hatten soeben Karl Marx und Friedrich Engels das »Kommunistische Manifest« veröffentlicht. Wenig später

warnte Jacob Burckhardt vor dem Sozialismus und der drohenden totalen Vergesellschaftung des Lebens. Mit prophetischem Schaudern ahnte er das Heraufkommen der »terribles simplificateurs«, der furchtbaren Exekutoren der Gewaltherrschaft im Massenzeitalter.

Wieder fünfzig Jahre nachher fühlt sich Adolf Hitler, der Brutalste unter diesen Vereinfachern, als Häftling auf Schloß Landsberg zu dem von der »Vorsehung« beauftragten künftigen Führer des deutschen Volkes berufen und bekennt öffentlich seine gigantomanischen Weltherrschaftsvisionen, plus infernalischen Plänen zur Judenvernichtung, in einem Buch. In diesem mit nahezu zehn Millionen Exemplaren erscheinenden, doch kaum von jemandem gelesenen Pamphlet »Mein Kampf« steht alles. Die wenigen, die es gelesen haben, hielten es für propagandistische Übertreibungen und verkannten seine dämonische Sprengkraft.

Denke ich an die Märztage von 1938 zurück, haften Einzelheiten und Abfolge des damaligen erregenden Geschehens mit extremer Präsenz in meinem Bewußtsein.

Es war ein Samstag, der letzte Tag einer aufwühlenden Woche, in der die Ereignisse mit einer geradezu kolportagehaften Dramatik sich überstürzt und mit dem Rücktritt Bundeskanzlers Schuschnigg am Abend des 11. März ihren Siedepunkt erreicht hatten.

In den Redaktionen der liberalen Zeitungen Wiens herrschte fast totale Erschöpfung, viele Journalisten hatten schon die Nacht vorher durchwacht und in enervierenden Diskussionen die sich immer dramatischer zuspitzende Entwicklung erörtert. Während schon am Abend, nachdem die letzten Klänge der im Anschluß an die Schuschnigg-Rede im Rundfunk gesendeten Haydn-Hymne verstummt, die Straßen und Plätze der Stadt von lärmender Hektik beherrscht waren, Kolonnen Jugendlicher mit ohrenbetäubendem Pfeifen, Trommeln und Parolengebrüll das nun neuerstehende Großreich begrüßten, hatte sich die Mehrzahl der Wiener ängstlich vor der ungewissen Zukunft in ihren Wohnungen verschanzt.

Hinter heruntergelassenen Jalousien und Vorhängen fanden sich die von Enttäuschung und Sorge um die Zukunft gepeinigten Patrioten mit Gleichgesinnten zusammen, um die neue Situation zu besprechen. Die dagegen waren, sah man nicht auf der Straße, man sah sie nicht – nicht, weil es sie nicht gab, wie später von kritischen Politologen und selbstgerechten Besserwissern behauptet wurde. Viele waren wie gelähmt von dem Gefühl, daß sich Ungeheures vollzog mit einer entfesselten Gewalt, der man nicht gewachsen war.

Drei Tage später, am 15. März, auf dem Heldenplatz war es nicht anders: Der Platz war überfüllt, als Hitler sprach – die Zahl der Anwesenden wird mit 150 000 bis 200 000 angegeben –, der Jubel war groß, doch der prozentuelle Anteil von bloß Neugierigen, die erfahrungsgemäß »stets dabei« sind,

war nicht gering. Wien hatte damals 1,7 Millionen Einwohner. Daß in der Welt der Eindruck entstand, die Wiener hätten fast ausnahmslos Hitler zugejubelt, war ein Werk der von den nationalsozialistischen Regisseuren beherrschten Medien, des Rundfunks, der Pressefotografen, der Wochenschaureporter und ihrer vervielfachend wirkenden Bildsuggestionen.
Zur Verifikation des falschen Heldenplatz-Mythos und seines propagandistischen Mißbrauchs eignen sich viel überzeugender die Zahlenangaben objektiver Beobachter. Von britischen und amerikanischen Diplomaten und Journalisten wurde die Zahl der aktiven österreichischen Nationalisten im März 1938 auf etwa 35 Prozent geschätzt. Der britische Gesandte Sir Walford Selby berichtete nach London, daß Bundeskanzler Schuschnigg bei der für den 13. März angesetzten Volksabstimmung mit einer Majorität von mindestens 65 Prozent hätte rechnen können.
Schuschnigg soll – nach Aussage des französischen Historikers Jacques Barzun – ihm persönlich gesagt haben, 25 Prozent der Bevölkerung seien für ihn, 25 Prozent für Hitler, die übrigen würden sich danach richten, wie der Hase läuft. Barzun fügte hinzu, dieses Prinzip verdiene den Namen »Schuschniggsche Konstante«, zweifelhaft sei nur, ob er dabei die Zahl jener, die eine eigene Meinung haben, nicht gewaltig überschätzt habe ...
Damals, auf dem Heldenplatz und auch bei sonstigen Großveranstaltungen unter der perfekten Regie nationalsozialistischer Massenorganisatoren, erfuhr man stets das gleiche Phänomen, wenn man mit einem echten Nazi konfrontiert war: Blickte man Enthusiasmierten (meist Frauen) in das vor Entzücken verzerrte Antlitz, dann mußte man resignieren, wie wenn man vor einem Hypnotisierten stünde. Es waren Stunden des Rausches, der Besessenheit, des Wahns; die Betroffenen schienen unfähig, sich zu besinnen, geschweige denn, sich über ihr eigenes Verhalten Rechenschaft zu geben.
Mit der Zeit lernte man zwischen echten und unechten Nazis, bloßen Mitläufern, zu unterscheiden. Bei einem fanatisierten Nazi stand man vor einer einzigartigen Erscheinung: Kam die Rede auf Hitler, riß in seinem Hirn ein Kontakt durch, im Gesicht blitzte es auf, im Bruchteil einer Sekunde war der Kurzschluß da: Die Verdunkelung war irreparabel. Ein Versuch, die zerebrale Leitung zu korrigieren, war gefährlich, man mußte mit allem rechnen: angezeigt und der »Behandlung« durch die Gestapo ausgeliefert zu werden.
Es gibt Augenblicke, in denen man das Kommende, Drohende als feine Vibrationen vorausspürt, von Bangen vor dem Ungewissen begleitet. Die große, alles überragende Frage in den Redaktionen der liberalen Zeitungen galt der Frage, was mit den jüdischen Kollegen geschehen werde. Bei ihrer plötzlichen Ausschaltung, mit der, wie man hörte, Hermann Göring am 11. März bei seinen telefonischen Anweisungen an eilfertige Wiener Exekutoren gedroht hatte, wäre das Erscheinen der wichtigsten Wiener Blätter gefährdet gewesen – also dachten viele, sei sie undurchführbar.

Gewichtige Zahlen sprachen dafür: Von den hundertvierundsiebzig in den Wiener Tageszeitungen tätigen Redakteuren waren damals hundertdreiundzwanzig Juden. In der »Neuen Freien Presse« waren von den vierundvierzig Redakteuren achtunddreißig Juden, im »Neuen Wiener Tagblatt« entsprachen von zweiunddreißig Redakteuren ebenfalls nur sechs dem Arierparagraphen der Rassengesetze. In den beiden anderen großen Wiener Tageszeitungen, »Neues Wiener Journal« und »Der Tag«, waren die Verhältnisse ähnlich.

In den Redaktionen dieser Blätter herrschte trotz konfessioneller Unterschiede und abweichender Meinungen in politischen und kulturellen Fragen eine kameradschaftliche Atmosphäre. Es fällt schwer, aus der Distanz der dahingeschwundenen Jahrzehnte, mit ihren vielen Umbrüchen und Verwandlungen, die gesellschaftliche Atmosphäre dieser Epoche heute verständlich zu machen. Melancholische Überreste kakanischer Erinnerungen schwebten damals noch in den verrauchten Redaktionsstuben, wenn ältere Kollegen von ihrer Jugendzeit in Prag, Brünn, Agram, Czernowitz erzählten. In der dem Geist des Liberalismus verpflichteten Presse herrschte trotzdem immer noch der bürgerliche Ordnungsbegriff des k. u. k. Beamtenstaates.

Einer der stolzen und selbstbewußten Repräsentanten dieses ausgestorbenen Journalistentypus war der Chefredakteur des »Tagblatts«, Hofrat Emil Löbl. Er zeichnete sich durch eine aufsehenerregende, mutige Tat aus. Sein beherzter Nachruf auf den verhafteten Bundeskanzler unter dem Titel »Kurt, Edler von Schuschnigg« erschien in der Morgenausgabe des »Tagblatts« am 12. März, dem ersten Tag des Dritten Reiches in Wien, als bereits der Reichsführer SS und Chef der deutschen Polizei, Heinrich Himmler, und SS-Führer Reinhard Heydrich in der Stadt eingetroffen waren und die Vortruppen der 8. Armee die Stadtgrenze erreicht hatten.

Löbl, der sonst erst gegen Mittag in die Redaktion zu kommen pflegte, war diesmal schon am frühen Morgen zur Stelle. Bald darauf wurde er von einem Trupp uniformierter Eindringlinge in brüsker Weise aufgefordert, die Redaktion augenblicklich zu verlassen. Erst als Gewaltmaßnahmen und Verhaftung drohten, resignierte er. Wenige Wochen später erkrankte er und starb im Rothschild-Spital, das als einziges Krankenhaus für jüdische Patienten zur Verfügung stand.

Am 12. März erschienen in der Redaktion drei Männer, die sich als Delegierte des frisch etablierten, illegal jedoch schon lange bestehenden »Gaupresseamtes« auswiesen. Sie wünschten alle als »arisch« geltenden Redakteure zu sprechen.

Der einzige Kollege, der mit einem in der Illegalität erworbenen NS-Parteiabzeichen im Knopfloch auftrat, war der Volkswirtschaftsredakteur Dr. Otto Danneberg, den alle bisher für einen Juden gehalten hatten. Mit erstaunlicher Schnelligkeit wies er Dokumente vor, die zeigten, daß schon sein Großvater getauft war. Laut Rassegesetz hatte er den Anspruch auf die Rechte eines »Vollariers«.

Einen ähnlichen Fall gab es auch in der Redaktion der »Neuen Freien Presse«, einen weiteren, der allerdings tragisch endete, in der Administration des »Tagblatts«. Der »arisierte« Sohn mußte einrücken und fiel an der Front. Der »selbstarisierte« Vater fühlte sich an dessen Tod schuldig und beging Selbstmord.

Einer der »Beauftragten« erklärte, daß die »arischen« Redakteure für das weitere Erscheinen des »Tagblatts« zu sorgen hätten. Sie müßten dafür haften, daß keine politisch unerwünschten Texte veröffentlicht werden.

Die Eliminierung der Juden vollzog sich sukzessive und sollte auf diese Weise das Erscheinen der wichtigsten Zeitungen sicherstellen. Aus bloßer Existenzangst und im besten Einvernehmen mit den »arischen« Kollegen setzten sie ihre Arbeit fort, halfen beim Redigieren, Umschreiben der unzulänglichen Berichte, die von den inzwischen in die Redaktion entsandten NS-Reportern geliefert wurden. Die pompöse Reportage über Hitlers Einzug in Wien, die der Alpinist Kurt Maix verfaßt hatte, wurde vom jüdischen Chef vom Dienst, Dr. Hugo Glaser, von ihrem enthusiastischen Überschwang befreit und auf ein dem normalen »Tagblatt«-Leser zumutbares Maß von Begeisterung reduziert.

Der bisherige Verlagskassier, Dr. Leopold Winkler, der sich als illegales Parteimitglied entpuppt hatte und nun zum Betriebsführer avanciert war, empfahl den »arischen« Redakteuren überraschenderweise, bei Einstellung neuer Kollegen sich auf gebürtige Österreicher zu beschränken, da man sonst Gefahr laufe, von reichsdeutschem Zuzug überflutet zu werden. Diese Anweisung Winklers wurde von dem neuen Hauptschriftleiter des »Tagblatts«, Erwin H. Rainalter, mit deutlichen Anzeichen der Genugtuung begrüßt.

Die wachsende Animosität gegen die »Brüder aus dem Reich« griff bald auch auf die allgemeine Stimmung in Wien über. Die Ursache war ihr arrogantes Auftreten bei der Übernahme vakant gewordener Posten und Machtpositionen in der Wirtschaft und in der Verwaltung. Sie agierten oft wie Usurpatoren in einem Kolonialland. Die Folge war, daß bei den Österreichern ein neues Selbstwertgefühl hervorbrach, das durch die andauernden Auseinandersetzungen mit der abstoßenden nationalsozialistischen Wirklichkeit immer stärker wurde. Dabei kam es zu dem Kurzschluß, daß zwischen Deutschen und Nazis kaum mehr unterschieden wurde.

Verwirrend wirkten das berüchtigte »Tagblatt«-Interview des ehemaligen Staatskanzlers Dr. Karl Renner, worin dieser sein »Ja« zur Volksabstimmung ankündigte, und auch sein Artikel in der englischen Zeitschrift »Contemporary«, in welchem er den Anschluß als »Erfüllung einer historischen Aufgabe« begrüßte.

Ich war in der Redaktion anwesend, als Renner den innenpolitischen Redakteur, Gustav Haller, anrief und zu sich bat. Der Text des Gespräches wurde von Renner wörtlich festgelegt. Haller genoß Renners besonderes Vertrauen. Beide waren gebürtige Deutsch-Böhmen, großdeutsch gesinnt, zugleich jedoch erklärte Gegner des Nationalsozialismus.

Bald darauf wurde der Chefredakteur Rainalter mit anderen Wiener Journalisten von Hitler in seine Alpenresidenz auf dem »Berghof« beordert, um neue Anweisungen entgegenzunehmen. Hitler erklärte dort offen heraus, daß er entschlossen sei, die deutschen Gebiete in der Tschechoslowakei sowie die Stadt Danzig zu annektieren und, wenn nötig, militärische Mittel dabei einzusetzen. Vorsichtshalber müsse man damit rechnen, daß es zum Krieg käme, die Zeitungen hätten die Pflicht, das Volk auf diese Eventualität vorzubereiten. Rainalter folgerte daraus, daß Hitler in Wahrheit bereits zum Krieg entschlossen war, und zwar, wie er hinzufügte, »mit der Unbeirrbarkeit eines Menschen, der von einem gottähnlichen Sendungsbewußtsein erfüllt sei«.

Für Rainalter war diese Begegnung mit Hitler ein Schock. Er konnte nicht verstehen, daß Hitler all das Errungene, den Einmarsch im Rheinland und den Anschluß Österreichs, in einem Krieg mit ungewissem Ausgang aufs Spiel setzen wollte. Rainalter flüchtete aus seiner Enttäuschung in immer länger dauernde Absenzen und alkoholische Betäubung. Nach Ablauf einer Anstandsfrist wurde er von seinem Posten abgelöst. Zu seinem Nachfolger wurde Walter Petwaidic bestellt, vormals Chefredakteur der »Wiener Neuesten Nachrichten«, einer großdeutsch ausgerichteten Tageszeitung, die ihren finanziellen Rückhalt in Berlin hatte.

Die gesinnungsmäßige Zusammensetzung der »Wiener Neuesten Nachrichten« war uneinheitlich. Man unterschied zwischen großdeutsch und nationalsozialistisch orientierten Redakteuren. Beispielsweise war der Leiter des Inlandressorts, Hans Mauthe, der Vater des verstorbenen Schriftstellers und Wiener Stadtrates Jörg Mauthe, ein demokratisch-großdeutsch gesinnter Gegner des Nationalsozialismus. »Wer Hitler wählt, trägt zur endgültigen Zerstörung der großdeutschen Idee bei«, war Mauthes Überzeugung.

Der Ruf der »WNN« hatte lange Jahre unter der Hypothek einer Karikatur zu leiden, über die ganz Wien lachte. Die germanophilen Redakteure trugen fast durchwegs tschechische Namen. Ihr trutziges Kampflied war die »Wacht am Rhein«: »... es geht ein Ruf wie Donnerhall, wie Schwertgeklirr und Wogenprall ...«

Eine boshafte Karikatur der »Wiener Sonn- und Montagszeitung« zeigte die Redakteure mit urgermanisch langem Vollbart rund um einen Biertisch, die Wacht am Rhein grölend: »Es geht ein Ruf wie Donnerhall, wie Wowurka und Wymmetal« lautete der darunterstehende Bildtext.

Die Ausschaltung der Juden hatte die Wiener Redaktionen personell in eine äußerst prekäre Lage gebracht. Wollte man das Niveau der Zeitungen halbwegs wahren, war es schwierig, einen Ersatz zu finden, da außer den Juden auch politisch kompromittierte Journalisten, die dem Arierparagraphen entsprochen hätten, vom Interdikt betroffen waren.
Wie widerspruchsvoll – zwischen Hoffen und Verzagen, Panik und Flucht in eine selbstsuggerierte Euphorie – die ersten Tage und Wochen nach dem 12. März von jüdischen Journalisten erlebt wurden, bekundet eine im Jahre 1944 in Jerusalem unter dem Titel »Die letzte Woche« erschienene Broschüre des nach Palästina emigrierten Redakteurs der »Neuen Freien Presse«, Theodor F. Meysels.
Bemerkenswert an diesen dokumentarischen Schilderungen ist ihre um Verständnis und Objektivität bemühte Darstellungsweise. Sie zeigt, daß der Verfasser – obwohl er menschliche Enttäuschungen erlebt hat, obwohl bei manchen seiner allzu eilfertig kollaborationswilligen Landsleuten Schäbigkeiten und charakterliche Defekte zum Vorschein kamen – seine Sympathie für das vergewaltigte Heimatland über die leidvollen Jahre des Exils hinweg bewahrt hatte.
Nachstehend die wichtigsten Phasen des zeitlichen Ablaufs bei der Gleichschaltung, wie sie in dem Büchlein dargestellt werden.
Am 12. März war, wie stets, der bisherige Chefredakteur, Dr. Stephan von Müller, in der Redaktion erschienen. Er hatte schon 1931 im Auftrag der damaligen Regierung mit dem Geld vom Hause Rothschild Anteile an der »Neuen Freien Presse« erworben. Sein Konzept sah vor, die Zeitung als offiziöses Regierungsblatt zu führen und sich an Schuschniggs Abkommen vom 11. Juli 1936 mit Hitler zu halten, wonach das Blatt sich in seiner Kritik am Nationalsozialismus eine gewisse Beschränkung auferlegen sollte. Schon ein Jahr später kam es jedoch zur Zusammenlegung mit dem auflagenstarken »Neuen Wiener Tagblatt«, das die Nachfolgeschaft übernahm.
Am Morgen des 13. März hatte sich der Wiener Zeitungsmarkt beinahe in nichts aufgelöst. »Der Tag«, »Die Stunde«, die »Telegraph«-Blätter, das offiziöse »Weltblatt«, die amtliche »Wiener Zeitung« waren nicht erschienen, die beiden erstgenannten, wie sich herausstellte, für immer. Die katholische »Reichspost«, die »Kronenzeitung«, der »Telegraph« als »NS-Telegraph« erschienen zwar weiter, aber zu reißerischen Propagandaorganen deformiert. In der »Presse«-Redaktion waren schon am Abend vorher die ersten Suspendierungen verlautbart worden. Der Prozentsatz von »Nichtariern« wurde zunächst von 90 Prozent auf 60 Prozent reduziert.
Über den weiteren Verlauf des Tages berichtet Meysels: »Der Chef ist noch immer gut aufgelegt. Der strikte Auftrag, keine jüdische Notiz dürfe weggelassen werden, setzt die Nachtredaktion in Verblüffung. Der Theaterteil muß sofort noch eine jüdische Notiz einstellen und erfindet irgendeinen Quatsch

über das Rose-Quartett. Es sickert durch, daß Dr. von Müller hofft, die ›Neue Freie Presse‹ zum privilegierten Judenblatt des Dritten Reiches zu machen. Es ist ein weiter Weg, auf dem der getaufte Sohn des großen Hebraisten, D. H. Müller, zum Judentum zurückfindet. (Er wird aber christlich begraben, als er vier Tage später Selbstmord begeht.)«
15. März. Der Kulturredakteur Dr. Kurt Sonnenfels hat Selbstmord verübt – mittags erfolgt die Anweisung, daß die Belegschaft der Druckerei sofort das Hakenkreuz anzulegen habe, sonst fristlose Entlassung.
Wie reagieren die Arbeiter darauf? Ich zitiere wieder Meysels: »Setzer wie Drucker, ausnahmslos alte Gewerkschaftler, weigern sich kategorisch. Wir reden ihnen zu, appellieren an ihren Familiensinn. Es hilft nichts. Unverhofft kommt die Lösung. Der jüdische Metteur Porges erscheint mit einer Schachtel in der Hand: ›Ruhe, Genossen‹, unterbricht er die Diskutierenden mit den Worten: ›Während ihr euch da herumstreitet, habe ich schöne Hakenkreuze für euch gestanzt. Diese echt jüdischen Hakenkreuze werde ich jetzt zugunsten der ›Roten Hilfe‹ um 50 Groschen das Stück verkaufen.‹ Allgemeines Gelächter. Die Belegschaft der ›Neuen Freien Presse‹ ist gleichgeschaltet.
In der Nacht kommt der Chef vom Dienst und Leiter der Lokalredaktion, Dr. Julian Sternberg, zum erstenmal nicht in die Setzerei, um die Abzüge anzuschauen, zum erstenmal seit fünfunddreißig Jahren. Er hat am Abend erfahren, daß er nicht mehr als verantwortlicher Redakteur zeichnen darf, und sofort das Haus für immer verlassen. An seiner Stelle amtiert ein frisch eingetroffener Mann vom ›Saarbrückener Anzeiger‹, Spezialist für Abstimmungsbegeisterung, der sich in der ersten halben Stunde schon so hoffnungslos blamiert, daß sich die Setzer überhaupt nicht um ihn kümmern.
17. März. Der Chefredakteur Dr. Stephan von Müller verabschiedet sich von der Redaktion. Eine kurze Notiz des Blattes teilt mit, daß er ›auf längeren Urlaub geht‹. Wenige Stunden später ist er tot. Selbstmord.«

An konkreten Warnzeichen vor der wachsenden Isolierung Österreichs hat es keineswegs gefehlt. Immer deutlicher zeigt es sich Mitte der dreißiger Jahre, daß die Goebbelssche Propaganda auch im Ausland positive Wirkungen erzielte. Die verächtlichen Verdikte, mit denen bisher die Zeitungen der westlichen Demokratien Hitler zu bekämpfen pflegten, indem man ihn als tobenden Paranoiker mit Chaplinbärtchen oder als theatralisch gestikulierenden Rhetoriker festlegte, begannen langsam, sich zu verbrauchen. Das stimmte zwar alles, aber es war nicht das allein. Unverständlich wäre sonst, wie Millionen ihm zum Abgrund folgten. Vorläufig gab es ja nur Siege und Gewinne im Blickfeld der Erwartung.
Das Böse, Gefährliche wurde im Ausland zwar erkannt und ernstgenommen, doch zugleich hoffte man, es für eigene Zwecke nützen zu können, vor allem gegen die Urangst des Jahrhunderts, gegen den »Bolschewismus«, ein damals

noch furchterregendes Signalwort, das heute fast außer Kurs geraten ist. Diese veränderte Strategie in der Auseinandersetzung mit dem Nationalsozialismus führte zu verhängnisvollen Fehleinschätzungen. Die Metternichsche These einer unentbehrlichen »Balance of Power« in Mitteleuropa schwand dahin, zugleich das Verständnis für Österreichs exponierte Position. Diese politische Klimawende im Ausland war begleitet von zunehmender Kritik an dem konservativ-autoritären Dollfuß-Regime, das als eine nicht weniger bösartige Variante des Faschismus verfemt wurde.

Vergeblich kämpften die mit der Regierung sympathisierenden Wiener Zeitungen gegen diese undifferenzierte Betrachtungsweise, die sich heute noch als unausrottbares Propagandaelement in der Kampagne von Schuldzuweisungen gegen Österreich auswirkt.

Ohne die nüchterne, vorurteilsfreie Zurechtrückung der historischen Rolle des Kanzlers Engelbert Dollfuß ist aber eine befriedigende Urteilsfindung über Österreichs Schuldanteil an der geschichtlichen Entwicklung nicht möglich. Keineswegs abwegig ist es, das Drama des 25. Juli 1934 in die Analyse des Jahres 1938 einzubeziehen und Dollfuß als erstes Opfer des von Hitler provozierten Zweiten Weltkrieges zu interpretieren. So berechtigt die Kritik an seiner tragisch gescheiterten Politik sein mag, so unbestreitbar ist, daß es ihm gelang, einen echten österreichischen Patriotismus und ein positives Bekenntnis der Österreicher zu ihrem Kleinstaat zu wecken, wie es ein unverdächtiger, kritischer Biograph, Gordon Shepherd, bezeugt.

Nicht weniger unvergeßlich ist der wortgewaltige Nachruf, den der strenge Moralist Karl Kraus vor einer Vorlesung des Shakespeare-Dramas »Macbeth« sprach (siehe »Die Fackel«, Nr. 912–915, August 1935). Er mündet in der Feststellung ». . . und bevor ich diesen Abend dem ›Macbeth‹ Shakespeares und aller Weltdramatik größten und leider gegenwärtigsten Drama widme, mit betonter Ehre für des edlen Banquo Schatten, will ich dieser Beziehung, diesem Bewußtsein des großen durchgekämpften Beispiels, welches am Anfang der Walpurgisnacht steht, besonders gerecht werden – damit man ersehe, welchen Gewaltigern der Glaubensheld künftiger Freiheit erlegen ist: Engelbert Dollfuß.«

In den letzten Wochen vor Hitlers Einmarsch in Österreich war die diplomatische Maschinerie des Ballhausplatzes auf volle Touren angelaufen, um die befreundeten Westmächte zu alarmieren. Diese allerletzten verzweifelten Versuche Schuschniggs, deren Beistand zu finden, konnten jedoch die damals in der freien Welt vorherrschende Grundstimmung nicht mehr ändern: In ihren Staatskanzleien betrachtete man das Dritte Reich als unentbehrliches Gegengewicht gegen die weltrevolutionären Gelüste der Sowjetunion. Mit der Opferung Österreichs hoffte man Hitlers Expansionshunger für allemal zu stillen. Es war eine verhängnisvolle Verblendung, Hitler Avancen zu ma-

chen, die einer maßvollen deutschen Regierung in der Zwischenkriegszeit versagt worden waren.
Diese negative Reaktion des Westens wurde in Wien bereits ein Jahr vorher aus erstaunlich freimütigen Äußerungen eines prominenten Engländers erkennbar, über dessen Wohlinformiertheit kein Zweifel bestehen konnte: Exkönig Eduard VIII.
Nach seiner Abdankung war er unter dem Titel eines Herzogs von Windsor mit seiner frischangetrauten Gattin, einer geschiedenen Amerikanerin, im Frühsommer 1937 nach Wien gekommen, wo ihm von der Regierung als ständiger Begleiter und Betreuer der Wiener Vizebürgermeister Major Fritz Lahr zugeteilt worden war. Lahr war ein höherer Funktionär der Heimwehr, lebte aber im Stil eines Offiziers der alten österreichischen Armee mit traditionell kosmopolitischer Gesinnung. Eine Figur, die sich angenehm in das gesellschaftliche Ambiente des eleganten herzoglichen Paares und dessen Neigungen für die vergnüglichen Angebote des Wiener Nachtlebens einfügte. Kulturelle Interessen der vornehmen Gäste beschränkten sich auf Revuen, Zirkus und Pferderennen.
Umso überraschender wirkte ein plötzlicher telefonischer Anruf Major Lahrs beim außenpolitischen Redakteur des »Tagblatts«, Dr. Peter Kuranda, er hätte ihm eine politisch höchst brisante Mitteilung über den Exkönig zu machen.
Es war am 25. August 1937, knapp nach der Rückkehr des Bundeskanzlers Dr. Schuschnigg und seines Staatssekretärs Guido Schmidt aus Venedig, wo die beiden zur Kenntnis nehmen mußten, daß Österreich in seinem Abwehrkampf gegen Hitler nicht mehr mit Italiens Unterstützung rechnen könne. Mussolini, der einzige Verbündete Österreichs, hatte aufgegeben.
Uns allen in der Redaktion des »Neuen Wiener Tagblatts« wurde bewußt, daß Österreich nun in die letzte Phase seine Abwehrkampfes eingetreten war. Lahr war spätabends in die Redaktion gekommen, nachdem er mit dem Herzog ein längeres Gespräch geführt hatte. Er erzählte, dieser hätte zur Absage des Duce ganz offen erklärt, nun stehe dem Anschluß Österreichs an Deutschland nichts mehr im Wege. Dies sei eine natürliche Entwicklung, schließlich habe sich Österreich schon 1918 als Bestandteil Deutschlands betrachtet.
Der Herzog habe sich sodann in tiefgründigen Betrachtungen über bedrohende Krisenerscheinungen in Europa ergangen, sei in schwärmerischer Weise in utopische Visionen abgeirrt, wobei er in den dynamischen Heilsbotschaften des Faschismus positive Ansätze zur Verjüngung der immobil gewordenen Nationen Europas zu erkennen glaubte.
Die Mitteilungen Major Lahrs wirkten überraschend, sie paßten zwar gar nicht zu der unintellektuell wirkenden Erscheinung eines englischen Dandys, die dem »ewigen Prinzen of Wales« anhaftete, doch wußte man, daß dieser

im Exil immer noch mit wohlinformierten Gewährsmännern in den oberen Rängen der englischen Außenpolitik in Verbindung stand. Also kam seinen Äußerungen eine nicht zu mißachtende Bedeutung zu.
Wenige Monate später schon sollten sie durch eine geschlossene Kette kaltblütiger Absagen, die Staatssekretär Guido Schmidt bei seinen beharrlich wiederholten Bittgängen um Verständnis und Beistand in London, Paris, Warschau, Prag, Budapest und Belgrad erteilt wurden – also auch bei den im Krisenfall unmittelbar betroffenen Nachbarstaaten –, ihre Bestätigung finden.
Die Plaudereien des Exkönigs hatten sich in Wien wie ein Lauffeuer verbreitet und waren auch in das Büro des Pressechefs am Ballhausplatz, Ludwig, gelangt, der alle Hebel in Bewegung setzte, um ihre Veröffentlichung oder Kommentierung in den Wiener Zeitungen zu verhindern.

Wie verlief die Grenze der Zumutbarkeit, wenn man kein Nazi war und als Journalist seinem Beruf dennoch treu bleiben wollte? Wie weit ging die Resignation, wie weit die Bereitschaft zur Anpassung, des schlichten Überlebens wegen? Blieb man, lag der Vorwurf des Opportunismus nahe. Die das Land verließen, mußten nicht erst im Labyrinth der eigenen Brust auf Suche gehen, um die Entscheidung zu finden. Sie waren dazu genötigt worden, da ihnen die Vernichtung drohte. Davon waren vor allem die Juden betroffen.
Für viele von ihnen schien die Situation zunächst fast aussichtslos. Obwohl das Motiv ihrer Emigration, die einer Flucht gleichkam, überzeugend war, erreichten sie nur unter größten Schwierigkeiten die Aufnahme in einem anderen Land. Für Nichtjuden, die sich aus politischen Gründen bedroht fühlten und im Ausland Zuflucht suchten, war die Lage paradoxerweise fast noch tragischer. Sie wurden als potentielle Spione verdächtigt und erhielten oft deshalb kein Einreisevisum. So erging es beispielsweise dem späteren österreichischen Außenminister Dr. Karl Gruber, der als Verfolgter in verwunderlich erscheinender Weise Unterschlupf in Berlin, in der »Höhle des Löwen«, fand. Also wurde für viele die Sorge zur quälenden Frage: Kann man gegen eine vernichtende Übermacht kämpfen, gegen eine rollende Lawine, die alles niederwälzt?
Ein Satz von Paul Valéry, dem großen französischen Denker und Deuter unserer Epoche, lautet wie eine Antwort darauf: »Der Zyklon vermag eine Stadt zu vernichten, aber nicht einen Brief zu öffnen«, eine Weisheit, geschöpft aus Erleben und Geist dieser widerspruchsvollen Zeit.
Aus diesen Tagen der Entscheidung haftet für immer die Begegnung mit Ernst Molden, dem gütigen väterlichen Freund, in meinem Gedächtnis. Ich mußte fürchten, daß er aus »rassischen« Gründen gefährdet war. Er sah übermüdet aus, etwas bleicher als sonst, strahlte jedoch Zuversicht und Besonnenheit aus. Ich entsinne mich nicht mehr des genauen Wortlauts, doch dem

Sinn nach sagte er leise und gewichtig: »Jetzt erst recht dürfen wir nicht aufgeben, in solchen Zeiten muß man sich in der Erde festkrallen!« Ich verstand und fühlte ganz stark Tiefe und Sinn seiner Worte. Sie verliehen Festigkeit und Zuversicht. Wie dringend brauchte ich sie!

»Papierfähnchen lagernd«, verkündeten die Geschäfte. Sie waren billig, sie bestanden ja nur aus einem Stäbchen und einer darangeklebten kleinen Hakenkreuzfahne. Sie sind weggegangen wie die warmen Semmeln. Man brauchte sie zum Winken, zum – wie man in Wien sagt – »Wacheln«. Auch zum Dekorieren der Auslagen, sofern dort nicht umkränzte Hitlerbilder oder größere Hakenkreuzfahnen, gelegentlich auch der Reichsadler, als neue Devotionalien ausgestellt waren. Es ist alles sehr, sehr »national« geworden über Nacht. Auch der Theaterspielplan hat sich entsprechend geändert, und dort, wo das nicht möglich war, im Akademietheater beispielsweise, hat man einfach zugesperrt. Da der Spielplan den geänderten Verhältnissen nicht entspreche, bleibe das Theater bis auf weiteres geschlossen, hieß es.
Nicht zu sperren brauchten die Kinos. Die haben gleich in den ersten achtundvierzig Stunden – die deutschen Verleihe haben sich da nicht lumpen lassen – die »neuen« Filme aus dem »Altreich« gleich im Dutzend billiger bekommen. »Hitlerjunge Quex« beispielsweise stand fast in jedem Bezirk auf dem Programm.
Fähnchen, Hakenkreuze, Reichsadler – in einem Meer von Rot und Weiß und Schwarz ist die Stadt Wien untergegangen. Was, notabene, fast in jeder Bedeutung des Worts zu verstehen ist. In Graz und Innsbruck, in Linz und Klagenfurt ist es nicht anders. Man trägt sein Deutschtum auf der Zunge und im Knopfloch. Und man treibt damit Reklame. Ein Kleidermacher nennt sich nun »Schneider des nationalen Bürgertums«, und als »Deutsch-arisches Bank- und Wechslergeschäft« empfiehlt sich neuerdings ein alteingesessenes Geldinstitut...
Beim Wechseln freilich gibt es für jene, die ausreisen wollen, können und dürfen, Probleme. Die Grenzen dichtzumachen, ist immer eine der ersten und wichtigsten Maßnahmen diktatorischer Regime gewesen. Im März 1938 hat diese Grenzsperre nicht zuletzt darin bestanden, die Ausfuhr von Geldmitteln zu verbieten. Ohne ausdrückliche Bewilligung der Nationalbank durften inländische Geldmittel nur im Höchstbetrag von sage und schreibe zwanzig Schilling mitgeführt werden, wenn man ins Ausland reisen wollte. Fremdes Geld durfte immerhin im Gegenwert von dreißig Schilling mitgenommen werden, ohne daß ein offizielles Ansuchen an die – noch als »Oesterreichische« firmierende – Nationalbank gerichtet und von dieser genehmigt werden mußte.

Und daß mit solchen Genehmigungen überaus sparsam umgegangen wurde, war selbstverständlich in diesen Tagen der ersten brutalen Repression.
Aber ins »Reich« konnte fahren, wer wollte, und auch viele, die nicht wollten, haben hinfahren müssen. Für die »Freiwilligen« ist indes eine neue Schnellverbindung eingerichtet worden, ein neues FD-Zugspaar der Deutschen Reichsbahn Wien – Berlin. Um 8.02 Uhr fuhr die Garnitur aus dem Wiener Westbahnhof ab, um 20.44 Uhr traf sie im Anhalter Bahnhof in Berlin ein und wurde als schnellste Zugverbindung zwischen den beiden »deutschen Großstädten« gerühmt. Noch schneller freilich waren die Sonderzüge, die nun »heim ins Reich« fuhren. Insgesamt hat man im März und April rund zehntausend österreichische Arbeiter im Rahmen eines nun auch auf Österreich ausgedehnten »Kraft durch Freude«-Programms ins sogenannte Altreich gekarrt, wo sie Betriebsbesichtigungen absolvierten, Veranstaltungen besuchten und ansonsten durchaus hofiert wurden. Demnach konnten etwa die »Wiener Neuesten Nachrichten« glückstrahlend vermelden, daß bei der Heimkehr des ersten dieser KDF-Transporte die biederen österreichischen Werkleute von ihren Erlebnissen im »Reich« tief beeindruckt gewesen seien. »›Viel, sehr viel Sozialismus steckt da drinnen!‹ Das ist der immer wiederkehrende Satz in den Erzählungen der Wiener KDF-Fahrer«, berichtete die Zeitung. Und als, nach einem »Freundschafts-Gegenbesuch« in Berlin, die Männer des Wiener Hausregiments Hoch- und Deutschmeister Nr. 4 wieder am Westbahnhof entladen wurden, »in ihrer neuen, schmucken Montur«, wie es hieß, da wurden die österreichischen Soldaten, die nun den deutschen Hoheitsadler auf ihren Traditionsuniformen trugen, »überall von der von ihren Arbeitsstätten herbeieilenden Bevölkerung stürmisch umjubelt und begrüßt«.
Stürmisch umjubelt wurde auch Hermann Göring, als er – nun schon im Rahmen der anlaufenden Kampagne für die von Hitler befohlene Volksabstimmung am 10. April – in der Wiener Nordwestbahnhalle seine erste Rede auf Wiener Boden hielt. Hier kündigte er erstmals der Öffentlichkeit den Plan an, Linz zu einem europäischen Zentrum der Schwerindustrie zu machen: »Die großen Hüttenwerke, die bisher in Franken geplant waren, werden nunmehr in Linz errichtet und werden das modernste Werk darstellen, das bisher gebaut worden ist.« In dieser seiner Rede hat sich der »Reichsmarschall« allerdings auch mit der Stadt befaßt, in der er sich gerade aufhielt: »Die Stadt Wien«, berichteten am nächsten Tag die Gazetten, »kann sich heute nicht mehr mit gutem Recht eine deutsche Stadt nennen, so viele Juden leben in dieser Stadt.« Es gebe wichtige deutsche Aufgaben auf dem Gebiet der Kultur und der Wirtschaft, aber »weder auf dem einen noch auf dem anderen können wir auf die Dauer den Juden gebrauchen«.
Und dann folgte eine Bemerkung, die den Hellhörigen alles das prophezeite, was an Schrecklichem noch passieren sollte: »Aber das darf nicht durch falsche Eingriffe oder dumme Maßnahmen versucht werden, sondern muß systematisch mit aller Überlegung geschehen!«
Ganz systematisch, mit aller Überlegung und ohne »dumme Maßnahmen«, wie

das Pflasterreinigen mit Zahnbürsten. Nein, mit System. In diesen Worten hat sich schon im März 1938 abgezeichnet, was später passieren sollte. Es ist, scheint es, freilich auch schon bei den ersten Schritten, die gegen die österreichischen, im besonderen die Wiener Juden unternommen wurden in diesen Märztagen, ein System erkennbar gewesen. Einer, der die beiden von den Nationalsozialisten am meisten gehaßten Wesensmerkmale in sich vereinigte, ein Jude, der gleichzeitig Legitimist, also Monarchist war, erinnert sich.

Thomas Chaimowicz

»Lacht nicht, ich wasche Gottes Erde«

Als Jude und Legitimist im Wien von 1938

Die »Weißstrümpfe« gingen um, sie hatten sich diese alpenländische »Uniform« zugelegt, da sie nicht – noch nicht – in ihren häßlichen, den ästhetischen Sinn eines Kindes verletzenden braunen Uniformen aufmarschieren durften. Seit dem Jahre 1935, wenn mich die Erinnerung nicht trügt – ich war damals elf Jahre alt und besuchte die zweite Klasse des Akademischen Gymnasiums, in dem seit dem Beginn meiner Schulzeit im Herbst 1934 die jüdischen Schüler von ihren katholischen Mitschülern durch die Errichtung eigener Klassenzüge getrennt wurden –, seit dem Jahre 1935 also trugen die Soldaten und Offiziere des Bundesheeres wieder die eleganten, nobel wirkenden Uniformen der k.u.k. Armee, und das Gardebataillon (davon ist man auch in der Zweiten Republik nicht abgegangen) marschierte hinter seiner Fahne mit dem kaiserlichen Doppeladler. Ich sah die Weißstrümpfe, sah Bilder von den braunen und schwarzen Trabanten eines »Führers«, die ich früh für eine Ausgeburt der Hölle hielt.

Am Abend des 11. Februar des Jahres 1938 holte ich mit meinem Vater meine Schwester vom Westbahnhof ab. Sie war vom letzten Schulskikurs ihres Lebens zurückgekehrt. In die andere Richtung, zunächst nach Salzburg und dann in die Zwingburg Hitlers bei Berchtesgaden, setzte sich ein anderer Zug in Bewegung. In ihm fuhr Bundeskanzler Dr. Kurt von Schuschnigg zu einem »freundschaftlichen« Gespräch, zu einer sogenannten »Aussprache« mit dem »Führer und Reichskanzler« Adolf Hitler, in deren Verlauf der von den Furien gepeitschte und infolge seiner plebejischen Brutalität überlegene Abgott der Nationalsozialisten dem österreichischen Kanzler nicht ein sogenanntes »Gesprächspapier« als Unterredungsgrundlage, sondern ein handfestes Ultimatum präsentierte, dessen Annahme die Agonie eines schutzlosen, von allen Freunden und Nachbarn im Stich gelassenen, von innen durch eine wohlorganisierte »fünfte Kolonne« bedrohten Landes nur um wenige Wochen verzögerte.

Wir Kinder der damaligen Zeit waren früh, allzu früh, hellhörig geworden. Als ich aus den Zeitungen, die mein Vater nach Hause brachte und in denen mich früher vor allem die Fußballresultate interessierten, erfuhr, daß ein Nationalsozialist zum Innenminister ernannt werden sollte, stellte ich an meinen

Vater die Frage, ob dies nicht der Anfang vom Ende sei. Mein Vater, ein »Selfmademan«, der es vom Brotschani in einem Restaurant des Wiener Praters zum Industriellen von Rang gebracht hatte, war stets ein Optimist und war davon überzeugt, daß »man« Österreich nicht im Stich lassen werde; selbst in einem solchen Fall würde die Suppe nicht so heiß gegessen werden, wie es in den Propagandaschriften der Nazis den Anschein hatte. »Ich werde eben nicht Besitzer, sondern ein für den Betrieb unentbehrlicher Direktor meiner Unternehmungen sein.« Kinder haben oft den besseren Sinn für eine herannahende Gefahr – ich hegte Zweifel an der Ansicht meines Vaters.

Noch vor dem Ende des Jahres 1937 hatte ich meine Bar-Mizwah-Feier, das heißt, in einem feierlichen religiösen Akt im Wiener Seitenstettentempel mußte ich in tadellosem Hebräisch den für diesen Tag vorgesehenen Thoraabschnitt vortragen. Es ist Usus, daß in den wohlhabenderen Familien am Nachmittag ein Empfang stattfindet. Man schrieb den 11. Dezember 1937, und über hundert Gäste füllten unseren »großen Salon«, der nur für besondere Feierlichkeiten Verwendung fand. Unter ihnen befanden sich nicht nur unsere jüdischen und katholischen Freunde, denen ebenfalls ein hartes Schicksal bevorstand, sondern auch der aalglatte Direktor unserer Unternehmungen, ein Glücksritter und »Ariseur«, der sich nicht entblödete, seinen Platz in der Nähe des greisen Oberrabbiners von Wien einzunehmen, den drei Monate später die braunen Horden zum Aufwaschen der Parolen holten, die Schuschnigg für seine als letzten Ausweg gedachte Volksabstimmung von seinen Leuten hatte aufmalen lassen. Als eine johlende Horde den greisen Oberrabiner, der die besondere Achtung Kurt von Schuschniggs genoß, bei dieser Tätigkeit verhöhnte, erhob der würdevolle Greis seinen Kopf für einen Moment und sagte: »Lacht nicht, ich wasche Gottes Erde«, was selbst den Pöbel zum Schweigen brachte.

Ich bin den Ereignissen um einige Tage vorausgeeilt, möchte jedoch hier daran erinnern, daß ein SA-Trupp auch auf einen anderen Angehörigen des jüdischen Glaubens (oder, wie es damals hieß, einen »Minderrassigen« – man schien zu glauben, daß das hohe Alter, daß Jahrtausende weniger galten als Jahrhunderte oder Jahrzehnte ...) angesetzt wurde. Man wollte »den Juden Sommer« zum Aufwaschen abholen. Als die groben Gesellen an seiner Wohnung die Glocke betätigten, kam »der Jude Sommer« in der Uniform eines k.u.k.-Generals heraus und sagte: »Bitte meine Herren, gehen wir!«

Hier trat das kaiserliche Österreich den Usurpatoren entgegen, die sofort von ihrem Vorhaben Abstand nahmen, da es in Wien eben nicht nur und bei weitem nicht so viele Nazis gab, wie die aus deutschem Besitz stammenden Wochenschauen glauben machen. Ein k.u.k.-General, der, auf dem Boden kniend, die Straßen aufwäscht, das könnte zu einer Beunruhigung der Passanten führen, von denen schon viele wenige Tage nach dem Einmarsch merkten, wohin die Entwicklung ging.

Ich kehre zu meiner Bar-Mizwah zurück, weil ich im Laufe des Empfanges wertvolle Bücher als Geschenk erhielt, die zum Teil bereits drei Monate später verbrannt werden mußten, unter ihnen Franz Werfels »Vierzig Tage des Musa Dagh«.

Ich war stets ein sehr mittelmäßiger Schüler, kompensierte diese von eingefleischten (Gott sei Dank nicht von allen) Mittelschulprofessoren als Mangel empfundene Tatsache durch eine frühe Lektüre von Büchern, die von Kindern ruhigerer Zeiten erst später gelesen werden. Ich verschlang Werfels Werk über die Vernichtung der armenischen Christen, über ihren heldenhaften Widerstand und das Leid, das über sie gekommen war. Gabriel Bagradian war ein Held und Ritter nach meinem Geschmack. Oftmals schlief ich über der Lektüre des Werkes ein, und es muß wohl gegen Ende der Weihnachtsferien gewesen sein, daß ich das Buch aus der Hand legte und mit unserem Deutschprofessor diskutierte, der sich neben seiner professoralen Ader, die ich nicht sonderlich liebte, auch die Fähigkeit bewahrt hatte, mit seinen Schülern über Bücher zu sprechen, die sie gelesen hatten oder zu lesen beabsichtigten. Sein Name war Bischitzky, auch er war ein Angehöriger meiner Glaubensgemeinschaft und, wenn ich mich recht erinnerte, auch ein Bewunderer Werfels.

In Wien wurde es immer ungemütlicher, die Anpöbelungen nahmen zu. Ich hatte Angst, Angst vor dem Bösen, das ich in den Nazis verkörpert sah.

Am 11. März, als die Würfel endgültig gefallen waren und wir soeben im von uns so benannten »Grünen Zimmer«, dem Arbeitszimmer meines Vaters, vor dem Radioapparat saßen, hörten wir Schuschniggs Abschiedsworte: »Gott schütze Österreich«. Als dann, zum letzten Mal, die ehrwürdige Melodie der Haydnhymne ertönte, so gespielt, wie es sich für ein Kaiserlied, für eine Volkshymne gehörte, und nicht martialisch, wie man es in Deutschland spielt, erhob sich mein Vater und wir alle mit ihm, mit Tränen in den Augen. Was meinen Vater damals wohl am meisten erschütterte, war meine Feststellung: »Nun sind wir die Armenier des Dritten Reiches.« Was uns, die wir in einer Falle saßen und die letzte Gelegenheit zur Flucht nicht ergriffen, bewegte, betraf auch unsere christlichen, meist katholischen Freunde, betraf auch Sozialisten, die sich nicht mit den neuen Herren arrangierten, wie Dr. Karl Renner es freiwillig wenige Wochen später tat, da er zwar nicht die Nazis, wohl aber die Einverleibung Österreichs in das Deutsche Reich wollte.

Bevor mein Vater verhaftet wurde (die Pässe hatte man uns binnen weniger Stunden nach dem Einmarsch abgenommen), begleitete ich ihn auf dem Weg zu einer Behörde. Überall sah man Plakate, auf denen für die nunmehr von Hitler anberaumte Volksabstimmung über den Anschluß unseres Landes an das Dritte Reich geworben wurde. Auf einem dieser Plakate war Dr. Karl Renner abgebildet. Da sich niemand in unserer unmittelbaren Nähe befand, sagte mir mein Vater leise: »Siehst du, das ist Verrat an Österreich.« Kurz darauf fiel mein Blick in dem von uns aufgesuchten Amt der Polizei auf einen Steckbrief, auf dem der »Hochverräter Otto Habsburg« zur Fahndung ausgeschrieben war. Mein Vater flüsterte hinter vorgehaltener Hand: »Siehst du, das ist unser Kaiser.«

Die Volksabstimmung folgte den Leitlinien aller totalitären Plebiszite dieser Art: Allein im Hause meines verstorbenen Freundes und ehemals federführenden Redakteurs des »Christlichen Ständestaates«, einer vehement antinationalsozialistischen Zeitung, an der unter anderen auch Joseph Roth mitarbeitete, allein im Hause Dr. Wilhelm Böhms gab es mehr Nein-Stimmen, als die Nationalsozialisten für den ganzen Straßenzug zugaben. Der israelische Historiker J. L. Talmon hat im Zusammenhang mit der Französischen Revolution von der »Totalitären Demokratie« gesprochen, Gerhard Ritter, der große Kenner Macchiavellis, hat in seinem Buch »Vom sittlichen Problem der Macht« darauf hingewiesen, daß die Demokratie (ohne die komplementären Teile der gemischten Verfassung, vor allem ohne die Existenz der Krone) auch eine faschistische, nationalsozialistische, kommunistische sein könne. Diese Ereignisse im April des Jahres 1938 haben in mir eine gewisse Fähigkeit geweckt, weithin verbreitete Begriffe auf ihren Inhalt zu prüfen und mich nicht von lautstark deklamierenden Demagogen in die Irre führen zu lassen.

Mein Vater wurde sofort nach seiner Verhaftung im April 1938 in die »Liesl«, das Gefangenenhaus auf der Elisabethpromenade, eingeliefert. Die österreichischen Polizeiangehörigen, in ihrer Mehrzahl keine Nazis, betreuten ihn geradezu liebevoll, verköstigten ihn auf eigene Gefahr; sie riefen wöchentlich aus einer entlegenen Telefonzelle bei uns an, um uns Mut zu machen, da täglich (natürlich) anonyme Anrufe von persönlichen Feinden erfolgten, die mir sagten: »Dein Vater wird nie mehr zurückkommen.«

Wir waren praktisch mittellos, mußten jedoch unsere aufwendige Wohnung mitsamt einer Köchin behalten, die eine rabiate »Nazisse« war, wie man damals diesen Frauentyp zu benennen pflegte. Um leben zu können, mußten wir unsere Kunstgegenstände zu Spottpreisen abgeben; selbst ein namhafter Schätzmeister, der in besseren Zeiten meine Mutter bei ihren Käufen im Dorotheum beraten hatte, war jetzt den Aufkäufern dieser Objekte behilflich.

Mein Vater befand sich noch in Haft, als die Sudetenkrise ausbrach, und wir fürchteten um sein Leben. Wie ich viele Jahre später dem hervorragenden Buch von Fabian von Schlabrendorff, »Offiziere gegen Hitler«, entnahm, dürfte es der einzige Zeitpunkt gewesen sein, zu dem alle wesentlichen Heeresformationen in Händen von Verschwörern waren. Die Appeasement-Politik der Herren Chamberlain und Daladier verhinderte einen erfolgreichen Putsch aus rein psychologischen Gründen, wie später die (man lese es in Macchiavellis Werk nach) Forderung nach bedingungsloser Übergabe und die Nichtunterstützung von so hehren Gestalten wie Generaloberst Beck, Nikolaus von Halem und vielen edlen Gegnern des Tyrannen den deutschen und somit auch den österreichischen Widerstand in eine fast hoffnungslose Lage gebracht hatte. Was mich heute, nach so vielen Jahren, erschüttert, ist die Blindheit, mit der die Friedensmarschierer, die Gegner des NS-Geistes sein wollen, den sprichwörtlichen Regenschirm Chamberlains tragen und unter billigen Parolen dem Totalitarismus die Tore öffnen.

Mir ist das Jahr 1938 vor allen Dingen als ein Jahr der völligen Rechtlosigkeit in Erinnerung, als Jahr des Terrors, nicht nur gegen uns Juden, auch gegen die Kirche, die nach Himmlers Worten der Hauptfeind der Nazis war. Man wurde von Bekannten gemieden, von Feinden hämisch verlacht, man war allein, führte Gespräche über mögliche Auswanderungsziele, die fast wahnwitzig anmuteten.

Auch hier gab es erfreuliche Ausnahmen: Dies begann mit den Besuchen, die man ostentativ von Menschen erhielt, die sich der Gefahr, Wohnungen von Diffamierten aufzusuchen, bewußt waren. Zugegeben, ihre Zahl war nicht groß, die Angst hatte ja fast alle Bereiche der Bevölkerung erfaßt. Kurz nach der Verhaftung meines Vaters erschien bei uns ein Schulkollege mit seiner aus dem Friaulischen stammenden Mutter, Altösterreicher italienischer Muttersprache. Sie ließen keinen Zweifel am Zweck ihres Besuches. Man wußte ja nie, wer einen im Haus beobachtete, wer zu einer Denunziation bei der Gestapo bereit war, die gleichzeitig als Staatsanwaltschaft, Richter und Zeuge fungierte, indem sie Aussagen von tatsächlichen Zeugen unter Anwendung von Druck und Terror »umfunktionierte«.

Im Sommer des Jahres 1937 war ein neuer, höchst unfreundlicher Hausbesorger in das Wohnhaus eingezogen, das zwar nicht uns gehörte, in dem wir aber eine Vielfalt von Räumen bewohnten. Als die Deutschen einmarschiert waren und wir damit rechneten, einen gefährlichen Feind im Haus zu haben, änderte sich sein Verhalten in einer für uns unverständlichen Weise: Er wurde von Tag zu Tag freundlicher. Das Geheimnis lüftete er erst am 10. November 1938, am Tag nach der Reichskristallnacht, von der wir sehr früh Kenntnis hatten, da wir nur wenige Meter vom Konsulat der Vereinigten Staaten entfernt wohnten, vor dem die Menschen sich nächtelang anstellten, um am folgenden Tag mit dem Konsul sprechen zu können. Mitten in dieser Nacht fuhren Lastwagen vor. SA-Leute hieben auf die Wartenden mit Schlagstöcken ein, verhafteten die Männer, durchkämmten die Nachbarhäuser, um eventuell dort wohnende Juden ebenfalls auf die Lastwagen zu verladen und sie zum Bahnhof zu bringen, von wo aus sie den Leidensweg nach Dachau antraten. Von sehr vielen kam dann nach zwei oder mehreren Monaten die Urne zurück, die man gegen Zahlung von zweitausend Reichsmark entgegenehmen »durfte«, ohne zu wissen, ob diese Urne wirklich die Asche des Vaters oder Gatten enthielt. Als im Morgengrauen des folgenden Tages die SS vor dem von uns bewohnten Haus erschien, stand da der Hausbesorger (der das Abzeichen der »Illegalen« trug und daher für diese Leute eine gewisse Glaubwürdigkeit besaß) und beteuerte, daß es im Hause keine Juden gebe, da er dieselben sonst schon längst ausgeliefert hätte. Mein Vater war erst kurz zuvor aus der Haft entlassen worden, und eine Wiederverhaftung und Verbringung in ein Konzentrationslager hätte unsere Auswanderung unmöglich gemacht und zum sicheren Tod geführt.

Der gute Herr Eder war wirklich ein »Illegaler«. Er kam zu uns, um meinen Vater bei sich zu verstecken, und sagte uns ganz offen, daß er noch vor dem »Anschluß« im Auftrag der Kommunisten in die Nazipartei eingetreten sei. Solange er in meinem Vater einen Kapitalisten sah, blieb er unfreundlich; als wir, gleichsam über Nacht, zu Bettlern wurden, erblickte er in uns Schutzbedürftige. Nach dem Ende der NS-Herrschaft und der Rückkehr aus dem Exil besuchte ihn mein Vater, um seinen Dank abzustatten. Herr Eder war mutmaßlich kein Kommunist mehr; wie immer es darum stehen mag, er hat menschlicher und liebevoller gehandelt als viele, die vermeinen, der Antikommunismus sei das gangbarste Glaubensbekenntnis, eine Art Ersatz für die Liebe der Tat.

Die Parks und Gärten, in denen wir Kinder gespielt hatten, insbesondere der herrliche Park des Belvedere, trugen sehr bald die Aufschrift: »Juden und Hunden ist der Eintritt verboten.« Ich empfand Verachtung für die Primitivität der Menschen, die uns diese Demütigung zudachten. Wir gingen eben nicht mehr hin, mit einer Ausnahme: Fürst Schwarzenberg öffnete ostentativ seinen großen Park für das Publikum und tat dies, wie ich erst unlängst von seinem Nachfahren erfuhr, vor allem aus Rücksicht gegenüber den Juden. Die Aristokratie benahm sich in ihrer überwältigenden Mehrheit nobel; sie verachtete die plebejischen Attituden der neuen »Herren«. Sie durfte sich ein Beispiel am Kaiserhaus nehmen, dessen Angehörige, obwohl zum größten Teil außer Landes befindlich, von den Nazis steckbrieflich verfolgt wurden. Besonders der Chef des Hauses hat, wie ich später erfuhr, auf der Flucht von Stenockerzeel nach Spanien unter Lebensgefahr einer großen Zahl meiner Glaubensbrüder das Leben gerettet, wofür ich vor wenigen Jahren in den Clubräumen des B'Nai B'rith die Dankrede und Laudatio hielt, die mit den Worten schloß: »Gott erhalte, Gott beschütze Sie«. Auch die dort anwesenden Sozialisten applaudierten begeistert.

Es war auffallend, daß man sich in den wenigen Gasthäusern, die nicht die bewußte Aufschrift trugen – meist sogenannte »Beiseln«, in denen Arbeiter ihre bescheidene Mahlzeit, ein Gulasch und Bier, verzehrten – absolut sicher fühlte. Sobald ein »Fremder«, das heißt ein der möglichen Spitzeltätigkeit Verdächtiger das Lokal betrat, wurde es ganz still, das Gespräch verstummte. Ich habe auch in viel späteren Jahren, ungeachtet meiner konservativ-legitimistischen Einstellung, stets leicht Zugang zu den Herzen der Arbeiter gefunden – ein Stand, den ich schätze. Die österreichischen Arbeiter sind keine

Massenmenschen, letztere findet man in ganz anderen Kreisen, wie Ortega y Gasset in seinem »Aufstand der Massen« so richtig sagt.
Ich will die Beispiele des Grauens und der hilfsbereiten Liebe nicht weiterführen, nicht gegeneinander aufrechnen. Die Arithmetik ist ein schlechter Ratgeber in Fragen der Politik. Soviel ist sicher: Hätte es damals nicht hilfreiche Menschen gegeben, wäre wohl niemand mit dem Leben davongekommen, der vom Regime geächtet wurde.
Ich muß mich dennoch besonders liebevoll einer heute bereits alten Frau erinnern, die als junges Mädchen aus Schlesien in unser Haus gekommen ist, kurz bevor ich auf die Welt kam. Ihr Schicksal wäre würdig, von einem Franz Werfel beschrieben zu werden. »Unsere« Frieda wurde von meinen Eltern, wie das damals üblich war, 1936 verheiratet. Ihr Mann, ein Revierinspektor der Wiener Polizei, stand unter ständiger Beobachtung, weshalb sie nur zu nächtlicher Stunde zu uns kommen durfte. Herbes Leid bedeutete für sie nicht nur unsere Emigration nach Kolumbien, sondern auch der Tod ihres Sohnes in einem Ausbildungslager der Wehrmacht sowie die Vertreibung ihrer Angehörigen aus Schlesien. Sie hatte den großen Treck miterlebt, die Rache der Tschechen an Menschen, die nicht identisch mit ihren Unterdrükkern waren. Ganz Alt-Österreich wurde nach und nach zur Flucht gezwungen, und der Tod hielt reichlich Ernte unter allen Völkerschaften der untergegangenen Monarchie.
Als wir nach einer abenteuerlichen, fluchtartigen Ausreise aus Wien, die uns ausgerechnet am 14. März 1939 nach Prag führte – wo wir, wie wir erst am nächsten Morgen erfuhren, im Hauptquartier der Gestapo übernachtet hatten (die deutsche Wehrmacht war in der Nacht einmarschiert) –, schließlich mit Hilfe eines Obersten der Reichswehr nach Holland gelangten und von dort unsere Reise nach Südamerika antraten, hielt unser Schiff, die später im Krieg versenkte »Colombia« der Holland Line, nach etwa acht Tagen in der Bucht von Funchal, der größten Stadt der Insel Madeira. In den frühen Morgenstunden versammelten sich alle an Bord befindlichen Österreicher vor der schlichten Gruft Kaiser Karls, und mir war es, als ob das alte Österreich nach der Vergewaltigung des kleinen Reststaates nicht wirklich untergegangen sei. Joseph Roth, dessen Briefe zu den erschütternden Dokumenten der Zwischenkriegszeit gehören, schreibt, daß sich die Monarchie des Hauses Österreich »ins Metaphysische verflüchtigt habe« und der Chef des Hauses Österreich der »Kaiser mit der unsichtbaren Krone auf dem Haupt sei«. Für den galizischen Juden Joseph Roth, der mir vielleicht deshalb so viel bedeutet, weil auch ich ein in Wien geborener Nachfahre galizischer Juden bin, ist die Realität des Metaphysischen oft größer als diejenige der sichtbaren Welt.
Der morbide Antisemitismus früherer Zeiten, mag er aus dem irrationalen Neid, aus der ebenso irrationalen Mißgunst entstanden sein, ist nicht tot, und es wäre angesichts der jüngsten Vergangenheit unsinnig und leichtfertig, ihn

zu ignorieren. Als Professor einer österreichischen Universität kann ich jedoch feststellen, daß, soweit ich mit ihr in Berührung gelangt bin, die katholische Jugend zum größten Teil frei von derartigen Empfindungen ist. Ich habe mit jungen Menschen aus dem christlichen Bereich nicht nur gute, ja sogar erhebende Erfahrungen gemacht, und es waren katholische Kollegen, die den Antrag für meine Honorarprofessur stellten. Im Laufe der Jahre und Jahrzehnte wird sich das Wirken der großen Päpste dieses Jahrhunderts bemerkbar machen. Derartige, meist einschneidende Änderungen der Haltung bedürfen auf beiden Seiten der Geduld und der Weisheit, um wirksam zu werden, vielleicht auch vornehmlich des Wissens, daß nichts auf Erden geschieht, das nicht in einer Relation zum Plane Gottes steht, den wir Menschen nicht kennen, den wir jedoch manchmal erahnen können. So sehe ich rückblickend die Dämonie des Nationalsozialismus, die infernalische Vernichtungskampagne des Holocaust aus der Sicht der beiden »civitates« des hl. Augustinus, des Bischofs von Hippo, der seinen »Gottesstaat« zu schreiben begann, als die Horden Alarichs in Rom eindrangen.
Wenn man von Linz nach Enns fährt, gibt es einen kleinen Rastplatz, von dem aus man an klaren Tagen die jenseits der Donau gelegenen Gebäude des Konzentrationslagers Mauthausen sieht, während auf der anderen Seite, näher dem Rastplatz, die Turmspitzen von St. Florian zu erkennen sind, wo Bruckner zur höheren Ehre Gottes musizierte.
Es gibt keine guten und auch keine schlechten Völker, sondern nur die »civitates« der Guten und der Bösen, miteinander bis zum Tag des Jüngsten Gerichtes untrennbar verbunden. Was sich 1938 abgespielt hat, läßt sich ohne diese theologische Erklärung nicht verstehen.

In den Tagen des österreichischen Veitstanzes haben sich – Thomas Chaimowicz hat, en passant gewissermaßen, kurz darauf hingewiesen – auch Personen hervorgetan, deren Beteiligung Aufmerksamkeit erregte, weil diese Personen Persönlichkeiten waren. Zwei vor allem hat man nachher, als der kollektive Rausch verflogen war, immer wieder kritisiert: den Erzbischof von Wien, Kardinal Dr. Theodor Innitzer, weil er Hitler nach dessen Einzug in Wien im Hotel Imperial besucht und später, als Vorsitzender der österreichischen Bischofskonferenz, einen Abstimmungsaufruf sowie Begleitbriefe mit »Heil Hitler« unterzeichnet hatte. Der zweite große Österreicher, der nach Meinung vieler damals recht klein gewesen ist, war Dr. Karl Renner, Staatskanzler der Ersten Republik und nachmaliger Bundespräsident. Er hat, wie er in einem Interview am 3. April 1938 im »Neuen Wiener Tagblatt« erklärte, die »große geschichtliche Tat des Wiederzusammenschlusses der deutschen Nation« mit »freudigem Herzen begrüßt«.
Den Mehrheitsverhältnissen (und wohl auch der weltanschaulichen Disziplin) entsprechend sind diese beiden Verhaltensweisen prominenter Österreicher verschieden beurteilt worden. Innitzers »Canossagang« wurde hochgespielt, Renners Jubelruf als verständlicher Schritt eines alten Sozialdemokraten, der seine inhaftierten Genossen schützen wollte, und ärgstenfalls als verzeihlicher Irrtum abgetan: Menschen, Menschen samma alle.
Nun hängen die Meinungsäußerungen Innitzers und Renners in der Tat insofern zusammen, als es jenseits allfälliger politischer oder pastoraler Zweckbindung eine gemeinsame psychologische Wurzel geben mag. Beide sind im früheren, größeren Österreich geboren, Innitzer in Böhmen, Renner in Mähren. Beide sind »Sudetendeutsche« der Herkunft nach. Beide dürften, entgegen anderslautenden Auslegungen, das, was sie geschrieben und gesagt haben in diesen Tagen, zumindest teilweise auch gemeint beziehungsweise empfunden haben.
Bei beiden freilich kommt noch ein Weiteres hinzu: Bei Renner seine Positionierung als führender Sozialdemokrat, bei Innitzer sein Hauptanliegen, nämlich die Sorge um die ihm anvertrauten Katholiken Österreichs.
Bleiben wir vorerst bei Dr. Karl Renner. Die Stellung der österreichischen Sozialdemokraten gegenüber den Nationalsozialisten zwischen 1934 und 1938 bedarf einer ausführlichen emotionsfreien Untersuchung und wird wohl erst später

einmal geschrieben werden können. Daß viele von ihnen nach dem Prinzip »Die Feinde meiner Feinde sind meine Freunde« vorgingen und sich lieber mit dem Nazi- als mit dem verhaßten Schuschnigg-Regime arrangieren wollten, ist indes bereits historisches Allgemeingut, auch Bruno Kreisky weist darauf in seinen Erinnerungen hin. Der 12. Februar 1934 sei, so berichtet er, »das antifaschistische Fronterlebnis für große Teile der österreichischen Arbeiterschaft«. In den Augen so mancher sei die Hitlerbewegung »auch eine Art Rache der Geschichte für die unter dem Schutz des Faschisten Mussolini etablierte österreichische Diktatur« gewesen.

Zwar sind nach dem 11. März auch viele aktive Sozialdemokraten verhaftet worden, aber zum Unterschied von den christlichsozialen Politikern, den VF-Funktionären und Legitimisten sind die meisten nach verhältnismäßig kurzer Haft wieder auf freien Fuß gesetzt worden. Der spätere SPÖ-Vorsitzende und Bundespräsident Dr. Adolf Schärf etwa ist, wie er in seinen Erinnerungen erzählt, nach fünfzehn Tagen »Anhaltung« wieder nach Hause gekommen; vorher hatte er ein »Gelöbnis« unterschreiben müssen. Über den Haftgrund erzählt Schärf: »Ich fühlte mich zunächst nicht sehr unglücklich. Ich glaubte, daß meine Verhaftung auf einem Mißverständnis beruhe, dies in der irrigen Meinung, daß der Nationalsozialismus seine Rache an den Angehörigen der Vaterländischen Front nehmen werde. Aber bald entdeckte ich, daß für das neue Regime die Sozialdemokraten ebenso als Feinde galten wie die ›Vaterländischen‹. Wie durch ein Wunder gelang es meiner Frau, meine Freilassung zu erwirken. Beim Verhör ergab es sich, daß man mir vor allem die anwaltliche Vertretung von ›Revolutionären Sozialisten‹, darunter auch Olahs, bei Polizei und Gericht zur Last legte.«

Schärf hat nach der Entlassung wieder als Anwalt arbeiten dürfen, seine Kanzlei »erholte sich doch allmählich«. Und als er, nach einem Mietenprozeß, den Rat erhielt, samt Wohnung und Kanzlei »so rasch wie möglich aus Hernals herauszukommen, widrigenfalls ...«, ergab sich ein glücklicher Zufall: »Nun war ein langjähriger Gönner und Freund von mir, der seinerzeitige Unterstaatssekretär für Justiz, Rechtsanwalt Dr. Arnold Eisler, zu dem Entschluß gekommen, auszuwandern. Er bot mir seine in der Josefstadt, in der Skodagasse, nahe dem Hamerlingplatz gelegene Wohnung an, in der er bis dahin gelebt und auch seine Rechtsanwaltskanzlei geführt hatte. Ich erhielt von der zuständigen nationalsozialistischen Parteistelle ›Kreis I, Wohnungsreferat, I., Dorotheergasse 9‹ am 8. Oktober 1938 die Zustimmung zum Einziehen, und zwar durch eine ›Wohnungszuweisung‹. Von der Rechtsanwaltskammer war ich auf Eislers Vorschlag mit der Fortführung der Akten betraut worden. Ende Oktober 1938 führte ich die Übersiedlung durch. Die neue Wohnung war geräumiger und bequemer als die frühere. Ein großer Vorteil war es, daß sie im Mezzanin lag und daß deshalb Besucher weniger von Mitbewohnern im Hause beobachtet werden konnten, als wenn sie in den dritten Stock, wie in Hernals, zu steigen hätten.«

Nicht verhaftet, sondern nur wiederholt von der Gestapo einvernommen und unter Polizeiaufsicht gestellt, wurde Oskar Helmer, der spätere Innenminister. Während Adolf Schärf auf das Renner-Interview in seinen Erinnerungen überhaupt nicht eingeht, erklärt es Helmer in seinen Memoiren auf die seither als offizielle Lesart geltende Weise, nämlich, daß der an der Grenze aufgehaltene und in Wien inhaftierte führende sozialdemokratische Funktionär Dr. Robert Danneberg geschützt werden sollte. In einem Gespräch mit dem früheren illegalen NS-Gauleiter Leopold habe Helmer, so berichtet er, die Frage gestellt, ob Danneberg freigelassen würde, »wenn wir Sozialdemokraten uns einigten, daß eventuell Dr. Karl Renner einen Aufruf unterschreibe, worin zum ›Ja‹ bei der Volksabstimmung aufgefordert werde«.

Leopold habe diesen Vorschlag an Bürckel weiterzuleiten versprochen, Renner aber habe ihn abgelehnt. Schließlich habe er sich »auf unser Drängen« herbeigelassen, dem »Tagblatt« das ominöse Zeitungsinterview zu geben. »So kam die Ja-Unterschrift Renners zustande, die dann später von den Gegnern gegen ihn so schäbig ausgenützt worden ist. Renner stand selbstverständlich dem Nationalsozialismus genau so ablehnend gegenüber, wie wir alle. Er hat nur eine Freundespflicht zu erfüllen versucht, um Danneberg das Leben zu retten.«

Wie wir sehen werden, argumentiert auch Karl Renner auf diese Weise, um sein Interview zu erklären. Nur: Aus den historischen Fakten läßt sich auch ein anderer Schluß ziehen. Die ergeben in der Tat, wie auch Thomas Chaimowicz in seinem Beitrag berichtete, ein etwas diffuseres Bild. So weist beispielsweise der junge Wiener Militärhistoriker Erwin A. Schmidl in seinem Buch »März '38« darauf hin, daß Renner keineswegs gedrängt worden sei, ein offenes Bekenntnis zum Anschluß abzulegen. Schmidl schildert, wie Renner in Begleitung des früheren sozialdemokratischen Bürgermeisters Karl Seitz beim neuen nationalsozialistischen Wiener Stadtoberhaupt Neubacher erschienen sei, weil sich Seitz dafür bedanken wollte, daß auch er nach verhältnismäßig kurzer SS-Haft über Intervention gemäßigter Nationalsozialisten wieder auf freien Fuß gesetzt worden sei. Renner habe nun, so Schmidl, die Gelegenheit genützt. Er »bat Neubacher, da nun die ›glücklichste Stunde‹ seines Lebens gekommen sei, um die Möglichkeit zu einem öffentlichen Aufruf, ›am 10. April für Großdeutschland und Adolf Hitler zu stimmen‹. Eine derart weitreichende Einbindung sozialdemokratischer Politiker in die nationalsozialistische Wahlpropaganda war allerdings nicht vorgesehen, und nach Rückfrage in Berlin entschloß man sich, von Plakaten oder Rundfunkaufrufen Abstand zu nehmen. Renner wurde aber die Möglichkeit zu einem Zeitungsinterview gegeben, das am 3. April im ›Neuen Wiener Tagblatt‹ erschien.« Auch Schmidl verweist freilich darauf, daß Renner weltanschaulich keineswegs mit dem Nationalsozialismus übereingestimmt habe.

Zum Unterschied von der Meinungsäußerung des früheren Staatskanzlers ist jene der Bischöfe von den Nationalsozialisten sehr wohl plakatiert worden – wohl einer der Gründe dafür, warum der bischöfliche Aufruf später als schwerer wiegend betrachtet wurde als das Renner-Interview. Innitzer hat damals auch aus-

drücklich darauf bestanden, daß dieser Aufruf aus freien Stücken abgegeben worden sei. In einem gleichfalls in den Zeitungen veröffentlichten Brief an Gauleiter Bürckel, datiert mit 31. März (und in der neueren zeitgeschichtlichen Forschung eher wenig kommentiert), heißt es:

»Sehr geehrter Herr Gauleiter!

Ich fühle mich bewogen, zu einem Bericht, von dem ich Kenntnis bekam und den der Berliner Havas-Vertreter zu dem Aufruf der österreichischen Bischöfe unter dem 28. März verbreitet hat, einige aufklärende und richtigstellende Bemerkungen zu geben. Der Havas-Vertreter schreibt: Man könne diese Kundgebung mit dem Besuch in Verbindung bringen, den der päpstliche Nuntius in Berlin vor zwei Tagen Herrn Reichsaußenminister von Ribbentrop gemacht habe. Dazu stelle ich fest: Die feierliche Erklärung der Bischöfe steht mit dem Besuch des päpstlichen Nuntius in Berlin in keinerlei Beziehung; vielmehr ist sie angesichts der bedeutsamen geschichtlichen Stunde der Wiedervereinigung Österreichs mit dem Deutschen Reich spontan erfolgt. Dies erhellt zur Genüge auch aus dem Vorwort, das die Bischöfe ihrer Erklärung vorausgeschickt haben. Auch die Behauptung des Havas-Vertreters in dem gleichen Bericht, die besagt, daß der Aufruf als eine entspannende Geste der Bischöfe zu betrachten sei, muß ich zurückweisen, denn ich halte es unter meiner Würde, in einer so wichtigen geschichtlichen Situation Gesten zu machen.

Ich betone nochmals: Die Erklärung der Bischöfe wie überhaupt unsere Stellungnahme zur Wahl ist grundsätzlich zu werten als ein allein der Stimme unseres gemeinsamen deutschen Blutes entspringendes Bekenntnis. Ich möchte darüber hinaus Ihnen ganz offen meinen innigsten Wunsch in diesen geschichtlichen Tagen bekanntgeben, nämlich, daß mit der Erklärung der Bischöfe ein Wendepunkt im religiös kulturellen Leben unseres Gesamtvolkes eingetreten sein möge, der eine Zeit größter innerer Befriedung und Aussöhnung zwischen Kirche und Staat und Partei einleitet. Ich darf hoffen, daß dieser mein Brief auch geeignet ist, in Zukunft etwa noch auftretenden irrigen und unrichtigen Behauptungen in Wort und Schrift, woher sie auch kommen mögen, von vornherein die Spitze abzubrechen.

Mit dem Ausdruck vollkommener Hochschätzung und Heil Hitler

Theodor Kardinal Innitzer, Erzbischof«

Sowohl über Karl Renner wie über Theodor Innitzer ist demnach zu sagen, was Schiller in seinem Prolog zu »Wallenstein« formuliert hat: »Von der Parteien Gunst und Haß verwirrt, schwankt sein Charakterbild in der Geschichte.« Zwei authentische Zeugen sollen dazu zu Wort kommen. Im ersten Fall ist es Renner selbst, der zu seinem Interview in seinen Memoiren Stellung nahm – und es dort auch im Wortlaut noch einmal veröffentlichte. Zum Fall Innitzer wieder scheint ein Experte für kirchliche Zeitgeschichte berufen, sich zu äußern.

Karl Renner

Warum ich mit Ja stimmte

Selten hat ein Eroberer ein freies Volk so rasch gewonnen und so völlig verloren

Die führenden Männer der Sozialdemokratie waren schon 1934 durch Dollfuß teils verjagt, teils eingekerkert und teils zum Verstummen gebracht worden. Zahlreiche ihrer Vorkämpfer, die eben erst durch Schuschniggs Amnestie Wöllersdorf und die Gefängnisse verlassen hatten, wurden durch Himmlers Gestapo entweder sofort in diese zurückbeordert oder mit den Führern der Vaterländischen Front zusammen nach Dachau geschleppt – im übrigen ließen sich die Hitler-Leute im Hinblick auf die bevorstehende Volksabstimmung einigermaßen Zeit. Was an sozialdemokratischen Persönlichkeiten noch erreichbar war, wurde zur Erörterung der Lage im geheimen zur Beratung zusammenberufen. Keiner der Anwesenden verhehlte sich die Tatsache, daß die absolut zwingende Gewalt in den Händen der neuen Machthaber lag. Man hatte nicht umsonst den unterirdischen Kampf der vergewaltigten italienischen Sozialisten durch die vielen Jahre des Mussolinischen Regimes verfolgt, man wußte, daß ein offener Kampf oder auch nur eine zurückhaltende Auflehnung fruchtlos war und nur vergebliche Opfer kosten mußte. Noch kämpften hervorragende Mitglieder der Partei in Spanien seit vielen Monaten mit den Waffen in der Hand vergebens gegen Francos Diktatur, soeben von den Westmächten offfenkundig preisgegeben. Bewaffneter Widerstand wäre, auch wenn man über Waffen verfügt hätte, nutzlos geblieben und für das Land zum Unglück geworden. Das Schicksal Spaniens stand vor den Augen aller Mitberatenden. Trotz dieser Erkenntnis herrschte nicht Mutlosigkeit. Man war überzeugt, daß Diktaturen immer und überall in das Dilemma geraten, entweder Krieg oder Niederlage oder endlich erfolgreiche innere Revolution. Mit jeder der beiden Möglichkeiten war zu rechnen, jede aber erforderte: augenblickliches Untertauchen in die unterirdische Bewegung und von dort aus Wiederaufnahme des Kampfes, wie ihn die Väter und Vorväter geführt hatten, zähes, opferreiches Ringen um die Wiederherstellung demokratischer Freiheit als den zuverlässigsten Weg zum Endsieg des Sozialismus. So schmerzlich es war, die Arbeiterklasse hatte wieder von vorne zu beginnen. Voraussetzung der Wiederaufnahme der unterirdischen Bewegung aber war die Vermeidung vorschneller Initiative und verfrühter, unnützer Opfer. Der Kampf mußte, das hatte Italien gezeigt, lange Jahre dauern, zunächst galt es daher, alle Herausforderung zu vermeiden. Eine Parole, entgegenzustimmen oder sich zu enthalten – wenn eine solche ohne Presse, ohne Druckerei, ohne alle Bewegungsfreiheit überhaupt die Massen erreicht hätte –, würde bloß zwecklose Opfer fordern. Außerdem war zur Stunde ein großer Teil der Arbeiterschaft über die Beseitigung ihrer Verfolger von 1934 nicht gar zu erbittert und urteilte, der Austausch des klerikalen gegen den nationalen Faschismus sei das größte Unglück nicht, wenn wenigstens die wirtschaftlichen Verheißungen des Tausendjährigen Reiches nur halbwegs in Erfüllung gingen. Jedenfalls mußte abgewartet werden, bis dem österreichischen Arbeiter dieses so herrlich gepriesene Reich vor seine leibhaftigen Augen geführt würde. Erst dann vermöchte die Arbeiterschaft der unterirdischen Propaganda ein williges Ohr zu leihen, und die über die Lügenhaftigkeit der Nazi aufgeklärte Masse werde geschlossen den Kampf aufnehmen. Das Ergebnis der Beratungen im engen Kreis ermutigte und schien den Verfasser auch zu ermächtigen, auf eigene Verantwortung die nachstehende Erklärung zu veröffentlichen.

Neues Wiener Tagblatt Nr. 92, vom Sonntag, 3. April 1938

Staatskanzler a. d. Dr. Renner: »Ich stimme mit Ja«

Einer unserer Mitarbeiter hatte gestern Gelegenheit, den gewesenen Staatskanzler Dr. Karl Renner zur bevorstehenden Volksabstimmung zu befragen. Dieser beantwortete die an ihn gerichteten Fragen folgendermaßen: »Sind Sie, Herr Staatskanzler, bereit, über Ihre Stellung zur Volksabstimmung sich zu äußern?«
»Ich habe als erster Kanzler Deutschösterreichs am 12. November 1918 in der Nationalversammlung den Antrag gestellt und zur nahezu einstimmigen Annahme gebracht: ›Deutschösterreich ist ein Bestandteil der deutschen Republik.‹ Ich habe als Präsident der Friedensdelegation zu St. Germain durch viele Monate um den Anschluß gerungen – die Not im Lande und die feindliche Besetzung der Grenzen haben die Nationalversammlung und so auch mich genötigt, der Demütigung des Friedensvertrages und dem bedingten Anschlußverbot uns zu unterwerfen. Trotzdem habe ich seit 1919 in zahllosen Schriften und ungezählten Versammlungen im Lande und im Reiche den Kampf um den Anschluß weitergeführt. Obschon nicht mit jenen Methoden, zu denen ich mich bekenne, errungen, ist der Anschluß nunmehr doch vollzogen, ist geschichtliche Tatsache, und diese betrachte ich als wahrhafte Genugtuung für die Demütigungen von 1918 und 1919, für St. Germain und Versailles. Ich müßte meine ganze Vergangenheit als theoretischer Vorkämpfer des Selbstbestimmungsrechtes der Nationen wie als deutschösterreichischer Staatsmann verleugnen, wenn ich die große geschichtliche Tat des Wiederzusammenschlusses der deutschen Nation nicht freudigen Herzens begrüßte.«

»Waren Sie, Herr Kanzler, nicht Freund einer Donaukonföderation?«

»Dazu bemerke ich: Schon in der ersten Sitzung der provisorischen Nationalversammlung wurde die Alternative gestellt: Wir sind bereit, mit den befreiten Donauvölkern über eine Verbindung zu verhandeln – wollen diese eine solche nicht oder nur unter Bedingungen, die wider unsere Ehre sind, so wollen wir zum Reiche zurückkehren. Die unmittelbare Antwort auf die so gestellte Alternative gaben die Nachbarn durch die gewaltsame Besetzung deutscher Gebiete und durch die Untergrabung unserer Wirtschaftsgeltung. Österreich gab am 12. November 1918 die würdige Antwort, indem es den Anschluß verkündete. Das zweite Mal wurde diese Alternative weniger von Österreich aus als von den Großmächten aufgeworfen. Die Idee der sogenannten Donauraumpolitik wurde nach dem Friedensschluß vielfach erörtert. Sie sollte Österreich eine neue wirtschaftliche Zukunft und den Ausweg aus der erstickenden Beengtheit des Zollabschlusses eröffnen, um uns so den nationalen Verzicht durch wirtschaftliche Vorteile erträglicher zu machen. Der Bedrängte verschmäht keinen möglichen Ausweg. In seiner wirtschaftlichen Verkümmerung und bei seiner außenpolitischen Machtlosigkeit hat das Land solche Vorschläge gewiß mit Interesse verfolgt. Allein durch nahezu zwanzig Jahre hat man mit dieser Idee bloß gespielt und nicht einen einzigen positiven Schritt zu ihrer Verwirklichung getan, ja man hat sie zum Schluß durch lächerliche legitimistische Treibereien absurd gestaltet, so daß auch der wärmste Freund der Donauraumpolitik von dieser zweiten Alternative sich abkehren mußte. Nun ist diese zwanzigjährige Irrfahrt des österreichischen Volkes beendigt, es kehrt geschlossen zum Ausgangspunkt, zu seiner feierlichen Willenserklärung vom 12. November zurück. Das traurige Zwischenspiel des halben Jahrhunderts 1866 bis 1918 geht hiemit in unserer tausendjährigen gemeinsamen Geschichte unter.«

»Wie werden also Sie und Ihre Gesinnungsgenossen stimmen?«

»Ich habe keinen Auftrag, für die letzteren zu sprechen, kann aber erklären: Als Sozialdemokrat und somit als Verfechter des Selbstbestimmungsrechtes der Nationen, als erster Kanzler der Republik Deutschösterreich und als gewesener Präsident ihrer Friedensdelegation zu St. Germain, werde ich mit Ja stimmen.«

Die erwartete Ernüchterung trat nicht nur bei der Arbeiterschaft, sondern bei allen Klassen der Bevölkerung sehr bald nach der Volksabstimmung ein. Zunächst durch das befremdende Verhalten der Scharen reichsdeutscher Nazi, die Österreich überschwemmten. Daß sich fremde Eroberer verhaßt machen, ist nicht zu verwundern. Die Vettern aber, die hier als Befreier ins Land kamen, behandelten uns Österreicher samt und sonders als minderwertig, als materiell verbettelt und geistig verkümmert – so hatte man uns in der Reichspresse der Nazi auch dargestellt. Von diesen »armen Österreichern« hatten

sich nicht nur Millionen besser gestanden als die Ankömmlinge, die schon in die Zucht kommender Kriege genommen und gar nicht gut versorgt waren; sie waren auch politisch weit unterrichteter und regsamer als ihre Lehrmeister, die mit Stiefel und Sporn ihnen den Potsdamer Drill als höchste politische Offenbarung schnodderig vor Augen führten. Mehr als die aufdringlichen Männer wurde die mitgebrachte Frauenschaft verhaßt, deren Überheblichkeit keine Grenzen kannte. Dazu der Anblick geschäftiger Offiziersdiener, die aus den vollen Läden wegschleppten, was zu haben war, und das war noch alles! Im Reiche gab es viele der schönen Dinge überhaupt nicht mehr zu kaufen. Die willkürliche, ungerechte Währungsrelation (1,50 S = 1 RM) prämiierte diesen Ausverkauf. Man war in Wien ja an Fremde, an Tschechen, Ungarn, Kroaten, gewöhnt, aber so fremd wie diese Vettern, so dem österreichischen Wesen unverwandt und dem österreichischen Denken unverständlich, waren jene »Fremdvölker« niemals gewesen. In wenigen Wochen war alles, was ursprünglich an Sympathie vorhanden gewesen sein mochte, verflogen und zur offenen Ablehnung gediehen. Und erst recht die offizielle Propaganda, die polternde Überheblichkeit, die humorlose Übertreibung, der ständige gemütlose Bramarbas und im besten Falle die onkelhafte Begönnerung! Immer öfter legten selbst die willigsten Gefolgsleute die Hörer weg: All dies war tief unter dem politischen, geistigen und menschlichen Niveau des Österreichers, wie gering man dieses auch veranschlagen mochte. Das reichsdeutsche Volk hatte eine Auswahl von Leuten hergeschickt, die es als Ganzes in einem schlechten, wie man zugeben muß, auch unverdienten Licht erscheinen ließ.
Nicht die Dollfuß- und Schuschniggschen Beschwörungen einer verlorenen Vergangenheit, vielmehr das Gebaren der Nazi aus dem Reich haben die Österreicher mit dem Bewußtsein ihrer Sonderart, dem Gefühl eigener Kultur und dem Selbstbewußtsein, zur Eigenstaatlichkeit berufen zu sein, erfüllt, mit Eigenschaften, die eine besondere Nation ausmachen und die den Deutschschweizer so deutlich vom Reichsdeutschen abheben, daß dort mit seltensten Ausnahmen niemand an die Rückkehr ins Reich denkt, dem ja auch die Schweiz jahrhundertelang angehört hatte.
Bald waren auch die sogenannten Nationalbetonten tief enttäuscht, das ist jene gemäßigte Schichte rechtschaffener Intellektueller, die aus der Absolvierung von Mittel- und Hochschule den Anspruch auf öffentliche Funktionen und gesicherte Stellung in den liberalen Berufen ableiteten und die endliche Zurückdrängung der bisher bevorzugten klerikalen Bewerber aus dem Lager der CVer erwarteten. Die letzteren allerdings mußten dran glauben, wenigstens soweit sie sich für Schuschnigg exponiert hatten. Aber an ihrer Statt überflutete nun ein Schwarm reichsdeutscher Günstlinge Stellen und Ämter, und außerdem waren die SA- und SS-Männer der Heimat unterzubringen. Diese österreichischen Gefolgsleute hatten sich nicht zu beklagen, eher die

Führenden und Prominenten! Hitler selbst und um so mehr seine Paladine waren voll Geringschätzung für sie. Der Führer konnte ihnen nicht verzeihen, daß sie, während er im Reiche von Sieg zu Sieg geeilt war, es in Österreich so gar nicht vorwärtsgebracht hatten – er hielt sie alle für »Schlappschwänze« und einen Großteil von ihnen für verstockte Österreicher, denen man nicht recht trauen könne. Welche andere Meinung sollte er auch gewonnen haben, nachdem er rings um Schuschnigg so vielen in seinen Augen zweifelhaften und verräterischen Gesellen begegnet war. Übrigens ist jeder Diktator von Natur aus mißtrauisch.

Der vom Führerwahn Besessene lebt sich in eine Vorstellung von Vasallentreue ein, die auch nicht einen Rest selbständigen Denkens oder den leisesten Vorbehalt eigenen Charakters zuläßt – diese beiden sind für den Führer vorweg persönlicher Verrat und werden, sobald er sich des Staates bemächtigt hat, Hochverrat. Sie haben im ersteren Falle stille Liquidierung und im letzteren Prozeß und Hinrichtung in aller Form zu gewärtigen. Darum erlebt man bei allen Diktaturen immer wieder die Tragödie führender Geister und starker Charaktere, die durch nebensächliche Umstände oder lauernde Intrigen sich in den zweiten Rang zurückgedrängt finden – die Diktatur braucht immer wiederkehrende »Säuberung« oder, was dasselbe sagt, Ausmerzung konkurrierender Talente und Charaktere, bis nichts mehr übrig ist als geistige Ödnis und moralischer Sumpf. Mussolini hat im allgemeinen die mildere Form der »Wachablösung« vorgezogen.

Am 29. März wird das österreichische Bundesheer in die zwei reichsdeutschen Armeekorps 17 (Wien) und 18 (Salzburg) übergeführt, am 25. April erhält der »Reichsstatthalter in Österreich« Seyß-Inquart in dem Reichskommissar für die Wiedervereinigung, Bürckel, seinen Nachfolger und wird trosteshalber zum Mitglied der Reichsregierung ernannt. In der zweiten Hälfte Mai beginnt die Demolierung des österreichischen Staatsgefüges: Die Bundesländer werden Reichsgaue und vielfach neu abgegrenzt, der Name »Österreich« wird zum Verschwinden verurteilt, aus Nieder- und Oberösterreich werden die Reichsgaue Nieder- und Oberdonau, das Burgenland wird zwischen der neuen Steiermark und Niederdonau aufgeteilt und verschwindet somit. Der Führer bestellt für jeden Gau den Gauleiter, der die bisher autonome Landesregierung auf seine Person übernimmt. Das österreichische Ministerium wird im Wege einer »Vereinfachung der österreichischen Landesregierung« umgewandelt in die Reichsstatthalterschaft, und die Ministerien werden – teilweise wird noch der Ministertitel aufrechterhalten – in Abteilungen der Reichsstatthalterschaft umgewandelt. Selbst der Geschäftsstil wird in bezeichnender Weise geändert: Erlässe und Bescheide werden nicht mehr im Namen des Amtes, sondern der Person erlassen: das Führerprinzip in der Verwaltung! Aber die neue Ordnung bleibt ein kurzer Übergang: Am 31. Mai führt Dr. Frick die Landeshauptmänner in ihr Amt ein und verkündet als Endziel die »unmittelbare Unterstellung der einzelnen ehemaligen Bundesländer unter die Reichszentralstellen« und damit den Wegfall der bisher für Österreich bestandenen Zentralverwaltung in Wien. Ihm soll am 1. Oktober das Inkrafttreten der deutschen Gemeindeordnung folgen, die auch dort die von oben bestellte Führerschaft anstelle der gewählten Bürgermeister und Gemeinderäte setzen wird: Kein Gemeinderat, kein Landtag, keine Bundesversammlung, auch keine österreichische Regierung mehr! Jedes der ehemaligen Bundesländer untersteht als Reichsgau direkt Berlin, und in Wien bleibt im besten Falle eine liquidierende Stelle als Zweckadresse zurück. Natürlich tritt auch die gemeinsame Reichsstatthalterschaft mit ihren Abteilungen in den Stand der Liquidation. Das Österreich mit allen seinen historischen Einrichtungen hat in der Sache wie dem Namen nach zu bestehen aufgehört! Wien ist degradiert zu einer Gauhauptstadt mit einem ernannten Oberbürgermeister. Österreich ist aus den Büchern der Geschichte gelöscht. Die Mächte beeilen sich geradezu, noch zum Leichenbegräbnis zurechtzukommen: Am 2. April überreicht der britische Botschafter Henderson die Note, die in Anerkennung des Erlöschens Österreichs die Zurückziehung des Gesandten aus Wien und die Umwandlung der Gesandtschaft in ein Generalkonsulat ankündigt. Das gleiche besorgt am selben Tag der französische Gesandte und alle die übrigen folgen nach. Der Völkerbund hat vom Reiche aus schon am 21. März die Todesnachricht erhalten.

Was geschieht mit den österreichischen Staatsschulden? Die Garantiestaaten der Völkerbundanleihe verlangen die Übernahme derselben auf das Reich und damit implicite die Anerkennung der Rechtsnachfolge des Reiches nach dem Staate Österreich. Der Reichswirtschaftsminister Funk erklärt am 17. Juni: Das bisherige Staatswesen Österreich sei nicht auf das Reich übergegangen, sondern als solches beseitigt worden, und zwar durch den sich in absolut friedlichen und gesetzlichen Formen durchsetzenden Volkswillen. (Als ob es nach Selbstmördern keine Rechtsnachfolge gäbe!) Die Überwindung des vorangegangenen Regimes durch den eindeutig bekundeten Willen des österreichischen Volkes stelle eine derart einschneidende Umwälzung dar, daß eine rechtliche Verbindung zwischen dem früheren und dem heutigen staatsrechtlichen Zustand nicht hergestellt werden könne. Trotzdem werde man verhandeln. Daß das Deutsche Reich sofort den Goldschatz der Bank weggeführt, sich alle Vermögenschaften Österreichs angeeignet, was nicht niet- und nagelfest war, weggeschleppt und das, was zurückbleiben mußte, durch Finanztransaktionen in gänzlichen oder überwiegend deutschen Aktienbesitz verwandelt und jeden Schilling in der Tasche eines Österreichers zugunsten der Reichswährung um ein Drittel seines Wertes entwertet hatte, begründete demnach offenbar keinerlei Rechtsnachfolge.

In knapp drei Monaten also ist der Volksstaat und das Volkstum Österreich liquidiert, damit aber auch alle Sympathie für das Reich in der Bevölkerung erloschen – bis auf ganz wenige weltfremde Ideologen, auf wenige in ihr Fach eingesponnene Gelehrte, bis auf etliche unpolitische Literaten und Künstler, die ihr Brot suchen und die Hand nicht anschauen, die es ihnen bietet. Natürlich – die schlagbereite Gefolgschaft, die endlich an die Krippe gelangt ist, die nun Land und Volk kontrollos beherrscht, sie bleibt begeistert und richtet einen Zwangsstaat des Terrors auf, der jeden Widerstand erdrückt, der die Gefängnisse überfüllt und neben dem berüchtigten Zwangslager in Dachau immer neue erstehen läßt. Wohl selten in der Geschichte hat ein Eroberer ein freies Volk so rasch gewonnen und beinahe über Nacht so völlig verloren.

Maximilian Liebmann

Vom Appeasement zum Widerstand

Kardinal Theodor Innitzers Versuche eines Arrangements Kirche–Staat

Leben und Wirken bis zum März 1938

Theodor Innitzer wurde am 25. Dezember 1875 im nordböhmischen Dorf Neugeschrei nahe der sächsischen Grenze als zweites von drei Kindern des Kleinlandwirtes und Fabrikarbeiters Wilhelm Innitzer und seiner Ehefrau Maria Seidl geboren. Während die Mutter aus dem Erzgebirge stammte, war der väterliche Familienzweig aus der Obersteiermark zugewandert. Innitzer besuchte 1890–98 unter entbehrungsreichen Umständen das Gymnasium in Kaaden/Eger und nach dem Abitur seit 1898 die Universität Wien zum Studium der Theologie. Dort hörte er unter anderen den Moraltheologen Franz Schindler und den Kirchenhistoriker Albert Ehrhard. Nach der Priesterweihe am 25 Juli 1902 wirkte Innitzer ein Jahr lang als Kaplan in Preßbaum bei Wien, um dann als Studienpräfekt in das Wiener Alumnat zurückzukehren. Er nutzte diese Stelle zu intensivem Studium und wurde 1906 zum Dr. theol. promoviert, 1908 für Neues Testament habilitiert, 1911 zum außerordentlichen und 1913 zum ordentlichen Professor ernannt. Seine Lehrtätigkeit an der Universität Wien währte fast zwanzig Jahre. Die Theologische Fakultät wählte Innitzer insgesamt dreimal zum Dekan, im Studienjahr 1928/29 fungierte er sehr geschickt als Rektor. Innitzer hat diverse theologische Werke vorgelegt und über seine Tätigkeit als Hochschullehrer hinaus auch an der kirchlichen Arbeit und den kulturellen Bestrebungen des österreichischen Katholizismus teilgenommen. So war er 1912 maßgebend an der Organisation des Eucharistischen Kongresses in Wien beteiligt; ab 1913 wirkte er in der Nachfolge Schindlers als Generalsekretär der österreichischen Leo-Gesellschaft. Er gab die »Theologischen Studien« heraus und redigierte die Monatsschrift »Der Seelsorger«. 1918 übernahm er die Leitung der Nachfolgereinrichtung des Frintaneums, das Thomas-Kolleg, das Geistlichen eine Möglichkeit zum Studienaufenthalt und Laienstudenten eine Unterkunft bot. Die Mußestunden verbrachte Innitzer im Kreis seiner Freunde, zu denen der von ihm besonders verehrte mehrmalige Bundeskanzler und Obmann der Christlichsozialen Partei, Prälat Ignaz Seipel, gehörte.

Im September 1929 trat Innitzer zur Überraschung der Öffentlichkeit und auch seines Freundes Seipel als Minister für soziale Verwaltung in das Kabinett Schober ein. Ihm gelang die Durchsetzung eines Gesetzes, das jenen Kleinrentnern und älteren Menschen, die durch die Inflation ihre Ersparnisse verloren hatten, einen gewissen Ausgleich brachte. Innitzers Interesse galt ferner dem Abbau der Arbeitslosigkeit, doch endete seine Ministerlaufbahn schon im September 1930 mit dem Sturz der Regierung Schober. Am 19. September 1932 ernannte Papst Pius XI. Innitzer als Nachfolger des am 21. April 1932 unerwartet verstorbenen Kardinals Friedrich Gustav Piffl zum Fürsterzbischof von Wien und zum Apostolischen Administrator des Burgenlandes. In der Öffentlichkeit wurde diese Entscheidung im allgemeinen positiv beurteilt. Am 16. Oktober ließ Innitzer sich in St. Stephan durch Nuntius Enrico Sibilia konsekrieren; die Inthronisation erfolgte am 30. Oktober. Mitte März 1933 zum Kardinal erhoben, erhielt er die Titelkirche S. Crisogono.

Innitzer übernahm die Leitung der Erzdiözese Wien und damit die führende Position der österreichischen Kirche in der Zeit einer tiefen Staats- und Demokratiekrise. Der Verfall des politischen Lebens hatte sich nicht zuletzt in einer Kette von Regierungskrisen geäußert. Der seit Mai 1932 amtierende christlichsoziale Bundeskanzler Engelbert Dollfuß entschloß sich daher angesichts der weitverbreiteten Demokratiemüdigkeit im Interesse der seit 1933 durch das nationalsozialistische Deutschland bedrohten Eigenstaatlichkeit Österreichs, nach der sogenannten Selbstausschaltung des Parlaments vom 4. März 1933 zur autoritären Umgestaltung der Staatsführung.

Innitzer hat zehn Tage später anläßlich seiner Kardinalserhebung in einer öffentlichen Ansprache in Rom diesen Kurs als »Anbruch einer neuen Zeit« qualifiziert. Dollfuß strebte, durch das faschistische Italien gedrängt und gestützt, die Ersetzung der traditionellen Parteien durch eine Einheitspartei und den Aufbau eines Ständestaates an. Dazu hat er sich auf dem Katholikentag vom September 1933 in seiner Begrüßungsansprache auf die Enzyklika »Quadragesimo anno« vom 15. Mai 1931 berufen. Des Bundeskanzlers Deutung der päpstlichen Enzyklika blieb zwar umstritten und die Haltung Innitzers wie des österreichischen Episkopates zum Ständestaat ambivalent. Dennoch dankten die Bischöfe Dollfuß im Dezember 1933 für sein Bekenntnis zu einer christlichen Staats- und Gesellschaftsordnung. Auch die Schaffung der Einheitspartei »Vaterländische Front« fand ihre Unterstützung, doch warnten sie andererseits vor einer Imitation des italienischen Faschismus und seiner Jugendorganisationen. Unter dem Vorsitz von Innitzer verordnete die österreichische Bischofskonferenz Ende November 1933 die vorübergehende Abberufung der Geistlichen aus der aktiven Politik. Nach dem Bürgerkrieg vom Februar 1934 hat Innitzer zwar die Toten der Exekutive als Verteidiger des Staates besonders gewürdigt, sich andererseits aber auch für die Verwundeten und Hinterbliebenen der Aufständischen eingesetzt und bei der Regie-

rung für die Begnadigung der zum Tode Verurteilten mehrfach und nachdrücklich interveniert.
Als sich nach der Ermordung von Bundeskanzler Dollfuß durch nationalsozialistische Putschisten am 25. Juli 1934 der politische Spielraum Österreichs ständig verengte und der nationalsozialistische Druck wie auch die Unterwanderung des Regierungsapparates zunahm, hat Innitzer sich sowohl für die im Anhaltelager Wöllersdorf einsitzenden illegalen Nationalsozialisten wie für die nach Österreich geflüchteten Gegner des nationalsozialistischen Regimes verwendet. Indes mehrte sich die Kritik an dem engen Konnex zwischen Kirche und Ständestaat. Die progressiven, ganz auf die Seelsorge konzentrierten Geistlichen, deren Exponent der Wiener Pastoraltheologe Michael Pfliegler war, vertraten die strikte Trennung von Kirche und Politik. Aus dieser Grundhaltung hat Pfliegler später sogar die Auflösung der katholischen Vereine durch die nationalsozialistischen Machthaber begrüßt.
Die österreichischen Bischöfe waren über den nationalsozialistischen Kirchenkampf gut informiert und gaben sich über den unaufhebbaren Widerspruch zwischen Nationalsozialismus und Christentum keinen Illusionen hin. Im November 1937 verurteilten sie in einer Solidaritätsadresse an den deutschen Episkopat die nationalsozialistische Kirchenpolitik. Um so erstaunlicher war dann jene feierliche Erklärung vom 18. März 1938, in der Innitzer zusammen mit den übrigen fünf österreichischen Bischöfen nach dem Einmarsch der deutschen Truppen seine Anerkennung für die Leistungen des nationalsozialistischen Regimes aussprach und für den »Anschluß« Österreichs an das Deutsche Reich plädierte. Innitzer hatte auch noch vor dem triumphalen Empfang Hitlers in Wien, als dieser noch in Linz weilte, die Gläubigen zum Dankgebet für die ohne Blutvergießen vor sich gegangene Umwälzung aufgefordert.[1])

Die März-Erklärungen des österreichischen Episkopates und Innitzers »Heil Hitler«-Gruß

Über das Verhältnis von Kardinal Innitzer beziehungsweise der österreichischen Bischöfe zum Nationalsozialismus, das sich vom Appeasement im März bis zum Widerstand im September und zum Pogrom durch den NS-Mob im Oktober 1938 entwickelte, liegt vom engsten Vertrauten Innitzers eine aufschlußreiche tagebuchartige Aufzeichnung vor. Dieser Vertraute, Jakob Weinbacher[2]), der Innitzers Sekretär war, hat sie maschinschriftlich ausgefertigt und offensichtlich seinem Erzbischof, dem Kardinal, ausgehändigt; jedenfalls findet sie sich in dessen Nachlaß[3]). Diese Aufzeichnung Weinbachers, hier erstmals vollständig und verbaliter – soweit es das Jahr 1938 betrifft[4]) – kritisch und quasi als durchgehenden Leitfaden zu edieren, legt nicht nur das Thema nahe, sondern auch ihr hoher Quellenwert. War doch ihr Autor ein unmittelbarer Zeitzeuge und bisweilen sogar selber Akteur[5]). Weinbachers Niederschrift[6]): »Am 14. März 1938 kam der Führer nach Wien. Vorausgegangen waren die Abdankung des Kanzlers Dr. Schuschnigg, die Bestellung der neuen Bundesregierung Dr. Seyß-Inquart durch den Bundespräsidenten, die Abdankung des Bundespräsidenten, womit alle Befugnisse des Staatsoberhauptes auf den Bundeskanzler übergingen, das Gesetz der Wiedervereinigung Österreichs mit dem Deutschen Reich.[7]) Da demnach Adolf Hitler als der neue Staatschef anzusehen war, konnte bei seinem Eintreffen der Wiener Kardinal nicht umhin, davon Notiz zu nehmen. Es schien ein Höflichkeitsbesuch notwendig.[8]) Ein Geistlicher[9]) aus dem Freundeskreis des Botschafters von Papen[10]) erfuhr von diesem, daß man es für sehr wertvoll halte, wenn Kardinal Innitzer den Führer besuche. Papen und Seyß-Inquart brachten die Angelegenheit dem Führer vor. Die Vorsprache wurde für den 15. März um 9 Uhr[11]) eingeteilt. Der Herr Kardinal fuhr in Begleitung des schon erwähnten Geistlichen namens Jauner zum Hotel Imperial. Beim Aussteigen ertönten aus der Menge Pfuirufe und wüstes Pfeifen.[12]) Botschafter Papen empfing den Kardinal und äußerte seine allergrößte Befriedigung, daß Eminenz sich zu diesem Besuche entschlossen habe. Beim Gespräch mit dem Führer war nur Hochwürden Jauner anwesend. Der Kardinal begrüßte zuerst den Führer[13]) und brachte ihm dann die Bereitheit der Katholiken zum Ausdruck, loyal zum neuen Staate zu stehen. Der Führer äußerte sich befriedigt[14]), die Kirche werde es nicht zu bereuen haben, wenn sie sich loyal zum Staate stelle. Wenn sich hier in Österreich eine gute Zusammenarbeit ergebe, was in Deutschland leider nicht gelungen sei, dann könne dieser religiöse Frühling sich auf das Altreich auswirken, wo die Fronten bedauernswerter Weise festgefahren waren.[15]) Die Unterredung dauerte etwa eine Viertelstunde. Beim Verlassen des Hotels wurden ähnliche Kundgebungen laut wie zuerst. Die diensttuende SS zerstreute die Menge.

Naturgemäß wollte der Kardinal von dieser Unterredung seinen Gläubigen Mitteilung machen. Ein kurzes Hirtenwort wurde verfaßt, des Inhaltes, daß der Führer persönlich zugesichert habe, die Kirche werde ihre Treue gegenüber dem Staate nicht zu bereuen haben, die Gläubigen mögen, den geänderten Verhältnissen Rechnung tragend, sich loyal zum neuen Staate stellen, in der Seelsorge möge jedwede Politik vermieden werden. Dieser Aufruf wurde der Presse zugestellt, kam aber nicht in die Öffentlichkeit, da die Zeitungen, auch das Kirchenblatt, eine solche Veröffentlichung ohne Genehmigung der neuen Regierung nicht vornahmen.[16]) Der Kardinal wandte sich darauf brieflich an Gauleiter Bürckel mit der Bitte, den Aufruf veröffentlichen zu lassen, wobei der Kardinal der Verwunderung Ausdruck verlieh, daß man seinen Aufruf zurückhalte, während der evangelische Oberkirchenrat und die Leitung der altkatholischen Kirche schon tags zuvor im Rundfunk ihre Stellungnahme hatten veröffentlichen können.[17]) Daraufhin sandte am 16. März abends der Gauleiter seinen Adjutanten Klaus Selzner zum Kardinal mit dem Vorschlag, es möge eine Erklärung aller österreichischen Bischöfe abgegeben werden; dazu legte er auch gleich einen Entwurf vor, der folgendermaßen lautete:

1. Wir Bischöfe erkennen den Segen der Arbeit der NSDAP für das Deutsche Reich und Volk und namentlich für die ärmsten Schichten dankbar an, zumal ohne diese Arbeit der Bolschewismus bestimmt gekommen wäre.
2. Wir halten es daher für die Pflicht der Kirche, dafür zu beten, wofür die Partei arbeitet.
3. Wir werden uns am Tage der Volksabstimmung als Deutsche zum Reich bekennen und erwarten auch von allen gläubigen Christen, daß sie wissen, was sie ihrem Volke schuldig sind.

Der Kardinal lud darauf telegraphisch die Bischöfe zu einer Konferenz nach Wien,[18]) zu der der Gauleiter zu kommen versprach.«

Soweit Weinbacher, der bei der Wiedergabe des vom Büro Bürckel erarbeiteten und Kardinal Innitzer überbrachten Textes leider zu wenig sorgfältig gewesen ist und die Einleitung einfach wegließ. Der Bürckel-Text, den die Bischöfe zu ihrem machen, billigen und verlautbaren sollten – von unterschreiben ist noch nicht die Rede – lautete verbaliter:

»In einer Aussprache mit den österreichischen Bischöfen legte Gauleiter Bürckel die Arbeit und die Erfolge der NSDAP auf dem Gebiete des völkischen und wirtschaftlichen Aufbaues sowie der Sozialpolitik vor. Die Bischöfe gaben darauf folgende Erklärung ab:

a) Wir erkennen den Segen der Arbeit der NSDAP für das Deutsche Reich und Volk und namentlich für die ärmsten Schichten dankbar an, zumal ohne diese Arbeit der Bolschewismus bestimmt gekommen wäre.
b) Wir halten es daher für die Pflicht der Kirche, dafür zu beten, wofür die Partei arbeitet.
c) Wir werden uns am Tage der Volksabstimmung als Deutsche zum Reich bekennen und erwarten auch von allen gläubigen Christen, daß sie wissen, was sie ihrem Volke schuldig sind.

Wien, den 16. März 1938
Dr. BA.-Ht.«[19])

Bürckel brauchte keine Pastoralanweisung; was er brauchte, war ein Wort beziehungsweise ein Aufruf zur Volksabstimmung. Innitzers Pastoralanweisung erwähnte diese Volksabstimmung aber nicht einmal, und so hielt Bürckel sie zurück und untersagte ihre Veröffentlichung. Statt dessen konzipierte er diesen Aufruf und ließ ihn durch seinen Adjutanten Selzner[20]) dem Kardinal zustellen.

Daß Gauleiter Bürckel zur Bischofsversammlung kommen werde, konnte aus dem Einleitungssatz der den Bischöfen vorformulierten und damit zugemuteten Erklärung ersehen werden. Vielleicht hat Selzner diese Teilnahmeabsicht seines Herrn dem Kardinal auch mündlich mitgeteilt. Kardinal Innitzer nahm zwar diese Bürckel-Erklärung entgegen, was Innitzers Amtskollege in München, Kardinal Michael Faulhaber, als dessen Grundfehler qualifizierte, »aus dem sich alles andere entwickelte«.[21]) Andererseits darf nicht übersehen werden, daß Innitzer mit der Entgegennahme dieses Bürckel-Textes diesem keineswegs zustimmte. Im Gegenteil, er muß ihn als Zumutung empfunden haben, denn er bat am darauffolgenden Tag, dem 17. März, den aus Salzburg bereits angereisten Erzbischof Sigismund Waitz, einen Gegenentwurf zu erarbeiten.[22])

Während Innitzer dem Salzburger Metropoliten die Erstellung des Gegenentwurfes überantwortet hatte, erarbeitete er eine Liste von Gravamina, die er am nächsten Tag Bürckel vorlegen wollte. So wappneten sich die Bischöfe, zumindest die beiden Metropoliten, für ihre Aussprache, zu der sich – wie dargelegt – auch Bürckel angesagt hatte, damit sie diesem entsprechend vorbereitet gegenübertreten könnten. Die Liste, die der Kardinal erstellte, enthielt »16–18 Forderungen«, erinnert sich Innitzer vierzehn Tage später nicht mehr ganz genau. Wie unvollkommen der Wiener Apostolische Nuntius Gaetano Cicognani über all diese Vorgänge zwischen den neuen Machthabern einerseits und den Exponenten der österreichischen Kirche andererseits unterrichtet war und somit zu falschen Schlußfolgerungen kam, kann aus einem Bericht ersehen werden, den der berühmte Ethnologe P. Wilhelm Schmidt über ein Gespräch mit dem Nuntius verfaßt hat: »Mittwoch, den 16. März, wurde der Nuntius besucht von dem Pfarrer von Seyß-Inquart, ein O.S.B. von St. Peter (Salzburg), begleitet von einem der Professoren[23]) O.S.B. der Theologischen Fakultät in Salzburg, um für den inhaftierten Erzbischof von Salzburg zu intervenieren. Der Nuntius schickte sie zu Kardinal Innitzer und bat den Professor, vor seiner Rückreise nach Salzburg ihm mündlich zu berichten. Dieser kam auch am Donnerstag zurück und sagte: ›Wir sind in Österreich bereits verloren, Kardinal Innitzer hat bereits alles mit Bürckel (und von Papen?) abgemacht.‹

Der Nuntius ist der sicheren Meinung, daß der Kardinal die bekannte Deklaration bereits am Donnerstag mit Bürckel vereinbart hatte; er hatte aber weder Erzbischof Waitz noch Fürstbischof Pawlikowski[24]), die damals schon in Wien waren, noch auch dem Nuntius ein Wort davon gesagt. Sondern er überraschte damit die Bischöfe, die bereits Freitag, 18. März 1938, vormittags ihre Sitzung hatten, und legte sie vor mit der Begründung, wenn sie unterschrieben werde, so werde keine Verfolgung kommen, wenn aber nicht, so werde sie kommen.«[25])

Nuntius Cicognani war wirklich nicht richtig informiert, denn Erzbischof Waitz war sofort, nachdem Innitzer ihn über die Bürckel-Zumutung in

Kenntnis gesetzt hatte, ans Werk gegangen und hatte einen Gegenentwurf zusammen mit Johannes Messner[26]), dem berühmten Professor für Ethik und Sozialwissenschaften an der Universität Wien, erarbeitet.

Wenngleich dieser Waitz/Messner-Gegenentwurf bei der Bischofskonferenz ob seiner Länge keine Gnade fand, Waitz ihn also nicht durchbrachte, sei er doch nicht verschwiegen, zumal er in dieser ganzen Causa der einzige Erklärungstext ist, der im kirchlich-theologischen Umfeld konzipiert wurde, während alle anderen im Büro von Gauleiter Bürckel ihren Entstehungsort und ihre geistige Heimat haben. Der Waitz/Messner-Gegenentwurf, der unverkennbar auf Bürckels Entwurf basiert und von der Voraussetzung ausgeht, daß es auf der Bischofsversammlung eine Aussprache mit Gauleiter Bürckel persönlich gegeben hat bzw. geben werde, lautet: »In einer Aussprache mit den österreichischen Bischöfen legte Gauleiter Bürckel die Arbeit und die Erfolge der NSDAP auf den Gebieten des völkischen und wirtschaftlichen Aufbaues sowie der Sozialpolitik vor. Die Bischöfe gaben darauf folgende Erklärung ab:

a) Mit aufrichtiger Anerkennung für das Wirken der NSDAP zum Wohle des Deutschen Reiches und Volkes und namentlich der ärmsten Schichten, sind die österreichischen Bischöfe den Darlegungen des Herrn Gauleiters Bürckel gefolgt und haben namentlich auch die Verdienste der NSDAP in der Abwehr der Gefahren des Bolschewismus gewürdigt.

b) Die Bischöfe begleiten dieses Wirken der NSDAP mit ihren Segenswünschen und ihrem Gebete und ermahnen auch die Gläubigen zum Gebete, daß Gottes Segen dieses Wirken begleite.

c) Die österreichischen Bischöfe legen Wert darauf festzustellen, daß für den Katholiken der Gehorsam gegen die staatliche Obrigkeit und die Treue zu seinem Volk sittliche Verpflichtung ist. Deshalb fordern sie die Katholiken zum freudigen Gehorsam gegen den Führer und Reichskanzler Adolf Hitler und die staatlichen Gesetze auf. Sie ersuchen aber auch, das Verhalten der Katholiken gegenüber der bisherigen staatlichen Obrigkeit aus den gleichen Gründen zu würdigen und ihnen dessentwegen keine Schwierigkeiten zu bereiten: Ihr Dank wird das freudige Bekenntnis zu Führer, Volk und Reich und der volle Einsatz ihrer Kräfte für die großen Ziele des Führers und Reichskanzlers sein.

d) Die österreichischen Bischöfe sind überzeugt, daß die in Aussicht genommenen Besprechungen über die Fragen, welche Kirche und Staat zugleich berühren, namentlich über die Frage der Jugendseelsorge, ein beide Teile voll befriedigendes Ergebnis erzielen werden.

e) Am Tage der Volksabstimmung werden wir uns selbstverständlich als Deutsche zum Reich bekennen und erwarten auch von allen gläubigen Christen, daß sie wissen, was sie ihrem Volke schuldig sind.«[27])

Kein Zweifel, dieser Waitz/Messner-Gegenentwurf wäre ungleich günstiger

gewesen als die »Feierliche Erklärung«, die die Bischöfe dann unterschrieben haben. Die Unterschiede in der Länge erscheinen außerdem unerheblich. Das Ersuchen im Punkt c ist geschickt mit dem Gehorsam davor verknüpft, wenn nicht gar junktimiert. Der Punkt d nimmt die neuen Machthaber beim Wort und beweist, daß Innitzer den Salzburger Erzbischof eingehend über sein Gespräch mit Hitler informiert hat. Ob dieser Aufruf je an den Plakatwänden von Lübeck bis nach Radkersburg affichiert worden wäre?
Jakob Weinbacher, der in seiner Niederschrift diesen Waitz/Messner-Gegenentwurf überhaupt nicht erwähnt, fährt in seiner Aufzeichnung fort:
»Am 18. März kamen die Bischöfe zusammen und traten im erzbischöflichen Palais um 10 Uhr in die Beratung ein. Sie befaßten sich zuerst mit dem vorgelegten Entwurf und änderten ihn ab. Grundsätzlich waren sie der Auffassung, daß man nicht ohne weiteres die Verhandlungen ablehnen könne. Es eröffne sich die Möglichkeit, das Verhältnis zwischen Kirche und Staat friedlich zu regeln. So wollte man die Verantwortung nicht auf sich nehmen, durch eine starre Ablehnung diese Möglichkeit zu versäumen.
Um 11 Uhr erschienen drei Herren von der Gauleitung, nicht der Gauleiter selbst, wie zuerst in Aussicht gestellt worden war. Es kamen der schon erwähnte Adjutant Klaus Selzner, ferner auch ein Dr. Josef Himmelreich[28]), Schwiegersohn des Malers Gebhard Fugel aus München, der aus seiner katholischen Einstellung kein Hehl machte. Zuerst brachten die Bischöfe einige Beschwerden vor; der Erzbischof von Salzburg war in seinem Palais zwei Tage lang ein Gefangener gewesen, ein SA-Mann war Tag und Nacht in seinem Zimmer, er war auch vor seiner Abreise einer Leibesvisitation unterzogen worden, der Fürstbischof von Graz, Pawlikowski, war 24 Stunden lang wie ein Verbrecher im Gefängnis gewesen.[29]) Es wurden auch mehrere andere Angelegenheiten zur Sprache gebracht, doch erklärten die Herren der Gauleitung, Einzelheiten könnten doch jetzt nicht endgültig geregelt werden, weil die Vorbereitung der Abstimmung viel Arbeit erfordere, aber nach dem Tage der Abstimmung würde den Bischöfen Gelegenheit gegeben, einen Tag lang mit dem Gauleiter alle kirchlichen Belange besprechen zu können. Sodann besprachen die Bischöfe mit den Vertretern des Gauleiters die vorgelegte Erklärung, die sie bereits gemildert und abgeändert hatten, und sandten sie dann dem Gauleiter zurück.«
Dieser gemilderte oder von den sechs Erzbischöfen und Bischöfen zurechtredigierte Text, der nach der Tagebuchaufzeichnung von Waitz sogar unterschrieben worden war, was aber eher unwahrscheinlich ist, weil bis dahin noch keine Rede von einer Unterschriftenleistung war, lautete: »In einer Aussprache mit den österreichischen Bischöfen legte Gauleiter Bürckel die Arbeit und die Erfolge der nationalsozialistischen Bewegung auf dem Gebiete des völkischen und wirtschaftlichen Aufbaues sowie der Sozialpolitik dar. Die Bischöfe gaben darauf folgende Erklärung ab:

a) Wir anerkennen dieses Wirken der nationalsozialistischen Bewegung für das Deutsche Reich und Volk und namentlich für die ärmsten Schichten, zumal dadurch die Gefahr des Bolschewismus abgewehrt wurde.
b) Die Bischöfe begleiten dieses Wirken für die Zukunft mit ihren Segenswünschen und werden die Gläubigen in ähnlichem Sinn ermahnen.
c) Wir werden uns am Tage der Volksabstimmung als Deutsche zum Reich bekennen und erwarten auch von allen gläubigen Christen, daß sie wissen, was sie ihrem Volke schuldig sind.
Wien, am 18. März 1938.«[30])

So verständlich, ja naheliegend die Klagen und Wünsche der Bischofsversammlung den Vertretern der neuen Machthaber gegenüber waren, denn vieles und zu vieles war bis dato von nationalsozialistischen Organen an Übergriffen, Verhaftungen und Beschlagnahmungen schon geschehen, so taktisch falsch erwies sich diese episkopale Vorgangsweise. Denn je größer und schwerwiegender ihre Anliegen waren und je nachdrücklicher sie deren Erfüllung forderten, umso mehr konnte Bürckel ihnen eine »Vorleistung« zumuten. Denn warum sollte er die Wünsche der Bischöfe respektieren, wenn sie seine beiseite schoben?

Bürckel nützte diese Zwangslage der Kirche sehr geschickt für sich aus. Seine Emissäre hörten nämlich die Klagen der Bischöfe an, nahmen den von ihnen umredigierten Bürckel-Entwurf entgegen und verabschiedeten sich. Bürckel war aber mit diesem nicht einverstanden und schickte die Emissäre mit einem neuen Text zu den noch versammelten Bischöfen zurück. Dort erklärte Selzner den erstaunten sechs zunächst, Bürckel meine es sehr ehrlich und sei bereit, über die vorgebrachten Beschwerden der Bischöfe nach dem Abstimmungstag mit ihnen im Detail zu unterhandeln. Dann eröffnete Bürckels Adjutant den verdutzten Exzellenzen, daß der Gauleiter mit der Erklärung, die sie ihm hätten zukommen lassen, nicht einverstanden sei; schließlich habe er an der Besprechung überhaupt nicht teilgenommen, was aber in der Einleitung derselben zu lesen sei. Darauf zog Selzner eine neue Erklärung aus der Tasche, verlas sie und stellte fest, daß eine Änderung unmöglich sei, Bürckel habe es nämlich sehr eilig, er stehe vor dem Abflug nach Berlin zum Reichstag. Die Bischöfe sollten diese Erklärung unterschreiben und am übernächsten Tag (20. März) in den Domkirchen und am Sonntag darauf (27. März) in allen Seelsorgestationen Österreichs verlesen lassen. Da die Bischöfe diese Erklärung für die innerkirchliche Verkündigung ansahen, bei deren Promulgation sie ohnehin noch das letzte Wort hätten, und da viele Wünsche im pastoralen Bereich der Erfüllung harrten, kamen sie dem Verlangen nach Unterzeichnung des »Bürckel-Oktroi«, der sogenannten »Feierlichen Erklärung«, nach und unterschrieben.[31]) »Man glaubte, den Versuch machen zu sollen, in unwichtigen Sachen entgegenzukommen, um Größeres zu erwirken, mitzuhelfen, daß die Regelung des Verhältnisses zwischen Staat und

Kirche im Frieden erfolge.«[32]) Sie hatten hierbei nicht die geringste Ahnung, daß sie damit den Wahlschlager für die geplante Volksabstimmung dem NS-Regime in die Hände spielten.[33])

Weinbacher hielt, diese Causa betreffend, fest: »Dieser«, gemeint Gauleiter Bürckel, »änderte wieder den Text und gab ihm vor allem die pompöse Einleitung. Da er augenblicklich danach abreisen mußte, waren die Bischöfe mit diesem neuen Text in einer Zwangslage; sie hätten die Angelegenheit einige Tage aufschieben können, stimmten aber dann doch dem Texte zu, der an sich nichts enthielt, was direkt den Rechten der Kirche widersprach. So wurde die Erklärung von allen anwesenden Bischöfen unterschrieben. Der Text und die Unterschriften sind daraufhin als Wahlplakat durch ganz Deutschland gegangen, ohne daß man vorher auch nur die geringste Erwähnung zu den Bischöfen getan hatte.«

Die »Feierliche Erklärung«, unter die die sechs Erzbischöfe und Bischöfe Österreichs gutgläubig ihre Namenszüge setzten, lautete:

»Aus innerster Überzeugung und mit freiem Willen erklären wir unterzeichneten Bischöfe der österreichischen Kirchenprovinz anläßlich der großen geschichtlichen Geschehnisse in Deutsch-Österreich:

Wir erkennen freudig an, daß die nationalsozialistische Bewegung auf dem Gebiet des völkischen und wirtschaftlichen Aufbaues sowie der Sozial-Politik für das Deutsche Reich und Volk und namentlich für die ärmsten Schichten des Volkes Hervorragendes geleistet hat und leistet. Wir sind auch der Überzeugung, daß durch das Wirken der nationalsozialistischen Bewegung die Gefahr des alles zerstörenden gottlosen Bolschewismus abgewehrt wurde.

Die Bischöfe begleiten dieses Wirken für die Zukunft mit ihren besten Segenswünschen und werden auch die Gläubigen in diesem Sinne ermahnen.

Am Tage der Volksabstimmung ist es für uns Bischöfe selbstverständliche nationale Pflicht, uns als Deutsche zum Deutschen Reich zu bekennen, und wir erwarten auch von allen gläubigen Christen, daß sie wissen, was sie ihrem Volke schuldig sind.

Wien, am 18. März 1938.«

Waitz wurde schon vor der Unterzeichnung von bösen Vorahnungen geplagt, die sich am Nachmittag verstärkten. Am meisten störte Waitz die pompöse Einleitung, wonach es jetzt hieß: »Aus innerster Überzeugung und mit freiem Willen erklären wir unterzeichneten Bischöfe ...« Bei Innitzer kamen ähnliche Gedanken im Gespräch mit Himmelreich hoch, der am Vormittag an diesem folgenschweren Geschehen teilgenommen und den der Kardinal am Nachmittag zum Kaffee zu sich geladen hatte. Himmelreich hatte sich am Vormittag dem Kardinal als der Schwiegersohn »des damals sehr bekannten Kirchenmalers Gebhard Fugel in München«[34]) vorgestellt und mit seiner katholischen Gesinnung nicht hinter dem Berg gehalten. So hatte der Kardinal Vertrauen zu ihm geschöpft. Bei diesem Nachmittagsgespräch äußerte

der Kardinal bereits dezidiert den Wunsch auf Änderung oder Ergänzung der Erklärung, was Himmelreich »fast die Sprache verschlug«.[35]) Offensichtlich stand hinter diesem Wunsch Innitzers bereits eine entsprechende Intervention des Nuntius Cicognani. Jedenfalls kam der Apostolische Nuntius, dem die »Feierliche Erklärung« vorgelegt worden war[36]), am 18. März spät abends noch zu Waitz »und machte Vorstellungen, ernste Vorstellungen«. Er sah genau voraus, daß die Erklärung in der vorliegenden Textierung »schlimm wirken« werde. Im befehlenden Ton redete er dem »Primas Germaniae«, dem Salzburger Fürsterzbischof, ins Gewissen: »Ihr müßt unbedingt erwirken, daß eine Änderung erfolgt oder eine Ergänzung, eine Vorbemerkung oder ein Nachtrag.«[37]) Ob der Nuntius von sich aus gehandelt hatte oder ob er zu diesem Zeitpunkt bereits einem eventuell telefonisch gegebenen Aviso aus dem vatikanischen Staatssekretariat folgte, ist aus den vorliegenden Akten nicht ersichtlich.
Folgen wir wieder Weinbacher:
»Die Bischöfe reisten in ihre Diözesen ab, nur der Fürsterzbischof Waitz von Salzburg verblieb in Wien, so daß von nun an die beiden österreichischen Metropoliten weiter verhandelten. Es war ihnen vor allem darum zu tun, in der Erklärung mit einem Satz festzustellen, daß die Rechte Gottes und der Kirche nicht angetastet werden sollen. Da Adjutant Selzner erkrankte, wurde Dr. Himmelreich mit den Verhandlungen vom Gauleiter betraut. Am 19. März sowie am Sonntag fand eine Aussprache zwischen den beiden Metropoliten und ihm statt. Die Bischöfe treten mit ihrer Erklärung vor die Weltöffentlichkeit, sie dürfen nichts sagen, was den Rechten Gottes oder der Kirche widerspreche. So einigte man sich auf eine Vorbemerkung, in der der Satz enthalten sein sollte: ›Unbeschadet der Rechte Gottes und der Kirche!‹
Am 21. März sprachen die beiden Kirchenfürsten beim Gauleiter vor; sie betonten, daß es notwendig sei, in ihrer Verantwortung vor Gott und ihren Gläubigen der feierlichen Erklärung der Bischöfe eine erklärende Note vorauszuschicken. Der Gauleiter bat sich Bedenkzeit aus. Er meinte, es müsse jedenfalls vermieden werden, daß ein mißlicher Eindruck entstehe. Es solle nicht aussehen, als hätten die Bischöfe nur notgedrungen ihre Gefolgschaft zum deutschen Staat bekannt, als hätte andererseits er mit Zugeständnissen an die Kirche sich diese Erklärung erkauft. Wenige Stunden nach der Unterredung brachte Dr. Himmelreich den Text der Erklärung, in der er als Motto vorschlug: Gebt Gott, was Gottes ist, und dem Kaiser, was des Kaisers ist! So ist dann das Vorwort zur feierlichen Erklärung entstanden.
Man hat sich oft gefragt, ob die österreichischen Bischöfe nicht informiert waren über den Nationalsozialismus in Deutschland, wieso sie einen solchen Schritt tun konnten. Die Bischöfe wußten genau Bescheid, sie standen aber vor einer verantwortungsvollen Entscheidung. Es hing doch scheinbar von ihnen ab, durch eine entgegenkommende Haltung noch einmal die Möglich-

keit zu bieten zu einem vertrauensvollen Zusammenwirken zwischen Kirche und Staat. Wenn der Führer selbst im Gespräch mit dem Kardinal auf diese Lage hinwies, so war es für die Bischöfe nicht leicht, mit einer Handbewegung eine solche entscheidende Stunde zu verabschieden. Wenn auch in der späteren Folge die Entwicklung genau so erfolgte wie in Deutschland, so konnte man doch eines feststellen: Es war nicht die Kirche daran schuld gewesen, denn die österreichischen Bischöfe hatten noch einmal die Hand gereicht in einer Art, daß sie dadurch ihr Ansehen in der ganzen katholischen Welt in Frage stellten. Wenn trotzdem, wie überall, auch hier der Nationalsozialismus brutal in die Rechte der Kirche eingriff, dann weiß man heute eindeutig, auf wessen Seite die Schuld lag. Das Gegenstück war im Jahre 1940 die Haltung der holländischen Bischöfe; sie hatten ihre Ablehnung des Nationalsozialismus aufrechterhalten; die Ereignisse gingen über sie hinweg. Ob so oder anders, der Nationalsozialismus wußte immer seine Ziele zu erreichen.

Wie kam es dazu, daß der Kardinal von Wien in seinem Brief vom 18. März an den Gauleiter, mit dem er die feierliche Erklärung der Bischöfe übersandte, mit Heil Hitler unterschrieb? Dr. Himmelreich war zum Kardinal gekommen, um ihn zu bitten, einen begleitenden Brief für die bischöfliche Erklärung an den Gauleiter zu senden. Der Sekretär des Kardinals, Dr. Weinbacher, wurde vom Kardinal ins Arbeitszimmer gerufen. Der Kardinal diktierte ihm den Brief in die Maschine; dann setzte er sich zum Schreibtisch, um den Brief zu unterschreiben. Er fragte Dr. Himmelreich: ›Wie soll ich unterschreiben?‹ Dieser antwortete: ›Im Verkehr mit den Behörden ist die Formel Heil Hitler!‹ Der Kardinal: ›Ja, aber muß denn auch ich so unterschreiben?‹ Antwort: ›Ja, es ist so der Brauch!‹ So schrieb dann der Kardinal die Formel unter den Brief.

Die feierliche Erklärung der Bischöfe sollte am Sonntag, dem 27. März, in allen Kirchen Österreichs verlesen werden. In der Woche zuvor hatte der Nuntius im Auftrage des hl. Vaters beim Kardinal vorgesprochen und mitgeteilt, der hl. Vater erinnere die Bischöfe daran, die Rechte Gottes und der Kirche zu wahren. So wurde dann die Erklärung mit folgender Einleitung vorgelesen: ›Um jegliches Mißverständnis zu vermeiden, wird betont, daß diese feierliche Erklärung verstanden werden muß mit voller Wahrung der Rechte Gottes und der Kirche!‹«

Diese Darstellung Weinbachers bedarf näherer, ins Detail gehender Spezifizierung, was aufgrund erhalten gebliebener Archivalien unschwer möglich ist. Daß diese Formulierung: »Unter Wahrung der Rechte Gottes und der Kirche« mit der »Feierlichen Erklärung« unbedingt junktimiert werden solle, hat offensichtlich Nuntius Cicognani überbracht, als er sowohl am Samstag wie auch am Sonntag bei Erzbischof Waitz, der, dessen Wunsche entsprechend, in Wien geblieben war, vorsprach.[38])

Waitz erstellte zwei Entwürfe »als Vorbemerkung und als Nachtrag« und legte sie am Montag, dem 21. März, vormittag dem Nuntius, der ihn erneut besuchte, vor. Der Nuntius wählte aus, ihm »gefiel der erste besser«.[39])
Bei der Besprechung im Parlamentsgebäude verlas Waitz den Text des Vorwortes zur »Feierlichen Erklärung«, den er mit dem Nuntius akkordiert hatte.[40]) Bürckel hörte ihn an, er »gefiel ihm nicht schlecht, aber er wollte doch eine andere Textierung«.[41]) Das Vorwort solle nach seiner Meinung etwas »von der Sehnsucht nach dem großen deutschen Reiche« beinhalten und dürfe nicht »allein den Charakter des Religiösen« haben. »Wir hatten gefordert«, berichtete der Primas Germaniae, Fürsterzbischof Waitz, dem Papst, »daß ein Satz hineinkomme oder verwendet werde ... in dem Sinne, ›unbeschadet der Rechte Gottes und der Rechte der Kirche‹ oder ›unter Wahrung der göttlichen und kirchlichen Autorität‹«. Die Metropoliten hätten Gauleiter Bürckel förmlich angefleht: Es handle sich doch nur um einen Satz.[42]) Bürckel wollte aber gerade diese Rechte Gottes und der Kirche unter keinen Umständen verbrieft sehen, denn er wußte genau, daß erstere – wie die Kirche sie verstand – mit der nationalsozialistischen Ethik und Moral nicht vereinbar waren und letztere die Anerkennung des Konkordates inkludiert hätten. Somit hätte die Kirche eine sehr gewichtige Trumpfkarte in die Hand bekommen. Treuherzig versicherte er aber den Metropoliten, »daß er das noch einer Erwägung unterziehen könne. Er wollte selbst einen Entwurf machen, aber auch wir sollten einen machen, unter Verwertung dessen, was gesagt worden sei.« Dann wurde zur endgültigen Lösung dieser Anliegen ein Treffen mit Himmelreich für den Nachmittag, 15 Uhr, vereinbart.[43])
Über eine Unterhandlung, alle anderen Bedenken der Bischöfe, vor allem die Grundsatzfrage betreffend: »Es sei doch manches in der NS-Bewegung, das den Lehren der katholischen Kirche widerspreche«[44]), vertröstete er die Metropoliten auf eine Besprechung nach dem 10. April, dem Tag der Volksabstimmung. Dann wolle er den Bischöfen »einen ganzen Tag der Besprechung dieser Angelegenheit widmen«. Bei dieser seltsamen Unterhandlung auf Parlamentsboden grenzte Bürckel im Sinne nationalsozialistischer Ideologie den religiös-kirchlichen vom politisch-staatlichen Bereich leicht faßlich ab: »... aber das eine kann ich sagen, daß ich genau den Bezirk des Religiösen abzugrenzen weiß. Die Religion hat die Leute brav zu machen, das ist ihre Aufgabe, und da soll sie frei wirken können.«[45])
Dadurch, daß Bürckel bereits am Vortag, aufgrund der Intervention Innitzers, die sofortige Rücknahme des Schulgebetsverbotes des Wiener Stadtschulrates bewirkt hatte[46]), war Bürckel trotz allem dem Kardinal vertrauenswürdig geworden. Entgegen der mittägigen Abmachung, am Nachmittag um 15 Uhr zusammen mit Himmelreich das Vorwort für die »Feierliche Erklärung« zu erstellen, überrumpelte Bürckel die Metropoliten. Er schickte Himmelreich mit einem völlig ausformulierten Vorwort zunächst zu Innitzer und

dann zu Waitz. Bei diesem kam Himmelreich bereits um 14 Uhr mit dem mit Innitzers Unterschrift versehenen Text in der Hand an.[47]) Statt des so dringend und nachdrücklich geäußerten Wunsches, das Vorwort müsse einen Satz enthalten, der die Anerkennung der Rechte Gottes und der Kirche verbaliter zum Ausdruck bringt, enthielt es das berühmte Bibelwort: »Gebet Gott, was Gottes ist, und dem Kaiser, was des Kaisers ist!« Gegen ein Wort der Bibel konnte der Primas Germaniae, Waitz, schwer opponieren, und so unterschrieb – zwar widerwillig – auch er, was der Kardinal und ehemalige Professor für neutestamentliche Bibelwissenschaft schon unterschrieben hatte. Somit wurde auch die vom Nuntius so dringend und nachdrücklich geforderte und urgierte Änderung oder Ergänzung oder Vorbemerkung der »Feierlichen Erklärung« zu einem Bürckel-Diktat. Das heißt, analog zur »Feierlichen Erklärung« war selbst das »Vorwort« zu ihr kein Text, der im Schoße der Kirche erstellt und erarbeitet wurde, sondern er ist ebenso wie jener im Büro Gauleiter Bürckels verfaßt worden. Sein Wortlaut: »Vorwort zur feierlichen Erklärung der österreichischen Bischöfe in Sachen der Volksabstimmung:

Nach eingehenden Beratungen haben wir Bischöfe von Österreich angesichts der großen geschichtlichen Stunden, die Österreichs Volk erlebt, und im Bewußtsein, daß in unseren Tagen die tausendjährige Sehnsucht unseres Volkes nach Einigung in einem großen Reich der Deutschen ihre Erfüllung findet, uns entschlossen, nachfolgenden Aufruf an alle unsere Gläubigen zu richten.

Wir können das umso unbesorgter tun, als uns der Beauftragte des Führers für die Volksabstimmung in Österreich, Gauleiter Bürckel, die aufrichtige Linie seiner Politik bekannt gab, die unter dem Motto stehen soll: ›Gebet Gott, was Gottes ist, und dem Kaiser, was des Kaisers ist.‹

Wien, am 21. März 1938.«

An diesem Montag, dem 21. März, scheint es auch gewesen zu sein, daß Himmelreich den Kardinal bat, in sein Begleitschreiben zur »Feierlichen Erklärung« handschriftlich das »und Heil Hitler« einzufügen. Himmelreich führte hierbei den Auftrag Bürckels aus, weil er meinte, wenn der Kardinal das tue, käme »die so sehr erwartete Verständigung zwischen Staat und Kirche auf breiter Basis dadurch noch schneller zustande«. Das hielt Josef Himmelreich in seinen Erinnerungen fest und vermerkte außerdem noch: »Bürckel ließ sich seine Kompromißbereitschaft anschließend ›bezahlen‹, indem er den Kardinal durch mich bitten ließ, in dem der Erklärung beigegebenen Begleitschreiben den Führer ausdrücklich mit dem damals allgemein gültigen amtlichen Hitlergruß zu ehren, schon um den Eindruck des etwas sonderbaren nachträglichen ›Vorwortes‹ bei diesem irgendwie abzuschwächen. Dieser Hitlergruß des Kardinals – ›und Heil Hitler‹ hieß der wörtliche Text – hat im Inland wie im Ausland damals größtes Aufsehen erregt. Dieser Gruß ist also erst nachträglich auf besonderen Wunsch Bürckels hin dem

Handschreiben beigefügt worden. Zunächst hatte der Kardinal Bedenken, diese Grußform zu verwenden, zumal er damals schon wußte, wie viele wakkere Männer, auch Freunde von ihm, bereits vom Hitlerregime in ›Schutzhaft‹ genommen worden waren. Ich selbst glaubte damals, die Bitte Bürckels an den Kardinal weitergeben zu sollen. Bürckel begründete seinen Wunsch dem Wiener Kardinal gegenüber mit der Bemerkung, daß Hitler die Absicht habe, bereits in allernächster Zeit nach Wien zu kommen, um den österreichischen Bischöfen seinen persönlichen Dank für ihre Kundgebung zum Anschluß zu sagen und eine entsprechende Friedenserklärung für Kirche und Staat abzugeben. Daher – so meinte Bürckel – sei eine besondere Grußgeste des Kardinals an Hitler in jeder Beziehung nur vorteilhaft.
Ich übermittelte dem Kardinal diese Äußerung Bürckels im festen Glauben an ihre Zuverlässigkeit ... Übrigens glaubte ich damals noch, dem Gauleiter trauen zu können, da er ja sein mir drei Jahre früher gegebenes Versprechen, Staat und Kirche aussöhnen zu wollen, auch durch meine Berufung nach Wien in gewissem Sinne eingelöst hatte. Außerdem war im Altreich der Hitlergruß durch manche Erlässe verschiedener Ordinariate dem Klerus empfohlen worden und dies wieder im Anschluß an den Erlaß des preußischen Ministers für Wissenschaft vom 22. Juli 1933.«[48])
Der Kardinal war mit diesem Brief, speziell des Grußes wegen, der damals allerdings offiziell galt, vehementen Angriffen ausgesetzt, als das Begleitschreiben zusammen mit den beiden anderen Schriftstücken (»Feierliche Erklärung« und »Vorwort zur feierlichen Erklärung«) überall im ganzen damaligen Deutschen Reich, von Lübeck bis nach Radkersburg, plakatiert, in den Zeitungen abgedruckt und als Flugblatt verteilt wurde. Niemand hatte dem Kardinal mitgeteilt, daß sein Hitler-Gruß dafür gebraucht werde. Der genaue Text des Begleitbriefes:
»Wien, am 18. März 1938
Sehr geehrter Herr Gauleiter,
Beigeschlossene Erklärung der Bischöfe übersende ich hiermit. Sie ersehen daraus, daß wir Bischöfe freiwillig und ohne Zwang unsere nationale Pflicht erfüllt haben. Ich weiß, daß dieser Erklärung eine gute Zusammenarbeit folgen wird. Mit dem Ausdruck ausgezeichneter Hochachtung und Heil Hitler!
+Th. Kard. Innitzer Eb.«
Weder das »Vorwort zur feierlichen Erklärung« noch dieses handgeschriebene »und Heil Hitler« Innitzers auf dem Begleitschreiben zur »Feierlichen Erklärung« gäbe es oder hätte es gegeben, wäre die ursprüngliche Abmachung in der Bischofsversammlung am 18. März realisiert worden. Dort hatte man sich nämlich mit Bürckels Emissären darauf geeinigt beziehungsweise verständigt, die »Feierliche Erklärung« zwei Tage später, am 20. März also, zunächst einmal in den Domkirchen und eine Woche später in allen Kirchen Österreichs zu verlesen. Daß die Bischöfe dieses Wort nicht einlö-

sten, ging auf eine Intervention des Nuntius Cicognani zurück, der ob des Textes der »Feierlichen Erklärung« entsetzt war und, wie oben dargelegt, eine Änderung oder Ergänzung von den Bischöfen verlangt hatte. So kam es zu den geschilderten Unterhandlungen der beiden Metropoliten Innitzer und Waitz mit Gauleiter Bürckel am Montag, dem 21. März, im Parlament, mit dem Ergebnis, das Innitzer seine Suffraganbischöfe mit gleichem Datum wissen ließ: »Über den Stand unserer Verhandlungen und bezüglich der Veröffentlichung unseres Aufrufes kann ich nun folgendes berichten: Nach gemeinsamer Beratung zwischen Gauleiter Bürckel einerseits, Fürsterzbischof Waitz und mir andererseits, wurde heute die beiliegende Erklärung unterschrieben, die wir als Vorwort zu unserer Erklärung in Sachen der Volksabstimmung vorausschicken. Die Terminologie wurde so gewählt, daß nach keiner Richtung hin Mißdeutungen entstehen können. Damit wurde auch der Forderung des apostolischen Nuntius im Namen des hl. Vaters Rechnung getragen. Die ganze Verhandlung mit dem Gauleiter stand im Zeichen der Aufrichtigkeit und des Vertrauens. Der Gauleiter versicherte uns, daß er die kirchenpolitischen Fragen bei seiner Rede in dieser Woche so behandeln werde, daß wir zufrieden sein können. Aber er wird uns auch nach der Abstimmung Gelegenheit bieten, unsere Wünsche zu äußern und verschiedene Vorschläge zu machen.«[49])

Dafür, daß die »Feierliche Erklärung« entgegen der Zusage am 20. März in den Domkirchen nicht verlesen wurde, ja im Gegenteil, daß die Bischöfe sogar ihre Abänderung oder Ergänzung wünschten, hat Bürckel ganz offensichtlich eine schriftliche Erklärung verlangt. Immerhin wurde am besagten Sonntag ein Brief zwischen Bürckels Unterhändler Himmelreich und den beiden Erzbischöfen verhandelt, den Innitzer handschriftlich mit »Heil Hitler!« zeichnete und dessen Anrede und ersten beiden Sätze lauten:

»Sehr geehrter Herr Gauleiter,

Die Ihnen am 18. d. zugestellte feierliche Erklärung der österreichischen Bischöfe zur bevorstehenden Volksabstimmung wird an einem von Ihnen zu bestimmenden Termin in allen Kirchen Deutschösterreichs verlesen werden. So erfährt das Volk in Österreich von der unbedingten Treue seines Episkopates zum großdeutschen Reich in einem Bekenntnis, das an keinerlei Bedingungen geknüpft ist, da Bedingungen es nur entwerten würden.«[50])

Der Nuntius war über das Verhandlungsergebnis alles eher als zufrieden und intervenierte am Dienstag, dem 22. März, neuerdings bei Innitzer dahingehend, daß die »Feierliche Erklärung« vor Bürckels Rede, in der er zu kirchenpolitischen Fragen eine Erklärung abgebe, nicht promulgiert werden dürfe, ehe Bürckel seine angekündigte Aussprache gehalten habe.[51]) Offensichtlich ahnte auch der Nuntius nicht, daß der Reichspropagandaminister Joseph Goebbels schon drauf und dran war, die drei Schriftstücke: »Feierliche Erklärung«, »Vorwort zur feierlichen Erklärung« und Innitzers Begleit-

brief zu einem Plakat zusammenzukombinieren und zu *dem* Wahlschlager hochzustilisieren.[52])
Am Donnerstag, dem 24. März, hielt Bürckel seine angekündigte Rede[53]), die zumindest für Erzbischof Waitz völlig unbefriedigend ausfiel. Tief enttäuscht notierte er in seinem Tagebuch: »Die Rede war ordinär. Hätten wir Bischöfe sie vorher gehört, wir hätten uns in keine Verhandlungen eingelassen.«[54]) Am nächsten Tag verlangte Rom via Nuntius, daß bei der sonntäglichen Verlesung unbedingt das Wort noch beigefügt werden müsse: »Unter voller Wahrung der Rechte Gottes und der Kirche.«[55]) Die Verlesung der »Feierlichen Erklärung« und des »Vorwortes« fand am Sonntag, dem 27. März, in den Kirchen statt, und am Montag fielen viele, nicht zuletzt die Bischöfe selber, aus allen Wolken, als die Plakate mit ihren drei Schriftstükken, den sogenannten März-Erklärungen, an den Litfaßsäulen affichiert wurden. »Heldentat haben wir Bischöfe keine vollzogen, unterstehen der Kritik weitester Kreise in ungünstiger Weise«, hat Erzbischof Waitz selbstkritisch in seinem Tagebuch vermerkt.[56])
Zur eigentlichen Bedeutung, zur »weltpolitischen Sensation«[57]), gelangten die März-Erklärungen mit Innitzers handgeschriebenem »und Heil Hitler« im Begleitbrief aber erst durch die propagandistische Ausnützung durch das NS-Regime. Wären sie das geblieben, wofür die Bischöfe sie hielten, nämlich Grundlage zur Kirchenverkündigung in Österreichs Diözesen, wären sie kaum mehr beachtet worden als Staatskanzler Renners Aufruf.[58]) Daß jedoch Goebbels seine perfide Propaganda damit trieb, kann man den österreichischen Bischöfen und speziell dem Wiener Kardinal genausowenig zur Last legen, wie man es dem Münchener Kardinal Faulhaber zum Verdienst anrechnen kann, daß er nicht fotografiert und als Plakat von Lübeck bis nach Radkersburg affichiert wurde, wie er gerade seinem Gauleiter »der Verständigung zuliebe ... mit tadellosem vorschriftsmäßigem Hitler-Gruß« gegenübertrat.[59]) Ob man dieses Faktum bei der Beurteilung der österreichischen Bischöfe nicht doch ins Kalkül ziehen und mit derart disqualifizierenden Epitheta wie »würdelose Verbeugung«, bloßer »Akt des Opportunismus«, »Politik des flachen Profils«[60]) vorsichtiger sein sollte? Besonders problematisch erscheint es, die »Feierliche Erklärung« und ihre Unterzeichnung durch die sechs Bischöfe, die – wie hinlänglich dargetan – unter größter zeitlicher Pression und unter dem Eindruck von persönlichen Insultationen, Verhaftungen, Beschlagnahmungen, Gütereinziehungen, Dienstfreistellungen standen und wohl vom ungeheuren Jubel breitester Bevölkerungsschichten für Hitler eingeschüchtert waren, als »das Resultat eines Kräftemessens zwischen freien Partnern« hinzustellen.[61])
Sie, die Bischöfe, waren freilich keine Helden, wie der Salzburger Fürsterzbischof in selbstkritischer Erkenntnis völlig richtig vermerkte. Daß sie jene »Feierliche Erklärung« unterzeichneten, im Glauben, »den Versuch machen

zu wollen, in unwichtigen Sachen entgegenzukommen, um Größeres zu erwirken, mitzuhelfen, daß die Regelung des Verhältnisses zwischen Staat und Kirche im Frieden erfolge«[62]) und sie diesen Glauben in völliger Unkenntnis der von Goebbels alsbald äußerst schlau und rücksichtslos betriebenen Propaganda hegten, zeigt zwar, daß sie in jener Stunde wirklich überfordert waren, aber auch, daß sie bona fide gehandelt und in keiner Weise mit fliegenden Fahnen die Seite gewechselt haben.

Noch problematischer, ja unhaltbarer erscheint mir der Vergleich mit dem Verhalten Karl Renners, der als großer bedeutender Staatsmann Österreichs in die Geschichte einging. Renner wurde nämlich für sein Interview am 3. April 1938 weder von Bürckel irgendwie gedrängt, noch wurde ihm der Text seines Aufrufes, wie bei den Bischöfen, ins Haus geliefert: »... Ich müßte meine ganze Vergangenheit als theoretischer Vorkämpfer des Selbstbestimmungsrechtes der Nationen wie als deutschösterreichischer Staatsmann verleugnen, wenn ich die große geschichtliche Tat des Wiederzusammenschlusses der deutschen Nationen nicht freudigen Herzens begrüße... Als Sozialdemokrat und somit als Verfechter des Selbstbestimmungsrechtes der Nationen, als erster Kanzler der Republik Deutschösterreich und als gewesener Präsident ihrer Friedensdelegation zu St. Germain werde ich mit Ja stimmen.«[63]) Wären die Quellen nicht so klar und eindeutig, würde man es nicht für möglich halten, daß der so gefeierte Sozialdemokrat und Staatsmann sich den Nationalsozialisten förmlich aufgedrängt hat. Renner hat sich nämlich von sich aus zum nationalsozialistischen Bürgermeister von Wien, Hermann Neubacher, begeben und gebeten: »›Ja, ich möchte Sie bitten, daß Sie mir die Möglichkeit verschaffen, entweder in der Zeitung oder in Aufrufen, die man auf Plakaten drucken könnte, die alten Sozialdemokraten Wiens in meinem Namen aufzurufen, am 10. April für Großdeutschland und Adolf Hitler zu stimmen.‹

Neubacher hat zu ihm gesagt: ›Ich freue mich sehr über Ihre Absicht, aber Sie wissen ja, ich bin ein Verwaltungsbeamter, und das ist eine hochpolitische Angelegenheit. Ich kann darüber nicht entscheiden, aber wenn es Ihnen paßt, werde ich mit meinem Freund Kozich zu Bürckel hinüberfahren und werde ihm das vortragen. Wir können Ihnen die Entscheidung dann eventuell telefonisch übermitteln.‹ Renner: ›Ich bitte darum, hier ist meine Telefonnummer.‹«

Renners Bitte hat Hitlers Stellvertreter Rudolf Heß abschlägig beschieden; Heß meinte, ein Aufruf in der Zeitung und auf Plakaten komme für Renner nicht in Frage. Wenn er sich aber trotzdem melden wolle, so könne er dies in einem Interview tun. Als Renner mit diesem abschlägigen Bescheid beziehungsweise diesem Angebot konfrontiert wurde, sei seine Antwort gewesen: »Ich bitte darum, hier ist meine Telefonnummer.«[64]) So kam seine Wortmeldung im Wiener Tagblatt zustande. Der geschäftsführende Vorsitzende der

wissenschaftlichen Kommission des Theodor-Körner-Stiftungsfonds und des Leopold-Kunschak-Preises zur Erforschung der österreichischen Geschichte der Jahre 1918–1938, Generaldirektor Dr. Rudolf Neck, hat diese traurige Begebenheit bei einem Symposium des Dr.-Karl-Renner-Instituts noch verdeutlicht: »Renner war voll echter Begeisterung, da er im Anschluß das Ziel, das er als Staatskanzler in St.-Germain vor Augen gehabt hatte, endlich erreicht sah, und er äußerte seine Bereitschaft, Neubacher bei der Volksabstimmung zu unterstützen. Er bot ihm sogar an, sein Bild auf Plakaten abdrucken zu lassen, mit einem Aufruf an die Arbeiterschaft, für den Anschluß zu stimmen. Dr. Neubacher und die anderen, die anwesend waren, vertraten die Ansicht, diese Sache nicht in Wien entscheiden zu können, man müsse eine Anfrage nach Berlin machen. Die Anfrage ging allerdings nicht nach Berlin, sondern nach München, wo man im Büro von Rudolf Heß die Meinung vertrat, daß ein solches Vorgehen zu dick aufgetragen wäre, aber man könnte das ganze innerhalb der österreichischen Presse lancieren und Interviews im Rundfunk der Ostmark senden. Und auf diese Art und Weise kam das bekannte Interview mit Renner zustande. Es kann also keine Rede davon sein, und Renner hat das selbst auch nie behauptet, daß dieses Interview zum Schutze der verhafteten jüdischen Genossen geschehen sei. Diese Version wurde erst viel später entwickelt.«[65])
Ist der Unterschied zum Ringen der Bischöfe und insbesondere Innitzers mit dem NS-Regime nicht erheblich? Was wäre gewesen, hätte das NS-Regime Renners Bitte entsprochen und ihn seinem Wunsche gemäß als Plakat von Lübeck bis nach Radkersburg affichiert? Den Bischöfen widerfuhr dies ohne ihren Willen und ohne ihr Einverständnis. »Selbst nach 1945 hat dieses ›Heil Hitler‹ des Kardinals bis zu dessen Tod auf etlichen gegnerischen Wahlplakaten geprangt«, hielt Viktor Reimann fest.[66])

Den ergebnislosen Verhandlungen folgt der Widerstand der Bischöfe

Um einerseits die in diversen Verhandlungen erzielten Ergebnisse und die Realisierung gemachter Versprechungen nicht zu gefährden, andererseits durch die einlangenden Zustimmungsadressen ermuntert[67]), begann sich Innitzer immer nachhaltiger mit den sogenannten März-Erklärungen zu identifizieren. Aufforderungen, zur Berichterstattung nach Rom zu kommen, wich er zweimal aus. Mit seinem Brief an Gauleiter Bürckel vom 31. März, der sogleich in den Zeitungen abgedruckt wurde und in dem der Kardinal ganz dezidiert erklärte, der episkopale Aufruf sei keine entspannende Geste gewesen, sondern einzig und allein als Bekenntnis »unseres gemeinsamen deutschen

Blutes« zu werten[68]), kannte der Vatikan keinen Pardon mehr. Beide Nuntien, Orsenigo und Cicognani, traten postwendend in Wien amtshandelnd auf[69]) und ließen keinerlei Zweifel aufkommen, wie ernst es dem Papst nun mit seiner dritten Aufforderung sei, daß Innitzer sofort nach Rom komme. In Rom unterzeichnete Innitzer zunächst die von Kardinalstaatssekretär Eugenio Pacelli verfaßte Ergänzung[70]) der »Feierlichen Erklärung«, dann war Pius XI. überhaupt erst bereit, den Wiener Kardinal zu empfangen.[71]) Hier im Vatikan war Kardinal Innitzer schwerster Kritik und hartem Tadel ausgesetzt. Papst Pius XI. war über die »Feierliche Erklärung« regelrecht empört, und Pacelli soll von der beschämendsten Episode der Kirchengeschichte gesprochen haben.[72])

Da Kardinal Innitzer seine zweite in Aussicht gestellte Aussprache mit Hitler in Wien unter keinen Umständen versäumen wollte, eilte er unter maßgeblicher Mithilfe vatikanischer Stellen, wie Jakob Weinbacher anschaulich in seinen Ausführungen unten zu berichten weiß[73]), nach Hause. In Wien angekommen, wurde er tags darauf (8. April) von jener brückenbauenden katholisch-nationalsozialistischen Aktivistenrunde, die sich in der »Arbeitsgemeinschaft für den religiösen Frieden« gefunden hatte, förmlich überfallen. Mit ihrem »Schmerzfreitagsbrief« in der Hand versuchten ihre Exponenten sehr nachdrücklich den Kardinal wieder auf ihre Seite zu ziehen. Sie hofften, ihn mit dem Hinweis einzuschüchtern, »eine gewaltige Zahl von Kirchenaustritten würde zur völligen Auflösung der kirchlichen Organisation führen«, wenn er von der mannhaften und klugen »Feierlichen Erklärung« wieder abrücke und auf »bestimmte Kräfte des Vatikans« höre. Leihe der Kardinal jedoch ihnen sein Ohr, dann – dessen könne er sicher sein – stünden hinter ihm »die besten Kräfte von Volk und Klerus weit über die Grenzen der Erzdiözese hinaus, bereit, für den inneren Frieden unseres Volkes und der anvertrauten Seelen das äußerste einzusetzen«. Es sei doch kein Geheimnis, »daß die Evangelischen« aufgrund des vatikanischen Tadels an Innitzer bereits »von der bevorstehenden zweiten und endgültigen Reformation Österreichs« sprächen.[74])

Wenige Tage darauf startete die besagte Arbeitsgemeinschaft eine österreichweite Kampagne mit erstaunlicher Resonanz, in der sie dem Kardinal und den Bischöfen insgesamt »mit stolzer Freude und aus bewegtem Herzen« für die »Feierliche Erklärung« vom 18. März dankte. Damit hätten die Bischöfe »als wahre apostolische Hirten ... die Seelsorger in die neue Zeit geführt und zum Dienste am Volke und seinem Führer aufgerufen«. Nun gingen sie, die katholischen Brückenbauer bzw. die Unterzeichner des Schmerzfreitagsbriefes, nicht nur aus Pflichtbewußtsein, sondern aus innerem Herzensbedürfnis den von den Bischöfen eingeschlagenen Weg.[75])

Es wäre somit unhistorisch, übersehen zu wollen, daß es maßgebliche Kreise in der Kirche Österreichs gegeben hat, die für die März-Erklärungen der österreichischen Bischöfe nicht bloß disponiert waren, sondern diese dankbar begrüßten.

Angesichts der hier eben geschilderten Ereignisse, die quellenmäßig gut abgestützt sind, erweckt Weinbacher, dem wir des weiteren wieder folgen wollen, den Eindruck, seine Darlegungen über Innitzers Romreise mehr von der Warte »ex eventu« als vom Zeitgeschehen aus konzipiert und formuliert zu haben:

»Nach all diesen Ereignissen, die in ihrem Ablauf eine starke Nervenprobe bedeuteten, war es dem Herrn Kardinal sehr daran gelegen, den hl. Vater persönlich zu informieren; es wurden sofort die nötigen Schritte eingeleitet, die Ausreise zu erwirken. Nun wurden die Kreise um den Gauleiter nervös. Warum der Kardinal nach Rom fahre, das sei nicht nötig, das könne nur die begonnene gute Entwicklung stören. Der Führer habe sich bereit erklärt, als Antwort auf die feierliche Erklärung der Bischöfe in seiner Rede in Wien am 9. April 1938 eine bindende Erklärung bezüglich der katholischen Kirche abzugeben. Die Romreise könne auch dieses wertvolle Versprechen in Frage stellen.

Die Tendenz war mehr als klar: der österreichische Episkopat sollte vom hl. Vater so lange als möglich ferngehalten werden. Der Kardinal blieb fest, trotz der unaufhörlichen Versuche des Gauleiters, ihn von der Reise abzuhalten. Der Kardinal war schon im D-Zug auf dem Wiener Südbahnhof, als er 5 Minuten vor Abgang des Zuges vom Gauleiter zum Telefon gebeten wurde. Er beschwor den Kardinal, die Reise nicht zu unternehmen, es stehe alles auf dem Spiele. Der Kardinal blieb fest: Man wird mir doch die Reise zum hl. Vater nicht verbieten können, es ist auch nicht einzusehen, warum dies die begonnene Entwicklung stören könne. Mit einer Verspätung von 10 Minuten fuhr der Zug ab (4. April).

Am 5. April abends kam der Kardinal in Rom an und fuhr gleich in den Vatikan zu Kardinal Pacelli. Er fand dort viel Verständnis, die Beweggründe zur Erklärung der österreichischen Bischöfe wurden anerkannt, doch konnte man sich nach den vielen Erfahrungen nicht zu jenem Vertrauen durchringen, das die österreichischen Bischöfe bekundet hatten. Worte hätte man schon genug gehört, die Taten seien immer anders gewesen. In ähnlicher Weise äußerte sich der hl. Vater am nächsten Tage bei der Audienz. Es wurde dann vereinbart, daß die österreichischen Bischöfe eine ergänzende Erklärung abgeben sollten. Diese gab der Kardinal in Rom ab, sie erschien am Abend im Osservatore Romano. Sie lautet:

1. Die feierliche Erklärung der österreichischen Bischöfe vom 18. März dieses Jahres wollte selbstverständlich keine Billigung dessen aussprechen, was mit dem Gesetze Gottes, der Freiheit und den Rechten der katholischen Kirche nicht vereinbar war und ist. Außerdem darf jene Erklärung von Staat und Partei nicht als Gewissensbindung der Gläubigen verstanden und propagandistisch verwertet werden.

2. Für die Zukunft verlangen die österreichischen Bischöfe:
a) in allen das österreichische Konkordat betreffenden Fragen keine Änderung ohne vorausgehende Vereinbarung mit dem hl. Stuhl;
b) im besonderen eine solche Handhabung des gesamten Schul- und Erziehungswesens sowie jeglicher Jugendführung, daß die naturgegebenen Rechte der Eltern und die religiös-sittliche Erziehung der katholischen Jugend nach den Grundsätzen des katholischen Glaubens gesichert sind;
Verhinderung der religions- und kirchenfeindlichen Propaganda; das Recht der Katholiken, den katholischen Glauben und die christlichen Grundsätze für alle Bezirke des menschlichen Lebens mit allen dem heutigen Kulturstand zu Gebote stehenden Mitteln zu verkünden, zu verteidigen und zu verwirklichen.
Rom, den 6. April 1938.

Th. Card. Innitzer
auch im Namen des gesamten österreichischen
Episkopates.‹

Der Kardinal reiste noch am selben Tag mit einem von der deutschen Botschaft beim Vatikan zur Verfügung gestellten Flugzeug nach Venedig und von da mit der Bahn nach Wien, wo er am 7. früh eintraf. Gauleiter Bürckel war sehr enttäuscht über diese ›Gegenerklärung‹; nun sei die ganze Aktion des Friedens gescheitert. Der Führer sagte dann am 9. April zum Kardinal: ›Ich wollte eine bindende Erklärung bezüglich der katholischen Kirche in Österreich abgeben, nach dieser Ihrer Erklärung in Rom muß ich davon Abstand nehmen.‹[76]) Der Kardinal berichtete durch die Nuntiatur von dieser zweiten Unterredung mit dem Führer. Kardinal Pacelli antwortete unter anderem: ›Die Erfahrungen der Vergangenheit zwingen dazu, sich nicht mit Erklärungen und Zusicherungen für die Zukunft abzufinden, sondern auf greifbare Taten und eindeutige Sicherungen in der Gegenwart hinzuarbeiten. Es ist schwer zu verstehen, wie die Festlegung von Selbstverständlichkeiten in der vom Oss. Rom. veröffentlichten Erklärung des österr. Episkopates zu einer Verstimmung Anlaß geben konnte, falls man nicht annehmen soll, daß in der von dem Herrn Reichskanzler beabsichtigten bindenden öffentlichen Erklärung die von dem österreichischen Episkopat erwähnten Punkte ausgeschlossen gewesen wären.‹[77])
Die Wahl (10. April 1938) war vorüber, der Gauleiter reiste ab. Dr. Himmelreich reiste ab, von der den Bischöfen in Aussicht gestellten Besprechung war keine Rede mehr.[78]) Es begannen die Aktionen gegen die Kirche und ihre Einrichtungen. Das Material wurde immer umfangreicher. Der Kardinal konnte endlich am 30. Mai eine Vorsprache beim Gauleiter erreichen. Sie verlief anders als vor zwei Monaten. Der Gauleiter sagte es ganz offen heraus, daß man eigentlich die Kirche gar nicht gebraucht hätte für die Wahl, man hätte die Stimmen auch so bekommen, die Beschwerden des Kardinals wurden bagatellisiert.[79])

Der Kardinal hatte Beschwerde geführt, daß man die Bischöfe, die sich seinerzeit mit vollem Vertrauen, ohne den Anschein eines Tauschgeschäftes zu erwecken, zum neuen Staat bekannt hatten, schwer enttäuscht habe: Menschen werden wegen ihres katholischen Bekenntnisses von ihren Posten entfernt, werden mißhandelt und eingesperrt, in der Schule sei bei Behörden und Lehrkräften bereits eine feindselige Haltung gegen die Religion zu bemerken, Maßnahmen werden gegen die Religion getroffen, ohne daß man mit den Bischöfen Fühlung nimmt. Trotz wiederholter Vorstellungen war es bisher unmöglich, den politischen Gefangenen priesterlichen Beistand zu bieten.
In der Folgezeit unterließ es der Kardinal nicht, immer wieder im Verein mit den Bischöfen zur Abstellung von Mißständen vorstellig zu werden, so daß sich der Gauleiter entschloß, wieder einen Verbindungsmann zu den Bischöfen aufzustellen, und Dr. Himmelreich wieder aus München zurückrief. Von da ab, also ungefähr ab Anfang Juli, beginnt nun eine neue Phase. Der Gauleiter arbeitete hin auf ein Abkommen zwischen Kirche und Staat im Lande Österreich, wobei von Anfang an klar war, daß die Partei, die in katholischen Kreisen bereits starke Ablehnung erfuhr, durch eine neuerliche Veröffentlichung in kirchlichen Belangen eine Stärkung erfahren könne. Es wurde aber in der Zwischenzeit nichts getan, über die Beschwerden der Bischöfe zu entscheiden, es wurde nur versprochen, bei den Verhandlungen wurde Abhilfe zugesagt, man beteuerte, solche Übergriffe untergeordneter Stellen würden wieder rückgängig gemacht werden, aber trotz und während der Verhandlungen gingen die Übergriffe und Maßnahmen weiter. So wurde im Juli der Religionsunterricht aus den Handelsschulen entfernt, es wurden die katholischen Privatschulen geschlossen usw. Begreiflicherweise konnte das Vertrauen bei den Verhandlungen dadurch nicht wachsen. Oft und oft betonte man, Worte und Versprechungen hätte man genug gehört, man wollte nun Taten des Friedens und der aufrichtigen Gesinnung sehen. Die Verhandlungen zogen sich bis Ende August hin, der Fürsterzbischof von Salzburg hatte auch in Rom eine eingehende Aussprache darüber mit Kardinal Pacelli.
In den ersten Septembertagen wollte der Gauleiter die Sache zum Abschluß bringen; er sandte seine Vertreter zu allen Bischöfen, ließ einzeln mit ihnen verhandeln auf folgender Basis: Es sollte eine Stillhaltefrist festgesetzt werden, innerhalb derer weder Staat noch Partei noch Kirche eine friedensstörende Handlung setzen, als Beweis seines Friedenswillens biete der Gauleiter das schon entzogene Öffentlichkeitsrecht den Knabenseminaren wieder an, und zwar auf ein halbes Jahr. In dieser Stillhaltefrist sollte eine endgültige Friedensvereinbarung zustandekommen, tatsächliche Übergriffe sollten abgestellt werden.
Obwohl die Bischöfe sich untereinander nicht verständigen konnten, obwohl die Abgesandten des Gauleiters einen gegen den anderen auszuspielen suchten, hatten alle die eine Antwort: Wir wollen Taten sehen, bevor wir irgend-

eine Unterschrift leisten, Worte und Versprechungen haben wir genug gehört. Die Stillhaltefrist bindet uns die Hände, die Partei läßt sich in ihren Maßnahmen doch nicht aufhalten. Auf diese einmütige Haltung der Bischöfe hin läßt der Gauleiter folgendes mitteilen: er lädt alle Bischöfe zu einer Aussprache bei sich ein, er komme eigens vom Parteitag aus Nürnberg nach Wien. Die Bischöfe werden nach Wien kommen, werden in einer gemeinsamen Beratung sich über diese Bitte des Gauleiters entscheiden und dann antworten.
Am 7. September kamen die Bischöfe zusammen, die Entscheidung war bald gefällt, denn in der Wiener Zeitung dieses Tages waren wieder neue »Friedensfacta« veröffentlicht: der katholische Gesellenverein aufgelöst, der deutsche Ritterorden aufgehoben. Daraufhin richtete der Kardinal im Auftrage der Bischofskonzerenz ein Schreiben an den Gauleiter, die Bischofskonferenz habe mit großem Erstaunen und Befremden Kenntnis genommen von den in der amtlichen Wiener Zeitung veröffentlichten Maßnahmen gegen die katholische Kirche; da auch die bisherigen Verfügungen gegen die Kirche noch nicht zurückgezogen worden waren, sehen sich die Bischöfe nicht mehr in der Lage, weiterzuverhandeln; sie seien nach wie vor bereit, zu einem ehrlichen Frieden zwischen Staat und Kirche beizutragen, aber nur, wenn sie durch Taten des Friedens zur sicheren Überzeugung des Friedenswillens auf der Gegenseite gelangen.
Am Sonntag, dem 4. September, hatten die Bischöfe ihren ersten gemeinsamen Hirtenbrief erscheinen lassen; sie behandelten darin die Ehe- und Schulfrage. In der Einleitung bemerkten sie, daß sie sich redlich bemüht hatten, zu einem gedeihlichen Einvernehmen mit der staatlichen Obrigkeit zu gelangen. Doch seien sie enttäuscht worden; viele Katholiken verloren um ihres Bekenntnisses willen ihr Brot, den Kranken in den Spitälern wurde der Zugang zu den hl. Sakramenten sehr erschwert, den Gefangenen die seelsorgliche Betreuung versagt.«
Diese sogenannten Friedensverhandlungen im Sommer 1938 waren gewissermaßen die Fortsetzung der Unterhandlungen vom März. Innitzer wollte endlich Bürckels Wort eingelöst wissen, daß nach der Volksabstimmung alle offenen Fragen zwischen dem neuen Regime und der Kirche verhandelt und einvernehmlich geregelt werden. Das neue Regime sollte die Vorleistung der Kirche, die durch die März-Erklärung geschehen war, in einer die Wünsche der Kirche zufriedenstellenden Weise honorieren.
Da Weinbacher diese sommerlichen Friedensverhandlungen in seiner eben wiedergegebenen Darstellung zu kursorisch behandelt hat, seien sie näherhin beleuchtet und quellengemäß dargelegt. Am 30. Mai kam es, wie Weinbacher auch erwähnt, zu der vom Kardinal immer wieder geforderten und von Bürckel am 21. März so dezidiert versprochenen Aussprache mit Bürckel. Allerdings saßen auf kirchlicher Seite nicht die Bischofsversammlung oder die

beiden Metropoliten Innitzer und Waitz (wie damals), sondern Innitzer allein, begleitet von seinem Sekretär Weinbacher, den NS-Potentaten gegenüber. Die Aussprache verlief unfreundlich und distanziert, und so deponierte der Kardinal den Wunsch: »Ich möchte haben, daß ein Verbindungsmann kommt, so wie Himmelreich vor der Wahl.«[80]) Daß Bürckel bei dieser von Innitzer geforderten Aussprache den Kardinal so herablassend behandelte und förmlich abkanzelte, hängt sicher mit der eine Woche davor (22. Mai) vollzogenen Mitteilung Hitlers an Reichskommissär Bürckel zusammen, daß das österreichische Konkordat nicht gelte beziehungsweise als nicht existent zu betrachten sei.[81])

Ende Juni rief nun Bürckel, Innitzers Wunsch entsprechend, erneut Himmelreich telefonisch nach Wien und bat ihn, »in Wien mitzuhelfen, den Kirchenfrieden unter Dach und Fach zu bringen«.[82]) Am 29. Juni folgte Himmelreich Bürckels Ruf und fuhr zum zweitenmal nach Wien. Das Weitere soll uns kurz Himmelreich selbst erzählen: »In Wien traf ich bei Bürckel Bischof Hudal[83]) aus Rom an, der mir bereits in München angekündigt worden war ... Bei einer ersten Besprechung mit ihm in Bürckels Privatwohnung erklärte uns der Gauleiter nochmals, er möchte jetzt endlich den alten Wunsch des Kardinals Innitzer erfüllen. Zugleich forderte er mich auf, als ›ehrlicher Makler‹ zwischen Kirche und Staat mein Bestes zu tun, um den religiösen Frieden zwischen beiden bald herzustellen ... Bürckel umriß kurz seine Gedanken über ein Abkommen und überließ Hudal und mir die nähere Abfassung. Nur bat er um möglichst kurze Formulierungen, da der neue Vertrag kein eigentliches Konkordat sein würde, sondern nur ein Dokument im Sinn eines Modus vivendi, das die wesentlichsten Rechte und Pflichten sowohl der Kirche wie des Staates und auch der Partei umreißen sollte ...

In der Nacht vom 29. zum 30. Juni arbeiteten Bischof Hudal und ich im Hotel ›Meißl & Schadn‹ in Wien einen ersten Entwurf zu einem ›Abkommen zwischen Staat und Kirche in Österreich‹ aus. Dieser Entwurf fand nach kleinen Änderungen die Zustimmung Bürckels ...«[84]) Mit diesem von Bürckel ausdrücklich gutgeheißenen Text in der Tasche begab sich Himmelreich am Freitag, dem 1. Juli, nachmittag verabredungsgemäß zum Kardinal. »Innitzer gab«, lautet Himmelreichs schriftlicher Bericht an seinen Auftraggeber, Gauleiter Bürckel, »mir bei dieser Gelegenheit bereits die provisorische Unterschrift, durch die er sich mit dem Sinn des Abkommens einverstanden erklärte. Den vorliegenden Text betrachtete er als grundlegend für die endgültige Abmachung.«[85])

Am nächsten Tag erhält Himmelreich vom Gauleiter den Auftrag, »die katholischen Bischöfe, soweit sie zu erreichen seien, zu besuchen, um ihre Meinung zu dem vorgeschlagenen Friedensabkommen in Erfahrung zu bringen«. Himmelreich reiste in Ausführung dieses Auftrages noch am selben Tag nach Salzburg ab und konferierte am nächstfolgenden Tag (Sonntag, 3. Juli) am

Vormittag mit Fürsterzbischof Waitz. Dieser trug dem Beauftragten Bürckels einige sehr bestimmte Wünsche vor, »so beispielsweise muß das Vorgehen gegen die Knaben- und Priesterseminare gründlich eingestellt werden, ferner muß die Abfallshetze unterbleiben und die antireligiöse Einstellung in den Schulen zurückgeschraubt werden, und anderes Derartiges«. Da in der von Himmelreich mitgebrachten Abmachungsgrundlage kein Wort vom Religionsunterricht in der Schule zu lesen stand, hat Waitz dem Unterhändler gegenüber unmißverständlich zu verstehen gegeben, »... die Frage erst überlegen zu wollen, ob der Religionsunterricht aus den Schulen heraus in die Kirchen verlegt werden könne«.[86]) Anschließend unterzeichnete aber auch Waitz, so wie Innitzer zwei Tage zuvor, das Schriftstück. Am wärmsten wurde Himmelreich in Klagenfurt aufgenommen. Ähnlich wie sein Metropolit äußerte auch Fürstbischof Adam Hefter diverse Wünsche und unterschrieb. Fürstbischof Ferdinand Stanislaus Pawlikowski war für Himmelreich nicht erreichbar, er weilte im Ausland, und zwar in Rom.

In Rom sollte der Grazer Fürstbischof, wovon er wiederum keine Ahnung hatte, auf Veranlassung von Gauleiter Bürckels Verbindungsmann namens Pischtiak durch seinen bischöflichen Amtsbruder und Landsmann Hudal insgeheim überwacht werden.[87]) Graz somit links liegen lassend, reiste Himmelreich, der bei seiner Sammlung bischöflicher Unterschriften im Umlaufweg recht erfolgreich war, nach Linz. Hier erlebte Bürckels Unterhändler am 5. Juli einen Bischof, der »eine ganz andere Haltung einnahm, als die übrigen Bischöfe«.[88])

Gföllner verweigerte dem verblüfften Unterhändler Bürckels unter Hinweis auf die bevorstehende Bischofskonferenz (8. Juli) glattweg die Unterschrift auf das Unterschriftenblatt, auf dem bereits die Namen von Kardinal Innitzer, Fürsterzbischof Waitz und Fürstbischof Hefter zu lesen standen.[89]) Auch Himmelreichs deutlicher Wink, »daß er, Bischof Gföllner, jetzt eine Gelegenheit habe, der Partei gegenüber eine positive Haltung anzunehmen (!), nachdem er früher in seinen Hirtenbriefen die Idee des Nationalsozialismus in keiner Weise anerkannt habe«, verfing beim Linzer Bischof nicht, er blieb bei seinem Nein. Von seiten Bürckels wurden nun geradezu hektisch alle Hebel in Bewegung gesetzt, um bei der unmittelbar bevorstehenden Bischofskonferenz eine Vertragsunterzeichnung zu erreichen. Bürckel selbst reiste sofort zu Hitler, dem offensichtlich auch einiges an einem Abkommen mit der Kirche lag. Jedenfalls genehmigte Hitler nicht nur die Abmachungsgrundlage, sondern gab, um kirchlichen Wünschen entgegenzukommen, die Order: »Bezüglich des Unterrichtsraumes für den Religionsunterricht sollen grundsätzlich im Eigentum des Staates befindliche Räume (Schulräume) zur Verfügung gestellt werden.« Diese Mitteilung erhielt Himmelreich am Abend des 7. Juli; sofort wurde die sogenannte Abmachungsgrundlage entsprechend geändert und am nächsten Tag in der Früh, noch vor Beginn der Bischofskonferenz, dem Kardinal zur Beschlußfassung ausgehändigt.[90]) Man war sich nun auf seiten Bürckels ziemlich sicher, daß die zur Konferenz versammelten Bischöfe den Vertrag entweder sogleich unterzeichnen oder zumindest einen solchen Unterzeichnungsbeschluß fassen würden. Die Bischofskonferenz kam aber statt dessen überein, »wegen der großen Bedeutung der Angelegenheit Rom zu befragen und zugleich näher zu informieren«, und betraute Erzbischof Waitz mit der Verhandlungsführung.

Waitz reiste bald darauf nach Rom und konferierte mit dem Kardinalstaatssekretär Eugenio Pacelli. »Dieser entschloß sich schließlich, über Nacht selbst einen Entwurf auszuarbeiten, der auch Papst Pius XI. vorgelegt wurde.«[91]) Mit diesem »Rom-Entwurf« war im Verhandlungsgang in Österreich eine heikle, kritische Situation entstanden, sie wich nämlich nicht nur ganz erheblich von der sogenannten Abmachungsgrundlage ab, sondern atmete auch einen wesentlich anderen Geist.[92]) Die Stornierung weiteren Unterhandelns stand vor der Tür. Da gelang es Himmelreich, »nach Fühlungnahme mit dem Reichskommissar, verschiedene Änderungen des Urentwurfes« – gemeint ist die Abmachungsgrundlage – »im Sinne der vatikanischen Anregung zu erreichen« und die »endgültige Fassung« zu erstellen.[93]) Die Fassung, die nun Himmelreich am 3. August Erzbischof Waitz überreichte und die Bürckel als endgültig ansah, sandte der Salzburger Erzbischof sogleich befürwortend nach Rom weiter.[94]) Die Antwort Roms, datiert mit 12. August 1938, im Auftrag des Papstes von Kardinalstaatssekretär Pacelli verfaßt, war vernichtend. Sie war auf deutsch abgefaßt und lautete: »Wenn der H.H. Episkopat einstimmig glaubt, in Anbetracht der augenblicklichen örtlichen Gesamtlage und aus Gründen, die dem Heiligen Stuhl im einzelnen noch nicht vorliegen, die Annahme des neuesten Entwurfes mit seinem Gewissen vereinbaren zu können, so handelt er auf seine eigene und ausschließliche Verantwortung. In solchem Fall ist die im letzten Absatz vorgesehene Bezugnahme auf die unterstellte Zustimmung des Hl. Stuhles zu streichen.«[95]) Damit war eine Unterschrift von seiten des österreichischen Episkopates natürlich völlig undenkbar. Wäre sie trotzdem geleistet worden, wäre sie einem Bruch mit Rom zumindest nahegekommen. So beschloß der Episkopat auf seiner Konferenz am 19. August 1938 statt der ins Auge gefaßten Vertragsunterzeichnung die Sistierung der weiteren Verhandlungen. Unterhändler Himmelreich, der über die Antwort aus Rom in Unkenntnis gelassen wurde, konnte sich dieses nicht erklären und setzte alles daran, um doch noch zu einem Vertragsabschluß zu kommen. Am 7. September 1938 mußte auch er das endgültige Scheitern der Verhandlungen zur Kenntnis nehmen und bat Gauleiter Bürckel um »sofortige Entlastung«.[96])

Kardinal Innitzer schrieb noch am Tag der Bischofskonferenz, dem 19. August 1938, Kardinalstaatssekretär Pacelli nach Rom den Satz, der an einen Psalmvers erinnert und von einer äußerst wohltuenden Befreiung aus schweren inneren Kämpfen kündet: »In causa conventionis alea jacta est laqueusque nobis positus contritus est.«[97])

Das Appeasement ist endgültig gescheitert – Kirchen-Pogrom die Folge

Niemand ist berufener, über jene entscheidenden Geschehnisse um den 8. Oktober 1938 zu berichten, als Jakob Weinbacher, dem nur durch besondere glückliche Umstände der Sturz vom Fenster auf die Straße und damit wahrscheinlich der Tod damals erspart geblieben ist:

»Noch immer war die Lage ernst deswegen, weil der Klerus im allgemeinen besser behandelt wurde als die katholischen Laien. Man mußte darin ein System erblicken, es wurde ein Riß gezogen zwischen Hirten und Gläubigen. Das sollte nun durch ein Ereignis sich grundlegend ändern. Nachdem der Kardinal schon im September in Kirchschlag vor einer großen Menge von Gläubigen in mutiger Form die Rechte der Kirche verteidigt hatte, nahm er die Gelegenheit wahr, am 7. Oktober 1938 im Stefansdom zu den etwa 7.000 jungen Leuten zu sprechen. Nach Beendigung der Andacht brachten die jungen Leute dem Kardinal auf dem Stefansplatz eine Ovation dar: ›Wir wollen unseren Bischof sehen‹, es wurde das Herz-Jesu-Bundeslied gesungen. Am nächsten Tag, etwa um 20 Uhr, ließen sich Sprechchöre und Pfuirufe auf dem Stefansplatz vernehmen; bald darauf sausten die ersten Steine gegen sämtliche Fronten des Palais. Sofort wurde der Polizeinotruf betätigt, da zu befürchten war, daß die Demonstranten das Tor einbrechen könnten; die Polizei antwortete auf wiederholte Rufe, das nächste Kommissariat sei verständigt. Schon das war nicht in Ordnung, da beim Alarmruf sofort das Überfallskommando ausfährt. Nach einer viertelstündigen Belagerung mit Eisenstangen gab das schwere Eichentor nach. Die Demonstranten stürmten schreiend in den Hof und über die Hauptstiege hinauf in die Räume des Kardinals. Mit den schweren Messingstangen, die im Stiegenhaus den Teppich festhalten, beginnen sie die gesamte Einrichtung in vandalischer Weise zu zertrümmern. Die beiden Priester aus der Umgebung des Kardinals, Dr. Weinbacher und Jachym[98]), hatten vorher den Kardinal ins Archiv, das durch eine schwere Eisentür verschlossen war, in Sicherheit gebracht, und dann sich am Eingang zur Hauskapelle aufgestellt, um das Heiligtum vor Verunehrung zu schützen, sie konnten auch nicht vorher das Allerheiligste an sich nehmen. Sie wurden in ein fortwährendes Handgemenge verwickelt. Inzwischen geht die Zerstörung in den Räumen weiter. Möbelstücke werden zertrümmert, wertvolle Bilder durchlöchert und zerfetzt, kein Fenster blieb ganz, alle religiösen Bilder, alle Kreuze wurden zerschlagen oder schwer beschädigt. Aus

dem Zimmer des Kardinals wurden alle Kleider gestohlen, die Bischofskette mit dem Brustkreuz, die Ringe. Zeremoniär Jachym glaubt den Ruf zu vernehmen: Kardinal entdeckt, und sucht ihm zu Hilfe zu kommen, doch erhält er einen Schlag mit einem Bronzeleuchter und muß auf sein Zimmer flüchten, wo er wieder den Polizeinotruf betätigt. Dr. Weinbacher wird inzwischen aus der Kapelle gezerrt, um aus einem Fenster auf die Rotenturmstraße gestürzt zu werden; im letzten Augenblick kommt dies nicht zur Ausführung. Dr. Weinbacher eilt wieder zur Kapelle und kann eine Schändung verhindern. Da ertönt plötzlich ein Ruf: Zurück, Polizei kommt. Die Eindringlinge, etwa 40–50 an der Zahl, im Alter zwischen 14 und 25 Jahren, verlassen ungehindert das Haus. Langsam kommen Polizisten, es wurde keine Verhaftung vorgenommen. Im Kurhaus Stefansplatz 3 war inzwischen eine andere Gruppe eingedrungen und hatte den Domkuraten Krawarik[99]) aus dem Fenster geworfen, der dann mit doppeltem Oberschenkelbruch bis Februar im Spital lag.
Die zerstörten Räume im Palais wurden von der geheimen Staatspolizei fotographiert und versiegelt. Das Palais wurde geschlossen, niemand durfte heraus, niemand hinein. Nur mit Mühe konnte der Kardinal am nächsten Tag in den Dom kommen – es war Sonntag –, um die hl. Messe zu zelebrieren. Am Sonntag erscheint auch der Nuntius[100]) zufällig in Wien, er nimmt von den Sachen Kenntnis, wird aber von der Polizei trotz seines Diplomatenpasses nicht in die Räume eingelassen. Er nimmt einen Beschwerdebrief des Kardinals an den Führer mit, der aber nie einer Antwort gewürdigt wurde.
Den aller Sitte hohnsprechenden Ereignissen wurde die Krone dadurch aufgesetzt, daß am 13. Oktober der Gauleiter Bürckel auf dem Heldenplatz in Wien, wohin aus allen Betrieben die Leute zusammengetrieben wurden, eine gemeine und brutale Rede gegen den Kardinal hielt, in der er den Kardinal für alle Ereignisse verantwortlich machte. An die Rede schloß sich ein Demonstrantenzug, der unter Pfuirufen beim erzbischöflichen Palais vorbeizog. Die Staatsgewalt hatte sich also ganz auf die Seite der Demonstranten und Plünderer gestellt.
Das Palais war in den nächsten Tagen ein Ziel der Wiener; alle wollten die Zerstörungen sehen, die Front war wieder geschlossen, Bischof und Gläubige standen in einer Linie.[101])
Von da an setzte auch eine Pressepropaganda gegen den Kardinal ein, aber sie konnte nicht hindern, daß nun auch die katholische Weltöffentlichkeit ihre ganzen Sympathien dem Kardinal zuwandte; die 130 Bischöfe Nordamerikas sandten von einer Konferenz ein Sympathietelegramm an den Kardinal. Auch der hl. Vater hatte sofort durch den Nuntius seine Teilnahme ausdrücken lassen, der Osservatore Romano brachte Berichte über die Ereignisse und die häßliche Rede des Gauleiters.«

Anmerkungen

1) Zum Leben und Wirken Innitzers und insbesondere seiner Haltung zur nationalsozialistischen Revolution, verbunden mit dem Anschluß an Hitler-Deutschland, siehe: Jakob Fried, Nationalsozialismus und katholische Kirche in Österreich, Wien 1947; Maximilian Liebmann, Theodor Innitzer (1875–1955). In: Erwin Gatz (Hg.), Die Bischöfe der deutschsprachigen Länder 1785/1803 bis 1945, Berlin 1983, S. 339–343; ders., Kardinal Innitzer und der Anschluß (Grazer Beiträge zur Theologiegeschichte und kirchlichen Zeitgeschichte, 1. Bd.), Graz 1982; Viktor Reimann, Innitzer – Kardinal zwischen Hitler und Rom, Wien-München [2]1967; Erika Weinzierl-Fischer, Österreichs Katholiken und der Nationalsozialismus, I–III. In: Wort und Wahrheit 1963 bis 1965.

2) Jakob Weinbacher wurde am 20. Dezember 1901 in Wien geboren und am 20. Juli 1924 im Stephansdom zum Priester geweiht. Nachdem er an verschiedenen Stellen in der Erzdiözese seine Dienste geleistet und in Rom eine weitere Ausbildung genossen hatte, ernannte ihn Erzbischof Innitzer mit 1. Jänner 1933 zu seinem Sekretär. 1950 wurde er zum Generalvikar der Erzdiözese bestellt, und von Juli 1952 bis Oktober 1961 war er Rektor der »Anima« in Rom, anschließend bis 1969 wieder Generalvikar. Das Amt des Sekretärs der österreichischen Bischofskonferenz bekleidete Weinbacher vom März 1961 bis März 1977. Am 1. Juli 1962 zum Bischof geweiht, hatte er wichtige Ämter und Funktionen inne bzw. ausgeübt. Er starb am 15. Juni 1985 und wurde in der Domherrengruft zu St. Stephan bestattet.

3) Diözesanarchiv Wien, Bischofsakten, Kardinal Innitzer (DAW, BA, Innitzer). Handschriftlich steht am rechten oberen Rand auf der ersten Seite: »Niederschrift Dr. Weinbacher«; am linken oberen Rand findet sich der handschriftliche und unterstrichene Vermerk: »Archiv!« Diese Niederschrift umfaßt elf engzeilig beschriebene Maschinschreibseiten. Sie ist nicht datiert; inhaltliche Gründe legen ihre Entstehung um die Zeit des Kriegsendes nahe. Vgl. hierzu Liebmann, Kardinal Innitzer (Anm. 1), S. 82, Anm. 30.

4) Die Beschreibung der Geschehnisse zwischen März und Oktober 1938 nimmt von den elf Seiten nicht weniger als neuneinhalb in Anspruch. Teile dieser Aufzeichnung Weinbachers finden sich bereits bei Reimann, Innitzer (Anm. 1), S. 95, 98, 101 f., 104, 110, 191–193 wiedergegeben.

5) Kardinal Innitzer hat in einem Schreiben seinem langjährigen Sekretär Weinbacher ein ehrendes Zeugnis ausgestellt, das sich im DAW, BA, Innitzer (Anm. 3) findet. Unsere hier behandelte Zeit betreffend, formulierte Innitzer: »Während der Verhandlungen mit der NSDAP in den Jahren 1938 und 1939 habe ich zu allen Verhandlungen und Besprechungen mit Bürckel und Dr. Himmelreich und wie sie alle geheißen haben, meinen Sekretär Weinbacher herangezogen, erstens, um einen Zeugen zu haben, und auch, weil der Mann ja juristisch geschult war. Er hat mir und auch den Bischöfen unbeschreiblich große Dienste geleistet. Er war unerschrocken, hat sich prächtig benommen und hat den Leuten meinen und den Standpunkt der Bischöfe sowie der katholischen Kirche klargemacht.« Siehe auch Reimann, Innitzer (Anm. 1), S. 222 f.

6) Nachstehender unter Anführungszeichen stehender Text ist – soweit kein ande-

rer Beleg angegeben wird – Weinbachers Niederschrift. Tippfehler sind stillschweigend korrigiert, sonstige textliche Veränderung wird annotiert. Die von mir erarbeiteten Forschungsergebnisse, die blockartig in Weinbachers Text eingeschoben sind, sollen einerseits die reichlich vorhandenen Quellen zum Tragen bringen und andererseits die damaligen Geschehnisse und Zusammenhänge ins Detail gehend erhellen.

7) Zu diesem Fragenkomplex siehe die Literatur: Anschluß 1938 (Wissenschaftliche Kommission des Theodor-Körner-Stiftungsfonds und des Leopold-Kunschak-Preises zur Erforschung der österreichischen Geschichte der Jahre 1918 bis 1938, Veröffentlichungen, 7. Bd.), Wien 1981; Wien 1938 (Forschungen und Beiträge zur Wiener Stadtgeschichte, 2. Bd.), Wien 1978; Walter Goldinger, Wilhelm Miklas 1872 bis 1956. In: Friedrich Weissensteiner (Hg.), Die österreichischen Bundespräsidenten, Wien 1982, S. 82–120; Walter Goldinger, Kurt Schuschnigg 1897 bis 1977. In: Friedrich Weissensteiner und Erika Weinzierl (Hg.), Die österreichischen Bundeskanzler, Wien 1983, S. 218–236; Erwin A. Schmidl, März 38. Der deutsche Einmarsch in Österreich, Wien 1987.

8) Hans Scheffel, ein enger Vertrauter von Innitzer, wußte bei der von Dolores Bauer gestalteten Rundfunksendung zum 20. Todestag (9. Oktober 1955) des Kardinals am 10. Oktober 1975 zu berichten, daß Innitzer auf Wunsch des Vatikans Hitler diesen Besuch abgestattet habe. Liebmann, Kardinal Innitzer (Anm. 1), S. 88 ff. Über diese Frage, ob Innitzer hierbei einem Wunsch aus Rom nachkam oder »hausgemacht« handelte, entspann sich eine Kontroverse zwischen mir und dem berühmten Fachmann auf diesem Gebiet, dem allzufrüh verstorbenen P. Ludwig Volk SJ. Wenngleich gewichtige Indizien die Aussage Scheffels erhärten, war und ist bis dato eine eindeutige Klärung nicht möglich gewesen. Siehe hierzu: Ludwig Volk SJ, Flucht aus der Isolation. Zur »Anschluß«-Kundgebung des österreichischen Episkopates vom 18. März 1938. In: Stimmen der Zeit, 200. Bd., 1982, S. 651–661 und S. 769–783 und Maximilian Liebmann, Der Hl. Stuhl und der Anschluß Österreichs 1938. In: Theologisch-praktische Quartalschrift, 131. Jg., 1983, S. 134–153.

9) Johann Jauner-Schrofenegg (1880–1963) war der Leiter des Interventionsbüros der Katholischen Aktion in Wien; siehe Liebmann, Kardinal Innitzer (Anm. 1), S. 85 f., Anm. 46 und S. 139, Anm. 83.

10) Vgl. Papens Erinnerungen: Franz von Papen, Der Wahrheit eine Gasse, Innsbruck 1952, insbesondere S. 491 f.

11) Über den genauen Zeitpunkt dieser Vorsprache gibt es in der Literatur erhebliche Differenzen. Die Angabe Innitzers von 10 Uhr ist wohl die verläßlichste. Liebmann, Kardinal Innitzer (Anm. 1), S. 81 ff.

12) Papen, Der Wahrheit eine Gasse (Anm. 10), schreibt S. 491 hingegen Konträres: »Die Menge, die Hotel und Straßen umlagerte, brach in endlose Jubelrufe aus, als der Kardinal seinem Wagen entstieg.«

13) Hitlers Adjutant Gerhard Engel weiß über diese Begegnung zu berichten: »Ich war zufällig Zeuge des Empfanges Kardinal Innitzers durch F.(ührer) im Imperial. F.(ührer) ging I.(nnitzer) entgegen, verbeugte sich tief und deutete den Handkuß an. Der Kardinal erhob sein Kettenkreuz am Hals und schlug symbolisch das Kreuzzeichen. F.(ührer) war am Abend sehr angetan von dem Besuch

und glaubt, in Österreich mit der Kirche ganz gut fahren zu können. Lobt überhaupt die kath(olische) Kirche in der Ostmark im Gegensatz zum Reich. Dort sei sie eben durch die konfessionelle Parität immer politisch gewesen. Hier sei sie Staatskirche und habe eine ganz andere Stellung zum Staat. Im Reich hätten Bismarck und Windthorst die gleichen Fehler gemacht. Politisch dürften Kirchen nur werden, wenn sie auch weltanschaulich Handlanger von Politik, d. h. der politischen Macht seien. Er selbst habe viel von der kath(olischen) Kirche für seinen politischen Kampf gelernt und würde sich hüten, die Dinge auf die Spitze zu treiben. Wer allerdings gegen den Stachel löcke und das Kreuz zum Deckmantel der Opposition mache, müsse vernichtet werden. Um so wertvoller erscheine ihm die Loyalitätserklärung des Kardinals. Dieser habe aber auch von ihm freie Ausübung der kirchlichen Tätigkeit verlangt, und diese habe er ihm zugesichert.« Hildegard von Kotze (Hg.), Heeresadjutant bei Hitler 1938–1943, Aufzeichnungen des Majors Engel (Schriftenreihe der Vierteljahreshefte für Zeitgeschichte, 29. Nr.), Stuttgart 1974, S. 15 f. Hitler selber gab zum besten: »Was für gerissene Diplomaten die katholische Kirche in ihren maßgeblichen Männern zur Verfügung habe und welche Vorsicht ihnen gegenüber am Platze sei, lehre ja nicht nur die Geschichte, sondern auch die Gegenwart in einer Fülle von Beispielen. Als nach seinem Einzug in Wien unter seinem Fenster ein ungeheures Gepfeife und Gejohle laut geworden sei und er dann erfahren habe, daß dies dem Wiener Kardinalerzbischof Innitzer gelte, der auf dem Wege zu ihm sei, habe er ein schuldbeladenes, niedergedrücktes Pfäfflein erwartet. Statt dessen sei ein Mann von selbstbewußtem Auftreten erschienen, der ihn mit so strahlendem Gesicht angesprochen habe, als ob er während der ganzen österreichischen Systemzeit nie auch nur einem einzigen Nationalsozialisten je ein Härchen gekrümmt gehabt habe.« Henry Picker, Hitlers Tischgespräche im Führerhauptquartier, Stuttgart[3] 1976, S. 415 f.

14) Weinbacher hat »befriedigend« im Text.

15) Der Augen- und Ohrenzeuge Jauner-Schrofenegg hat von dieser Unterredung ein Protokoll angefertigt. Es findet sich im DAW, BA, Innitzer (Anm. 3). Es lautet:

»Aus der Audienz beim Führer 15. 3. 1938

Als ich im Jahre 1933 die Macht übernahm, war es mein fester Wille, mit den beiden großen Kirchen als allein anerkannten Gemeinschaften zusammenzuarbeiten. Aber beide haben das nicht verstanden, sie konnten sich nicht auf den Boden einer Eingliederung in den Staat stellen. Ich wollte nur diese beiden Kirchen ohne das kleine Splitterwerk. Dieser Staat muß unabänderlich bestehen, gegen ihn ist nichts zu wollen, er muß bestehen als Fundament der Ordnung, als das einzige Bollwerk der Ordnung gegen die Mächte der Unordnung. Und der Staat bringt ja auch so viele Opfer für die Kirche, darum hoffe ich, daß hier ein Wendepunkt eintrete im Verhältnis von Kirche und Reich und daß sich das auch auf das andere Deutschland auswirken möge. Allerdings muß sich die Kirche restlos hinter den Staat stellen. Sie darf nicht gegen ihn arbeiten, aber sie wird auch ihr Vertrauen nicht zu bereuen haben. Bezüglich der Jugend sagte der Führer, er habe nichts einzuwenden, daß sie religiös und seelsorgerlich betreut werden könne, nur müsse man im einzelnen das noch zum Gegenstand von Besprechungen machen. Dann sprach er vom Bolschewismus und sagte: Ich möchte sehen, wie es heute in Österreich aussähe oder schon im Jahre 1933 ausgesehen hätte, wenn er in Deutschland damals nicht rechtzeitig eingegriffen hätte. Das kleine Österreich hätte den Bolschewismus nicht aufhalten können.« Siehe: Liebmann, Kardinal Innitzer (Anm. 1), S. 93 f.

16) Dieses in Österreich unveröffentlichte, wohl aber verschickte und in ausländischen Zeitungen abgedruckte Hirtenwort hat im Ausland viel Unverständnis und harte Kritik erfahren. Es war von einer Gruppe betont national gesinnter Priester und Laien, sie sich in der »Arbeitsgemeinschaft für den religiösen Frieden« zusammengefunden hatten, konzipiert worden und lautete:
»Der Führer und Reichskanzler hat mich heute empfangen.
Ich gebe hiemit den katholischen Seelsorgern und dem katholischen Volke der Erzdiözese Wien und des Burgenlandes folgende Weisungen: Dem Christen ist es eingedenk des Herrenwortes selbstverständliche Pflicht, weil er Gott gibt, was Gottes ist, auch dem Staate zu geben, was des Staates ist. Daraus folgt:
1. Seelsorger und Gläubige stellen sich restlos hinter den großen deutschen Staat und seinen Führer, dessen weltgeschichtlicher Kampf gegen den verbrecherischen Wahn des Bolschewismus, und für die Sicherung des deutschen Lebens, für die Beschaffung von Arbeit und Brot, für die Macht und Ehre des Reiches und für die Einheit des deutschen Volkes offenkundig vom Segen der Vorsehung begleitet ist.
2. Alleinige Berufsaufgabe des Priesters ist die Seelsorge, die Feier des hl. Meßopfers und der anderen kirchlichen Handlungen, die Spendung der hl. Sakramente und die Verkündigung des Wortes Gottes, wie wir es durch die hl. Schrift und die mündliche Überlieferung überkommen haben. Der Seelsorger muß sich deshalb von jeder Politik fernhalten und soll der Entwicklung der Dinge mit Vertrauen entgegensehen.
3. Aus dem Glauben an die innere Verbundenheit der Seelen ergibt sich für die Christen auch die Überzeugung, daß die natürliche Gemeinschaft der Nation einen göttlichen Gedanken zu verwirklichen berufen ist; es folgt daraus, daß die Pflege der natürlichen Tugenden die Voraussetzung des echten religiösen Lebens ist.
4. Ich weise die Leiter der katholischen Jugendorganisationen an, die Eingliederungen in die Jugendverbände des deutschen Staates vorzubereiten. ›Die Kirche wird ihre Treue gegenüber dem Staate nicht zu bereuen haben.‹ Dieses Wort des Führers bürgt dafür, daß die eigentlichen Aufgaben der Kirche erfüllt werden können.
5. Bei festlichen Anlässen wird an den Kirchen in den kirchlichen Farben (Weißgelb) und an den sonstigen pfarrlichen Gebäuden in den Farben des Staates und des Landes geflaggt. Damit leisten die Katholiken in ihrer Gesamtheit auch am besten ihren Einsatz für ein sicheres Wohlergehen des Reiches, des Volkes und der Heimat.« DAW, BA, Innitzer (Anm. 3). Vgl. hierzu Liebmann, Kardinal Innitzer (Anm. 1), S. 97 ff. und S. 131 f.

17) Dieser Brief, dessen Durchschlag sich im DAW, BIKO (Bischofskonferenz) (Anm. 3) findet, lautete:
»Wien, am 16. März 1938

Geehrter Herr Gauleiter,
Im Sinne der fernmündlichen Verständigung, die ich gestern durch Herrn Staatssekretär Dr. Reiner in Ihrem Auftrag erhielt, möchte ich mir erlauben, die Bitte auszusprechen, es zu ermöglichen, daß meine Weisungen an die Geistlichen und die Katholiken noch im Laufe des heutigen Tages zur Veröffentlichung im Rundfunk und in der Presse zugelassen werden. Es handelt sich ja dabei um Weisungen zur Beruhigung der Seelsorger, die von ihnen schon sehnsüchtig erwartet werden. Da sie auf dem Boden der gegebenen Tatsachen dem neuen Staat gerecht werden, muß ich mich verwundern, daß die Veröffentlichung auf Schwierigkeiten stößt, umso mehr, als bereits vor einigen Tagen der evangelische Oberkirchenrat und gestern die Leitung der altkatholischen Kirche ungehindert ihre Stellungnahme veröffentlichen konnte.«

18) Hier irrt Weinbacher, denn die Einladung an die Bischöfe, am Freitag, dem 18. März, zu einer Besprechung nach Wien zu kommen, wurde bereits unmittelbar nach Innitzers Rückkunft von der Unterredung mit Hitler am 15. März zu Mittag, während die in Ekstase geratene Menge am Heldenplatz das Ende des »Christlichen Ständestaates« und ihren ersehnten Führer, Adolf Hitler, frenetisch feierte, verschickt. Das heißt, daß nicht der Wunsch bzw. Entwurf eines Bischofaufrufes die Ursache für die Einberufung dieser folgenschweren Bischofsbesprechung war, sondern diese unabhängig und vor einem solchen Projekt stattfand. Das Motiv für die Einberufung dürfte in Innitzers Absicht, seine Confratres im Bischofsamt über sein Gespräch mit Hitler zu informieren, zu suchen sein.

19) Original: DAW, BA, Innitzer (Anm. 3); vgl. Liebmann, Kardinal Innitzer (Anm. 1), S. 101.

20) Klaus Selzner (1899–1944) war von 1932 bis 1944 Mitglied des Reichstages, Leiter des Organisationsamts der Deutschen Arbeitsfront und 1941 Generalkommissar von Dnjepropetrowsk. Ludwig Volk (Bearb.), Akten Kardinal Michael von Faulhabers 1917–1945, II 1935–1945 (Veröffentlichungen der Kommission für Zeitgeschichte, Reihe A, 26. Bd.), Mainz 1978, S. 535, Anm. 5.

21) Volk, Akten Kardinal Faulhabers (Anm. 20), S. 546.

22) Die entsprechende Tagebucheintragung von Erzbischof Waitz vom 17. März lautet: »Nach der Ankunft begab ich mich bald zum Kardinal. Erfahre, daß G. L. (Gauleiter) Bürckel zur Besprechung der Bischöfe kommen will und einen Entwurf zu einer Erklärung vorgelegt habe. Kardinal wünscht, daß ich einen anderen Entwurf mache. Mache ihn mit Prof. Messner.« Welche Bewandtnis es mit diesem nur partiell veröffentlichten Tagebuch von Waitz hat, siehe: Liebmann, Kardinal Innitzer (Anm. 1), S. 96, Anm. 84 und Hans Jablonka, Waitz, Bischof unter Kaiser und Hitler, Wien 1971, S. 119 ff.

23) Bei dem Professor handelt es sich um P. Dr. Benedikt Probst. Siehe Jablonka, Waitz (Anm. 22), S. 79 f.

24) Ferdinand Stanislaus Pawlikowski (1877–1956) war Fürstbischof von Seckau. Über seine Haltung und sein Wirken im Jahre 1938 wurde von mir eine Studie für das Jahrbuch der Stadt Graz erstellt.

25) Fritz Bornemann, P. W. Schmidt und Kardinal Innitzer März–April 1938. In: Analecta SVD – 53. Rom 1980, S. 99–136, zitierte Stelle: S. 105.

26) Johannes Messner (1891–1984) war mit Erzbischof Sigismund Waitz aufs engste

befreundet. 1935 war Messner zum ao. Professor ernannt worden, Ende Mai 1938 verlor er seine Professur und wurde sogar mit dem Hausverbot an der Universität in Wien durch das NS-Regime belegt. Seine letzte Ruhestätte fand Messner in seinem Geburtsort Schwaz/Tirol.

27) Original DAW, BIKO (Anm. 3/17); vgl. Liebmann, Kardinal Innitzer (Anm. 1), S. 102.

28) Himmelreich lebt heute in der Schweiz und ist Chefredakteur und Mitherausgeber der Zeitschrift »Großer Ruf«.

29) Vgl. Oskar Veselsky, Bischof und Klerus der Diözese Seckau unter nationalsozialistischer Herrschaft (Dissertationen der Karl-Franzens-Universität Graz, 54. Bd.), Graz 1981, S. 261 ff. und meine Untersuchung, Anm. 24. Über die Behandlung, die Waitz erfahren hat, siehe Jablonka, Waitz (Anm. 22), S. 78 f.

30) Durchschlag DAW, BIKO (Anm. 3/17); Liebmann, Kardinal Innitzer (Anm. 1), S. 104 f.

31) In Berlin diskutierte ein enger Kreis um und mit dem dortigen Bischof Konrad von Preysing über diese »Feierliche Erklärung« der österreichischen Bischöfe. Preysings engster Vertrauter, Adolph Walter, hat das Ergebnis festgehalten: »Wir erfuhren noch, daß ein Herr aus der Umgebung des Erzbischofs Waitz von Salzburg bei Erzbischof Gröber gewesen sei und berichtet habe, daß die Texte der österreichischen Bischöfe von Gauleiter Bürckel stammen und unter Druck unterschrieben sind.« Adolph Walter, Geheime Aufzeichnungen aus dem nationalsozialistischen Kirchenkampf 1935–1943. Bearb.: Ulrich von Hehl (Veröffentlichungen der Kommission für Zeitgeschichte, Reihe A, 28. Bd.). Mainz 1979, S. 252. Nicht verschwiegen werden darf, daß es sich bei diesem Herrn aus Salzburg um den jetzigen Erzbischof DDr. Karl Berg handelt. Berg hat in seinen Aufzeichnungen festgehalten, daß er am 29. März 1938 nach Freiburg i. Br. zu Erzbischof Gröber fuhr, ihn dort aber nicht antraf, weil dieser nach Berlin gereist war. Berg fuhr Gröber nach Berlin nach und traf ihn am 30. März in der Nuntiatur. Mündliche Mitteilung des Erzbischofs – wofür ich bestens danke – an den Verfasser am 18. Februar 1982.

32) Waitz, Tagebuch (Anm. 22); Jablonka, Waitz (Anm. 22), S. 121. Welche geringe Bedeutung die Bischöfe der Unterzeichnung beimaßen und für wie nebensächlich sie ihre Unterschriftenleistung hielten, beweisen am besten die drei archivalischen Quellen, die unmittelbar während oder nach den Ereignissen jener Tage geschrieben wurden und vom »Akteur« Waitz stammen. Nur in einer von ihnen ist die Rede davon, daß die »Feierliche Erklärung« von den Bischöfen überhaupt unterschrieben wurde. In seinem Tagebuch (18. März) stellt Waitz es so dar, als wäre der umredigierte Bürckel-Entwurf von den Bischöfen unterzeichnet worden; über eine Unterschriftenleistung der »Feierlichen Erklärung« schweigt er völlig. Man beginge einen großen Irrtum, wollte man meinen, die Bischöfe seien zu einem quasi Staatsakt zwecks Unterzeichnung eines auspaktierten Vertrages oder Aufrufes eingeladen worden. In den Augen der Bischöfe ging es zu diesem Zeitpunkt lediglich um die Unterschrift, das heißt die prinzipielle Billigung einer Erklärung, bestimmt zur Promulgation in der kirchlichen Öffentlichkeit.

33) Siehe z. B.: Bornemann, Schmidt und Innitzer (Anm. 25), S. 120: »Der Kardinal teilte auch mit, daß weder er noch einer der Bischöfe über die Veröffentlichung

der Erklärung in Faksimile an den Anschlagsäulen und anderen öffentlichen Stellen, in Klöstern, Spitälern usw. gefragt worden sei. Noch weniger war eine solche Anfrage natürlich erfolgt über die Verwendung der Erklärung in Deutschland zur Wahlpropaganda, wo sie auch vielfach an den Kirchentüren angeschlagen, von der Hitlerjugend herumgetragen und zu Angriffen gegen die deutschen Bischöfe benutzt wurde und, wie wir später in Rom erfuhren, wohin auch einer der deutschen Bischöfe geschrieben hatte, daß die seit fünf Jahren im Kampfe stehenden deutschen Katholiken sie als einen Dolchstoß im Rücken empfänden, wohingegen der Kardinal versicherte, daß ihm auch Zustimmungen aus zahlreichen Gegenden Deutschlands, von Katholiken und Protestanten zugegangen seien.« Mit beißender Kritik stellten die Deutschen Briefe dazu fest: »Die österreichischen Bischöfe wollen wohl auch nicht behaupten, daß ihre Märzerklärungen ohne propagandistische Absichten erlassen wurden (oder sie waren von einer geradezu sträflichen Ignoranz gegenüber den NS-Praktiken) – aber ohne propagandistische Absichten hätten ja ihre Märzerklärungen überhaupt keinen Sinn gehabt.« Deutsche Briefe 1934–1938. Ein Blatt der katholischen Emigration. Bearb.: Heinz Hürten. Bd. II: 1936–1938 (Veröffentlichungen der Kommission für Zeitgeschichte, Reihe A, 7. Bd.), Mainz 1969, S. 1114.

34) Jablonka, Waitz (Anm. 22), S. 91.

35) Ebd.

36) Der Kanzleidirektor des erzbischöflichen Ordinariates, Prälat Wagner, notierte dies auf einem Durchschlag der »Feierlichen Erklärung«. DAW, BA, Innitzer (Anm. 3).

37) Waitz, Tagebuch (Anm. 22) und Jablonka, Waitz (Anm. 22), S. 121.

38) Ebd. Diese Zusammenkünfte sind in der Edition von Jablonka, Waitz (Anm. 22) nicht vermerkt.

39) Ebd. Daß der Nuntius ins Palais kam, wie Jablonka die Waitzsche Tagebucheintragung vom 21. März edierte, ist aus dem Tagebuchmanuskript nicht ersichtlich.

40) Dieser Waitz/Nuntius Text lautete: »Einbegleitung der Erklärung für Sonntag, den 27. d. M. Die Neugestaltung unserer Verhältnisse veranlaßt, folgende Erklärung verkünden zu lassen. Sie ist von den österreichischen Bischöfen nach eingehenden Verhandlungen beschlossen worden.
Es wurde zugesichert, daß die Regelung des Verhältnisses zwischen Staat und Kirche in Ruhe und Frieden erfolgen werde, demnach unter Wahrung wie der staatlichen, so auch der kirchlichen Autorität.
Wir Bischöfe sind uns der großen Verantwortung bewußt, die wir vor der Weltöffentlichkeit in diesem Augenblicke haben, noch mehr der Verantwortung, die wir vor Gott dem Herrn, unserem Heiland Jesus Christus haben, eine Regelung herbeiführen zu helfen, die das Wohl des neuen Staates unbeschadet der Rechte Gottes und der Rechte der Kirche verbürgt.« Durchschlag: DAW, BIKO (Anm. 3/17).

41) Waitz, Tagebuch (Anm. 22), 21. März; Jablonka, Waitz (Anm. 22), S. 122. Im Brief an den Papst, S. 536, berichtet Waitz am 22. März, daß der Gauleiter das Vorwort selbst gelesen habe. Nach Innitzer, der die ganze Causa aus seinen Erinnerungen vierzehn Tage später erheblich anders darstellt, wurden z. B. Bürckel beide Fassungen vorgelegt. Bornemann, Schmidt und Innitzer (Anm. 25), S. 119.

Bei dem apostrophierten Brief von Erzbischof Waitz an Papst Pius XI. handelt es sich um das Schreiben, das von Volk, Akten Kardinal Faulhabers (Anm. 20), S. 535–540 ediert wurde.

42) Waitz an Papst Pius XI., ebd., S. 537.

43) Ebd.

44) Gedächtniserinnerung über die Aussprache zwischen den beiden Metropoliten und Bürckel im Parlament. Durchschlag: DAW-BIKO (Anm. 3/17). Vgl. Reimann, Innitzer (Anm. 1), S. 108 f.

45) Ebd.

46) Innitzer an Johannes Maria Gföllner, Bischof von Linz, 21. März 1938. Durchschlag: DAW, BA, Innitzer (Anm. 3). Bei Bornemann, Schmidt und Innitzer (Anm. 25), S. 119, findet sich Innitzers Darstellung über die Unterredung in der Schulgebetskausa: »Bei dieser Gelegenheit brachte der Kardinal Beschwerde vor über die Abschaffung des Schulgebetes durch den Leiter des Wiener Schulwesens Fritz. Bürckel geriet darüber in Erregung und drohte ihn abzusetzen, wenn er die Anordnung nicht sofort widerrufe; noch um Mitternacht teilte ihm der Bürgermeister die vollzogene Zurücknahme mit.« Vgl. auch Jablonka, Waitz (Anm. 22), S. 122.

47) Jablonka, Waitz, ebd., S. 122 f.

48) Ebd., S. 95. Wenige Wochen vor dem Tode Kardinal Innitzers fand Ende April/Anfang Mai 1955 ein Briefwechsel zwischen Himmelreich und Innitzer statt. Auf einer von Innitzer handgeschriebenen Karte, die mit 28. April 1955 datiert ist und Himmelreich in einem Briefumschlag übermittelt wurde, heißt es: »... Nur das ›Heil Hitler‹, das zu schreiben sie mich veranlaßten und das man mir heute noch nicht vergessen hat, war bös!« Die zitierte Karte findet sich im Privatarchiv Himmelreich. Auf diesen Vorwurf antwortete Himmelreich am 1. Mai 1955: »... Euere Eminenz dürfen überzeugt sein, daß all das, was seinerzeit ›sub sigillo‹ beraten wurde, auch weiterhin von mir in gleicher Weise behandelt wird. Ich würde aber jederzeit bereit sein, falls nötig, das vornehme Verhalten des Episkopates zu erhärten und die Zwiespältigkeit und Wortbrüchigkeit der damaligen Methode dem hochwürd. Episkopat gegenüber zu brandmarken. Gerade die – leider berechtigte – ›Rüge‹ betr. der ›Grußform‹ in dem besagten Schreiben ist ja ein offenkundiger Beweis. Ich darf Eminenz bei meiner Ehre und als katholischer Mann vor dem Kirchenfürsten versichern, daß ich Euere Eminenz nur so beriet, weil mir der damalige R.(eichs)kommissar erklärte: ›Wenn das im Schreiben auch noch geschieht, ist der Friede zwischen St.(aat) und Kirche endgültig gewonnen!‹« DAW, BA, Innitzer (Anm. 3). Vgl. hierzu auch Reimann, Innitzer (Anm. 1), S. 110 f. Sollten die oben im Text zitierten Angaben Himmelreichs stimmen, daß das »und Heil Hitler« von Innitzer erst nachträglich eingefügt wurde, etwa am gleichen Tag wie das »Vorwort zur feierlichen Erkärung«, das heißt am 21. März, dann ergäbe dies eine neue Sicht des »Heil Hitler«-Grußes. Daß dieser »Heil Hitler«-Gruß erst an jenem Tag handschriftlich eingefügt wurde, steht sowohl für Fried, Nationalsozialismus (Anm. 1), S. 26, als auch für Weinzierl-Fischer, Österreichs Katholiken II (Anm. 1), S. 511, außer Streit. Wenn also diese nachträgliche Einfügung erst am 21. März erfolgt sein sollte, dann wäre die neue Sicht dieses Fragenkomplexes deshalb vonnöten, weil zu die-

sem Zeitpunkt Gauleiter Bürckel bereits einen Brief mit Innitzers handschriftlichem »Heil Hitler«-Gruß in der Hand hatte. Dieser Brief, der sich im Original im Privatarchiv von Hermann Bürckel, dem Sohn von Gauleiter Bürckel, findet, war am 20. März zwischen den beiden Metropoliten Innitzer und Waitz auf der einen und Himmelreich auf der anderen Seite verhandelt worden. Auf dem Briefumschlag, der im DAW, BIKO aufbewahrt wird, steht Innitzers handgeschriebener »Heil Hitler«-Gruß logischerweise nicht. Vgl. hierzu Liebmann, Kardinal Innitzer (Anm. 1), S. 25. Im übrigen hat Kardinal Innitzer bis in den Sommer 1938 Briefe an die neuen Machthaber immer wieder mit dem offiziellen Gruß »Heil Hitler« handschriftlich gezeichnet. Jedenfalls bin ich bis dato auf sechs derartig gezeichnete Schreiben Innitzers gestoßen.

49) Briefdurchschlag adressiert an Bischof Johannes Maria Gföllner. DAW, BA, Innitzer (Anm. 3). Vgl. auch Reimann, Innitzer (Anm. 1), S. 111.

50) Original im Privatarchiv von Hermann Bürckel, Durchschlag DAW, BIKO, siehe Anm. 48. Am 19. März wurde von Fürstbischof Pawlikowski in Wien um 11 Uhr 45 ein Telegramm an seinen Generalvikar aufgegeben, in dem er die Verschiebung der Promulgation der »Feierlichen Erkärung« auf den 27. März anordnet. Original: Diözesanarchiv Graz, Nachlaß Pawlikowski.

51) Stenographische Aufzeichnungen von Innitzers Kanzleidirektor Prälat Joseph Wagner. DAW, BA, Innitzer (Anm. 3).

52) Am 22. März 1938 stand die »Feierliche Erklärung« und besagtes »Vorwort« im Wiener Diözesanblatt, S. 1, aber schon zu lesen.

53) Texte der Ansprache in: Wiener Zeitung, 235. Jg., 83. Nr., 25. März 1938, S. 1 ff.

54) Waitz, Tagebuch (Anm. 22), 24. März 1938; Jablonka, Waitz (Anm. 22), S. 123.

55) Vermerk Prälat Wagners (Anm. 51) und Waitz, Tagebuch (Anm. 22), 26. März 1938. Jablonka, Waitz (Anm. 22), S. 124 f.: »Es kam ein Schreiben von Kardinal Innitzer: ›Eure Excellenz! Auf besonders dringendes Verlangen ist der sonntäglichen Erklärung noch beizufügen: Unter Wahrung der Rechte Gottes und der Kirche. Diese Erklärung muß unbedingt Sonntag, den 27. März, in der Domkirche und in den Stadtpfarrkirchen beigefügt werden. Ferner sind in einem eigenen Schreiben die Seelsorger aufmerksam zu machen, daß sie am Sonntag, dem 3. April, in der Predigt auf diese Ergänzung hinweisen. Mit besten Grüßen Innitzer.‹ Darüber hatte ich eine große Freude in der Meinung, daß dies mit dem Gauleiter vereinbart worden sei ... Nachmittags kam ein Rückschlag. Es kam Caritasdirektor Steiner von Wien als Bote des Kardinals mit der genauen Meldung: die Stellungnahme des österreichischen Episkopats bezüglich der äußerst schwierigen religiösen Frage der Gegenwart hat in der ganzen katholischen Welt große Überraschung hervorgerufen. Der Heilige Vater ist schmerzlich berührt. Er appelliert kraft seines apostolischen Amtes an das Gewissen der Bischöfe, bei der Erklärung den Vorbehalt zu machen: ›Unter voller Wahrung der Rechte Gottes und der Kirche‹, was übrigens mit Politik gar nichts zu tun hat.«

56) Waitz, Tagebuch, ebd. 21. März 1938.

57) Helmut Sündermann, Die Grenzen fallen, München 1939, S. 86.

58) Wiener Tagblatt, 3. April 1938, S. 3. Siehe hierzu: Helmut Konrad (Hg.), Sozialdemokratie und Anschluß, Wien–München–Zürich 1978, und vor allem Ernst Panzenböck, Ein deutscher Traum. Die Anschlußidee und Anschlußpolitik bei

Karl Renner und Otto Bauer, Wien 1985. Zu Karl Renner siehe: Norbert Leser, Karl Renner 1870 bis 1950. In: Weissensteiner, Die österreichischen Bundespräsidenten (Anm. 7), S. 122–160.

59) Ludwig Volk, Der Bayerische Episkopat und der Nationalsozialismus 1930–34 (Veröffentlichungen der Kommission für Zeitgeschichte. Reihe B, 1. Bd.), Mainz 1965, S. 172.

60) Volk, Flucht aus der Isolation (Anm. 8), S. 661.

61) Ebd., S. 661, Anm. 27.

62) Waitz, Tagebuch (Anm. 22), 18. März 1938; Jablonka, Waitz (Anm. 22), S. 121.

63) Siehe Anm. 58.

64) Panzenböck, Ein deutscher Traum (Anm. 58), S. 204 f. Der im Text genannte Thomas Kozich war damals Wiener Vizebürgermeister.

65) Konrad, Sozialdemokratie und Anschluß (Anm. 58), S. 96.

66) Reimann, Kardinal Innitzer (Anm. 1), S. 110.

67) Auf seiner Romreise berichtete Innitzer laut P. Schmidt »... daß ihm auch Zustimmungen aus zahlreichen Gegenden Deutschlands, von Katholiken und Protestanten zugegangen seien. Schon bei der Abreise von Wien hatte der Kardinal von einer Verlautbarung des Bischofs-Stellvertreters von Fulda gehört, der eine günstige Verlautbarung zur Wahl erlassen hatte«. Bornemann, Schmidt und Innitzer (Anm. 25), S. 120. Bei dem hier apostrophierten Bischofs-Stellvertreter von Fulda handelt es sich um Weihbischof Johannes Baptist Dietz. Näheres dazu bei Liebmann, Kardinal Innitzer (Anm. 1), S. 134.

68) Reichspost, 2. April 1938, S. 1.

69) Bornemann, Schmidt und Innitzer (Anm. 25), S. 116 f. Am 3. April erschienen beide Nuntien in St. Gabriel bei P. Schmidt und ließen ihn wissen, daß er Kardinal Innitzer nach Rom begleiten solle. Die beiden Nuntien teilten ihm auch »sub secreto pontificio« mit, daß Kardinal Innitzer unbedingt jetzt nach Rom reisen müsse, was er schon zweimal zugesagt und wieder abgesagt habe, weil die Regierung ihn dränge dazubleiben. Zu Nuntius Cesare Orsenigo sei noch vermerkt, daß er zwei Tage zuvor in Salzburg beim Fürsterzbischof Waitz war und brisanteste politische Dinge besprochen hatte. Waitz vermerkte in seinem Tagebuch am 1. April kurz und lapidar hierüber: »Besuch von Berlin: Nuntius Orsenigo. Lange mit ihm gesprochen... Spanien geht gut vorwärts. Ein Gedanke und ein Wunsch: daß Spanien, Deutschland, Japan zusammen die Herrschaft in Rußland zerstören... Nuntius O. verkehrt ohne Schwierigkeiten mit der Reichsregierung.« Waitz, Tagebuch (Anm. 22); vgl. hierzu auch Jablonka, Waitz (Anm. 22), S. 127. Zu Nuntius Orsenigo siehe unten (Anm. 100).

70) Weinzierl-Fischer, Österreichs Katholiken II (Anm. 1), S. 512. Die von deutschen Forschern vertretene These, Innitzer habe in Rom die »Feierliche Erklärung« widerrufen, ist inkorrekt. Zum Wortlaut der Pacelli-Innitzer-Rom-Erklärung siehe den Text unten in der Niederschrift Weinbachers sowie Fried, Nationalsozialismus (Anm. 1), S. 28.

71) Näheres bei Bornemann, Schmidt und Innitzer (Anm. 25), S. 125.

72) Volk, Flucht aus der Isolation (Anm. 8), S. 779 f.

73) Siehe auch Bornemann, Schmidt und Innitzer (Anm. 25), S. 121 f. und 127.

74) Besagter Schmerzfreitagbrief ist faksimiliert wiedergegeben in: Reimann, Innitzer

(Anm. 1), S. 346 f. Zur besagten Arbeitsgemeinschaft siehe: Josef Lettl, Die Arbeitsgemeinschaft für den religiösen Frieden 1938, Linz 1981, ungedr. Diplomarbeit.

75) Diese Dankadresse findet sich faksimiliert in: Liebmann, Kardinal Innitzer (Anm. 1), S. 157.

76) Innitzers Kanzleidirektor Prälat Wagner hielt in seinem Stenogramm (Anm. 51) diesbezüglich fest: »2. Empfang bei Führer allein: Der Führer sehr gemütlich im Gespräch, bedauert sehr, daß Rom diese Erklärung verlangt hat. Ich hätte Ihnen eine öffentliche Erklärung gegeben, nach dieser Stellungnahme Roms kann ich es nicht tun. Ich war bereit zur Versöhnung, Sie haben es aber nicht gewollt. Kardinal Pac. (elli) hat auch nicht nachgelassen, die deutschen Bischöfe seien uneinig und er verwies auf seine Verdienste um die Bekämpfung des Bolschewismus in Europa.
Ich komme nach dem 20. wieder nach Wien und möchte dann wieder sprechen. Ich will keinen Kulturkampf, ich will auch weiter Verständigung.«

77) Pacellis Brief, datiert mit 30. April 1938, ist faksimiliert wiedergegeben in: Reimann, Innitzer (Anm. 1), S. 343–345. Weinbacher hat die Note Pacellis relativ frei zitiert.

78) Im Brief an den Papst vom 22. März 1938 hatte Erzbischof Waitz (Anm. 41), S. 540, seiner Sache zwar nicht ganz sicher, zu berichten gewußt: »Am Tage nach der Abstimmung werden die Bischöfe Österreichs Gelegenheit haben, mit dem Gauleiter während eines ganzen Tages alle in Betracht kommenden Fragen zu besprechen. Nach den bisherigen Äußerungen ist zu schließen, daß eine solche Zusicherung ernst gemeint ist.«

79) Das diesbezügliche Gedächtnisprotokoll ist abgedruckt in: Reimann, Innitzer (Anm. 1), S. 151 f.; vgl. auch Liebmann, Kardinal Innitzer (Anm. 1), S. 123.

80) Ebd.; vgl. hierzu auch Pischtiaks Tätigkeitsbericht in: Liebmann, Kardinal Innitzer (Anm. 1), S. 126 ff.

81) Klaus Scholder, Österreichs Konkordat und nationalsozialistische Kirchenpolitik 1938/39. In: Zeitschrift für evangelisches Kirchenrecht, 20. Bd., 1975, S. 230–243, insbesondere S. 236.

82) Himmelreich in: Jablonka, Waitz (Anm. 22), S. 102.

83) Vgl. hierzu Alois C. Hudal, Römische Tagebücher, Lebensberichte eines alten Bischofs, Graz–Stuttgart 1976, S. 237 ff.

84) Himmelreich in: Jablonka, Waitz (Anm. 22), S. 103 f.

85) Himmelreichs Bericht an Gauleiter Bürckel hat einen Umfang von siebzehn Seiten, ist maschingeschrieben (Durchschlag) und gekennzeichnet mit: »Wien, 18. Juli 1938, Dr. J. H.« Er befindet sich im Privatarchiv Himmelreich. Vgl. meine Untersuchung: Die kirchliche Hierarchie in Österreich und das Dritte Reich. In: Norbert Leser (Hg.), Religion und Kultur an Zeitenwenden, Wien–München 1984, S. 274–293, insbesondere S. 285 ff.

86) Waitz an Innitzer (Original), 4. Juli 1938. DAW-BIKO (Anm. 3/17).

87) Pischtiaks Tätigkeitsbericht in Liebmann (Anm. 80), S. 142.

88) Wörtliche Formulierung Himmelreichs in seinem Bericht an Bürckel vom 18. Juli 1938 (Anm. 85). Siehe hierzu auch: NS-Kirche: Bischof Gföllner verhält sich anders. In: Liebmann, Kardinal Innitzer (Anm. 1), S. 61–67.

89) Dieses im Privatarchiv Himmelreich erhalten gebliebene Unterschriftenblatt trägt die Überschrift aus Himmelreichs Hand: »Vorliegendes Manuskript wurde prinzipiell als Abmachungsgrundlage anerkannt.« Gföllner betreffend hat Himmelreich darauf handschriftlich vermerkt: »Bischof Gföllner, Linz, begrüßt Friedensschritt, möchte jedoch der Bischofskonferenz nicht vorgreifen. Linz, 5. 8. 38. H.« Himmelreich dürfte diesen Vermerk erst später daraufgeschrieben haben, wofür besonders das inkorrekte Datum »5. 8.« statt recte »5. 7.« spricht.

90) Himmelreichs Bericht (Anm. 85).

91) Himmelreich in: Jablonka, Waitz (Anm. 22), S. 105; vgl. dazu Pischtiaks Tätigkeitsbericht in: Liebmann, Kardinal Innitzer (Anm. 80), S. 143.

92) Weinzierl-Fischer, Österreichs Katholiken III (Anm. 1), S. 784; vgl. dazu den höchst brisanten und aufschlußreichen Bericht Pischtiaks (Anm. 80), S. 145 f.

93) Himmelreich in: Jablonka, Waitz (Anm. 22), S. 107.

94) Ebd.; Weinzierl-Fischer, Österreichs Katholiken III (Anm. 1), S. 788.

95) Pacelli an Waitz (Original), 12. August 1938. DAW-BIKO (Anm. 3/17).

96) Himmelreichs Bericht (Anm. 85).

97) »In der Vertragsangelegenheit sind die Würfel gefallen, die uns zugedachte Schlinge ist zerrissen.« Innitzer an Pacelli (Konzept), 19. August 1938. DAW-BIKO (Anm. 3/17); vgl. dazu Liebmann, Kardinal Innitzer (Anm. 1), S. 152.

98) Franz Jachym wurde am 3. November 1910 in Wien geboren, am 19. Juli 1936 im Stephansdom zum Priester geweiht und am 3. Dezember 1941 zum Dr. theol. promoviert. Parallel zu seiner Kaplanstätigkeit fungierte er auch als erzbischöflicher Zeremoniär, ehe er mit 1. Dezember 1938 diese Aufgabe hauptberuflich übernahm. Mit April 1948 wird er Dozent für Moraltheologie und im Januar 1950 erfolgt seine Ernennung zum Titularerzbischof. Nach Innitzers Ableben leitet Jachym die Erzdiözese als Kapitelvikar. Am 29. November 1984 stirbt er völlig überraschend und wird in der Bischofsgruft zu St. Stephan bestattet. Siehe: Annemarie Fenzl (Hg.), Franz Jachym. Eine Biographie in Wortmeldungen, Wien–München 1985.

99) Johannes Krawarik wurde am 15. Februar 1903 geboren und am 18. Juli 1926 zum Priester geweiht. Mit 1. Oktober 1930 wurde er zum Domkurat bei St. Stephan und mit 1. November 1946 zum Pfarrer von Altottakring ernannt. Über seine damaligen Erlebnisse hat er autobiographische Notizen verfaßt: »Vom Überfall auf das Kurhaus am 8. Oktober 1938.« In: Beiträge zur Wiener Diözesangeschichte, 14. Jg., 1973, S. 41 f. Daß niemand von der Rettung den schwerverletzten Krawarik wegtransportieren wollte und nur Gustav Mittelbach, der heute in Graz lebt, den Mut dazu hatte, soll nicht verschwiegen sein.

100) Der schon mehrmals genannte Cesare Orsenigo. Vgl. Dieter Albrecht (Bearb.), Der Notenwechsel zwischen dem Heiligen Stuhl und der deutschen Reichsregierung, III. Bd. (Veröffentlichungen der Kommission für Zeitgeschichte, Reihe A, 29. Bd.). Mainz 1980, S. XXIII-IL.

101) Zu diesem hier von Weinbacher geschilderten Pogrom, das ziemlich genau einen Monat vor dem Juden-Pogrom in der sogenannten Reichskristallnacht stattfand, vgl. auch Reimann, Innitzer (Anm. 1), S. 191 ff. und Weinzierl-Fischer, Österreichs Katholiken III (Anm. 1), S. 798 ff.

Sowohl Dr. Karl Renner wie auch Dr. Theodor Innitzer sind in den Tagen vor der von Adolf Hitler angeordneten Volksabstimmung zu nicht unwesentlichen Rädern in der gewaltigen nationalsozialistischen Propagandamaschinerie geworden, die das »Land Österreich« – das es de jure damals ja noch immer gegeben hat – überrollte. Sie sind freilich nicht die einzigen gewesen, die damals von den neuen Machthabern aufgeboten wurden, um Stimmung zu machen. Immerhin haben allein in der »Neuen Freien Presse« zwei so verschiedene Persönlichkeiten wie der frühere österreichische Bundespräsident Michael Hainisch und der spätere bundesdeutsche Bundespräsident Theodor Heuss für die Legalisierung des Anschlusses geworben. Theodor Heuss tat dies in einem ganzseitigen Artikel unter der Überschrift »Das Werden einer Nation«, veröffentlicht am Tag der Volksabstimmung, und er schleuderte seinen Lesern den kraftvollen Satz entgegen: »Der Spuk ist vorbei, Großdeutschland entsteht.« Es findet sich in der Tat mehr zwischen alten Zeitungsbänden und Archiven, als unsere Schulweisheit sich träumen läßt ...

In der Tat, die Propaganda hat alles niedergewalzt, was sich an allfälligen Gegenargumenten erhoben haben mag – und niedergewalzt im nahezu buchstäblichen Sinn ist schon damals, als man noch meinte, es werde so etwas wie eine Eigenständigkeit Österreichs geben, alles »austriakische« worden. Das vollzog sich sogar auf den Straßen: Die Verkehrsunfälle mit deutschen Armeefahrzeugen haben sich gehäuft. Apropos Autos: Mit Aufmerksamkeit haben die Wiener damals registriert, daß Gauleiter Bürckel, der ja aus dem Saarland gekommen war, an seinem schwarzen Mercedes nach wie vor die Nummer »SAAR« trug, solcherart schon nach außen hin dokumentierend, daß er sich, allen anderen Gesten zum Trotz, als ein Fremdling aufzuführen gedachte; eben als einer, dem aufgetragen war, die »Wiedervereinigung Österreichs mit dem Reich« durchzuführen, mit allen Mitteln, koste es, was es wolle.

Diese »Wiedervereinigung« ist bereits in den Tagen vor der Volksabstimmung – die ja eigentlich nur ein Vollzugsakt sein sollte, eine nachträgliche Sanktionierung von Fakten, die mit Hilfe von Panzern und Flugzeugen gesetzt worden waren – mit einem Organisationsaufwand durchgeführt worden, der nicht auf Improvisation, sondern auf intensive Vorbereitung schließen läßt. Schritt für Schritt

sind in den letzten März- und ersten Apriltagen 1938 alle Bereiche des öffentlichen und wirtschaftlichen Lebens gleichsam »inhaliert« worden, und aus der neuen Schnellverbindung Berlin–Wien schlugen jene Kapital, die ihre reservierten Abteile im FD-Zug mit Aktentaschen vollgepackt hatten, in denen Beschlagnahmeaufträge, Requirierungslisten und Regorganisationsbefehle steckten.
Die Reihe der prominenten nationalsozialistischen Amtsträger, die zu kürzeren oder längeren Besuchen nach Österreich kamen, wurde immer länger, sie reichte von Reichsbankpräsident Hjalmar Schacht, der die Angestellten der Oesterreichischen Nationalbank vereidigte, bis zu einem Herrn namens Dr. Stuck, der den hochtrabenden Titel »Reichszahnärzteführer« trug und nach Wien geeilt war, um schnell noch vor der Volksabstimmung – deren Ergebnis jedem menschlichen, vor allem aber nationalsozialistischen Ermessen nach ohnehin längst feststand – dem »Reichskommissar« Bürckel sechs »automobile« Zahnstationen für die Jugend zu überantworten.
An der Spitze jener, die damals Österreich bereisten, befanden sich freilich die eigentlichen Köpfe des Regimes. Noch nicht Hitler – der war erst für die letzte Woche vor dem Volksabstimmungssonntag angesagt. Aber Göring war da – und natürlich jener Mann, der für die gesamte Propagandawalze den Treibstoff zur Verfügung gestellt hatte, Joseph Goebbels, Reichsminister für Volksaufklärung und Propaganda.
In der Nordwestbahnhalle – einen »Dom der Bewegung« hat man sie damals genannt – hielt Goebbels am 29. März seine bis dahin größte Rede im »Wahlkampf«. Am 10. April – so tönte es von dem in einem Fahnenwald und unter dem überdimensionierten Reichsadler plazierten Rednerpult – werde es ein »Gottesgericht« geben. In der Tat: Den lieben Gott hat man auch diesmal wieder recht häufig strapaziert. Kaum verwunderlich demnach, daß in einer Glockengießerei in Favoriten – angeblich aufgrund einer Anregung des zuständigen Pfarrers – die »erste Adolf-Hitler-Glocke« gegossen worden ist, genau eine Woche vor der Volksabstimmung, notabene.
Am Vortag, dem 9. April, wurde der »Tag des großdeutschen Reiches« in ganz Deutschland begangen, mit dem »Höhepunkt« der Hitlerrede in der erwähnten Nordwestbahnhalle.
Der Führer war schon ein paar Tage vorher nach Österreich gekommen, zuerst war er in Graz aufgetreten, dann waren Salzburg und Linz an der Reihe. Und als er am 9. April in Wien einfuhr – »zum zweitenmal«, wie die Gazetten jubelten –, war alles, auch die Dekoration, schon viel besser organisiert als am 14. März. Waggonweise sind Fahnen aus dem »Reich« nach Wien gekarrt worden, den Rathausplatz flankierten hohe Fahnenmaste nach dem Muster der Nürnberger Reichsparteitage, von der Mittelbalustrade des Burgtheaters prangte das Hakenkreuz, und die Choreographie der großen, schweren, schwarzen Mercedes-Kabrioletts war auf Imponiergehabe getrimmt: Im ersten Wagen stehend der Führer, hinter ihm in zwei Reihen die anderen Autos, mit je einem halben

Dutzend SS-Männern auf den Trittbrettern. Wie kleine graue Mäuse nahmen sich neben den in diesen Tagen so häufig gesehenen »dicken Mercedes«, den geländegängigen Dienstfahrzeugen der neuen Machthaber, die österreichischen Steyr-Autos aus – die zum Teil noch die alten österreichischen Kennzeichen trugen.

Freilich, wenn man mit ihnen ins Ausland fahren wollte, galt seit 1. April die Kundmachung des Reichsstatthalters Seyß-Inquart: »Infolge der Wiedervereinigung Österreichs mit dem Deutschen Reich müssen von nun an Kraftfahrzeuge, die im Land Österreich ihren dauernden Standort haben, bei den Fahrten ins Ausland gemäß § 81 Abs. 1 der Kraftfahrverordnung 1937 mit dem in dem Buchstaben D bestehenden, für das Deutsche Reich geltenden zwischenstaatlichen Unterscheidungszeichen versehen werden. Das in dem Buchstaben A bestehende zwischenstaatliche Unterscheidungszeichen ist nicht mehr zu verwenden.«

Die Mercedeskolonne mit Adolf Hitler, die am 9. April durch Wien rollte, trug im übrigen samt und sonders Münchner Autokennzeichen, nicht Berliner: Hitler selbst fuhr in einem Wagen mit der Nummer »IIA 19356«. Durch einen Fahnenwald fuhr er, vorbei am obligaten Jubelspalier. Hakenkreuzfahnen wehten auch von vielen Kirchtürmen im kirchenreichen Wien. Denn das Wiener erzbischöfliche Ordinariat hatte rechtzeitig eine Mitteilung herausgegeben, wonach »die Kirchen und kirchlichen Gebäude bei gegebenen Anlässen mit Hakenkreuzfahnen beflaggt werden können«.

Ja, und dann war es soweit. Dann stand Hitler in der Nordwestbahnhalle, angeschlossen waren alle deutschen Sender, Kinos und Theater hatten geschlossen, jeder Volksgenosse im »großdeutschen Reich« sollte diese Wiener Führerrede, gehalten am Vorabend des Volksabstimmungstages, hören. Denn, so Hitler im Originalton: »Ganz Deutschland muß diesen Akt unterschreiben. Möge jeder die Stunde erkennen, sich in Demut neigen vor dem Willen des Allmächtigen, der in wenigen Wochen ein Wunder an uns vollbracht hat!«

Es ist eine der pathetischsten Reden gewesen, die Hitler je gehalten hat. Auch das Wort von der Perle kam vor, die Wien sei – und die die entsprechende Fassung erhalten werde. Noch pathetischer freilich agierte Gauleiter Bürckel: »Mein Führer«, rief er nach der langen Hitlerrede aus, »über siebzig Millionen treten jetzt an den Altar des Vaterlandes und rufen: Unser geliebter, herrlicher Führer, Sieg Heil!«

Das heisere Gebrüll steigerte sich zu einem vielstimmigen Diskant. Und dann, wie schon Tage vorher in allen Zeitungen und im Rundfunk angekündigt, sangen alle – jene in der Nordwestbahnhalle und die, welche die Hitlerrede im »Gemeinschaftsempfang« gehört hatten, und, so wollte es die NS-Propaganda, auch die »Volksgenossen« daheim –, was nun an getragenen Klängen aus den Radioapparaten drang: Das »Große niederländische Dankgebet«. Es beginnt mit den Worten: »Wir treten zum Beten vor Gott, den Gerechten.«

Vierundzwanzig Stunden später wußte es die Welt: Angeblich nur 11 329 Nein-

Stimmen hatte es in Österreich auf die Frage gegeben: »Bist Du mit der am 13. März 1938 vollzogenen Wiedervereinigung Österreichs mit dem Deutschen Reich einverstanden und stimmst Du für die Liste unseres Führers Adolf Hitler?« Rund viereinhalb Millionen sagten ja. Im »Altreich« waren es rund 44 Millionen. Wenn man den »amtlichen« Prozentzahlen glauben darf, war der Prozentsatz der Ja-Stimmen im Burgenland mit 99,93 Prozent am höchsten, in Vorarlberg mit 98,09 Prozent am niedrigsten.

Weniger als 98 Prozent Ja-Stimmen gab es in keinem einzigen der österreichischen Bundesländer an diesem 10. April 1938. So hieß es jedenfalls amtlich.

Den »Tannhäuser« hat man am Abend in der Oper gespielt, und im Burgtheater wurde ein dem Anlaß entsprechendes Schönherr-Stück gegeben: »Die Fahne weht.« Ob es ausverkauft war, läßt sich heute nicht mehr leicht rekonstruieren.

Ausverkauft war indessen Österreich. Und das nicht nur politisch. Die Volksabstimmung setzte den, so meinte man, nun auch politischen Schlußstrich unter die Sanktionierung der totalen Vereinnahmung. Die Österreicher blickten in ihre Geldbörsen, wenn sie sich an die Eigenstaatlichkeit und Selbständigkeit erinnern wollten. Noch trugen die Münzen und Banknoten die altbekannten Aufschriften. Aber auch das ging dem Ende zu. Am Beispiel der Oesterreichischen Nationalbank, dieses Symbols der Souveränität, kann die Totalität des Anschlusses nachvollzogen werden.

Willibald Kranister

Auch der Schilling hat gelockt

Warum die Oesterreichische Nationalbank für das Reich so wertvoll war

Die nationalsozialistische Propaganda hatte die Begründung für den Einmarsch in Österreich seit Jahren mit allen Mitteln vorbereitet. Deshalb mußte den Österreichern der Eindruck vermittelt werden, daß ihr Staat unmittelbar vor dem wirtschaflichen Zusammenbruch stehe und die einzige Chance für eine glücklichere Zukunft im Anschluß an den großen Nachbarn liege.
Wie bei jeder erfolgreichen Beeinflussung der Massen brauchte man natürlich zu einer wirksamen Propaganda günstige Voraussetzungen im Lande. Von der Sorge über die Lebensfähigkeit des kleinen Staates nach dem Ersten Weltkrieg bis zu den Träumen von einem »großdeutschen« Reich gab es vom Beginn der zwanziger Jahre bis zum Schicksalsjahr 1938 ein breites Spektrum an Meinungen, Ideen und Visionen. All das konnten die nationalsozialistischen Propagandisten geschickt in ihre Aktivitäten einbauen, begonnen von der raffinierten unterschwelligen Flüsterpropaganda bis zur späteren vollen Medienunterstützung nach der Machtübernahme in Deutschland.
Aber auch alle offenen und versteckten Maßnahmen des Wirtschaftskrieges spielten eine Rolle. All dieser Gundlagen und Voraussetzungen muß man sich bewußt sein, wenn man ein wenig Verständnis für die währungs- und wirtschaftspolitische Situation Österreichs im Jahr 1938 aufbringen will. Wie beinahe immer bei Problemstellungen kann man eben nicht nur *eine* Ursache als Grundlage für Erklärungen suchen, sondern muß die *verschiedenen* Rahmenbedingungen mit in die Überlegungen einbeziehen.
Bei einer solchen umfassenden Betrachtungsweise stand Österreich im Währungsbereich gar nicht schlecht da. Besonders dann, wenn man auch die internationale Lage und Entwicklung berücksichtigt.
So machten die valutarischen Deckungspositionen der Oesterreichischen Nationalbank zu Anfang des Jahres 1938 rund 400 Millionen Schilling aus. Der Banknotenumlauf hatte zu diesem Zeitpunkt eine Höhe von rund 1 Milliarde Schilling, der Gesamtumlauf belief sich auf 1,2 Milliarden. Nur fünf Jahre vorher hatte diese Deckung etwa den halben Stand bei einem nahezu gleich hohen Banknoten- und Gesamtumlauf wie zu Anfang 1938 erreicht.
Im »Altreich« hatte der Betrag an umlaufenden Banknoten zu diesem Zeitpunkt eine Höhe von rund 5,1 Milliarden Reichsmark, wozu noch zirka 723

Millionen Giroverbindlichkeiten kamen. Der Bestand an Gold belief sich dagegen auf rund 700 Millionen Mark und der Bestand an deckungsfähigen Devisen auf rund 5,7 Millionen Reichsmark. Das ergab eine Deckung des Gesamtumlaufes von nicht einmal 1,5 Prozent in Deutschland und von mehr als 33 Prozent in Österreich.
»Kommentar überflüssig«, könnte man meinen. Im Verwaltungsbericht der Deutschen Reichsbank, einer wahren Fundgrube für diese Arbeit, findet sich allerdings eine sehr aufschlußreiche Erklärung über die Sicht der Dinge aus der Perspektive der damaligen Herrscher: »Die Bestimmungen über die Notendeckung entsprechen der nationalsozialistischen Wirtschaftsauffassung, daß die Stabilität der deutschen Währung nicht auf der vorhandenen Menge an Gold und Devisen beruht, sondern darauf, daß die umlaufende Geldmenge in einem angemessenen Verhältnis zu dem Umsatz der mit deutscher Arbeit geschaffenen Lebens- und Gebrauchsgüter gehalten wird.« Oder für die Reden der großen und kleinen Funktionäre etwas markiger ausgedrückt: »Die Deckung der Währung ist die Arbeitskraft des deutschen Volkes.«
Trotz aller Ideologie war also die »Mitgift der Ostmark« zwangsläufig ein starker Anreiz für die nationalsozialistischen Machthaber. Wichtige Ausgaben für Rüstung und andere strategische Projekte ließen sich nun einmal nicht mit Sprüchen finanzieren.

Die Ereignisse warfen Schatten voraus

In Österreich gab es zu Beginn des Jahres 1938 viele Menschen, die Konsequenzen aus den sich abzeichnenden Entwicklungen zogen: Im Gegensatz zum normalen Verlauf gab es unter dem Einfluß der politischen Ereignisse eine Steigerung des effektiven Notenumlaufes und eine Verminderung der Giroverbindlichkeiten der Oesterreichischen Nationalbank durch Mehrabhebungen, die bereits in der dritten Februarwoche eingesetzt hatten.
Diese Entwicklung war den Planern der Machtübernahme im »Altreich« nicht verborgen geblieben. Sie bereiteten daher ganz eindeutig schon vor dem Einmarsch eine Verordnung über »Beschränkungen des Auszahlungsverkehrs im Inland« vor, die bereits am 15. März vom Direktorium der Oesterreichischen Nationalbank an sämtliche Bankanstalten weitergegeben werden mußte. Wichtigste Regelung dabei war, daß von Einlagebüchern und fälligen Kassenscheinen sowie Guthaben in laufender Rechnung innerhalb einer Kalenderwoche nicht mehr als ein Betrag von 1 000 Schilling ausgezahlt werden durfte. Erlöse aus dem Verkauf von Wertpapieren durften nicht bar ausgezahlt, sondern mußten gutgeschrieben werden und unterlagen dann denselben Beschränkungen. Ansprüche aus Lebensversicherungen durften nur bis 500 Schilling pro Kalenderwoche befriedigt werden.

Für Übertretungen gab es eine Strafandrohung mit Geldstrafen bis zu 100 000 Schilling und Freiheitsstrafen bis zu einem Jahr. Wer also schon im Februar disponiert hatte, war gut beraten.
Beachtlich war für die damalige Situation, daß man sich bei der Begründung ausnahmsweise kein Blatt vor den Mund genommen hatte. Offen wurde erklärt, daß durch diese Maßnahmen politische Kapitalflucht verhindert werden sollte. So sicher waren sich also die Befreier offensichtlich doch nicht über das uneingeschränkte Vertrauen der ins Reich heimgeholten Ostmärker.

Gut vorgeplant war halb kassiert

Schon am 17. März 1938 wurde eine Kundmachung des Reichsstatthalters in Österreich verlautbart, wodurch die Verordnung über die Einführung der Reichsmarkwährung im Lande Österreich dekretiert worden ist. Danach hat der Führer und Reichskanzler aufgrund des Artikels II des Gesetzes über die Wiedervereinigung Österreichs mit dem Deutschen Reich vom 13. März 1938 angeordnet:

§ 1

Gesetzliches Zahlungsmittel im Lande Österreich ist neben dem Schilling die Reichsmark. Eine Reichsmark ist gleich einem Schilling fünfzig Groschen.

§ 2

Der Reichswirtschaftsminister wird ermächtigt, alle derzeit zwischen dem Deutschen Reich und dem Lande Österreich geltenden Beschränkungen des Zahlungsverkehrs abzuändern oder ganz oder teilweise außer Kraft zu set zen.

§ 3

Der Reichsminister der Finanzen wird ermächtigt, Waren österreichischen Ursprungs ganz oder teilweise zollfrei zu erklären.

§ 4

Diese Verordnung tritt mit der Verkündigung in Kraft.

Berlin, den 17. März 1938.

DER FÜHRER UND REICHSKANZLER
Adolf Hitler
DER REICHSMINISTER DES INNERN
Frick
DER REICHSMINISTER DER FINANZEN
Graf Schwerin von Krosigk

DER REICHSWIRTSCHAFTSMINISTER
Walther Funk

Ebenso wurde die Übernahme der Oesterreichischen Nationalbank durch die Reichsbank durch eine Verordnung vom 17. März 1938 angeordnet:

§ 1

Die Geschäftsführung der Österreichischen Nationalbank geht auf die Reichsbank über.

§ 2

Die Österreichische Nationalbank tritt in Liquidation und wird von der Reichsbank für Rechnung des Reiches abgewickelt.

§ 3

Mit der Übernahme des Geschäftsbetriebs übernimmt die Reichsbank das gesamte Personal der Österreichischen Nationalbank unter Aufrechterhaltung der bestehenden gesetzlichen und vertraglichen Rechte in ihre Dienste.

§ 4

Diese Verordnung tritt mit der Verkündigung in Kraft.

Berlin, den 17. März 1938.

DER FÜHRER UND REICHSKANZLER
Adolf Hitler
DER REICHSMINISTER DES INNERN
Frick
DER REICHSMINISTER DER FINANZEN
Graf Schwerin von Krosigk
REICHSMINISTER UND REICHSBANKPRÄSIDENT
Dr. Hjalmar Schacht

Bereits nach Geschäftsabschluß des 17. März war der gesamte Goldbesitz der Oesterreichischen Nationalbank – damals schon mit dem Zusatz »in Liquidation« – auf die Deutsche Reichsbank übertragen worden. Immerhin war es eine rund dreimal so große Menge Gold als die Reichsbank zu diesem Zeitpunkt für den gesamten Reichsmarkumlauf des Deutschen Reiches zur Verfügung hatte:
Aus den Tresoren der Oesterreichischen Nationalbank in Wien mußten 4 201 Goldbarren mit einem Feingewicht von 51 654 kg und diverse Goldmünzen mit einem Feingewicht von 4 271 kg, somit zusammen 55 925 kg abgeliefert werden. Auch die im Ausland befindlichen Goldbestände der Oesterreichischen Nationalbank wurden blitzartig übertragen und abdisponiert. Es waren nicht weniger als 1 782 Goldbarren im Gesamtgewicht von

22 342 kg. Insgesamt waren von der Oesterreichischen Nationalbank also 78 267 kg Gold fein dem Reich abzuführen.
Ein zusätzlicher Streitpunkt bei der Ablieferung dieses Goldschatzes war die Frage der Bewertung. Von der Oesterreichischen Nationalbank wurde für die Bewertung in der Bilanz ein Kurs gewählt, der einem auf dem nächsten internationalen Markt erzielbaren Erlös möglichst entsprach. Dieser Bankplatz war London. Außerdem wurde bei dieser Rechnung noch ein Pauschalbetrag abgesetzt, der die Transportspesen von Gold nach London, die dabei auflaufenden Versicherungskosten und die Schmelz- und Probegebühren abdecken sollte.

Auszug aus der Liquidationsbilanz der Oesterreichischen Nationalbank per 17. März 1938

Gold gemünzt und ungemünzt für 1 kg Gold fein zu S 5 976,30	S	467 747 947,09
Devisen: sofort fällig	S	46 108 365,11
Goldwechsel	S	13 360 000,–
Valuten	S	483 735,53
	S	527 700 047,73
– Verbindlichkeiten	S	12 000 000,–
OeNB Eigenbesitz	S	515 700 047,73
Außerdem lukrierte »das Reich« noch Verluste der Oesterreichischen Nationalbank aus der Abwicklung des deutsch-österreichischen Verrechnungsverkehrs in Höhe von	S	11 112 878,11
+ Schätzungen über Privatablieferungen bis Ende *Juni 1938*		
Gold und Devisen im Gesamtwert von ca.	S	225 000 000,–

Nach all diesen vorsichtigen Berechnungen ergab sich ein Goldpreis von S 5 976,30 pro Kilogramm fein.
In Berlin rechnete man mit einem nach anderen Überlegungen festgelegten Zwangskurs von Reichsmark 2 784,– pro Kilogramm fein. Und damit hing wieder unmittelbar die Umtauschrelation Schilling – Reichsmark zusammen.
Wobei es ja eigentlich nicht einmal mehr um des Kaisers Bart, sondern um des Führers Bärtchen ging: Denn als Deckung für den Gegenwert des übertragenen Goldes galten für alle Goldlieferungen die in Österreich eintreffen-

den Reichsmark-Banknotensendungen der Reichsbank. Was aber nach nationalsozialistischer Philosophie Anweisungen auf die Arbeitskraft des Deutschen Volkes gleichkam.

Die Suche nach dem »richtigen« Wechselkurs

So gründlich ein großer Teil der neuen Gesetze und Vorschriften ganz eindeutig bereits daheim im Reich geplant worden war, so ist offensichtlich doch ein wesentlicher Punkt des Geld- und Währungsbereiches nicht rechtzeitig im vorhinein geklärt gewesen: die Relation Schilling – Reichsmark.

Dem sofort bei der Machtübernahme nach Wien entsandten Reichsbankdirektor Wilhelm schwebte zunächst vor, daß Reichsbankpräsident Schacht die Relation 1 Reichsmark für 2 Schilling »amtlich und endgültig« festlegen sollte, »damit wenigstens für den großen Strom der Truppengelder alles in Ordnung wäre«. Allerdings erklärte Schacht noch am 15. März bei den mit Vertretern der Oesterreichischen Nationalbank geführten Verhandlungen, daß dieser Umrechnungskurs nur ein Provisorium sei, das in keiner Weise der Festlegung des endgültigen Abrechnungskurses vorgreife.

Der österreichische Handelsminister Fischböck hatte aber in der Nacht vom 13. auf den 14. März die Eisenbahn-, Zoll- und Postkassen angewiesen, daß diese die Reichsmark nur im Verhältnis 1 Mark zu 1,35 Schilling hereinnehmen sollten. Eine rasche Änderung dieser Anordnung war selbst dem wendigen Reichsbankdirektor Wilhelm nicht möglich.

Es zeigte sich bald, daß die deutschen Formationen, wenn sie Schillingzahlungsmittel brauchten, diese nur in für sie unbefriedigenden Relationen zur Reichsmark erlangen konnten. Am Flughafen Aspern, wo als erste die Flugstaffel Göring eingetroffen war, wies der Kommandant empört die Relation bei der dortigen Wechselstube von 1 : 1,10 zurück. Er fertigte ganz einfach die Leistungen österreichischer Arbeitskräfte anstelle von Bargeld mit Arbeitsbescheinigungen ab.

Jedenfalls befanden sich Truppenkommandanten und Truppenverwaltungen vielfach in größten Schwierigkeiten. In einzelnen Fällen deshalb, weil die Truppen überhaupt keine Zahlungsmittel mit sich führten, wie etwa die Polizeimarschkolonne III in Graz, die dort völlig mittellos eintraf. Aber Reichsbankdirektor Wilhelm wußte sich auch hier zu helfen: Obwohl er feststellte, daß die Vorgangsweise »von den üblichen Geschäften der Reichsbank« – und übrigens jeder Notenbank – abweiche, ließ er an den Kommandanten dieser Truppe immerhin gegen Quittung 50 000 Schilling vorschußweise auszahlen. »Es galt zu handeln, um keine Beunruhigung aufkommen zu lassen« war kurz und bündig die Rechtfertigung. Er bekam für solch unerschrockenes Vorgehen im übrigen auch bald die Belohnung durch sein Einrücken ins

Direktorium der Deutschen Reichsbank nach dem Ausscheiden Schachts und einiger von dessen Mitarbeitern.

Eine »faire« Umtauschrelation?

Am 23. März wurden dann alle zuständigen Stellen der Oesterreichischen Nationalbank »in Liquidation« über die Relation 1 Reichsmark = 1,50 Schilling informiert.
Ab 25. März waren nach Möglichkeit nur noch Reichsbankzahlungsmittel auszugeben.
Ab 31. März sollte die Ausgabe von Schilling-Zahlungsmitteln überhaupt vollständig eingestellt werden.
Mit 25. April 1938 hörten die Noten der Oesterreichischen Nationalbank auf, gesetzliche Zahlungsmittel zu sein. Die Oesterreichische Nationalbank in Liquidation und die Deutsche Reichsbank waren aber verpflichtet, die Noten noch bis 31. Dezember 1938 in Zahlung zu nehmen oder gegen Reichsmark einzulösen. Nach diesem Zeitpunkt war jeder Anspruch erloschen.
Bei der Festsetzung der Schilling–Reichsmarkrelation von 1,50 : 1 gingen die Herren des »Altreiches« von einer hohen Verhandlungsbasis aus: Bei den Clearingverträgen über den deutsch-österreichischen Handel war eine Relation von 1 Reichsmark = 2,17 Schilling praktiziert worden. Man argumentierte damit, daß eine Relation von 1,50 bereits eine 36prozentige Verbesserung für den Schilling darstelle. Ein echtes Geschenk also.
Bei aller Würdigung der möglichen Aussagekraft einer Kaufkraftparitätentheorie, des Vergleichs von Ausarbeitungen der Lebenshaltungskosten-Indizes und ähnlichem, wiegt sicher die Berichterstattung von Zeitzeugen schwerer. Die österreichischen Geschäfte wurden nach dem Einmarsch von deutschen Käufern überrannt, die vor allem Waren und Qualitäten aufkauften, die es im »Altreich« schon seit langem nicht mehr gegeben hatte. Hier wurde manchem Österreicher der Sinn der nationalsozialistischen Philosophie der Währungsdeckung recht eindeutig bewußt gemacht.
Untermauert werden diese Fakten noch durch eine kleine Anekdote, die der damalige Sekretär von Präsident Kienböck, Herbert Prack – heute pensionierter Direktor der Oesterreichischen Nationalbank –, über einen offiziellen Besuch von Reichsbankpräsident Schacht in Wien knapp vor dem Einmarsch erzählte. Schacht ersuchte den jungen Sekretarius in Wien, einiges für ihn zu besorgen, was sich damals offensichtlich auch ein Reichsbankpräsident gegen noch so gute Mark daheim im Reich schwer beschaffen konnte: echten Bohnenkaffee, echtes Leinen und Silberfüchse ...
Augenscheinlich wurde die Problematik dieses für Österreich ungünstigen Umrechnungskurses bei der Bewertung der wichtigsten Aktivposten der Bi-

lanz der Oesterreichischen Nationalbank anläßlich der Liquidation: Hier wurde nämlich gleich doppelt gedrückt. Einmal durch den unrealistischen und von den internationalen Bewertungen beachtlich differierenden Berliner Kurs für Gold sowie durch die Berliner Kursfestsetzung für Devisen, und zum zweitenmal durch die Reichsmark-Schillingrelation 1 : 1,50.
Allein durch die Bewertung des Goldes zum Preis von 2 784 Reichsmark und die Zugrundelegung der Berliner Kurse für Goldwechsel und die Devisen- und Valutenbestände ergaben sich Verluste für die Liquidationsmasse der Oesterreichischen Nationalbank in Höhe von mehr als 148 Millionen Reichsmark. Durch diese und eine Reihe weiterer »korrigierender Maßnahmen« konnte man schließlich bei der Endabrechnung im September 1938 noch darauf verweisen, daß die Liquidation der Oesterreichischen Nationalbank für das Reich mit einem Verlust von mehr als 17 Millionen Reichsmark abgeschlossen habe.
Aber das Reich zeigte sich auch da wieder großzügig gegenüber dem Sanierungsfall Österreich. Die Abdeckung dieser »Verluste« erfolgte teils in Reichsmarkbanknoten, teils in $4^1/_2$prozentigen Schatzanweisungen des Deutschen Reiches.

Schatzanweisungen gab man für Goldkronenaktien

Nicht einmal Eisen für Gold, sondern $4^1/_2$prozentige, spätestens in zwanzig Jahren fällige Schatzanweisungen des Deutschen Reiches gab man den Aktionären der Oesterreichischen Nationalbank »zur Abfindung ihrer Ansprüche«.
Für je 100 Goldkronen Oesterreichischer Nationalbankaktien wurden 125 Reichsmark Schatzanweisungen gewährt. Dafür durften sich die Empfänger, allerdings nur auf Antrag, ihre Schatzanweisungen in das Reichsschuldenbuch eintragen lassen.
Insgesamt hatte das Aktienkapital der Oesterreichischen Nationalbank 30 Millionen Kronen Gold betragen und war in 300 000 Stück Aktien à 100 Kronen Gold aufgeteilt. Dieses Kapital war von den Zeichnern bei der Gründung im Jahre 1922 in Gold und Devisen aufgebracht worden.
Abgesehen von der Abgeltung der Aktionäre in Schatzanweisungen erfolgte die Vergütung nur knapp über dem Nennwert, wobei das Reich wieder von der ungünstigen Relation 1:1,50 profitierte. Nicht berücksichtigt wurde aber überdies der innere Wert der Nationalbankaktien. Durch die Unterbewertung der Gold- und Devisenpositionen in der Liquidationsbilanz per 17. März 1938 hatte man auch für diese Abspeisung der Aktionäre gleich eine Begründung gefunden.
Vollkommen außer acht wurde bei der Bewertung das Notenbankprivileg ge-

lassen. Danach war die Nationalbank während der Dauer ihres Privilegiums ausschließlich berechtigt, Banknoten in Österreich auszugeben. Da aber laut Verordnung des Führers und Reichskanzlers Adolf Hitler vom 17. März 1938 die Reichsmark als gesetzliches Zahlungsmittel eingeführt worden war, galt eben das ausschließliche Privileg der Oesterreichischen Nationalbank als aufgehoben und war daher auch nicht abzulösen. So einfach ging das damals.

Von den 300 000 Stück Aktien waren nur etwa bei rund 200 000 die Besitzer bekannt. Unter ihnen dominierten die Sparkassen, die Finanzverwaltung und Mitglieder der Familie Rothschild, Versicherungsanstalten, Banken und ihre Funktionäre sowie verschiedene Ausländer.

Aus der »verhinderten« 100-Schilling-Note wurde eine 20-Reichsmark-Note

Am 18. März 1938 erging folgendes Telegramm an sämtliche Bankanstalten in Österreich: »Ausgabe neuer 100-Schilling-Noten III. Form unterbleibt bis auf weiteres. Dekret vom 7. März Nr. 255 gegenstandslos. Weitere Weisungen folgen. Bankleitung.« Absender dieser Depesche war das Direktorium der Oesterreichischen Nationalbank »in Liquidation«.

Den Bankanstalten der Oesterreichischen Nationalbank war mit diesem Dekret erst wenige Tage vorher die Weisung erteilt worden, mit der Ausgabe der neuen Notenkategorie zu 100 Schilling, III. Form, Datum 2. Jänner 1936, am 21. März 1938 zu beginnen.

Infolge der Einführung der Reichsmark-Währung als gesetzliches Zahlungsmittel in der nunmehrigen Ostmark war natürlich die Ausgabe der bereits fertig gedruckten neuen 100-Schilling-Noten der Oesterreichischen Nationalbank überflüssig geworden.

Die neue 100-Schilling-Note ist die erste gewesen, deren Untergrund in einem neuartigen Verfahren gedruckt worden war. Die dafür notwendigen Druckmaschinen waren erst 1936 von der Oesterreichischen Nationalbank angekauft worden. Der Fälschungsschutz dieser neuen Technik war damals von höchster Bedeutung. Der Druck erfolgte auf Banknotenpapier mit Kopfwasserzeichen (die in Umlauf befindliche Note hatte kein Wasserzeichen). Die Entwürfe für die im Tiefdruckverfahren ausgeführten Hauptmotive der Vorder- und Rückseite (Mädchenbildnis bzw. Landschaftsbild Dachstein mit Gosausee) stammten von Professor Josef Seger.

Die Neuausgabe der Kategorien zu 10 und 20 Schilling waren ebenfalls vorgesehen. Selbstverständlich gelangten auch diese Noten nicht mehr zur Ausgabe.

Die Situation, die die neuen Machthaber nach dem Anschluß in der Druckerei für Wertpapiere in Wien vorfanden, war folgende: Der Druckmaschinenpark war hochmodern. Eine gut eingespielte Mannschaft in den Original- und Druckabteilungen war vorhanden. Es war daher nur logisch, daß die Notendruckerei nicht geschlossen wurde, sondern weiterhin als Wertpapierdruckerei – allerdings der Deutschen Reichsbank – bestehen blieb.
In der Folge wurde nur eine Notenkategorie der Deutschen Reichsbank hergestellt: Die Banknote zu 20 Reichsmark, Datum 16. Juni 1939. Für diese Note wurden ganz einfach die Originale der nicht zur Ausgabe gelangten 100-Schilling-Note der Oesterreichischen Nationalbank verwendet. Der Untergrund wurde unter Einbeziehung des Hakenkreuzes neu gestaltet. Ausgegeben wurde die vom damaligen Präsidenten der Deutschen Reichsbank, Walther Funk, unterschriebene 20-Reichsmark-Note erst im Februar 1945. Gesetzliches Zahlungsmittel blieb sie in Österreich bis 20. Dezember 1945, in Deutschland bis 20. Juni 1948.

»Beurlaubt« nach Dachau

Schon wenige Tage nach dem Einmarsch kam es zur ersten Säuberungswelle unter den Mitarbeitern der Oesterreichischen Nationalbank. Durch ein Personaldekret, das allen Mitarbeitern zur Kenntnis zu bringen war, wurden fünfzehn Bedienstete mit dem zynischen Hinweis »beurlaubt« als abwesend gemeldet. Unter ihnen waren spätere Spitzenmanager der Bank wie Kaniak, Tomaschek und Meissner. »Die wichtigste Fähigkeit war damals, zu schweigen«, meinte dazu einer der Zeitzeugen in der Bank. Das klingt zwar für manche Verbalhelden von heute als feig und unerhört, nur – damals war es eben für viele berufs- und für manche sogar lebenserhaltend. Zumindest bildeten es sich die meisten ein. Und das allein war ja für die NS-Strategen schon ausschlaggebend und meist auch ausreichend.
Zu Beginn des Jahres 1938 waren endlich alle Mitarbeiter der Oesterreichischen Nationalbank in der Vaterländischen Front organisiert. Dafür gab es schließlich den »Betriebsrabatt« bei den Mitgliedsbeiträgen. Wenige Monate später wurde die ganze Belegschaft – diesmal nicht nur unter Androhung des beruflichen Existenzverlustes – zum Eid auf den Reichskanzler und Führer Adolf Hitler aufgefordert. Schon am 21. März 1938 mußte die gesamte »Gefolgschaft« geschlossen zum Börsegebäude marschieren, wo Reichsbankpräsident Schacht stehend mit deutschem Gruß zu empfangen war. Durch ihn erfolgte dann nach einer Ansprache die Angelobung auf den Führer. Dafür gab's schon am nächsten Tag als Trostpflaster die frohe Verkündung eines Handgeldes – für jeden Bediensteten in gleicher Höhe – von je 200 Reichsmark mit der sinnigen Bezeichnung »Heim ins Reich-Gabe«.

Eine hohe Anerkennung, wenn man bedenkt, daß ein neuer Volkswagen für 1 000 Reichsmark zu haben war. »Ich hab auch gleich auf einen VW damit zu sparen begonnen«, erzählte ein Mitarbeiter aus dieser Zeit, »aber als ich ein Jahr darauf die 1 000 Mark beisammen hatte, wurde der VW für die Wehrmacht eingezogen ...«

Schon in den ersten Tagen nach dem Einmarsch gab es außer den Beurlaubungen auch eine ganze Reihe von neuen Ernennungen, und zwar im Personalbereich, der Druckerei, im Banknoten- und Münzenbereich, dem Kreditbuch, der Giroabteilung, der Zweiganstalt Linz, aber auch noch in einer Reihe anderer Bereiche. Außerdem ging man daran, von allen Mitarbeitern den Arier-Nachweis zu verlangen. Er war eine der Voraussetzungen für ein Verbleiben in der Bank. Jeder mußte in aller Eile versuchen, seine Personaldokumente vollständig und lückenlos zu beschaffen. Leider gelang das in der Kürze der Zeit nicht immer. »Schon seit Tagen suche ich den Geburtsschein meiner Mutter«, erzählte Präsident Kienböck seinem damaligen jungen Sekretarius Prack, »aber soviel ich auch suche, ich kann und kann ihn nicht finden ..«

Da aber Schacht ihn nach zuverlässigen Berichten schützte, wurde er nicht an einen ähnlichen »Urlaubsort« wie eine Reihe anderer Mitarbeiter entlassen, sondern konnte sich in eine Wohnung im 1. Bezirk als Privatmann zurückziehen.

Einer der bisherigen Rechtskonsulenten der Bank, Dr. Pallausch, wurde dem Direktorium schon ab 16. März als Beauftragter der NSDAP beigegeben. Er nahm an den Direktoriumssitzungen teil, alle Wiener Abteilungen und Zweiganstalten hatten alle von ihm gewünschten Auskünfte zu erteilen und ihm Ausfertigungen der den Mitgliedern des Direktoriums zukommenden Ausweise zu übergeben. Über jede Angelegenheit von größerer Wichtigkeit war ihm im kurzen Wege »Mitteilung zu machen«. Ein Politkommissar in Reinkultur also. Aber Monate nach der Machtübernahme und seinem Einsatz in dieser Funktion hatte er durchschaut, was wirklich vorging, und zog die Konsequenzen. Er richtete sich selbst.

»Rechtsanwalt Dr. Oskar Bloch und Gattin Erna Bloch haben uns heute für immer verlassen. Um stilles Beileid wird gebeten.« Im üblichen Partenformat, mit dem üblichen dicken, schwarzen Rand war die Anzeige am 24. April in der »Neuen Freien Presse« zu lesen. Ob irgend jemand außerhalb der Redaktion angesichts dieses offenkundigen Doppelselbstmords gedacht hat, was zu denken war, ist heute nicht nachvollziehbar und auch nicht zu erkunden. Parten wie diese sind nicht allzu selten gewesen im Frühling und Frühsommer 1938. Stets wurde dann um »stilles Gedenken« gebeten, allenfalls ist auch das Begräbnis angekündigt worden: Zentralfriedhof, viertes Tor, wenn es in Wien geschehen war.
Herr und Frau Dr. Bloch sind in Baden aus dem Leben geschieden. Die Flucht in die Freiheit hat 1938 viele Schauplätze und viele Erscheinungsformen gehabt. Die Zahl jener, die in ihrer Verzweiflung die wahre Freiheit nur mehr in einem anderen Leben zu finden meinten und das irdische wegwarfen, ist groß gewesen. Auch das gehört zum anatomischen Befund des Jahres 1938.
Aber die Österreicher haben sich darüber damals, sofern nicht ihr eigener Bekannten- oder Freundeskreis betroffen war, recht wenig Gedanken gemacht. Daß sie damit der angeblich so urösterreichischen Devise »leben und leben lassen« zumindest im zweiten Teil des Mottos untreu geworden sind, ist ihnen nicht zu Bewußtsein gekommen. Zur gleichen Zeit, da der Tod des Ehepaars Bloch – nicht als Polizeimeldung, wohlgemerkt, sondern nur als Parte – berichtet wurde, pries sich ein »Vollarier« als »Journalist, Organisator, Propagandist« an. Und fett hieß es in großen Lettern in diesem Inserat: »Als Strohmann ungeeignet.« Auch darüber nachzudenken hätte sich damals empfohlen. Er wollte nicht Ghostwriter für irgendeinen jüdischen Zeitungsschreiber sein, dieser Vollarier, der offenbar darüber informiert gewesen war, was über die Zeitungsleute im allgemeinen und deren ebenso honorige wie historische Vereinigung, die »Concordia«, in Zusammenhang mit der Neuordnung des österreichischen Vereinswesens berichtet worden ist: »Eine muntere Einrichtung war der fast durchaus jüdische Journalisten- und Schriftstellerverein ›Concordia‹. Er veranstaltete jedes Jahr einen Ball, beerbte von Zeit zu Zeit irgendwelche Gönner und verwendete die ihm zur Verfügung stehenden, nicht unbeträchtlichen Geldmittel im wesentlichen zum Nutz und Frommen der Vereinshäuptlinge und seiner Günstlinge.«

Leben und leben lassen? Die meisten haben sich auf das Leben konzentriert. Noch konnte die Meierei Siller in Hetzendorf ihren »Schlagoberskaffee« dick inserieren – noch gab es ihn, in einer Zeit, da nach jeder Truppenparade Eintopfgerichte aus den Feldküchen an die österreichische Bevölkerung ausgegeben worden sind! Denn langsam, schön langsam hat sich die sogenannte »Friedensqualität« des österreichischen Essens den Gegebenheiten im »Reich« angepaßt. Ganz subtil ist das passiert. »Seefisch wird Volksnahrungsmittel«, hieß es beispielsweise. Nach und nach haben die Restaurants und Gaststätten auch ihre alten Speisekarten abgeben müssen, ein gerade auch in Wien symbolträchtiger Akt. Daß diese Speisekarten auf die nächste Polizeiwachstube getragen werden mußten, zeigte auch in gastronomischer Hinsicht, daß nun ein neuer Ton herrschte.
Freilich war der Anlaß für diese Maßnahme das Umrechnungsproblem der alten auf die neuen Preise, der Schilling- auf die Reichsmarktarife. Es war ein allgemeines »Preis- und Entgelterhöhungsverbot« erlassen worden, und man hat die Bevölkerung sogar aufgerufen, gegen Zuwiderhandelnde Anzeige zu erstatten. »Sie müssen sich gegen bestimmte Personen oder Betriebe richten«, hieß es in der Verlautbarung. Im übrigen, so wurde erklärt, gebe es genaue Regeln für das Auf- und Abrunden bei Dezimalstellen, und da dürfe der Käufer beziehungsweise Gast nicht überhalten werden. Also, aufgepaßt: Wenn eine Kaisersemmel laut Umrechnungstabelle Schilling–Reichsmark nun 4,66 Rpf – die Abkürzung für die statt der Groschen nun eingeführten »Reichspfennige« – koste, so darf der Verkäufer 5 Rpf. verlangen. Aber zwei Kaisersemmeln, nicht wahr, die kosten laut Gesetz 9,32 Rpf. Und da muß auf neun Pfennig abgerundet werden. So genau war man damals – beim Essen jedenfalls.
Leben und leben lassen. Viel ist in diesen Tagen in Wien über das Trinkgeldproblem diskutiert worden. Im »Reich« hat es die zehnprozentige Trinkgeldablöse gegeben, in Österreich nicht. Die »Gefolgschaft«, wie das Personal eines Betriebs fürderhin genannt wurde, sei von der »Gnade« der Gäste und demnach auch vom Geschäftsgang abhängig, wurde behauptet. Aber die »Deutsche Arbeitsfront« werde dafür sorgen, daß nun auch in diesen Belangen jene Gerechtigkeit einziehe, die das »System« habe vermissen lassen.
Das »System«. Den Vormärz hat man damit gemeint. Seine Relikte galt es zu beseitigen, in jeder Beziehung. Schon ab 3. Oktober werde nun auch in Ostösterreich und Wien die Rechtsfahrordnung eingeführt, meldeten die Zeitungen. Vorbereitende Arbeiten würden bereits begonnen, da neue Pflasterungen vorgenommen, dort Straßenbahngeleise verlegt. Ursprünglich war das Umstellen von Links- auf Rechtsverkehr erst für 1939 in Aussicht genommen worden, aber »die vielen Gäste« – sprich: die neuen Herren – hatten immer wieder Karambolagen. Also zog man die neue Verkehrsordnung auf den Herbst 1938 vor. Sie wird schließlich sogar schon am 19. September eingeführt.
Herbst. Noch ist er fern. Noch ist Frühling, der sich langsam dem Frühsommer zuneigt. Eine »politische Pause« ist verordnet, sie soll der Reorganisation der

Partei und der Verwaltung dienen. Die Osterferien der Schulen dauern diesmal besonders lang. »Wegen der großen Ereignisse«, wie es in der amtlichen Verlautbarung heißt, werde eine »geregelte Unterrichts- und Lernarbeit« auch in den nächsten Wochen nicht erwartet werden können. Also werde es für den Maturajahrgang 1938 Erleichterungen geben. Nicht nur – wir erzählten es schon – der Gegenstand Vaterlandskunde wird nicht mehr geprüft. Auch bei den Fremdsprachen sind Erleichterungen vorgesehen. Es dürfen in den Prüfungsarbeiten »keine besonderen sprachlichen und sachlichen Schwierigkeiten, die zu Mißerfolgen in größerer Zahl führen könnten«, enthalten sein. Und noch etwas wurde den Professoren eingebleut: »Bei notwendigen mündlichen Prüfungen sind Wissenslücken geringer zu werten, wenn Charakter und allgemeine geistige Reife eine künftige Bewährung des Abiturienten erwarten lassen.« Ja, und daß wir nicht vergessen: »HJ und BdM sind in großzügiger Weise zu fördern«, heißt es in dem Erlaß. Schulerfolg, Lernerfolg, Kultur ist ja, was dem Volke nützt. Aber ach, die Wiener Theater haben Probleme im Frühling 1938. Die Spielplanumstellung hat offenbar keinen allzu großen Publikumserfolg gebracht. Gewiß, das Theater in der Josefstadt beispielsweise kann mit einer Sensationsbesetzung des »Apostelspiels« von Max Mell zu den Osterfeiertagen aufwarten: Alfred Neugebauer als Großvater, Paula Wessely als die Enkelin, Attila Hörbiger und Karl Paryla als die beiden Fremden. Im Burgtheater – Direktion: Mirko Jelusich – spielt in Shakespeares »Julius Caesar« Werner Krauß die Titelrolle und Raoul Aslan den Marcus Antonius, Balser gibt den Brutus.

Aber die Privattheater leiden. Sie erleben sogar, wie der »Leiter der deutschösterreichischen Kunststelle«, ein Herr Ing. Rudolf Haybach, in einem flammenden Appell bekanntgibt, »ihre schwerste Stunde«. Seine Aufforderung: »Jeder Volksgenosse geht in den nächsten Wochen wenigstens einmal ins Theater!« Im übrigen darf auch »keine Freikarte mehr ausgegeben werden, auch nicht an die höchsten Stellen«. Und die Schauspieler, so heißt es jedenfalls, würden ebenfalls »in ihren Gagenansprüchen die Rücksichtnahme walten lassen, die unserem sozialen Empfinden entspricht«.

Vom sozialen Empfinden ist viel die Rede in diesen Frühlings- und Sommermonaten 1938, da sich die Donnerschläge des März in ein leises, aber permanentes Grollen verwandelt haben. Man nimmt es kaum mehr wahr. Langsam wird es Alltag in dem Land, das einst Österreich war und nun zum »Reich« gehört. Soziales Empfinden: Nein, Ausgesteuerte gibt es keine mehr. Fünftausend Beschäftigte melden die Steyr-Werke. Woran sie arbeiten, ahnen nur jene, die mit Sorge die Meldungen über die sich verschärfende »Tschechenkrise« verfolgen. Während Hitler zum nächsten Sprung ansetzt, kann in Österreich verlautbart werden, daß die Fahrradpreise gesenkt wurden. »Die Industrie hat die Erzeugung gesteigert, fest überzeugt, daß die nun zu Arbeit und Brot kommenden Volksgenossen gern und bald an die Anschaffung eines Fahrrads schreiten werden«, wird berichtet. 87 RM statt 113 kostet nun ein Steyr-Tourenrad. Die billigste Ausfertigung ist bereits um 59 Mark zu haben, das Luxusrad kostet künftig 98,50 RM. Und für die Begüterten hat Steyr auch die Autopreise ermäßigt. Der 50er, das »Baby«, hat bisher dreitausend Mark gekostet und wird nun um 2 750 RM abgegeben. Das »Flaggschiff« der Firma Steyr, das 220er-Kabriolett, seit seinem Erscheinen Inbegriff des österreichischen Autoluxus, hat bisher 7 260 RM gekostet und ist jetzt mit 6 400 RM ausgepreist.

Ja, und natürlich dürfen auch die Motorräder nicht vergessen werden. Eine Puch 250 T3 hat bisher 950 RM gekostet und ist nun um 735 RM zu haben. Sind das populäre Preise? Noch immer, erfährt Reichsmarschall Göring, als er im Mai nach Wien kommt, gebe es bittere Armut in dieser Stadt, ein Relikt des »unbarmherzigen Systems«. In Simmering, auf dem Weg vom »Fliegerhorst Schwechat« in die Stadt, läßt man den Marschall aussteigen und zeigt ihm sogenannte Elendsviertel. Er gibt sich erschüttert.

Hermann Göring ist nach Wien gekommen, um hier den ersten Spatenstich für »Bauten der Luftwaffe« auf dem Küniglberg in Hietzing durchzuführen. Das Wochenende verbringt er jagend – im Lainzer Tiergarten. Zeitungsfotos zeigen ihn in einem Phantasie-Lederwams, mit breitkrempigem Hut und Flinte. Noch achtundvierzig Stunden vorher ist er, breitbeinig und feist, in Linz fotografiert worden. Beim Baubeginn für die Hermann-Göring-Werke.

Geradezu hymnisch war die publizistische Begleitmusik für diesen Akt. Auf fünfhundert Hektar Land sollen diese »Reichswerke« entstehen, zwei Ortschaften, St. Peter und Zizlau, mußten verschwinden. »Deutschlands größter Kranbagger« kam zerlegt aus Essen. »Hier werden die gewaltigen 1 200-Tonnen-Schleppkräne anlegen, die auf dem Wasserweg das Erz aus Franken und die Kohle aus dem Ruhrgebiet bringen werden. Weiter drüben wird sich der Ladebahnhof ausdehnen, wo Tag und Nacht die Erzzüge aus den Alpen einrollen werden.

Erz und Kohle werden dann im Linzer Reichswerk zum Stahl als Edelprodukt der beiden wichtigsten Rohstoffe für Großdeutschlands wirtschafliche Unabhängigkeit.« Die Zeitungen haben sogar ihre Feuilletonisten mobilisiert, die aus Linz vom ersten Aushub für die Göring-Werke berichten. Und das liest sich dann so: »Sonnenregen tröpfelt durch das zarte Blätterwerk auf die blitzende Wagenkolonne der Begleitung, auf die kühnen Gesichter der Männer; Jubel schwillt wie eine Woge gegen den Mercedes Hermann Görings. Draußen auf der Wiese vor dem ländlichen St. Peter, wo er die große zündende Rede hält, ragt als Mahnzeichen künftigen Geschehens einzig ein riesiger blauer Kranbagger neben der Tribüne. Ringsum stehen die Menschen, strömen immer zahlreicher über die Feldwege her, viele kleine Bauernkinder darunter, auch solche, die noch getragen werden müssen. Der Generalfeldmarschall steigt hinauf, um den Bagger zum ersten Erdaushub in Bewegung zu setzen. Welch großer historischer Augenblick! Vielleicht einmal, nach vielen Jahren, erinnern sich diese Kleinen dunkel daran, was sie hier gesehen; was hier, für sie, geschehen; schallt ihnen der weithin tönende Ruf noch in den Ohren: Die Arbeit beginnt!«

Was ist angesichts solcher politischer Elegien da der Giftmordprozeß gegen Martha Marek? Er erregt trotzdem die Gemüter. Die Angeklagte hat vier Menschen umgebracht, um die Versicherungssummen kassieren zu können. Trotz aller »großen Ereignisse« ist das Verfahren in Wien Tagesgespräch. Martha Marek wird zum Tode verurteilt und hingerichtet – die erste Frau, die in Wien unter dem Fallbeil stirbt. Was anfangs im übrigen gar nicht sicher war. »Strang oder Beil?« war das Motto einer makabren Diskussion. Ab wann, so fragten die Behörden, werde die österreichische Hinrichtungsart des Hängens durch die deutsche des Köpfens abgelöst? Die Antwort kam aus Berlin: Ab sofort, hieß es.

Noch sind, in diesem Sommer 1938, in Österreich keine politischen Häftlinge hingerichtet worden. Aber in Mauthausen begann man bereits mit der Errichtung des ersten Konzentrationslagers auf österreichischem Boden. Davon war in den Zeitungen nichts zu lesen. Dafür las man ausführlich über die Planung der Reichsautobahn durch den Wienerwald.

Und die Bonzen des Regimes gaben sich in Salzburg Rendezvous, wo – in Anwesenheit von Joseph Goebbels – die Festspiele feierlich eröffnet wurden. Wilhelm Furtwängler dirigierte am ersten Abend die »Meistersinger«. Am selben Tag hielt sich Rudolf Heß, Stellvertreter des Führers, in Klagenfurt auf, um dort des Juliputsches vor vier Jahren zu gedenken.

Es herrscht ein reger Verkehr aus dem »Altreich« nach Österreich. Ansonsten freilich läßt der Fremdenverkehr in diesem Sommer sehr zu wünschen übrig. Vor allem im Juni und Juli ergab sich ein starker Rückgang, verglichen mit den gleichen Monaten des Vorjahres. Amtlicherseits wird dies auf die »wahnwitzige Greuelpropaganda« zurückgeführt, die in der westlichen Presse anläßlich des Anschlusses getrieben worden sei und viele Gäste abgeschreckt habe. Vor allem das Semmering- und Wechselgebiet, aber auch Payerbach und Vöslau melden viele leere Betten. Aber dort, so wird erklärt, habe es ja immer schon hauptsächlich »jüdische Gäste, vor allem aus Ungarn«, gegeben. Und die seien nun eben ausgeblieben.

Den Ausfall sollen nun »Gäste aus dem Altreich« wettmachen, aber »die sind ja keine Schieber, sondern schaffende Menschen«. Deshalb zögen sie, heißt es, einfache Gastwirtschaften dem Luxushotel vor. Überdies habe es im Gau Niederdonau zuletzt krasse Preisüberschreitungen gegeben – von Gastwirten, die »für ein Mittagessen 4–5 RM fordern zu müssen glaubten«.

Sommer '38. In der Gegend von Gießhübel üben deutsche Panzertruppen. In der Nordwestbahnhalle, diesem »Dom der Bewegung«, ist die Ausstellung »Der ewige Jude« zu sehen. In ganz Österreich werden langsam die gelben Postkästen gegen die roten der »Deutschen Reichspost« ausgetauscht. Noch gelten die alten österreichischen Briefmarken, aber nur mehr bis 31. Oktober. Dann ist auch postmäßig der »Anschluß« endgültig vollzogen.

Sommer '38. Die Ausplünderung Österreichs nimmt im buchstäblichen und im übertragenen Sinn historische Dimensionen an. Dutzende Sonderzüge werden vorbereitet, die Anfang September nach Nürnberg zum Reichsparteitag fahren sollen. Nicht im Sonderzug, aber im Sondertransport sind inzwischen die Reichskleinodien aus der Wiener Schatzkammer nach Nürnberg transportiert worden. Dort werden sie, flankiert von einer SS-Ehrenwache, zuerst im Rathaus ausgestellt und am 7. September im sogenannten Katharinenbau der Meistersingerkirche von Seyß-Inquart dem Nürnberger Oberbürgermeister Liebel übergeben.

Es ist ein feierlicher Akt, und der Oberbürgermeister weiß ihn durch hochtrabende Worte noch feierlicher zu gestalten: »Die hehren Reichssymbole kehren zurück in des Reiches Mitte, die ihnen, wie einst nach der Meinung der deutschen Kurfürsten, so auch heute noch beste Gewähr für treue Obhut verbürgt und in der sie nun endgültig, unwiderruflich, ewiglich und unantastbar bleiben sollen, wie es die deutschen Kaiser schon vor 500 Jahren für alle Zeiten bestimmt hatten«, sagt Liebel. Und Reichsstatthalter Seyß-Inquart, aus Wien angereist, stimmt zu: »Wir Ostmärker nehmen nicht Abschied, denn das Reich ist unser Reich geworden.«

Während in Nürnberg die braunen Bataillone aufmarschieren zum Reichsparteitag '38, treibt die Sudetenkrise einem Höhpunkt entgegen. Parallel zu dieser Verschärfung der außenpolitischen Situation breitet sich in Wien bange Sorge aus, weil immer häufiger vom Luftschutz geredet wird – ein halbes Jahr nach dem »Anschluß«. Es gibt Verdunkelungsübungen, die erste am 11. September. Weite Teile der Stadt sind an diesem Abend stockfinster. Am nächsten Tag wird geklagt, daß die einzigen, die undiszipliniert waren, die Autofahrer gewesen seien. Sie hätten die Scheinwerfer ihrer Wagen nicht entsprechend abgeblendet. Und um die Sorgen der Wiener zu beschwichtigen, wird erklärt, auch der Luftschutz in Österreich müsse eben jenem im Altreich angepaßt werden. Daher gebe es nun ein gesteigertes Tempo, das aber »die Bevölkerung nicht zu beunruhigen brauche«.

Gesteigert hat man auch das Tempo der Vorbereitung für die Umstellung auf Rechtsverkehr. Als die Deutschen einmarschierten, ist, wie berichtet, nur in Vorarlberg, in Tirol, Kärnten und im westlichen Teil von Salzburg rechts gefahren worden, am 1. Juli hat man dann die übrigen Landesteile mit Ausnahme von Wien, Niederösterreich und dem nördlichen Burgenland umgestellt.

Und nun, plötzlich, soll in der Nacht zum 19. September auch »Restösterreich« folgen. 1 100 neue Straßenbahnhaltestellen, 460 neue Taxistandplätze werden in Wien angelegt. Viertausend Polizisten sind unterwegs, Lastautos und Tramwaywagen fahren als motorisierte Litfaßsäulen, Sprechchöre bleuen ein: »Rechts fahren, rechts gehen, rechts halten – rechts, rechts, rechts!« Die Nervosität der Verkehrsteilnehmer überdeckt die Angst vor dem, was draußen passiert. Denn die »Tschechenkrise« ufert aus.

Und dann, zum selben Zeitpunkt, da die ČSR mobilisiert, wird plötzlich die große, für mehrere Tage angesagte Dauerverdunkelungsübung in Wien abgesagt. Von einem Tag auf den anderen. Niemand weiß, warum.

Der Rest ist bekannt. Es kommt zum Münchner Abkommen, zu Chamberlains historischem Irrtum: »Frieden in unserer Zeit!« Der September wechselt in den Oktober, die Wiener fahren kolonnenweise über die frühere tschechische Grenze »Bunker schauen«. In ihrer Stadt aber hat sich indessen, unbemerkt und gewissermaßen subkutan, eine unerwartete Opposition formiert: die katholische Jugend. Was in den Köpfen dieser Buben und Mädchen vorging und wie es zu der großen Anti-Hitler-Kundgebung im Stephansdom kam, berichtet einer, der dabeigewesen ist.

Wolfgang Müller-Hartburg

»Weitersagen: Am 7. Oktober im Dom!«

Die erste Jugenddemonstration gegen die nationalsozialistischen Okkupanten

Es muß um den 15. September gewesen sein, als etwa zwanzig Burschen um den damaligen jungen Domkaplan Dr. Martin Stur in einem Zimmer im Erzbischöflichen Churhaus (Stephansplatz 3) zwei sehr ernste Fragen zu beraten und zu beschließen hatten: Sollen wir es – in Abwägung der uns allen sehr klar bewußten politischen Risiken – wagen, die seit Jahren übliche Abendandacht der Wiener Jugend im Stephansdom anläßlich des Rosenkranzfestes am 7. Oktober auch heuer zu veranstalten? Und was könnten wir tun, um ein Verbot von seiten der Gestapo zu unterlaufen?

Als noch nicht Fünfzehnjähriger war ich wohl einer der Jüngsten im Kreis, an einzelne Gesprächsteilnehmer kann ich mich noch gut erinnern: Lukas Beroldingen (der verstorbene Leiter der Präsidialsektion des Bundeskanzleramtes) sowie meine beiden Klassenkameraden und engen Freunde Luigi Parisini (gefallen in Rußland 1942) und Norbert Ortel (derzeit Oberstadtphysikus und praktischer Arzt in Wien).

Die gefaßten Beschlüsse trugen geradezu generalstabsmäßig der realpolitischen Lage Rechnung: Hitler war nun gerade sechs Monate im Land. Aber Entwicklungen, die im »Altreich« Jahre gedauert hatten, etwa die Auflösung aller Jugendorganisationen, darunter in Österreich natürlich vorwiegend katholischer Vereine und Verbände, die Schließung eines großen Teiles der katholischen Schulen, so auch unseres Schottengymnasiums, geschahen – für uns nicht unerwartet – in Zeitraffertempo innerhalb von Tagen, Wochen oder Monaten. Schon zu diesem Zeitpunkt war der katholischen Kirche Österreichs Jugendarbeit nur mehr in Form »rein religiöser« Betätigung und örtlich beschränkt »auf den kirchlichen Raum« gestattet. Aber die Nationalsozialisten täuschten sich damals bezüglich der Effizienz solcher Maßnahmen ganz ähnlich wie fünfzig Jahre später die Kommunisten in Polen: Aufgrund unserer genauen Kenntnisse der Vorgänge in Deutschland von 1933 bis 1937, wo im Auftrag der deutschen Bischöfe Prälat Ludwig Wolker vom Dom und Haus Altenberg (bei Köln) aus systematisch anstelle der alten Vereine, Bünde und Organisationen eine kirchliche, in der Pfarre verankerte Jugendseelsorge erfolgreich aufgebaut hatte, gab es bereits jetzt im September 1938 in der Erzdiözese Wien eine wohlorganisierte »Pfarrjugend«. In Sakristeien oder Räumlichkeiten von Klöstern wurden »Jugendseelsorgestunden« abgehalten, und da die Pfarrjugend – vom erzbischöflichen Seelsorgeamt unter Prälat Rudolf und eben unter Dr. Martin Stur mit Material versorgt, von Diözesan-, Dekanats- und Pfarrjugendseelsorgern geleitet – in Form von Ministrantengruppen oder Singkreisen erfinderisch ausgebaut wurde, konnte sie weit über das erhoffte Ausmaß gut funktioneren.

Als wir nach etwa eineinhalbstündigem Gespräch – einzeln oder zu zweit, wie es sich gehörte, mit gleichgültiger Miene nach Herren in Ledermänteln mit breitkrempigen Hüten Ausschau haltend – zu Fuß oder mit unseren im Hof des Churhauses abgestellten Fahrrädern wieder den Stephansplatz betraten, kannte jeder von uns seine Aufgabe. Wir hatten nämlich einhellig beschlossen, die Abendandacht am Rosenkranzfest, also am 7. Oktober, sehr wohl auch heuer zu veranstalten. Wir erwarteten unter den erschwerten Umständen nur relativ wenige Teilnehmer, und so empfahlen wir Buben Dr. Martin Stur, etwa dreihundert Texte für die gemeinsamen Lieder und Gebete drucken oder vervielfältigen zu lassen. Dennoch sollte Kardinal Innitzer gebeten werden, diese religiöse Feierstunde mit der katholischen Jugend Wiens persönlich zu leiten. Ein Abendgottesdienst konnte ja damals noch nicht in einer Meßfeier, sondern nur aus Liedern und Gebeten mit abschließendem sakramentalem Segen bestehen. Eine Predigt war aus Gründen der klugen Vorsicht nicht geplant.

In den folgenden Tagen spielte sich nun etwas ab, wogegen selbst die bestorganisierte Gestapo machtlos war: Es wurden zwar die Texte für die Andacht gedruckt, aber es gab keine einzige schriftliche, vorsichtshalber auch keine telefonische Einladung. Sondern eben wir jungen Burschen übernahmen die Aufgabe, alle Wiener Pfarren (ohne den Landteil der Erzdiözese, das wäre über unsere Kräfte gegangen und im dörflichen Bereich überdies allzu leicht den Nationalsozialisten aufgefallen) persönlich während der »Jugendseelsorgestunden« zu besuchen und dort mündlich einzuladen. Ich selbst habe etwa zehn oder zwölf Pfarren nach einem im Seelsorgeamt aufliegenden Plan übernommen und war mehrere Nachmittage und Abende mit meinem Fahrrad unterwegs. Ich kann mich etwa noch erinnern an meinen überraschenden Besuch in der Sakristei der Pfarrkirche in der Märzstraße im 16. Bezirk, wo die Nachricht von den anwesenden Jugendlichen und ihrem Seelsorger still, aber mit Begeisterung aufgenommen wurde: Die katholische Jugend Wiens ist eingeladen, am Freitag, dem 7. Oktober, um 19 Uhr 30 in den Dom zu kommen, um gemeinsam mit dem Bischof zu beten und zu singen.

Zunächst hatte ich an diesem Freitag zu Hause ein diplomatisches Kunststück zu liefern, denn ich mußte ausgerechnet am Geburtstag meines Bruders kurz vor 19 Uhr mit dem Fahrrad das Haus pünktlich verlassen, ohne zu verraten, wohin ich eigentlich wollte. Auch bei uns verliefen die Grenzen der politischen und religiösen Anschauungen wie in vielen anderen Häusern quer

durch die Familie, so daß vorsichtshalber strenges Stillschweigen auch gegenüber Mutter und Geschwistern geboten war.
Unser Kreis hatte auch für den Gottesdienst selbst gewisse Dienste übernommen: eine dem Kardinal entsprechend große Ministrantengruppe zusammenstellen, das Verteilen der Texte und die Kollekte. Also traf ich schon etwa um 19 Uhr 15 in der großen Domsakristei ein, zog eine weiß-gelbe Binde über meinen linken Arm und begab mich mit einem Paket der gedruckten Texte auf meinen Posten beim Primtor (das ist der rechte Seiteneingang des Domes gegenüber dem Churhaus).
Und hatte ich noch vor wenigen Minuten gebangt, ob unsere »Flüsterpropaganda« überhaupt funktioniert hatte, kam jetzt die große Überraschung: Hunderte, ja Tausende junge Menschen – dazwischen wohl einige Priester und Nonnen in ihrem geistlichen Gewand – strömten durch das Riesentor, das Singertor, das Adlertor und das Primtor und erfüllten unseren Dom innerhalb von zehn Minuten bis auf den letzten Quadratmeter. Weder wir Veranstalter noch die Teilnehmer hätten das für möglich gehalten. Nicht nur im Mittelschiff und den beiden Seitenschiffen, in allen Ecken und Winkeln des Stephansdomes drängte sich Wiens katholische Jugend. Es herrschte nicht nur feierliche, vielmehr atemberaubende Stille und, obwohl vielen, und so auch mir, der Blick zum Hochaltar verwehrt war, eiserne Disziplin.
Orgelspiel, Einzug des Kardinals mit Klerus und Ministranten, und dann das erste gemeinsame Lied: Kann man sich vorstellen, wie das klingt, wenn – nach verläßlichen Schätzungen – 8 500 junge Menschen im Stephansdom gemeinsam begeistert singen? Ich glaube, so viele junge Menschen zugleich hat dieser Dom durch ein halbes Jahrtausend noch niemals – und auch seither niemals wieder – singen und beten gehört.
Nur wenige hatten Texte, die meisten sangen und beteten eben ohne gedruckten Text mit, so gut sie konnten. Dann plötzlich wieder totale Stille, keiner wußte, warum. Einige Tage später erfuhr ich es wohl: Kardinal Innitzer entschloß sich spontan, zur versammelten Jugend zu sprechen, und zwar nicht vom Hochaltar aus, sondern von der bekanntlich im Dom sehr weit hinten befindlichen, damals noch nicht mit einer Lautsprecheranlage versehenen Pilgrim-Kanzel. Dr. Stur hat es mir nachträglich erzählt: Die geistliche Assistenz hatte dem Kardinal, der um Inful und Stab bat, heftig abgeraten, aber Dr. Innitzer ließ sich nicht umstimmen. Mit großer Assistenz bahnte er sich den Weg durch den Mittelgang des Domes bis zur Pilgrim-Kanzel, bestieg sie und sprach feierlich.
Ich persönlich bin überzeugt, daß sich zu dieser Stunde nicht ein einziger Gestapo-Spitzel im Dom befand, die Ausschaltung des hochorganisierten Apparates einer Geheimpolizei war gelungen. Von dieser Predigt gibt es so gut wie sicher keine Mitschrift, keine Tonaufzeichnung. In späteren Jahren hatte ich als Bundesführer der »Katholischen Jugend Österreichs« mehrmals Gele-

genheit, der Bitte Kardinal Innitzers entsprechend Konzepte für seine Ansprachen zu bestimmten Anlässen zu verfassen. Und ich erlebte immer wieder, daß sich der Kardinal zunächst an das Konzept hielt, dann aber extemporierte und nicht immer zur Freude der Veranstalter eben freimütig erzählte, was ihm gerade in den Sinn kam. An diesem 7. Oktober aber gab es sicher *kein* Manuskript, sondern nur die vieltausendköpfige, mäuschenstill lauschende Jugend und am Fuß der Kanzel die hohen geistlichen Herren, die den Kardinal schon damals besser kannten und daher recht besorgt waren.
»Liebe katholische Jugend Wiens! Der Bischof freut sich, auch heuer wieder anläßlich des Rosenkranzfestes – und gerade heuer – so viele von euch im ehrwürdigen Stephansdom versammelt zu sehen ... Dies ist eine Stunde des Gebetes, aber auch eine Stunde des Bekenntnisses ... Ihr habt es nicht leicht gehabt in letzter Zeit. Man hat euch vieles genommen, eure Vereinigungen und Uniformen, eure Fahnen und Abzeichen. Eines aber ist euch geblieben, das Wesentliche konnte euch niemand nehmen, euren Glauben, euren gemeinsamen Glauben an Jesus Christus ...« Eine Stecknadel hätte man fallen hören können im Dom, so still und begeistert lauschten die jungen Wienerinnen und Wiener ihrem Bischof und fühlten plötzlich die echte Bedeutung dieses Abends: Hitlers der »Ostmark« verordnete Expreßkur konnte jener starken Minderheit der österreichischen Bevölkerung und auch der österreichischen Jugend, die dem Nationalsozialismus aus prinzipiellen Gründen ablehnend gegenüberstanden, nicht wirklich etwas anhaben. Die katholische Opposition hat an diesem denkwürdigen 7. Oktober gehörig Flagge gezeigt, vom Kardinal angefangen bis zum vierzehnjährigen Buben, der im Gedränge des überfüllten Domes seine Worte hörte.
Und dann kam es: ...»Einer ist euer Führer, *euer* Führer ist *Christus*, wenn ihr ihm die Treue haltet, werdet ihr niemals verlorengehen ...« Jeder von uns wußte, daß Dr. Theodor Innitzer in diesem Augenblick nicht nur über sich selbst hinausgewachsen war, sondern auch die für das Naziregime erträgliche Grenze überschritten hatte.
Die Andacht endete mit dem sakramentalen Segen, und der gotische Dom erdröhnte vom feierlichen Schlußlied aus 8 500 jungen Kehlen: »Großer Gott, wir loben Dich ..., Himmel, Erde, Luft und Meere, sind erfüllt von Deinem Ruhm, alles ist Dein Eigentum.«
Ich kann nicht mehr sagen, ob der Klerus mit den Ministranten in die große oder nur in die kleine, neben dem Hochaltar gelegene Sakristei auszog. Ich hatte als »Ordner« nur den Auftrag, den Dom mit den anderen Ordnern als letzte zu verlassen. Und langsam, ganz langsam leerte sich der nach dem Nachspiel der Orgel wieder totenstill gewordene Dom, in geradezu unheimlicher Ordnung und Disziplin strömten Tausende in Richtung Riesentor. Damals war es noch üblich, im Raum der Kirche auch außerhalb des Gottesdienstes wirklich zu schweigen.

Es mögen noch zweitausend oder dreitausend junge Menschen mit ihren Seelsorgern im Dom gewesen sein, alle im hinteren Drittel, im Bereich zwischen der Pilgrim-Kanzel und dem Maria-Pötsch-Altar. Plötzlich klang in den Dom herein aus einer Ecke des Stephansplatzes ein mageres, eher kreischendes, abgehacktes, vielleicht von fünfzig oder hundert Stimmen getragenes »Sieg Heil, Sieg Heil, Sieg Heil . . .«

Innerhalb weniger Sekunden hatte ich meinen politischen Entschluß gefaßt: Ohne mich mit jemandem zu besprechen, rief ich halblaut in Richtung Riesentor: »Ruhig bleiben, nicht provozieren lassen!« Und wie ein Lauffeuer wurde diese Parole weitergegeben, um einige Sekunden zu spät, wie sich sofort zeigte:

»Auf zum Schwure, Volk und Land, hebt zum Himmel Herz und Hand . . .«

Der ganze Stephansplatz war ein einziger feierlicher Chorgesang Tausender junger Menschen mit erhobener Schwurhand.

Als ich selbst durch das Riesentor auf den Platz kam, wurden die kläglichen, etwa von der Ecke Goldschmiedgasse kommenden »Sieg-Heil«-Rufe schon bei weitem übertönt von einem vieltausendstimmigen Ruf »Wir wollen unseren Bischof sehen!« Für die Leser der mittleren und jüngeren Generation sei erklärt, daß das nicht nur unser Wunsch, sondern gleichzeitig eine spöttische Nachahmung des Hitler-Kultes war, der, wo immer der »Führer« residierte, in dem Ruf zu gipfeln hatte: »Wir wollen unseren Führer sehen!«, eben so lange, bis Hitler in seiner Uniform auf den Balkon trat und immer wieder die rechte Hand zu seinem typischen Faschistengruß hob.

Ich selbst stand in der Menge, etwa in der Mitte zwischen dem Riesentor und dem Erzbischöflichen Palais. Die kleine Nazigruppe war inzwischen verstummt, die Jugend dachte nicht daran, den Platz zu verlassen, ein Lied ums andere wurde feierlich angestimmt und gesungen. ». . . Gott ist der Herr auch unserer Zeit!« Und dazwischen immer wieder das freche »Wir wollen unseren Bischof sehen!« Kardinal Innitzer war, wie wir erst später erfuhren, unterirdisch vom Dom ins Palais gelangt und kam erst nach langem Zögern, ganz in Schwarz gekleidet, an das eben geöffnete Fenster im ersten Stock an der Ecke der Rotenturmstraße. Unsere freudige Begeisterung kannte nun keine Grenzen mehr. Dr. Innitzer aber zog ein weißes Taschentuch, winkte damit ein wenig und gab dann mit beiden Armen deutliche Zeichen, wir sollten jetzt nach Hause gehen. Jeder von uns verstand gut, daß der Erzbischof die Situation beruhigen und unnötige Konflikte vermeiden wollte.

Erst Tage oder Wochen später erfuhr ich, daß es zu dieser Stunde sehr wohl zu tätlichen Auseinandersetzungen zwischen katholischen Jugendlichen und Nationalsozialisten kam. Einige Personen sollen auch verhaftet worden sein, einer davon, dessen Verlobte ich Jahrzehnte später bis zu ihrem Tode im Jahr 1986 ärztlich betreuen durfte, verlor an diesem Abend auf dem Wiener Stephansplatz für immer seine Freiheit und später im Konzentrationslager

Mauthausen am 3. Februar 1940 sein Leben: der damals achtundzwanzigjährige Student der Technischen Hochschule Ferdinand Habel.

Mein Freund Luigi Parisini und ich eilten um den Dom zum Churhaus, holten unsere Fahrräder aus dem Hof und fuhren durch die Rotenturmstraße zum Kai und dann einmal ganz um die Innenstadt. Wien war an diesem späten Abend eine einzige strahlende Bekenntnisprozession der katholischen Jugend. In alle Richtungen der großen Stadt zogen begeisterte junge Menschen, ohne Fahnen, ohne Parolen zu rufen, auch nicht mehr singend, nicht Fahrstreifen, sondern die Gehsteige benützend, aber an den strahlenden Augen eindeutig erkennbar. Jetzt wußten wir alle: Auch Hitler und seine Gestapo, seine SA und SS oder seine HJ können unsere Glaubensgemeinschaft, die durch den Wegfall so mancher Äußerlichkeiten und der übergroßen Vielfalt der Vereine und Verbände nur noch wesentlicher, noch fester geworden war, nicht zerstören.

Rückblickend sagte ich schon sehr bald nach dem Krieg: Der 7. Oktober 1938 war die eigentliche Geburtsstunde der offiziell im Oktober 1946 gegründeten »Katholischen Jugend Österreichs«, die dann durch zwei Jahrzehnte eine wichtige geistige Kraft in unserem Lande und eine echte, große Jugendbewegung war. (Die Frage, warum sie es nicht blieb, bedürfte komplexer Antworten und ist nicht Thema dieses Beitrages.)

An das Wochenende des 8. und 9. Oktober kann ich mich nicht mehr erinnern, vielleicht war ich, wie so oft, außerhalb der Stadt mit meinen Freunden. Aber als ich Montag früh in die Schule kam – in das vom Regime errichtete Staatsgymnasium in den Räumen des früheren Schottengymnasiums –, hörte ich schon, was geschehen war: Samstag gegen Abend war eine etwa dreihundert Mann starke, mit mitgebrachten Steinen und »Seitengewehren« bewaffnete Einheit der Hitlerjugend vor das Erzbischöfliche Palais marschiert, hatte das Tor gerammt, das Haus gestürmt und Bilder, Möbel, Kunstgegenstände, Türen und Fenster verwüstet. Ein Geistlicher war aus dem Fenster des Churhauses geworfen und schwer verletzt worden. Kardinal Dr. Innitzer selbst sei, glücklicherweise rechtzeitig gewarnt, in ein Versteck im Dachboden geflohen und auf diese Weise unbehelligt geblieben. – Der Kardinal hat einen Teil der Zerstörungen in seinem »Amtssitz« bekanntlich demonstrativ den ganzen Krieg hindurch nicht reparieren lassen und zeigte jedem, der ihn besuchte, die Folgen dieses Vandalenaktes der Hitlerjugend; ein großes Bild des Gekreuzigten trägt noch heute Spuren der damaligen Zerstörungswut.

Der Stephansplatz ist an diesem Wochenende des 8. und 9. Oktober 1938 eine einzige Schweigeprozession Abertausender Wienerinnen und Wiener gewesen, die von der Kärntner Straße oder vom Graben kommend um den Dom pilgerten und dichtgedrängt am Erzbischöflichen Palais vorbei um die Ecke in die Rotenturmstraße zogen, um die durch die HJ angerichteten Zerstörungen zu »bewundern«. Und die zahlreichen, diesen sonderbaren Verkehr regelnden Polizisten, im damaligen Wien zwar als »Schupos« verkleidet, aber immer noch »Wachmänner« genannt, beschränkten sich auf das gute alte österreichische »Weitergehen bitte, nicht stehenbleiben, weitergehen bitte . . .«

Für den nächsten Tag, so las man in den gleichgeschalteten Zeitungen, rief der aus dem Saargebiet (!) stammende Wiener Gauleiter Bürckel (schon damals von den Wienern wegen seiner Trinkgewohnheiten treffsicher »Bierleiter Gauckel« genannt) zu einer Großkundgebung auf den Heldenplatz.

Dienstag, 11. Oktober, abends: Ich sperrte mein Fahrrad an einen Laternenpfahl und verzichtete nicht darauf, mich unter die eifrig herbeigeeilten Massen zu mischen, und hörte mir etwa von der Stelle, wo heute das Kreuz Johannes Pauls II. steht, des Gauleiters Hetzrede an.

Inhaltlich ist mir davon nicht mehr viel in Erinnerung geblieben, sondern nur seine heisere, versoffene Stimme und seine wiederholten Satzanfänge »Wenn der Herr Innitzer glaubt . . .« Und so wurde er, wie sich's in allen Diktaturen gehört, von der Masse unterbrochen mit »Heil« oder »Pfui«, mit Jubelgeschrei oder grellen Pfiffen, wie es gerade zum Inhalt seiner Rede paßte.

Mittwoch, 12. Oktober, in den Räumen des ehemaligen Schottengymnasiums: Der »HJ-Vertrauenslehrer« der Schule, unser als Turnprofessor sehr geachteter, als extremer Nazi regelrecht verachteter Professor Bockhorn – auch er ist Jahre später als Soldat im Krieg gefallen – rief mich zu einem Gespräch unter vier Augen ins sogenannte Turnkammerl, das war das Lehrerzimmer neben der Turnsaal-Garderobe. Ich wußte vom ersten Augenblick, was auf dem Spiele stand. Nach einem Gespräch ohne Zeugen konnte er nach den Regeln der Diktatur behaupten, was er behaupten wollte, mir würde man keinesfalls glauben. . . . Und die Begriffe »KZ« und »Dachau« waren mir (selbstverständlich nicht nur mir, fast allen!) sehr geläufig; meine Befürchtung, diese Besprechung könnte mein Gymnasialstudium oder gar meine Freiheit kosten, war nicht unberechtigt.

Bockhorn: »Was sagst du dazu, daß Kardinal Innitzer den Führer und Reichskanzler Adolf Hitler verspottet hat?« – »Herr Professor, er hat ihn nicht verspottet, ich war persönlich anwesend und habe jedes Wort seiner Ansprache deutlich gehört.« Bockhorn: »Damit willst du also sagen, daß unser Gauleiter gestern abend gelogen hat?« – »Nein, Herr Professor, das will ich damit nicht sagen.« – »Hast du die Rede des Gauleiters auf dem Heldenplatz gehört?« – »Jedes Wort, Herr Professor!« – »Also doch, du behauptest glatt, der Gauleiter habe gelogen.« – »Nein, Herr Professor!« Mein Gymnasiastengehirn hat kaum je so schnell und so klar gearbeitet wie in jenen Sekunden und Minuten. Bockhorn: »Warum nicht?« – »Weil der Gauleiter am Freitag bekanntlich nicht in Wien, sondern in seiner saarländischen Heimat war. Er kann daher bei seiner gestrigen Rede auf dem Heldenplatz nur aus zweiter oder dritter Hand falsch informiert gewesen sein.« Schrecksekunde des Schweigens, Bockhorn fühlte sich sichtlich im Gespräch unterlegen und entließ mich wortlos – und zumindest für etwa zwei weitere Jahre blieb die Sache für mich ohne direkte Folgen.

Die gezielte und wohlorganisierte Arbeit in der katholischen Jugend Wiens ging praktisch unbehindert weiter, wohl nach außen hin »rein religiös« und »auf den kirchlichen Raum beschränkt«. Relativ spät erst, gegen Ende des Jahres 1940, wurde es der Gestapo dann zu bunt, und eben etwa jener Kreis, der den 7. Oktober 1938 wesentlich mitbeschlossen, vorbereitet und getragen hatte, war Maßnahmen wie Ausschluß aus der Pflicht-HJ, Hausdurchsuchungen, Verhören, vorübergehender Einzelhaft, ja auch Suspendierungen vom Schulbesuch ausgesetzt.

Und wohl nur die Tatsache, daß einer nach dem anderen aus unserem Freundeskreis in den Krieg ziehen mußte, dessen Ziele wir von vornherein ablehnten, schützte uns vor dem sicher noch viel schrecklicheren Schicksal des Konzentrationslagers, das meinen Freunden und mir oft genug angedroht worden war – von der Gestapo, von Parteifunktionären oder einfach von zur Denunziation bereiten Nationalsozialisten.

»Pfui«, haben sie geschrien, und immer wieder »Pfui!« Immer dann, wenn der Name des Kardinals genannt wurde, begann eine Brüllorgie. Das ist in den Rosensälen in Favoriten so gewesen, wo Bürgermeister Neubacher am 10. Oktober eine Rede hielt, und das war am 13. Oktober auf dem Heldenplatz so, als Gauleiter Bürckel die bisher schärfsten Attacken gegen den Erzbischof von Wien ritt.
Für eine kurze Zeit ist der Antiklerikalismus dem Antisemitismus an die Seite getreten in diesen Herbsttagen 1938. Man fühlte sich an die Devise der »Schönerianer« unseligen Andenkens gemahnt: »Ohne Juda, ohne Rom bauen wir Germaniens Dom.« Den Sturm auf das Erzbischöfliche Palais nannte Bürckel ein »an sich verständliches Aufbäumen gegen die unerhört verbrecherischen Methoden des politischen Katholizismus in Österreich«. Der Mann mit dem feisten Genick und dem typisch »nordischen« Haarschnitt, den man gerne »Bierleiter Gauckel« nannte, hat sich nie ein Blatt vor den Mund genommen. Vom »Hetzklerus« sprach er, während Neubauer daran erinnerte, daß Innitzer geschwiegen hatte, als nach dem nationalsozialistischen Putsch im Juli 1934 Todesurteile verhängt wurden.
»Pfui«, riefen die Zuhörer. Ein paar Tage lang schienen die Juden aus dem Visier gerückt; ein paar Tage lang ging es primär gegen die Katholiken.
Aber nur ein paar Tage lang. Dann setzten schrittweise wieder jene Verfolgungshandlungen ein, die im März begonnen hatten und im November ihren vorläufigen Höhepunkt erreichen sollten. Schon im Mai waren die Wiener Matrikenämter überlastet, und im »Amt für Sippenforschung des Gaues Wien« im ersten Bezirk gaben die Petenten einander die Türklinken in die Hand: Selbst für den »kleinen Abstammungsnachweis« brauchte man elf Urkunden.
Schlag auf Schlag folgten dann die Verbote: keine »arischen« Hausgehilfinnen bei Juden mehr. Überhaupt keine »arischen« Angestellten bei Juden mehr. Mischehenverbot. Berufseinschränkung. Berufsverbot. Dazwischen immer wieder die alltägliche Hetze. Da wird beispielsweise darauf hingewiesen, daß es unstatthaft sei, wenn Geschäfte fremdsprachige Aufschriften trügen. Sie hätten »jüdischen Ramschwaren einen Schein der Höherwertigkeit gegeben, auch wenn die deutsche Arbeit ihnen turmhoch überlegen war«, wurde erklärt.
Der alltägliche Antisemitismus ist es damals fast mehr gewesen als der direkte,

brutale, vulgäre, der die Menschen indoktrinierte. Viele haben sich indoktrinieren lassen. Noch vor dem 10. November. Noch vor der »Reichskristallnacht«. Ihr ist ein schweres Erdbeben vorausgegangen. Diesmal freilich, anders als beim Nordlicht zu Jahresbeginn, hat man, nach außen hin jedenfalls, nichts von bösen Vorzeichen gemunkelt. Dabei sind die Erdstöße, die sich auf den Raum konzentrierten, die schwersten gewesen, die je in der Donaustadt registriert worden sind. In manchen Bezirken sind an diesem 8. November die Radioapparate von den Tischen gerutscht und die Lampen von den Kommoden gefallen. In derselben Nacht hat es zudem eine Mondfinsternis gegeben. Dann folgten drei Erdstöße. Sie waren ein symbolhaftes Vorspiel zu dem, was sich drei Tage später ereignete. Dem Attentat eines jungen Juden auf den deutschen Botschaftsrat vom Rath in Paris folgte eine beispiellose Eskalation antisemitischer Propaganda, die dann, als der deutsche Diplomat seinen schweren Verletzungen erlag, zu gesteuerten antijüdischen Ausschreitungen im ganzen deutschen Reichsgebiet führte. Auch in Wien. »Die Geduld ist zu Ende, mit der man die Juden in Wien, wo sie relativ am stärksten vertreten sind, belassen hat«, hieß es tags darauf in schlechtem Deutsch. Entrüstete Volksgenossen seien zu den Synagogen gezogen, »in einigen Fällen sind Brände ausgebrochen«, wurde gemeldet. In einigen Fällen? Zwanzig Synagogen und Bethäuser sind in Wien ein Raub der Flammen geworden. Geschäfte werden geplündert, zerstört, in Brand gesteckt. Der Pofel wütet so sehr, daß man ihn zurückpfeifen muß. Die »strenge Aufforderung« des Reichspropagandaministers Goebbels, »von allen weiteren Aktionen und Demonstrationen gegen das Judentum sofort abzusehen«, ist zwar von Berlin aus gegeben worden, gilt aber auch für Wien. »Die endgültige Antwort auf das jüdische Attentat in Paris wird auf dem Weg der Gesetzgebung bzw. der Verordnung dem Judentum erteilt werden«, heißt es. Im übrigen möge man jüdisches Eigentum nicht mehr beschädigen, »weil es ohnehin in kürzester Frist in deutsche Hände gelangt«.
Reichskristallnacht. In Wien herrscht in dieser Nacht der schon so oft zitierte Pofel, die österreichische Abart des Mobs. Auch an sie muß erinnert werden, nimmt man die Anatomie des Jahres 1938 unter die Lupe. Ein namhaftes Mitglied der Wiener jüdischen Gemeinde von heute nimmt Stellung.

Peter Landesmann

Terror der Straße und der Ämter

Schon vor der »Reichskristallnacht« hat in Wien das Gewissen geschwiegen

Um die Geschehnisse dieser Nacht möglichst objektiv zu beschreiben, werden Auszüge aus nationalsozialistischen Quellen Augenzeugenberichten gegenübergestellt.

Die Stellungnahme der Organe des NS-Regimes zur Kristallnacht enthüllt sowohl die brutale unmenschliche Einstellung der Machthaber und deren Erfüllungsgehilfen als auch die primitive und sich an die niedrigsten Instinkte richtende Methode der judenfeindlichen Aufhetzung. Die Grausamkeit dieser Tage bleibt sogar in diesen parteilichen Schilderung nicht verborgen.

Aus dem Bericht des Führers des Sicherheitsdienstes der SS in Wien, Trittner, an seinen Vorgesetzten:

»Die Aktionen sind in Wien durch die Weisungen von den vorgesetzten Dienststellen, die die Polizei erhielt, in die Wege geleitet worden. Der erste dieser Befehle langte am 9. 11. um 23 Uhr bei den Polizeiämtern ein, aber auch die Dienststellen der Partei, die Kreise und Ortsgruppen erhielten diesbezügliche Weisungen.
Am 10. 11. um 4 Uhr morgens bekamen die Polizeiämter den Auftrag, wohlhabende Juden zu verhaften, sie aus größeren Wohnungen zu entfernen und die Angehörigen in kleineren Wohnungen unterzubringen, ferner jüdische Geschäfte zu sperren und zu versiegeln. Zur selben Zeit erhielten die Einheiten der allgemeinen SS und die SS-Verfügungstruppe den Befehl, in jüdische Tempel und Bethäuser einzudringen und sie zu demolieren. Die Gauleitung Wien gab an die Kreisleitungen bezüglich der Judenaktionen einen Befehl, dessen wichtigste Punkte waren: 1. Uniformverbot, 2. Strengstes Verbot bezüglich Plünderungen, 3. Brandstiftungen sind verboten.
Die 52. SS-Standarte in Krems erhielt am 10. 11. um 4 Uhr früh von Wien den telefonischen Auftrag, den Juden die Fensterscheiben und die Türen einzuschlagen.
Bereits in den frühen Vormittagsstunden wurde seitens des SS-Unterab-

schnittes Wien versucht, mit der Gestapo sowie den Parteistellen Fühlung wegen der gedeihlichen Zusammenarbeit bei den Aktionen zu nehmen, dies war jedoch infolge der Arbeitsüberlastung bei diesen Stellen nicht immer möglich.
Die Zerstörung der Tempel und Bethäuser erfolgte in Wien in den meisten Fällen durch Werfen von Handgranaten im Innern der Tempel und durch Anzünden des Mobiliars derselben.
Bei den Geschäften wurden etwas solidere Methoden angewandt. In den jüdischen Wohnungen aber kam es verschiedentlich zu sinnlosen Zerstörungen von Einrichtungsgegenständen usw.
Die Ortsgruppenleiter, die mit Hilfe ihrer Mitarbeiter die Beschlagnahmungen durchführten, befolgten teilweise strikte die Weisungen der Kreisleitungen, teils handelten sie nach eigenem Ermessen und ließen die Judengeschäfte ausräumen, wobei es mitunter zu unkontrollierbaren Verteilungen von Sachwerten kam.
Die größeren Aktionen, nämlich die gegen die Tempel und Bethäuser, wurden fast ausschließlich von der SS durchgeführt. Auf besonders gute Tarnung legte man scheinbar keinen besonderen Wert. Der unbefangene Beobachter hatte sofort den Eindruck, daß es sich hier um befohlene und organisierte Aktionen handelte.
In einigen Bezirken beteiligte sich vereinzelt auch die HJ, welche meistens in roher Weise gegen die Juden vorging, was allgemein sehr ungünstig aufgenommen wurde.
Die Behandlung der Juden war zum Großteil eine sehr harte und artete meistens in brutale Züchtigung aus.«

»Völkischer Beobachter«, 11. November 1938:

»Judenfeindliche Kundgebungen in Wien
Das Bekanntwerden der erschütternden Nachricht von dem Tode des deutschen Gesandtschaftsrates Erster Klasse Pg. Ernst vom Rath, der kürzlich in Paris das Opfer des feigen Mordanschlages des Juden Herschel Grünspan geworden ist, hat in der Nacht von Mittwoch auf Donnerstag sowie am Donnerstag selbst wie im ganzen Reich so auch in Wien zu Zusammenrottungen der erbitterten Volksgenossen und Volksgenossinnen geführt. Die Volkswut richtete sich begreiflicherweise insbesondere gegen die Synagogen in den einzelnen Bezirken, in denen schließlich Brände ausbrachen, die die Intervention der Feuerwehr in mehreren Fällen notwendig machten. Das Vorgehen der Volksmenge nahm umso schärfere Formen an und richtete sich oftmals auch gegen Judengeschäfte, als inzwischen bekannt wurde, daß auf Anordnung des Gauleiters Bürckel bei zahlreichen Juden in Wien eine Hausdurchsuchung durchgeführt wurde, wobei eine große Anzahl von Waffen, kommunistischen Flugschriften und eine große Menge unangemeldeter

Devisen vorgefunden wurden. Daß sich die Verbitterung der Volksgenossen in erster Linie gegen die Judentempel gerichtet hat, ist nur zu verständlich, sind sie doch die Heim- und Erziehungsstätten, in denen die staats- und volksfeindlichen Lehren des Talmuds, bzw. Schulchan Aruch gepflegt und verbreitet wurden. Donnerstag vormittag sind die meisten unter ihnen, und zwar die Tempel in der Schiffamtsgasse, in der Neuen-Welt-Gasse, in der Tempel- und in der Stumpergasse, die Synagogen in der Unteren-Viadukt-Gasse, in der Schmalzhofgasse, in der Hubergasse, in der Siebenbrunnengasse, in der Großen Schiffgasse, Kluckygasse sowie Neudeggergasse, in der Malzgasse und in der Schopenhauerstraße, in der Zirkusgasse, Steingasse und Müllnergasse, in der Pazmanitengasse, am Humboldtplatz und in der Turnergasse, in Flammen aufgegangen. Wenn auch in den meisten Fällen die nächsten Gebäude erhalten blieben, so ist die Inneneinrichtung durch die Flammen doch derartig zerstört worden, daß kaum anzunehmen ist, daß in diesen Bauten je wieder volksfremde und volksfeindliche Mächte imstande sein werden, dort unter der Tarnung und unter dem Schutz ›religiöser Zusammenkünfte‹ jene Maßnahmen zu besprechen und zu planen, die dann da und dort im Auslande unter dem Titel von ›Boykottbewegungen‹ und ›antifaschistischen Kundgebungen‹ gegen das Reich und gegen das deutsche Volk getroffen werden. Aber es blieb nicht bei den Tempeln allein. In den Vierteln und Straßen, in denen sich trotz der Arisierung vieler Geschäfte noch immer mehr als genug Stätten ›jüdischer Geschäftstüchtigkeit‹ vorfinden, mußte zum Schutze an eine Schließung der Läden gegangen werden, gegen die sich die Volkswut richtete. Dabei wurden verschiedentlich sehr deutliche Aufforderungen an die Geschäftsinhaber gerichtet, die ihnen als Ziel Palästina oder andere geeignete Aufenthaltsorte nahelegten. In manchen Straßen Wiens wurden die Fensterscheiben der Judengeschäfte zertrümmert und so eine neue Visitenkarte für jüdische Läden geschaffen, die bestimmt noch deutlicher wirken dürfte als die erst jüngst verordnete Kennzeichnung jüdischer Firmen.«

Aus der Schilderung von Augenzeugen:

»In der Herminengasse brannte fast zwei Tage lang ein Scheiterhaufen, gespeist mit Torarollen und Gebetbüchern. Der Mob tanzte auf aufgebreiteten Torarollen.

Wir wurden auf das Polizeikommissariat in die Juchgasse im 3. Bezirk gebracht. Überall verfolgt, begleitet von der sogenannten Bevölkerung, von einem Mob; und von dort wurden wir hinübergeführt in den ›Sophiensaal‹, wo schon ein großer Teil der jüdischen Bevölkerung des 2. Bezirkes versammelt war.

Was sich dort abspielte, war das Unerhörteste an Geheul und Schreien und

Ausschreitungen seitens der Wiener Bevölkerung. Wir wurden dann auf Wagen geladen und wurden weggeführt ...
Die Straßen waren gesäumt von solchen, die nur unser Leben und unser Blut haben wollten.
In der Karajangasse standen in Klassenzimmern, die für vierzig Schüler bestimmt waren, eng zusammengepfercht dreihundert Arrestierte. In strömendem Regen mußten sie im Schulhofe, zur Belustigung der Wache, stundenlang Freiübungen machen, besonders Wippen und Kniebeugen, wobei ältere Menschen zusammenbrachen.
Im Turnsaal, in den fünfhundert Menschen hineingezwängt worden waren, wurden Inhaftierte durch Stiche mit Dolchen gezwungen, Wandleitern hinaufzuklettern, von deren Ende sie von einem dort rittlings sitzenden SS-Mann wieder hinuntergeworfen wurden. Man ließ Juden aufeinander einschlagen, nachdem man jedem insgeheim versprochen hatte, im Falle des Sieges freizugehen. Ein Fluchtversuch endete tödlich, mehrere Häftlinge sprangen durch geschlossene Fenster in die Tiefe, einer öffnete sich mit Glasscherben die Venen, andere wurden die Steintreppen hinuntergeworfen. Ein junger Mensch erlitt einen Nervenzusammenbruch und wurde, fortwährend nach seiner Mutter rufend, unter Schlägen weggeschleppt. Mitten in der folgenden Nacht rissen SS-Männer die Türe auf, schlugen und traten, wohin sie trafen.«
Die Bilanz des Progroms: 42 Bethäuser zerstört, mehr als 4 000 Geschäfte und Wohnhäuser geplündert und verwüstet, allein im Kreis I 1 950 Wohnungen beraubt und verwüstet, 6 547 Juden verhaftet, darunter viele Frauen.
Der junge jüdische Mann, der in Paris in seiner Verzweiflung über die Verschleppung seiner Eltern einen Beamten der Deutschen Botschaft erschoß, ist Goebbels mehr als gelegen gekommen. Es war schon längere Zeit seine Absicht gewesen, die jüdische Auswanderung, die im Reich nur schleppend vor sich ging und in Wien zwar nach dem Anschluß stark anlief, aber später abflaute, durch eine spektakuläre Aktion anzutreiben.
Die judenfeindliche Einstellung der Naziführer ging zwar im wesentlichen auf die Ideologie des Rassenwahns zurück, sie diente aber auch der Festigung der Herrschaft der Partei über das Volk. Dies ist aus der schon Anfang der dreißiger Jahre vorgesehenen und später zum Großteil in die Tat umgesetzten »Lösung der Judenfrage« ersichtlich. Es war die Wegnahme des jüdischen Besitzes und die Vertreibung der Juden in die Emigration vorgesehen. Die Alten und Kranken, die nicht auswanderungsfähig waren, sollten in Reservaten in armseligsten Verhältnissen bis zu ihrem »natürlichen Ende« gelassen werden. Man glaubte durch diese Maßnahmen die Arbeitslosigkeit und das Wohnungsproblem zu beseitigen, die Finanzen des Staates und der Parteigenossen aufzubessern und so eine bedingungslose Unterstützung der nationalsozialistischen Politik zu erreichen. Des weiteren wollte man die antika-

pitalistischen Ressentiments der Arbeiter und der Kleinbürger auf die Juden lenken, indem der jüdische »Ausbeuter« als Wurzel allen Übels präsentiert wurde.
Erst am Anfang der vierziger Jahre nahm die Idee der Massenvernichtung der Juden konkrete Formen an. Schon früher, bei der Vernichtung von »unwertem Leben« – darunter verstand man anfänglich nur Geisteskranke –, hat sich Gas als effizientes Mittel des Tötens bewährt. Man konstruierte luftdichte Lkw, in denen die Todeskandidaten eingesperrt und mit den Abgasen vergiftet wurden. Nach dem Angriff auf Rußland wurden in den eroberten Gebieten die ersten Massenerschießungen angeordnet. Damit haben die Machthaber ihre moralischen Barrieren zur Massenvernichtung der Juden überwunden.
Folgende Zahlen drücken am prägnantesten das Schicksalsbild der verfolgten Österreicher jüdischer Abstammung aus: Ausgewandert 125 108 (von ihnen wurden 15 000 umgebracht, als sie neuerlich unter deutsche Besatzung gerieten), umgebracht 65 459, in Wien überlebt 5 816 (hauptsächlich getaufte, mit »Ariern« verheiratete Juden im Sinne des »Nürnberger Gesetzes«).
Diese nüchternen Zahlen, die sich aus so vielen mit Qual und Leid behafteten Einzelschicksalen zusammensetzen, sollen durch Schlaglichter auf den Ablauf der Ereignisse in Wien ergänzt werden:
Der deutsche Botschafter in Wien teilte dem Außenamt in Berlin am 12. Februar 1938, nach der Unterredung Schuschniggs mit Hitler, mit, daß »tausende Juden ihre Koffer packten, um auszuwandern«. Diese Meldung war allerdings übertrieben, dennoch verließ damals eine Reihe prominenter Juden Österreich. Am 25. Februar berichtete die Zeitung der jüdischen Gemeinde, daß ihr Präsident beim Bundeskanzler vorgesprochen habe. Er erhält die Zusicherung, daß keine antijüdischen Maßnahmen ergriffen werden, da Österreich an der Verfassungsbestimmung über die Gleichberechtigung aller Staatsbürger unerschütterlich festhalte. Dieser Bericht und die relativ ruhige politische Entwicklung veranlaßte einen Teil der sich im Ausland befindlichen Juden, wieder nach Wien zurückzukehren.
Am Schicksalstag Österreichs, am 13. März 1938, betrug die Gesamtzahl der Glaubensjuden Wiens 168 452, der Juden im Sinne der Nürnberger Gesetze etwa 180 000. Von diesen Juden waren mehr als ein Drittel, rund 60 000 Menschen, unterstützungsbedürftig. Um die ärgste Not zu lindern, wurden im Jahre 1937 zwei Millionen Schilling von der Kultusgemeinde mit Hilfe von ausländischen jüdischen Wohltätigkeitsorganisationen aufgewendet. Es gab fünf Speiseanstalten für die Verpflegung der Armen. Wenn man die schlechte wirtschaftliche Lage, in der sich die meisten Juden damals befanden, in Betracht zieht, war es nicht verwunderlich, daß der Großteil der Wiener Juden keinen Reisepaß besaß.
Durch Berichte von Juden, die aus Deutschland auswanderten, war die be-

drohliche Lage der deutschen Juden bekannt, und die politische Lage schloß zumindest ein Übergreifen der Judenverfolgung auf Österreich nicht aus. Es ist daher aus heutiger Sicht die Frage berechtigt, warum nicht wenigstens die Juden, die materiell in der Lage waren auszuwandern, sich nicht zu diesem Schritt entschließen konnten. Um ihr Verhalten zu verstehen, muß man sich die Schwierigkeiten vor Augen führen, die damals in der Zeit der weltwirtschaftlichen Stagnation, das Gründen einer neuen Existenz in einer völlig neuen Umgebung bedeutete. Weiters waren Fremdsprachenkenntnisse im damaligen Wien nur einem Teil der dünnen kulturell interessierten Schichte vorbehalten.

Vor allem aber ist bei den meisten Juden ein besonders starkes Gefühl der Verbundenheit mit der Familie gegeben, und naturgemäß gab es in fast jeder Familie alte und gebrechliche Personen, von denen man sich nicht trennen wollte. Später kam es gezwungenermaßen doch dazu, daß Auswanderer ihre älteren Familienangehörigen zurücklassen mußten, die dann meistens der Vernichtungsmaschinerie der Nazis zum Opfer gefallen sind. Viele der Emigranten können sich ein Leben lang nicht verzeihen, damals ihre Eltern oder Großeltern zurückgelassen zu haben. Es ist somit nicht verwunderlich, daß die jüdischen Österreicher einen durch die späteren Ereignisse nicht gerechtfertigten Optimismus an den Tag legten und, so wie übrigens fast die ganze Welt, die wahren Intentionen Hitlers nicht zur Kenntnis nehmen wollten. Fast jeder Jude glaubte, daß er, auch wenn das Ärgste käme, von diesem Schicksal nicht betroffen sein könne. Es wurden hiefür die mannigfaltigsten Gründe gesucht und auch gefunden. So war man überzeugt, der Verfolgung zu entgehen, weil man im Ersten Weltkrieg Frontsoldat gewesen war oder weil man eine wertvolle wirtschaftliche Tätigkeit entfaltete. Viele sozial eingestellte Wirtschaftstreibende meinten, von ihren Arbeitern hinlänglich geschützt zu werden. Die orthodox-religiösen Juden waren darüber hinaus überzeugt, daß ihr Väterchen im Himmel sein Volk behüten werde und sie deshalb von jeder Sorge befreit seien.

Der Schock, der ein jähes Erwachen bewirkte, war ungeheuerlich. Über Nacht wurden diese Menschen entrechtet und schutzlos der Willkür ausgeliefert. In den ersten sechs Wochen nach dem Einmarsch starben an die 150 Juden durch Selbstmord

Am 12. März 1938 und an den folgenden Tagen wurden gemeinsam mit Mitgliedern der Linksopposition, der Vaterländischen Front und sonstigen politisch mißliebigen Elementen auch zahllose Juden verhaftet. Der Terror der Straße und der amtliche Terror verliefen des öfteren nahtlos nebeneinander, wobei für die Betroffenen ein Eingriff auf Anordung einer Behörde von einer Privataktion nicht zu unterscheiden war. Raub und Enteignungsmaßnahmen waren anfänglich nur einzelnen überlassen. Obwohl bei den immer wiederkehrenden pogromartigen Ausschreitungen private Bereicherungsaktionen die Regel waren, sind die Nazibehörden im Interesse des Weiterfunktionierens des Wirtschaftslebens bestrebt gewesen, einen »gesetzlichen« Rahmen zur Übernahme jüdischer Vermögenswerte zu schaffen. Dieser führte zur »Arisierung« von rund 5 000 Betrieben. Viele andere jüdische Betriebe und Geschäfte wurden im Rahmen eines Strukturbereinigungs-Programmes geschlossen.

Die Arisierung erfolgte, indem ein nomineller Kaufpreis und ein auf »Sachwerten« basierender tatsächlicher Kaufpreis festgelegt wurden. Der jüdische Eigentümer erhielt den bedeutend niedrigeren tatsächlichen Kaufpreis auf ein Sperrkonto ausbezahlt, wovon er allerdings bei Ausreise 25 Prozent »Reichsfluchtsteuer«, nach dem nominellen Kaufpreis berechnet, zu zahlen hatte. Über die auf dem Sperrkonto verbliebene Summe konnte er aber nur beschränkt verfügen. Der Käufer hingegen mußte die Differenz zwischen dem tatsächlichen und dem nominellen Kaufpreis abführen. Da aber der nominelle Kaufpreis noch immer verhältnismäßig niedrig ansetzt war, ist das Arisieren lukrativ gewesen. Deshalb drängten sich »verdiente« Parteigenossen, von denen die meisten weder die materiellen noch die kaufmännischen Voraussetzungen zur Führung eines Betriebes innehatten, zur Übernahme jüdischer Betriebe. Einzig dastehend ist der mutige – man könnte ihn sogar als wagemutig bezeichnen – Brief der Belegschaft der Vereinigten Chemischen Fabrik Wien . . .:

»Die Gefolgschaft obiger Firma bittet um Hilfe in einer sehr bedrängten Lage. Wie Sie wissen werden, ist Dr. Ignaz Kreidl bereits seit 5 Monaten fast ununterbrochen in Haft, und die Firma ist nach einer kurzen kommissarischen Leitung durch Standartenführer Fridolin Glass in dessen Alleinbesitz übergegangen. Wie diese Besitznahme vor sich gegangen ist, ist uns nicht gesagt worden. Wir hörten nur gleichzeitig mit der Firmenänderung, daß wir schon längere Zeit einen anderen kommissarischen Leiter, Pg Schenk, hatten, der die Überleitung der Firma vorgenommen haben soll. Wie ein kommissarischer Leiter einen Betrieb verkaufen kann, den er nie von innen gesehen, und dessen Werte und Vermögenslage er doch unmöglich kennen kann, ist uns nie klar geworden. Denn einem siebzigjährigen Mann wie Dr. Kreidl nach vielwöchentlicher Haft im Kerker die Unterschrift abzuzwingen, wie es geschehen sein soll, ist keine Heldentat. Da wir aber hören mußten, diese Form sei auf ausdrücklichen Wunsch des Herrn Beauftragten für die Privat-Industrie gewählt worden, mußten wir uns zufrieden geben. Geglaubt haben wir es nicht, und unserer Meinung nach gehört die ganze Arisierung mitsamt der Gebarung der Gestapo vor den Staatsanwalt. Zur Arisierung selbst ist es uns unverständlich, wie ein ertragreiches und gut geführtes Unternehmen um einen Bruchteil des darin vorhandenen Barvermögens verkauft werden konnte, und sämtliche Anlagen, Maschinen, Waren und der ganze, Millionenwerte umfassende Patentbesitz umsonst an einen Politiker gegeben werden kann, der nicht fähig ist, ihn zu verwerten und zu betreuen .. mit seinen 26 Jahren weder Eignung noch Lust, in der Großindustrie tätig zu sein ...

Die viele Jahrzehnte verläßlich arbeitenden Beamten werden nach und nach von ihren Posten entfernt, und auf andere gesetzt, denen sie nicht gewachsen sind, um so auf kaltem Wege die gesamte, alte Belegschaft zu entfernen. Die Abfertigungen sollen angeblich jetzt verboten sein. So sind bereits das Sekretariat, die Kasse – der Kassier beging Selbstmord wegen aus der zwangsweise offengelassenen Kasse fehlender Geldbeträge –, das Telefon und viele andere Posten umbesetzt ... Die alten und verläßlichen Mitarbeiter werden der Betriebsspionage verdächtigt ... Wenn sich die Mitarbeiter auch unschuldig wissen, ist es doch fürchterlich, jede Stunde unter falschem Verdacht eingesperrt werden zu können.

Jede Tätigkeit der Vertrauensmänner, insbesondere des Betriebs-Obmannes Ing. Ernst Haiser, ist dadurch unmöglich gemacht, daß man ihm in der Person des Obersturmführers Hans Bauer einen Personalchef vorgesetzt hat, der jeden Kontakt und jede Verbindung mit der Gefolgschaft verhindert ...

... Es ist uns gesagt worden, daß vor der Person des Standartenführers Fridolin Glass jeder Rechtsweg zu Ende ist, und daß er auch einen Angestellten niederschießen kann, ohne zur Verantwortung gezogen zu werden.

... Wir bitten aber vielmals, doch den Betrieb, der im Jahre 1922 vom Staate übernommen wurde, entweder wieder dem Staate zurückzugeben, oder doch dafür zu sorgen, daß der Staat die Oberaufsicht über ein so gut geleitetes und wertvolles Unternehmen trägt, das für die Staatseinnahmen so wichtig ist ...

Wir wiederholen unsere Bitte um baldige Hilfe aus der Schreckensherrschaft, vielleicht ist doch eine Änderung möglich, bevor weitere schwere Folgen eintreten.

Die Unterschriften der für diesen Brief Verantwortlichen erliegen bei einem Partei-Anwalt treuhändig verwahrt und werden bekanntgegeben werden, sobald für Leben und Existenz der Schreiber keine Gefahr mehr besteht.

Heil Hitler!

Die Angestellten und Arbeiter!«

Ein Arzt aus einem Arbeiterbezirk berichtet:

»Im besten Falle ließ sich der kommissarische Leiter, der meistens keine Ahnung von der betreffenden Branche hatte, dafür, daß er nichts tat, ein hohes Gehalt zahlen, das oft den Ertrag des Unternehmens bedeutend überstieg. Im übrigen kümmerte er sich um nichts. In einem mir bekannten Falle war eine Hausbesorgerin, eine Analphabetin, kommissarische Leiterin von drei jüdischen Geschäften ... Oft warf der Kommissar den Eigentümer einfach hinaus, verbot ihm das Betreten seines Geschäftes und zwang ihn schließlich, sein Unternehmen um einen Pappenstiel zu verkaufen ... Ein besonders krasser Fall war der eines Warenhauses. Das Warenlager dieses Unternehmens hatte einen Verkaufswert von mindestens RM 500 000,–, dagegen bestanden Verbindlichkeiten von etwa RM 50 000,–. Das Unternehmen wurde dem Eigentümer zwangsweise »abgekauft« und der Kaufpreis mit RM 20 000,– »bestimmt«. Da nun eine ungedeckte Schuldenlast von RM 30 000,– verblieb, wurde der Eigentümer noch wegen betrügerischer Krida eingesperrt! Das ist aber nur ein Beispiel für viele.«

Von August 1938 an wurden Arisierungen nur mehr bei Nachweis von Fachkenntnissen und Eigenmitteln des Ariseurs genehmigt, wobei Göring noch bei einer Konferenz am 12. November empört feststellte, daß kleine Chauffeure von Gauleitern es auf ein Vermögen von einer halben Million Reichsmark gebracht hätten.

Der auswanderungswillige Jude hatte eine Reihe von Hindernissen zu überwinden. Wenn er vermögend war, mußte er unter den verschiedensten Titeln sein Hab und Gut abführen und hierüber die vorgeschriebenen Bestätigungen beibringen. Er mußte weiters über die von vielen Ländern bei der Einwanderung vorgeschriebenen Beträge in Devisen, sogenanntes Vorzeigegeld, verfügen. Ausländische jüdische Organisationen spendeten bis Ende November 1939 über 1,6 Millionen Dollar. Von diesem Betrag wurde schätzungsweise die Hälfte als Reisegelder und Vorzeigegelder an Auswanderer abgegeben, die andere Hälfte wurde von der Kultusgemeinde zur Unterstützung der vermögens- und einkommenslos gewordenen jüdischen Bevölkerung verwendet.

In Wien verkaufte die Kultusgemeinde die zur Auswanderung benötigten Devisen, wobei vermögende Juden das Vier- bis Fünffache des Kurses zahlen mußten. Aus diesem Erlös finanzierte die Gemeinde die Auswanderung Minderbemittelter.

Für die Erlangung eines Passes wurde Sittenzeugnis, Wohnungsnachweis und eine Vidierung vom Auswanderungsamt vorgeschrieben. Dann kam die Schwierigkeit der Erlangung eines Einwanderungsvisums. Wegen der damaligen Weltwirtschaftskrise herrschte in fast allen Ländern Arbeitslosigkeit. Um die eigene Bevölkerung zu schützen, war die Einwanderung beschränkt. Oft wurde als Vorbedingung für die Erteilung des Visums verlangt, daß ein Staatsbürger des eigenen Landes für den Unterhalt des Einwanderers garantierte. Um solche Garantien zu erhalten, wurden ausländische Telefonbücher beschafft, und viele Juden schrieben an in diesen Büchern aufgefundene Namensvettern, in der Hoffnung, auf einen entfernten Verwandten zu treffen. Nicht wenige erhielten auf diese Weise das begehrte Affidavit, wie diese Garantieerklärung genannt wird. Die vielen Juden, die stunden- und tagelang vor den verschiedenen Ämtern Schlange standen, waren ein für Schläger willkommenes Angriffsziel.

Am 20. August 1938 wurde die Errichtung einer Zentralstelle für jüdische

Auswanderung verfügt. Sie arbeitete im Einvernehmen mit der wieder zugelassenen Kultusgemeinde, wodurch die Auswanderung etwas erleichtert wurde. Die letzte Auswanderungsgruppe von Wien ging am 2. November 1941 via Portugal ab. Ein Teil der Wiener Juden gelangte auch illegal in das Ausland, allerdings wurden viele von der Grenzpolizei der diversen Nachbarstaaten wieder nach Österreich zurückbefördert.

Über das Schicksal der Emigranten, die den Krieg überlebten, gibt es leider keine Untersuchungen. Soweit man aus zahllosen Berichten entnehmen kann, haben viele den seelischen Streß der Auswanderung nur sehr schlecht überstanden. Ein Zeichen hiefür ist die hohe Scheidungsrate der Ausgewanderten. Meistens gelang es nur den jüngeren, Fuß zu fassen und eine Karriere aufzubauen.

Im Februar und März 1941 kam es zu den ersten Deportationen von Juden aus Wien, denen im Oktober weitere folgten. Vom Frühjahr 1942 an wurden regelmäßig Transporte durchgeführt, wobei ab Juni der Abtransport der alten und der vorläufig noch etwas privilegierten Juden nach Theresienstadt begann. Die Deportationen endeten im Oktober 1942. Der weitaus überwiegende Teil der aus Wien auf diese Weise entfernten Juden kam in den Vernichtungs- und Arbeitslagern um.

Es ist unmöglich, über das Verhalten der Wiener Bevölkerung eine objektiv verifizierbare Aussage zu erstellen. Unzweifelhaft haben sehr viele an der Volksbelustigung, die durch das Schauspiel der Judenverfolgung von den Machthabern geboten wurde, passiv und auch aktiv mitgemacht. Die vielen Anzeigen gegen Juden und gegen »Judenknechte« bezeugen es.

In Wien gab es zumindest seit Lueger eine Kernschicht der Antisemiten, die im Taumel der Begeisterung, den der Anschluß auslöste, bestimmt Zulauf erhielt. Die Nazipropaganda setzte alles daran, um den Antisemitismus durch die Medien und im Schulunterricht zu fördern. So sahen von Juli bis Oktober 1938 350 000 Besucher die Ausstellung »Der Ewige Jude« in der Nordwestbahnhalle.

Sicherlich waren auch manche Wiener mit dem Vorgefallenen nicht einverstanden. Kritische Bemerkungen wurden vielfach zur Anzeige gebracht und schwer geahndet. Auf 130 bis 150 wird die Zahl der Juden geschätzt, die in Wien von Christen, unter Einsatz ihres eigenen Lebens, versteckt gehalten wurden.

Es gelang den Nationalsozialisten, viele in ein schuldhaftes Verhalten zu verstricken, die dann dem System unwiderruflich verpflichtet waren. Dadurch entstand ein fast lückenloses Spitzelsystem, »die Blockwarte«, welche jene Personen, die vielleicht den Verfolgten helfen wollten, in Angst und Schrekken versetzten.

Der katholische Klerus, der als das öffentliche Gewissen des Großteils der Österreicher angesehen werden darf, war in seiner Auffassung über den Antisemitismus gespalten, wobei judenfeindliche Stellungnahmen überwogen. Kardinal Innitzer legte vor 1938 wiederholt Zeugnis von seiner projüdischen Einstellung ab. Nach der Machtübernahme versuchte er durch deutschfreundliche Stellungnahmen eine für die Kirche positive Einstellung des Regimes zu erreichen. Sein Verhalten wandelte sich später wieder und ist am treffendsten durch die von Heinz Boberach publizierte Meldung des Sicherheitsdienstes der SS gekennzeichnet:

»In ähnlicher Weise wandte sich Kardinal Innitzer an den Klerus der Ostmark. Auch er lehnt die Kennzeichnung der Juden, obwohl sie durchaus mittelalterlich-christlicher Tradition entspricht, ab, ebenso die Zusammenfassung der jüdischen Katholiken zu besonderen judenchristlichen Gemeinden mit eigenen Kirchen und Kirchendienst, weil diese Maßnahme als Konzession an die nationalsozialistische Rassenlehre aufgefaßt werden könnte. Vorsprachen von Gläubigen in den Pfarrkanzleien wegen Entfernung der Juden aus den Kirchen seien scharf abzulehnen und die Petenten zu belehren, daß die Kirche bei ihren gottesdienstlichen Handlungen keine Rassenunterschiede machen dürfe. Gleichzeitig ließ der Kardinal unter Hinweis auf die Aussiedlungsaktion die Priester auffordern, für die jüdischen Glaubensgenossen, die gezwungen werden, demnächst Wien zu verlassen, zu beten. Danach ist, trotzdem die Juden in letzter Zeit sehr zahlreich, anscheinend abordnungsweise, in die Kirchen entsandt werden, wohl um das Mitleid der Kirchenbesucher zu erregen, aufgrund der Stellungnahme der beiden Kardinäle (gemeint sind die Kardinäle Innitzer und Bertram, Erzbischof von Breslau) mit einer Absonderung der Juden im Gottesdienst und beim Sakramentempfang von kirchlicher Seite aus nicht zu rechnen.«

Die ergreifendste Kritik an dem Verhalten der katholischen Kirche und der Gemeinschaft der Gläubigen während der Nazizeit stammt von der Würzburger Synode (1975). Sie kann sinngemäß auch auf die Verhältnisse in Österreich übertragen werden.

»Wir sind das Land, dessen jüngste politische Geschichte von dem Versuch verfinstert ist, das jüdische Volk systematisch auszurotten. Und wir waren in dieser Zeit des Nationalsozialismus, trotz beispielhaften Verhaltens einzelner Personen und Gruppen, aufs Ganze gesehen doch eine kirchliche Gemeinschaft, die zu sehr mit dem Rücken zum Schicksal dieses verfolgten jüdischen Volkes weiterlebte, deren Blick sich zu stark von der Bedrohung ihrer eigenen Institutionen fixieren ließ und die zu den an Juden und Judentum verübten Verbrechen geschwiegen hat. Viele sind dabei aus nackter Lebensangst schuldig geworden. Daß Christen sogar bei dieser Verfolgung mitgewirkt haben, bedrückt uns besonders schwer. Die praktische Redlichkeit unseres Erneuerungswillens hängt auch an dem Eingeständnis dieser Schuld und an der Bereitschaft, aus dieser Schuldgeschichte unseres Landes und auch unserer Kirche schmerzlich zu lernen: Indem gerade unsere deutsche

Kirche wachsam sein muß gegenüber allen Tendenzen, Menschenrechte abzubauen und politische Macht zu mißbrauchen, und indem sie allen, die heute aus rassistischen oder anderen ideologischen Motiven verfolgt werden, ihre besondere Hilfsbereitschaft schenkt, vor allem aber, indem sie besondere Verpflichtungen für das so belastete Verhältnis der Gesamtkirche zum jüdischen Volk und seiner Religion übernimmt.«

Wissen die Österreicher im November 1938, wieviel es geschlagen hat? Im Zusammenhang mit den Ereignissen rund um die Reichskristallnacht hat das Regime nicht zum erstenmal, aber bisher wohl am deutlichsten unverhüllt seine Fratze gezeigt. Und in Wien ist wieder einmal jene dumpfe Masse aufgetreten, die man, wie gesagt, hier seit dem Mittelalter den »Pofel« genannt hat. Wetterwendig, verhetzbar, stets bereit, gegen Minderheiten aufzutreten, sofern man es nur versteht, ihm, dem Pofel, plausibel zu machen, daß die Minderheit ein Fremdkörper sei und demnach aus dem »Volksganzen« zu entfernen.

Nur: Es hat nie und nimmer ausschließlich Pofel gegeben in Wien. Noch weniger draußen, in den anderen Städten oder auf dem Land. Es gab – und gibt auch 1938 – die Ruhigen, die Vernünftigen. Jene, die nachdenken. Und die jetzt, da das Jahr sich seinem Ende zuneigt, anfangen, ein Resümee zu ziehen. Die sich mit der Bilanz zu beschäftigen beginnen.

Das wissen auch die neuen Herren. Sie lassen nichts unversucht, um im Rahmen der totalen Vereinnahmung jedenfalls auch den Wienern vorzugaukeln, daß sie auch fürderhin etwas Besonderes sein würden im »Reich«. Reichskommissar Bürckel, Reichsstatthalter Seyß-Inquart, Gauleiter Globocnik, Bürgermeister Neubacher nehmen jede Gelegenheit wahr, Beweise dafür zu suchen und zu liefern, wie gut es die Österreicher jetzt haben würden. Jetzt, da die »Elendszeit« des sogenannten »Systems« vorüber ist.

Schon im Mai war verlautbart worden, der Rhein-Main-Donau-Kanal werde Wien gewissermaßen an das Meer verpflanzen. Jetzt nennt Bürgermeister Neubacher im Rahmen einer großen Propagandarede, in deren Verlauf er vom geplanten U-Bahn-Bau, vom Anlegen eines Schnellbahnnetzes, von gewaltigen Hafenausbauplänen spricht – jetzt also nennt Neubacher die Großstadt im Südosten des Reichs das »zukünftige Hamburg des Ostens«.

Und als im Oktober der »Reichsgau Wien« Wirklichkeit wird, als Großwien entsteht, 96 Gemeinden der Stadt hinzugeschlagen werden und Wien einwohner- und flächenmäßig, wie die Zeitungen triumphieren, die »größte Stadt des Reichs« und die sechstgrößte der Welt wird, mit 26 Bezirken und rund 2,1 Millionen Menschen, da stärkt solches das angeborene Imponiergehaben der Österreicher. Mit Speck fängt man Mäuse.

Und mit kulturellen Ereignissen, so schien es damals, eine Stadt, die es gewohnt war, zumindest in dieser Hinsicht auf das »Altreich« herunterzublicken. Da wird, beispielsweise, »50 Jahre neues Burgtheater« gefeiert. Vor einem halben Jahrhundert ist das Haus am Ring eröffnet worden. Mit einer Festvorstellung des »Don Carlos« beginnt die neue Saison. Mirko Jelusich ist indessen zurückgetreten, Ulrich Bettac hat interimistisch die Direktion übernommen. Die Wahl des Schiller-Stücks scheint unverdächtig, daß darin die tiefsinnigen und im Herbst 1938 für Österreich bedeutungsschweren Worte »Sire, geben Sie Gedankenfreiheit!« vorkommen, hat man amtlicherseits übersehen – oder nicht zur Kenntnis genommen.

Im Zuschauerraum nimmt man sie sehr wohl zur Kenntnis, sie wirken tiefer nach als die schauspielerischen Leistungen Fred Liewehrs (der den Carlos gab), Ewald Balsers (als Marquis Posa) und Raoul Aslans (als Philipp).

Ein Jubiläum feiert in diesem Herbst auch das Theater in der Josefstadt: Es ist 150 Jahre alt geworden. Nein, im Titel der Festpremiere lassen sich auch diesmal nur wenn man zutiefst schwejkisch veranlagt ist, politische Motive vermuten: Shakespeares »Wie es euch gefällt« wird aufgeführt, und die Premiere wird zu einem Fest wienerischer Komödieninterpretation. Die Besetzungsliste liest sich wie ein schauspielerischer Olymp: Angela Salloker, Albin Skoda, Dagny Servaes, Hans Moser, Lisl Kinast, Hans Thimig, Alfred Neugebauer, Anton Edthofer. Man meint, die Zeit wäre stillgestanden. Man meint, für Schauspieler wäre das Theater das Leben; was draußen vorgehe, wäre unbedeutend, nur die Bretter bedeuten die Welt.

Unten, in der ersten Reihe, sitzt ein hagerer Mann mit Schmissen im Gesicht, der zu dieser Zeit noch immer den Titel »Staatssekretär« führt. Er lacht, er applaudiert, er plaudert. Er heißt Dr. Ernst Kaltenbrunner. Des Teufels Hilfsgendarm. Acht Jahre später wird er zusammen mit »seinem« Reichsstatthalter Seyß-Inquart in Nürnberg gehenkt.

Allein, im barocken Rahmen des Josefstädter Theaters fällt nur auf, daß die Farbzusammenstellung nicht paßt: schwarze Uniformen und silberne Totenköpfe schlagen sich mit Rot und Gold. SA-Kleidung paßt besser. Sie ist auch billiger. »Braunhemden um zehn Schilling« annoncierte, als es noch nicht allgemein die Reichsmark-Währung gab, ein Kleiderhaus in der Spiegelgasse ...

Ungefähr zu dieser Zeit besteigt ein bedeutender amerikanischer Bundespolitiker, der demokratische Senator Burke aus Nebraska, einen Transatlantikdampfer, um nach einer mehrwöchigen Europareise wieder nach Hause zurückzukehren. Der Sommer ist seit jeher »Bildungssaison« auch für US-Senatoren und Kongreßabgeordnete gewesen, und auch Mr. Burke hat davon profitiert, auf (zumindest teilweise) Regimentsunkosten Hitlerdeutschland besuchen zu können.

Vor der Abfahrt wird er von deutschen Journalisten nach seinen Eindrücken gefragt, und er äußert sich begeistert. Was dieser Mann, dieser Hitler, vor allem auf sozialem Gebiet geleistet habe, sei gigantisch, meint Senator Burke. Die »Deut-

sche Arbeitsfront«, die Einheitsgewerkschaft des NS-Regimes, sei ein gewaltiges Reformgebäude.
Und dann formuliert Senator Burke – wohlgemerkt, im Herbst 1938! – seine Eindrücke in einem einzigen zusammenfassenden Satz: »Für mich ist Mr. Hitler größer als Bismarck.« Die Zeitungen meldeten es begeistert. Denn da ist ja doch wohl eine unabhängige, eine amerikanische Stimme, eine Stimme aus einem Land, an dem man sonst kaum ein gutes Haar läßt! Freilich, amerikanische Filme zeigt – und sieht – man gerne. Auch in Wien. Aber sonst stehen die USA für Dekadenz. Es sei denn, sie erweisen sich als nützlich.
November, Dezember 1938. Fliehen die Österreicher aus der Wirklichkeit in die innere Emigration, sofern sie nicht die tatsächliche wählen? Das meistgelesene Buch dieses Jahres sei »Die Zitadelle« von Cronin gewesen, berichten die Wiener Leihbibliotheken.
Man denkt nicht an die Zukunft. Man lebt. Gelegentlich wird man an das Gestern erinnert. Dann, wenn Prozesse gegen »Hahnenschwänzler« abgewickelt werden. Oder gegen »Prügelpolizisten«, die hart gegen illegale Nationalsozialisten eingeschritten sind. Das wird jetzt gesühnt. Wie hat schon im Mai der deutsche Reichsjustizminister Gürtner gesagt, als er im Wiener Justizpalast vor Richtern sprach und die Rechtsvereinheitlichung propagierte? Er sei »beglückt, die österreichische Justiz in die Obhut des Reichs zu übernehmen. Ein Reich, ein Recht, ein Volk!«
Recht. Viele denken nach über diesen Begriff, als das Jahr 1938 zu Ende geht. Recht, Unrecht, Völkerrecht, Menschenrecht. Sie denken nach – und sie denken zurück. Noch einmal wird der Bogen geschlagen. Noch einmal wird 1938 durchleuchtet, um seine Anatomie ersichtlich zu machen.

Ludwig Adamovich

Durch Verdrängung löst man keine Probleme

Recht, Gesetz – und die Erfahrungen von 1938

Im März 1938 war ich noch nicht sechs Jahre alt. Meine Erinnerungen sind demgemäß spärlich.
Wir wohnten damals in der Operngasse. Ich erinnere mich an eine lautstarke Demonstration auf der Straße. Polizisten, die locker mit dem Gummiknüppel spielten, flankierten die Demonstranten. Diese riefen mit erhobener rechter Hand etwas mir Unverständliches. Ich sah und hörte, wie unsere Hausgehilfin gemeinsam mit einer Freundin sich aus dem Fenster beugte und »Heil Schuschnigg« rief. Die Parole der Demonstranten war offenbar eine andere.
Und eines Tages, wenig später, sah ich meine Eltern im Zustand tiefer Niedergeschlagenheit und wußte nicht, warum. Aber nur wenige Wochen später wurde mir die Bedeutung von Hakenkreuzfahnen und Hakenkreuzabzeichen nur allzu klar.
Die Wohnung in der Operngasse mußten wir übrigens bald räumen, weil sie für einen zwangspensionierten Hochschullehrer zu teuer geworden war.
Mein Vater, von Beruf ordentlicher Universitätsprofessor für Verfassungs- und Verwaltungsrecht, war zum Mitglied des nach der Verfassung 1934 zu bildenden Staatsrates, des wichtigsten »vorberatenden« Organs der Gesetzgebung, bestellt und vom Staatsrat als Mitglied des Bundestages entsendet worden. Er schreibt in seiner Selbstbiographie[1]), daß er am Zustandekommen der Verfassung 1934 nicht beteiligt war. Gleichwohl kann kaum ein Zweifel darüber bestehen, daß er sich mit den dieser Verfassung zugrundeliegenden Vorstellungen identifiziert hat. Er wollte allerdings seine Tätigkeit als Mitglied des Staatsrates und des Bundestages als eine rein fachmännische und nicht politische verstanden wissen. Das gleiche gilt für seine Funktion als Bundesminister für Justiz, in die er nach dem Berchtesgadener Abkommen am 15. Februar 1938 berufen wurde. Eine wesentliche Aufgabe, die er in dieser Funktion wahrzunehmen hatte, war die im Berchtesgadener Abkommen vorgesehene Amnestierung der Nationalsozialisten.
Wörtlich schreibt er in der Selbstbiographie[2]):
»Von den Ereignissen, die sich am 11. März im Bundeskanzleramt abspielten und die zur gewaltsamen Besetzung Österreichs führten, habe ich in tiefster Erschütterung erst aus dem Radio Kenntnis erlangt.«

Dieser Sachverhalt muß überraschen. Der amtierende Bundesminister für Justiz hatte also keine Kenntnis von den dramatischen Vorgängen des 11. März 1938. Wenn man freilich die einschlägigen Ausführungen Schuschniggs in seinem Memoirenwerk »Ein Requiem in Rot-Weiß-Rot«[3]) liest, wird überhaupt deutlich, daß er die damals auf ihn zugekommene Problematik weitgehend mit eigenen Kräften zu lösen versuchte. Dies entsprach dem von ihm für richtig gehaltenen autoritären Führungsstil, mußte aber die Gefahr von Fehlern noch vergrößern.

Bemerkenswert ist, daß Schuschnigg im »Requiem« den Namen meines Vaters überhaupt nicht erwähnt. Dies ist um so erstaunlicher, als es zwischen den beiden Persönlichkeiten sehr weitgehend Übereinstimmung gibt. Beide waren einig im Bekenntnis zum Katholizismus, zum Legitimismus und zur Eigenstaatlichkeit Österreichs. Beide neigten zur autoritären Staatsform, verwarfen aber mit Nachdruck die vom Nationalsozialismus vertretene Idee des totalen Staates als den Grundsätzen des christlichen Humanismus widersprechend.
Hier zeigt sich ein Dilemma. An sich ist es durchaus denkbar, sich zum Humanismus zu bekennen und trotzdem die Demokratie als Staatsform abzulehnen. Es ist aber schwierig, solches in der Praxis ohne Anwendung von Gewalt durchzusetzen. Dies haben die Ereignisse der Jahre 1933 bis 1938 in Österreich deutlich genug gezeigt. Es kann auch keinen Zweifel darüber geben, daß das ständestaatliche Regime in Österreich bei weiten Kreisen der Bevölkerung verhaßt war. Es scheint, daß Schuschnigg und andere Exponenten des Regimes diesen Umstand in seiner Tragweite gar nicht zu erkennen vermochten. Sie waren subjektiv sicher weitgehend guten Glaubens, objektiv kann ihnen so mancher Vorwurf nicht erspart werden.
Die ideologische Übereinstimmung zwischen Schuschnigg und meinem Vater läßt gewisse Rückschlüsse auf die Haltung der Repräsentanten des ständestaatlichen Regimes überhaupt zu. Um dieser Haltung wirklich gerecht werden zu können, muß man mehrere Gesichtspunkte in Betracht ziehen.
Die politische Entwicklung seit dem Jahr 1920 war im zunehmenden Maß gekennzeichnet durch die Aktivität der verschiedenen paramilitärischen Verbände. Diese Entwicklung kulminierte in den tragischen Ereignissen des 12. Februar 1934. Aber man muß es immerhin als einen positiven Aspekt des ständestaatlichen Gedankens und der persönlichen Haltung Schuschniggs sehen, daß es ihm gelang, den Heimatschutz aufzulösen und ihn in das ständestaatliche System zu integrieren. Stellt man die damalige Situation in Rechnung, so war dies sicher ein äußerst mutiger Schritt.
Schuschnigg ist, wie andere christlichsoziale Politiker auch, mit dem Stigma des Arbeitermordes belastet. Die Tragik der Ereignisse des Februaraufstandes von 1934 darf in keiner Weise beschönigt werden. Man darf aber anderer-

seits nicht übersehen, daß der damalige Austromarxismus eine verhältnismäßig sehr radikale politische Tendenz verkörperte. Das Linzer Programm von 1926 steht auf dem Boden des Klassenkampfes. Was konservative Kreise besonders schrecken mußte, ist das ausdrückliche Bekenntnis zu den »Mitteln der Diktatur« *für den Fall*, daß die Bourgeoisie sich gegen die gesellschaftliche Umwandlung »durch planmäßige Unterbindung des Wirtschaftslebens, durch gewaltsame Auflehnung, durch Verschwörung mit ausländischen gegenrevolutionären Mächten widersetzen sollte«[4]).

Die Art und Weise, in der man in den Jahren 1933 und 1934 die Verfassungsfrage zu lösen versuchte, war alles andere als ein Ruhmesblatt für die damals siegreiche Bewegung. Man arbeitete mit juristischen Tricks, das heißt, man versuchte eine Scheinlegitimität. Ich werde darüber noch ausführlich berichten. Für die damaligen Machthaber war das aber offenbar kein ethisches Problem, weil es ihnen um die Realisierung von übergeordneten Wertvorstellungen ging. Trotzdem wäre es ehrlicher gewesen, sich zur »konservativen Revolution« zu bekennen und den Versuch einer Legitimierung gar nicht erst zu unternehmen. Die in dieser Hinsicht bestehende Doppelbödigkeit hat dem autoritären Regime ohne Zweifel sehr geschadet. Es ist durchaus vorstellbar, daß darin der Grund gelegen sein mag, warum zur Mitarbeit eingeladene führende Köpfe des deutschnationalen Lagers, wie Mannlicher. oder Srbik, die Mitarbeit verweigerten. Wie Schuschnigg in seinem Kommentar zur Verfassung 1934[5]) das Vorliegen des erforderlichen Präsenzquorums der Abgeordneten begründet, ist entweder im höchsten Maß naiv oder unaufrichtig. Der formale Rechtsstaat war den Vertretern des autoritären Regimes bestimmt nicht das primäre Anliegen. Ihnen ging es in erster Linie um die Realisierung religiöser Vorstellungen; die Irrlehre, daß der Zweck die Mittel heiligt, mag dabei eine gewisse Rolle gespielt haben. In der Mißachtung des als formal empfundenen Rechtsstaates wurden sie freilich von den Nationalsozialisten bei weitem übertroffen.

Man muß es – wenn man die Frage des rechtmäßigen Zustandekommens einmal beiseite läßt – als ein Verdienst der Verfassung von 1934 ansehen, daß sie den Staat in den Mittelpunkt rückte und dem Parteienzwist ein vorläufiges Ende setzte. Für die *damaligen* Verhältnisse (dies muß man mit Nachdruck betonen) ist dies eine positive Tat gewesen. Man kann sie überhaupt nicht richtig einschätzen, wenn man die Vorgeschichte nicht betrachtet.

Eine sehr wesentliche persönliche Parallele zwischen Schuschnigg und meinem Vater habe ich noch nicht erwähnt. Beide sind in Internaten erzogen worden, die von Jesuiten geführt wurden. Eine Charakterbildung, die man üblicherweise als »jesuitisch« bezeichnet, wurde dort mit Sicherheit gerade eben nicht vermittelt; wohl aber (jedenfalls damals) eine ganz spezifische Haltung zur weltlichen und zur geistlichen Autorität.

Nicht zuletzt daraus erklärt es sich, daß Schuschnigg gegenüber einem bruta-

len Machtmenschen wie Hitler (von den äußeren Machtverhältnissen ganz abgesehen) schon aus psychologischen Gründen unterliegen mußte. Dazu kam die ambivalente Haltung Schuschniggs gegenüber dem Deutschtum, von der noch ausführlicher die Rede sein wird.
Zieht man dazu auch noch in Betracht, daß es Hitler verstanden hat, in seine Weltanschauung auch die geradezu mystische Reichsidee miteinzubeziehen, so werden die Berührungspunkte noch viel deutlicher. Auf der Ebene des Bewußten stand Schuschnigg in schärfster Opposition zu Hitler; im Unbewußten hatte er vielleicht mehr mit Hitlers Gedankengut gemeinsam, als er zu erkennen vermochte. Dies beweist allein schon die Tatsache, daß er Hitler als seriösen Verhandlungspartner betrachtet hat, ein Fehler, den er später selbst eingesehen hat. Man kann aber jedenfalls mit viel Berechtigung sagen, daß Schuschniggs Weltbild ihm eine gewisse Blindheit gegenüber den Realitäten verliehen hat. Erst nach der nationalsozialistischen Machtübernahme mußte er erkennen, in welchem Ausmaß der österreichische Sicherheitsapparat nationalsozialistisch infiltriert war.

Der am 13. März 1938 vollzogene Anschluß Österreichs an das Deutsche Reich war ein Gewaltakt. Aber es kann nicht geleugnet werden, daß dieser Gewaltakt ein heute nicht mehr quantifizierbares, jedenfalls aber nicht unbeträchtliches Maß an Zustimmung in der österreichischen Bevölkerung fand. Dies lag gewiß nicht nur an der weitverbreiteten Aversion gegen das ständestaatliche Regime. Das Anschlußproblem ist viel älter als der Nationalsozialismus.
Im Zeitpunkt der Begründung der Republik Österreich waren alle tragenden politischen Kräfte sich einig darüber, daß so bald wie möglich der Anschluß an das Deutsche Reich zu vollziehen wäre[6]). Die neu gegründete Republik Deutschösterreich bildete nach § 2 des (einstimmig beschlossenen) Gesetzes vom 12. November 1918, StGBl. Nr. 5, einen »Bestandteil« der deutschen Republik. Es lag dies auch in der politischen Logik des Zerfalls der österreichisch-ungarischen Monarchie in von nationalen Vorstellungen getragene neue Staaten. Strittig war zur Zeit der Schaffung der Republik Österreich ausschließlich die Frage, in welcher Form der Anschluß durchgeführt werden solle – sollte die Republik Österreich als Ganzes beitreten oder die einzelnen Bundesländer? Diese Frage hat auch eine nicht unwesentliche Bedeutung für die Struktur des österreichischen Föderalismus.
Erst der Staatsvertrag von St-Germain (Art. 88) machte den Anschluß rechtlich unmöglich. Die im Art. 88 des genannten Staatsvertrages garantierte Unabhängigkeit Österreichs wurde als unabänderlich bezeichnet, »es sei denn, daß der Rat des Völkerbundes einer Abänderung zustimmt«. Im Vertrag von Lausanne vom 15. Juli 1932 mußte sich Österreich, um die Garantie des Völkerbundes für eine Anleihe zu erreichen, verpflichten, das Anschlußverbot durch mindestens zwanzig Jahre zu beachten.

Mit der Übernahme der Macht in Deutschland durch den Nationalsozialismus stellte sich die Situation jedenfalls in den Augen der katholisch-konservativen Kräfte völlig anders dar als bisher. Die Eigenstaatlichkeit Österreichs wurde nun mit Nachdruck betont. Trotzdem aber bestand gegenüber dem Deutschen als Idee eine äußerst positive Beziehung. Nicht von ungefähr wurde in der Präambel der Verfassung von 1934 von einem »christlichen, deutschen Bundesstaat« gesprochen. In der Vereinbarung mit dem nationalsozialistischen Deutschland vom 11. Juli 1936 erklärte sich die österreichische Bunderegierung ausdrücklich bereit, ihre Politik stets auf jener grundsätzlichen Linie zu halten, die der Tatsache entspricht, daß Österreich sich als deutscher Staat bekennt. Die Parole der von Schuschnigg für den 13. März 1938 vorgesehenen und dann abgesagten Volksabstimmung begann mit dem Satz »für ein freies und deutsches, unabhängiges und soziales, für ein christliches und einiges Österreich«.
Kurt Schuschnigg selbst ließ es an Bekenntnissen zum Deutschtum nicht fehlen. In eindrücklicher Weise ergibt sich das aus seinem »Requiem in Rot-Weiß-Rot«. Eine kriegerische Auseinandersetzung mit Deutschland kam für ihn ebensowenig in Frage wie eine gegen Deutschland gerichtete Bündnispolitik[7]). Seine Vorstellungen gingen in die Richtung eines mitteleuropäischen Staatenbundes, in dem Österreich eine wesentliche Mittlerrolle zu spielen hätte[8]).
Das Bekenntnis zum Deutschtum hatte für Schuschnigg einen ebenso mystischen Zug wie sein Bekenntnis zum Legitimismus und zum Katholizismus. Dies ist wichtig hervorzuheben, weil es einen wesentlichen Grund für sein politisches Dilemma darstellt.
Dieses Dilemma ist freilich noch älter. Das Haus Habsburg-Lothringen, das sich natürlich als ein deutsches Herrschergeschlecht verstand (Kaiser Franz Joseph sagte von sich selbst: »Ich bin ein deutscher Fürst«), zählte zu seinen Territorien jedenfalls mehrheitlich Länder mit anderer als deutscher Umgangssprache. Die deutsche Volksgruppe zeigte ohne Zweifel ein gewisses Hegemoniestreben, gefördert durch den deutschen Charakter des Herrscherhauses und durch die deutsche Kommandosprache in der Armee. Andererseits gab es den schon seit Jahrzehnten sich abzeichnenden Konflikt um die Vorherrschaft im deutschen Raum. Es mußte natürlich mit Schwierigkeiten verbunden sein, sowohl diese Vorherrschaft als auch die Zusammengehörigkeit der habsburgischen Kronländer zu sichern. Dies zeigte sich 1848 in eindrücklicher Weise. Die Vorstellungen des Fürsten Felix Schwarzenberg, der sowohl das eine als auch das andere realisieren wollte, mußten scheitern.
Am Ende dieser Entwicklung stand 1866. Gegenüber dem 1871 entstandenen Deutschen Reich mußte die Habsburgermonarchie eine ambivalente Position einnehmen. Zum einen wurde Bündnispolitik betrieben, zum anderen gab es offene Wunden, und der Kampf um die Vorherrschaft war nur vordergrün-

dig beendet. Es konnte aber keinen Zweifel geben, wer in diesem gedachten Kampf der stärkere Partner war.

Daß das Herrscherhaus Habsburg-Lothringen sich eine ausschließlich deutsche Orientierung im Hinblick auf seine vielen nichtdeutschen Untertanen nicht erlauben konnte, war in den Augen radikaler Großdeutscher Verrat gegenüber der deutschen Sache. Mit unglaublicher Deutlichkeit und Brutalität hat dies Hitler in seinem Gespräch mit Schuschnigg am 12. Februar 1938 ausgesagt.

Zur politischen Philosophie Schuschniggs gehörte es, einen Unterschied zu machen zwischen »alldeutsch«, »ganzdeutsch«, »großdeutsch« und »gesamtdeutsch«[9]).

Es darf keineswegs überraschen, daß die betont deutschnational Denkenden in Österreich von der Idee des Nationalsozialismus fasziniert wurden. Er versprach nämlich eine *effiziente* Realisierung der deutschnationalen Phantasien. Mit diesen Phantasien waren natürlich imperialistische Vorstellungen verbunden; Vorstellungen dieser Art waren allerdings keineswegs eine ausschließliche Eigenart des nationalsozialistischen Deutschland.

Der Staatsvertrag von St-Germain 1919 hinterließ in Österreich ebenso wie der Friedensvertrag von Versailles in Deutschland das Gefühl der Ungerechtigkeit. Auch dies war geeignet, die in Richtung des Anschlusses gehenden Vorstellungen zu verstärken.

Der Nationalsozialismus war eine radikal antidemokratische Bewegung. Er entsprach damit dem Zeitgeist. Nur allzu viele europäische Staaten waren vom antidemokratischen Gedankengut angesteckt. Dies galt natürlich auch für den durch die Verfassung von 1934 geschaffenen christlichen, deutschen Bundesstaat Österreich, der eine Aussage über die Staatsform bewußt vermied. Gemeinsam hatte das autoritäre Regime in Österreich mit den faschistischen Diktaturen jedenfalls die Ablehnung des Mehrheitsprinzips als eines tauglichen Prinzips der Politik. Das »Führerprinzip« kam auch in der Verfassung 1934 mit der starken Stellung des Bundeskanzlers zum Ausdruck, insbesondere aber auch dadurch, daß der Bundeskanzler gleichzeitig Bundesführer der Vaterländischen Front war. Die positive Bewertung des autoritären Führungsstils nimmt in der Auseinandersetzung zwischen Schuschnigg und den Exponenten des nationalsozialistischen Deutschland mitunter geradezu groteske Formen an. Geradezu flehend erklärt Schuschnigg immer wieder, daß der autoritäre Charakter des österreichischen Staatswesens selbstverständlich sei und keiner besonderen Betonung bedürfe[10]). Nur freilich wurde dieser autoritäre Stil vom Nationalsozialismus noch viel besser beherrscht als vom Ständestaat Österreich.

Das Bekenntnis zur österreichischen Eigenstaatlichkeit wurde mehr und mehr zu einer ausschließlich von den Exponenten des Ständestaates getragenen Vorstellung. Für die Sozialdemokraten hatte die ideologische Frage von jeher Vorrang gegenüber der Eigenstaatlichkeit. Dazu kam noch, daß sich Sozialdemokraten und Nationalsozialisten in der Ablehnung des Ständestaates und des damit verbundenen Klerikalismus einig waren. Auch der wirtschaftliche Faktor spielte eine Rolle: Der Nationalsozialismus versprach Arbeit für jeden.

Daß ferner das nationalsozialistische Deutschland jedenfalls bis zur Kriegserklärung an die Sowjetunion eine erfolgreiche Außenpolitik verfolgte, kann keinem Zweifel unterliegen. Natürlich schafft der Erfolg Anhänger, um so mehr dann, wenn diese Anhängerschaft ältere historische Wurzeln hat.

Der demokratische Parlamentarismus hatte in Österreich ebenso Schiffbruch erlitten wie im Deutschland von Weimar. Dazu kam noch, daß die westlichen Demokratien Frankreich und Großbritannien nicht gerade ein beispielgebendes Bild lieferten, besonders in ihrer anfänglichen Haltung gegenüber der deutschen Wiederaufrüstung.

Schuschnigg selbst sprach dem Nationalsozialismus auch gewisse positive Seiten zu. Gegenüber dem autoritären ständestaatlichen Regime wirkte offenbar das Gedankengut des Nationalsozialismus als das modernere und effizientere. Dem ständestaatlichen Regime war in den Augen eines sehr großen Teiles der Österreicher der Stempel des Reaktionären aufgedrückt. Die vielfältigen Verbindungen zwischen diesem Regime und dem Bekenntnis zum Legitimismus (das heißt zum Haus Habsburg) sind evident. Auch der Stil, den die katholische Kirche damals vertrat, war gewiß geeignet, autoritäres Denken zu fördern. Zudem gab es eine beachtliche Zahl von »Grenzgängern« zwischen Katholizismus und Nationalsozialismus. Othmar Spann gehörte zu ihnen, aber auch Seyß-Inquart. Es ist von bezeichnender Tragik, wenn Schuschnigg bei der Beschreibung der Ereignisse vom 11. März 1938 sich, wie er sagt, angesichts des deutschen Zwanges zur Bestellung Seyß-Inquarts zum Bundeskanzler an den »Strohhalm« klammerte, daß der Genannte doch praktizierender Katholik und ein anständiger Mensch sei[11]).

Ein wesentliches Moment liegt darin, daß es keineswegs gelungen war, die Arbeiterschaft in das System von 1934 zu integrieren, sondern daß diese jedenfalls zum weitaus größeren Teil dem System ablehnend gegenüberstand. Die nach dem Berchtesgadener Abkommen vom Februar 1938 unternommenen Versuche in der Richtung einer solchen Integration kamen zu spät. In der Ablehnung des ständestaatlichen Regimes waren sich Nationalsozialisten und Sozialdemokraten durchaus einig.

Der Gedanke bietet sich zwanglos an, daß die führenden Männer des Systems von 1934 bis 1938 sich deshalb zu einem selbständigen Österreich bekannten, *weil* sie Konservative waren. Umgekehrt gelangten Sozialdemokraten und Deutschnationale in einen immer stärker werdenden Gegensatz zum Gedanken der österreichischen Eigenstaatlichkeit, weil sie eben keine Konservativen waren. Diese Bindung des Gedankens zur österreichischen Eigenstaatlichkeit an den Konservativismus mußte zu einem Dilemma führen. Vor allem dann, wenn man ihn im Zusammenhang mit der Gesamtproblematik der Anschlußfrage sieht. Die führenden Männer des autoritären Regimes von 1934 bis 1938 waren in dieser Hinsicht in keiner anderen Situation als das Haus Habsburg-Lothringen gegenüber den preußischen Hegemoniebestrebungen.

Ich habe schon erwähnt, daß die juristische Grundlegung des ständestaatlichen Regimes in Österreich äußerst dubios war. Als Instrument diente das sogenannte »Kriegswirtschaftliche Ermächtigungsgesetz«[12]). Es heißt mit dem vollen Titel: »Gesetz vom 24. Juli 1917, mit welchem die Regierung ermächtigt wird, aus Anlaß der durch den Kriegszustand verursachten außerordentlichen Verhältnisse die notwendigen Verfügungen auf wirtschaftlichem Gebiete zu treffen.« Gemäß § 1 dieses Gesetzes wird die Regierung ermächtigt, während der Dauer der durch den Krieg hervorgerufenen außerordentlichen Verhältnisse durch Verordnung die notwendigen Verfügungen zur Förderung und Wiederaufrichtung des wirtschaftlichen Lebens, zur Abwehr wirtschaftlicher Schädigungen und zur Versorgung der Bevölkerung mit Nahrungsmitteln und anderen Bedarfsgegenständen zu treffen. Es handelt sich also um die Ermächtigung zur Erlassung gesetzesvertretender und gesetzändernder Verordnungen, die mit den Grundsätzen des B-VG (Art. 18 Abs. 2) nicht im Einklang steht. Gleichwohl wurde das kriegswirtschaftliche Ermächtigungsgesetz im Übergangsgesetz zum B-VG vom 1. Oktober 1920 als weiter geltend vorausgesetzt. Es wurde auch schon vor der sogenannten »Selbstausschaltung« des Nationalrates am 4. März 1933 gehandhabt, allerdings in maßvoller und seiner Zielsetzung entsprechender Weise.
Nach der »Selbstausschaltung« des Nationalrates wandte die Bundesregierung das kriegswirtschaftliche Ermächtigungsgesetz zur Regelung aller nur denkbaren Fragen an. Es konnte daher nicht überraschen, daß beim Verfassungsgerichtshof eine große Zahl von Anfechtungen einlangte. Die Bundesregierung löste auch dieses Problem in Anwendung eben dieses kriegswirtschaftlichen Ermächtigungsgesetzes. Unter Berufung auf dieses Gesetz wurde mit Verordnung vom 23. März 1933, BGBl. Nr. 191, in das Verfassungsgerichtshofgesetz 1930 eine Bestimmung des folgenden Wortlautes eingefügt:
»(3) Die auf Vorschlag des Nationalrates oder auf Vorschlag des Bundesrates ernannten Mitglieder und Ersatzmitglieder dürfen nur dann an Sitzungen und Verhandlungen teilnehmen und hiezu eingeladen werden, wenn und solange dem Verfassungsgerichtshof sämtliche Mitglieder und Ersatzmitglieder angehören, die auf Grund solcher Vorschläge ernannt worden sind.«
Die Tragweite dieser Bestimmung wird deutlich, wenn man in Betracht zieht,

daß *alle* Mitglieder des Verfassungsgerichtshofes zu den Beratungen und Verhandlungen geladen werden müssen. Die in der genannten Verordnung gemachte Voraussetzung war dadurch herbeigeführt worden, daß zwei Mitglieder und ein Ersatzmitglied des Verfassungsgerichtshofes ihr Amt niederlegten. Der Verfassungsgerichtshof sah bei dieser Sachlage nur die Möglichkeit, an den *Bundespräsidenten* heranzutreten, damit dieser veranlasse, daß der Verfassungsgerichtshof seine Tätigkeit wieder aufnehmen könne[13]).

War auch das schon eine wirklich reife Leistung, so verstand man es später, diese noch wesentlich zu übertreffen. Mit der ebenfalls aufgrund des kriegswirtschaftlichen Ermächtigungsgesetzes erlassenen Verordnung der Bundesregierung vom 16. Februar 1934, BGBl. I Nr. 100, wurden die Mandate jener Mitglieder (Ersatzmänner) der allgemeinen Vertretungskörper, die aufgrund von Wahlvorschlägen der Sozialdemokratischen Arbeiterpartei Österreichs in diese Vertretungskörper gewählt wurden, für erloschen erklärt. Das schlechte Gewissen des Verordnungsgebers kam dadurch zum Ausdruck, daß die folgende Präambel verwendet wurde:

»Auf Grund des Gesetzes vom 24. Juli 1917, RGBl. Nr. 307, wird zur *Abwehr* der mit einer Störung der öffentlichen Ruhe, Ordnung und Sicherheit verbundenen *wirtschaftlichen Gefahren* verordnet:«.

Der absolute Höhepunkt allerdings wurde dadurch erreicht, daß mit Verordnung der Bundesregierung vom 24. April 1934, BGBl. I Nr. 239, eine neue Verfassung erlassen wurde. Daß man sich der Problematik dieser Vorgangsweise bewußt war, geht aus dem Umstand hervor, daß man anschließend den Nationalrat zu einer Sitzung einberief, an der freilich die Mandatare der sozialdemokratischen Partei nicht teilnehmen durften. Dieses Rumpfparlament beschloß am 30. April 1934 ein Bundesverfassungsgesetz über außerordentliche Maßnahmen im Bereich der Verfassung. Gemäß Art. I dieses Bundesverfassungsgesetzes wurden die Bestimmungen des Art. 44 Abs. 2 und des Art. 50 des Bundes-Verfassungsgesetzes i. d. F. von 1929 aufgehoben. Der Art. 44 Abs. 2 des B-VG i. d. F. von 1929 (heute Art. 44 Abs. 3) bindet eine *Gesamtänderung der Bundesverfassung an die Voraussetzung einer Volksabstimmung.* Diese Bestimmung wurde also durch ein Rumpfparlament aufgehoben, dessen reduzierte Qualität auf eine aufgrund des kriegswirtschaftlichen Ermächtigungsgesetzes erlassene Verordnung zurückgeht.

Gemäß Art. II des B-VG vom 30. April 1934 wurde die vorher schon von der Bundesregierung aufgrund des kriegswirtschaftlichen Ermächtigungsgesetzes erlassene neue Bundesverfassung unter Bekräftigung ihres rechtlichen Bestandes als Bundesverfassungsgesetz auch im Sinne der »gegenwärtig geltenden Bundesverfassung« (d. h. des B-VG i. d. F. von 1929) erklärt.

Im Art. III Abs. 2 des B-VG vom 30. April 1934 wurden alle dem Nationalrat oder dem Bundesrat oder einem ihrer Ausschüsse oder Organe aufgrund des B-VG i. d. F. von 1929 oder eines anderen Gesetzes zustehenden Befugnisse, insbesondere die Zuständigkeit zur Gesetzgebung des Bundes, einschließlich der Verfassungsgesetzgebung sowie die Zuständigkeit zu den im B-VG i. d. F. von 1929 vorgesehenen Akten der Mitwirkung des Nationalrates und des Bundesrates an der Vollziehung des Bundes auf die Bundesregierung übertragen.

Von dieser Ermächtigung wurde, was besondere Beachtung verdient, auch während der Geltung der Verfassung von 1934 Gebrauch gemacht. (Vgl. dazu § 56 Abs. 3 des Verfassungsübergangsgesetzes 1934, BGBl. II Nr. 75.)

Die Bundesgesetze konnten daher nach freiem Ermessen der Bundesregierung entweder von ihr oder auf dem durch die Verfassung von 1934 vorgesehenen Weg unter Mitwirkung der verfassungsmäßigen Organe der Bundesgesetzgebung erlassen werden.

Von geradezu schicksalhafter Bedeutung ist es, daß aufgrund eben dieses Art. III Abs. 2 des B-VG vom 30. April 1934 die nationalsozialistische Bundesregierung am 13. März 1938 ein Bundesverfassungsgesetz erließ, das Österreich als ein Land des Deutschen Reiches erklärte und für den 10. April 1938 eine Volksabstimmung über den Anschluß anordnete. Die Scheinlegitimität, mit der die Machthaber des ständestaatlichen Regimes ihre Aktionen versehen haben, wurde ihnen solcherart selbst zum Verhängnis.

Was haben wir aus den Erfahrungen des März 1938 gelernt?

Unmittelbar nach der Wiederherstellung der Republik Österreich traten jene Politiker auf den Plan, die als Konsequenz der März-Ereignisse 1938 von den Nationalsozialisten verfolgt wurden. Es ist oft und oft schon gesagt worden, daß die gemeinsamen Erfahrungen im Konzentrationlager und andere Formen politischer Verfolgung jene Kräfte einander menschlich nähergebracht haben, die einander vorher mit größter Feindseligkeit gegenübergestanden waren. Aber die Generation dieser Männer ist zum Teil schon ausgestorben, zum Teil im Aussterben begriffen. Es wächst eine Generation heran, für die die Ereignisse der Jahre 1933 bis 1945 nur mehr Geschichte und nicht eigenes Erlebnis bedeuten. Es kann daher nicht überraschen, daß alle möglichen Nachteile des demokratischen Systems wieder in den Blick rücken, die man schon überwunden glaubte. Dazu gehört auch die Frage der österreichischen Eigenstaatlichkeit und das Problem des Parlamentarismus.

Die Frage des österreichischen Selbstverständnisses schien bereits bewältigt zu sein und ist erst in den beiden letzten Jahren als Konsequenz eines höchst unglücklich geführten Wahlkampfes wieder in den Mittelpunkt der Betrachtung gerückt worden, und zwar keineswegs nur im Inland. Das Bild des von Menschen übervollen Heldenplatzes am 13. März 1938 wird immer wieder beschworen. Man müßte offen aussprechen, daß nur allzu viele Menschen sich damals mit einem Irrweg identifiziert haben, und zwar aus historisch verständlichen Gründen. Es ist aber schlechterdings unzulässig, jenes Bild des

Heldenplatzes zum alleinigen Maßstab für die Beurteilung des österreichischen Selbstverständnisses zu machen. Es ist ja in der Weltgeschichte schon gelegentlich vorgekommen, daß man einen einmal eingeschlagenen Weg später als falsch erkennen mußte.

Viel schwerer wiegt demgegenüber der Umstand, daß es heute mit der politischen Bildung der Österreicher auf breiter Ebene keineswegs gut bestellt ist. Die Neigung zum Vereinfachen und Verdrängen wird durch die heute bestehenden Massenmedien geradezu systematisch gefördert, damit natürlich auch die Neigung zur Bildung von Vorurteilen. Die Simplifizierung, das künstliche Aufbauen von Freund- und Feindbildern ist ein äußerst gefährliches Instrument der Meinungsbildung. Der gewaltige Erfolg des Nationalsozialismus erklärt sich nicht zuletzt durch seinen eklektischen Charakter, durch seine Neigung zur Vereinfachung sowie durch den damit verbundenen Appell an das »gesunde Volksempfinden«. Alles das mit ungeheuerlicher Demagogie zur Einheit verbunden. Ich habe gewisse Zweifel, ob heute völlige Immunität gegenüber solchen Parolen besteht. Allerdings fehlt eine sehr wesentliche historische Voraussetzung: Die Volksmassen von damals hatten wenig zu verlieren, für sie bedeutete es offenbar kein Risiko, den Parolen eines hemmungslosen Demagogen zu folgen. Diese Voraussetzung wenigstens besteht heute nicht. Wie leicht es aber auch heute noch ist, die öffentliche Meinung zu beeinflussen oder zu »machen«, wird uns laufend vorgeführt.

Auch der heute immer wieder feststellbare (gerade in der jüngeren Generation) Mangel an Toleranz gibt zu größter Besorgnis Anlaß. Und auch heute ist das Verhalten des Auslandes zur Republik Österreich nicht in jeder Hinsicht beispielgebend. Man muß das mit Nachdruck betonen, denn gerade die Haltung des Auslandes gegenüber den nationalsozialistischen Expansionsbestrebungen hinsichtlich Österreichs war es, die entscheidend zum Ergebnis des März 1938 beigetragen hat.

Wesentlich ist auch die Feststellung, daß heute der Staat immer mehr und mehr in den Hintergrund gedrängt wird. Im Blickfeld erscheinen politische Parteien, Interessenvertretungen, Fernsehen, Zeitschriften und eine Fülle von Einzelinteressen. Der Staat als integrierender Faktor wird mehr und mehr verdrängt. Und dies ist ein bedrohliches Zeichen.

An dieser Stelle möchte ich einige Worte über die Kritik[14]) des von mir sehr verehrten Psychiaters Erwin Ringel an Kaiser Franz Joseph sagen.

Die Kritik ist zutreffend, soweit sie in der Glorifizierung des »alten Kaisers« die Tendenz zur Regression, zum Blick nach rückwärts, sieht.

Die Kritik übersieht aber Wesentliches, insofern sie die Rolle des »alten Kaisers« für das *Staatsganze* nicht in Betracht zieht. Es kann keinen Zweifel darüber geben, daß Kaiser Franz Joseph der integrierende Faktor der dem Untergang geweihten österreichisch-ungarischen Monarchie war. Er war Symbol der Pflichterfüllung und Korrektheit und Sinnbild des Staatsganzen. Wenn er heute glorifiziert wird, so ist dies nicht nur ein Akt der Regression, sondern es zeigt sich darin auch die Sehnsucht nach einem Staatsbild, das nicht in zahllose Einzelinteressen zersplittert ist, das aber trotzdem nicht totalitär, sondern humanistisch ist.

Und die heutige Bedeutung der Anschlußfrage? Die Frage stellt sich in *juristischer* Hinsicht angesichts des im Staatsvertrag von 1955 (Art. 4) neuerlich ausgesprochenen Verbotes nicht. Aber es gibt eine Art von Anschluß, die sich nicht in völkerrechtliche Begriffe fassen läßt. In wirtschaftlicher Sicht muß man die Rolle deutschen Kapitals im Rahmen der österreichischen Gesamtwirtschaft und die Rolle der deutschen Besucher im Rahmen des Fremdenverkehrs in Betracht ziehen. In kultureller Hinsicht genügt eine Woche Beobachtung des österreichischen Fernsehprogrammes. Damit verbunden ist die Übernahme norddeutscher Wendungen in die österreichische Umgangssprache, besonders penetrant bei Kindern und Jugendlichen.

Und wie steht es mit dem heutigen Verfassungsverständnis, wenn man sich die Vorgänge der Jahre 1933, 1934 und 1938 in Erinnerung ruft? Es wird wohl heute niemand mehr auf die Idee kommen, aufgrund eines kriegswirtschaftlichen Ermächtigungsgesetzes neue Verfassungen zu erlassen oder den Verfassungsgerichtshof auszuschalten. Gleichwohl liegt die Verfassungspolitik im argen, weil nur allzu sehr die Neigung besteht, Verfassungsgesetze aus tagespolitischen Anlässen heraus zu erlassen, nicht zuletzt zu dem Zweck, um die Wirkungen unliebsamer Entscheidungen des Verfassungsgerichtshofes zu beseitigen[15]).

Die Neigung, alles, was mit dem rechtsstaatlichen Prinzip zusammenhängt, als Formalismus abzutun, ist nur allzuweit verbreitet. Die Existenz von Grund- und Freiheitsrechten ist überhaupt nur einem kleinen Personenkreis bekannt, ihre Durchsetzung weitgehend Einzelkämpfern überlassen.

Ein wesentlicher Unterschied gegenüber der Situation in den erwähnten Jahren liegt aber wohl darin, daß das nationalstaatliche Denken jedenfalls im deutschsprachigen Raum sicher an Bedeutung verloren hat und die Neigung zur internationalen Zusammenarbeit evident ist. Daß Großmächte allerdings auch heute geneigt sind, Kleinstaaten ihre Überlegenheit fühlen zu lassen, mußte man leider in letzter Zeit wiederholt feststellen.

Die Haltung zum Problem der Autorität ist heute ambivalent. Zum einen wird die Ablehnung und Mißachtung staatlicher Institutionen immer deutlicher spürbar, zum anderen gibt es den Ruf nach dem »starken Mann«. Das letztere Phänomen dürfte allerdings gegenüber dem erstgenannten eher peripheren Charakter haben. Aber auch der Verlust der staatlichen Autorität muß zu denken geben; vor allem dann, wenn im Hintergrund die negative Haltung gegenüber der Politik schlechthin steht.

Begriffe wie »Ehre«, »Vaterland« und »Pflicht«, die in diesem Jahrhundert eine nur allzu verhängnisvolle Rolle gespielt haben, sind aus der Mode gekommen. Mit Recht, könnte man angesichts dieses Mißbrauches sagen. Aber man sollte nicht übersehen, daß es sich dabei um überzeitliche Werte handelt. Ihre Eignung zum Mißbrauch darf nicht zur Konsequenz der Negierung führen.

Durch Verdrängung löst man keine Probleme. Nur eine gewissenhafte und kritische Auseinandersetzung mit den politischen und historischen Wurzeln des März 1938 schafft die Voraussetzungen für ein natürliches Selbstbewußtsein der wiedererstandenen Republik Österreich.

Anmerkungen

1) Erschienen in N. Grass (Hrsg.), Österreichische Rechts- und Staatswissenschaften der Gegenwart in Selbstdarstellungen, 1952, S. 11 ff.
2) a. a. O., S. 16.
3) Österreichische Erstausgabe, erschienen 1978 bei Amalthea Wien mit einem Vorwort von St. Verosta.
4) Zitiert nach K. Berchtold (Hrsg.), Österreichische Parteiprogramme, 1967, S. 253.
5) Die neue Bundesverfassung für Österreich samt Übergangsverfassung. Mit Erläuterungen von Dr. Kurt Schuschnigg, 1936. Vgl. insbesondere S. 21 f.
6) Vgl. zur Anschlußfrage insbesondere L. Adamovich, Handbuch des österreichischen Verfassungsrechts[6], 1971, S. 15, sowie W. Goldinger, Geschichte der Republik Österreich, 1962, S. 67 ff.
7) Vgl. Requiem, S. 28, 70, 168.
8) a. a. O., S. 169.
9) a. a. O., S. 171 f.
10) a. a. O., S. 58, 68, 106.
11) a. a. O., S. 79.
12) Vgl. dazu Adamovich, a. a. O., S. 23 f., und Goldinger, a. a. O., S. 175.
13) Vgl. die ausführliche Darstellung der Ausschaltung des Verfassungsgerichtshofes in juristischer Sicht bei H. Spanner, Die richterliche Prüfung von Gesetzen und Verordnungen, 1951, S. 8 ff.
14) Vgl. etwa E. Ringel, Eine neue Rede über Österreich, in: Die österreichische Seele, 1984, S. 7 ff., hier S. 34 f.
15) Vgl. als besonders markantes Beispiel das Bundesverfassungsgesetz vom 5. Juni 1987, BGBl. Nr. 281, Über die Begrenzung von Pensionen oberster Organe.

Ausklang

Den Frosch spielt der Alfred Jerger. Nicht mehr Szöke Szakall steht am Abend des 31. Dezember 1938 auf der Bühne der Wiener Oper. Man trägt »völkisch«. Ansonsten freilich hat sich, was das Silvesterprogramm betrifft, nichts geändert.

Die »Fledermaus« ist ein Muß, auch unter den geänderten Verhältnissen. Aktuelle Bezüge, in der Straußoperette reichlich vorhanden, fallen den Uniformierten, die mit ihren Damen Parkett und Logen des Hauses am Ring bevölkern, möglicherweise nicht auf. Es ist auch nicht registriert worden, ob der Beifall besonders stark war nach dem Librettotext »Glücklich ist, wer vergißt, was nicht mehr zu ändern ist«. Gewiß aber sind manche an diesem Silvesterabend in der Wiener Oper gesessen, die auch zwölf Monate vorher hier gewesen waren.

Als Szöke Szakall noch den Frosch gegeben hatte. Als man, möglicherweise, über das fidele Gefängnis noch herzlicher hat lachen können als an der Jahreswende 1938/39. Und sie werden das Jahr, eingebettet zwischen zwei Festaufführungen der »Fledermaus« im prachtvollen Opernhaus zu Wien, vielleicht im Geiste haben Revue passieren lassen.

Wahrscheinlich haben sie am Morgen des Silvestertags auch einen Blick in die Tageszeitungen geworfen. Dann haben sie feststellen können, daß die berühmtesten der Pariser »Sibyllen«, jener Astrologinnen und Wahrsagerinnen, die nach gutem, altem Brauch an jedem Jahresschluß um ihre Prognosen gebeten werden, diesmal übereinstimmend festgestellt haben, daß es 1939 keinen Krieg geben werde.

Warum sollte es auch, da die gefährlichste aller militärischen Krisen der letzten Jahre, die »Sudetenkrise« – nicht mehr »Tschechenkrise« hat man gesagt in diesen Tagen – so glimpflich und mit einem neuen Triumph für den Führer vorübergegangen war? Da ist ja der Anschluß Österreichs, was das internationale Echo betraf, geradezu »ein Lercherl« gewesen, wie man in Wien zu sagen pflegt. Kein Krieg 1939! Günstige Prognosen gehen zwölf auf ein Dutzend am Silvesterabend 1938. Die Gedanken sind flüchtig, die Erinnerungen verblassen in Zeiten, da man, wie es so schön heißt, »Geschichte erlebt« und skurrilerweise, angesichts der so schnellen Veränderungen des Landkarten-

bilds, Geographie auch noch dazu. Wer weiß noch am Abend des 31. Dezember, was am 14. Jänner Nuntius Cicognani dem Bundespräsidenten Miklas gesagt hatte beim historischen letzten Neujahrsempfang – und was Miklas prophezeit hatte? Wie zuversichtlich sich der österreichische Bundespräsident damals geäußert hatte?
Miklas – wer ist das? Wo ist er? Schuschnigg, der Inbegriff des »Systems«, wer weiß, wo er sich aufhält? Daß er in Gestapohaft sitzt und die nächsten sieben Jahre ein Gefangener bleiben wird? Der kommende Opernball, für den 9. Februar anberaumt, werde der schönste, eleganteste und glanzvollste sein, den Wien je gesehen habe, heißt es. Damit, und nicht mit der Politik, hat man sich zu befassen. Glücklich ist, wer vergißt, was nicht mehr zu ändern ist!
Manche sind da, die sich nicht an die Straußsche Beschwingtheit halten. Zum Jahresende gibt es die ersten österreichischen Widerstandszellen. Längst hat in Klosterneuburg Roman Karl Scholz, einer dieser Widerständler, beschlossen, gegen das neue Regime zu kämpfen. Im Sommer und Frühherbst haben sich kleine Runden gebildet, Menschen kommen zusammen, die nicht glücklich sein wollen, weil sie nicht vergessen können und auch nicht meinen, daß es nicht zu ändern sei.
Menschen, Österreicher, die das unveränderbar Scheinende dennoch zu ändern beabsichtigen.
Karl Roman Scholz, der Chorherr aus Klosterneuburg, bezahlt diesen Wunsch mit seinem Leben, das er auf dem Schafott aushaucht. Aber das weiß er nicht zu Silvester 1938. Und jene, die über den Frosch und die Fledermaus und das vielzitierte fidele Gefängnis lachen, wissen es ebensowenig. Sie wollen es nicht wissen. Sie halten sich an den Titel des Films, der am 31. Dezember 1938 im Kolosseumkino und im Kärtnerkino gespielt wird, angepriesen als »der neue große Gründgens-Film«, in dem auch Theo Lingen eine Hauptrolle spielt.
Der Film heißt »Tanz auf dem Vulkan«.
Man tanzt nach der Oper ins Jahr 1939, oder man geht essen. Die Gasthäuser, die diesmal keine Sperrstunden haben, sind voll, die Speisekarten längst umgetauscht, die Preise schön, fein und säuberlich auf Reichsmark umgerechnet. Die Gläser klingen überall in Österreich.
Nur Feuerwerke und Raketen gibt es nicht. Sie sind noch nicht modern gewesen in der Silvesternacht 1938. In ein paar Jahren schon wird den Österreichern ein tödliches Feuerwerk frei Haus geliefert werden. Aber auch das wissen sie noch nicht. Oder sie wollen die Anzeichen nicht wahrhaben.
Vielmehr wünschen sie sich »Prosit 1939!« und meinen es. Und wer besonders stark vom Zeitgeist umweht ist, wünscht seinen Freunden »Heil 1939!« So steht es jedenfalls in vielen Firmeninseraten in den Gazetten. »Heil 1939 all meinen Kunden!«, entbietet ein Kleidermacher und verrät auch gleich,

warum er so und nicht anders spricht. Er verfertigt nämlich »Parteiuniformen nach Maß«.
Auch »Heil Neujahr« kann man lesen. Die Sportler freuen sich auf den Schritt ins »vorolympische Jahr '39«. Für Österreich sind besonders die Winterspiele interessant, sie sollen in Sankt Moritz stattfinden.
Prosit, Heil, wie immer auch – 1939 steht vor der Tür. Draußen ist es kalt, die Donau zeigt erste Anzeichen eines Eisstoßes. Erstmals seit langem liegt Schnee in der Silvesternacht. Soeben ist die letzte Trauung des Jahres 1938 vollzogen worden. In Wien XV. hat Vizebürgermeister Richter »seinen alten Kampfgefährten, SA-Obersturmführer Leonhard Simon, mit Fräulein Anny Aigner getraut«. Insgesamt haben in Wien im abgelaufenen Jahr doppelt soviele Trauungen stattgefunden wie anno 1937. Man konstruierte daraus den neuen Lebensmut der Österreicher.
Im Burgtheater spielt man »Lumpazivagabundus« am Silvesterabend 1938. Der Komet kommt, er kommt ganz bestimmt! Denkt noch einer an das Nordlicht zu Jahresbeginn? In der Volksoper gibt es die Premiere vom »Opernball«.
Das Programm der Turmbläser, die, wie alljährlich, knapp vor Mitternacht von der Loggia des Rathauses aus ihre Trompeten, Fanfaren und Posaunen spielen, hat diesmal gleichfalls einen leicht völkischen »Touch«. Es schließt mit dem Deutschlandlied und dem Horst-Wessel-Lied. Kein Donauwalzer klingt. Es wird nicht getanzt auf der Straße.
Man geht vielmehr nach Hause. Und dann setzen sich viele doch hin in dieser Silvesternacht und ziehen Bilanz. Wie man eben Bilanz zieht am Ende eines Jahres. Der Veitstanz hat sich gelegt. Die braune Sturmflut ist zu Schlick geworden, der sich bis in die letzten Ecken, Ritzen und Spalten verbreitet. Der Rausch ist vorüber, mit dem Katzenjammer kriecht die Sorge hoch: Was, wenn die Wahrsagerinnen von Paris unrecht haben? Der Frieden gleicht jenem Fetzen Papier, den Neville Chamberlain in der Hand hielt, als er nach der Rückkehr aus München sein »Peace in our time« verkündete. Friede in unserer Zeit. Nur: Wie lange dauert sie, diese unsere Zeit? Und ist es wirklich unsere, wird sie nicht von ganz anderen Kräften bestimmt?
Die Österreicher fragen nicht, sie wissen nicht. Sie wissen nur, daß sie jetzt Ostmärker sind. Der Heldenplatz liegt gähnend leer in der Silvesternacht 1938/39. Es ist kalt. Auf dem Balkon, von dem aus die »Vollzugsmeldung an die Geschichte« erstattet wurde, finden sich Schneereste. Prinz Eugen und Erzherzog Karl tragen weiße Capes. Das »Sieg Heil«, das sich heiser aus Zehntausenden Kehlen über den Platz ergossen hat wie heißes Pech, ist verklungen.
Still ist er und leer, der Heldenplatz zu Wien in der Silvesternacht 1938. Aber vielleicht hätte, wer auf ihm verharrte mit offenem Ohr und wachem Sinn, es zwischen den Säulen, rund um die Denkmäler und über dem Balkon flüstern

hören: 247 000 Gefallene und Vermißte. 24 300 durch Kriegshandlungen getötete Zivilisten. 65 000 ermordete Juden. 2 700 hingerichtete Kriegsgegner und Widerstandskämpfer. 33 000 Opfer von Gestapo und Konzentrationslagern. Tod, Ruinen, Blut, Verzweiflung.
Und im Frühling 1945, nach der langen Nacht, ein neuer Tag. Aber das alles ist an diesem Jahresende 1938 im Dunkel des Winterhimmels verborgen, der sich über dem Heldenplatz wölbt. Die Anatomie ist in der Lage, einen Zustand zu beschreiben, Ursachen anzugeben und Mißbildungen festzustellen. Für die Prognose ist sie nicht zuständig.
Die Anatomie des Jahres 1938 soll den Befund erleichtern, nicht beschönigen. Die Frage, wer dazu berufen ist, ihn zu erstellen, auszuwerten und zu unterschreiben, muß offen bleiben.

Zeittafel 1938

1. Jänner Bundeskanzler Schuschnigg erklärt in einem Interview für den »Daily Telegraph«: »Ein Abgrund trennt Österreich vom Nationalsozialismus.«

9.–12. Jänner Letzte Konferenz der Staaten der »Römischen Protokolle« in Budapest. Schuschnigg ist anwesend.

25. Jänner Starkes Nordlicht über Österreich.

27. Jänner Der »Tavs-Plan« – Aktionsprogramm für einen NS-Putsch in Österreich – wird gefunden.

4. Februar Hitler beruft Botschafter Papen aus Wien ab.

7. Februar Botschafter Papen kehrt nach Wien zurück und überbringt die Einladung Hitlers zu einer Unterredung mit Schuschnigg auf dem Berghof in Berchtesgaden.

12. Februar Bundeskanzler Schuschnigg und Außenminister Schmidt in Berchtesgaden. Unterredung Hitler – Schuschnigg.

14. Februar Bundeskanzler Miklas willigt in die von Hitler geforderte Kabinettsumbildung ein.

15./16. Februar Bildung der Regierung Schuschnigg V. Der Nationalsozialist Arthur Seyß-Inquart wird Innen- und Sicherheitsminister.

16. Februar Amnestie für politische Delikte.

17. Februar Brief Ottos von Habsburg an Schuschnigg mit der Bitte, ihm die Kanzlerschaft zu übertragen.

20. Februar Rede Hitlers vor dem deutschen Reichstag.

24. Februar Rede Schuschniggs vor der österreichischen Bundesversammlung. NS-Demonstration in Graz (»Stadt der Volkserhebung«).

2. März Schuschnigg antwortet Otto von Habsburg, er lehne die Übertragung der Kanzlerschaft ab.

3. März Unterredung Schuschniggs mit Gewerkschaftern und Arbeiterdelegierten.

6. März Schuschnigg beschließt, eine Volksbefragung abzuhalten.

9. März Schuschnigg in Innsbruck, Ankündigung der Volksbefragung für den 13. März.

10. März Hitler gibt den Befehl, den Einmarsch in Österreich vorzubereiten.

11. März Der »schwarze Freitag«. Ultimaten Berlins an Wien. Hitlers »Sprachrohr« Göring verlangt den sofortigen Rücktritt Schuschniggs. Serie von Telefongesprächen. Schuschniggs Abschiedsrede (»Gott schütze Österreich!«) um 19.50 Uhr. Bundespräsident Miklas weigert sich bis gegen Mitternacht, Seyß-Inquart mit der Regierungsbildung zu betrauen. Erst dann »Anschluß-Kabinett« Seyß-Inquart.

12. März Fünf Uhr früh: Himmler, Heydrich u. a. treffen per Flugzeug in Wien ein. 5.30 Uhr: Deutsche Truppen überschreiten die österreichischen Grenzen. Am Nachmittag: Hitler in Braunau und Linz.

13. März Gesetz über die Wiedervereinigung Österreichs mit dem Deutschen Reich. Bundespräsident Miklas weigert sich zu unterschreiben, überträgt seine Funktionen an den Bundeskanzler und tritt zurück. Bundeskanzler Seyß-Inquart unterschreibt in seiner Funktion als amtierendes Staatsoberhaupt Österreichs. Festlegung einer Volksabstimmung für 10. April.

14. März Hitler zieht in Wien ein.

15. März Kundgebung auf dem Heldenplatz, dann Truppenparade. Kardinal Innitzer bei Hitler im Hotel Imperial.

27. März Hirtenbrief der österreichischen Bischöfe. Sie empfehlen bei der Volksabstimmung mit »Ja« zu stimmen.

1. April Erster Österreicher-Transport in das KZ Dachau.

3. April Renner-Interview im »Tagblatt«: »Als Sozialdemokrat ... werde ich mit Ja stimmen.«

9. April »Tag des Großdeutschen Reichs«. Hitler-Rede in Wien.

10. April Volksabstimmung über den bereits vollzogenen Anschluß.

13. Mai Baubeginn bei den »Hermann-Göring-Werken« in Linz.

24. Mai Aufteilung des »Landes Österreich« in sieben Reichsgaue. Wien wird flächen- und einwohnermäßig durch Teile Niederösterreichs erheblich vergrößert.

5. September Reichskleinodien werden der Stadt Nürnberg übergeben.

29. September Münchner Abkommen zwischen Deutschland, Italien, England und Frankreich beendet die Sudetenkrise.

7. Oktober Jugendkundgebung im Wiener Stephansdom. Innitzer-Predigt: »Christus ist euer Führer!«

8. Oktober Sturm auf das Erzbischöfliche Palais in Wien.

13. Oktober Antikirchliche Kundgebung auf dem Heldenplatz.

15. Oktober Vollzug des Gesetzes über die Gaueinteilung Österreichs.

9. November »Reichskristallnacht« in Wien. Schwere antisemitische Ausschreitungen.

Die Autoren

Dr. Ludwig Adamovich, geb. 1932, Präsident des Österreichischen Verfassungsgerichtshofes.

DDr. Thomas Chaimowicz, geb. 1924, Honorarprofessor für Römisches Staatsrecht und Antike Staatslehre, Salzburg.
1939 aus Wien nach Kolumbien emigriert. Nach dem Krieg wieder in Österreich ansässig.

Hans Dichand, geb. 1921, Journalist. Herausgeber und Chefredakteur der »Neuen Kronen Zeitung«, Wien.

Prof. Milan Dubrovic, geb. 1903, Journalist. 1930 bis 1945 »Neues Wiener Tagblatt«, 1946 bis 1961 »Die Presse«, zuletzt Chefredakteur. 1961 bis 1970 Kultur- und Presseattaché an der Österreichischen Botschaft Bonn. 1970 bis 1977 Herausgeber der »Wochenpresse«.

George Eric Rowe Gedye, 1890–1970. Britischer Journalist und Schriftsteller, langjähriger Korrespondent in Wien, Vertreter führender amerikanischer und englischer Zeitungen.

Dr. Otto von Habsburg, geb. 1912, Abgeordneter zum Europaparlament.

Dr. Rudolf Kalmar, 1900 bis 1974. Journalist und Schriftsteller. Hofrat, Chefredakteur des »Neuen Österreich«.

Willibald Kranister, geb. 1933, Mitglied des Direktoriums der Oesterreichischen Nationalbank, Vorsitzender der Direktion der Druckerei für Wertpapiere.

Dipl.-Ing. Peter Landesmann, geb. 1929, Kaufmann. Generalkonsul der Côte d'Ivoire. Vizepräsident des Koordinierungsausschusses für christlich-jüdische Zusammenarbeit.

Dr. Harald Langer-Hansel, geb. 1909, Sektionschef i. R., 1933–1938 Sekretär des Bundespräsidenten Miklas. 1947 bis 1965 Leiter der Abteilung Fremdenverkehr im Bundesministerium für Handel und Wiederaufbau, 1965 bis 1975 Geschäftsführer der Österreichischen Fremdenverkehrswerbung.

Dr. Maximilian Liebmann, geb. 1934, Univ.-Prof., Leiter der Abteilung für Theologiegeschichte und kirchliche Zeitgeschichte an der Karl-Franzens-Universität Graz.

Dr. Max Löwenthal, geb. 1908, österreichischer Diplomat, 1936 bis 1938 Sekretär des Außenministers Dr. Guido Schmidt. Nach dem Zweiten Weltkrieg Botschafter in Washington, Buenos Aires, Rom.

Dr. Wolfgang Müller-Hartburg, geb. 1923, Primarius, Facharzt für Frauenheilkunde und Geburtshilfe.

Franz Olah, geb. 1910, Präsident des ÖGB 1959 bis 1963, Bundesminister für Inneres 1963/64.

Dr. Manfried Rauchensteiner, geb. 1942, Univ.-Dozent für Österreichische Geschichte, Referatsleiter am Heeresgeschichtlichen Museum Wien, Militärwissenschaftliches Institut.

Dr. Karl Renner, 1870 bis 1950. 1918 bis 1920 Staatskanzler, 1920 auch Staatssekretär für Äußeres, 1945 Staatskanzler der Zweiten Republik, 1945 bis 1950 Bundespräsident.

Dr. Otto Schulmeister, geb. 1916, Journalist. Herausgeber der »Presse« Wien.

Dr. Kurt Schuschnigg, 1897 bis 1977. 1932 Justizminister, 1933 Unterrichtsminister, 1934 bis 1938 Bundeskanzler. 1938 bis 1945 in Gestapohaft und Konzentrationslagern. 1948 bis 1967 Professor an der University of St. Louis (USA).

Dr. Kurt Skalnik, geb. 1925, Sektionschef, Chefredakteur der »Furche« 1957 bis 1967. Leiter der Presse- und Informationsabteilung der Präsidentschaftskanzlei.

Emil Spannocchi, geb. 1916, General der Panzertruppe i. R., Armeekommandant i. R.

Dr. Stephan Verosta, geb. 1909, Diplomat und Rechtswissenschaftler. 1935 bis 1938 und 1945 bis 1962 Außenministerium Wien, zuletzt Leiter der Völkerrechtsabteilung, dann Botschafter in Warschau. Univ.-Prof. für Völkerrecht und Rechtsphilosophie.

Guido Zernatto, 1903 bis 1943. Lyriker und Erzähler. 1936 bis 1938 Staatssekretär im Kabinett Schuschnigg, Generalsekretär der Vaterländischen Front.

Carl Zuckmayer, 1896 bis 1977. International erfolgreicher Dramatiker und Erzähler, übersiedelte 1933 nach Österreich (Henndorf/Salzburg) und erhielt kurz vor dem »Anschluß« die österreichische Staatsbürgerschaft. Emigrierte 1938 über die Schweiz in die USA.

Quellennachweis

G. E. R. Gedye, »Raub, Mord, Erniedrigung. Szenen des Spiels von Österreichs Martyrium«, aus: Gedye, »Die Bastionen fielen«, © Danubia Verlag, Wien 1946, S. 287–300.
Rudolf Kalmar, »Von Stiefeln getreten, mit Kolben gepufft. So begann für viele Österreicher die ›Zeit ohne Gnade‹«, aus: Kalmar, »Zeit ohne Gnade«, Wien 1946, S. 17, 41 f., 49–51.
Karl Renner, »Warum ich mit Ja stimmte. Selten hat ein Eroberer ein freies Volk so rasch gewonnen und so völlig verloren«, aus: Renner, »Österreich von der Ersten zur Zweiten Republik«, © Verlag der Wiener Volksbuchhandlung, Wien 1953, S. 202–208.
Kurt Schuschnigg, »Die Erpressung. Begegnung in Berchtesgaden«, »Argumentieren ist sinnlos. Der 11. März am Ballhausplatz« und »Des Teufels Telefon. Das Protokoll der Ferngespräche vom 11. März 1938«, aus: Schuschnigg, »Ein Requiem in Rot-Weiß-Rot«, Amalthea Verlag, Wien 1953, S. 37–52, 66–103, © by Dr. Kurt Schuschnigg, New York.
Guido Zernatto, »Graz oder: Der Sonderfall. Was es mit der Volkserhebung auf sich hatte«, aus: Zernatto, »Die Wahrheit über Österreich«, Longmans, Green and Co., Alliance Book Corporation, New York - Toronto, S. 283–318, 324 f., © by Riccarda Zernatto, Wien.
Carl Zuckmayer, »Hexensabbat des Pöbels. Das Getöse des Weltuntergangs durchhallte die Luft«, aus: Zuckmayer, »Als wär's ein Stück von mir«, © S. Fischer Verlag GmbH, Frankfurt/Main 1966, S. 57–81.